Diez Comedias
DEL SIGLO DE ORO

Diez Comedias
DEL SIGLO DE ORO

Second Edition

*An annotated omnibus of ten complete plays
by the most representative
Spanish dramatists of the Golden Age*

edited by

José Martel and the late Hymen Alpern

and revised by

Leonard Mades
Hunter College of the City University of New York

HARPER & ROW, PUBLISHERS
New York, Evanston, and London

DIEZ COMEDIAS DEL SIGLO DE ORO, *Second Edition*

Diez Comedias del Siglo de Oro, *Second Edition*

Copyright © 1939, 1968 by Harper & Row, Publishers, Incorporated. Printed in the United States of America. All rights reserved. No part of this book may be used or reproduced in any manner whatsoever without written permission except in the case of brief quotations embodied in critical articles and reviews. For information address Harper & Row, Publishers, Incorporated, 49 East 33rd Street, New York, N.Y. 10016.

Library of Congress Catalog Card Number: 68-10245

CONTENTS

Preface to the Second Edition, vii
Preface to the First Edition, ix
The Spanish Comedia, xv
Selected Bibliography on the Drama of the Siglo de Oro, xxi
Versification, xxv
Table of Principal Verse Forms Contained in this Volume, xxix

CERVANTES

Introduction, 1
Metrical Scheme of *La Numancia*, 4
La Numancia, 5
Cervantes Bibliography, 69

LOPE DE VEGA

Introduction, 71
Metrical Scheme of *Fuenteovejuna*, 74
Fuenteovejuna, 75
Lope de Vega Bibliography, 141

LA ESTRELLA DE SEVILLA

Introduction, 143
Metrical Scheme of *La Estrella de Sevilla*, 146
La Estrella de Sevilla, 147
La Estrella de Sevilla Bibliography, 233

TIRSO DE MOLINA

Introduction, 235
Metrical Scheme of *El burlador de Sevilla*, 238
El burlador de Sevilla, 239
Tirso de Molina Bibliography, 320

CASTRO

Introduction, 323
Metrical Scheme of *Las mocedades del Cid*, 326
Las mocedades del Cid, 327
Guillén de Castro Bibliography, 413

MIRA DE AMESCUA

Introduction, 415
Metrical Scheme of *El esclavo del demonio*, 418
El esclavo del demonio, 419
Mira de Amescua Bibliography, 511

RUIZ DE ALARCÓN

Introduction, 513
Metrical Scheme of *La verdad sospechosa*, 516
La verdad sospechosa, 517
Ruiz de Alarcón Bibliography, 605

CALDERÓN

Introduction, 607
Metrical Scheme of *La vida es sueño*, 610
La vida es sueño, 611
Calderón Bibliography, 698

ROJAS ZORRILLA

Introduction, 701
Metrical Scheme of *Del rey abajo, ninguno*, 704
Del rey abajo, ninguno, 705
Rojas Zorrilla Bibliography, 773

MORETO

Introduction, 775
Metrical Scheme of *El desdén con el desdén*, 778
El desdén con el desdén, 779
Moreto Bibliography, 858

Topics for Reports and Discussions, 859
Glossary of Common Terms and Stage Directions, 863

PREFACE TO THE SECOND EDITION

The present edition of this standard anthology represents an extensive revision, made possible by an enlarged format. The introductions to each play have been expanded, and a great many new footnotes have been added. Previous notes have been revised wherever the addition of new notes and the need for definition made it necessary. This material is now in English.

The relatively few errata which marred the clarity of the otherwise excellent texts of the plays have been eliminated. The general bibliography and those for each play have been brought up to date and enlarged; a glossary of Spanish terms relating to *Siglo de Oro* drama—a number of them appearing in the stage directions—has been introduced.

The introduction to the Spanish *Comedia* has been translated into English and a slightly revised and amplified treatment of the theme of honor added. The section on versification remains unchanged except for the updating of the relevant bibliography, now included in the general bibliography of *Siglo de Oro* drama. The various metrical schema have been preserved with only minor change.

Several changes were required to make room for the expanded introductions and bibliographies. The tables classifying each dramatist's principal works were eliminated, their function being, to some degree, absorbed by the new introductions.

Somewhat over a third of the topics for reports and discussions have been replaced by new ones, in most cases designed to reflect current trends. As originally, there are ten topics for each play, but all have been translated into English and moved to the back of the book.

I am indebted to Professor Martel and the late Professor Alpern for allowing me to revise and update their distinguished text, for their counsel, for the errata they brought to my attention, and for a number of new footnotes they contributed to this effort. I wish also to express my appreciation to Mrs. Rochelle Leszczynski and Mr. Charles H. Woodford of Harper & Row for their advice and assistance.

Leonard Mades

August 1967

PREFACE TO THE FIRST EDITION

This is an omnibus volume comprising ten of the best-known plays of the most representative Spanish dramatists of the Golden Age. The publication of this collection seems to be justifiable not only because each play has intrinsic literary merit, but also because there is no similar anthology, and the individual plays are not readily obtainable and are expensive. Furthermore, the growing publication of omnibus volumes for the study of a foreign language and literature is a modern and popular trend in response to the recommendations of the Modern Foreign Language Study to combine in a single book the hundreds of pages of reading matter needed in a course.[1]

The ten plays selected are the following:

1. *La vida es sueño*, a masterpiece of the philosophical drama by one of Spain's greatest dramatists. In preparing this edition, the editors have consulted the texts edited by J. E. Hartzenbusch (Madrid, 1848), M. Krenkel (Leipzig, 1881), A. Kressner (Leipzig, 1886), N. MacColl (London, 1888), Morère (Paris, 1897), W. W. Comfort (New York, 1904), F. Pinochet Le-Brun (Santiago de Chile, 1911), G. T. Northup (New York, 1926), and particularly E. González-Blanco (Buenos Aires, n.d.).
2. *Las mocedades del Cid*, the first dramatization of the Cid legend and the inspiration for Corneille's *Le Cid*, the first great French tragedy. The text of the present edition is based upon a study of those of R. Mesonero Romanos (Madrid, 1857), C. Michaëlis (Leipzig, 1870), W. Foerster (Bonn, 1878), S. Moguel (Madrid, 1885), E. Mérimée (Toulouse, 1890), E. Lacroix (Paris, 1897), W. von Wurzbach (Strasbourg, 1907), E. Juliá Martínez (Madrid, 1926), and especially the excellent Clásicos Castellanos edition of V. Said Armesto (Madrid, 1913).
3. *El burlador de Sevilla*, the first dramatization of the Don Juan legend. This edition is indebted to those of E. J. Hartzenbusch

---

[1] Various smaller anthologies and less expensive editions of single plays have since appeared; but this volume remains the most comprehensive of its kind, in plays as well as exhaustiveness of annotation and other apparatus.

(Madrid, 1885), E. Barry (Paris, 1910), A. Hämel (Strasbourg, 1921), and chiefly A. Castro (Madrid, 1922).

4. *La verdad sospechosa*, the greatest Spanish work of dramatic moralization and the basis for the first important French comedy (Corneille's *Le Menteur*). Among the published texts of this play which have been consulted are those edited by J. E. Hartzenbusch (Madrid, 1852), García Ramón (Paris, 1884), A. Reyes (Madrid, 1918), A. Hämel (Munich, 1924), A. L. Owen (New York, 1928), and A. del Saz (Madrid, n.d.). The most helpful edition was that edited by A. Reyes in the Clásicos Castellanos series.

5. *La Estrella de Sevilla*, a marvelously constructed and technically perfect example of the *capa y espada* genre. As a basis for the present edition the editors studied the complete version published by R. Foulché-Delbosc (Paris, 1920) and the shorter edition of H. Thomas (Oxford, 1923), but utilized chiefly the Austral edition (Buenos Aires, 1938) which is based on the Foulché-Delbosc text with orthography and punctuation modernized.

6. *Fuenteovejuna*, an excellent dramatization of the remarkable spirit of democracy and the power of mass action in Old Spain. This text is indebted to the editions of E. J. Hartzenbusch (Madrid, 1857), *La Última Moda* (Madrid, 1909), A. Castro (Madrid, 1920), and especially P. Henríquez Ureña (Buenos Aires, 1938).

7. *Del rey abajo, ninguno*, Rojas Zorrilla's masterpiece dealing with the *pundonor*. The present edition is the result of a comparative study of the editions of R. Mesonero Romanos (Madrid, 1866), F. Ruiz Morcuende (Madrid, 1917), N. Flaten (New York, 1929), and the Colección Universal text (Madrid, n.d.). It leans most heavily on the Clásicos Castellanos volume edited by Ruiz Morcuende.

8. *El desdén con el desdén*, Moreto's masterpiece, an excellent *comedia de carácter*. While this edition is based chiefly on that of N. Alonso Cortés (Madrid, 1916), it is also indebted to those of L. Fernández-Guerra y Orbe (Madrid, 1873) and M. Rodríguez Codolá (Madrid, 1895).

9. *El esclavo del demonio*, a noted religious play resembling the Faust legend. The text presented here has been collated with the editions of R. Mesonero Romanos (Madrid, 1881), M. A. Buchanan (Baltimore, 1905), and the two editions under different imprints by A. Valbuena Prat (Madrid, 1926, 1931), particularly the earlier.

10. *La Numancia*, Cervantes' most famous play, a stirring dramatization of the Spaniard's patriotism and heroism. The edition here presented is based upon a collation of the versions of J. E. Hartzenbusch (Madrid, 1863), the Biblioteca Clásica (Madrid, 1896), and the Calpe edition (Madrid, 1921), with the chief reliance on the last-mentioned text.

PREFACE TO THE FIRST EDITION   xi

The above order is not the one in which the *comedias* appear in the present volume. Since their exact order of merit would be, at best, a matter of subjective appraisal and since their date of production and publication is not always certain, they are given in chronological order by authors. Teachers who wish to take them up in the sequence of their literary importance or popularity will find it convenient to do so because numerous and very detailed footnotes are furnished for the best-known plays. Footnotes appear sometimes in Spanish but more often in English in an endeavor primarily to clear up difficulties and only secondarily to furnish practice in the use of Spanish.[2]

No attempt has been made to render uniform the orthography of the many texts consulted for the compilation of this collection. In the first place it is felt that students should get acquainted with the varying practices; and to that end one of the *comedias*, *Las mocedades del Cid*, has been left in the original spelling, now largely archaic. There is another, *El burlador de Sevilla*, in which every verse begins with a capital letter, a not infrequent practice in versification. Secondly, the necessities of the rhyme preclude all possibility—even if it were desirable—of modernizing such forms as *terminalla* which rhymes with *batalla* or *efeto* which rhymes with *secreto*. Likewise the strict number of syllables within a line would prevent the modernization of such words as *aquesta, fuérades* or *agora*. Some are modernized or otherwise clarified in the notes while others are left for the teacher to explain or for the student to investigate. The only uniformity observed is in the matter of numbering of verses, accentuation and punctuation. These have been modernized.

The editorial apparatus consists of (1) notes on the drama of the Golden Age; (2) an introduction to Spanish versification with a simplified metrical table for convenient and ready reference; (3) metrical tables before each *comedia*; (4) critical evaluations of each author and play; (5) selected bibliography for each author and play; (6) several thousand reference notes placed at the foot of the page explaining textual difficulties, to enable the student to read the plays intelligently and appreciatively without constant recourse to dictionaries, grammars or encyclopedias; and (7) *proyectos*, based on each play, to afford the student an opportunity for critical analysis and appraisal, literary appreciation, scholarly research, and self-expression, and to stimulate supplementary reading, class reports, and discussions. Many of the one hundred *proyectos* (ten for each of ten plays) lend themselves readily for use in connection with plays other than the one they happen to follow.[3]

The editorial material is by no means exhaustive. The editors appreciate the desirability of requiring students in advanced courses to go to

---

[2] All footnotes are now in English for the sake of uniformity and the student's ready comprehension of difficult passages.
[3] The *proyectos* are now termed "Topics for Reports and Discussions."

PREFACE TO THE FIRST EDITION

reference sources outside of the textbook. The editors also appreciate the importance of leaving room for the teacher to amplify and supplement the contents of the text.

This volume has been prepared with a view to its use not only in specialized courses on the classical drama, but also in general survey courses. It is hoped that the plays in this collection will serve as an introduction to the vast treasury of significant plays of the *Siglo de Oro*.

The editors acknowledge with appreciation the scholarly and helpful criticism given by Professor H. C. Heaton of New York University during the preparation of this volume.

H. A.
J. M.

ILLUSTRATIONS

El corral de la Pacheca, *facing page* 1
Lope Félix de Vega Carpio, *facing page* 71
Tirso de Molina, *facing page* 235
Portada de una «Comedia», *facing page* 323
Palco de un teatro del siglo XVII, *facing page* 415
Juan Ruiz de Alarcón, *facing page* 513
Don Pedro Calderón de la Barca, *facing page* 607
Un hidalgo, *facing page* 701
La cazuela de las mujeres, *facing page* 775

THE SPANISH *COMEDIA*

In the history of Spanish literature the term *Siglo de Oro* designates a brilliant period embracing most of the sixteenth and seventeenth centuries. It is the era of Spain's military and political hegemony in Europe. The popular poetry of the *romanceros* (collections of old Spanish ballads) sparkles, the mystics flourish, the picaresque novel develops, the art of lyric poetry is cultivated, and Cervantes' immortal *Don Quixote* appears. It is also the high-water mark of *la comedia española*. This most popular and intensely national of literary genres in Spain captivates the masses with its dynamism and creative power. It serves both as mirror and model of manners, and it produces the greatest number of estimable works.

The *comedia* is essentially realistic and modern to the point that two centuries after reaching the height of its artistic development, it becomes an inspiration and model for the Romantic school of the nineteenth century. This is due to its popular roots, and it is, in this sense, a new, rude literature which anticipates Romanticism. It is distinguished for its freedom of action and independence from rules. It is a type of dramatic literature that is nationalistic, realistic, and romantic, wholly independent of classical antiquity and that, by a singular coincidence, appears simultaneously in England and Spain, without any apparent reciprocal influences and purely as the spontaneous expression of their respective geniuses.

The Greek tragedy and comedy which the Renaissance revived were inspired by a special philosophy of life and were subject to limitations which only slaves to tradition were obliged to respect. Where art and artists needed the support and protection of princes and magnates in order to live and develop, the classical forms subsisted in all their limitations, beauties, and defects. In Spain, for historical reasons, there were few patrons of the arts. On the other hand, the Spanish people with their democratic tradition made a religion of activity and an activity of religion. Consequently, in Spain art had to be of the masses as well as religious or realistic, often both.

Add to this the fact that the Spanish people, because of their geography, their racial composition, and their historical vicissitudes, were endowed with a considerable amount of patriotism, enthusiasm, and faith. The need for a profoundly national human drama becomes apparent. What was called for was a theater with its roots in the way of life and feelings of that people; an art that would faithfully reflect its attitude toward life.

Accommodating national taste and popular demand, this literary manifestation arises, then, out of national taste and popular demand. It is called *comedia* but is completely eclectic from start to finish in structure and content. As variegated as life, it encompasses all dramatic genres, from tragedy to farce. It hardly ever takes a totally tragic or totally comic form. Its elements are multiple. The serious alternates with the comic, satire with moral preaching, history and legend with incidents from daily life.

Such a drama naturally dispenses with the classic unities of time, place, and action, with the possible exception of the last to the extent that unity of action is necessary to maintain the thread of the plot. The time employed for the development of the action is variable and arbitrary. Several days or years may elapse between one act or *jornada* and another. Similarly, the action can occur in more than one place within a single act and pass from one country or continent to another between acts. The genre is characterized by absolute freedom, an infinite variety of types and situations, and a mixture of every human emotion. Its only limitation, in its definitive form, is the obligatory length of three acts and the almost exclusive use of verse as a vehicle of expression.

The authors of the *Siglo de Oro* were not concerned much with the depiction of character. Generally they left this to the imagination of the spectator, who could thus identify more easily with the characters in the plays. It can be said, therefore, that the Spanish drama was in reality a novel in action. Plot and emotion constitute the main part of it, the characters being merely figures upon which the spectator projected his own personality.

The number of characters who fit into the *comedia* was limited by the type and number of actors who comprised the company. A variable number of *galanes*, *damas*, *viejos*, and *graciosos*, as well as others assigned secondary parts, made up the troupe. The characters are of all social classes: kings and princes, ladies and gentlemen, peasants and servants. They are men and women, in short, of every social level, status, and economic position. The only exception is that very rarely does a woman appear as the mother of a family, and seldom does she appear as a married woman.

The theatrical companies, of which there were at least forty in Madrid in the middle of the seventeenth century, included, from Lope de Vega's time on, a number of *actrices* who sometimes played male parts. This was in contrast to what occurred in England, where women did not appear on the stage until 1660, almost half a century after Shakespeare's death.

THE SPANISH *COMEDIA*

Like all modern drama, the *comedia* has its more or less remote origins in religious ritual and its first performances inside places of worship. Only as it reaches maturity is it housed in its own premises, suited to its function as a public spectacle. Seville and Valencia were the first Spanish cities to establish permanent theaters for dramatic performances. By the middle of the sixteenth century two such theaters or *corrales* were already in existence in Madrid. The daily production of plays attracted a heterogeneous audience to which the authors and actors referred as *el respetable Senado*.

The theaters, which were located in places without a ceiling (*patios*), consisted of a scaffold (*tablado*) where performances were generally given in the afternoon, weather permitting. At the opposite end from the stage was a gallery, known as *la cazuela* (stewpan), which seated women. The sides of the patio consisted of houses from whose windows people of quality watched the performances. The free space in the center of the patio contained benches to seat a few privileged individuals, and the rest of the patio was occupied by the *mosqueteros*, as those who stood were called, and by the women's gallery at the rear. These persons were not only noisy but hard to satisfy. Sets were modest and gave free rein to the imagination, each individual filling in things according to his own fancy. The costumes, on the other hand, were sumptuous when occasion allowed.

The thousands of *comedias* which were produced to satisfy the constant demand by a public hungry for novelties can be narrowed down to certain types for purposes of classification. Those of greatest interest are the ones called heroic, historical, or legendary. As their classification indicates, they are based on true events, legends, heroes, and historical figures. Models of this type of play are *La Numancia* by Cervantes, *Las mocedades del Cid* by Guillén de Castro, *El burlador de Sevilla* by Tirso de Molina, and *Fuenteovejuna* by Lope de Vega. In these we find portrayed courage and heroism, dignity and courtesy, integrity and a lofty sense of honor. The cape and sword plays (*comedias de capa y espada*) derive their name from the practice of the characters of hiding their identities with their capes and defending themselves with their swords. These works deal with middle class manners, have complicated plots, and are romantic in their development. Love and honor, with all the intrigue these give rise to, are the favorite themes. Outstanding examples are *Del rey abajo, ninguno* by Rojas Zorrilla, *El desdén con el desdén* by Moreto, and *La Estrella de Sevilla*, long attributed to Lope de Vega but now considered to be of uncertain authorship.

Palace plays (*comedias palaciegas* or *de palacio*), in which the action centers around some monarch or royal personage, are not strictly historical. They are set in some foreign court and serve as a pretext for expounding a philosophical theory or some abstract concept. They have a complicated plot based on intrigue, jealousy, love, and honor. The prime example is *La vida es sueño* by Calderón.

Next come the *comedias religiosas* or *de santos*. Although they serve to instruct the faithful, they are theological only in background and purpose. The plot is usually secular and draws upon the resources of love, jealousy, and honor as means of leading a sinner to a miraculous experience or conversion. *El esclavo del demonio* by Mira de Amescua is a good example.

Finally, there are the moral or didactic *comedias* (*comedias morales o de carácter*), which approach the play of character in that they deal with some social vice or individual defect and end with a moral drawn from the transgressor's punishment. These too use intrigue and the passions as plot elements. However, instead of the romantic ending, they substitute the moral lesson. The most noteworthy example is *La verdad sospechosa* by Ruiz de Alarcón.

Within the classifications enumerated above there are subdivisions that do not alter the general classification but combine elements common to one type or another. The mythological plays are a variation of the *comedias de santos*. The *comedias de figurón* (caricature plays) belong to the moral group, although they teach their lesson by means of satire or ridicule. The *comedias de ruido* (about ruffians) belong to the *comedia de costumbres*.

As the object of the *comedia* is to amuse the public, maintain its interest, and teach while entertaining, everything conducive to this triple aim is used as part of the dramatic mechanism. The poetical form makes an aesthetic contribution with its cadence and rhythm. Even music is introduced in some works, anticipating our modern musical comedy. The *gracioso* (comic character), an original creation, contributes the comic element in dramatic situations. He injects prosaic realism into romantic scenes, provides social parody in the parallelism of the action, and constantly satirizes manners.

Intrigue and action, for which abundant material could be found in the manners of the period, were favorite ingredients with the public. The formula was a sure one. Place one plot within another; flavor both with the greatest possible number of love situations and gallantries, jealousies and fears, duels and disguises; serve up marriage or death for an ending.

The plays of the period are saturated with "honor," a theme on which the dramatists pulled out all the stops. So curious was the code governing it, and so enormous its popularity, that many have sought to trace its origins and determine its relation to the reality of the times. Some trace it to the Visigoths or to the Arabs, some to the chivalric romances, the Italian dramatists of the sixteenth century, or the Spanish national character. For some, the code portrayed on the stage was largely a literary convention with only a tenuous relation to real life. For others, the relation was closer. According to a recent theory offered by the noted scholar Américo Castro, the exaggerated sense of honor stemmed from the coexistence of the Hispano-Christian and Hispano-

Hebraic cultures. In the society of the period, the *cristiano viejo* had to guard against the slightest suspicion of having *converso* (convert) blood, that is, of being of Jewish origin. The social opprobrium which could result from such suspicion, Castro maintains, made the Spaniard's reputation (*el honor*) a matter of paramount concern to him.

Honor, as an expression of personal dignity and the individual's self-respect or pride, is certainly a noble ideal. On the stage, however, it often took brutal forms, a fact no doubt partially attributable to the exaggeration and perversion of the code for dramatic effect. On the other hand, judging from such evidence as the fact that the Jesuit casuists of the day found it necessary to reconcile honor killings with Catholic doctrine, what happened in the plays was not altogether imaginary. That Spanish society accepted the code in theory, at least, there can be no doubt. On no other basis could the honor plays have achieved their popularity.

Honor, of course, has various meanings. As a reward for excellence, it is the equivalent of fame or glory. In its ethical sense it is an inherent quality of the individual—"*el patrimonio del alma*," as Pedro Crespo calls it in Calderón's *El alcalde de Zalamea*. But in innumerable *Siglo de Oro* plays it is virtually synonymous with reputation. Hence, *la opinión* and *la fama* alternate with it in the language of the day.

The social code governing honor revolved about the notion that loss of reputation is a thousand times worse than loss of life. However, a man's reputation did not rest only upon the propriety of his personal conduct, but also on the actions of all women for whom he was morally responsible. Thus, any censurable act committed by a female member of a man's immediate family—a wife, a daughter, a sister—obliged him to wipe out the dishonor by shedding blood in order to obliterate his disgrace and save his reputation. Even the slightest breath of suspicion (*soplo*) of such dishonor was sufficient to require such action. The barbarism of it all—often the woman was known to be innocent—is mitigated in the plays only by the frequent portrayal of both slayer and victim as individuals caught in the web of the same honor code. Often the slayer is tormented by the conflict between love and honor, although the code usually prevails. It is easy to see how the theme lent itself to dramatization. The custom of making the woman the repository of one's personal dignity and reputation furnished an endless number of dramatic conflicts.

These were the ingredients of the *comedia*, which lent tone and brilliance to a period that was brilliant on so many other accounts. The inexhaustible mine of plots, situations, and ideas which the prolific Spanish dramatists provided kept the theaters of Spain and the literatures of Europe supplied for many years. No clearer proof of the indisputable merit of the *Siglo de Oro* drama is needed.

SELECTED BIBLIOGRAPHY ON THE DRAMA OF THE *SIGLO DE ORO*

I. GENERAL

A. Spanish Literature

BLEIBERG, GERMÁN, and MARÍAS, JULIÁN (eds.): *Diccionario de la literatura española*, 2d ed., Madrid, 1953.
CHANDLER, RICHARD E., and SCHWARTZ, KESSEL: *A New History of Spanish Literature*, Baton Rouge, Louisiana, 1961.
FONTECHA, CARMEN: *Glosario de voces comentadas en ediciones de textos clásicos*, Madrid, 1941.
GONZÁLEZ LÓPEZ, EMILIO: *Historia de la literatura española*, 2 vols., New York, 1962–1965.
MENÉNDEZ PELAYO, MARCELINO: *Historia de las ideas estéticas en España*, Edición Nacional, 5 vols., 2d ed., Santander, 1946–1947.
RÍO, ÁNGEL DEL: *Historia de la literatura española*, edición revisada, 2 vols., New York, 1963.

B. Spanish Drama

CHAYTOR, HENRY JOHN: *Dramatic Theory in Spain*, Cambridge, 1925.
DÍAZ DE ESCOBAR, N., and LASSO DE LA VEGA, F. DE P.: *Historia del teatro español*, 2 vols., Barcelona, 1924.
DÍAZ-PLAJA, GUILLERMO (ed.): *El teatro: Enciclopedia del arte escénico*, Barcelona, 1958.
PARKER, JACK H.: *Breve historia del teatro español*, Mexico City, 1957.
SCHACK, ADOLF F. VON: *Historia de la literatura y el arte dramático en España*, 5 vols., Madrid, 1885–1887.
SCHAEFFER, ALBRECHT: *Geschichte des Spanischen Nationaldramas*, 2 vols., Leipzig, 1890.
VALBUENA PRAT, ÁNGEL: *Historia del teatro español*, Barcelona, 1956.
———: *Literatura dramática española*, Barcelona, 1930.

C. Versification

CARBALLO PICAZO, ALFREDO: *Métrica española*, Madrid, 1956.

CLARKE, DOROTHY C.: "Una bibliografía de versificación española," *University of California Publications in Modern Philology*, XX (1930), pp. 57–125.

HENRÍQUEZ UREÑA, PEDRO: *La versificación irregular en la poesía castellana*, revised edition, Madrid, 1933.

HILLS, E. C., and MORLEY, S. G.: *Modern Spanish Lyrics*, New York, 1930, pp. xliii–lxxxiii.

JAIMES FREYRE, RICARDO: *Leyes de la versificación castellana*, Tucumán, 1912.

MARÍN, DIEGO: *Poesía española*, New York, 1962, pp. 9–27.

MONTORO SANCHÍS A.: *Poética española*, Barcelona, 1949.

MORLEY, S. GRISWOLD: *Studies in Spanish Dramatic Versification of the Siglo de Oro*, Univ. of Calif. Publ., VII (1918), pp. 131–173.

NAVARRO, TOMÁS: *Métrica española : Reseña histórica y descriptiva*, Syracuse, New York, 1956.

PERRY, JANET H. (ed.): *The Harrap Anthology of Spanish Poetry*, London, 1953, pp. 25–86.

II. GOLDEN AGE

A. Historical and General Background

BATAILLON, MARCEL: *Érasme et l'Espagne*, Paris, 1937.

BELL, AUBREY F. G.: "Notes on the Spanish Renaissance," *Revue Hispanique*, LXXX (1930), pp. 319–652.

CASTRO, AMÉRICO: *De la edad conflictiva*, Vol. I: *El drama de la honra en España y en su literatura*, Madrid, 1961.

———: *La realidad histórica de España*, Mexico City, 1958. (English translation: *The Structure of Spanish History*, Princeton, 1954.)

GARCÍA VALDECASAS, ALFONSO: *El hidalgo y el honor*, Madrid, 1958.

HERRERO-GARCÍA, MIGUEL: *Ideas de los españoles del siglo XVII*, Madrid, 1928.

HUME, MARTIN: *The Court of Philip IV : Spain in Decadence*, new edition, New York, 1927.

MOREL-FATIO, ALFRED: *L'Espagne au XVIe et au XVIIe siècle*, Heilbronn, 1878.

NICHOLS, M.: *A Study of the Golden Age*, London, 1954.

PFANDL, LUDWIG: *Cultura y costumbres del pueblo español en los siglos XVI y XVII : Estudio del Siglo de Oro*, Barcelona, 1929.

RÍOS, BLANCA DE LOS: *Del Siglo de Oro*, Madrid, 1910.

RÍOS, FERNANDO DE LOS: *Religión y estado en la España del siglo XVI*, Madrid and Mexico City, 1957.

SICROFF, ALBERT A.: *Les controverses des statuts de "pureté de sang" en Espagne du XVe au XVIIe siècle*, Paris, 1960.

VALBUENA PRAT, ÁNGEL: *La vida española en la Edad de Oro*, Barcelona, 1943.

B. The Literary Period

Díaz-Plaja, Guillermo: *El espíritu del barroco: Tres interpretaciones,* Barcelona, 1940.

Hatzfeld, Helmut A.: "El predominio del espíritu español en la literatura del siglo XVII," *Revista de Filología Hispánica,* III (1941), pp. 9–23.

———: "Recent Baroque Theories," *Boletín del Instituto Caro y Cuervo,* IV (1948), pp. 461–491.

Macrí, Oreste: "La historiografía del barroco literario español," *Thesaurus (Boletín del Instituto Caro y Cuervo),* XV (1960), pp. 1–70.

Montolíu, Manuel de: *El alma de España y sus reflejos en la literatura del Siglo de Oro,* Barcelona, 1942.

Onís, Federico de: "El concepto del Renacimiento español aplicado a la literatura española," *Universidad de Puerto Rico,* 1955, pp. 285–295.

Pfandl, Ludwig: *Historia de la literatura nacional española del Siglo de Oro,* Barcelona, 1952.

Valbuena Briones, Ángel: "El Barroco, arte hispánico," *Thesaurus (Boletín del Instituto Caro y Cuervo),* XV (1960), pp. 235–246.

Vossler, Karl: *Introducción a la literatura española del Siglo de Oro,* Madrid, 1934.

C. Drama

1. Collections and Anthologies

Colección de entremeses, loas, bailes (Nueva Biblioteca de Autores Españoles, Vols. XVII and XVIII).

Dramáticos contemporáneos de Lope de Vega (Biblioteca de Autores Españoles, Vols. XLIII and XLV).

Dramáticos posteriores a Lope de Vega (Biblioteca de Autores Españoles, Vols. XLVII and XLIX).

Sáinz de Robles, Federico C.: *El teatro español: Historia y antología (siglos XIV al XIX),* 7 vols., Madrid, 1942–1943.

In English:

The Classic Theatre. Vol. III: *Six Spanish Plays,* edited by Eric Bentley, Garden City, New York, 1959.

Spanish Drama, edited by Ángel Flores, New York, 1962.

Three Classic Spanish Plays, edited by Hymen Alpern, New York, 1963.

Eight Spanish Plays of the Golden Age, translated and edited by Walter Starkie, New York, 1964.

2. Studies

Alpern, Hymen: "Jealousy as a Dramatic Motive in the Spanish Comedia," *Romanic Review,* XIV (1923), pp. 276–285.

Bergamín, José: *Mangas y capirotes,* Buenos Aires, 1950.

Bravo-Villasante, Carmen: *La mujer vestida de hombre en el teatro español (siglos XVI y XVII),* Madrid, 1955.

Casalduero, Joaquín: *Estudios sobre el teatro español,* Madrid, 1962.

CASTRO, AMÉRICO: "Algunas observaciones acerca del concepto del honor en los siglos XVI y XVII," *Revista de Filología Española*, III (1916), pp. 1–50, 357–386.

CORREA, GUSTAVO: "El doble aspecto de la honra en el teatro del siglo XVII," *Hispanic Review*, XXVI (1958), pp. 99–107.

COTARELO Y MORI, EMILIO: *Bibliografía de las controversias sobre la licitud del teatro en España*, Madrid, 1904.

FERNÁNDEZ SHAW, GUILLERMO: "Lo musical en nuestro teatro clásico," *Abside*, XXV (1961), pp. 180–200.

HUSZAR, GUILLAUME: *Pierre Corneille et le théâtre espagnol*, Paris, 1903.

JONES, C. A.: "Honor in Spanish Golden-Age Drama: Its Relation to Real Life and Morals," *Bulletin of Hispanic Studies*, XXXV (1958), pp. 199–210.

———: "Spanish Honour as Historical Phenomenon, Convention and Artistic Motive," *Hispanic Review*, XXXIII (1965), pp. 32–39.

KELLER, JOHN E.: *A Tentative Classification for Themes in the Comedia*, Madison, Wisconsin, 1953.

LEY, CHARLES D.: *El gracioso en el teatro de la Península (siglos XVI– XVII)*, Madrid, 1954.

MARTINENCHE, ERNEST: *La Comedia espagnole en France de Hardy à Racine*, Paris, 1900.

MENÉNDEZ PIDAL, RAMÓN: *De Cervantes y Lope de Vega*, Buenos Aires-Mexico City, 1943.

MOREL-FATIO, ALFRED: *La Comedia espagnole du XVIIe siècle*, 2d ed., Paris, 1923.

PARKER, A. A.: "The Approach to the Spanish Drama of the Golden Age," *Tulane Drama Review*, IV (1959), pp. 42–59.

———: "Reflections on a New Definition of Baroque Drama," *Bulletin of Hispanic Studies*, XXX (1953), pp. 142–151.

REICHENBERGER, ARNOLD G.: "The Uniqueness of the Comedia," *Hispanic Review*, XXVII (1959), pp. 303–316.

RENNERT, HUGO ALBERT: *The Spanish Stage in the Time of Lope de Vega*, New York, 1909. (Dover Publications paperbound reprint: New York, 1963.)

ROATEN, DARNELL, and SÁNCHEZ ESCRIBANO, F.: *Wölfflin's Principles in Spanish Drama: 1500–1700*, New York, 1952.

SÁNCHEZ ESCRIBANO, F.: "Cuatro contribuciones españolas a la preceptiva dramática mundial," *Bulletin of the Comediantes*, XIII, No. 1 (1961), pp. 1–3.

WARDROPPER, BRUCE W.: *Introducción al teatro religioso del Siglo de Oro*, Madrid, 1953.

VERSIFICATION

Spanish poetry is based on the following fundamental principles:

1. A definite number of syllables to a given line of verse.
2. A rhythmical arrangement of the syllables within the line.
3. A definite rhyme scheme for the verses of a given strophic unit.
4. Assonance of even verses in the *romance*.

1. NUMBER OF SYLLABLES   In determining the number of syllables in a verse we must consider the accent or stress and the four main poetical licenses known as synalepha (*sinalefa*), syneresis (*sinéresis*), dieresis (*diéresis*), and hiatus (*hiato*).

The *accent* or *stress*, affecting as it does the quality of a syllable, has the effect of altering the actual number of syllables in a verse. Thus *amé*, *amemos*, *amémonos* are all counted as three-syllable words when they are at the end of a verse: *amé* gaining one because of the strength of the accent, and *amémonos* losing one because of the distance of the accent from the end. Of the three, *amemos* alone has three syllables in fact as well as in theory. Consequently, *El burlador de Sevilla* and *El desdén con el desdén* would make two octosyllabic verses, and are so used in the plays.

Sinalefa consists in merging or uniting into a diphthong the vowel in final position of a word with a vowel in initial position in the next word. If may include all continuous vowels of adjacent words, silent *h* not being a hindrance. For instance: the initial lines of *La Numancia*,

> Esta difícil y peada carga
>
> que el Senado romano me ha encargado

are two eleven-syllable verses of identical length.

Sinéresis does within a word what *sinalefa* does within a verse; that is, it merges into a diphthong letters that ordinarily would form separate syllables. See the first line of *Las mocedades del Cid* where the word *lealtad* counts as two syllables by syneresis.

Diéresis is the opposite of the above and consists in the separation of vowels that in ordinary pronunciation would form a diphthong. Thus *ruido* would sometimes count as a three-syllable word, and *confianza* as a four-syllable word, in order that a syllable might be gained. See verses 866 and 878 of *Las mocedades del Cid*.

Hiato (hiatus) is to the line what *diéresis* is to a word; that is, *sinalefa* is prevented by it at the discretion of the poet. For example in *"por su honra maltratada,"* v. 573 of *Las mocedades del Cid*, there is no merging of *su* and *honra*.

2. SYLLABIC ARRANGEMENT WITHIN VERSE   The principle on which the syllables within a verse are arranged is a survival from classical prosody in which the verses were divided into feet, and serves to maintain harmony within the line of verse. For example, v. 3001 of *La verdad sospechosa* reads: *"la palabra tenéis que me habéis dado,"* but if it were changed to read: *"tenéis la palabra que me habéis dado,"* the shift of accent would destroy the harmony although the number of syllables would remain eleven.

3. RHYME   Sound harmony may be either consonant (*Rima consonante*) which is perfect rhyme, or assonant (*Rima asonante*) which is imperfect rhyme.

Rima consonante consists in the pairing of verses whose endings, from the accent on, are identical. Therefore, the following pairs all make perfect rhymes: *alguno—ninguno, males—iguales, morir—salir, purísima—malísima*.

Rima asonante disregards the sound of consonants and considers that of vowels alone, counting only the accented one and the one in the final syllable. Thus, *brilla, venida, íntima, antigua, benigna*, all make assonance of *í-a*.

Although assonance is not an exclusive feature of Spanish versification, it is one of its salient characteristics. It is the form in which the ancient ballads (*romances*) were written.

Metric Combinations

The Spanish dramatists of the Golden Age wrote their plays in verse, employing a large variety of meters. Lope de Vega, for example, is said to have used every metrical scheme of which the Spanish language was susceptible. The following are the types of verse arrangement found in the ten *comedias* of the present volume:

The *Romance*, which is the most common of all verse forms, is usually octosyllabic, and consists, as already stated, in the identity, throughout an indefinite series of even-numbered lines, of the last accented vowels and in the identity of the unaccented vowels which follow when such unaccented vowels are used. It may be "masculine" when the correspondence is with the last vowel only, as in vv. 2399–2484 of *El burlador de Sevilla* where the assonance is of -*ó*, and it may be "feminine" with correspondence of the vowel sounds of the last accented syllable and those following. The words *reina, tierra, fuerza, pena, yegua, soberbia* all have assonance of (*e-a*), the weak vowel of a diphthong being ignored. The *romance* is used for the presentation of heroic, traditional or legendary narrative, as well as for general expository purposes. For a good example see vv. 655–698 of *Fuenteovejuna*, where the assonance is of (*e-o*).

The *Redondilla* comes next after the *romance* as the most popular and characteristic form of Spanish meter. It is a quatrain of eight-syllable verses of which the first usually rhymes with the fourth and the second with the third, the scheme being *abba, cddc,* etc. It is used for lively, animated conversation, as in vv. 1057–1304 of *El desdén con el desdén*. A series of *redondillas* may end with two extra lines. See vv. 3092–3093 of *La vida es sueño*.

The *Quintilla* is a strophe of five octosyllabic verses having only two rhymes. The arrangement of the verses may vary, provided three verses do not rhyme successively. The possible combinations are: *aabab, aabba, abaab, ababa, ababb, abbaa, abbab*. The most frequently used, however, is *ababa*. See vv. 1309–1383 of *La verdad sospechosa*. This type of verse is employed to express deep emotions of a pathetic and lyrical character. See vv. 1987–2061 of *La Estrella de Sevilla*.

The *Sextilla* is a sextain of alternating lines of seven and eleven syllables rhyming thus: *aBaBcC*. See vv. 221–262 of *Del rey abajo, ninguno*.

The *Silva* is a composition consisting of an unlimited number of seven- and eleven-syllable verses, usually alternating and rhyming, as in vv. 1061–1166 of *Del rey abajo, ninguno*. Here the alternating verses rhyme *xX* and the composition is called *Silva pareada*. Rhyme and arrangement are often uneven as in vv. 439–516 of *El desdén con el desdén*. *Silvas* are appropriate for the monologues recited by persons of high rank when strong emotions are expressed.

The *Octava* or *Octava real* is composed of eight verses of eleven syllables each, the rhyme scheme of which is *abababcc*. A series of *octavas* might end with a *cuarteta* which is half an *octava*: *abab*. See the metrical scheme of *La Numancia*. It is found especially in narrative compositions and in epic poems. See vv. 2485–2532 of *El burlador de Sevilla*.

The *Terceto* is a metrical combination of three eleven-syllable verses that are intertwined; that is, the first and third verse of each *terceto* rhyme with the second of the preceding, the scheme being *aba, bcb, cdc,* etc. A series of *tercetos* often ends with an extra verse: *yzyz.* See vv. 939–960 of *La Numancia.* The *terceto* is best suited for grave, serious exposition.

The *Décima* or *Espinela* is a composition of ten octosyllabic verses divided into two groups and rhyming thus: *abbaa-ccddc.* In the perfect *espinela,* besides, the sense is suspended at the fourth line for a pause. This type of strophe is used for plaintive exposition. See the famous "*Cuentan de un sabio que un día*" in *La vida es sueño,* vv. 253–262. Sometimes a series of *décimas* closes with an extra quintilla. See the last lines in the second act of *El burlador de Sevilla.*

The *Estancia* is a stanza of eleven verses of seven and eleven syllables rhyming *abbaacddCeE.* That means that verses 9 and 11 are eleven syllables long, the rest being of seven syllables each. See vv. 477–598 of *La Estrella de Sevilla.* Sometimes the scheme is altered.

The *Soneto* is a very artificial composition consisting of four parts, namely, two quatrains and two tercets, making in all fourteen verses of eleven syllables each, usually rhyming *abba, abba, cdc, dcd;* but the two tercets may be in a variety of patterns. Besides its material difficulties, the sonnet must contain a single thought and it must end with a brilliant idea. See the three sonnets (all different) in the metrical scheme of *El esclavo del demonio.* The sonnet is especially suited for monologues.

The *Verso suelto* (blank verse) is generally restricted to eleven-syllable compositions of varied length without rhyme, but contains an inner harmony and cadence due to the location of accents. Although there is no rhyme, a couplet may sometimes mark the close of an idea. This type of verse is extremely difficult to make in spite of its apparent simplicity, and lends itself to high, elevated style. See vv. 1451–1473 of *Fuenteovejuna.*

There are many minor compositions such as *Canción,* which is a term applied to any song; *Letrilla,* also a lyric of variable structure; and *Estribillo,* which is a refrain.

For a more extensive treatment of this interesting and complicated subject, without some knowledge of which it would be impossible to read correctly, see the Versification section in the Selected Bibliography.

TABLE OF THE PRINCIPAL VERSE FORMS CONTAINED IN THIS VOLUME

Verse Form	Lines to the Stanza	Rhyme	Rhyme Scheme	Syllables to the Line	%
Pareados (silvas)	2	⎫	xX	7–11	3
Tercetos	3		aba, bcb, cdc, *etc.*	11	2
Redondillas	4		abba	8	38
Quintillas	5		ababa, (abbab, *etc.*)	8	7
Sextillas	6	consonance	aBaBcC	7–11	1
Octavas	8		abababcc	11	6
Décimas	10		abba–accddc	8	6
Estancias	11		abbaacddCeE	7–11	0.5
Sonetos	14	⎭	abba, abba, cdc, dcd	11	0.5
Silvas		consonance and free assonance in alternate lines		7–11	0.5
Romance				8	34
Sueltos				11	1
Other (Canción, Estribillo, Letrilla, etc.)					0.5
					100

xxix

El corral de la Pacheca

CERVANTES

The Spanish theater of the *Siglo de Oro*, like every notable manifestation of a people's culture, has its antecedents which paved the way. The slow process of artistic development, beginning at the end of the twelfth century with the *Auto de los Reyes Magos*, produced works and figures—some familiar to us, others forgotten—which are steps in an evolution culminating in *La tragicomedia de Calixto y Melibea*, known as *La Celestina*. All the dramatic output of the ensuing centuries owes much to this key work.

The early *prelopistas*, as the dramatists prior to Lope de Vega are called, have not yet worked out the problems of dramatic structure. Nevertheless, it is they who effect the transition from religious to secular drama and accumulate the materials with which the future national drama is created. But perhaps the greatest glory of the *prelopistas* is to count among their numbers the prince of Spanish geniuses, Miguel de Cervantes Saavedra (1547–1616).

Cervantes' fame as the author of *Don Quijote* naturally eclipses any reputation he might have had as a dramatist. Yet it was as a playwright that he began his literary career shortly after his return to Spain in 1580, following his captivity in Algiers, and it was to the drama that his thoughts and aspirations often turned. Moreover, he is regarded as a master of the *entremés*, or interlude.

His full-length plays, of which we have ten, are nevertheless justifiably treated with relative neglect, notwithstanding occasional flashes of poetic genius. Although Cervantes claimed a degree of success, around 1587 he had to give up writing for the theater. He was unable to live on his earnings from this activity, nor could he compete with the phenomenally successful Lope de Vega. Cervantes later tried a comeback, but it was as fruitless as his first attempt. He finally turned to prose, convinced no doubt that, in the words of a theatrical manager, "*de su prosa se podía esperar mucho, pero del verso nada.*"

He did write one full-length play, however, that is impressive in many ways and enjoys a special place in Spanish literature. This is *La Numancia*, also known as *El cerco de Numancia* and *La destrucción de Numancia*, which was unpublished until the eighteenth century.

The historical basis of the play is the capture of the Celtiberian city of Numantia in 133 B.C. by Scipio Aemilianus, following a siege of many years. The Numantians' defense of their independence against the Romans is unrivaled for its fanatical tenacity and heroism. Though completely destroyed, their city has remained a symbol of Spanish valor and patriotism. In the Middle Ages it served as a reminder to Spaniards of Celtiberian heroism. At the siege of Zaragoza in the War of Independence General Palafox, the city's defender, ordered the performance of Cervantes' play as a means of rousing the Spaniards to the defense of their liberty against Napoleon's troops. In the Spanish Civil War of the 1930's the play was again performed with a view to rallying Spaniards. In 1882, the site of the city's ruins, along the Duero near the present-day city of Garray, was declared a national monument. Besides Cervantes, several others have written plays on the defense of the city, some of them as late as the nineteenth century.

We have to deal, then, with the heroic defense, and suicide, of a city which has great significance for Spaniards, a city whose name rings with patriotism, idealism, and the spirit of freedom. It is easy to understand the appeal the story had for Cervantes, the idealist and hero of Lepanto and Algiers, the ardent patriot and lover of liberty.

His main historical sources probably were, as is generally believed, the histories of Appian or Florus, or Ambrosio de Morales' continuation of Florián de Ocampo's *Crónica general de España*. The final scene, in which the lone-surviving boy plunges to his death from a tower, is derived from a popular Spanish ballad, "*De cómo Cipión destruyó a Numancia.*" But the deeper source was surely Cervantes' own spirit. It is this which breathes life into the work. Cervantes may have lacked the dramaturgical craftsmanship to make the play technically perfect; many have criticized its episodic and disjointed structure, its profusion of poorly drawn characters, its use of allegorical figures. He did not, however, lack the imagination or the inspiration to create a work whose intensity and awesomeness have an extraordinary impact.

Some, like the nineteenth-century Spanish general Almirante, may see only futility in the kind of suicidal individual courage displayed by the Numantians against overwhelming organized forces. Cervantes saw in it a certain sublimity and an expression of his own and his nation's heroic spirit. Like the *Siglo de Oro* drama as a whole, the play has a collective character. It is based on the historical and ideological heritage shared by all Spaniards. The protagonist is, in fact, the city of Numantia itself, rather than any individual character.

Many have seen in Cervantes' play more of an epic than a drama. Certainly Cervantes gave much thought to the epic genre and even wrote a prose epic, *Persiles y Sigismunda*. Perhaps, as has been suggested, *La Numancia* should be considered as being in a class by itself, a blend of epic and tragedy. The sheer size of its theme and action brings it closer to the epic. On the other hand, many of its scenes are not lacking in dramatic quality. Its use of such allegorical figures as War, Famine, Spain, and the Duero as a sort of chorus point to Cervantes' intention to write a work along the lines of classical tragedy. He does not, however, adhere strictly to its rules. Actually, *La Numancia* is regarded as one of the more successful Spanish attempts at tragedy—the genre does not appear to have been the Spaniards' forte—in Cervantes' day. The Romantics understandably gave the play a high place. Goethe and Shelley praised it. August Wilhelm Schlegel called it a masterpiece of dramatic literature. His brother Friedrich called it divine. In a later day, Schopenhauer was greatly impressed by the dramatization of the suicide of an entire city.

The Numantians of the work are pre-Christian, of course. But their glorious deeds presage those of Christian Spain. In the physical death of Numantia and the city's resurrection in the form of eternal glory (symbolized by the phoenix rising from its ashes) can be seen the Christianization of the pagan idea of fame, for the Spanish critic Joaquín Casalduero the central meaning of the play.

La Numancia's grandness of conception, its noble, elevated style and patriotic fervor, make it one of the great creations of the Spanish theater.

METRICAL SCHEME OF «LA NUMANCIA»

Act I

Octavas reales	abababcc	1–48
Redondillas	abba	49–56
Octavas reales	abababcc	57–536

Act II

Octavas reales	abababcc	537–680
Redondillas	abba	681–788
Tercetos	aba, bcb, cdc, *etc.*	789–906
Redondillas	abba	907–938
Tercetos	aba, bcb, cdc, *etc.*	939–960
Octavas reales	abababcc	961–1088
Redondillas	abba	1089–1112

Act III

Octavas reales	abababcc	1113–1232
Tercetos	aba, bcb, cdc, *etc.*	1233–1305
Redondillas	abba	1306–1401
Octavas reales	abababcc	1402–1457
Redondillas	abba	1458–1573
Tercetos	aba, bcb, cdc, *etc.*	1574–1631
Octavas reales	abababcc	1632–1687
Redondillas	abba	1688–1731
Octava real	abababcc	1732–1739

Act IV

Octavas reales	abababcc	1740–1795
Redondillas	abba	1796–1935
Octavas reales	abababcc	1936–2063
Cuarteta	abab	2064–2067
Octavas reales	abababcc	2068–2115
Redondillas	abab	2116–2139
Octavas reales	abababcc	2140–2179
Cuarteta	abab	2180–2183
Sueltos		2184–2257
Tercetos	aba, bcb, cdc, *etc.*	2258–2360
Octavas reales	abababcc	2361–2448

LA NUMANCIA

PERSONAS Y FIGURAS

Escipión, *romano*.
Jugurta, *romano*.
Cayo Mario, *romano*.
Quinto Fabio, *romano*.
Cayo, *soldado romano*.
Cuatro Soldados *romanos*.
Dos Numantinos, *embajadores*.
España.
El río Duero.
Tres Muchachos *que representan riachuelos*.
Teógenes, *numantino*.
Caravino, *numantino*.
Cuatro Gobernadores *numantinos*.
Marquino, *hechicero numantino*.
Marandro, *numantino*.
Leonicio, *numantino*.
Dos Sacerdotes *numantinos*.
Un Paje *numantino*.
Seis Pajes *más, numantinos*.
Un Hombre *numantino*.
Milbio, *numantino*.
Un Demonio.

Un Muerto.
Cuatro Mujeres *de Numancia*.
Lira, *doncella*.
Dos Ciudadanos *numantinos*.
Una Mujer *de Numancia*.
Un Hijo *suyo*.
Otro Hijo *de aquélla*.
Un Muchacho, *hermano de* Lira.
Un Soldado *numantino*.
La Guerra.
La Enfermedad.
El Hambre.
La Mujer *de* Teógenes.
Un Hijo *suyo*.
Otro Hijo *y una* Hija *de* Teógenes.
Serbio, *muchacho*.
Bariato, *muchacho, que es el que se arroja de la torre*.
Un Numantino.
Ermilio, *soldado romano*.
Limpio, *soldado romano*.
La Fama.

JORNADA PRIMERA

Entra Escipión, *y* Jugurta, *y* Mario, *y* Quinto Fabio, *hermano de* Escipión,* *romanos*.

Escip. Esta difícil y pesada carga
que el Senado romano me ha encargado,
tanto me aprieta, me fatiga y carga,
que ya sale de quicio mi cuidado.
De guerra y curso tan extraña y larga   5
y que tantos romanos ha costado,

---

*The persons named are Scipio, Iugurtha, Caius Marius, and Quintus Fabius. Scipio, a Roman general, was the most renowned warrior of his age. In the year 147 B.C. he was sent to Africa as Consul and fulfilled the stern mandate of the Senate: "Delenda est Carthago" (Carthage must be destroyed). In 133 B.C. he brought about the fall of Numantia, his last great military feat. For this achievement the Roman Senate added to his title of "Africanus" that of "Numantinus."
4 *ya sale de quicio mi cuidado*: my zeal is becoming unhinged

	¿quién no estará suspenso al acaballa?
	¡Ah! ¿Quién no temerá de renovalla?
Jugur.	¿Quién, Cipión? Quien tiene la ventura,
	el valor, nunca visto, que en ti encierras,
	pues con ella y con él está segura
	la vitoria y el triunfo destas guerras.
Escip.	El esfuerzo regido con cordura
	allana al suelo las más altas sierras,
	y la fuerza feroz de loca mano
	áspero vuelve lo que está más llano;
	mas no hay que reprimir, a lo que veo,
	la furia del ejército presente,
	que, olvidado de gloria y de trofeo,
	yace embebido en la lascivia ardiente;
	y esto sólo pretendo, esto deseo:
	volver a nuevo trato nuestra gente,
	que, enmendando primero al que es amigo,
	sujetaré más presto al enemigo.
	¡Mario!
Mario.	¿Señor?
Escip.	Haz que a noticia venga
	de todo nuestro ejército, en un punto,
	que, sin que estorbo alguno le detenga,
	parezca en este sitio todo junto,
	porque una breve plática de arenga
	les quiero hacer.
Mario.	Harélo en este punto.
Escip.	Camina, porque es bien que sepan todos
	mis nuevas trazas y sus viejos modos.

Vase Mario.

Jugur.	Séte decir, señor, que no hay soldado
	que no te tema juntamente y ame;
	y porque ese valor tuyo extremado,
	de Antártico a Calixto se derrame,
	cada cual con feroz ánimo osado,
	cuando la trompa a la ocasión les llame,
	piensa hacer en tus servicios cosas
	que pasen las hazañas fabulosas.
Escip.	Primero es menester que se refrene
	el vicio que entre todos se derrama;
	que si éste no se quita, en nada tiene

---

7 *suspenso al acaballa*: hesitant about ending it; *acaballa = acabarla*, a case of assimilation of the *r* of the infinitive to the *l* of an attached object pronoun 21 *pretendo*: I seek 32 *mis nuevas . . . modos*: my new plans based on their old ways 33 *Séte decir = Sé decirte* 35 *porque = para que* when followed by the subjunctive 36 *Calixto*: a constellation (the Bear)

con ellos que hacer la buena fama.
Si este daño común no se previene 45
y se deja arraigar su ardiente llama,
el vicio sólo puede hacernos guerra
más que los enemigos de esta tierra.
Tocan a recoger, y échase de adentro este bando:
    « Manda nuestro general
    que se recojan armados 50
    luego todos los soldados
    en la plaza principal,
        y que ninguno no quede
    de parecer a esta vista,
    so pena que de la lista 55
    al punto borrado quede.»

JUGUR.   No dudo yo, señor, sino que importa
recoger con duro freno la malicia,
y que se dé al soldado rienda corta
cuando él se precipita en la injusticia. 60
La fuerza del ejército se acorta
cuando va sin arrimo de justicia,
aunque más le acompañen a montones
mil pintadas banderas y escuadrones.
Entra un alarde de soldados, armados a lo antiguo,
sin arcabuces, y ESCIPIÓN *se sube sobre una peña que*
estará allí, y dice:

ESCIP.   En el fiero ademán, en los lozanos 65
marciales aderezos y vistosos,
bien os conozco, amigos, por romanos;
romanos, digo, fuertes y animosos;
mas en las blancas delicadas manos
y en las teces de rostros tan lustrosos, 70
allá en Bretaña parecéis criados,
y de padres flamencos engendrados.
   El general descuido vuestro, amigos,
el no mirar por lo que tanto os toca,
levanta los caídos enemigos, 75
que vuestro esfuerzo y opinión apoca.
Desta ciudad los muros son testigos,
que aun hoy está cual bien fundada roca,
de vuestras perezosas fuerzas vanas,
que sólo el nombre tienen de romanas. 80

---

53 quede: fail *54 vista:* military review *55 so pena de:* under penalty of *62 arrimo:* support *71 allá . . . criados:* you seem to have been raised in Britain *74 mirar por:* look out for *76 que . . . apoca:* which your valor and reputation humble *78 cual* = *como*

¿Paréceos, hijos, que es gentil hazaña
que tiemble del romano nombre el mundo,
y que vosotros solos en España
le aniquiléis y echéis en el profundo?
¿Qué flojedad es esta tan extraña? 85
¿Qué flojedad? Si yo mal no me fundo,
es flojedad nacida de pereza,
enemiga mortal de fortaleza.
   La blanda Venus con el duro Marte
jamás hacen durable ayuntamiento; 90
ella regalos sigue, él sigue arte
que incita daños y furor sangriento.
La cipria diosa estése agora aparte;
deje su hijo nuestro alojamiento,
que mal se aloja en las marciales tiendas 95
quien gusta de banquetes y meriendas.
   ¿Pensáis que sólo atierra la muralla
el almete y la acerada punta,
y que sólo atropella la batalla
la multitud de gentes y armas junta? 100
Si esfuerzo de cordura no señala,
que todo lo previene y lo barrunta,
poco aprovechan muchos escuadrones,
y menos infinitas municiones.
   Si a militar concierto se reduce, 105
cualque pequeño ejército que sea,
veréis que como sol claro reluce,
y alcanza las vitorias que desea;
pero si a flojedad él se conduce,
aunque abreviado el mundo en él se vea, 110
en un momento quedará deshecho
por más reglada mano y fuerte pecho.
   Avergonzaos, varones esforzados,
porque, a nuestro pesar, con arrogancia,
tan pocos españoles, y encerrados, 115
defiendan este nido de Numancia.
Diez y seis años son y más pasados
que mantienen la guerra y la ganancia
de haber vencido con feroces manos
millares de millares de romanos. 120

---

84 el profundo: the depths *93 cipria diosa:* Venus, the worship of whom in ancient Cyprus gave the island a reputation for licentiousness. *94 su hijo:* Cupid *106 cualque = cualquiera 110 aunque... vea:* though it be a whole world in miniature *117* According to ancient historians, the war with Numantia lasted fourteen years, and the close siege under Scipio a year and three months.

Vosotros os vencéis, que estáis vencidos
del bajo antojo y femenil, liviano,
con Venus y con Baco entretenidos,
sin que a las armas extendáis la mano.
  Correos agora, si no estáis corridos, 125
de ver que este pequeño pueblo hispano
contra el poder romano se defienda,
y, cuanto más rendido, más ofenda.
  De nuestro campo quiero, en todo caso,
que salgan las infames meretrices, 130
que de ser reducidos a este paso,
ellas solas han sido las raíces.
Para beber no quede más de un vaso,
y los lechos, un tiempo ya felices,
llenos de concubinas, se deshagan, 135
y de fajina y en el suelo se hagan.
  No me huela el soldado otros olores
que el olor de la pez y de resina,
ni por golosidad de los sabores
traiga siempre aparato de cocina: 140
que el que usa en la guerra estos primores
muy mal podrá sufrir la cota fina;
no quiero otro primor ni otra fragancia
en tanto que español viva en Numancia.
  No os parezca, varones, escabroso 145
ni duro este mi justo mandamiento,
que al fin conoceréis ser provechoso,
cuando aquél consigáis de vuestro intento.
Bien se os ha de hacer dificultoso
dar a vuestras costumbres nuevo asiento; 150
mas, si no las mudáis, estará firme
la guerra que esta afrenta más confirme.
  En blandas camas, entre juego y vino,
hállase mal el trabajoso Marte;
otro aparejo busca, otro camino; 155
otros brazos levantan su estandarte;
cada cual se fabrica su destino;
no tiene allí fortuna alguna parte;
la pereza fortuna baja cría;
la diligencia, imperio y monarquía. 160
  Estoy con todo esto tan seguro
de que al fin mostraréis que sois romanos,

---

122 bajo antojo y femenil: low, feminine whims *123 Baco:* Bacchus, the god of wine *125 corridos:* ashamed *136 fajina:* bundle of hay *140 aparato de cocina:* fancy food *159 la ... cría:* laziness breeds ill fortune

que tengo en nada el defendido muro
destos rebeldes bárbaros hispanos;
y así, os prometo por mi diestra y juro   165
que, si igualáis al ánimo las manos,
que las mías se alarguen en pagaros,
y mi lengua también en alabaros.

*Míranse los soldados unos a otros, y hacen señas a uno
de ellos, que se llama* Cayo Mario, *que responda por
todos, y dice:*

Mario.   Si con atentos ojos has mirado,
ínclito general, en los semblantes   170
que a tus breves razones han mostrado
los que tienes agora circunstantes,
cuál habrás visto sin color, turbado,
y cuál con ella, indicios bien bastantes
de que el temor y la vergüenza a una   175
nos aflige, molesta e importuna:
vergüenza, de mirar ser reducidos
a término tan bajo por su culpa,
que viendo ser por ti repreendidos,
no saben a esa falta hacer disculpa;   180
temor, de tantos yerros cometidos;
y la torpe pereza que los culpa
los tiene de tal modo, que se holgaran
antes morir que en esto se hallaran.
   Pero el lugar y el tiempo que los queda   185
para mostrar alguna recompensa,
es causa que con menos fuerza pueda
fatigarte el rigor de tal ofensa.
De hoy más, con presta voluntad y leda,
el más mínimo destos cuida y piensa   190
de ofrecer sin revés a tu servicio
la hacienda, vida, honra en sacrificio.
   Admite, pues, de sus intentos sanos
al justo ofrecimiento, señor mío,
y considera al fin que son romanos,   195
en quien nunca faltó del todo brío.
Vosotros levantad las diestras manos,
en señal que aprobáis el voto mío.

---

163 *tengo en nada:* I consider as nothing 165 Supply *mano* after *diestra.* 170 *ínclito:* illustrious
173–174 *cuál . . . cuál:* some . . . some; *con ella:* with color, i.e., blushing *(color* was feminine
and masculine) 175 *a una* = *a un tiempo:* jointly 179 *repreendidos* = *reprendidos:* reprimanded
183–184 *se holgaran antes morir:* they would sooner die 189 *De hoy más:* From today on; *presta . . .
leda:* ready and joyful will 191 *de:* omitted in modern Spanish

Sol. 1.º Todo lo que habéis dicho confirmamos.
Sol. 2.º Y lo juramos todos.
Todos.   Sí, juramos.
Escipión. Pues, arrimado a tal ofrecimiento,
          crece ya desde hoy mi confianza,
          creciendo en vuestros pechos ardimiento
          y del viejo vivir nueva mudanza.
          Vuestras promesas no se lleve el viento;
          hacerlas verdaderas con la lanza;
          que las mías saldrán tan verdaderas,
          cuanto fuere el valor de vuestras veras.
Sol. 1.º Dos numantinos con seguro vienen
          a darte, Cipión, una embajada.
Escip.   ¿Por qué no llegan ya? ¿En qué se detienen?
Sol. 1.º Esperan que licencia les sea dada.
Escip.   Si son embajadores, ya la tienen.
Sol. 1.º Embajadores son.
Escip.   Daldes entrada;
          que, aunque descubran cierto falso pecho,
          al enemigo siempre de provecho,
             jamás la falsedad vino cubierta
          tanto con la verdad, que no mostrase
          algún pequeño indicio, alguna puerta
          por donde su maldad se entestiguase.
          Oír al enemigo es cosa cierta
          que siempre aprovechó más que dañase,
          y, en las cosas de guerra, la experiencia
          muestra que lo que digo es cierta ciencia.

          Entran dos Numantinos, *embajadores.*

Num. 1.º Si nos das, gran señor, grata licencia,
          decirte he la embajada que traemos;
          do estamos, o ante sola tu presencia,
          todo a lo que venimos te diremos.
Escip.   Decid; que adondequiera doy audiencia.
Num. 1.º Pues con ese seguro que tenemos,
          de tu real grandeza concedido,
          daré principio a lo que soy venido.

Numancia, de quien yo soy ciudadano,
ínclito general, a ti me envía,
como al más fuerte capitán romano
que ha cubierto la noche y visto el día,
a pedirte, señor, la amiga mano,
en señal de que cesa la porfía
tan trabada y cruel de tantos años,
que ha causado sus propios y tus daños.
   Dice que nunca de la ley y fueros
del Senado romano se apartara
si el insufrible mando y desafueros
de un cónsul y otro no le fatigara.
Ellos con duros estatutos fieros
y con su extraña condición avara
pusieron tan gran yugo a nuestros cuellos,
que forzados salimos dél y dellos;
   y en todo el largo tiempo que ha durado
entrambas partes la contienda, es cierto
que ningún general hemos hallado
con quien poder tratar algún concierto.
Empero agora, que ha querido el hado
reducir nuestra nave a tan buen puerto,
las velas de la gavia recogemos
y a cualquiera partido nos ponemos.
   No imagines que temor nos lleva
a pedirte las paces con instancia,
pues la larga experiencia ha dado prueba
del poder valeroso de Numancia.
Tu virtud y valor es quien nos ceba,
y nos declara que será ganancia
mayor que cuantas desear podemos,
si por señor y amigo te tenemos.
   A esto ha sido la venida nuestra.
Respóndenos, señor, lo que te place.

Escip. ¡Tarde de arrepentidos dais la muestra!
Poco vuestra amistad me satisface.
De nuevo ejercitad la fuerte diestra,
que quiero ver lo que la mía hace;
quizá que ha puesto en ella la ventura
la gloria nuestra y vuestra sepultura.
   A desvergüenza de tan largos años,
es poca recompensa pedir paces.

---

233 *quien* = *que* 240 *sus propios y tus daños:* her (Numancia's) own harm and yours 248 *dél y dellos* = *de él y de ellos,* referring to *yugo* and *un cónsul y otro* 250 *entrambas partes:* both sides 255 *gavia:* main mast 261 *ceba:* urges, spurs

	Seguid la guerra y renovad los daños.	275
	Salgan de nuevo las valientes haces.	
Num. 1.°	La falsa confianza mil engaños	
	consigo trae; advierte lo que haces,	
	señor, que esa arrogancia que nos muestras	
	remunera el valor en nuestras diestras;	280
	y pues niegas la paz que con buen celo	
	te ha sido por nosotros demandada,	
	de hoy más la causa nuestra con el cielo	
	quedará por mejor calificada,	
	y antes que pises de Numancia el suelo,	285
	probarás do se extiende la indignada	
	fuerza de aquel que, siéndote enemigo,	
	quiere ser tu vasallo y fiel amigo.	
Escip.	¿ Tenéis más que decir ?	
Num. 2.°.	No; más tenemos	
	que hacer, pues tú, señor, ansí lo quieres,	290
	sin querer la amistad que te ofrecemos,	
	correspondiendo mal de ser quien eres.	
	Pero entonces verás lo que podremos	
	cuando nos muestres tú lo que pudieres:	
	que es una cosa razonar de paces	295
	y otra romper por las armadas haces.	
Escip.	Verdad decís; y ansí, para mostraros	
	si sé tratar de paz y hablar en guerra,	
	no os quiero por amigos acetaros,	
	ni lo seré jamás de vuestra tierra.	300
	Y con esto podéis luego tornaros.	
Num. 1.°	¿ Que en esto tu querer, señor, se encierra ?	
Escip.	Ya te he dicho que sí.	
Num. 2.°	Pues, ¡ sus !, al hecho;	
	que guerra ama el numantino pecho.	

Vanse los Embajadores, *y dice* Quinto Fabio,
hermano de Escipión:

Quinto.	El descuido pasado nuestro ha sido	305
	el que les hace hablar de aquesta suerte;	
	mas ya es llegado el tiempo y es venido	
	do veréis nuestra gloria y vuestra muerte.	
Escip.	El vano blasonar no es admitido	
	de pecho valeroso, honrado y fuerte.	310
	Tiempla las amenazas, Fabio, y calla,	
	y tu valor descubre en la batalla;	
	aunque yo pienso hacer que el numantino	

---

276 haces: the fasces, emblem of authority of Roman magistrates *292* correspondiendo . . . eres: failing to live up to your reputation *299* acetaros = aceptaros. The os is superfluous *303* ¡sus! al hecho: up and doing! *312* tu valor descubre = descubre tu valor: show your valor

nunca a las manos de nosotros venga,
buscando de vencerle tal camino, 315
que más a mi provecho se convenga,
y haré que abaje el brío y pierda el tino
y que en sí mesmo su furor detenga.
Pienso de un hondo foso rodeallos,
y por hambre insufrible he de acaballos. 320
 no quiero yo que sangre de romanos
colore más el suelo de esta tierra;
basta la que han vertido estos hispanos
en tan larga, reñida y cruda guerra.
Ejercítense agora vuestras manos 325
en romper y a cavar la dura tierra,
y cubrirse de polvo los amigos
que no lo están de sangre de enemigos.
 No quede de este oficio reservado
ninguno que le tenga preminente. 330
Trabaje el decurión como el soldado,
y no se muestre en esto diferente.
Yo mismo tomaré el hierro pesado
y romperé la tierra fácilmente.
Haced todos cual yo; veréis que hago 335
tal obra, con que a todos satisfago.

Quinto. Valeroso señor y hermano mío,
bien nos muestras en esto tu cordura;
pues fuera conocido desvarío
y temeraria muestra de locura 340
pelear contra el loco airado brío
destos desesperados sin ventura.
Mejor será encerrallos como dices,
y quitarles al brío las raíces.
 Bien puede la ciudad toda cercarse, 345
si no es la parte por do el río la baña.

Escip. Vamos, y venga luego a efetuarse
esta mi nueva traza, usada hazaña;
que si en mi favor quiere mostrarse
el Cielo, quedará sujeta España 350
al Senado romano, solamente
con vencer la soberbia de esta gente.

Vanse, y sale España, *coronada con unas torres, y
trae un castillo en la mano, que significa España.*

---

324 *cruda:* cruel 330 *preminente* = *preeminente:* superior 331 *decurión:* decurion, leader of a squad of ten men 346 *si no es:* except; *el río:* Numantia was situated at the juncture of two rivers, the Duero and the Tera.

ESPAÑA. ¡Alto, sereno y espacioso cielo,
que con tus influencias enriqueces
la parte que es mayor de este mi suelo   355
y sobre muchos otros le engrandeces:
muévate a compasión mi amargo duelo,
y, pues al afligido favoreces,
favoréceme a mí en ansia tamaña,
que soy la sola y desdichada España!   360
  Basta ya que un tiempo me tuviste
todos mis flacos miembros abrasados,
y al sol por mis entrañas descubriste
al reino obscuro de los condenados,
y a mil tiranos mil riquezas diste;   365
a fenicios y a griegos entregados
mis reinos fueron porque tú has querido
o porque mi maldad lo ha merecido.
  ¿Será posible que contino sea
esclava de naciones extranjeras   370
y que un pequeño tiempo yo no vea
de libertad tendidas mis banderas?
Con justísimo título se emplea
en mí el rigor de tantas penas fieras,
pues mis famosos hijos y valientes   375
andan entre sí mismos diferentes.
  Jamás entre su pecho concertaron
los divididos ánimos furiosos;
antes entonces más los apartaron
cuando se vieron más menesterosos;   380
y ansí con sus discordias convidaron
los bárbaros de pechos codiciosos
a venir a entregarse en mis riquezas,
usando en mí y en ellos mil cruezas.
  Numancia es la que agora sola ha sido   385
quien la luciente espada sacó fuera,
y a costa de su sangre ha mantenido
la amada libertad suya y primera.
Mas, ¡ay!, que veo el término cumplido,
llegada ya la hora postrimera   390

---

359 tamaña: from *tan magna,* so large *366* The Phoenicians are believed to have been in Spain as early as the 15th century B.C. The Greeks entered about the 7th century B.C. *369 contino = continuo, continuamente 377–380* Note the familiar complaint that the Spaniards are a race of individualists lacking in national unity. *381 ansí:* archaic for *así 383 entregarse en mis riquezas:* devote themselves with abandon to my riches *384 cruezas = crudezas, crueldades 388 primera:* original, pristine *390 postrimera:* last

do acabará su vida, y no su fama,
cual fénix renovándose en la llama.
  Estos tan mucho temidos romanos,
que buscan de vencer cien mil caminos,
rehuyendo venir más a las manos 395
con los pocos valientes numantinos,
¡oh, si saliesen sus intentos vanos
y fuesen sus quimeras desatinos,
que esta pequeña tierra de Numancia
sacase de su pérdida ganancia! 400
  Mas, ¡ay!, que el enemigo la ha cercado,
no sólo con las armas contrapuestas
al flaco muro suyo, mas ha obrado
con diligencia extraña y manos prestas
que un foso por la margen concertado 405
rodee a la ciudad por llano y cuestas;
sólo la parte por do el río se extiende,
deste ardid nunca visto se defiende.
  Ansí están encogidos y encerrados
los tristes numantinos en sus muros; 410
ni ellos pueden salir, ni ser entrados,
y están de los asaltos bien seguros.
Pero en sólo mirar que están privados
de ejercitar sus fuertes brazos duros,
la guerra pediré o la muerte a voces, 415
con horrendos acentos y feroces;
  y pues sola la parte por do corre
y toca a la ciudad el ancho Duero,
es aquella que ayuda y que socorre
en algo al numantino prisionero, 420
antes que alguna máquina o gran torre
en sus aguas se funde, rogar quiero
al caudaloso y conocido río,
en lo que puede, ayude al pueblo mío.
  Duero gentil, que con torcidas vueltas 425
humedeces gran parte de mi seno,
ansí en tus aguas siempre veas envueltas
arenas de oro cual el Tajo ameno;
ansí las ninfas fugitivas sueltas,
de que está el verde prado y bosque lleno, 430
vengan humildes a tus aguas claras,

---

392 cual fénix: like the phoenix. This legendary bird is a symbol of immortality, because it consumes itself by fire and rises again from its ashes. *425–440* a passage admired for its exquisite sweetness *428 Tajo*: the Tagus, on which Toledo is located

y en prestarte favor no sean avaras,
que prestes a mis ásperos lamentos
atento oído, o que a escucharlos vengas,
aunque dejes un rato tus contentos.   435
Suplícote que en nada te detengas.
Si tú, con tus continos crecimientos,
destos fieros romanos no te vengas,
cerrado veo ya cualquier camino
a la salud del pueblo numantino.   440

Sale el río Duero *con otros tres ríos, que serán tres muchachos, vestidos como que son tres riachuelos que entran en Duero junto a Soria, que en aquel tiempo fué Numancia.*

Duero.   Madre querida, España: rato había
que oí en mis oídos tus querellas,
y si en salir acá me detenía
fué por no poder dar remedio a ellas.
El fatal, miserable y triste día,   445
según el disponer de las estrellas,
se llega de Numancia, y cierto temo
que no hay remedio a su dolor extremo.
Con Obrón y Minuesa y también Tera,
cuyas aguas las mías acrecientan,   450
he llenado mi seno en tal manera,
que las usadas márgenes revientan;
mas, sin temor de mi veloz carrera,
cual si fuera un arroyo, veo que intentan
de hacer lo que tú, España, nunca veas: 455
sobre mis aguas, torres y trincheas.
Mas ya que el revolver del duro hado
tenga el último fin estatuído
de ese tu pueblo numantino armado,
pues a términos tales ha venido,   460
un consuelo que queda en este estado:
que no podrán las sombras del olvido
obscurecer el sol de sus hazañas,
en toda edad tenidas por extrañas;
y puesto que el feroz romano tiende   465
el paso ahora para tan fértil suelo,
que te oprime aquí y allí te ofende

---

437 continos crecimientos: frequent floods *447* cierto = ciertamente *449* Obrón = Urbión; Minuesa = Revinuesa: tributaries, with the Tera, of the Duero River *452* usadas: customary *454–455* veo ... veas: may you never see, Spain, what I see them trying to do *456* trincheas = trincheras: trenches *464* extrañas: unusual

con arrogante y ambicioso celo,
tiempo vendrá, según que ansí lo entiende
el saber que a Proteo ha dado el Cielo, 470
que estos romanos sean oprimidos
por los que agora tienen abatidos.
  De remotas naciones venir veo
gentes que habitarán tu dulce seno
después que, como quiere tu deseo, 475
habrán a los romanos puesto freno:
godos serán, que, con vistoso arreo,
dejarán de su fama el mundo lleno;
vendrán a recogerse en tus entrañas,
dando de nuevo vida a sus hazañas. 480
  Estas injurias vengará la mano
del fiero Atila en tiempos venideros,
poniendo al pueblo tan feroz romano
sujeto a obedecer todos sus fueros,
y portillos abriendo en Vaticano 485
sus bravos hijos y otros extranjeros,
harán que para huir vuelva la planta
el gran piloto de la nave santa;
  y también vendrá tiempo en que se mire
estar blandiendo el español cuchillo 490
sobre el cuello romano, y que respire
sólo por la bondad de su caudillo.
  El grande Albano hará que se retire
el español ejército, sencillo,
no de valor, sino de poca gente, 495
pues que con ella hará que se le aumente;
  y cuando fuere ya más conocido
el propio Hacedor de tierra y cielo,
aquél que ha de quedar instituído
por visorrey de Dios en todo el suelo, 500
a tus reyes dará tal apellido
que él vea que más cuadre y dé consuelo.

---

470 Proteo: Proteus, sea god, had the power of prophecy and could change form at will. *473–520* Note the prophecy, a common feature of early Spanish literature. *477 godos:* The Goths were in Spain from the fall of the Roman Empire until the appearance of the Moors. *482 Atila:* Attila, King of the Huns, was known as the Scourge of God and conquered empires in the East and West. *485–488* Reference to the fearful sack of Rome in 1527. The *gran piloto* was Clement VII. *493 El grande Albano* = *El Duque de Alba* (Fernando Álvarez de Toledo), who laid siege to Rome in 1557

Católicos serán llamados todos,
sujeción e insinia de los godos;
  pero el que más levantará la mano
en honra tuya y general contento,
haciendo que el valor del nombre hispano
tenga entre todos el mejor asiento,
un rey será de cuyo intento sano
grandes cosas me muestra el pensamiento;
será llamado, siendo suyo el mundo,
el segundo Felipo sin segundo.
  Debajo de este imperio tan dichoso,
serán a una corona reducidos,
por bien universal y a tu reposo,
tus reinos, hasta entonces divididos.
  El jirón lusitano, tan famoso,
que un tiempo se cortó de los vestidos
de la ilustre Castilla, ha de asirse
de nuevo, y a su antiguo ser venirse.
  ¡Qué envidia, qué temor, España amada,
te tendrán mil naciones extranjeras,
en quien tú reñirás tu aguda espada
y tenderás triunfando tus banderas!
  Sírvate esto de alivio en la pesada
ocasión, por quien lloras tan de veras,
pues no puede faltar lo que ordenado
ya tiene de Numancia el duro hado.

ESPAÑA.   Tus razones alivio han dado en parte,
famoso Duero, a las pasiones mías,
sólo porque imagino que no hay parte
de engaño alguno en estas profecías.
DUERO.   Bien puede de hecho, España, asegurarte,
puesto que tarden tan dichosos días.
  Y, adiós, porque me esperan ya mis ninfas.
ESPAÑA.   ¡El Cielo aumente tus sabrosas linfas!

---

512 *el segundo Felipo*: Philip II, who reigned from 1556 until 1598. He was King of Spain, Naples, Milan, the Low Countries, Portugal, and most of the Americas. 517 *jirón lusitano*: Portugal, which became part of Spain in 1580 526 *quien* = *la que* 534 *puesto que*: even if 536 *linfas*: waters

JORNADA SEGUNDA

Salen Teógenes *y* Caravino, *con otros cuatro* Numantinos, *gobernadores de Numancia, y* Marquino, *hechicero, y siéntanse.*

Teóg. Paréceme, varones esforzados,
que en nuestros daños con rigor influyen
los tristes signos y contrarios hados,
pues nuestra fuerza humana desminuyen.   540
Tiénennos los romanos encerrados,
y con cobardes manos nos destruyen;
ni con matar muriendo no hay vengarnos,
ni podemos sin alas escaparnos.
No sólo a vencernos se despiertan   545
los que habemos vencido veces tantas;
que también españoles se conciertan
con ellos a segar nuestras gargantas.
Tan gran maldad los cielos no consientan;
con rayos hieran las ligeras plantas   550
que se muestren en daño del amigo,
favoreciendo al pérfido enemigo.
Mirad si imagináis algún remedio
para salir de tanta desventura,
porque este largo y trabajoso asedio   555
sólo promete presta sepultura.
El ancho foso nos estorba el medio
de probar con las armas la ventura,
aunque a veces valientes, fuertes brazos,
rompen mil contrapuestos embarazos.   560

Carav. ¡A Júpiter pluguiera soberano
que nuestra juventud sola se viera
con todo el cruel ejército romano,
adonde el brazo rodear pudiera,
que allí, al valor de la española mano   565
la misma muerte poco estorbo hiciera
para dejar de abrir franco camino
a la salud del pueblo numantino!
Mas pues en tales términos nos vemos,
que estamos como damas encerrados,   570

---

546 *habemos* = *hemos* 550 *ligeras plantas*: swift feet (of those who flee, i.e., sue for peace) 560 *embarazos*: obstacles

hagamos todo cuanto hacer podemos
para mostrar los ánimos osados:
a nuestros enemigos convidemos
a singular batalla; que, cansados
deste cerco tan largo, ser podría 575
quisiesen acabarle por tal vía.
  Y cuando este remedio no suceda
a la justa medida del deseo,
otro camino de intentar nos queda,
aunque más trabajoso a lo que creo: 580
este foso y muralla que nos veda
el paso al enemigo que allí veo,
en un tropel de noche le rompamos,
y por ayuda a los amigos vamos.

NUM. 1.° O sea por el foso o por la muerte, 585
de abrir tenemos paso a nuestra vida:
que es dolor insufrible el de la muerte,
si llega cuando más vive la vida.
Remedio a las miserias es la muerte,
si se acrecientan ellas con la vida, 590
y suele tanto más ser excelente
cuanto se muere más honradamente.

NUM. 2.° ¿Con qué más honra pueden apartarse
de nuestros cuerpos estas almas nuestras
que en las romanas haces arrojarse 595
y en su daño mover las fuerzas diestras?
Y en la ciudad podrá muy bien quedarse
quien gusta de cobarde dar las muestras;
que yo mi gusto pongo en quedar muerto
en el cerrado foso o campo abierto. 600

NUM. 3.° Esta insufrible hambre macilenta,
que tanto nos persigue y nos rodea,
hace que en vuestro parecer consienta,
puesto que temerario y duro sea.
Muriendo, excusar hemos tanta afrenta; 605
y quien morir de hambre no desea,
arrójese conmigo al foso y haga
camino su remedio con la daga.

NUM. 4.° Primero que vengáis al trance duro
desta resolución que habéis tomado, 610

---

577 *cuando*: even if 581 *veda*: blocks 585–590 Note the repetition of identical words as rhymes. This may be carelessness or special emphasis. 586 *de abrir tenemos* = *hemos de abrir* 604 *puesto que* = *aunque* 605 *excusar hemos* = *excusaremos*: we will avoid 609 *trance duro*: critical moment

paréceme ser bien que desde el muro
nuestro fiero enemigo sea avisado,
diciéndole que dé campo seguro
a un numantino y a otro su soldado,
y que la muerte de uno sea sentencia 615
que acabe nuestra antigua diferencia.
Son los romanos tan soberbia gente,
que luego aceptarán este partido;
y si lo aceptan, creo firmemente
que nuestro amargo daño ha fenecido, 620
pues está un numantino aquí presente
cuyo valor me tiene persuadido
que él solo contra tres de los romanos
quitará la victoria de las manos.
También será acertado que Marquino, 625
pues es un agorero tan famoso,
mire qué estrella o qué planeta o signo
nos amenaza a muerte o fin honroso,
o si se puede hallar algún camino
que nos pueda mostrar si del dudoso 630
cerco cruel do estamos oprimidos
saldremos vencedores o vencidos.
También primero encargo que se haga
a Júpiter solemne sacrificio,
de quien podremos esperar la paga 635
harto mayor que nuestro beneficio.
Cúrese luego la profunda llaga
del arraigado acostumbrado vicio:
quizá con esto mudará de intento
el hado esquivo, y nos dará contento. 640
Para morir, jamás le falta tiempo
al que quiere morir desesperado.
Siempre seremos a sazón y a tiempo
para mostrar muriendo el pecho osado;
mas, porque no se pase en balde el tiempo, 645
mirad si os cuadra lo que he demandado,
y, si no os parece, dad un modo
que mejor venga y que convenga a todo.

MARQ. Esa razón que muestran tus razones
es aprobada del intento mío. 650
Háganse sacrificios y oblaciones
y póngase en efeto el desafío,
que yo no perderé las ocasiones

---

613 *campo seguro*: open field 614 *otro su soldado*: a soldier of theirs (of the enemy) 631 *do* = *donde*
643 *a sazón*: ready 649 *razón*: reason, justice; *razones*: words, remarks

| | de mostrar de mi ciencia el poderío:
| | yo os sacaré del hondo centro obscuro   655
| | quien nos declare el bien, el mal futuro.
| Teóg. | Yo desde aquí me ofrezco, si os parece
| | que puede de mi esfuerzo algo fiarse,
| | de salir a esta duda que se ofrece,
| | si por ventura viene a efetuarse.   660
| Carav. | Más honra tu valor claro merece;
| | bien pueden de tu esfuerzo confiarse
| | más difíciles cosas, y aun mayores,
| | por ser el que es mejor de los mejores.
| | Y pues tú ocupas el lugar primero   665
| | de la honra y valor con causa justa,
| | yo, que en todo me cuento por postrero,
| | quiero ser el heraldo de esta justa.
| Num. 1.° | Pues yo con todo el pueblo me prefiero
| | hacer de lo que Júpiter más gusta,   670
| | que son los sacrificios y oblaciones,
| | si van con enmendados corazones.
| Num. 2.° | Vámonos, y con presta diligencia
| | hagamos cuanto aquí propuesto habemos,
| | antes que la pestífera dolencia   675
| | de la hambre nos ponga en los extremos.
| | Si tiene el Cielo dada la sentencia
| | de que en este rigor fiero acabemos,
| | revóquela, si acaso lo merece
| | la presta enmienda que Numancia ofrece.   680

Vanse, y salen Marandro *y* Leonicio, *numantinos.*

| Leon. | Marandro amigo, ¿do vas,
| | o hacia do mueves el pie?
| Maran. | Si yo mismo no lo sé,
| | tampoco tú lo sabrás.
| Leon. | ¡Cómo te saca de seso   685
| | tu amoroso pensamiento!
| Maran. | Antes, después que le siento,
| | tengo más razón y peso.
| Leon. | Eso ya está averiguado:
| | que el que sirviere al amor,   690
| | ha de ser por su dolor
| | con razón muy más pesado.
| Maran. | De malicia o de agudeza
| | no escapa lo que dijiste.

---

655 *hondo centro obscuro:* hell, dwelling place of the devil, whom Marquino invokes 659 *duda:* contest, fight 676 *nos ponga en los extremos:* spell our finish 687 *le = lo*

Leon.	Tú mi agudeza entendiste, mas yo entendí tu simpleza.	695
Maran.	¿ Qué simpleza ? ¿ Querer bien ?	
Leon.	Si al querer no se le mide como la razón lo pide, con cuándo, cómo y a quién.	700
Maran.	¿ Reglas quies poner a amor ?	
Leon.	La razón puede ponellas.	
Maran.	Razonables serán ellas, mas no de mucho primor.	
Leon.	En la amorosa porfía, a razón no hay conocella.	705
Maran.	Amor no va contra ella, aunque della se desvía.	
Leon.	¿ No es ir contra la razón, siendo tú tan buen soldado, andar tan enamorado en tan extraña ocasión ? Al tiempo que del dios Marte has de pedir el favor ¿ te entretienes con amor, quien mil blanduras reparte ? ¿ Ves la patria consumida y de enemigos cercada, y tu memoria, burlada por amor, de ella se olvida ?	710 715 720
Maran.	En ira mi pecho se arde por ver que hablas sin cordura ¿ Hizo el amor, por ventura, a ningún pecho cobarde ? ¿ Dejé yo la centinela por ir donde está mi dama, o estoy durmiendo en la cama cuando mi capitán vela ? ¿ Hasme visto tú faltar de lo que debo a mi oficio, para algún regalo o vicio, ni menos por bien amar ? Y si nada no has hallado de que debo dar disculpa, ¿ por qué me das tanta culpa de que sea enamorado ? Y si de conversación me ves que ando siempre ajeno,	725 730 735

701 *quies = quieres*

mete la mano en tu seno,
verás si tengo razón.
　¿ No sabes los muchos años
que tras Lira ando perdido ?
　¿ No sabes que era venido
el fin todo a nuestros daños,
　porque su padre ordenaba
de dármela por mujer,
y que Lira su querer
con el mío concertaba ?
　También sabes que llegó
en tan dulce coyuntura
esta fuerte guerra dura,
por quien mi gloria cesó.
　Dilatóse el casamiento
hasta acabar esta guerra,
porque no está nuestra tierra
para fiestas y contento.
　Mira cuán poca esperanza
puedo tener de mi gloria,
pues está nuestra vitoria
toda en la enemiga lanza.
　De la hambre fatigados,
sin medio de algún remedio,
tal muralla y foso en medio,
pocos, y ésos encerrados;
　pues como veo llevar
mis esperanzas del viento,
ando triste y descontento,
ansí cual me ves andar.

LEON.　　Sosiega, Marandro, el pecho;
vuelve al brío que tenías;
quizá que por otras vías
se ordena nuestro provecho,
　y Júpiter soberano
nos descubra buen camino
por do el pueblo numantino
quede libre del romano,
　y en dulce paz y sosiego
de tu esposa gozarás,
y la llama templarás
de aquese amoroso fuego;

745-746 *ordenaba de*: an apparent Gallicism　775 *do = donde*　780 *aquese = ese*

que para tener propicio
al gran Júpiter tonante,
hoy Numancia en este instante
le quiere hacer sacrificio.
Ya el pueblo viene y se muestra 785
con las víctimas e incienso.
¡ Oh, Júpiter, padre inmenso,
mira la miseria nuestra !

Apártanse a un lado, y salen dos numantinos vestidos como sacerdotes antiguos, y han de traer asido de los cuernos en medio un carnero grande, coronado de oliva y otras flores, y un paje con una fuente de plata y una toalla, y otro con un jarro de agua, y otros dos con dos jarros de vino, y otro con otra fuente de plata con un poco de incienso, y otros con fuego y leña, y otro que ponga una mesa con un tapete donde se ponga todo lo que hubiere en la comedia, en hábitos de numantinos; y luego los SACERDOTES, *dejando el uno el carnero de la mano, diga:*

SAC. 1.º   Señales ciertas de dolores ciertos
se me han representado en el camino, 790
y los canos cabellos tengo yertos.
SAC. 2.º   Si acaso no soy mal adivino
nunca con bien saldremos de esta empresa.
¡ Ay, desdichado pueblo numantino !
SAC. 1.º   Hagamos nuestro oficio con la priesa 795
que nos incitan los agüeros tristes.
Poned, amigos, hacia aquí esa mesa.
SAC. 2.º   El vino, incienso y agua que trujisteis
poneldo encima y apartaos afuera,
y arrepentíos de cuanto mal hicisteis: 800
que la oblación mejor y la primera
que se ha de ofrecer al alto Cielo,
es alma limpia y voluntad sincera.
SAC. 1.º   El fuego no le hagáis vos en el suelo,
que aquí viene brasero para ello, 805
que así lo pide el religioso celo.
SAC. 2.º   Lavaos las manos y limpiaos el cuello.
Dad acá el agua.   ¿ El fuego no se enciende ?
NUMAN.   No hay quien pueda, señores, encendello.
SAC. 2.º   ¡ Oh Júpiter ! ¿ Qué es esto que pretende 810
de hacer en nuestro daño el hado esquivo ?
¿ Cómo el fuego en la tea no se enciende ?
NUMAN.   Ya parece, señor, que está algo vivo.
SAC. 2.º   Quítate afuera.   ¡ Oh flaca llama escura,
qué dolor en mirarte tal recibo ! 815

---

795 priesa = prisa 798 trujisteis = trajisteis 814 escura = obscura

¿ No miras cómo el humo se apresura
a caminar al lado de Poniente,
y la amarilla llama, mal segura,
sus puntas encamina hacia el Oriente ?
¡ Desdichada señal, señal notoria
que nuestro mal y daño está patente !

SAC. 1.º Aunque lleven romanos la vitoria
de nuestra muerte, en humo ha de tornarse,
y en llamas vivas nuestra muerte y gloria.

SAC. 2.º Pues debe con el vino ruciarse
el sacro fuego, dad acá ese vino
y el incienso también ha de quemarse.

*Rocía el fuego con el vino a la redonda, y luego pone el
incienso en el fuego, y dice:*

Al bien del triste pueblo numantino
endereza, ¡ oh gran Júpiter !, la fuerza
propicia del contrario amargo sino.
Ansí como este ardiente fuego fuerza
a que en humo se vaya el sacro incienso,
así se haga al enemigo fuerza
para que en humo, eterno padre inmenso,
todo su bien, toda su gloria vaya,
ansí como tú puedes y yo pienso ;
tengan los Cielos su poder a raya,
ansí como esta víctima tenemos,
y lo que ella ha de haber él también haya.

SAC. 1.º Mal responde el agüero ; mal podremos
ofrecer esperanza al pueblo triste,
para salir del mal que poseemos.

*Hácese ruido debajo del tablado con un barril lleno de
piedras, y dispárese un cohete volador.**

SAC. 2.º ¿ No oyes un ruido, amigo ? Di, ¿ no viste
el rayo ardiente que pasó volando ?
Presagio verdadero de esto fuiste.

SAC. 1.º Turbado estoy ; de miedo estoy temblando.
¡ Oh qué señales !, a lo que yo veo,
¡ qué amargo fin están pronosticando !
¿ No ves un escuadrón airado y feo ?
¿ Vees unas águilas feas que pelean
con otras aves en marcial rodeo ?

---

830 sino = signo *Note how thunder and lightning were represented at that time. *847 a lo que
yo veo:* judging by what I see *850 Vees:* archaic for *Ves*

SAC. 2.º   Sólo su esfuerzo y su rigor emplean
          en encerrar las aves en un cabo,
          y con astucia y arte las rodean.
SAC. 1.º   Tal señal vitupero y no la alabo.   855
          ¿ Águilas imperiales vencedoras ?
          ¡ Tú verás de Numancia presto el cabo !
SAC. 2.º   Águilas, de gran mal anunciadoras,
          partíos, que ya el agüero vuestro entiendo,
          ya en efeto contadas son las horas.   860
SAC. 1.º   Con todo, el sacrificio hacer pretendo
          de esta inocente víctima, guardada
          para aplacar al dios del gesto horrendo.
SAC. 2.º   ¡ Oh gran Plutón, a quien por suerte dada
          le fué la habitación del reino obscuro   865
          y el mando en la infernal triste morada !
            Ansí vivas en paz, cierto y seguro
          de que la hija de la sacra Ceres
          corresponda a tu amor con amor puro,
            que todo aquello que en provecho vieres   870
          venir del pueblo triste que te invoca,
          lo allegues cual se espera de quien eres.
            Atapa la profunda, escura boca
          por do salen las tres fieras hermanas
          a hacernos el daño que nos toca,   875
            y sean de dañarnos tan livianas
          sus intenciones, que las lleve el viento,
          como se lleva el pelo de estas lanas.

Quita algunos pelos del carnero, y échalos al aire.

SAC. 1.º   Y ansí como te baño y ensangriento
          este cuchillo en esta sangre pura   880
          con alma limpia y limpio pensamiento,
            ansí la tierra de Numancia dura
          se bañe con la sangre de romanos,
          y aun los sirva también de sepoltura.

Sale por el hueco del tablado un demonio hasta el medio cuerpo, y ha de arrebatar el carnero y volverse a disparar el fuego y todos los sacrificios.

SAC. 2.º   Mas ¿ quién me ha arrebatado de las manos   885
          la víctima ? ¿ Qué es esto, dioses santos ?
          ¿ Qué prodigios son éstos tan insanos ?

---

857 *cabo* : end 864 *Plutón* : Pluto, god of the underworld and of the dead 868 *hija de la sacra Ceres* : Persephone 874 *las tres fieras hermanas* : the Furies 884 *sepoltura* = *sepultura*

vv. 852-926] CERVANTES 29

          No os han enternecido ya los llantos
          deste pueblo lloroso y afligido,
          ni la arpada voz de aquestos cantos,   890
             antes creo que se han endurecido,
          cual pueden infirir en las señales
          tan fieras como aquí han acontecido.
             Nuestros vivos remedios son mortales;
          toda nuestra pereza es diligencia,   895
          y los bienes ajenos, nuestros males.
NUMAN. En fin dado han los Cielos la sentencia
          de nuestro fin amargo y miserable.
          No nos quiere valer ya su clemencia;
             lloremos, pues es fin tan lamentable,   900
          nuestra desdicha; que la edad postrera
          dél y de nuestras fuerzas siempre hable.
TEÓG.   Marquino haga la experiencia entera
          de todo su saber, y sepa cuánto
          nos promete de mal la lastimera   905
          suerte, que ha vuelto nuestra risa en llanto.

          Vanse todos, y quedan MARANDRO *y* LEONICIO.

MARAN. Leonicio, ¿ qué te parece?
          ¿ Han remedio nuestros males
          con estas buenas señales
          que aquí el Cielo nos ofrece?   910
             ¡ Tendrá fin mi desventura
          cuando se acabe la guerra,
          que será cuando la tierra
          me sirva de sepoltura!
LEON.   Marandro, al que es buen soldado   915
          agüeros no le dan pena,
          que pone la suerte buena
          en el ánimo esforzado,
             y esas vanas apariencias
          nunca le turban el tino: 920
          su brazo es su estrella o sino;
          su valor, sus influencias.
             Pero si quieres creer
          en este notorio engaño,
          aun quedan, si no me engaño,   925
          experiencias más que hacer,

---

890 aquestos = estos 902 nuestras fuerzas: our attempts *903 experiencia:* test *906* This verse completes a quatrain rhyming *yzyz* and ending a series of tercets. *908 ¿Han remedio =¿ Tienen remedio*

que Marquino las hará,
las mejores de su ciencia,
y el fin de nuestra dolencia,
si es buena o mala, sabrá. 930
Paréceme que le veo.
MARAN. ¡En qué extraño traje viene!
Quien con feos se entretiene,
no es mucho que venga feo.
¿Será acertado seguille? 935
LEON. Acertado me parece,
por si acaso se le ofrece
algo en que poder serville.

Aquí sale MARQUINO *con una ropa de bocací* * *grande y ancha, y una cabellera negra, y los pies descalzos, y la cinta traerá de modo que se le vean tres redomillas llenas de agua: la una negra, y la otra clara, y la otra teñida con azafrán; y una lanza en la mano, teñida de negro, y en la otra un libro; y ha de venir otro con él, que se llama* MILBIO, *y cuando entran* LEONICIO *y* MARANDRO, *se apartan afuera* MARQUINO *y* MILBIO.

MARQ. ¿Do dices, Milbio, que está el joven triste?
MILBIO. En esta sepoltura está encerrado. 940
MARQ. No yerres el lugar do le perdiste.
MILBIO. No; que con esta yedra señalado
dejé el lugar adonde el mozo tierno
fué con lágrimas tiernas enterrado.
MARQ. ¿De qué murió?
MILBIO. Murió de mal gobierno; 945
la flaca hambre le acabó la vida,
peste cruel, salida del infierno.
MARQ. ¿Al fin dices que ninguna herida
le cortó el hilo del vital aliento,
ni fué cáncer ni llaga su homicida? 950
Esto te digo, porque hace al cuento
de mi saber que esté este cuerpo entero,
organizado todo y en su asiento.
MILBIO. Habrá tres horas que le di el postrero
reposo y le entregué a la sepoltura, 955
y de hambre murió, como refiero.
MARQ. Está muy bien, y es buena coyuntura
la que me ofrecen los propicios signos
para invocar de la región obscura
los feroces espíritus malinos. 960

---

934 no es mucho: it is not surprising *bocací:* fine glazed buckram *951–952 hace al cuento de mi saber:* it is pertinent for me to know *953 asiento:* place *960 malinos = malignos.* This verse performs the same function as v. 906.

Presta atentos oídos a mis versos.
Fiero Plutón, que en la región obscura,
entre ministros de ánimos perversos,
te cupo de reinar suerte y ventura:
haz, aunque sean de tu gusto adversos, 965
cumplidos mis deseos en la dura
ocasión que te invoco; no te tardes,
ni a ser más oprimido de mí aguardes.
  Quiero que al cuerpo que aquí está encerrado
  vuelva el alma que le daba vida, 970
  aunque el fiero Carón del otro lado
la tenga en la ribera denegrida,
y aunque en las tres gargantas del airado
cancerbero esté penada y escondida.
  Salga, y torne a la luz del mundo nuestro, 975
  que luego tornará al escuro vuestro;
  y pues ha de salir, salga informada
  del fin que ha de tener guerra tan cruda,
  y desto no me encubra y calle nada,
ni me deje confuso y con más duda 980
la plática de esta alma desdichada;
de toda ambigüedad libre y desnuda
tiene de ser. Envíala; ¿qué esperas?
¿Esperas a que hable con más veras?
  ¿No desmovéis la piedra, desleales? 985
Decid, ministros falsos: ¿qué os detiene?
¿Cómo no me habéis dado ya señales
de que hacéis lo que digo y me conviene?
¿Buscáis con deteneros vuestros males,
o gustáis de que ya al momento ordene 990
de poner en efeto los conjuros
que ablanden vuestros fieros pechos duros?
  Ea, pues, vil canalla mentirosa;
aparejaos al duro sentimiento,
pues sabéis que mi voz es poderosa 995
de doblaros la rabia y el tormento.
Dime, traidor esposo de la esposa
que seis meses del año a su contento
está, sin duda, haciéndote cornudo:
¿por qué a mis peticiones estás mudo? 1000

---

971 Carón: Charon transported the souls of the dead over the Styx. *974 cancerbero = Cerbero*: Cerberus, the three-headed dog who guarded Hades *983 tiene de = ha de 991 efeto = efecto*. Such elimination of *c* before *t* was a common occurrence. *997 esposo de la esposa*: Pluto and Persephone, his wife, who spent six months in Hades and six on earth *999 haciéndote cornudo*: cuckolding you, i.e., while away on earth

Este yerro, bañado en agua clara
que el suelo no tocó en el mes de mayo,
herirá en esta piedra, y hará clara
y patente la fuerza de este ensayo.

Con el agua clara de la redomilla baña el hierro de la lanza, y luego herirá en la tabla, y debajo suenan cohetes, y hágase ruido.

Ya parece, canalla, que a la clara   1005
dais muestras de que os toma cruel desmayo.
¿Qué rumores son éstos? ¡Ea, malvados,
que aun sin venir aquí venís forzados!
Levantad esta piedra, fementidos,
y descubrid el cuerpo que aquí yace.   1010
¿Qué es esto? ¿Qué tardáis? ¿A do sois idos?
¿Cómo mi mando al punto no se hace?
¿No curáis de amenazas, descreídos?
Pues no esperéis que más os amenace;
esta agua negra del estigio lago   1015
dará a vuestra tardanza presto pago.
 Agua de la fatal negra laguna,
cogida en triste noche, escura y negra:
¡por el poder que en ti sola se auna,
a quien otro poder ninguno quiebra,   1020
a la banda diabólica importuna
y a quien la primer forma de culebra
tomó, conjuro, apremio, pido y mando
que venga a obedecerme aquí volando!

Rocía con agua negra la sepultura, y ábrese.

¡Oh mal logrado mozo! Salid fuera;   1025
volved a ver el sol claro y sereno;
dejad aquella región do no se espera
en ella un día sosegado y bueno;
dame, pues puedes, relación entera
de lo que has visto en el profundo seno,   1030
digo de aquello a que mandado eres,
y más si al caso toca y tú pudieres.

Sale el cuerpo amortajado, con un rostro de muerte, y va saliendo poco a poco, y, en saliendo, déjase caer en el tablado.

¿Qué es esto? ¿No respondes? ¿No revives?
¿Otra vez has gustado de la muerte?
Pues yo haré que con tu pena avives   1035
y tengas el hablarme a buena suerte.
Pues eres de los míos, no te esquives

1001 *yerro* = hierro 1010 *descubrid*: uncover 1013 ¿*No curáis de*: Do you not care about

de hablarme, responderme; mira, advierte
que, si callas, haré que con tu mengua
sueltes la atada y enojada lengua.

Rocía el cuerpo con el agua amarilla, y luego le azotará.

Espíritus malignos, ¿no aprovecha?
Pues esperad: saldrá el agua encantada,
que hará mi voluntad tan satisfecha
cuanto es la vuestra pérfida y dañada;
y aunque esta carne fuera polvos hecha,
siendo con este azote castigada,
cobrará nueva aunque ligera vida,
del áspero rigor suyo oprimida.
    Alma rebelde, vuelve al aposento
que pocas horas ha desocupaste.
Ya vuelves, ya lo muestras, ya te siento,
que al fin a tu pesar en él te entraste.

En este punto se estremece el cuerpo, y habla.

MUERTO.   Cese la furia del rigor violento
tuyo, Marquino; baste, triste, baste
lo que yo paso en la región obscura,
sin que tú crezcas más mi desventura.
    Engáñaste si piensas que recibo
contento de volver a esta penosa,
mísera y corta vida que ahora vivo,
que ya me va faltando presurosa;
antes me causas un dolor esquivo,
pues otra vez la muerte rigurosa
triunfará de mi vida y de mi alma,
mi enemigo tendrá doblada palma,
    el cual, con otros del escuro bando,
de los que son sujetos a agradarte,
están con rabia eterna aquí esperando
a que acabe, Marquino, de informarte
del lamentable fin, del mal infando
que de Numancia puedo asegurarte,
la cual acabará a las mismas manos
de los que son a ella más cercanos.
    No llevarán romanos la vitoria
de la fuerte Numancia, ni ella menos
tendrá del enemigo triunfo o gloria,
amigos y enemigos siendo buenos;
no entiendas que de paz habrá memoria,

1064 doblada palma: double victory *1069 mal infado:* odious harm

que habrá albergue en sus contrarios senos;
el amigo cuchillo, el homicida
de Numancia será, y será su vida; 1080
  y quédate, Marquino, que los hados
no me conceden más hablar contigo,
y aunque mis dichos tengas por trocados,
al fin saldrá verdad lo que te digo.
  En diciendo esto, se arroja el cuerpo en la sepoltura.

MARQ. ¡Oh, tristes signos, signos desdichados! 1085
Si esto ha de suceder del pueblo amigo,
primero que mirar tal desventura,
mi vida acabe en esta sepoltura.
  Arrójase MARQUINO *en la sepoltura.*

MARAN. Mira, Leonicio, si ves
por do yo pueda decir 1090
que no me haya de salir
todo mi gusto al revés.
De toda nuestra ventura
cerrado está ya el camino;
si no, dígalo Marquino, 1095
el muerto y la sepoltura.

LEONICIO. Que todas son ilusiones,
quimeras y fantasías,
agüeros y hechicerías,
diabólicas invenciones; 1100
  no muestres que tienes poca
ciencia en creer desconciertos:
que poco cuidan los muertos
de lo que a los vivos toca.

MARAN. Nunca Marquino hiciera 1105
desatino tan extraño,
si nuestro futuro daño
como presente no viera.
  Avisemos de este paso
al pueblo, que está mortal. 1110
Mas, para dar nueva tal,
¿quién podrá mover el paso?

1081 los hados: the Fates *1083 aunque . . . trocados:* although you may consider my words confused *1087 primero que:* rather than *1110 mortal:* dying

JORNADA TERCERA

Salen Escipión, *y* Jugurta, *y* Mario, *romanos.*

Escipión.   En forma estoy contento en mirar cómo
corresponde a mi gusto la ventura,
y esta libre nación soberbia domo   1115
sin fuerzas, solamente con cordura.
En viendo la ocasión, luego la tomo,
porque sé cuánto corre y se apresura,
y si se pasa en cosas de la guerra,
el crédito consume y vida atierra.   1120
   Juzgábades a loco desvarío
tener los enemigos encerrados,
y que era mengua del romano brío
no vencellos con modos más usados.
Bien sé que lo habrán dicho; mas yo fío   1125
que los que fueron pláticos soldados
dirán que es de tener en mayor cuenta
la vitoria que menos ensangrienta.
   ¿Qué gloria puede haber más levantada,
en las cosas de guerra que aquí digo,   1130
que, sin quitar de su lugar la espada,
vencer y sujetar al enemigo?
Que cuando la vitoria es granjeada
con la sangre vertida del amigo,
el gusto mengua que causar pudiera   1135
la que sin sangre tal ganada fuera.

Tocan una trompeta del muro de Numancia.

Jugurta.   Oye, señor, que de Numancia suena
el son de una trompeta, y me aseguro
que decirte algo desde allá se ordena,
pues el salir acá lo estorba el muro.   1140
Carabino se ha puesto en una almena,
y una señal ha hecho de seguro;
lleguémonos más cerca.
Escipión.   Ea, lleguemos.
   No más; que desde aquí lo entenderemos.

Pónese Caravino *en la muralla, con una bandera o lanza
en la mano, y dice:*

1113 En forma: Certainly   *1121 Juzgábades* = *Juzgabais*   *1126 pláticos* = *prácticos*   *1138 me aseguro* = I am sure

CARAV. ¡Romanos! ¡Ah, romanos! ¿Puede acaso
 ser de vosotros esta voz oída?
MARIO. Puesto que más la bajes y hables paso,
 de cualquier tu razón será entendida.
CARAV. Decid al general que alargue el paso
 al foso, porque viene dirigida
 a él una embajada.
ESCIPIÓN. Dila presto,
 que yo soy Cipión.
CARAV. Escucha el resto.
 Dice Numancia, general prudente,
 que consideres bien que ha muchos años
 que entre la nuestra y tu romana gente
 duran los males de la guerra extraños,
 y que, por evitar que no se aumente
 la dura pestilencia destos daños,
 quiere, si tú quisieres, acaballa
 con una breve y singular batalla.
 Un soldado se ofrece de los nuestros
 a combatir cerrado en estacada
 con cualquiera esforzado de los vuestros,
 para acabar contienda tan trabada;
 y al que los hados fueren tan siniestros,
 que allí le dejen sin la vida amada,
 si fuere el nuestro, darémoste la tierra;
 si el tuyo fuere, acábese la guerra.
 Y por seguridad deste concierto,
 daremos a tu gusto las rehenes.
 Bien sé que en él vendrás, porque estás cierto,
 de los soldados que a tu cargo tienes,
 y sabes quel menor, a campo abierto,
 hará sudar el pecho, rostro y sienes
 al más aventajado de Numancia;
 ansí que está segura tu ganancia.
 Porque a la ejecución se venga luego,
 respóndeme, señor, si estás en ello.
ESCIP. Donaire es lo que dices, risa y juego,
 y loco el que pensase hacello.
 Usad el medio del humilde ruego,
 si queréis que se escape vuestro cuello
 de probar el rigor y filos diestros
 del romano cuchillo y brazos nuestros.
 La fiera que en la jaula está encerrada
 por su selvatiquez y fuerza dura,

1148 *razón* : message 1162 *cerrado en estacada* : in a duel 1170 *rehenes* : hostages 1171 *en él vendrás* : you will agree to it 1173 *quel* = *que el* 1178 *si estás en ello* : if you agree

si puede allí con mano ser domada,
y con el tiempo y medios de cordura,
quien la dejase libre y desatada
daría grandes muestras de locura. 1190
Bestias sois, y por tales encerradas
os tengo donde habéis de ser domadas;
 mía será Numancia a pesar vuestro,
sin que me cueste un mínimo soldado,
y el que tenéis vosotros por más diestro, 1195
rompa por ese foso trincheado;
y si en esto os parece que yo muestro
un poco mi valor acobardado,
el viento lleve agora esta vergüenza,
y vuélvala la fama cuando venza. 1200

Vanse ESCIPIÓN *y los suyos, y dice* CARAVINO:

CARAV. ¿ No escuchas más, cobarde ? ¿ Ya te ascondes ?
¿ Enfádate la igual, justa batalla ?
Mal con tu nombradía correspondes;
mal podrás de este modo sustentalla;
en fin, como cobarde me respondes. 1205
Cobardes sois, romanos, vil canalla,
en vuestra muchedumbre confiados,
y no en los diestros brazos levantados.
 ¡ Pérfidos, desleales, fementidos,
crueles, revoltosos y tiranos; 1210
cobardes, cudiciosos, malnacidos,
pertinaces, feroces y villanos;
adúlteros, infames, conocidos
por de industriosas mas cobardes manos !
¿ Qué gloria alcanzaréis en darnos muerte, 1215
teniéndonos atados de esta suerte ?
 En formado escuadrón o manga suelta,
en la campaña rasa, do no pueda
estorbar la mortal fiera revuelta
el ancho foso y muro que la veda, 1220
será bien que, sin dar el pie la vuelta,
y sin tener jamás la espada queda,
ese ejército mucho bravo vuestro
se viera con el poco flaco nuestro;
 mas como siempre estáis acostumbrados 1225
a vencer con ventajas y con mañas,
estos conciertos, en valor fundados,

1194 mínimo: single *1201* ascondes = escondes *1211* cudiciosos = codiciosos: greedy *1214 por de* industriosas: by your tricky *1217* manga suelta: each man on his own *1222* queda = quieta: still

no los admiten bien vuestras marañas;
liebres en pieles fieras disfrazados,
load y engrandeced vuestras hazañas, 1230
que espero en el gran Júpiter de veros
sujetos a Numancia y a sus fueros.

Vase, y torna a salir fuera con TEÓGENES, *y* CARAVINO,
y MARANDRO, *y otros.*

TEÓG. En términos nos tiene nuestra suerte,
dulces amigos, que sería ventura
de acabar nuestros daños con la muerte; 1235
por nuestro mal, por nuestra desventura,
vistes del sacrificio el triste agüero,
y a Marquino tragar la sepoltura;
el desafío no ha importado un cero;
¿de intentar qué me queda? No lo siento. 1240
Uno es aceptar el fin postrero.
Esta noche se muestre el ardimiento
del numantino acelerado pecho,
y póngase por obra nuestro intento.
El enemigo muro sea deshecho; 1245
salgamos a morir a la campaña,
y no como cobardes en estrecho.
Bien sé que sólo sirve esta hazaña
de que a nuestro morir se mude el modo,
que con ella la muerte se acompaña. 1250

CARAV. Con este parecer yo me acomodo.
Morir quiero rompiendo el fuerte muro
y deshacello por mi mano todo;
mas tiéneme una cosa mal siguro:
que si nuestras mujeres saben esto, 1255
de que no haremos nada os aseguro.
Cuando otra vez tuvimos presupuesto
de huirnos y dejallas, cada uno
fiado en su caballo y vuelo presto,
ellas, que el trato a ellas importuno 1260
supieron, al momento nos robaron
los frenos, sin dejarnos sólo uno.
Entonces el huir nos estorbaron,
y ansí lo harán agora fácilmente,
si las lágrimas muestran que mostraron. 1265

1228 marañas: lies *1233 En términos:* In such a state *1239 no ha importado un cero:* has not mattered a bit *1241 Uno es aceptar:* It's all the same if we accept *1254 siguro* = seguro *1257 presupuesto:* intention *1260-1261 el ... supieron:* discovered the, to them, vexatious plan *1265 si ... mostraron:* if they show the same tears they did before

Maran. Nuestro disinio a todas es patente;
todas lo saben ya, y no queda alguna
que no se queje dello amargamente,
 y dicen que, en la buena o ruin fortuna,
 quieren en vida o muerte acompañarnos, 1270
 aunque su compañía es importuna.

Entran cuatro Mujeres *de Numancia, cada una con un niño en brazos y otros de las manos, y* Lira, *doncella.*

Veislas aquí do vienen a rogaros
no las dejéis en tantos embarazos;
aunque seáis de acero, han de ablandaros;
 los tiernos hijos vuestros en los brazos 1275
 las tristes traen; ¿ no veis con qué señales
 de amor les dan los últimos abrazos?

Mujer 1.ª Dulces señores míos: tras cien males,
hasta aquí de Numancia padecidos,
que son menores los que son mortales, 1280
 y en los bienes también que ya son idos,
 siempre mostramos ser mujeres vuestras,
 y vosotros también nuestros maridos.
 ¿ Por qué en las ocasiones tan siniestras
que el cielo airado agora nos ofrece, 1285
nos dais de aquel amor tan cortas muestras?
 Hemos sabido, y claro se parece,
 que en las romanas manos arrojaros
 queréis, pues su rigor menos empece
 que no la hambre de que veis cercaros, 1290
 de cuyas flacas manos desabridas
 por imposible tengo el escaparos.
 Peleando queréis dejar las vidas,
y dejarnos también desamparadas,
a deshonras y a muertes ofrecidas. 1295
 Nuestro cuello ofreced a las espadas
 vuestras primero, que es mejor partido
 que vernos de enemigos deshonradas.
 Yo tengo en mi intención instituído
 que, si puedo, haré cuanto en mí fuere 1300
 por morir do muriere mi marido.
 Esto mismo hará la que quisiere
 mostrar que no los miedos de la muerte
 estorban de querer a quien bien quiere,
 en buena o en mala, dulce, alegre suerte. 1305

1266 disinio = designio: plan *1280 que . . . mortales:* which are worse than death *1289 empece:* matters *1297 partido:* fate

Mujer 2.ª ¿ Qué pensáis, varones claros ?
¿ Revolvéis aún todavía
en la triste fantasía
de dejarnos y ausentaros ?
 ¿ Queréis dejar, por ventura,   1310
a la romana arrogancia
las vírgenes de Numancia
para mayor desventura,
y a los libres hijos vuestros
queréis esclavos dejallos ?   1315
¿ No será mejor ahogallos
con los propios brazos vuestros ?
 ¿ Queréis hartar el deseo
de la romana codicia,
y que triunfe su injusticia   1320
de nuestro justo trofeo ?
 ¿ Serán por ajenas manos
nuestras casas derribadas ?
Y las bodas esperadas
¿ hanlas de gozar romanos ?   1325
 En salir haréis error
que acarrea cien mil yerros,
porque dejáis sin los perros
el ganado, y sin señor.
 Si al foso queréis salir,   1330
llevadnos en tal salida,
porque tendremos por vida
a vuestros lados morir.
 No apresuréis el camino
al morir, porque su estambre   1335
cuidado tiene la hambre
de cercenarla contino.
Mujer 3.ª Hijos de estas tristes madres,
¿ qué es esto ? ¿ Cómo no habláis
y con lágrimas rogáis   1340
que no os dejen vuestros padres ?
 Basta que la hambre insana
os acabe con dolor,
sin esperar el rigor
de la aspereza romana.   1345
 Decildes que os engendraron
libres, y libres nacistes,

1332 tendremos por : we will consider as *1335 estambre :* thread of life *1338–1357* Note the Spartan ring in this spirited speech.

y que vuestras madres tristes
también libres os criaron.
　Decildes que, pues la suerte
nuestra va tan decaída,
que, como os dieron la vida,
ansimismo os den la muerte.
　¡Oh muros de esta ciudad!
Si podéis hablar, decid
y mil veces repetid:
«¡Numantinos, libertad!»
　Los templos, las casas vuestras,
levantadas en concordia.
Hoy piden misericordia
hijos y mujeres vuestras.
　Ablandad, claros varones,
esos pechos diamantinos,
y mostrad cual numantinos,
amorosos corazones:
que no por romper el muro
se remedia un mal tamaño;
antes en ello está el daño
más propincuo y más seguro.

LIRA.　　También las tristes doncellas
ponen en vuestra defensa
el remedio de su ofensa
y el alivio a sus querellas.
　No dejéis tan ricos robos
a las cudiciosas manos.
Mirad que son los romanos
hambrientos y fieros lobos.
　Desesperación notoria
es ésta que hacer queréis,
adonde sólo hallaréis
breve muerte y larga gloria.
　Mas ya que salga mejor
que yo pienso esta hazaña,
¿qué ciudad hay en España
que quiera daros favor?
　Mi pobre ingenio os advierte
que, si hacéis esta salida,
al enemigo dais vida
y a toda Numancia muerte.
　De vuestro acuerdo gentil

1371–1373 ponen ... querellas: place in your trust the cleansing of their dishonor and the satisfaction of their grievances *1382 ya que:* even if *1385 favor:* help

los romanos burlarán;
pero decidme: ¿qué harán
tres mil con ochenta mil?
Aunque tuviesen abiertos
los muros y su defensa, 1395
seríades con ofensa
mal vengados y bien muertos.
Mejor es que la ventura
o el daño que el Cielo ordene
o nos salve o nos condene 1400
de la vida o sepoltura.

TEÓG. Limpiad los ojos húmidos del llanto,
mujeres tiernas, y tené entendido
que vuestra angustia la sentimos tanto,
que responde al amor nuestro subido. 1405
Ora crezca el dolor, ora el quebranto
sea por nuestro bien disminuído,
jamás en muerte o vida os dejaremos;
antes en muerte o vida os serviremos.

Pensábamos salir al foso, ciertos 1410
antes de allí morir que de escaparnos,
pues fuera quedar vivos aunque muertos,
si muriendo pudiéramos vengarnos;
mas pues nuestros disinios descubiertos
han sido, y es locura aventurarnos, 1415
amados hijos y mujeres nuestras,
nuestras vidas serán de hoy más las vuestras.

Sólo se ha de mirar que el enemigo
no alcance de nosotros triunfo o gloria;
antes ha de servir él de testigo 1420
que apruebe y eternice nuestra historia;
y si todos venís en lo que digo,
mil siglos durará nuestra memoria,
y es que no quede cosa aquí en Numancia
de do el contrario pueda hacer ganancia. 1425

En medio de la plaza se haga un fuego,
en cuya ardiente llama licenciosa
nuestras riquezas todas se echen luego,
desde la pobre a la más rica cosa;
y esto podréis tener a dulce juego 1430
cuando os declare la intención honrosa

1396 seríades = seríais 1403 tené = tened 1405 al amor nuestro subido = a nuestro subido amor 1406 ora . . . ora: whether . . . or 1420 antes: rather 1422 venís en: agree with

que se ha de efectuar después que sea
abrasada cualquier rica presea.
   Y para entretener por algún hora
la hambre que ya roe nuestros huesos,   1435
haréis descuartizar luego a la hora
esos tristes romanos que están presos,
y sin del chico al grande hacer mejora,
repártanse entre todos, que con ésos
será nuestra comida celebrada   1440
por España, cruel, necesitada.

CARAV.   Amigos, ¿ qué os parece ? ¿ Estáis en esto ?
Digo que a mí me tiene satisfecho
y que a la ejecución se venga presto
de un tan extraño y tan honroso hecho.   1445

TEÓG.   Pues yo de mi intención os diré el resto:
después que sea lo que digo hecho,
vamos a ser ministros todos luego
de encender el ardiente y rico fuego.

MUJER 1.ª Nosotras desde aquí ya comenzamos   1450
a dar con voluntad nuestros arreos,
y a las vuestras las vidas entregamos,
como se han entregado los deseos.

LIRA.   Pues caminemos presto; vamos, vamos,
y abrásense en un punto los trofeos   1455
que pudieran hacer ricas las manos,
y aun hartar la codicia de romanos.

Vanse todos, y, al irse, MARANDRO *ase a* LIRA *de la mano, y ella se
detiene, y entra* LEONICIO *y apártase a un lado y no le ven, y dice*
            MARANDRO:

MARAN.   No vayas tan de corrida,
Lira; déjame gozar
del bien que me puede dar   1460
en la muerte alegre vida.
   Deja que miren mis ojos
un rato tu hermosura,
pues tanto mi desventura
se entretiene en mis enojos.   1465
   ¡ Oh dulce Lira, que suenas
contino en mi fantasía
con tan suave agonía,
que vuelve en gloria mis penas!
   ¿ Qué tienes ? ¿ Qué estás pensando,   1470
gloria de mi pensamiento ?

1433 rica presea: valuable article, gem *1438* sin ... mejora: without distinction as to age *1445* extraño: great, grand

Lira.	Pienso cómo mi contento	
	y el tuyo se va acabando;	
	y no será su homicida	
	el cerco de nuestra tierra:	1475
	que primero que la guerra	
	se me acabará mi vida.	
Maran.	¿ Qué dices, bien de mi alma?	
Lira.	Que me tiene tal la hambre,	
	que de mi vital estambre	1480
	llevará presto la palma.	
	¿ Qué tálamo has de esperar	
	de quien está en tal extremo,	
	que te aseguro que temo	
	antes de un hora expirar?	1485
	Mi hermano ayer expiró,	
	de la hambre fatigado;	
	mi madre ya ha acabado,	
	que la hambre la acabó;	
	y si la hambre y su fuerza	1490
	no ha rendido mi salud,	
	es porque la juventud	
	contra su rigor me esfuerza;	
	pero como ha tantos días	
	que no le hago defensa,	1495
	no pueden contra su ofensa	
	las débiles fuerzas mías.	
Maran.	Enjuga, Lira, los ojos;	
	deja que los tristes míos	
	se vuelvan corrientes ríos,	1500
	nacidos de tus enojos;	
	y aunque la hambre ofendida	
	te tenga tan sin compás,	
	de hambre no morirás	
	mientras yo tuviere vida.	1505
	Yo me ofrezco de saltar	
	el foso y el muro fuerte,	
	y entrar por la misma muerte	
	para la tuya excusar.	
	El pan que el romano toca,	1510
	sin que el temor me destruya,	
	le quitaré de la suya	
	para ponello en tu boca;	

1481 palma: victory *1489 que* = *porque 1509 excusar:* prevent

con mi brazo haré carrera
a tu vida y a mi muerte,   1515
porque más me mata el verte,
señora, de esa manera.
 Yo te traeré de comer
a pesar de los romanos,
si ya son estas mis manos   1520
las mismas que solían ser.

LIRA. Hablas como enamorado,
Marandro; pero no es justo
que tome gusto del gusto
por tu peligro comprado.   1525
 Poco podrá sustentarme
cualquier robo que harás,
aunque más cierto hallarás
el perderme que el ganarme.
 Goza de tu mocedad,   1530
en sanidad ya crecida:
que más importa tu vida
que la mía en la ciudad.
 Tú podrás bien defendella
de la enemiga asechanza,   1535
que no la flaca pujanza
desta tan triste doncella;
 ansí que, mi dulce amor,
despide ese pensamiento,
que yo no quiero sustento   1540
ganado con tu sudor;
 que aunque puedas alargar
mi muerte por algún día,
esta hambre que porfía
al fin nos ha de acabar.   1545

MARAN. ¡ En vano trabajas, Lira,
de impedirme este camino,
do mi voluntad y sino
allá me convida y tira!
 Tú rogarás entretanto   1550
a los dioses que me vuelvan
con despojos que resuelvan
tu miseria y mi quebranto.

1514 haré carrera: I shall open a way *1520 si ya* = *si todavía 1524 que* . . . *gusto:* that I should enjoy the pleasure *1535 asechanza:* snare, stratagem *1536 pujanza:* strength *1548 sino:* fate, destiny *1552 despojos:* spoils, booty

LIRA. Marandro, mi dulce amigo,
¡ ay !, no vais, que se me antoja   1555
que de tu sangre veo roja
la espada del enemigo.
No hagas esta jornada,
Marandro, bien de mi vida,
que, si es mala la salida,   1560
muy peor será la entrada.
Sí, quiero aplacar tu brío;
por testigo pongo al Cielo
que de tu daño recelo,
y no del provecho mío.   1565
Mas si acaso, amado amigo,
prosigues esta contienda,
lleva este abrazo por prenda
de que me llevas contigo.
MARAN. Lira, el Cielo te acompañe.   1570
Vete, que a Leonicio veo.
LIRA. Y a ti cumpla tu deseo
y en ninguna cosa dañe.

Vase LIRA, *y dice* LEONICIO :
Terrible ofrecimiento es el que has hecho,
y en él, Marandro, se nos muestra claro   1575
que no hay cobarde enamorado pecho;
aunque de tu virtud y valor raro
debe más esperarse; mas yo temo
que el hado infeliz se nos muestra avaro.
He estado atento al miserable extremo   1580
que te ha dicho Lira en que se halla,
indigno, cierto, a su valor supremo,
y que tú has prometido de libralla
deste presente daño, y arrojarte
en las armas romanas a batalla.   1585
Yo quiero, buen amigo, acompañarte
y en impresa tan justa y tan forzosa
con mis pequeñas fuerzas ayudarte.
MARAN. ¡ Oh amistad de mi alma venturosa !
¡ Oh amistad no en trabajos dividida,   1590
ni en la ocasión más próspera y dichosa !
Goza, Leonicio, de la dulce vida;
quédate en la ciudad, que yo no quiero
ser de tus verdes años homicida;
yo solo tengo de ir; yo solo espero   1595

1554–69 This passage is justly praised for its pathetic tenderness. 1595 *de* = *que*

| | volver con los despojos merecidos
a mi inviolable fee y amor sincero. | |
| --- | --- | --- |
| LEON. | Pues ya tienes, Marandro, conocidos
mis deseos, que, en buena o mala suerte,
al sabor de los tuyos van medidos,
sabrás que no los miedos de la muerte
de ti me apartarán un solo punto,
ni otra cosa, si la hay, que sea más fuerte.
¡ Contigo tengo de ir; contigo junto
he de volver, si ya el Cielo no ordena
que quede en tu defensa allá difunto ! | 1600

1605 |
| MARAN. | Quédate, amigo; queda enhorabuena,
porque si yo acabare aquí la vida,
en esta impresa de peligros llena,
que puedas a mi madre dolorida
consolarla en el trance riguroso,
y a la esposa de mí tanto querida. | 1610 |
| LEON. | Cierto que estás, amigo, muy donoso
en pensar que en tu muerte quedaría
yo con tal quietud y tal reposo,
que de consuelo alguno serviría
a la doliente madre y triste esposa.
Pues en la tuya está la muerte mía,
segura tengo la ocasión dudosa;
mira cómo ha de ser, Marandro amigo,
y en el quedarme no me hables cosa. | 1615

1620 |
| MARAN. | Pues no puedo estorbarte el ir conmigo,
en el silencio de esta noche escura
tenemos de saltar al enemigo.
Lleva ligeras armas, que ventura
es la que ha de ayudar al alto intento,
que no la malla entretejida y dura.
Lleva asimismo puesto el pensamiento
en robar y traer a buen recado
lo que pudieres más de bastimento. | 1625

1630 |
| LEON. | Vamos, que no saldré de tu mandado. | |

Vanse, y salen dos NUMANTINOS.

| NUM. 1.º | ¡ Derrama, dulce hermano, por los ojos
el alma en llanto amargo convertida !
¡ Venga la muerte, y lleve los despojos
de nuestra miserable y triste vida ! | 1635 |
| --- | --- | --- |
| NUM. 2.º | Bien poco durarán estos enojos:
que ya la muerte viene apercebida | |

1597 fee =fe: loyalty, faithfulness *1627 malla:* coat of mail *1630 bastimento:* provisions

para llevar en presto y breve vuelo
a cuantos pisan de Numancia el suelo.
Principios veo que prometen presto
amargo fin a nuestra dulce tierra,
sin que tengan cuidado de hacer esto
los contrarios ministros de la guerra.
Nosotros mesmos, a quien ya es molesto
y enfadoso el vivir que nos atierra,
hemos dado sentencia irrevocable
de nuestra muerte, aunque cruel, loable.
En la plaza mayor ya levantada
queda una ardiente y cudiciosa hoguera,
que, de nuestras riquezas ministrada,
sus llamas suben a la cuarta esfera.
Allí, con triste priesa acelerada
y con mortal y tímida carrera,
acuden todos, como santa ofrenda,
a sustentar las llamas con su hacienda.
Allí las perlas del rosado oriente,
y el oro en mil vasijas fabricado,
y el diamante y rubí más excelente,
y la estimada púrpura y brocado,
en medio del rigor fogoso ardiente
de la encendida llama se ha arrojado;
despojos do pudieran los romanos
henchir los senos y ocupar las manos.

Aquí salen con cargas de ropa por una parte, y éntranse por otra.

Vuelve al triste espectáculo la vista;
verás con cuánta priesa y cuánta gana
toda Numancia en numerosa lista
aguija a sustentar la llama insana;
y no con verde leño o seca arista,
no con materia al consumir liviana,
sino con sus haciendas mal gozadas,
pues se guardaron para ser quemadas.

Num. 1.º Si con esto acabara nuestro daño,
pudiéramos llevallo con paciencia;
mas, ¡ay!, que se ha de dar, si no me engaño,
de que muramos todos cruel sentencia.
¡ Primero que el rigor bárbaro extraño
muestre en nuestras gargantas su inclemencia,
verdugos de nosotros nuestras manos
serán, y no los pérfidos romanos!

1644 *mesmos* = mismos 1663 *henchir*: to stuff 1668 *arista*: straw

Han ordenado que no quede alguna 1680
mujer, niño ni viejo con la vida,
pues al fin la cruel hambre importuna
con más fiero rigor es su homicida.
Mas ves allí a do asoma, hermano, una
que, como sabes, fué de mí querida 1685
un tiempo con extremo tal de amores,
cual es el que ella tiene de dolores.

*Sale una mujer con una criatura en los brazos y otra
de la mano, y ropa para echar en el fuego.*

MADRE. ¡Oh duro vivir molesto!
¡Terrible y triste agonía!
HIJO. Madre, ¿por ventura habría 1690
quien nos diese pan por esto?
MADRE. ¿Pan, hijo? ¡Ni aun otra cosa
que semeje de comer!
HIJO. ¿Pues tengo de fenecer
de dura hambre rabiosa? 1695
¡Con poco pan que me deis,
madre, no os pediré más!
MADRE. ¡Hijo, qué pena me das!
HIJO. ¿Por qué, madre, no queréis?
MADRE. Sí quiero; mas ¿qué haré, 1700
que no sé dónde buscallo?
HIJO. Bien podréis, madre, comprallo:
si no, yo lo compraré.
Mas, por quitarme de afán,
si alguno conmigo topa, 1705
le daré toda esta ropa
por un pedazo de pan.
MADRE. ¿Qué mamas, triste criatura?
¿No sientes que, a mi despecho,
sacas ya del flaco pecho, 1710
por leche, la sangre pura?
Lleva la carne a pedazos
y procura de hartarte,
que no pueden ya llevarte
mis flacos cansados brazos. 1715
Hijos, mi dulce alegría,
¿con qué os podré sustentar,
si apenas tengo que os dar
de la propia sangre mía?
¡Oh hambre terrible y fuerte, 1720
cómo me acabas la vida!

1688 *¡Oh... molesto!*: Oh hard and troublesome life! 1708 *¿Qué mamas*: What are you sucking

| | ¡ Oh guerra, sólo venida
para causarme la muerte! | |
|---|---|---|
| Hijo. | ¡ Madre mía, que me fino! *muero* | |
| | Aguijemos. ¿A do vamos,
que parece que alargamos
la hambre con el camino? | 1725 |
| Madre. | Hijo, cerca está la plaza
adonde echaremos luego
en mitad del vivo fuego
el peso que te embaraza. | 1730 |

Vase la mujer y el niño, y quedan los dos.

Num. 2.º Apenas puede ya mover el paso
la sin ventura madre desdichada,
que, en tan extraño y lamentable caso,
se ve de dos hijuelos rodeada.   1735
Num. 1.º Todos, al fin, al doloroso paso
vendremos de la muerte arrebatada.
Mas moved vos, hermano, agora el vuestro,
a ver qué ordena el gran Senado nuestro.

1724 fino: (I am) dying

JORNADA CUARTA

*Tocan al arma * con gran prisa, y a este rumor sale
Escipión, y Jugurta, y Mario, alborotados.*

Escipión. ¿ Qué es esto, capitanes ? ¿ Quién nos toca 1740
al arma en tal sazón ? ¿ Es, por ventura,
alguna gente desmandada y loca
que viene a demandar su sepoltura ?
Mas no sea algún motín el que provoca
tocar al arma en recia coyuntura: 1745
que tan seguro estoy del enemigo,
que tengo más temor al que es amigo.

Sale Quinto Fabio *con el espada desnuda, y dice:*

Quinto. Sosiega el pecho, general prudente,
que ya de esta arma la ocasión se sabe,
puesto que ha sido a costa de tu gente, 1750
de aquel en quien más brío y fuerza cabe.
Dos numantinos, con soberbia frente,
cuyo valor será razón se alabe,
saltando el ancho foso y la muralla,
han movido a tu campo cruel batalla. 1755
  A las primeras guardas embistieron,
y en medio de mil lanzas se arrojaron,
y con tal furia y rabia arremetieron,
que libre paso al campo les dejaron.
Las tiendas de Fabricio acometieron, 1760
y allí su fuerza y su valor mostraron
de modo que en un punto seis soldados
fueron de agudas puntas traspasados.
  No con tanta presteza el rayo ardiente
pasa rompiendo el aire en presto vuelo, 1765
ni tanto la cometa reluciente
se muestra y apresura por el cielo,
como estos dos por medio de tu gente
pasaron, colorando el duro suelo
con la sangre romana que sacaban 1770
sus espadas doquiera que llegaban.

---

* *Tocan al arma:* The call to arms is sounded *1741 sazón:* occasion *1742 desmandada:* disobedient *1744 motín:* rebellion *1753 cuyo ... alabe:* whose courage will be worthy of praise *1760 tiendas:* tents; *Fabricio:* Fabricius

Queda Fabricio traspasado el pecho;
abierta la cabeza tiene Eracio;
Olmida ya perdió el brazo derecho,
y de vivir le queda poco espacio. 1775
Fuéle ansimismo poco de provecho
la ligereza al valeroso Estacio,
pues el correr al numantino fuerte
fué abreviar el camino de la muerte.
  Con presta diligencia discurriendo 1780
iban de tienda en tienda, hasta que hallaron
un poco de bizcocho, el cual cogiendo,
el paso, y no el furor, atrás tornaron.
El uno de ellos se escapó huyendo;
al otro mil espadas le acabaron; 1785
por donde infiero que la hambre ha sido
quien les dió atrevimiento tan subido.

ESCIPIÓN. Si estando deshambridos y encerrados
muestran tan demasiado atrevimiento,
¿qué hicieran siendo libres y enterados 1790
en sus fuerzas primeras y ardimiento?
¡Indómitos! ¡Al fin seréis domados,
porque contra el furor vuestro violento
se tiene de poner la industria nuestra,
que de domar soberbios es maestra! 1795

Vanse todos, y sale MARANDRO, *herido y lleno de sangre,
con una cesta de pan.*

MARAN. ¿No vienes, Leonicio? Di:
¿qué es esto, mi dulce amigo?
Si tú no vienes conmigo,
¿cómo vengo yo sin ti?
  Amigo que te has quedado, 1800
amigo que te quedaste:
no eres tú el que me dejaste,
sino yo el que te he dejado.
  ¿Que es posible que ya dan
tus carnes despedazadas 1805
señales averiguadas
de lo que cuesta este pan,
  y es posible que la herida
que a ti te dejó difunto,
en aquel instante y punto 1810
no me acabó a mí la vida?
  No quiso el hado cruel
acabarme en paso tal,

1773 Eracio: Eracius *1774 Olmida:* Almido *1777 Estacio:* Statius *1796–1827* Observe the tender note of friendship and love.

por hacerme a mí más mal
y hacerte a ti más fiel.
   Tú al fin llevarás la palma
de más verdadero amigo;
yo a desculparme contigo
enviaré presto el alma,
   y tan presto, que el afán
a morir me lleva y tira
en dando a mi dulce Lira
este tan amargo pan.
   Pan ganado de enemigos;
pero no ha sido ganado,
sino con sangre comprado
de dos sin ventura amigos.

Sale LIRA *con alguna ropa para echarla en el fuego, y dice:*

LIRA.   ¿Qué es esto que ven mis ojos?
MARAN. Lo que presto no verán,
según la priesa se dan
de acabarme mis enojos.
   Ves aquí, Lira, cumplida
mis palabras y porfías
de que tú no morirías
mientras yo tuviese vida.
   Y aun podré mejor decir
que presto vendrás a ver
que a ti te sobra el comer
y a mí me falta el vivir.
LIRA.   ¿Qué dices, Marandro amado?
MARAN. Lira, que acates la hambre
entre tanto que la estambre
de mi vida corta el hado;
   pero mi sangre vertida
y con este pan mezclada,
te ha de dar, mi dulce amada,
triste y amarga comida.
   Ves aquí el pan que guardaban
ochenta mil enemigos,
que cuesta de dos amigos
las vidas que más amaban.
   Y porque lo entiendas cierto
y cuánto tu amor merezco,
ya yo, señora, perezco,
y Leonicio está ya muerto.
   Mi voluntad sana y justa
recíbela con amor,

1815

1820

1825

1830

1835

1840

1845

1850

1855

1827 Read: *dos amigos sin ventura. 1841 que acates:* appease

que es la comida mejor
y de que el alma más gusta.
Y pues en tormenta y calma
siempre has sido mi señora,
¡ recibe este cuerpo agora,
como recibiste el alma!

Cáese muerto, y recógele en las faldas o regazo LIRA.

LIRA.
¡ Marandro, dulce bien mío!
¿ Qué sentís, o qué tenéis?
¿ Cómo tan presto perdéis
vuestro acostumbrado brío?
Mas, ¡ ay triste, sin ventura,
que ya está muerto mi esposo!
¡ Oh caso el más lastimoso
que se vió en la desventura!
¿ Qué os hizo, dulce amado,
con valor tan excelente,
enamorado y valiente,
y soldado desdichado?
Hicistes una salida,
esposo mío, de suerte
que, por excusar mi muerte,
me habéis quitado la vida.
¡ Oh pan de la sangre lleno
que por mí se derramó!
¡ No te tengo en cuenta, no,
de pan, sino de veneno!
No te llegaré a mi boca
por poderme sustentar,
si no es para besar
esta sangre que te toca!

Entra un MUCHACHO, *hermano de* LIRA, *hablando desmayadamente.*

MUCHA.
Lira hermana, ya expiró
mi madre, y mi padre está
en términos, que ya ya
morirá, cual muero yo:
la hambre le ha acabado.
Hermana mía, ¿ pan tienes?
¡ Oh pan, y cuán tarde vienes,
que no hay ya pasar bocado!
Tiene la hambre apretada

1886 si no es: See v. 346. *1890 en términos:* See v. 1233. *1895 no hay ya:* it is no longer possible

    mi garganta en tal manera,
    que, aunque este pan agua fuera,
    no pudiera pasar nada.
     Tómalo, hermana querida,   1900
    que, por más crecer mi afán,
    veo que me sobra el pan
    cuando me falta la vida.

       Cáese muerto.

Lira. ¿ Expiraste, hermano amado ?
    ¡ Ni aliento ni vida tiene !   1905
    Bueno es el mal cuando viene
    sin venir acompañado.
     Fortuna, ¿ por qué me aquejas
    con un daño y otro junto,
    y por qué en un solo punto   1910
    huérfana y viuda me dejas ?
    ¡ Oh duro escuadrón romano !
    ¡ Cómo me tiene tu espada
    de dos muertos rodeada :
    uno esposo y otro hermano !   1915
    ¿ A cuál volveré la cara
    en este trance importuno,
    si en la vida cada uno
    fué prenda del alma cara ?
     Dulce esposo, hermano tierno,   1920
    yo os igualaré en quereros,
    porque pienso presto veros
    en el cielo o en el infierno.
    En el modo de morir
    a entrambos he de imitar,   1925
    porque el yerro ha de acabar
    y la hambre mi vivir.
     Primero daré a mi pecho
    una daga que este pan :
    que a quien vive con afán   1930
    es la muerte de provecho.
    ¿ Qué aguardo ? ¡ Cobarde estoy !
    Brazo, ¿ ya os habéis turbado ?
    ¡ Dulce esposo, hermano amado,
    esperadme, que ya voy !   1935

   Sale una Mujer *huyendo, y tras ella un* Soldado
   numantino con una daga para matarla.

Mujer. ¡ Eterno padre, Júpiter piadoso,
    favorecedme en tan adversa suerte !

Sol. ¡ Aunque más lleves vuelo presuroso,
mi dura mano te dará la muerte !

Éntrase la Mujer.

Lira. El hierro duro, el brazo belicoso
contra mí, buen soldado, le convierte;
deja vivir a quien la vida agrada,
y quítame la mía, que me enfada.

Sol. Puesto que es decreto del Senado
que ninguna mujer quede con vida,
¿ cuál será el brazo o pecho acelerado
que en ese hermoso vuestro dé herida ?
Yo, señora, no soy tan mal mirado,
que me precie de ser vuestro homicida :
otra mano, otro hierro ha de acabaros ;
que yo sólo nací para adoraros.

Lira. Esa piedad que quies usar conmigo,
valeroso soldado, yo te juro,
y al alto Cielo pongo por testigo,
que yo la estimo por rigor muy duro.
Tuviérate yo entonces por amigo,
cuando, con pecho y ánimo seguro,
este mío afligido traspasaras
y de la amarga vida me privaras.
Pero, pues quies mostrarte piadoso,
tan en daño, señor, de mi contento,
muéstralo agora en que a mi triste esposo
demos el funeral y último asiento.
También a éste mi hermano, que en reposo
yace, ya libre del vital aliento.
Mi esposo feneció por darme vida;
de mi hermano, la hambre fué homicida.

Sol. Hacer yo lo que mandas está llano,
con condición que en el camino cuentes
quién a tu buen esposo y caro hermano
trajo a los postrimeros acidentes.

Lira. Amigo, ya el hablar no está en mi mano.

Sol. ¿ Que tan al cabo estás ? ¿ Que tal te sientes ?
Lleva a tu hermano, que es de menos carga;
yo a tu esposo, que es más peso y carga.

Llevan los cuerpos, y sale una mujer armada con una lanza en la mano y un escudo, que significa la Guerra, *y trae consigo la* Enfermedad *y la* Hambre : *la* Enfermedad *arrimada a una muleta*

1941 *le convierte* = conviértelo 1948–1949 *tan . . . ser :* so inconsiderate as to take pride in being 1963 *asiento :* repose 1971 *acidentes* = *accidentes :* misfortune 1972 *el hablar . . . mano :* I cannot speak

y rodeada de paños la cabeza, con una máscara amarilla; y la Hambre *saldrá con un desnudillo de muerte, y encima una ropa bocací amarilla, y una máscara descolorida.*

Guerra. Hambre, Enfermedad, ejecutores
de mis terribles mandos y severos,
de vidas y salud consumidores,
con quien no vale ruego, mando o fieros;
pues ya de mi intención sois sabidores,   1980
no hay para qué de nuevo encareceros
de cuánto gusto me será y contento
que luego luego hagáis mi mandamiento.
  La fuerza incontrastable de los hados,
cuyos efetos nunca salen vanos,   1985
me fuerza a que de mí sean ayudados
estos sagaces mílites romanos.
Ellos serán un tiempo levantados,
y abatidos también estos hispanos;
pero tiempo vendrá en que yo me mude,   1990
y dañe al alto y al pequeño ayude;
  que yo, que soy la poderosa Guerra,
de tantas madres detestada en vano,
aunque quien me maldice a veces yerra,
pues no sabe el valor de esta mi mano,   1995
sé bien que en todo el orbe de la tierra
seré llevada del valor hispano
en la dulce ocasión que estén reinando
un Carlos, y un Felipo, y un Fernando.
Enfer.   Si ya la hambre, nuestra amiga querida,   2000
no hubiera tomado con instancia
a su cargo de ser fiera homicida
de todos cuantos viven en Numancia,
fuera de mí tu voluntad cumplida
de modo que se viera la ganancia   2005
fácil y rica quel romano hubiera,
harto mejor de aquella que se espera.
  Mas ella, en cuanto su poder alcanza,
ya tiene tal al pueblo numantino,
que de esperar alguna buena andanza,   2010
le ha tomado las sendas y el camino;
mas del furor la rigurosa lanza,
la influencia del contrario sino,
le trata con tan áspera violencia,
que no es menester hambre ni dolencia.   2015
  El furor y la rabia, tus secuaces,
han tomado en su pecho tal asiento,

1999 Carlos, Felipo, Fernando: Charles V, Philip II, Ferdinand of Aragón *2010–2011 de ...* camino: what good fortune we might have expected, she has already marked for her own

que, cual si fuese de romanas haces,
cada cual de su sangre está sediento.
Muertos, incendios, iras, son sus paces;
en el morir han puesto su contento,
y por quitar el triunfo a los romanos,
ellos mesmos se matan con sus manos.

HAMBRE. Volved los ojos, y veréis ardiendo
de la ciudad los encumbrados techos.
Escuchad los suspiros que saliendo
van de mil tristes, lastimados pechos.
Oíd la voz y lamentable estruendo
de bellas damas a quien, ya deshechos
los tiernos miembros de ceniza y fuego,
no valen padre, amigo, amor ni ruego.
 Cual suelen las ovejas descuidadas,
siendo del fiero lobo acometidas,
andar aquí y allí descarriadas,
con temor de perder las simples vidas,
tal niños y mujeres desdichadas,
viendo ya las espadas homicidas,
andan de calle en calle, ¡oh hado insano!,
su cierta muerte dilatando en vano.
 Al pecho de la amada y nueva esposa
traspasa del esposo el hierro agudo.
Contra la madre, ¡nunca vista cosa!,
se muestra el hijo de piedad desnudo;
y contra el hijo, el padre, con rabiosa
clemencia levantado el brazo crudo,
rompe aquellas entrañas que ha engendrado,
quedando satisfecho y lastimado.
 No hay plaza, no hay rincón, no hay calle o casa
que de sangre y de muertos no esté llena;
el hierro mata, el duro fuego abrasa
y el rigor ferocísimo condena.
Presto veréis que por el suelo tasa
hasta la más subida y alta almena,
y las casas y templos más preciados
en polvo y en cenizas son tornados.
 Venid; veréis que en los amados cuellos
de tiernos hijos y mujer querida,
Teógenes afila agora y prueba en ellos
de su espada al cruel corte homicida,
y cómo ya, después de muertos ellos,
estima en poco la cansada vida,
buscando de morir un modo extraño,
que causó en el suyo más de un daño.

GUERRA.   Vamos, pues, y ninguno se descuide
de ejecutar por eso aquí su fuerza,   2065
y a lo que digo sólo atienda y cuide,
sin que de mi intención un punto tuerza.

Vanse, y sale TEÓGENES *con dos hijos pequeños y una hija
y su mujer.*

TEÓG.   Cuando el paterno amor no me detiene
de ejecutar la furia de mi intento,
considerad, mis hijos, cuál me tiene   2070
el celo de mi honroso pensamiento.
Terrible es el dolor que se previene
con acabar la vida en fin violento
y más el mío, pues al hado plugo
que yo sea de vosotros cruel verdugo.   2075
    No quedaréis, ¡ oh hijos de mi alma !,
esclavos, ni el romano poderío
llevará de vosotros triunfo o palma,
por más que a sujetarnos alce el brío ;
el camino más llano que la palma   2080
de nuestra libertad el Cielo pío
nos ofrece y nos muestra y nos advierte
que sólo está en las manos de la muerte.
    Ni vos, dulce consorte, amada mía,
os veréis en peligro que romanos   2085
pongan en vuestro pecho y gallardía
los vanos ojos y las fieras manos.
Mi espada os sacará de esta agonía,
y hará que sus intentos salgan vanos,
pues por más que codicia les atiza,   2090
triunfarán de Numancia hecha ceniza.
    Yo soy, consorte amada, el que primero
di el parecer que todos perezcamos
antes que al insufrible desafuero
del romano poder sujetos seamos ;   2095
y en el morir no pienso ser postrero,
ni lo serán mis hijos.

MUJER.   ¿ No podamos
escaparnos, señor, por otra vía ?
¡ El Cielo sabe si me holgaría !
    Mas pues no puede ser, según yo veo,   2100
y está ya mi muerte tan cercana,
lleva de nuestras vidas tú el trofeo,
y no la espada pérfida romana.

2074 plugo: preterit of *placer,* to please   *2099* ¡ El . . . *holgaría! :* Heaven knows I would rejoice!
2102 trofeo: triumph, victory

	Mas, ya que he de morir, morir deseo	
	en el sagrado templo de Diana.	2105
	Allá nos lleva, buen señor, y luego	
	entréganos al hierro, al rayo, al fuego.	
Teóg.	Ansí se haga, y no nos detengamos,	
	que ya a morir me incita el triste hado.	
Hijo.	Madre, ¿ por qué lloráis ? ¿ Adónde vamos ?	2110
	Teneos, que andar no puedo de cansado.	
	Mejor será, mi madre, que comamos,	
	que la hambre me tiene fatigado.	
Mujer.	Ven en mis brazos, hijo de mi vida,	
	do te daré la muerte por comida.	2115

Vanse, y salen dos Muchachos *huyendo, y el uno de ellos
es el que se arrojó de la torre.*

Mucha.	¿ Dónde quieres que huyamos,	
	Servio ?	
Servio.	Yo, por do quisieres.	
Mucha.	Camina; ¡ qué flaco eres!	
	Tú ordenas que aquí muramos	
	¿ No ves, triste, que nos siguen	2120
	dos mil hierros por matarnos ?	
Servio.	Imposible es escaparnos	
	de aquellos que nos persiguen.	
	Mas di : ¿ qué piensas hacer,	
	o qué medio hay que nos cuadre ?	2125
Mucha.	A una torre de mi padre	
	me pienso de ir a esconder.	
Servio.	Amigo, bien puedes irte;	
	que yo estoy tan flaco y laso	
	de hambre, que un solo paso	2130
	no puedo dar, ni seguirte.	
Mucha.	¿ No quieres venir ?	
Servio.	No puedo.	
Mucha.	Si no puedes caminar	
	ahí te habrá de acabar	
	la hambre, la espada o miedo.	2135
	Yo voyme, porque ya temo	
	lo que el vivir desbarata:	
	o que la espada me mata,	
	o que en el fuego me quemo.	

Vase el Muchacho *a la torre, y queda* Servio, *y sale* Teógenes
con dos espadas desnudas y ensangrentadas las manos, y como
Servio *le ve, huye y éntrase, y dice* Teógenes :

2125 *cuadre*: suits

TEÓG. Sangre de mis entrañas derramada,
pues sois aquélla de los hijos míos;
mano contra ti mesma acelerada,
llena de honrosos y crueles bríos;
fortuna, en daño mío conjurada;
cielos, de justa piedad vacíos:
ofrecedme en tan dura, amarga suerte,
alguna honrosa, aunque cercana muerte.
Valientes numantinos, haced cuenta
que yo soy algún pérfido romano,
y vengad en mi pecho vuestra afrenta,
ensangrentando en él espada y mano.
Una de estas espadas os presenta
mi airada furia y mi dolor insano:
que, muriendo en batalla, no se siente
tanto el rigor del último accidente.
El que privare del vital sosiego
al otro, por señal de beneficio
entregue el desdichado cuerpo al fuego,
que éste será bien piadoso oficio.
Venid; ¿ qué os detenéis ? Acudid luego;
haced ya de mi vida sacrificio,
y esta terneza que tenéis de amigos,
volved en rabia y furia de enemigos.

Sale un NUMANTINO, *y dice:*

NUMAN. ¿ A quién, fuerte Teógenes, agora invocas ?
¿ Qué nuevo modo de morir procuras ?
¿ Para qué nos incitas y provocas
a tantas desiguales desventuras ?
TEÓG. Valiente numantino, si no apocas
con el miedo tus bravas fuerzas duras,
toma esta espada y mátate conmigo,
ansí como si fuese tu enemigo:
    que esta manera de morir me place
en este trance más que en otra alguna.
NUMAN. También a mí me agrada y satisface,
pues que lo quiere ansí nuestra fortuna;
mas vamos a la plaza adonde yace
la hoguera a nuestras vidas importuna,
por que el que allí venciere pueda luego
entregar al vencido al duro fuego.
TEÓG. Bien dices; y camina, que se tarda
el tiempo de morir como deseo.

2167 *desiguales:* extreme, unusual

¡ Ora me mate el hierro, o el fuego me arda,
que gloria y honra en cualquier muerte veo !

Vanse, y sale Escipión, *y* Jugurta, *y* Quinto Fabio, *y* Mario,
y Ermilio, *y* Limpio,* *y otros soldados romanos.*

Escipión. Si no me engaña el pensamiento mío,
o salen mentirosas las señales   2185
que habéis visto en Numancia del estruendo
y lamentable son y ardiente llama,
sin duda alguna que recelo y temo
que el bárbaro furor del enemigo
contra su propio pecho no se vuelva.   2190
Ya no parece gente en la muralla,
ni suenan las usadas centinelas.
Todo está en calma y en silencio puesto,
como si en paz tranquila y sosegada
estuviesen los fieros numantinos.   2195
Mario. Presto podrás salir de aquesa duda,
porque, si tú lo quieres, yo me ofrezco
de subir sobre el muro, aunque me ponga
al riguroso trance que se ofrece,
sólo por ver aquello que en Numancia   2200
hacen nuestros soberbios enemigos.
Escipión. Arrima, pues, ¡ oh, Mario !, alguna escala
a la muralla, y haz lo que prometes.
Mario. Id por la escala luego, y vos, Ermilio,
haced que mi rodela se me traiga   2205
y la celada blanca de las plumas:
que a fe que tengo de perder la vida,
o sacar de esta duda al campo todo.
Ermilio. Ves aquí la rodela y la celada;
la escala vesla allí: la trajo Limpio.   2210
Mario. Encomiéndame a Júpiter inmenso,
que yo voy a cumplir lo prometido.
Jugurta. Alza más alta la rodela, Mario.
Encoge el cuerpo y cubre la cabeza.
¡ Ánimo, que ya llegas a lo alto !   2215
¿ Qué ves ?
Mario.   ¡ Oh santos dioses ! ¿ Y qué es esto ?
Jugurta. ¿ De qué te admiras ?
Mario.   De mirar de sangre
un rojo lago, y de ver mil cuerpos

2182 ¡ Ora ... o : Whether ... or *Ermilio, Limpio :* Ermilius, Limpius 2187 *son = sonido* 2217 *¿ De qué te admiras?* At what are you astonished?

	tendidos por las calles de Numancia,
	de mil agudas puntas traspasados.
Escipión.	¿Que no hay ninguno vivo?
Mario.	¡Ni por pienso!
	A lo menos, ninguno se me ofrece
	en todo cuanto alcanzo con la vista.
Escipión.	Salta, pues, dentro, y mira, por tu vida.
	Síguele tú también, Jugurta amigo.

Salta Mario *en la ciudad.*

	Mas sigámosle todos.
Jugurta.	No conviene
	al oficio que tienes esta impresa.
	Sosiega el pecho, general, y espera
	que Mario vuelva, o yo, con la respuesta
	de lo que pasa en la ciudad soberbia.
	Tened bien esa escala. ¡Oh cielos justos!
	¡Oh cuán triste espectáculo y horrendo
	se me ofrece a la vista! ¡Oh caso extraño!
	Caliente sangre baña todo el suelo;
	cuerpos muertos ocupan plaza y calles.
	Dentro quiero saltar y verlo todo.

Salta Jugurta *en la ciudad.*

Quinto.	Sin duda que los fieros numantinos,
	del bárbaro furor suyo incitados,
	viéndose sin remedio de salvarse,
	antes quisieron entregar las vidas
	al filo agudo de sus propios hierros
	que no a las vencedoras manos nuestras,
	aborrecidas de ellos lo posible.
Escipión.	Con uno solo que quedase vivo
	no se me negaría el triunfo en Roma
	de haber domado esta nación soberbia,
	enemiga mortal de nuestro nombre,
	constante en su opinión, presta, arrojada
	al peligro mayor y duro trance;
	de quien jamás se alabará romano
	que vió la espalda vuelta a numantino,
	cuyo valor, cuya destreza en armas
	me forzó con razón a usar el medio
	de encerrallos cual fieras indomables

2221 *¡Ni por pienso!:* Don't even think of it! 2222 *se me ofrece:* meets my eye, appears 2224 *por tu vida:* upon your soul 2226-2227 *No . . . impresa:* This undertaking is not for your rank. 2243 *aborrecidas . . . posible:* as hated by them as can be

y triunfar de ellos con industria y maña, 2255
pues era con las fuerzas imposible.
Pero ya me parece vuelve Mario.

Torna a salir Mario *por la muralla, y dice:*

Mario.   En balde, ilustre general prudente,
han sido nuestras fuerzas ocupadas.
En balde te has mostrado diligente, 2260
pues en humo y en viento son tornadas
las ciertas esperanzas de vitoria,
de tu industria contino aseguradas.
El lamentable fin, la triste historia
de la ciudad invicta de Numancia 2265
merece ser eterna la memoria;
sacado han de su pérdida ganancia;
quitado te han el triunfo de las manos,
muriendo con magnánima constancia;
nuestros disinios han salido vanos, 2270
pues ha podido más su honroso intento
que toda la potencia de romanos.
El fatigado pueblo en fin violento
acaba la miseria de su vida,
dando triste remate al largo cuento. 2275
Numancia está en un lago convertida
de roja sangre, y de mil cuerpos llena,
de quien fué su rigor propio homicida.
De la pesada y sin igual cadena
dura de esclavitud se han escapado 2280
con presta audacia, de temor ajena.
En medio de la plaza levantado
está un ardiente fuego temeroso,
de sus cuerpos y haciendas sustentado;
a tiempo llegué a verlo que el furioso 2285
Teógenes, valiente numantino,
de fenecer su vida deseoso,
maldiciendo su corto amargo sino,
en medio se arrojaba de la llama,
lleno de temerario desatino, 2290
y al arrojarse dijo: « Clara fama,
ocupa aquí tus lenguas y tus ojos
en esta hazaña, que a contar te llama.
¡ Venid, romanos, ya por los despojos
desta ciudad, en polvo y humo vueltos, 2295
y sus flores y frutos en abrojos! »

2258 *En balde:* In vain 2282–2296 Note the fine description. 2293 *que a contar te llama:* which invites you to proclaim it

De allí, con pies y pensamientos sueltos,
gran parte de la tierra he rodeado,
por las calles y pasos más revueltos,
y un solo numantino no he hallado
que poderte traer vivo siquiera,
para que fueras dél bien informado
por qué ocasión, de qué suerte o manera
cometieron tan grande desvarío,
apresurando la mortal carrera.

ESCIPIÓN. ¿Estaba, por ventura, el pecho mío
de bárbara arrogancia y muertes lleno,
y de piedad justísima vacío?
¿Es de mi condición, por dicha, ajeno
usar benignidad con el rendido,
como conviene al vencedor que es bueno?
¡Mal, por cierto, tenían conocido
el valor en Numancia de mi pecho,
para vencer y perdonar nacido!

QUINTO. Jugurta te hará más satisfecho,
señor, de aquello que saber deseas,
que vesle vuelve lleno de despecho.

Asómase JUGURTA *a la muralla.*

JUGURTA. Prudente general, en vano empleas
más aquí tu valor. Vuelve a otra parte
la industria singular de que te arreas.
No hay en Numancia cosa en que ocuparte.
Todos son muertos, y sólo uno creo
que queda vivo para el triunfo darte,
allí en aquella torre, según veo.
Yo vi denantes un muchacho; estaba
turbado en vista y de gentil arreo.

ESCIPIÓN. Si eso fuese verdad, eso bastaba
para triunfar en Roma de Numancia,
que es lo que más agora deseaba.
Lleguémonos allá, y haced instancia
cómo el muchacho venga a aquestas manos
vivo, que es lo que agora es de importancia.

2302 dél = de él 2306-2314 Observe the note of tragic irony. *2309 condición:* nature, character *2317 vesle . . . despecho:* you see him return filled with despair *2325 denantes = antes:* a while ago *2327 bastaba = bastaría 2329 deseaba = desearía 2330-2331 haced . . . manos:* insist that the boy be brought to me alive

Dice Bariato,* *muchacho, desde la torre:*

BARIATO. ¿Dónde venís, o qué buscáis, romanos?
Si en Numancia queréis entrar por fuerte,
haréislo sin contraste, a pasos llanos; 2335
pero mi lengua desde aquí os advierte
que yo las llaves mal guardadas tengo
desta ciudad, de quien triunfó la muerte.

ESCIPIÓN. Por ésas, joven, deseoso vengo;
y más de que tú hagas experiencia 2340
si en este pecho piedad sostengo.

BARIATO. ¡Tarde, cruel, ofreces tu clemencia,
pues no hay con quien usarla: que yo quiero
pasar por el rigor de la sentencia
que con suceso amargo y lastimero 2345
de mis padres y patria tan querida
causó el último fin terrible y fiero!

QUINTO. Dime: ¿tienes, por suerte, aborrecida,
ciego de un temerario desvarío,
tu floreciente edad y tierna vida? 2350

ESCIPIÓN. Templa, pequeño joven, templa el brío;
sujeta el valor tuyo, que es pequeño,
al mayor de mi honroso poderío;
que desde aquí te doy la fee y empeño
mi palabra que sólo de ti seas 2355
tú mismo propio el conocido dueño;
y que de ricas joyas y preseas
vivas lo que vivieres abastado,
como yo podré darte y tú deseas,
si a mí te entregas y te das de grado. 2360

BARIATO. Todo el furor de cuantos ya son muertos
en este pueblo, en polvo reducido;
todo el huir los pactos y conciertos,
ni el dar a sujeción jamás oído,
sus iras, sus rancores descubiertos, 2365
está en mi pecho solamente unido.
Yo heredé de Numancia todo el brío;
ved, si pensáis vencerme, es desvarío.
Patria querida, pueblo desdichado,
no temas ni imagines que me admire 2370
de lo que debo hacer, en ti engendrado,

Bariato: named after Viriatus, Lusitanian hero who for more than a decade was the terror of the Romans and the pride of his nation *2335 sin contraste:* without opposition *2340 experiencia:* See v. 903, note. *2357 preseas:* See v. 1433, note. *2360 de grado:* voluntarily *2365 rancores* = rencores

ni que promesa o miedo me retire,
ora me falte el suelo, el cielo, el hado,
ora vencerme todo el mundo aspire;
que imposible será que yo no haga 2375
a tu valor la merecida paga.
 Que si a esconderme aquí me trujo el miedo
de la cercana y espantosa muerte,
ella me sacará con más denuedo,
con el deseo de seguir tu suerte; 2380
del vil temor pasado, como puedo,
será la enmienda agora osada y fuerte,
y el error de mi edad tierna inocente
pagaré con morir osadamente.
 Yo os aseguro, ¡ oh fuertes ciudadanos!, 2385
que no falte por mí la intención vuestra
de que no triunfen pérfidos romanos,
si ya no fuere de ceniza nuestra.
Saldrán conmigo sus intentos vanos,
ora levanten contra mí su diestra, 2390
o me aseguren con promesa incierta
a vida y a regalos ancha puerta.
 Tened, romanos, sosegad el brío,
y no os canséis en asaltar el muro;
con que fuera mayor el poderío 2395
vuestro, de no vencerme estad seguro.
Pero muéstrese ya el intento mío,
y si ha sido el amor perfecto y puro
que yo tuve a mi patria tan querida,
asegúrelo luego esta caída. 2400

*Arrójase el muchacho de la torre, y suena una trompeta,
 y sale la* Fama, *y dice* Escipión:

Escipión. ¡ Oh! ¡ Nunca vi tan memorable hazaña!
 ¡ Niño de anciano y valeroso pecho,
que, no sólo a Numancia, mas a España
has adquirido gloria en este hecho;
con tu viva virtud, heroica, extraña, 2405
queda muerto y perdido mi derecho!
Tú con esta caída levantaste
tu fama y mis vitorias derribaste.
 Que fuera viva y en su ser Numancia,
sólo porque vivieras me holgara. 2410
Que tú solo has llevado la ganancia

2373-2374 *ora . . . ora:* See v. 1406, note. 2377 *trujo* = *trajo* 2395 *con que:* even if 2406 *mi derecho:* i.e., to the honors I would have received for bringing a live captive back to Rome 2409-2410 *Que . . . holgara:* I would rejoice if Numancia were alive and whole if only so that you would live. 2411 *has llevado la ganancia:* have come out victorious

desta larga contienda, ilustre y rara;
lleva, pues, niño, lleva la jactancia
y la gloria que el cielo te prepara,
por haber, derribándote, vencido
al que, subiendo, queda más caído.

Entra la FAMA, *vestida de blanco, y dice:*

FAMA. Vaya mi clara voz de gente en gente,
y en dulce y suave son, con tal sonido
llene las almas de un deseo ardiente
de eternizar un hecho tan subido.
Alzad, romanos, la inclinada frente;
llevad de aquí este cuerpo, que ha podido
en tan pequeña edad arrebataros
el triunfo que pudiera tanto honraros,
  que yo, que soy la Fama pregonera,
tendré cuidado, en cuanto el alto Cielo
moviere el paso en la subida esfera,
dando fuerza y vigor al bajo suelo,
a publicar con lengua verdadera,
con justo intento y presuroso vuelo,
el valor de Numancia único, solo,
de Batria a Tile, de uno a el otro polo.
  Indicio ha dado esta no vista hazaña
del valor que los siglos venideros
tendrán los hijos de la fuerte España,
hijos de tales padres herederos.
No de la muerte la feroz guadaña,
ni los cursos de tiempos tan ligeros
harán que de Numancia yo no cante
el fuerte brazo y ánimo constante.
  Hallo sólo en Numancia todo cuanto
debe con justo título cantarse,
y lo que puede dar materia al llanto
para poder mil siglos ocuparse:
la fuerza no vencida, el valor tanto,
digno de prosa y verso celebrarse;
mas, pues desto se encarga la memoria,
demos feliz remate a nuestra historia.

FIN DE « LA NUMANCIA »

2432 Batria, Tile: Bactria, ancient city in northern Afghanistan, and Thule, the northernmost region of the world, according to ancient geography; *a el* = *al 2442 con justo título:* rightly

CERVANTES BIBLIOGRAPHY

I. Works

Obras completas de Miguel de Cervantes Saavedra, edited by Rodolfo Schevill and Adolfo Bonilla y San Martín, 19 vols., Madrid, 1914–1941.

Obras completas, edited by Ángel Valbuena Prat, Madrid, 1943.

Entremeses, edited by Miguel Herrero-García, (Clásicos Castellanos), Madrid, 1945.

II. Studies

BELL, AUBREY F. G.: *Cervantes*, Oklahoma, 1947.

CASTRO, AMÉRICO: *El pensamiento de Cervantes*, Madrid, 1925.

ENTWISTLE, WILLIAM J.: *Cervantes*, Oxford, 1940.

FITZMAURICE-KELLY, JAMES: *Miguel de Cervantes Saavedra: A Memoir*, Oxford, 1913. (Spanish translation: Oxford, 1917.)

SÁNCHEZ, ALBERTO: *Cervantes: Bibliografía fundamental (1900–1950)*, Madrid, 1961.

CASALDUERO, JOAQUÍN: "La Numancia," *Nueva Revista de Filología Hispánica*, II (1948), pp. 86–87.

———: *Sentido y forma del teatro de Cervantes*, Madrid, 1951.

CORREA, GUSTAVO: "El concepto de la fama en el teatro de Cervantes," *Hispanic Review*, XXVII (1959), pp. 280–302.

COTARELO Y VALLEDOR, ARMANDO: *El teatro de Cervantes: Estudio crítico*, Madrid, 1915.

MACCURDY, RAYMOND R.: "The Numantia Plays of Cervantes and Rojas Zorrilla: The Shift from Collective to Personal Tragedy," *Symposium*, XIV (1960), pp. 100–120.

MAÑACH, JORGE: "El sentido trágico de la 'Numancia,'" *Nueva Revista Cubana*, I, No. 1 (April–June, 1959), pp. 21–40.

SCHEVILL, RODOLFO, and BONILLA Y SAN MARTÍN, ADOLFO: Introduction to "Comedias y entremeses" in Vol. VI of same, pp. 5–185, in *Obras completas de Miguel de Cervantes*, Madrid, 1922.

WARDROPPER, BRUCE W.: "Cervantes' Theory of the Drama," *Modern Philology*, LII (1955), pp. 217–221.

Félix Lope de Vega Carpio

LOPE DE VEGA

The designation "creator of the national Spanish drama" is applied to Lope Félix de Vega Carpio (1562–1635) so frequently that it practically amounts to a standard epithet for him. As appropriate as this one are two other designations for Lope, "*el Fénix*" and "*monstruo de la naturaleza.*" An appreciation of the appropriateness of the three terms goes a long way toward an understanding of Lope, although his biographers would no doubt agree that in some respects he will always remain an enigma.

Following a precocious childhood, Lope went on to acquire a vast knowledge of literature—just how is somewhat of a puzzle in view of the extraordinarily active life he led. He participated in two military expeditions, to the Azores in 1583 and to England with the Armada in 1588. His proverbially stormy love life included several marriages, a profusion of love affairs scandalous in varying degree, living in concubinage while maintaining a home with one of his wives, and fathering a number of children out of wedlock. He was exiled twice for reasons arising out of his amatory activities. Yet he is said to have been sincerely in love with the women in question—more driven by his inordinately passionate nature than cynically promiscuous. The truth is that Lope was the monster Cervantes called him, in the sense of "prodigal" rather than the moral one, in his life as well as in his works. Everything about him went beyond the usual bounds of nature.

A man of deep religious conviction and genuine repentance for the life he led—some of his religious poems are extremely moving—Lope took holy orders in 1614. But his nature was too strong for him, and he lapsed into his old ways.

His fame reached legendary proportions. The expression "*Es de Lope*" was used to describe anything excellent. Ángel del Río reported that the Lope craze even took the form of a sacrilegious paraphrase of the Apostles' creed, "*Creo en Lope de Vega, todopoderoso, poeta del cielo y de la tierra....*" When Lope died, Madrid turned out en masse to attend his funeral.

To supply the enormous demand for his plays—the best of works in his day were given only a few performances—Lope, like most of his fellow dramatists, had to dash off his *comedias* at breakneck speed. Responding to this, and no doubt to natural inclination as well, he became a prodigious improviser such as the world has seldom if ever seen. Polishing a work was out of the question. Plays were not written to be read anyhow. A number of Lope's plays were dashed off in twenty-four hours, and toward the end of his life he wrote two plays a week regularly.

It was perhaps inevitable that he would develop a formula for writing *comedias*. In doing so, and by furnishing such attractive models, he gave the genre, before him still feeling its way, its definitive form. He established three acts as the standard format and prescribed the type of verse to be used for each type of situation. He made a well-defined, important stock character of the *gracioso* (*la figura del donaire* or comic servant type). He mixed the tragic and the comic, the learned and the popular. He synthesized all the practices that had gone before, and he recast them in a form upon which he was yet able to set the seal of his personality.

For his material he drew on the immense fund of Spanish tradition and history—chronicles, *romances*, folklore, legend, and the like—as well as non-Spanish sources. The variety of subject matter in his plays —religious, mythological, pastoral, historical, fictional, etc.—is staggering. The extent of his output will never cease to amaze the world. Estimates of the number of his plays vary a great deal. Lope himself claimed he had written 1500 *comedias*, and there are those who claim 1800 to be nearer the correct figure. Probably both figures are an exaggeration. Of the total, in the neighborhood of 500 plays are extant. But for a truer appraisal of his prolific output, we must add to his plays the large quantity of prose and non-dramatic verse Lope wrote (he is a giant of Spanish poetry no less than of the drama). He cultivated almost every current literary genre of his time. The volume of his works is several times that of Shakespeare's.

In his "*Arte nuevo de hacer comedias*" Lope described the *vulgo* (common public) in hardly flattering terms. Yet he knew how to dramatize with great effectiveness the beliefs, traditions, and way of life of that same *vulgo*. If ever there was a national dramatist it was he. Amado Alonso refers to him as "*el más grande poeta de conformidad.*" At the same time, Lope managed to produce works that bear the unmistakable mark of his own personal art.

For the simple peasant life, he had a particular love—no strange thing in an age fascinated by the pastoral. *Fuenteovejuna* is one of the many Lope plays where the romantic, idealized notion of the peasantry appears. The work is one of the many plays Lope based on Spanish history. It deals with the revolt of the village of Fuenteovejuna against the tyrannical *Comendador*, Fernán Gómez de Guzmán. The principal source is known to be the *Crónica de las tres Órdenes Militares* (1572) by Rades y Andrada, from which several Spanish ballads and the

popular saying "*Fuenteovejuna lo hizo,*" which finds its way into Lope's play, were derived.
The political and social background of the work is of considerable importance. We see in it the partnership of the monarch and the people against their common enemy, the feudal nobility with its despotic tendencies. As A. A. Parker points out so well, the *Comendador* is guilty not only of social crimes against the people of Fuenteovejuna but, in his support of Doña Juana and the Portuguese, the crime of treason against the state. The main plot (the *Comendador*'s depradations in Fuenteovejuna and their consequences) and the subplot (centering around the *Comendador*'s treason against Ferdinand and Isabella) thus merge. In the end the village as well as the King and Queen are revenged and rid of this thorn in their side. The village is placed under the jurisdiction of the crown instead of a *comendador*, and the alliance between people and monarchy is triumphantly reaffirmed.
The collective character of the play appears in a number of ways. The *Comendador*'s crimes are against the village as a whole; not one but a whole series of individuals are mistreated. The uprising, the revenge slaying of the *Comendador*, the cleansing of the villagers' honor, and their defiance of the authorities who come to wring a confession from them are collective. "*Todos a una,*" the Fuenteovejunans cry. In fact, it is the village itself, not any individual, which must be regarded as the protagonist of the play.
It would be wrong to see in *Fuenteovejuna*, merely because of its political and social content, a problem play. A problem there is—that of an arrogant, privileged nobility which, by the offenses it commits against the crown and the people, produces a disordered society. But this does not account sufficiently for the great appeal of the play. As in so many other *comedias* by Lope, part of what delights is the natural flow and lyricism of the poetry, the innumerable pleasing touches, the charming portrayal of the villagers. The love for the simple life of the peasantry and the respect for their inherent worth with which readers of Lope are so familiar are given fine expression in *Fuenteovejuna*. These are some of the things—along with the master's skillful handling of a rather interesting situation—which make it possible for us to enjoy the play after three and a half centuries.
It is difficult to apprehend Lope's stature from any one play—his genius is spread over his vast output—and few of his countless works are really masterpieces. But *Fuenteovejuna* is surely one of his greatest creations.

METRICAL SCHEME OF « FUENTEOVEJUNA »

Act I

Redondillas	abba	1–68
Romance (a-o)		69–140
Redondillas	abba	141–456
Romance (e-e)		457–528
Letrilla		529–544
Tercetos	aba, bcb, cdc, *etc.*	545–578
Redondillas	abba	579–590
Letrilla		591–594
Redondillas	abba	595–654
Romance (e-o)		655–698
Redondillas	abba	699–722
Romance (o-o)		723–860

Act II

Octavas reales	abababcc	861–940
Redondillas	abba	941–1104
Romance (e-a)		1105–1138
Redondillas	abba	1139–1450
Sueltos		1451–1473
Letrilla		1474–1476
Redondillas	abba	1477–1504
Letrilla		1505–1511
Redondillas	abba	1512–1547
Letrilla		1548–1571
Romance (a-e)		1572–1653

Act III

Tercetos	aba, bcb, cdc, *etc.*	1654–1713
Romance (o-e)		1714–1849
Octavas reales	abababcc	1850–1921
Redondillas	abba	1922–1949
Romance (e-e)		1950–2029
Letrilla		2030–2032
Redondilla	abba	2033–2036
Letrilla		2037–2043
Redondilla	abba	2044–2047
Letrilla		2048–2057
Redondilla	abba	2058–2061
Letrilla		2062–2069
Redondillas	abba	2070–2161
Soneto	abba, abba, cde, cde	2162–2175
Redondillas	abba	2176–2455

FUENTEOVEJUNA

PERSONAS

La reina Isabel de Castilla.
El rey Fernando de Aragón.
Rodrigo Téllez Girón, Maestre* de la Orden de Calatrava.
Fernán Gómez de Guzmán, Comendador** mayor.
Don Manrique.
Un juez.
Dos regidores de Ciudad Real
Ortuño } Criados del Comendador.
Flores
Esteban } Alcaldes de Fuenteovejuna.
Alonso

Otro regidor de Fuenteovejuna
Laurencia }
Jacinta } Labradoras.
Pascuala
Juan Rojo }
Frondoso }
Mengo } Labradores.
Barrildo
Leonelo, Licenciado en derecho.
Cimbranos, Soldado.
Un muchacho.
Labradoras y labradores.
Músicos.

Época: 1476.

ACTO PRIMERO

[Habitación del Maestre de Calatrava en Almagro.]

Salen el Comendador, Flores *y* Ortuño, *criados.*

Comendador. ¿Sabe el maestre que estoy
 en la villa?
Flores. Ya lo sabe.
Ortuño. Está, con la edad, más grave.
Comend. Y ¿sabe también que soy
 Fernán Gómez de Guzmán? 5
Flores. Es muchacho, no te asombre.
Comend. Cuando no sepa mi nombre
 ¿no le sabrá el que me dan
 de comendador mayor?
Ortuño. No falta quien le aconseje 10
 que de ser cortés se aleje.
Comend. Conquistará poco amor.
 Es llave la cortesía
 para abrir la voluntad;

Maestre: Master in the military Order of Calatrava, founded in the twelfth century
**Comendador:* Knight Commander of the Order of Calatrava 3 *con la edad:* being older
7 *Cuando* = Aunque

	y para la enemistad 15
	la necia descortesía.
ORTUÑO.	Si supiese un descortés
	cómo lo aborrecen todos
	— y querrían de mil modos
	poner la boca a sus pies—, 20
	antes que serlo ninguno,
	se dejaría morir.
FLORES.	¡ Qué cansado es de sufrir !
	¡ Qué áspero y qué importuno !
	Llaman la descortesía 25
	necedad en los iguales,
	porque es entre desiguales
	linaje de tiranía.
	Aquí no te toca nada :
	que un muchacho aún no ha llegado 30
	a saber qué es ser amado.
COMEND.	La obligación de la espada
	que se ciñó, el mismo día
	que la cruz de Calatrava
	le cubrió el pecho, bastaba 35
	para aprender cortesía.
FLORES.	Si te han puesto mal con él,
	presto lo conocerás.
ORTUÑO.	Vuélvete, si en duda estás.
COMEND.	Quiero ver lo que hay en él. 40

Sale el maestre de Calatrava y acompañamiento.

MAESTRE.	Perdonad, por vida mía,
	Fernán Gómez de Guzmán ;
	que agora nueva me dan
	que en la villa estáis.
COMENDADOR.	Tenía
	muy justa queja de vos ; 45
	que el amor y la crianza
	me daban más confianza,
	por ser, cual somos los dos,
	vos maestre en Calatrava,
	yo vuestro comendador 50
	y muy vuestro servidor.
MAESTRE.	Seguro, Fernando, estaba
	de vuestra buena venida.
	Quiero volveros a dar
	los brazos.

---

34 *la cruz de Calatrava*: embroidered red insignia of the Order of Calatrava, the *señales santas* in v. 60. 52 *Seguro*: Unaware

COMENDADOR.	Debéisme honrar; 55
	que he puesto por vos la vida
	entre diferencias tantas,
	hasta suplir vuestra edad
	el pontífice.
MAESTRE.	Es verdad.
	Y por las señales santas 60
	que a los dos cruzan el pecho,
	que os lo pago en estimaros
	y como a mi padre honraros.
COMEND.	De vos estoy satisfecho.
MAESTRE.	¿Qué hay de guerra por allá? 65
COMEND.	Estad atento, y sabréis
	la obligación que tenéis.
MAESTRE.	Decid que ya lo estoy, ya.
COMEND.	Gran maestre, don Rodrigo
	Téllez Girón, que a tan alto 70
	lugar os trajo el valor
	de aquel vuestro padre claro,
	que, de ocho años, en vos
	renunció su maestrazgo,
	que después por más seguro 75
	juraron y confirmaron
	reyes y comendadores,
	dando el pontífice santo
	Pío segundo sus bulas
	y después las suyas Paulo 80
	para que don Juan Pacheco,
	gran maestre de Santiago,
	fuese vuestro coadjutor:
	ya que es muerto, y que os han dado
	el gobierno sólo a vos, 85
	aunque de tan pocos años,
	advertid que es honra vuestra
	seguir en aqueste caso
	la parte de vuestros deudos;
	porque, muerto Enrique cuarto, 90
	quieren que al rey don Alonso

56-59 que . . . pontífice: for I risked my life for you in many a dispute until the Pontiff waived your age (to permit your acceptance into the Order) *60 señales santas:* See v. 34, note. *72 claro:* illustrious *74 maestrazgo:* office and dignity of a Master of the Order *79 Pío II:* Pope Pius II (1458-1464) *80 Paulo II:* Pope Paul II (1467-1471) *90 Enrique IV:* Enrique, el Impotente, King of Castile (1454-1474) *91 Alonso:* Alfonso V, el Africano, King of Portugal (1438-1481)

de Portugal, que ha heredado,
por su mujer, a Castilla,
obedezcan sus vasallos;
que aunque pretende lo mismo   95
por Isabel don Fernando,
gran príncipe de Aragón,
no con derecho tan claro
a vuestros deudos, que, en fin,
no presumen que hay engaño   100
en la sucesión de Juana,
a quien vuestro primo hermano
tiene agora en su poder.
Y así, vengo a aconsejaros
que juntéis los caballeros   105
de Calatrava en Almagro,
y a Ciudad Real toméis,
que divide como paso
a Andalucía y Castilla,
para mirarlos a entrambos.   110
Poca gente es menester,
porque tienen por soldados
solamente sus vecinos
y algunos pocos hidalgos,
que defienden a Isabel   115
y llaman rey a Fernando.
Será bien que deis asombro,
Rodrigo, aunque niño, a cuantos
dicen que es grande esa cruz
para vuestros hombros flacos.   120
Mirad los condes de Urueña,
de quien venís, que mostrando
os están desde la fama
los laureles que ganaron;
los marqueses de Villena,   125
y otros capitanes, tantos,
que las alas de la fama
apenas pueden llevarlos.
Sacad esa blanca espada;
que habéis de hacer, peleando,   130
tan roja como la cruz;
porque no podré llamaros

---

93 *su mujer*: *Juana la Beltraneja*, daughter of Enrique IV 96 *Fernando*: Fernando V of Aragón (1452–1516), husband of Isabella I 101 *Juana: la Beltraneja* 106 *Almagro*: seat of the Order of Calatrava 110 *entrambos*: masculine, to keep the *a-o* assonance of the *romance* 125 *Villena*: district seat in province of Alicante

maestre de la cruz roja
que tenéis al pecho, en tanto
que tenéis blanca la espada; 135
que una al pecho y otra al lado,
entrambas han de ser rojas;
y vos, Girón soberano,
capa del templo inmortal
de vuestros claros pasados. 140

MAESTRE. Fernán Gómez, estad cierto
que en esta parcialidad,
porque veo que es verdad,
con mis deudos me concierto.
Y si importa, como paso 145
a Ciudad Real mi intento,
veréis que como violento
rayo sus muros abraso.
No porque es muerto mi tío
piensen de mis pocos años 150
los propios y los extraños
que murió con él mi brío.
Sacaré la blanca espada
para que quede su luz
de la color de la cruz, 155
de roja sangre bañada.
Vos ¿ adónde residís?
¿ Tenéis algunos soldados?

COMEND. Pocos, pero mis criados;
que si dellos os servís, 160
pelearán como leones.
Ya veis que en Fuenteovejuna
hay gente humilde, y alguna
no enseñada en escuadrones,
sino en campos y labranzas. 165

MAESTRE. ¿ Allí residís?
COMENDADOR. Allí
de mi encomienda escogí
casa entre aquestas mudanzas.
Vuestra gente se registre;
que no quedará vasallo. 170

---

135 tenéis blanca la espada: your sword has not drawn blood. *142 parcialidad:* cause *155 la color = el color.* Both genders existed in Lope's day. *162 Fuenteovejuna:* town in the province of Córdoba; held in feudal title by the Order of Calatrava *167 encomienda:* dignity and territory of a *comendador 168 mudanzas:* changes, i.e., upheavals *169 Vuestra gente se registre:* Let your people be registered (for billeting).

MAESTRE. Hoy me veréis a caballo,
poner la lanza en el ristre.
Vanse.
[Plaza de Fuenteovejuna.]
Salen Pascuala y Laurencia.
LAURENCIA. ¡ Mas que nunca acá volviera !
PASCUALA. Pues a la he que pensé
que cuando te lo conté
más pesadumbre te diera.
LAURENCIA. ¡ Plega al cielo que jamás
le vea en Fuenteovejuna !
PASCUALA. Yo, Laurencia, he visto alguna
tan brava, y pienso que más ;
y tenía el corazón
brando como una manteca.
LAURENCIA. Pues ¿ hay encina tan seca
como esta mi condición ?
PASCUALA. Anda ya ; que nadie diga :
de esta agua no beberé.
LAURENCIA. ¡ Voto al sol que lo diré,
aunque el mundo me desdiga !
¿ A qué efeto fuera bueno
querer a Fernando yo ?
¿ Casárame con él ?
PASCUALA. No.
LAURENCIA. Luego la infamia condeno.
¡ Cuántas mozas en la villa,
del Comendador fiadas,
andan ya descalabradas !
PASCUALA. Tendré yo por maravilla
que te escapes de su mano.
LAURENCIA. Pues en vano es lo que ves,
porque ha que me sigue un mes,
y todo, Pascuala, en vano.
Aquel Flores, su alcahuete,
y Ortuño, aquel socarrón,
me mostraron un jubón,
una sarta y un copete.
Dijéronme tantas cosas
de Fernando, su señor,
que me pusieron temor ;
mas no serán poderosas

---

174 *a la he = a la fe :* upon my word 177 *Plega = Plazca :* subjunctive of *placer,* to please 182 *brando = blando :* soft. The substitution of *r* for *l* and *l* for *r* is frequent. 186 *de . . . beberé :* i.e., I shall never succumb 189 ¿*A . . . bueno :* What good would it do ; *efeto = efecto* 190 *Fernando :* the *Comendador*

	para contrastar mi pecho.
Pascuala.	¿Dónde te hablaron?
Laurencia.	Allá
	en el arroyo, y habrá
	seis días.
Pascuala.	Y yo sospecho
	que te han de engañar, Laurencia.
Laurencia.	¿A mí?
Pascuala.	Que no, sino al cura.
Laurencia.	Soy, aunque polla, muy dura
	yo para su reverencia.
	Pardiez, más precio poner,
	Pascuala, de madrugada,
	un pedazo de lunada
	al huego para comer,
	con tanto zalacatón
	de una rosca que yo amaso,
	y hurtar a mi madre un vaso
	del pegado cangilón,
	y más precio al mediodía
	ver la vaca entre las coles
	haciendo mil caracoles
	con espumosa armonía;
	y concertar, si el camino
	me ha llegado a causar pena,
	casar una berenjena
	con otro tanto tocino;
	y después un pasatarde,
	mientras la cena se aliña,
	de una cuerda de mi viña,
	que Dios de pedrisco guarde;
	y cenar un salpicón
	con su aceite y su pimienta,
	y irme a la cama contenta,
	y al « inducas tentación »
	rezalle mis devociones,

---

209 contrastar mi pecho: oppose my heart *217 Pardiez = Por Dios:* By God *219 lunada:* ham *220 huego = fuego 221 zalacatón:* large piece of bread *222 rosca:* twisted roll *223-224 vaso... cangilón:* glass of wine from the pitch-lined jug *227 haciendo... caracoles:* gamboling *230 causar pena:* make hungry *233 pasatarde:* apéritif *235 cuerda:* string on which bunches of grapes are hung *236 pedrisco:* hailstones *240 "inducas tentación":* "lead us not into temptation" (Lord's Prayer) *241 rezalle = rezarle.* See page 6, v. 7, note.

que cuantas raposerías,
con su amor y sus porfías,
tienen estos bellacones;
 porque todo su cuidado, 245
después de darnos disgusto,
es anochecer con gusto
y amanecer con enfado.

PASCUALA. Tienes, Laurencia, razón;
que en dejando de querer, 250
más ingratos suelen ser
que al villano el gorrión.
 En el invierno, que el frío
tiene los campos helados,
decienden de los tejados, 255
diciéndole « tío, tío »,
 hasta llegar a comer
las migajas de la mesa;
mas luego que el frío cesa,
y el campo ven florecer, 260
 no bajan diciendo « tío »,
del beneficio olvidados,
mas saltando en los tejados
dicen: « judío, judío ».
 Pues tales los hombres son: 265
cuando nos han menester,
somos su vida, su sér,
su alma, su corazón;
 pero pasadas las ascuas,
las tías somos judías, 270
y en vez de llamarnos tías,
anda el nombre de las pascuas.

LAURENCIA. No fiarse de ninguno.
PASCUALA. Lo mismo digo, Laurencia.

Salen MENGO *y* BARRILDO *y* FRONDOSO.

FRONDOSO. En aquesta diferencia 275
andas, Barrildo, importuno.
BARRILDO. A lo menos aquí está
quien nos dirá lo más cierto.
MENGO. Pues hagamos un concierto
antes que lleguéis allá, 280
y es, que si juzgan por mí,
me dé cada cual la prenda,

---

242 *que*: than; complement of *más precio poner* . . ., vv. 217 ff. 255 *decienden* = *descienden* (from *descender*) 256 "*tío, tío*": "uncle" and a rendering of the sparrow's song 266 *han* = *tienen* 269 *pasadas las ascuas*: when their ardor has cooled 272 *anda . . . pascuas*: they call us loose women

	precio de aquesta contienda.	
Barrildo.	Desde aquí digo que sí.	
	Mas si pierdes ¿qué darás?	285
Mengo.	Daré mi rabel de boj,	
	que vale más que una troj,	
	porque yo le estimo en más.	
Barrildo.	Soy contento.	
Frondoso.	Pues lleguemos.	
	Dios os guarde, hermosas damas.	290
Laurencia.	¿Damas, Frondoso, nos llamas?	
Frondoso.	Andar al uso queremos:	
	al bachiller, licenciado;	
	al ciego, tuerto; al bisojo,	
	bizco; resentido, al cojo,	295
	y buen hombre, al descuidado.	
	Al ignorante, sesudo;	
	al mal galán, soldadesca;	
	a la boca grande, fresca,	
	y al ojo pequeño, agudo.	300
	Al pleitista, diligente;	
	gracioso, al entremetido,	
	al hablador, entendido,	
	y al insufrible, valiente.	
	Al cobarde, para poco;	305
	al atrevido, bizarro;	
	compañero, al que es un jarro,	
	y desenfadado, al loco.	
	Gravedad, al descontento;	
	a la calva, autoridad;	310
	donaire, a la necedad,	
	y al pie grande, buen cimiento.	
	Al buboso, resfriado;	
	comedido, al arrogante;	
	al ingenioso, constante;	315
	al corcovado, cargado.	
	Esto al llamaros imito,	
	damas, sin pasar de aquí;	
	porque fuera hablar así	
	proceder en infinito.	320
Laurencia.	Allá en la ciudad, Frondoso,	
	llámase por cortesía	
	de esta suerte; y a fe mía,	
	que hay otro más riguroso	
	y peor vocabulario	325

---

286 rabel: rebec, a medieval violin; *boj:* boxwood *292 al uso:* according to custom *307 jarro:* one given to shouting *313 buboso:* person with tumors

	en las lenguas descorteses.	
FRONDOSO.	Querría que lo dijeses.	
LAURENCIA.	Es todo a esotro contrario:	
	al hombre grave, enfadoso;	
	venturoso, al descompuesto;	330
	melancólico, al compuesto,	
	y al que reprehende, odioso.	
	Importuno, al que aconseja;	
	al liberal, moscatel;	
	al justiciero, cruel,	335
	y al que es piadoso, madeja.	
	Al que es constante, villano;	
	al que es cortés, lisonjero;	
	hipócrita, al limosnero,	
	y pretendiente, al cristiano.	340
	Al justo mérito, dicha;	
	a la verdad imprudencia;	
	cobardía, a la paciencia,	
	y culpa, a lo que es desdicha.	
	Necia, a la mujer honesta;	345
	mal hecha, a la hermosa y casta,	
	y a la honrada... Pero basta;	
	que esto basta por respuesta.	
MENGO.	Digo que eres el dimuño.	
LAURENCIA.	¡Soncas que lo dice mal!	350
MENGO.	Apostaré que la sal	
	la echó el cura con el puño.	
LAURENCIA.	¿Qué contienda os ha traído,	
	si no es que mal lo entendí?	
FRONDOSO.	Oye, por tu vida.	
LAURENCIA.	Di.	355
FRONDOSO.	Préstame, Laurencia, oído.	
LAURENCIA.	Como prestado, y aun dado,	
	desde agora os doy el mío.	
FRONDOSO.	En tu discreción confío.	
LAURENCIA.	¿Qué es lo que habéis apostado?	360
FRONDOSO.	Yo y Barrildo contra Mengo.	
LAURENCIA.	¿Qué dice Mengo?	
BARRILDO.	Una cosa	
	que, siendo cierta y forzosa,	
	la niega.	

---

328 *esotro* = *ese otro. Vocabulario,* v. 325, is understood. 330 *descompuesto:* discourteous, forward 334 *moscatel:* bore 336 *madeja:* soft, lazy fellow 349 *dimuño* = *demonio* 350 ¡ *Soncas:* Faith, upon my word 351–352 *la* ... *puño:* the priest poured the salt (said to impart wit) by the handful

Mengo.	A negarla vengo,	
	porque yo sé que es verdad.	365
Laurencia.	¿ Qué dice ?	
Barrildo.	Que no hay amor.	
Laurencia.	Generalmente, es rigor.	
Barrildo.	Es rigor y es necedad.	
	Sin amor, no se pudiera	
	ni aun el mundo conservar.	370
Mengo.	Yo no sé filosofar ;	
	leer ¡ ojalá supiera !	
	Pero si los elementos	
	en discordia eterna viven,	
	y de los mismos reciben	375
	nuestros cuerpos alimentos,	
	cólera y melancolía,	
	flema y sangre, claro está.	
Barrildo.	El mundo de acá y de allá,	
	Mengo, todo es armonía.	380
	Armonía es puro amor,	
	porque el amor es concierto.	
Mengo.	Del natural os advierto	
	que yo no niego el valor.	
	Amor hay, y el que entre sí	385
	gobierna todas las cosas,	
	correspondencias forzosas	
	de cuanto se mira aquí ;	
	y yo jamás he negado	
	que cada cual tiene amor,	390
	correspondiente a su amor,	
	que le conserva en su estado.	
	Mi mano al golpe que viene	
	mi cara defenderá ;	
	mi pie, huyendo, estorbará	395
	el daño que el cuerpo tiene.	
	Cerráranse mis pestañas	
	si al ojo le viene mal,	
	porque es amor natural.	
Pascuala.	Pues ¿ de qué nos desengañas ?	400
Mengo.	De que nadie tiene amor	
	más que a su misma persona.	
Pascuala.	Tú mientes, Mengo, y perdona ;	
	porque, ¿ es mentira el rigor	

367 es rigor : it is a fact (that love does not exist) *379* This introduces a discussion of Platonism, an unlikely topic for peasants. *385 entre sí :* in itself *404 rigor :* passion, vehemence

86 FUENTEOVEJUNA [Act. I

	con que un hombre a una mujer	405
	o un animal quiere y ama	
	su semejante?	
Mengo.	Eso llama	
	amor propio, y no querer.	
	¿Qué es amor?	
Laurencia.	Es un deseo	
	de hermosura.	
Mengo.	Esa hermosura	410
	¿por qué el amor la procura?	
Laurencia.	Para gozarla.	
Mengo.	Eso creo.	
	Pues ese gusto que intenta	
	¿no es para él mismo?	
Laurencia.	Es así.	
Mengo.	Luego ¿por quererse a sí	415
	busca el bien que le contenta?	
Laurencia.	Es verdad.	
Mengo.	Pues dese modo	
	no hay amor sino el que digo,	
	que por mi gusto le sigo	
	y quiero dármele en todo.	420
Barrildo.	Dijo el cura del lugar	
	cierto día en el sermón	
	que había cierto Platón	
	que nos enseñaba a amar;	
	que éste amaba el alma sola	425
	y la virtud de lo amado.	
Pascuala.	En materia habéis entrado	
	que, por ventura, acrisola	
	los caletres de los sabios	
	en sus cademias y escuelas.	430
Laurencia.	Muy bien dice, y no te muelas	
	en persuadir sus agravios.	
	Da gracias, Mengo, a los cielos,	
	que te hicieron sin amor.	
Mengo.	¿Amas tú?	
Laurencia.	Mi propio honor.	435
Frondoso.	Dios te castigue con celos.	
Barrildo.	¿Quién gana?	
Pascuala.	Con la quistión	
	podéis ir al sacristán,	

407–408 Eso llama amor propio: Call that self-love *428–429 acrisola los caletres:* tries the brains *430 cademias = academias 437 quistión:* question, dispute

porque él o el cura os darán
bastante satisfacción. 440
 Laurencia no quiere bien,
yo tengo poca experiencia.
¿Cómo daremos sentencia?

FRONDOSO. ¿Qué mayor que ese desdén?

Sale FLORES.

FLORES. Dios guarde a la buena gente. 445
FRONDOSO. Éste es del Comendador
 criado.
LAURENCIA. ¡Gentil azor!
 ¿De adónde bueno, pariente?
FLORES. ¿No me veis a lo soldado?
LAURENCIA. ¿Viene don Fernando acá? 450
FLORES. La guerra se acaba ya,
 puesto que nos ha costado
 alguna sangre y amigos.
FRONDOSO. Contadnos cómo pasó.
FLORES. ¿Quién lo dirá como yo, 455
 siendo mis ojos testigos?
 Para emprender la jornada
 desta ciudad, que ya tiene
 nombre de Ciudad Real,
 juntó el gallardo maestre 460
 dos mil lucidos infantes
 de sus vasallos valientes,
 y trescientos de a caballo
 de seglares y de freiles;
 porque la cruz roja obliga 465
 cuantos al pecho la tienen,
 aunque sean de orden sacro;
 mas contra moros, se entiende.
 Salió el muchacho bizarro
 con una casaca verde, 470
 bordada de cifras de oro,
 que sólo los brazaletes
 por las mangas descubrían,
 que seis alamares prenden.
 Un corpulento bridón, 475
 rucio rodado, que al Betis
 bebió el agua, y en su orilla
 despuntó la grama fértil;

---

447 azor: goshawk (bird of prey) *448 ¿De adónde bueno*: What's new *449 a lo soldado*: dressed like a soldier *452 puesto que*: although *464 freiles*: designation for members of military orders *476 al ... agua*: i.e., is Andalusian

el codón labrado en cintas
de ante, y el rizo copete
cogido en blancas lazadas, 480
que con las moscas de nieve
que bañan la blanca piel
iguales labores teje.
A su lado Fernán Gómez, 485
vuestro señor, en un fuerte
melado, de negros cabos,
puesto que con blanco bebe.
Sobre turca jacerina,
peto y espaldar luciente, 490
con naranjada orla saca,
que de oro y perlas guarnece.
El morrión, que coronado
con blancas plumas, parece
que del color naranjado 495
aquellos azahares vierte;
ceñida al brazo una liga
roja y blanca, con que mueve
un fresno entero por lanza,
que hasta en Granada le temen. 500
La ciudad se puso en arma;
dicen que salir no quieren
de la corona real,
y el patrimonio defienden.
Entróla bien resistida, 505
y el maestre a los rebeldes
y a los que entonces trataron
su honor injuriosamente
mandó cortar las cabezas,
y a los de la baja plebe, 510
con mordazas en la boca,
azotar públicamente.
Queda en ella tan temido
y tan amado, que creen
que quien en tan pocos años 515
pelea, castiga y vence,
ha de ser en otra edad
rayo del África fértil,
que tantas lunas azules
a su roja cruz sujete. 520
Al Comendador y a todos

---

482 moscas de nieve: snowflakes *488 con blanco bebe:* it has a good muzzle (mark of a good breed) *496 azares = azahares:* orange blossoms *518 rayo:* thunderbolt *519 lunas azules:* reference to Moorish insignia

ha hecho tantas mercedes,
que el saco de la ciudad
el de su hacienda parece.
Mas ya la música suena: 525
recebilde alegremente,
que al triunfo las voluntades
son los mejores laureles.

Salen el Comendador *y* Ortuño; *músicos;* Juan Rojo *y* Esteban, Alonso, *alcaldes.*

Músicos (*cantan*).   Sea bien venido
el comendadore 530
de rendir las tierras
y matar los hombres.
¡ Vivan los Guzmanes!
¡ Vivan los Girones!
Si en las paces blando, 535
dulce en las razones.
Venciendo moriscos,
fuertes como un roble,
de Ciudad Reale
viene vencedore; 540
que a Fuenteovejuna
trae los pendones.
¡ Viva muchos años,
viva Fernán Gómez!

Comendador.   Villa, yo os agradezco justamente 545
el amor que me habéis aquí mostrado.

Alonso.   Aun no muestra una parte del que siente.
Pero ¿qué mucho que seáis amado,
mereciéndolo vos?

Esteban.   Fuenteovejuna
y el regimiento que hoy habéis honrado, 550
que recibáis os ruega y importuna
un pequeño presente, que esos carros
traen, señor, no sin vergüenza alguna,
de voluntades y árboles bizarros,
más que de ricos dones. Lo primero 555
traen dos cestas de polidos barros;
de gansos viene un ganadillo entero,
que sacan por las redes las cabezas,
para cantar vueso valor guerrero.

---

526 *recebilde = recibilde.* See page 11, v. 214, note. 530 *comendadore:* like *vencedore,* v. 540, an example of an old form of assonance 536 *razones:* speech 548 *¿qué mucho:* what wonder 550 *regimiento:* body of *regidores,* city council 556 *polidos barros:* earthenware vessels containing preserves; *polidos = pulidos:* polished 559 *vueso = vuestro*

	Diez cebones en sal, valientes piezas,	560
	sin otras menudencias y cecinas,
	y más que guantes de ámbar, sus cortezas.
	Cien pares de capones y gallinas,
	que han dejado viudos a sus gallos
	en las aldeas que miráis vecinas,	565
	Acá no tienen armas ni caballos,
	no jaeces bordados de oro puro,
	si no es oro el amor de los vasallos.
	Y porque digo puro, os aseguro
	que vienen doce cueros, que aun en cueros	570
	por enero podréis guardar un muro,
	si dellos aforráis vuestros guerreros,
	mejor que de las armas aceradas;
	que el vino suele dar lindos aceros.
	De quesos y otras cosas no excusadas	575
	no quiero daros cuenta: justo pecho
	de voluntades que tenéis ganadas;
	y a vos y a vuestra casa, buen provecho.
COMEND.	Estoy muy agradecido.
	Id, regimiento, en buen hora.	580
ALONSO.	Descansad, señor, agora,
	y seáis muy bien venido;
	que esta espadaña que veis
	y juncia a vuestros umbrales
	fueran perlas orientales,	585
	y mucho más merecéis,
	a ser posible a la villa.
COMEND.	Así lo creo, señores.
	Id con Dios.
ESTEBAN.	Ea, cantores,
	vaya otra vez la letrilla.	590
MÚSICOS (*cantan*).	*Sea bien venido*
	el comendadore
	de rendir las tierras
	y matar los hombres.

Vanse.

COMEND.	Esperad vosotras dos.	595
LAURENCIA.	¿Qué manda su señoría?
COMEND.	¡Desdenes el otro día,
	pues, conmigo! ¡Bien, por Dios!
LAURENCIA.	¿Habla contigo, Pascuala?

---

562 *más . . . cortezas*: their hides more fragrant than amber-scented gloves 570 *cueros*: first occurrence "wineskins," second "unarmed" 575 *no excusadas*: which need not be mentioned 576 *pecho*: tribute 587 *a . . . villa*: if it were possible for the city

Pascuala.	Conmigo no, tirte ahuera.	600
Comend.	Con vos hablo, hermosa fiera, y con esotra zagala.	
	¿ Mías no sois ?	
Pascuala.	Sí, señor; mas no para casos tales.	
Comend.	Entrad, pasad los umbrales; hombres hay, no hayáis temor.	605
Laurencia.	Si los alcaldes entraran (que de uno soy hija yo), bien huera entrar; mas si no . . .	
Comend.	Flores . . .	
Flores.	Señor . . .	
Comendador.	¿ Qué reparan en no hacer lo que les digo ?	610
Flores.	Entrad, pues.	
Laurencia.	No nos agarre.	
Flores.	Entrad; que sois necias.	
Pascuala.	Arre; que echaréis luego el postigo.	
Flores.	Entrad; que os quiere enseñar lo que trae de la guerra.	615
Comend.	Si entraren, Ortuño, cierra.	

Éntrase.

Laurencia.	Flores, dejadnos pasar.	
Ortuño.	¿ También venís presentadas con lo demás ?	
Pascuala.	¡ Bien a fe ! Desvíese, no le dé . . .	620
Flores.	Basta; que son extremadas.	
Laurencia.	¿ No basta a vueso señor tanta carne presentada ?	
Ortuño.	La vuestra es la que le agrada.	625
Laurencia.	Reviente de mal dolor.	

Vanse.

Flores.	¡ Muy buen recado llevamos! No se ha de poder sufrir lo que nos ha de decir cuando sin ellas nos vamos.	630
Ortuño.	Quien sirve se obliga a esto. Si en algo desea medrar,	

---

600 *tirte ahuera = tírate afuera:* go on!, get out! 606 *hayáis = tengáis* 609 *bien huera entrar:* it would be all right to enter 614 *postigo:* door latch 631 *se obliga a esto:* is committed to this

o con paciencia ha de estar,
o ha de despedirse presto.

Vanse los dos.

[Habitación de los Reyes Católicos en Medina del Campo.]

Salgan el Rey don Fernando, *la reina doña* Isabel,
Manrique *y acompañamiento.*

Isabel.   Digo, señor, que conviene   635
           el no haber descuido en esto,
           por ver a Alfonso en tal puesto,
           y su ejército previene.
           Y es bien ganar por la mano
           antes que el daño veamos;   640
           que si no lo remediamos,
           el ser muy cierto está llano.
Rey.   De Navarra y de Aragón
           está el socorro seguro,
           y de Castilla procuro   645
           hacer la reformación
           de modo que el buen suceso
           con la prevención se vea.
Isabel.   Pues vuestra majestad crea
           que el buen fin consiste en eso.   650
Manrique. Aguardando tu licencia
           dos regidores están
           de Ciudad Real: ¿ entrarán ?
Rey.   No les nieguen mi presencia.

Salen dos Regidores *de Ciudad Real.*

Regidor 1.º   Católico rey Fernando,   655
              a quien ha enviado el cielo
              desde Aragón a Castilla
              para bien y amparo nuestro:
              en nombre de Ciudad Real.
              a vuestro valor supremo   660
              humildes nos presentamos,
              el real amparo pidiendo.
              A mucha dicha tuvimos
              tener título de vuestros;
              pero pudo derribarnos   665
              deste honor el hado adverso.
              El famoso don Rodrigo
              Téllez Girón, cuyo esfuerzo

---

637 *Alfonso:* Alfonso V of Portugal 648 *prevención:* preparedness 649 *vuestra majestad crea:* believe me, your majesty

                    es en valor extremado,
                    aunque es en la edad tan tierno   670
                    maestre de Calatrava,
                    él, ensanchar pretendiendo
                    el honor de la encomienda,
                    nos puso apretado cerco.
                    Con valor nos prevenimos,   675
                    a su fuerza resistiendo,
                    tanto, que arroyos corrían
                    de la sangre de los muertos.
                    Tomó posesión, en fin;
                    pero no llegara a hacerlo,   680
                    a no le dar Fernán Gómez
                    orden, ayuda y consejo.
                    Él queda en la posesión,
                    y sus vasallos seremos,
                    suyos, a nuestro pesar,   685
                    a no remediarlo presto.
REY.   ¿Dónde queda Fernán Gómez?
REGIDOR 1.º   En Fuenteovejuna creo,
                    por ser su villa, y tener
                    en ella casa y asiento.   690
                    Allí, con más libertad
                    de la que decir podemos,
                    tiene a los súbditos suyos
                    de todo contento ajenos.
REY.   ¿Tenéis algún capitán?   695
REGIDOR 2.º   Señor, el no haberle es cierto,
                    pues no escapó ningún noble
                    de preso, herido o de muerto.
ISABEL.   Ese caso no requiere
                    ser de espacio remediado;   700
                    que es dar al contrario osado
                    el mismo valor que adquiere;
                       y puede el de Portugal,
                    hallando puerta segura,
                    entrar por Extremadura   705
                    y causarnos mucho mal.
REY.   Don Manrique, partid luego,
                    llevando dos compañías;
                    remediad sus demasías
                    sin darles ningún sosiego.   710
                       El conde de Cabra ir puede
                    con vos; que es Córdoba osado,
                    a quien nombre de soldado
                    todo el mundo le concede;

---

681 a ... Gómez: if Fernán Gómez had not given him *700 de espacio=despacio* 712 *Córdoba:* the count, Don Diego Fernández de Córdoba.

	que este es el medio mejor	715
	que la ocasion nos ofrece.	
Manrique.	El acuerdo me parece	
	como de tan gran valor.	
	Pondré límite a su exceso,	
	si el vivir en mí no cesa.	720
Isabel.	Partiendo vos a la empresa,	
	seguro está el buen suceso.	

Vanse todos.

[**Campo de Fuenteovejuna.**]

Salen Laurencia *y* Frondoso.

Laurencia.	A medio torcer los paños,	
	quise, atrevido Frondoso,	
	para no dar que decir,	725
	desviarme del arroyo;	
	decir a tus demasías	
	que murmura el pueblo todo,	
	que me miras y te miro,	
	y todos nos traen sobre ojo.	730
	Y como tú eres zagal,	
	de los que huellan, brioso,	
	y excediendo a los demás	
	vistes bizarro y costoso,	
	en todo lugar no hay moza,	735
	o mozo en el prado o soto,	
	que no se afirme diciendo	
	que ya para en uno somos;	
	y esperan todos el día	
	que el sacristán Juan Chamorro	740
	nos eche de la tribuna,	
	en dejando los piporros.	
	Y mejor sus trojes vean	
	de rubio trigo en agosto	
	atestadas y colmadas,	745
	y sus tinajas de mosto,	
	que tal imaginación	
	me ha llegado a dar enojo:	
	ni me desvela ni aflige,	
	ni en ella el cuidado pongo.	750
Frondoso.	Tal me tienen tus desdenes,	
	bella Laurencia, que tomo,	
	en el peligro de verte,	

---

723 A medio torcer: In the midst of wringing out *730 nos traen sobre ojo:* have their eye on us
738 para en uno somos: we're like one, i.e., as good as engaged *742 piporros:* bassoon

	la vida, cuando te oigo.	
	Si sabes que es mi intención	755
	el desear ser tu esposo,	
	mal premio das a mi fe.	
LAURENCIA.	Es que yo no sé dar otro.	
FRONDOSO.	¿ Posible es que no te duelas	
	de verme tan cuidadoso	760
	y que imaginando en ti	
	ni bebo, duermo ni como?	
	¿ Posible es tanto rigor	
	en ese angélico rostro?	
	¡ Viven los cielos que rabio!	765
LAURENCIA.	Pues salúdate, Frondoso.	
FRONDOSO.	Ya te pido yo salud,	
	y que ambos, como palomos,	
	estemos, juntos los picos,	
	con arrullos sonorosos,	770
	después de darnos la Iglesia . . .	
LAURENCIA.	Dilo a mi tío Juan Rojo;	
	que aunque no te quiero bien,	
	ya tengo algunos asomos.	
FRONDOSO.	¡ Ay de mí! El señor es éste.	775
LAURENCIA.	Tirando viene a algún corzo.	
	Escóndete en esas ramas.	
FRONDOSO.	Y ¡ con qué celos me escondo!	

Sale el COMENDADOR.

COMEND.	No es malo venir siguiendo	
	un corcillo temeroso,	780
	y topar tan bella gama.	
LAURENCIA.	Aquí descansaba un poco	
	de haber lavado unos paños;	
	y así, al arroyo me torno,	
	si manda su señoría.	785
COMEND.	Aquesos desdenes toscos	
	afrentan, bella Laurencia,	
	las gracias que el poderoso	
	cielo te dió, de tal suerte,	
	que vienes a ser un monstro.	790
	Mas si otras veces pudiste	
	huir mi ruego amoroso,	
	agora no quiere el campo,	
	amigo secreto y solo;	

---

760 *cuidadoso*: filled with anxiety 761 *imaginando en ti*: when I think of you 766 *salúdate*: restore your health by incantations 781 *gama*: fallow deer 786 *Aquesos = Esos*

que tú sola no has de ser 795
tan soberbia, que tu rostro
huyas al señor que tienes,
teniéndome a mí en tan poco.
¿ No se rindió Sebastiana,
mujer de Pedro Redondo, 800
con ser casadas entrambas,
y la de Martín del Pozo,
habiendo apenas pasado
dos días del desposorio?

LAURENCIA. Ésas, señor, ya tenían, 805
de haber andado con otros,
el camino de agradaros;
porque también muchos mozos
merecieron sus favores.
Id con Dios, tras vueso corzo; 810
que a no veros con la cruz,
os tuviera por demonio,
pues tanto me perseguís.

COMEND. ¡ Qué estilo tan enfadoso!
Pongo la ballesta en tierra, 815
. . . .
y a la práctica de manos
reduzgo melindres.

LAURENCIA. ¡ Cómo!
¿ Eso hacéis? ¿ Estáis en vos?

Sale FRONDOSO *y toma la ballesta.*

COMEND. No te defiendas.
FRONDOSO. Si tomo 820
la ballesta ¡ vive el cielo
que no la ponga en el hombro!

COMEND. Acaba, ríndete.
LAURENCIA. ¡ Cielos,
ayudadme agora!

COMENDADOR. Solos
estamos; no tengas miedo. 825

FRONDOSO. Comendador generoso,
dejad la moza, o creed
que de mi agravio y enojo
será blanco vuestro pecho,
aunque la cruz me da asombro. 830

COMEND. ¡ Perro, villano! . . .
FRONDOSO. No hay perro.
Huye, Laurencia.

---

801 *con ser casadas entrambas:* in spite of both being married 811 *a no veros:* if I did not see you
816 Verse missing. Sense not altered. 829 *blanco:* target

LAURENCIA. Frondoso,
mira lo que haces.
FRONDOSO. Véte.

Vase.

COMEND. ¡ Oh, mal haya el hombre loco,
que se desciñe la espada ! 835
Que, de no espantar medroso
la caza, me la quité.
FRONDOSO. Pues, pardiez, señor, si toco
la nuez, que os he de apiolar.
COMEND. Ya es ida. Infame, alevoso, 840
suelta la ballesta luego
Suéltala, villano.
FRONDOSO. ¿ Cómo ?
Que me quitaréis la vida.
Y advertid que amor es sordo,
y que no escucha palabras 845
el día que está en su trono.
COMEND. Pues ¿ la espalda ha de volver
un hombre tan valeroso
a un villano ? Tira, infame,
tira, y guárdate; que rompo 850
las leyes de caballero.
FRONDOSO. Eso, no. Yo me conformo
con mi estado, y, pues me es
guardar la vida forzoso,
con la ballesta me voy. 855
COMEND. ¡ Peligro extraño y notorio !
Mas yo tomaré venganza
del agravio y del estorbo.
¡ Que no cerrara con él !
¡ Vive el cielo, que me corro ! 860

---

839 nuez: crossbow trigger; *apiolar:* kill *851 leyes de caballero:* laws governing the conduct of knights *859 ¡ Que . . . !:* To think that I did not attack him! *860 me corro:* I am embarrassed (from *correrse*)

ACTO SEGUNDO

[Plaza de Fuenteovejuna.]

Salen ESTEBAN *y otro regidor.*

ESTEBAN. Así tenga salud, como parece,
que no se saque más agora el pósito.
El año apunta mal, y el tiempo crece,
y es mejor que el sustento esté en depósito,
aunque lo contradicen más de trece. 865
REGIDOR. Yo siempre he sido, al fin, de este propósito,
en gobernar en paz esta república.
ESTEBAN. Hagamos dello a Fernán Gómez súplica.
No se puede sufrir que estos astrólogos,
en las cosas futuras ignorantes, 870
nos quieran persuadir con largos prólogos
los secretos a Dios sólo importantes.
¡ Bueno es que, presumiendo de teólogos,
hagan un tiempo el que después y antes !
Y pidiendo el presente lo importante, 875
al más sabio veréis más ignorante.
¿ Tienen ellos las nubes en su casa
y el proceder de las celestes lumbres ?
¿ Por dónde ven lo que en el cielo pasa,
para darnos con ello pesadumbres ? 880
Ellos en el sembrar nos ponen tasa :
daca el trigo, cebada y las legumbres,
calabazas, pepinos y mostazas . . .
Ellos son, a la fe, las calabazas.
Luego cuentan que muere una cabeza, 885
y después viene a ser en Trasilvania ;
que el vino será poco, y la cerveza
sobrará por las partes de Alemania ;
que se helará en Gascuña la cereza,
y que habrá muchos tigres en Hircania. 890
Y al cabo, que se siembre o no se siembre,
el año se remata por diciembre.

Salen el licenciado LEONELO *y* BARRILDO.

---

865 *lo contradicen más de trece*: i.e., it is unpopular 874 *hagan . . . antes*: they make future and past one 878 *celestes lumbres*: stars 882 *daca*: hand over 884 *calabazas*: pumpkins, blockheads

Leonelo.	A fe que no ganéis la palmatoria, porque ya está ocupado el mentidero.
Barrildo.	¿Cómo os fué en Salamanca?
Leonelo.	Es larga historia. 895
Barrildo.	Un Bártulo seréis.
Leonelo.	Ni aun un barbero. Es, como digo, cosa muy notoria en esta facultad lo que os refiero.
Barrildo.	Sin duda que venís buen estudiante.
Leonelo.	Saber he procurado lo importante. 900
Barrildo.	Después que vemos tanto libro impreso, no hay nadie que de sabio no presuma.
Leonelo.	Antes que ignoran más siento por eso, por no se reducir a breve suma; porque la confusión, con el exceso, 905 los intentos resuelve en vana espuma; y aquel que de leer tiene más uso, de ver letreros sólo está confuso. No niego yo que de imprimir el arte mil ingenios sacó de entre la jerga, 910 y que parece que en sagrada parte sus obras guarda y contra el tiempo alberga; éste las destribuye y las reparte. Débese esta invención a Gutemberga, un famoso tudesco de Maguncia, 915 en quien la fama su valor renuncia. Mas muchos que opinión tubieron grave por imprimir sus obras la perdieron; tras esto, con el nombre del que sabe, muchos sus ignorancias imprimieron. 920 Otros, en quien la baja envidia cabe, sus locos desatinos escribieron, y con nombre de aquel que aborrecían impresos por el mundo los envían.
Barrildo.	No soy de esa opinión.
Leonelo.	El ignorante 925 es justo que se vengue del letrado.
Barrildo.	Leonelo, la impresión es importante.
Leonelo.	Sin ella muchos siglos se han pasado, y no vemos que en éste se levante
	 930

---

893 palmatoria: rod awarded first pupil arriving at school *894 mentidero:* place of gossip *896 Bártulo:* celebrated Italian scholar (1314-1357) *903 Antes . . . siento:* Rather are they more ignorant, I think *914 Gutemberga:* Gutenberg *915 Maguncia:* Mainz *919 tras esto:* besides this *930* One verse ending in *ado* missing.

	un Jerónimo santo, un Agustino.	
Barrildo.	Dejaldo y asentaos, que estáis mohino.	

Salen Juan Rojo *y otro labrador.*

Juan Rojo.	No hay en cuatro haciendas para un dote,	
	si es que las vistas han de ser al uso;	
	que el hombre que es curioso es bien que note	935
	que en esto el barrio y vulgo anda confuso.	
Labrador.	¿Qué hay del Comendador? No os alborote.	
Juan Rojo.	¡Cuál a Laurencia en ese campo puso!	
Labrador.	¿Quién fué cual él tan bárbaro y lascivo?	
	Colgado le vea yo de aquel olivo.	940

Salen el Comendador, Ortuño *y* Flores.

Comend.	Dios guarde la buena gente.	
Regidor.	¡Oh, señor!	
Comendador.	Por vida mía,	
	que se estén.	
Esteban.	Vusiñoría	
	adonde suele se siente,	
	que en pie estaremos muy bien.	945
Comend.	Digo que se han de sentar.	
Esteban.	De los buenos es honrar,	
	que no es posible que den	
	honra los que no la tienen.	
Comend.	Siéntense; hablaremos algo.	950
Esteban.	¿Vió vusiñoría el galgo?	
Comend.	Alcalde, espantados vienen	
	esos criados de ver	
	tan notable ligereza.	
Esteban.	Es una extremada pieza.	955
	Pardiez, que puede correr	
	al lado de un delincuente	
	o de un cobarde en quistión.	
Comend.	Quisiera en esta ocasión	
	que le hiciérades pariente	960
	a una liebre que por pies	
	por momentos se me va.	
Esteban.	Sí haré, par Dios. ¿Dónde está?	
Comend.	Allá vuestra hija es.	
Esteban.	¡Mi hija!	
Comendador.	Sí.	

---

931 *Jerónimo, Agustino:* Jerome and Augustine, two Church Fathers 932 *Dejaldo* = *Dejadlo* 940 *Colgado le vea yo:* May I see him hanged 943 *se estén:* remain seated; *Vusiñoría* = *Vuestra señoría* 958 *quistión* = *cuestión:* interrogation, third degree 959–962 *Quisiera . . . va:* I'd like you, on this occasion, to match him with a hare which is always eluding me.

Esteban.	Pues ¿ es buena	965
	para alcanzada de vos?	
Comend.	Reñilda, alcalde, por Dios.	
Esteban.	¿ Cómo?	
Comendador.	Ha dado en darme pena.	
	Mujer hay, y principal,	
	de alguno que está en la plaza,	970
	que dió, a la primera traza,	
	traza de verme.	
Esteban.	Hizo mal;	
	y vos, señor, no andáis bien	
	en hablar tan libremente.	
Comend.	¡ Oh, qué villano elocuente	975
	¡ Ah, Flores! haz que le den	
	la *Política*, en que lea	
	de Aristóteles.	
Esteban.	Señor,	
	debajo de vuestro honor	
	vivir el pueblo desea.	980
	Mirad que en Fuenteovejuna	
	hay gente muy principal.	
Leonelo.	¿ Vióse desvergüenza igual?	
Comend.	Pues ¿ he dicho cosa alguna	
	de que os pese, regidor?	985
Regidor.	Lo que decís es injusto;	
	no lo digáis, que no es justo	
	que nos quitéis el honor.	
Comend.	¿ Vosotros honor tenéis?	
	¡ Qué freiles de Calatrava!	990
Regidor.	Alguno acaso se alaba	
	de la cruz que le ponéis,	
	que no es de sangre tan limpia.	
Comend.	Y ¿ ensúciola yo juntando	
	la mía a la vuestra?	
Regidor.	Cuando	995
	que el mal más tiñe que alimpia.	
Comend.	De cualquier suerte que sea,	
	vuestras mujeres se honran.	
Esteban.	Esas palabras deshonran;	
	las obras no hay quien las crea.	1000
Comend.	¡ Qué cansado villanaje!	
	¡ Ah! Bien hayan las ciudades,	
	que a hombres de calidades	
	no hay quien sus gustos ataje;	

---

967 Reñilda = Reñidla: Reprimand her *968 Ha dado en:* She persists in *982 principal:* important
1002 Bien hayan: Blessed be

	allá se precian casados	1005
	que visiten sus mujeres.	
Esteban.	No harán; que con esto quieres	
	que vivamos descuidados.	
	En las ciudades hay Dios	
	y más presto quien castiga.	1010
Comend.	Levantaos de aquí.	
Esteban.	¿ Que diga	
	lo que escucháis por los dos?	
Comend.	Salí de la plaza luego;	
	no quede ninguno aquí.	
Esteban.	Ya nos vamos.	
Comendador.	Pues no ansí.	1015
Flores.	Que te reportes te ruego.	
Comend.	Querrían hacer corrillo	
	los villanos en mi ausencia.	
Ortuño.	Ten un poco de paciencia.	
Comend.	De tanta me maravillo.	1020
	Cada uno de por sí	
	se vayan hasta sus casas.	
Leonelo.	¡ Cielo! ¿ Que por esto pasas?	
Esteban.	Ya yo me voy por aquí.	

Vanse los labradores.

Comend.	¿ Qué os parece desta gente?	1025
Ortuño.	No sabes disimular,	
	que no quieres escuchar	
	el disgusto que se siente.	
Comend.	Estos ¿ se igualan conmigo?	
Flores.	Que no es aqueso igualarse.	1030
Comend.	Y el villano ¿ ha de quedarse	
	con ballesta y sin castigo?	
Flores.	Anoche pensé que estaba	
	a la puerta de Laurencia,	
	y a otro, que su presencia	1035
	y su capilla imitaba,	
	de oreja a oreja le di	
	un beneficio famoso.	
Comend.	¿ Dónde estará aquel Frondoso?	
Flores.	Dicen que anda por ahí.	1040
Comend.	¡ Por ahí se atreve a andar	
	hombre que matarme quiso!	
Flores.	Como el ave sin aviso,	
	o como el pez, viene a dar	

1011-1012 ¿Que . . . dos?: Can he intend what you hear for both of us? 1013 Salí = Salid 1027 que = porque 1038 un beneficio famoso: a first-rate slash

	al reclamo o al anzuelo.	1045
COMEND.	¡Que a un capitán cuya espada tiemblan Córdoba y Granada, un labrador, un mozuelo ponga una ballesta al pecho! El mundo se acaba, Flores.	1050
FLORES.	Como eso pueden amores.	
ORTUÑO.	Y pues que vive, sospecho que grande amistad le debes.	
COMEND.	Yo he disimulado, Ortuño; que si no, de punta a puño, antes de dos horas breves, pasara todo el lugar; que hasta que llegue ocasión al freno de la razón hago la venganza estar. ¿Qué hay de Pascuala?	1055

1060 |
FLORES.	Responde que anda agora por casarse.	
COMEND.	¿Hasta allá quiere fiarse?...	
FLORES.	En fin, te remite donde te pagarán de contado.	1065
COMEND.	¿Qué hay de Olalla?	
ORTUÑO.	Una graciosa respuesta.	
COMENDADOR.	Es moza briosa.	
	¿Cómo?	
ORTUÑO.	Que su desposado anda tras ella estos días celoso de mis recados y de que con tus criados a visitalla venías; pero que si se descuida entrarás como primero.	1070
COMEND.	¡Bueno, a fe de caballero! Pero el villanejo cuida...	1075
ORTUÑO.	Cuida, y anda por los aires.
COMEND.	¿Qué hay de Inés?
FLORES.	¿Cuál?
COMENDADOR.	La de Antón.
FLORES.	Para cualquier ocasión ya ha ofrecido sus donaires. Habléla por el corral, por donde has de entrar si quieres.	1080

1055–1057 de ... puño: I'd put the whole town to the sword inside of two short hours *1060 hago ... estar:* I still get my revenge. *1063–1065 ¿Hasta ... fiarse?:* Till then she wants credit (asks me to wait)? *1077 anda por los aires:* she's on the alert

Comend.	A las fáciles mujeres quiero bien y pago mal. Si éstas supiesen ¡oh, Flores! estimarse en lo que valen...	1085
Flores.	No hay disgustos que se igualen a contrastar sus favores. Rendirse presto desdice de la esperanza del bien; mas hay mujeres también por que el filósofo dice que apetecen a los hombres como la forma desea la materia; y que esto sea así, no hay de qué te asombres.	1090 1095
Comend.	Un hombre de amores loco huélgase que a su accidente se le rindan fácilmente, mas después las tiene en poco, y el camino de olvidar, al hombre más obligado es haber poco costado lo que pudo desear.	1100

Sale Cimbranos, *soldado*.

Cimbranos.	¿Está aquí el Comendador?	1105
Ortuño.	¿No le ves en tu presencia?	
Cimbranos.	¡Oh gallardo Fernán Gómez! Trueca la verde montera en el blanco morrión y el gabán en armas nuevas; que el maestre de Santiago y el conde de Cabra cercan a don Rodrigo Girón, por la castellana reina, en Ciudad Real; de suerte que no es mucho que se pierda lo que en Calatrava sabes que tanta sangre le cuesta. Ya divisan con las luces, desde las altas almenas, los castillos y leones y barras aragonesas. Y aunque el rey de Portugal honrar a Girón quisiera,	1110 1115 1120

1092 por que = por las que 1111 maestre de Santiago = don Manrique 1121–1122 castillos...
aragonesas: insignias of Castile, León, and Aragón, respectively

	no hará poco en que el maestre	1125
	a Almagro con vida vuelva.	
	Ponte a caballo, señor;	
	que sólo con que te vean	
	se volverán a Castilla.	
Comend.	No prosigas; tente, espera. —	1130
	Haz, Ortuño, que en la plaza	
	toquen luego una trompeta.	
	¿Qué soldados tengo aquí?	
Ortuño.	Pienso que tienes cincuenta.	
Comend.	Pónganse a caballo todos.	1135
Cimbranos.	Si no caminas apriesa,	
	Ciudad Real es del rey.	
Comend.	No hayas miedo que lo sea.	

Vanse.

[**Campo de Fuenteovejuna.**]

Salen Mengo *y* Laurencia *y* Pascuala, *huyendo.*

Pascuala.	No te apartes de nosotras.	
Mengo.	Pues ¿a qué tenéis temor?	1140
Laurencia.	Mengo, a la villa es mejor	
	que vamos unas con otras	
	(pues que no hay hombre ninguno),	
	por que no demos con él.	
Mengo.	¡Que este demonio cruel	1145
	nos sea tan importuno!	
Laurencia.	No nos deja a sol ni a sombra.	
Mengo.	¡Oh! Rayo del cielo baje	
	que sus locuras ataje.	
Laurencia.	Sangrienta fiera le nombra;	1150
	arsénico y pestilencia	
	del lugar.	
Mengo.	Hanme contado	
	que Frondoso, aquí en el prado,	
	para librarte, Laurencia,	
	le puso al pecho una jara.	1155
Laurencia.	Los hombres aborrecía,	
	Mengo; mas desde aquel día	
	los miro con otra cara.	
	¡Gran valor tuvo Frondoso!	
	Pienso que le ha de costar	1160
	la vida.	

1128 *sólo con que te vean:* if they merely see you 1136 *apriesa = aprisa:* in haste 1142 *vamos:* syncopated form of *vayamos* 1155 *jara = flecha:* arrow

MENGO.	Que del lugar se vaya, será forzoso.
LAURENCIA.	Aunque ya le quiero bien, eso mismo le aconsejo; mas recibe mi consejo con ira, rabia y desdén; y jura el comendador que le ha de colgar de un pie.
PASCUALA.	¡Mal garrotillo le dé!
MENGO.	Mala pedrada es mejor. ¡Voto al sol, si le tirara con la que llevo al apero, que al sonar el crujidero al casco se la encajara! No fué Sábalo, el romano, tan vicioso por jamás.
LAURENCIA.	Heliogábalo dirás, más que una fiera inhumano.
MENGO.	Pero Galván, o quien fué, que yo no entiendo de historia; mas su cativa memoria vencida de éste se ve. ¿Hay hombre en naturaleza como Fernán Gómez?
PASCUALA.	No; que parece que le dió de una tigre la aspereza.

Sale JACINTA.

JACINTA.	Dadme socorro, por Dios, si la amistad os obliga.
LAURENCIA.	¿Qué es esto, Jacinta amiga?
PASCUALA.	Tuyas lo somos las dos.
JACINTA.	Del Comendador criados, que van a Ciudad Real, más de infamia natural que de noble acero armados, me quieren llevar a él.
LAURENCIA.	Pues Jacinta, Dios te libre; que cuando contigo es libre, conmigo será cruel.

Vase.

1169 *¡Mal... dé!:* May diphtheria strike him down! 1171 *¡Voto al sol:* euphemism for *Voto a Dios,* I swear to God 1175 *Sábalo:* Mengo's garbled rendering of *Heliogábalo* (Heliogabalus), Roman emperor 1181 *cativa:* detestable

PASCUALA.	Jacinta, yo no soy hombre que te pueda defender.	1200
	Vase.	
MENGO.	Yo sí lo tengo de ser, porque tengo el ser y el nombre. Llégate, Jacinta, a mí.	
JACINTA.	¿Tienes armas?	
MENGO.	Las primeras del mundo.	
JACINTA.	¡Oh, si las tuvieras!	1205
MENGO.	Piedras hay, Jacinta, aquí.	
	Salen FLORES *y* ORTUÑO.	
FLORES.	¿Por los pies pensabas irte?	
JACINTA.	¡Mengo, muerta soy!	
MENGO.	Señores... ¡A estos pobres labradores!...	
ORTUÑO.	Pues ¿tú quieres persuadirte a defender la mujer?	1210
MENGO.	Con los ruegos la defiendo; que soy su deudo y pretendo guardalla, si puede ser.	
FLORES.	Quitalde luego la vida.	1215
MENGO.	¡Voto al sol, si me emberrincho, y el cáñamo me descincho, que la llevéis bien vendida!	
	Salen el COMENDADOR *y* CIMBRANOS.	
COMENDADOR.	¿Qué es eso? ¡A cosas tan viles me habéis de hacer apear!	1220
FLORES.	Gente de este vil lugar (que ya es razón que aniquiles, pues en nada te da gusto) a nuestras armas se atreve.	
MENGO.	Señor, si piedad os mueve de suceso tan injusto, castigad estos soldados, que con vuestro nombre agora roban una labradora a esposo y padres honrados; y dadme licencia a mí que se la pueda llevar.	1225 1230
COMEND.	Licencia les quiero dar... para vengarse de ti.	

1214 guardalla = guardarla 1215 Quitalde = Quitadle 1217 el cáñamo me descincho: I take off the hemp sling I wear as a belt

Suelta la honda.

MENGO. ¡Señor!... 1235
COMEND. Flores, Ortuño, Cimbranos,
con ella le atad las manos.
MENGO. ¿Así volvéis por su honor?
COMEND. ¿Qué piensan Fuenteovejuna
y sus villanos de mí? 1240
MENGO. Señor, ¿en qué os ofendí,
ni el pueblo en cosa ninguna?
FLORES. ¿Ha de morir?
COMENDADOR. No ensuciéis
las armas, que habéis de honrar
en otro mejor lugar. 1245
ORTUÑO. ¿Qué mandas?
COMENDADOR. Que lo azotéis.
Llevalde, y en ese roble
le atad y le desnudad,
y con las riendas...
MENGO. ¡Piedad!
¡Piedad, pues sois hombre noble! 1250
COMEND. Azotalde hasta que salten
los hierros de las correas.
MENGO. ¡Cielos! ¿A hazañas tan feas
queréis que castigos falten?

Vanse.

COMEND. Tú, villana, ¿por qué huyes? 1255
¿Es mejor un labrador
que un hombre de mi valor?
JACINTA. ¡Harto bien me restituyes
el honor que me han quitado
en llevarme para ti! 1260
COMEND. ¿En quererte llevar?
JACINTA. Sí;
porque tengo un padre honrado,
que si en alto nacimiento
no te iguala, en las costumbres
te vence.
COMENDADOR. Las pesadumbres 1265
y el villano atrevimiento
no tiemplan bien un airado.
Tira por ahí.
JACINTA. ¿Con quién?
COMEND. Conmigo.

1235 *honda:* sling 1248 *le atad y le desnudad = atadle y desnudadle* 1251 *Azotalde = Azotadle*

Jacinta.	Míralo bien.	
Comend.	Para tu mal lo he mirado.	1270
	Ya no mía, del bagaje	
	del ejército has de ser.	
Jacinta.	No tiene el mundo poder	
	para hacerme, viva, ultraje.	
Comend.	Ea, villana, camina.	1275
Jacinta.	¡Piedad, señor!	
Comendador.	No hay piedad.	
Jacinta.	Apelo de tu crueldad	
	a la justicia divina.	

Llévanla y vanse.

[**Casa de Esteban.**]

Salen Laurencia *y* Frondoso.

Laurencia.	¿Cómo así a venir te atreves,	
	sin temer tu daño?	
Frondoso.	Ha sido	1280
	dar testimonio cumplido	
	de la afición que me debes.	
	Desde aquel recuesto vi	
	salir al Comendador,	
	y fiado en tu valor	1285
	todo mi temor perdí.	
	Vaya donde no le vean	
	volver.	
Laurencia.	Tente en maldecir,	
	porque suele más vivir	
	al que la muerte desean.	1290
Frondoso.	Si es eso, viva mil años,	
	y así se hará todo bien	
	pues deseándole bien,	
	estarán ciertos sus daños.	
	Laurencia, deseo saber	1295
	si vive en ti mi cuidado,	
	y si mi lealtad ha hallado	
	el puerto de merecer.	
	Mira que toda la villa	
	ya para en uno nos tiene;	1300
	y de cómo a ser no viene	
	la villa se maravilla.	
	Los desdeñosos extremos	
	deja, y responde no o sí.	
Laurencia.	Pues a la villa y a ti	1305
	respondo que lo seremos.	

1288-1290 Tente ... desean: Stop cursing (the *Comendador*) because he whom people wish dead lives longer. *1296 si ... cuidado:* if you care for me

Frondoso.	Deja que tus plantas bese
	por la merced recebida,
	pues el cobrar nueva vida
	por ella es bien que confiese.
Laurencia.	De cumplimientos acorta;
	y para que mejor cuadre,
	habla, Frondoso, a mi padre,
	pues es lo que más importa,
	que allí viene con mi tío;
	y fía que ha de tener,
	ser, Frondoso, tu mujer,
	buen suceso.
Frondoso.	En Dios confío.

Escóndese Laurencia.

Salen Esteban, *alcalde y el* Regidor.

Esteban.	Fué su término de modo,
	que la plaza alborotó:
	en efeto, procedió
	muy descomedido en todo.
	No hay a quien admiración
	sus demasías no den;
	la pobre Jacinta es quien
	pierde por su sinrazón.
Regidor.	Ya a los Cátólicos Reyes,
	que este nombre les dan ya,
	presto España les dará
	la obediencia de sus leyes.
	Ya sobre Ciudad Real,
	contra el Girón que la tiene,
	Santiago a caballo viene
	por capitán general.
	Pésame; que era Jacinta
	doncella de buena pro.
Esteban.	Luego a Mengo le azotó.
Regidor.	No hay negra bayeta o tinta
	como sus carnes están.
Esteban.	Callad; que me siento arder
	viendo su mal proceder
	y el mal nombre que le dan.
	Yo ¿ para qué traigo aquí
	este palo sin provecho ?
Regidor.	Si sus criados lo han hecho

1333 Santiago: The Maestre de Santiago, Don Manrique *1336 buena pro:* good reputation *1338 negra bayeta:* black flannel *1344 palo:* staff of authority

ESTEBAN.
¿ de qué os afligís ansí?
¿ Queréis más, que me contaron
que a la de Pedro Redondo
un día, que en lo más hondo
deste valle la encontraron,
después de sus insolencias,
a sus criados la dió?

REGIDOR. Aquí hay gente: ¿quién es?
FRONDOSO.   Yo,
que espero vuestras licencias.

ESTEBAN.
Para mi casa, Frondoso,
licencia no es menester;
debes a tu padre el ser
y a mí otro ser amoroso.
Hete criado, y te quiero
como a hijo.

FRONDOSO.   Pues señor,
fiado en aquese amor,
de ti una merced espero.
Ya sabes de quién soy hijo.

ESTEBAN. ¿Hate agraviado ese loco
de Fernán Gómez?

FRONDOSO.   No poco.
ESTEBAN. El corazón me lo dijo.
FRONDOSO. Pues señor, con el seguro
del amor que habéis mostrado,
de Laurencia enamorado,
el ser su esposo procuro.
Perdona si en el pedir
mi lengua se ha adelantado;
que he sido en decirlo osado,
como otro lo ha de decir.

ESTEBAN.
Vienes, Frondoso, a ocasión
que me alargarás la vida,
por la cosa más temida
que siente mi corazón.
Agradezco, hijo, al cielo
que así vuelvas por mi honor
y agradézcole a tu amor
la limpieza de tu celo.
Mas como es justo, es razón
dar cuenta a tu padre desto,
sólo digo que estoy presto,
en sabiendo su intención;
que yo dichoso me hallo
en que aqueso llegue a ser.

Regidor.	De la moza el parecer	
	tomad antes de acetallo.	1390
Esteban.	No tengáis deso cuidado,	
	que ya el caso está dispuesto:	
	antes de venir a esto,	
	entre ellos se ha concertado.	
	— En el dote, si advertís,	1395
	se puede agora tratar;	
	que por bien os pienso dar	
	algunos maravedís.	
Frondoso.	Yo dote no he menester;	
	deso no hay que entristeceros.	1400
Regidor.	Pues que no la pide en cueros	
	lo podéis agradecer.	
Esteban.	Tomaré el parecer de ella;	
	si os parece, será bien.	
Frondoso.	Justo es; que no hace bien	1405
	quien los gustos atropella.	
Esteban.	¡Hija! ¡Laurencia!...	
Laurencia.	Señor...	
Esteban.	Mirad si digo bien yo.	
	¡Ved qué presto respondió! —	
	Hija Laurencia, mi amor,	1410
	a preguntarte ha venido	
	(apártate aquí) si es bien	
	que a Gila, tu amiga, den	
	a Frondoso por marido,	
	que es un honrado zagal,	1415
	si le hay en Fuenteovejuna...	
Laurencia.	¿Gila se casa?	
Esteban.	Y si alguna	
	le merece y es su igual...	
Laurencia.	Yo digo, señor, que sí.	
Esteban.	Sí; mas yo digo que es fea	1420
	y que harto mejor se emplea	
	Frondoso, Laurencia, en ti.	
Laurencia.	¿Aún no se te han olvidado	
	los donaires con la edad?	
Esteban.	¿Quiéresle tú?	
Laurencia.	Voluntad	1425
	le he tenido y le he cobrado;	
	pero por lo que tú sabes...	
Esteban.	¿Quieres tú que diga sí?	
Laurencia.	Dilo tú, señor, por mí.	
Esteban.	¿Yo? Pues tengo yo las llaves,	1430
	hecho está. — Ven, buscaremos	

1390 acetallo = aceptarlo 1398 maravedís: obsolete coins 1401 en cueros: naked

	a mi compadre en la plaza.	
REGIDOR.	Vamos.	
ESTEBAN.	Hijo, y en la traza	
	del dote ¿ qué le diremos ?	
	Que yo bien te puedo dar	1435
	cuatro mil maravedís.	
FRONDOSO.	Señor, ¿ eso me decís ?	
	Mi honor queréis agraviar.	
ESTEBAN.	Anda, hijo; que eso es	
	cosa que pasa en un día;	1440
	que si no hay dote, a fe mía	
	que se echa menos después.	

Vanse, y queda FRONDOSO *y* LAURENCIA.

LAURENCIA.	Di, Frondoso: ¿ estás contento ?	
FRONDOSO.	¡ Cómo si lo estoy ! ¡ Es poco,	
	pues que no me vuelvo loco	1445
	de gozo, del bien que siento!	
	Risa vierte el corazón	
	por los ojos de alegría	
	viéndote, Laurencia mía,	
	en tal dulce posesión.	1450

Vanse.

[Campo de Ciudad Real.]

Salen el MAESTRE, *el* COMENDADOR, FLORES *y* ORTUÑO.

COMENDADOR.	Huye, señor, que no hay otro remedio.	
MAESTRE.	La flaqueza del muro lo ha causado,	
	y el poderoso ejército enemigo.	
COMEND.	Sangre les cuesta e infinitas vidas.	
MAESTRE.	Y no se alabarán que en sus despojos	1455
	pondrán nuestro pendón de Calatrava,	
	que a honrar su empresa y los demás bastaba.	
COMEND.	Tus desinios, Girón, quedan perdidos.	
MAESTRE.	¿ Qué puedo hacer, si la fortuna ciega	
	a quien hoy levantó, mañana humilla ?	1460
VOCES(*dentro*).	¡ Vitoria por los reyes de Castilla !	
MAESTRE.	Ya coronan de luces las almenas,	
	y las ventanas de las torres altas	
	entoldan con pendones vitoriosos.	
COMEND.	Bien pudieran, de sangre que les cuesta	1465
	A fe que es más tragedia que no fiesta.	
MAESTRE.	Yo vuelvo a Calatrava, Fernán Gómez.	

1458 desinios = designios: designs, plans *1461* Vitoria = Victoria. Dropping of *c* before *t* was common.

COMEND. Y yo a Fuenteovejuna, mientras tratas
o seguir esta parte de tus deudos,
o reducir la tuya al Rey Católico.   1470
MAESTRE. Yo te diré por cartas lo que intento.
COMEND. El tiempo ha de enseñarte.
MAESTRE. ¡Ah, pocos años,
sujetos al rigor de sus engaños!

[Campo de Fuenteovejuna.]

Sale la boda, MÚSICOS, MENGO, FRONDOSO, LAURENCIA, PASCUALA,
BARRILDO, ESTEBAN *y alcalde* [JUAN ROJO].

MÚSICOS (*cantan*). ¡Vivan muchos años
los desposados!   1475
¡Vivan muchos años!
MENGO. A fe que no os ha costado
mucho trabajo el cantar.
BARRILDO. Supiéraslo tú trovar
mejor que él está trovado.   1480
FRONDOSO. Mejor entiende de azotes
Mengo que de versos ya.
MENGO. Alguno en el valle está,
para que no te alborotes,
a quien el Comendador ...   1485
BARRILDO. No lo digas, por tu vida;
que este bárbaro homicida
a todos quita el honor.
MENGO. Que me azotasen a mí
cien soldados aquel día ...   1490
sola una honda tenía;
. . . .
pero que le hayan echado
una melecina a un hombre,
que aunque no diré su nombre   1495
todos saben que es honrado,
llena de tinta y de chinas
¿cómo se puede sufrir?
BARRILDO. Haríalo por reír.
MENGO. No hay risa con melecinas;   1500
que aunque es cosa saludable ...
yo me quiero morir luego.
FRONDOSO. Vaya la copla, te ruego,
si es la copla razonable.
MENGO. Vivan muchos años juntos   1505

1469 parte: cause *1492* Verse ending in *í* is missing. *1494 melecina:* enema *1497 chinas:* pebbles
1503 Vaya la copla: Let's hear the *copla* (poem)

	los novios, ruego a los cielos,	
	y por envidia ni celos	
	ni riñan ni anden en puntos.	
	Lleven a entrambos difuntos,	
	de puro vivir cansados.	1510
	¡Vivan muchos años!	
FRONDOSO.	¡Maldiga el cielo el poeta,	
	que tal coplón arrojó!	
BARRILDO.	Fué muy presto...	
MENGO.	Pienso yo	
	una cosa de esta seta.	1515
	¿No habéis visto un buñolero	
	en el aceite abrasando	
	pedazos de masa echando	
	hasta llenarse el caldero?	
	¿Que unos le salen hinchados,	1520
	otros tuertos y mal hechos,	
	ya zurdos y ya derechos,	
	ya fritos y ya quemados?	
	Pues así imagino yo	
	un poeta componiendo,	1525
	la materia previniendo,	
	que es quien la masa le dió.	
	Va arrojando verso aprisa	
	al caldero del papel,	
	confiado en que la miel	1530
	cubrirá la burla y risa.	
	Mas poniéndolo en el pecho,	
	apenas hay quien los tome;	
	tanto que sólo los come	
	el mismo que los ha hecho.	1535
BARRILDO.	Déjate ya de locuras;	
	deja los novios hablar.	
LAURENCIA.	Las manos nos da a besar.	
JUAN ROJO.	Hija, ¿mi mano procuras?	
	Pídela a tu padre luego	1540
	para ti y para Frondoso.	
ESTEBAN.	Rojo, a ella y a su esposo	
	que se la dé el cielo ruego,	
	con su larga bendición.	
FRONDOSO.	Los dos a los dos la echad.	1545
JUAN ROJO.	Ea, tañed y cantad,	
	pues que para en uno son.	

1507 ni anden en puntos: nor be bedeviled by points of honor *1515 seta = secta:* sect, guild

Músicos (*cantan*).   *Al val de Fuenteovejuna
    la niña en cabellos baja;
    el caballero la sigue
    de la cruz de Calatrava.
    Entre las ramas se esconde,
    de vergonzosa y turbada;
    fingiendo que no le ha visto,
    pone delante las ramas.
    «¿Para qué te ascondes,
    niña gallarda?
    Que mis linces deseos
    paredes pasan.»
    Acercóse el caballero,
    y ella, confusa y turbada,
    hacer quiso celosías
    de las intrincadas ramas;
    mas como quien tiene amor
    los mares y las montañas
    atraviesa fácilmente,
    la dice tales palabras:
    «¿Para qué te ascondes,
    niña gallarda?
    Que mis linces deseos
    paredes pasan.»*

   Sale el Comendador, Flores, Ortuño *y* Cimbramos.

Comendador.   Estése la boda queda
    y no se alborote nadie.
Juan Rojo.   No es juego aqueste, señor,
    y basta que tú lo mandes.
    ¿Quieres lugar? ¿Cómo vienes
    con tu belicoso alarde?
    ¿Venciste? Mas ¿qué pregunto?
Frondoso.   ¡Muerto soy! ¡Cielos, libradme!
Laurencia.   Huye por aquí, Frondoso.
Comend.   Eso no; prendelde, atalde.
Juan Rojo.   Date, muchacho, a prisión.
Frondoso.   Pues ¿quieres tú que me maten?
Juan Rojo.   ¿Por qué?
Comendador.   No soy hombre yo
    que mato sin culpa a nadie;
    que si lo fuera, le hubieran
    pasado de parte a parte
    esos soldados que traigo.
    Llevarle mando a la cárcel,
    donde la culpa que tiene

1556 te ascondes = te escondes 1581 prendelde, atalde = prendedle, atadle

	sentencie su mismo padre.
PASCUALA.	Señor, mirad que se casa.
COMEND.	¿Qué me obliga el que se case?
	¿No hay otra gente en el pueblo?
PASCUALA.	Si os ofendió perdonadle, 1595
	por ser vos quien sois.
COMENDADOR.	No es cosa,
	Pascuala, en que yo soy parte.
	Es esto contra el maestre
	Tellez Girón, que Dios guarde;
	es contra toda su orden, 1600
	es su honor, y es importante
	para el ejemplo, el castigo;
	que habrá otro día quien trate
	de alzar pendón contra él,
	pues ya sabéis que una tarde 1605
	al Comendador Mayor
	(¡qué vasallos tan leales!)
	puso una ballesta al pecho.
ESTEBAN.	Supuesto que el disculparle
	ya puede tocar a un suegro, 1610
	no es mucho que en causas tales
	se descomponga con vos
	un hombre, en efeto, amante;
	porque si vos pretendéis
	su propia mujer quitarle, 1615
	¿qué mucho que la defienda?
COMEND.	Majadero sois, alcalde.
ESTEBAN.	Por vuestra virtud, señor.
COMEND.	Nunca yo quise quitarle
	su mujer, pues no lo era. 1620
ESTEBAN.	Sí quisistes... — Y esto baste;
	que reyes hay en Castilla,
	que nuevas órdenes hacen,
	con que desórdenes quitan.
	Y harán mal, cuando descansen 1625
	de las guerras, en sufrir
	en sus villas y lugares
	a hombres tan poderosos
	por traer cruces tan grandes;
	póngasela el rey al pecho, 1630
	que para pechos reales
	es esa insignia y no más.
COMEND.	¡Hola! la vara quitalde.

1611 no es mucho: little wonder *1616 ¿qué mucho:* what wonder *1618 Por vuestra virtud:* Because I appeal to your virtue *1633 vara:* staff, emblem of authority

ESTEBAN.	Tomad, señor, norabuena.	
COMEND.	Pues con ella quiero dalle	1635
	como a caballo brioso.	
ESTEBAN.	Por señor os sufro. Dadme.	
PASCUALA.	¡A un viejo de palos das!	
LAURENCIA.	Si le das porque es mi padre	
	¿qué vengas en él de mí?	1640
COMEND.	Llevalda, y haced que guarden	
	su persona diez soldados.	

Vase él y los suyos.

ESTEBAN.	Justicia del cielo baje.	

Vase.

PASCUALA.	Volvióse en luto la boda.	

Vase.

BARRILDO.	¿No hay aquí un hombre que hable?	1645
MENGO.	Yo tengo ya mis azotes,	
	que aún se ven los cardenales	
	sin que un hombre vaya a Roma.	
	Prueben otros a enojarle.	
JUAN ROJO.	Hablemos todos.	
MENGO.	Señores,	1650
	aquí todo el mundo calle.	
	Como ruedas de salmón	
	me puso los atabales.	

1634 *norabuena:* in a good hour, i.e., with our good wishes 1640 *vengas:* from *vengar*, to avenge
1641 *Llevalda* = *Llevadla* 1647 *cardenales:* pun on double meaning, "welts" and "cardinals"
1652 *ruedas:* round slices 1653 *atabales:* kettledrums (buttocks)

ACTO TERCERO

[Sala del concejo en Fuenteovejuna.]

Salen Esteban, Alonso *y* Barrildo.

ESTEBAN. ¿No han venido a la junta?
BARRILDO. No han venido.
ESTEBAN. Pues más a priesa nuestro daño corre.
BARRILDO. Ya está lo más del pueblo prevenido.
ESTEBAN. Frondoso con prisiones en la torre,
y mi hija Laurencia en tanto aprieto,
si la piedad de Dios no los socorre...

Salen Juan Rojo *y el* Regidor.

JUAN. ¿De qué dais voces, cuando importa tanto
a nuestro bien, Esteban, el secreto?
ESTEBAN. Que doy tan pocas es mayor espanto.

Sale Mengo.

MENGO. También vengo yo a hallarme en esta junta.
ESTEBAN. Un hombre cuyas canas baña el llanto,
labradores honrados, os pregunta
qué obsequias debe hacer toda esa gente
a su patria sin honra, ya perdida.
Y si se llaman honras justamente,
¿cómo se harán, si no hay entre nosotros
hombre a quien este bárbaro no afrente?
Respondedme: ¿hay alguno de vosotros
que no esté lastimado en honra y vida?
¿No os lamentáis los unos de los otros?
Pues si ya la tenéis todos perdida
¿a qué aguardáis? ¿Qué desventura es ésta?
JUAN. La mayor que en el mundo fué sufrida.
Mas pues ya se publica y manifiesta
que en paz tienen los reyes a Castilla
y su venida a Córdoba se apresta,
vayan dos regidores a la villa
y echándose a sus pies pidan remedio.
BARRILDO. En tanto que Fernando, aquel que humilla
a tantos enemigos, otro medio

1657 prisiones: chains *1666 obsequias* = *exequias:* funeral rites *1682-1683 En ... enemigos:* While Fernando is busy humbling so many enemies

	será mejor, pues no podrá, ocupado,	
	hacernos bien, con tanta guerra en medio.	1685
REGIDOR.	Si mi voto de vos fuera escuchado,	
	desamparar la villa doy por voto.	
JUAN.	¿Cómo es posible en tiempo limitado?	
MENGO.	A la fe, que si entiende el alboroto,	
	que ha de costar la junta alguna vida.	1690
REGIDOR.	Ya, todo el árbol de paciencia roto,	
	corre la nave de temor perdida.	
	La hija quitan con tan gran fiereza	
	a un hombre honrado, de quien es regida	
	la patria en que vivís, y en la cabeza	1695
	la vara quiebran tan injustamente.	
	¿Qué esclavo se trató con más bajeza?	
JUAN.	¿Qué es lo que quieres tú que el pueblo intente?	
REGIDOR.	Morir, o dar la muerte a los tiranos,	
	pues somos muchos, y ellos poca gente.	1700
BARRILDO.	¡Contra el señor las armas en las manos!	
ESTEBAN.	El rey solo es señor después del cielo,	
	y no bárbaros hombres inhumanos,	
	Si Dios ayuda nuestro justo celo	
	¿qué nos ha de costar?	
MENGO.	Mirad, señores,	1705
	que vais en estas cosas con recelo.	
	Puesto que por los simples labradores	
	estoy aquí que más injurias pasan,	
	más cuerdo represento sus temores.	
JUAN.	Si nuestras desventuras se compasan,	1710
	para perder las vidas ¿qué aguardamos?	
	Las casas y las viñas nos abrasan:	
	tiranos son; a la venganza vamos.	

Sale LAURENCIA, *desmelenada.*

LAURENCIA.	Dejadme entrar, que bien puedo,	
	en consejo de los hombres;	1715
	que bien puede una mujer,	
	si no a dar voto, a dar voces.	
	¿Conocéisme?	
ESTEBAN.	¡Santo cielo!	
	¿No es mi hija?	
JUAN.	¿No conoces	
	a Laurencia?	

1686 *Si ... escuchado:* If you would listen to my opinion 1687 *doy por voto:* I vote 1690 *alguna vida:* some lives 1691 *árbol:* mast 1706 *vais:* syncopated form of *vayáis*

Laurencia.	Vengo tal,	1720
	que mi diferencia os pone	
	en contingencia quién soy.	
Esteban.	¡Hija mía!	
Laurencia.	No me nombres	
	tu hija.	
Esteban.	¿Por qué, mis ojos?	
	¿Por qué?	
Laurencia.	Por muchas razones,	1725

y sean las principales:
porque dejas que me roben
tiranos sin que me vengues,
traidores sin que me cobres.
Aún no era yo de Frondoso, 1730
para que digas que tome,
como marido, venganza;
que aquí por tu cuenta corre;
que en tanto que de las bodas
no haya llegado la noche, 1735
del padre, y no del marido,
la obligación presupone;
que en tanto que no me entregan
una joya, aunque la compren,
no han de correr por mi cuenta 1740
las guardas ni los ladrones.
Llevóme de vuestros ojos
a su casa Fernán Gómez:
la oveja al lobo dejáis
como cobardes pastores. 1745
¿Qué dagas no vi en mi pecho?
¡Qué desatinos enormes,
qué palabras, qué amenazas,
y qué delitos atroces,
por rendir mi castidad 1750
a sus apetitos torpes!
Mis cabellos ¿no lo dicen?
¿No se ven aquí los golpes
de la sangre y las señales?
¿Vosotros sois hombres nobles? 1755
¿Vosotros padres y deudos?
¿Vosotros, que no se os rompen
las entrañas de dolor,
de verme en tantos dolores?
Ovejas sois, bien lo dice 1760

1721 *diferencia:* changed appearance 1722 *contingencia:* doubt 1724 *mis ojos:* term of endearment, analogous to *mi vida*

de Fuenteovejuna el nombre.
Dadme unas armas a mí,
pues sois piedras, pues sois bronces,
pues sois jaspes, pues sois tigres...
— Tigres no, porque feroces 1765
siguen quien roba sus hijos,
matando los cazadores
antes que entren por el mar
y por sus ondas se arrojen.
Liebres cobardes nacistes; 1770
bárbaros sois, no españoles.
Gallinas, ¡vuestras mujeres
sufrís que otros hombres gocen!
Poneos ruecas en la cinta.
¿Para qué os ceñís estoques? 1775
¡Vive Dios, que he de trazar
que solas mujeres cobren
la honra de estos tiranos,
la sangre de estos traidores,
y que os han de tirar piedras, 1780
hilanderas, maricones,
amujerados, cobardes,
y que mañana os adornen
nuestras tocas y basquiñas,
solimanes y colores! 1785
A Frondoso quiere ya,
sin sentencia, sin pregones,
colgar el Comendador
del almena de una torre;
de todos hará lo mismo; 1790
y yo me huelgo, medio-hombres,
por que quede sin mujeres
esta villa honrada, y torne
aquel siglo de amazonas,
eterno espanto del orbe. 1795

ESTEBAN. Yo, hija, no soy de aquellos
que permiten que los nombres
con esos títulos viles.
Iré solo, si se pone
todo el mundo contra mí. 1800

JUAN. Y yo, por más que me asombre
la grandeza del contrario.

1761 Fuenteovejuna means "Sheepwell" 1774 ruecas en la cinta: distaffs on your belt 1785 solimanes: "corrosive sublimate," used as a face powder 1797 nombres: from nombrar

REGIDOR.	Muramos todos.	
BARRILDO.	Descoge un lienzo al viento en un palo, y mueran estos inormes.	1805
JUAN.	¿Qué orden pensáis tener?	
MENGO.	Ir a matarle sin orden. Juntad el pueblo a una voz; que todos están conformes en que los tiranos mueran.	1810
ESTEBAN.	Tomad espadas, lanzones, ballestas, chuzos y palos.	
MENGO.	¡Los reyes nuestros señores vivan!	
TODOS.	¡Vivan muchos años!	
MENGO.	¡Mueran tiranos traidores!	1815
TODOS.	¡Traidores tiranos mueran!	

Vanse todos.

LAURENCIA.	Caminad, que el cielo os oye. —¡Ah mujeres de la villa! ¡Acudid, por que se cobre vuestro honor, acudid todas!	1820

Salen PASCUALA, JACINTA *y otras mujeres.*

PASCUALA.	¿Qué es esto? ¿De qué das voces?	
LAURENCIA.	¿No veis cómo todos van a matar a Fernán Gómez, y hombres, mozos y muchachos furiosos al hecho corren? ¿Será bien que solos ellos de esta hazaña el honor gocen, pues no son de las mujeres sus agravios los menores?	1825
JACINTA.	Di, pues: ¿qué es lo que pretendes?	1830
LAURENCIA.	Que puestas todas en orden, acometamos a un hecho que dé espanto a todo el orbe. Jacinta, tu grande agravio, que sea cabo; responde de una escuadra de mujeres.	1835
JACINTA.	No son los tuyos menores.	
LAURENCIA.	Pascuala, alférez serás.	
PASCUALA.	Pues déjame que enarbole	

1805 inormes = enormes: monsters *1809 que = porque 1819 por que = para que,* before the subjunctive *1830 pretendes:* seek, desire *1835 que sea cabo:* let (your injury) be the leader

	en un asta la bandera:	1840
	verás si merezco el nombre.	
LAURENCIA.	No hay espacio para eso,	
	pues la dicha nos socorre:	
	bien nos basta que llevemos	
	nuestras tocas por pendones.	1845
PASCUALA.	Nombremos un capitán.	
LAURENCIA.	Eso no.	
PASCUALA.	¿Por qué?	
LAURENCIA.	Que adonde	
	asiste mi gran valor	
	no hay Cides ni Rodamontes.	

Vanse.

[*Sala en casa del Comendador.*]

Sale FRONDOSO, *atadas las manos;* FLORES, ORTUÑO, CIMBRANOS *y el* COMENDADOR.

COMENDADOR.	De ese cordel que de las manos sobra	1850
	quiero que le colguéis, por mayor pena.	
FRONDOSO.	¡Qué nombre, gran señor, tu sangre cobra!	
COMEND.	Colgalde luego en la primera almena.	
FRONDOSO.	Nunca fué mi intención poner por obra	
	tu muerte entonces.	
FLORES.	Grande ruido suena.	1855

Ruido suene.

COMEND.	¿Ruido?	
FLORES.	Y de manera que interrompen	
	tu justicia, señor.	
ORTUÑO.	Las puertas rompen.	

Ruido.

COMENDADOR.	¡La puerta de mi casa, y siendo casa	
	de la encomienda!	
FLORES.	El pueblo junto viene.	
JUAN (*dentro*).	¡Rompe, derriba, hunde, quema, abrasa!	1860
ORTUÑO.	Un popular motín mal se detiene.	
COMEND.	¡El pueblo contra mí!	
FLORES.	La furia pasa	
	tan adelante, que las puertas tiene	
	echadas por la tierra.	
COMENDADOR.	Desatalde.	
	Templa, Frondoso, ese villano alcalde.	1865
FRONDOSO.	Yo voy, señor; que amor les ha movido.	

Vase.

1842 espacio: time 1849 Rodamontes: for Rodomonte, Saracen leader in Ariosto's *Orlando Furioso* 1853 Colgalde = Colgadle

MENGO (*den*). ¡ Vivan Fernando e Isabel, y mueran
 los traidores !
FLORES.   Señor, por Dios te pido
 que no te hallen aquí.
COMENDADOR.   Si perseveran,
 este aposento es fuerte y defendido.
 Ellos se volverán.
FLORES.   Cuando se alteran
 los pueblos agraviados, y resuelven,
 nunca sin sangre o sin venganza vuelven.
COMENDADOR. En esta puerta, así como rastrillo,
 su furor con las armas defendamos.
FRO. (*dentro*). ¡ Viva Fuenteovejuna !
COMENDADOR.   ¡ Qué caudillo !
 Estoy por que a su furia acometamos.
FLORES. De la tuya, señor, me maravillo.
ESTEBAN. Ya el tirano y los cómplices miramos.
 ¡ Fuenteovejuna, y los tiranos mueran !

Salen todos.

COMEND. Pueblo, esperad.
TODOS.   Agravios nunca esperan.
COMENDADOR. Decídmelos a mí, que iré pagando
 a fe de caballero esos errores.
TODOS. ¡ Fuenteovejuna ! ¡ Viva el rey Fernando !
 ¡ Mueran malos cristianos y traidores !
COMEND. ¿ No me queréis oír ? Yo estoy hablando,
 yo soy vuestro señor.
TODOS.   Nuestros señores
 son los Reyes Católicos.
COMENDADOR.   Espera.
TODOS. ¡ Fuenteovejuna, y Fernán Gómez muera !

Vanse, y salen las mujeres armadas.

LAURENCIA. Parad en este puesto de esperanzas,
 soldados atrevidos, no mujeres.
PASCUALA. ¿ Los que mujeres son en las venganzas,
 en él beban su sangre, es bien que esperes ?
JACINTA. Su cuerpo recojamos en las lanzas.
PASCUALA. Todas son de esos mismos pareceres.
ESTE. (*dentro*).¡ Muere, traidor Comendador !
COMENDADOR (*dentro*).   Ya muero.
 ¡ Piedad, Señor, que en tu clemencia espero !
BAR. (*dentro*). Aquí está Flores.

1874 rastrillo: portcullis, grating over gateway of a fortress

Mengo (*dentro*). Dale a ese bellaco;
que ése fué el que me dió dos mil azotes.
Fro. (*dentro*). No me vengo si el alma no le saco. 1900
Laurencia. No excusamos entrar.
Pascuala. No te alborotes.
Bien es guardar la puerta.
Barrildo (*dentro*). No me aplaco.
¡ Con lágrimas agora, marquesotes!
Laurencia. Pascuala, yo entro dentro; que la espada
no ha de estar tan sujeta ni envainada. 1905
Vase.

Barrildo (*dentro*). Aquí está Ortuño.
Frondoso (*dentro*). Córtale la cara.
Sale Flores *huyendo, y* Mengo *tras él.*
Flores. ¡ Mengo, piedad, que no soy yo el culpado!
Mengo. Cuando ser alcahuete no bastara,
bastaba haberme el pícaro azotado.
Pascuala. Dánoslo a las mujeres, Mengo, para... 1910
Acaba, por tu vida.
Mengo. Ya está dado;
que no le quiero yo mayor castigo.
Pascuala. Vengaré tus azotes.
Mengo. Eso digo.
Jacinta. ¡ Ea, muera el traidor!
Flores. ¡ Entre mujeres!
Jacinta. ¿ No le viene muy ancho?
Pascuala. ¿ Aqueso lloras? 1915
Jacinta. Muere, concertador de sus placeres.
Laurencia. ¡ Ea, muera el traidor!
Flores. ¡ Piedad, señoras!
Sale Ortuño *huyendo de* Laurencia.
Ortuño. Mira que no soy yo...
Laurencia. Ya sé quien eres. —
Entrad, teñid las armas vencedoras
en estos viles.
Pascuala. Moriré matando. 1920
Todas. ¡ Fuenteovejuna, y viva el rey Fernando!
Vanse.

[Habitación de los Reyes Católicos en Toro.]
Salen el Rey don Fernando *y la reina doña* Isabel, *y* don
Manrique, *maestre.*

1901 *No excusamos entrar:* We cannot fail to enter 1903 *marquesotes:* you fops 1908 *Cuando:* If
1914 *¿No le viene muy ancho?:* Isn't it what he likes?

MANRIQUE.	De modo la prevención
	fué, que el efeto esperado
	llegamos a ver logrado
	con poca contradición.	1925
	Hubo poca resistencia;
	y supuesto que la hubiera
	sin duda ninguna fuera
	de poca o ninguna esencia.
	Queda el de Cabra ocupado	1930
	en conservación del puesto,
	por si volviere dispuesto
	a él el contrario osado.
REY.	Discreto el acuerdo fué,
	y que asista es conveniente,	1935
	y reformando la gente,
	el paso tomado esté.
	Que con eso se asegura
	no podernos hacer mal
	Alfonso, que en Portugal	1940
	tomar la fuerza procura.
	Y el de Cabra es bien que esté
	en ese sitio asistente,
	y como tan diligente,
	muestras de su valor dé;	1945
	porque con esto asegura
	el daño que nos recela,
	y como fiel centinela
	el bien del reino procura.

Sale FLORES, *herido.*

FLORES.	Católico rey Fernando,	1950
	a quien el cielo concede
	la corona de Castilla,
	como a varón excelente:
	oye la mayor crueldad
	que se ha visto entre las gentes	1955
	desde donde nace el sol
	hasta donde se escurece.
REY.	Repórtate.
FLORES.	Rey supremo,
	mis heridas no consienten
	dilatar el triste caso,	1960
	por ser mi vida tan breve.
	De Fuenteovejuna vengo,

1925 contradición = contradicción: opposition *1927 y supuesto que:* and even if *1933 contrario:* enemy

donde, con pecho inclemente,
los vecinos de la villa
a su señor dieron muerte.
Muerto Fernán Gómez queda
por sus súbditos aleves;
que vasallos indignados
con leve causa se atreven.
En título de tirano
le acumula todo el plebe,
y a la fuerza de esta voz
el hecho fiero acometen;
y quebrantando su casa,
no atendiendo a que se ofrece
por la fe de caballero
a que pagará a quien debe,
no sólo no le escucharon,
pero con furia impaciente
rompen el cruzado pecho
con mil heridas crueles,
y por las altas ventanas
le hacen que al suelo vuele,
adonde en picas y espadas
le recogen las mujeres.
Llévanle a una casa muerto
y a porfía, quien más puede
mesa su barba y cabello
y apriesa su rostro hieren.
En efeto fué la furia
tan grande que en ellos crece,
que las mayores tajadas
las orejas a ser vienen.
Sus armas borran con picas
y a voces dicen que quieren
tus reales armas fijar,
porque aquéllas les ofenden.
Saqueáronle la casa,
cual si de enemigos fuese,
y gozosos entre todos
han repartido sus bienes.
Lo dicho he visto escondido,
porque mi infelice suerte
en tal trance no permite
que mi vida se perdiese;
y así estuve todo el día

1970–1971 En ... acumula: charges him with tyranny *1980 cruzado pecho:* cross-covered breast *1987 quien más puede:* each one trying to outdo the other *1988 mesa:* pluck (from *mesar*, to pull out hair)

    hasta que la noche viene,
y salir pude escondido
para que cuenta te diese.
Haz, señor, pues eres justo   2010
que la justa pena lleven
de tan riguroso caso
los bárbaros delincuentes:
mira que su sangre a voces
pide que tu rigor prueben.   2015
REY. Estar puedes confiado
que sin castigo no queden.
El triste suceso ha sido
tal, que admirado me tiene,
y que vaya luego un juez   2020
que lo averigüe conviene
y castigue los culpados
para ejemplo de las gentes.
Vaya un capitán con él,
por que seguridad lleve;   2025
que tan grande atrevimiento
castigo ejemplar requiere;
y curad a ese soldado
de las heridas que tiene.

    Vanse.

Salen los labradores y las labradoras, con la cabeza de FERNÁN
    GÓMEZ *en una lanza.*

MÚSICOS (*cantan*). ¡ Muchos años vivan   2030
  Isabel y Fernando,
  y mueran los tiranos!
BARRILDO. Diga su copla Frondoso.
FRONDOSO. Ya va mi copla, a la fe;
si le faltare algún pie,   2035
enmiéndelo el más curioso.
  « ¡ Vivan la bella Isabel,
pues que para en uno son,
él con ella, ella con él!
A los cielos San Miguel   2040
lleve a los dos de las manos.
¡ Vivan muchos años,
y mueran los tiranos! »
LAURENCIA. Diga Barrildo.
BARRILDO.   Ya va;
que a fe que la he pensado.   2045
PASCUALA. Si la dices con cuidado,
buena y rebuena será.

2035 faltare = falta; pie: foot, measure of verse

BARRILDO.   «¡ Vivan los reyes famosos
  muchos años, pues que tienen
  la vitoria, y a ser vienen
  nuestros dueños venturosos!
  Salgan siempre vitoriosos
  de gigantes y de enanos
  y ¡ muera los tiranos!»
MÚSICOS (cantan). *¡ Muchos años vivan*
  Isabel y Fernando,
  y mueran los tiranos!
LAURENCIA.   Diga Mengo.
FRONDOSO.   Mengo diga.
MENGO.   Yo soy poeta donado.
PASCUALA.   Mejor dirás lastimado
  el envés de la barriga.
MENGO.   «Una mañana en domingo
  me mandó azotar aquél,
  de manera que el rabel
  daba espantoso respingo;
  pero agora que los pringo
  ¡ vivan los reyes cristiánigos,
  y mueran los tiránigos!»
MÚSICOS.   *¡ Vivan muchos años!*
ESTEBAN.   Quita la cabeza allá.
MENGO.   Cara tiene de ahorcado.

  Saca un escudo JUAN ROJO *con las armas* (reales).

REGIDOR.   Ya las armas han llegado.
ESTEBAN.   Mostrá las armas acá.
JUAN.   ¿ Adónde se han de poner?
REGIDOR.   Aquí, en el Ayuntamiento.
ESTEBAN.   ¡ Bravo escudo!
BARRILDO.   ¡ Qué contento!
FRONDOSO.   Ya comienza a amanecer,
  con este sol, nuestro día.
ESTEBAN.   ¡ Vivan Castilla y León,
  y las barras de Aragón,
  y muera la tiranía!
  Advertid, Fuenteovejuna,
  a las palabras de un viejo;
  que el admitir su consejo
  no ha dañado vez ninguna.
  Los reyes han de querer

2059 poeta donado: lay or amateur poet *2061 envés de la barriga*: back side of the belly *2064 rabel*: rebec; here, humorous for backside *2067–2068 cristiánigos, tiránigos*: Mengo's version of *cristianos* and *tiranos* *2072 armas*: coat of arms *2073 Mostrá*: archaic form of the imperative *Mostrad*

	averiguar este caso,
	y más tan cerca del paso
	y jornada que han de hacer.
	Concertaos todos a una	2090
	en lo que habéis de decir.
FRONDOSO.	¿Qué es tu consejo?
ESTEBAN.	Morir
	diciendo *Fuenteovejuna*,
	y a nadie saquen de aquí.
FRONDOSO.	Es el camino derecho.	2095
	Fuenteovejuna lo ha hecho.
ESTEBAN.	¿Queréis responder así?
TODOS.	Sí.
ESTEBAN.	Ahora pues, yo quiero ser
	ahora el pesquisidor,
	para ensayarnos mejor	2100
	en lo que habemos de hacer.
	Sea Mengo el que esté puesto
	en el tormento.
MENGO.	¿No hallaste
	otro más flaco?
ESTEBAN.	¿Pensaste
	que era de veras?
MENGO.	Di presto.	2105
ESTEBAN.	¿Quién mató al Comendador?
MENGO.	Fuenteovejuna lo hizo.
ESTEBAN.	Perro, ¿si te martirizo?
MENGO.	Aunque me matéis, señor.
ESTEBAN.	Confiesa, ladrón.
MENGO.	Confieso.	2110
ESTEBAN.	Pues ¿quién fué?
MENGO.	Fuenteovejuna
ESTEBAN.	Dalde otra vuelta.
MENGO.	Es ninguna.
ESTEBAN.	Cagajón para el proceso.

Sale el REGIDOR.

| REGIDOR. | ¿Qué hacéis de esta suerte aquí? |
| FRONDOSO. | ¿Qué ha sucedido, Cuadrado? | 2115
REGIDOR.	Pesquisidor ha llegado.
ESTEBAN.	Echá todos por ahí.
REGIDOR.	Con él viene un capitán.
ESTEBAN.	Venga el diablo: ya sabéis
	lo que responder tenéis.	2120
REGIDOR.	El pueblo prendiendo van,
	sin dejar alma ninguna.

2112 vuelta: turn which tightens the rack to increase the torture *2113 Cagajón para el proceso:* A turd for the trial *2117 Echá* = Echad

Esteban. Que no hay que tener temor.
¿ Quién mató al Comendador,
Mengo?
Mengo. ¿ Quién? Fuenteovejuna. 2125

Vanse.

[Habitación del Maestre de Calatrava en Almagro.]

Salen el Maestre *y un* Soldado.

Maestre. ¡ Que tal caso ha sucedido!
Infelice fué su suerte.
Estoy por darte la muerte
por la nueva que has traído.
Soldado. Yo, señor, soy mensajero, 2130
y enojarte no es mi intento.
Maestre. ¡ Que a tal tuvo atrevimiento
un pueblo enojado y fiero!
Iré con quinientos hombres
y la villa he de asolar; 2135
en ella no ha de quedar
ni aun memoria de los nombres.
Soldado. Señor, tu enojo reporta;
porque ellos al rey se han dado,
y no tener enojado 2140
al rey es lo que te importa.
Maestre. ¿ Cómo al rey se pueden dar,
si de la encomienda son?
Soldado. Con él sobre esa razón
podrás luego pleitear. 2145
Maestre. Por pleito ¿ cuándo salió
lo que él le entregó en sus manos?
Son señores soberanos,
y tal reconozco yo.
Por saber que al rey se han dado 2150
se reportará mi enojo,
y ver su presencia escojo
por lo más bien acertado;
que puesto que tenga culpa
en casos de gravedad, 2155
en todo mi poca edad
viene a ser quien me disculpa.
Con vergüenza voy; mas es
honor quien puede obligarme,

2127 *Infelice=Infeliz.* See v. 530, note. 2157 *quien:* what

e importa no descuidarme
en tan honrado interés.

Vanse.

[**Plaza de Fuenteovejuna.**]

Sale Laurencia *sola.*

Amando, recelar daño en lo amado
nueva pena de amor se considera;
que quien en lo que ama daño espera
aumenta en el temor nuevo cuidado.
El firme pensamiento desvelado,
si le aflige el temor, fácil se altera;
que no es a firme fe pena ligera
ver llevar el temor el bien robado.
Mi esposo adoro; la ocasión que veo
al temor de su daño me condena,
si no le ayuda la felice suerte.
Al bien suyo se inclina mi deseo:
si está presente, está cierta mi pena;
si está en ausencia, está cierta mi muerte.

Sale Frondoso.

Frondoso. ¡Mi Laurencia!
Laurencia. ¡Esposo amado!
¿Cómo a estar aquí te atreves?
Frondoso. ¿Esas resistencias debes
a mi amoroso cuidado?
Laurencia. Mi bien, procura guardarte,
porque tu daño recelo.
Frondoso. No quiera, Laurencia, el cielo
que tal llegue a disgustarte.
Laurencia. ¿No temes ver el rigor
que por los demás sucede,
y el furor con que procede
aqueste pesquisidor?
Procura guardar la vida.
Huye, tu daño no esperes.
Frondoso. ¿Cómo que procure quieres
cosa tan mal recebida?
¿Es bien que los demás deje
en el peligro presente
y de tu vista me ausente?
No me mandes que me aleje;
porque no es puesto en razón

2162–2175 Only sonnet in the play. *2191 recebida = recibida 2196 puesto en razón*: right, reasonable

        que por evitar mi daño,
        sea con mi sangre extraño
        en tan terrible ocasión.

            Voces dentro.

        Voces parece que he oído,   2200
        y son, si yo mal no siento,
        de alguno que dan tormento.
        Oye con atento oído.

        Dice dentro el JUEZ *y responden.*

JUEZ.   Decid la verdad, buen viejo.
FRONDOSO.   Un viejo, Laurencia mía,   2205
        atormentan.
LAURENCIA.   ¡ Qué porfía !
ESTEBAN.   Déjenme un poco.
JUEZ.   Ya os dejo.
        Decid: ¿ quién mató a Fernando ?
ESTEBAN.   Fuenteovejuna lo hizo.
LAURENCIA. Tu nombre, padre, eternizo.   2210

FRONDOSO.   ¡ Bravo caso !
JUEZ.   Ese muchacho
        aprieta. Perro, yo sé
        que lo sabes. Di quién fué.
        ¿ Callas ? Aprieta, borracho.   2215
NIÑO.   Fuenteovejuna, señor.
JUEZ.   ¡ Por vida del rey, villanos,
        que os ahorque con mis manos !
        ¿ Quién mató al Comendador ?
FRONDOSO.   ¡ Que a un niño le den tormento   2220
        y niegue de aquesta suerte !
LAURENCIA. ¡ Bravo pueblo !
FRONDOSO.   Bravo y fuerte.
JUEZ.   Esa mujer al momento
        en ese potro tened.
        Dale esa mancuerda luego.   2225
LAURENCIA. Ya está de cólera ciego.
JUEZ.   Que os he de matar, creed,
        en este potro, villanos.
        ¿ Quién mató al Comendador :
PASCUALA.   Fuenteovejuna, señor.   2230

2211 Verse rhyming with *Fernando* missing; sense not affected. 2223 *al momento:* immediately 2224 *potro:* rack, the instrument of torture 2225 *mancuerda* = *vuelta.* See v. 2112, note.

JUEZ.	¡Dale!
FRONDOSO.	Pensamientos vanos.
LAURENCIA.	Pascuala niega, Frondoso.
FRONDOSO.	Niegan niños: ¿qué te espantas?
JUEZ.	Parece que los encantas.
	¡Aprieta!
PASCUALA.	¡Ay cielo piadoso! 2235
JUEZ.	¡Aprieta, infame! ¿Estás sordo?
PASCUALA.	Fuenteovejuna lo hizo.
JUEZ.	Traedme aquel más rollizo, ese desnudo, ese gordo.
LAURENCIA.	¡Pobre Mengo! Él es sin duda. 2240
FRONDOSO.	Temo que ha de confesar.
MENGO.	¡Ay, ay!
JUEZ.	Comienza a apretar.
MENGO.	¡Ay!
JUEZ.	¿Es menester ayuda?
MENGO.	¡Ay, ay!
JUEZ.	¿Quién mató, villano, al señor Comendador? 2245
MENGO.	¡Ay, yo lo diré, señor!
JUEZ.	Afloja un poco la mano.
FRONDOSO.	Él confiesa.
JUEZ.	Al palo aplica la espalda.
MENGO.	Quedo; que yo lo diré.
JUEZ.	¿Quién lo mató? 2250
MENGO.	Señor, Fuenteovejunica.
JUEZ.	¿Hay tan gran bellaquería? Del dolor se están burlando. En quien estaba esperando, niega con mayor porfía. 2255 Dejaldos; que estoy cansado.
FRONDOSO.	¡Oh Mengo bien te haga Dios! Temor que tuve de dos, el tuyo me le ha quitado.

Salen con MENGO, BARRILDO *y el* REGIDOR.

BARRILDO.	¡Vítor, Mengo!
REGIDOR.	Y con razón. 2260
BARRILDO.	¡Mengo, vítor!
FRONDOSO.	Eso digo.
MENGO.	¡Ay, ay!
BARRILDO.	Toma, bebe, amigo. Come.

2249 Quedo: Stop (literally, Be still) *2251 Fuenteovejunica:* Good old *Fuenteovejuna 2261 Vítor:* Viva

Mengo.	¡Ay, ay! ¿Qué es?
Barrildo.	Diacitrón.
Mengo.	¡Ay, ay!
Frondoso.	Echa de beber.
Barrildo.	. . . . Ya va 2265
Frondoso.	Bien lo cuela. Bueno está.
Laurencia.	Dale otra vez de comer.
Mengo.	¡Ay, ay!
Barrildo.	Esta va por mí.
Laurencia.	Solemnemente lo embebe.
Frondoso.	El que bien niega bien bebe. 2270
Regidor.	¿Quieres otra?
Mengo.	¡Ay, ay! Sí, sí.
Frondoso.	Bebe; que bien lo mereces.
Laurencia.	A vez por vuelta las cuela.
Frondoso.	Arrópale, que se hiela.
Barrildo.	¿Quieres más?
Mengo.	Sí, otras tres veces. 2275 ¡Ay, ay!
Frondoso.	Si hay vino pregunta.
Barrildo.	Sí hay: bebe a tu placer; que quien niega ha de beber. ¿Qué tiene?
Mengo.	Una cierta punta. Vamos; que me arromadizo. 2280
Frondoso.	Que beba, que éste es mejor. ¿Quién mató al Comendador?
Mengo.	Fuenteovejunica lo hizo.

Vanse.

Frondoso.	Justo es que honores le den. Pero decidme, mi amor, 2285 ¿quién mató al Comendador?
Laurencia.	Fuenteovejunica, mi bien.
Frondoso.	¿Quién le mató?
Laurencia.	Dasme espanto. Pues Fuenteovejuna fué.
Frondoso.	Y yo ¿con qué te maté? 2290
Laurencia.	¿Con qué? Con quererte tanto.

Vanse.

2263 Diacitrón: Sweet cider. *2264 Echa de:* He's starting *2265* First part of verse is missing. *2266 cuela:* drinks, from *colar 2273 A . . . cuela:* He gulps them at the rate of one for every turn of the rack. *2279 punta:* taint *2280 me arromadizo:* I'm catching cold

[Habitación de los Reyes en Tordesillas.]

Salen el rey y la reina y MANRIQUE (*luego*).

ISABEL. No entendí, señor, hallaros
aquí, y es buena mi suerte.
REY. En nueva gloria convierte
mi vista el bien de miraros. 2295
Iba a Portugal de paso
y llegar aquí fué fuerza.
ISABEL. Vuestra majestad le tuerza,
siendo conveniente el caso.
REY. ¿Cómo dejáis a Castilla? 2300
ISABEL. En paz queda, quieta y llana.
REY. Siendo vos la que la allana
no lo tengo a maravilla.

Sale don MANRIQUE.

MANRIQUE. Para ver vuestra presencia
el maestre de Calatrava, 2305
que aquí de llegar acaba,
pide que le deis licencia.
ISABEL. Verle tenía deseado.
MANRIQUE. Mi fe, señora, os empeño,
que, aunque es en edad pequeño, 2310
es valeroso soldado.

Vase, y sale el MAESTRE.

MAESTRE. Rodrigo Téllez Girón,
que de loaros no acaba,
maestre de Calatrava,
os pide humilde perdón. 2315
Confieso que fuí engañado,
y que excedí de lo justo
en cosas de vuestro gusto,
como mal aconsejado.
El consejo de Fernando 2320
y el interés me engañó,
injusto fiel; y ansí, yo
perdón humilde os demando.
Y si recebir merezco
esta merced que suplico, 2325
desde aquí me certifico
en que a serviros me ofrezco,
y que en aquesta jornada
de Granada, adonde vais,

2292 *No ... hallaros:* I didn't think I'd find you 2303 *no maravilla:* I'm not surprised

	os prometo que veáis
	el valor que hay en mi espada;
	donde sacándola apenas,
	dándoles fieras congojas,
	plantaré mis cruces rojas
	sobre sus altas almenas;
	y más, quinientos soldados
	en serviros emplearé,
	junto con la firma y fe
	de en mi vida disgustaros.
REY.	Alzad, maestre, del suelo;
	que siempre que hayáis venido,
	seréis muy bien recibido.
MAESTRE.	Sois de afligidos consuelo.
ISABEL.	Vos con valor peregrino
	sabéis bien decir y hacer.
MAESTRE.	Vos sois una bella Ester
	y vos un Jerjes divino.

Sale MANRIQUE.

MANRIQUE.	Señor, el pesquisidor
	que a Fuenteovejuna ha ido
	con el despacho ha venido
	a verse ante tu valor.
REY.	Sed juez destos agresores.
MAESTRE.	Si a vos, señor, no mirara,
	sin duda les enseñara
	a matar comendadores.
REY.	Eso ya no os toca a vos.
ISABEL.	Yo confieso que he de ver
	el cargo en vuestro poder,
	si me lo concede Dios.

Sale el JUEZ.

JUEZ.	A Fuenteovejuna fuí
	de la suerte que has mandado
	y con especial cuidado
	y diligencia asistí.
	Haciendo averiguación
	del cometido delito,
	una hoja no se ha escrito
	que sea en comprobación;
	porque conformes a una,
	con un valeroso pecho,
	en pidiendo quién lo ha hecho,

2339 en mi vida: never again *2341 siempre ... venido:* whenever you come *2346 Ester:* Esther, wife of Xerxes, King of Persia, fifth century B.C. *2368 conformes a una:* all in concert

|||||||responden: « Fuenteovejuna ».
Trescientos he atormentado
con no pequeño rigor,
y te prometo, señor,
que más que esto no he sacado. 2375
Hasta niños de diez años
al potro arrimé, y no ha sido
posible haberlo inquirido
ni por halagos ni engaños.
Y pues tan mal se acomoda 2380
el poderlo averiguar,
o los has de perdonar,
o matar la villa toda.
Todos vienen ante ti
para más certificarte: 2385
de ellos podrás informarte.
REY. Que entren, pues vienen, les dí.

Salen los dos alcaldes, FRONDOSO, *las mujeres y los villanos que quisieren.*

LAURENCIA. ¿Aquestos los reyes son?
FRONDOSO. Y en Castilla poderosos.
LAURENCIA. Por mi fe, que son hermosos: 2390
¡bendígalos San Antón!
ISABEL. ¿Los agresores son estos?
ESTEBAN. Fuenteovejuna, señora,
que humildes llegan agora
para serviros dispuestos. 2395
La sobrada tiranía
y el insufrible rigor
del muerto Comendador,
que mil insultos hacía,
fué el autor de tanto daño. 2400
Las haciendas nos robaba
y las doncellas forzaba,
siendo de piedad extraño.
FRONDOSO. Tanto, que aquesta zagala,
que el cielo me ha concedido, 2405
en que tan dichoso he sido
que nadie en dicha me iguala,
cuando conmigo casó,
aquella noche primera,
mejor que si suya fuera, 2410
a su casa la llevó;
y a no saberse guardar
ella, que en virtud florece,

2387 les dí = diles *2403* de piedad extraño: without mercy *2412* a no saberse guardar: if she didn't know how to look out for herself

ya manifiesto parece
lo que pudiera pasar.

MENGO. ¿No es ya tiempo que hable yo?
Si me dais licencia, entiendo
que os admiraréis, sabiendo
del modo que me trató.
　　Porque quise defender
una moza de su gente,
que con término insolente
fuerza la querían hacer,
　　aquel perverso Nerón
de manera me ha tratado,
que el reverso me ha dejado
como rueda de salmón.
　　Tocaron mis atabales
tres hombres con tal porfía,
que aun pienso que todavía
me duran los cardenales.
　　Gasté en este mal prolijo,
por que el cuero se me curta,
polvos de arrayán y murta
más que vale mi cortijo.

ESTEBAN. Señor, tuyos ser queremos.
Rey nuestro eres natural,
y con título de tal
ya tus armas puesto habemos.
　　Esperamos tu clemencia
y que veas esperamos
que en este caso te damos
por abono la inocencia.

REY. Pues no puede averiguarse
el suceso por escrito,
aunque fué grave el delito,
por fuerza ha de perdonarse.
　　Y la villa es bien se quede
en mí, pues de mí se vale,
hasta ver si acaso sale
comendador que la herede.

FRONDOSO. Su majestad habla, en fin,
como quien tanto ha acertado.
Y aquí, discreto senado,
Fuenteovejuna da fin.

FIN DE LA COMEDIA «FUENTEOVEJUNA»

2424 Nerón: Nero, in his cruelty *2439 habemos* = *hemos* *2443 abono:* guarantee *2449 de mí se vale:* appeals to me

LOPE DE VEGA BIBLIOGRAPHY

I. Works

Obras, Academia edition, edited with prologues by Marcelino Menéndez Pelayo, 13 vols., Madrid, 1890–1913. (New edition, edited by E. Cotarelo y Mori, Madrid, 1916–1931.)

Obras escogidas, Vol I: *Teatro*, edited by Federico C. Sáinz de Robles, Madrid, 1952.

HESSE, EVERETT (ed.): *Fuenteovejuna* and *La dama boba*, New York, 1966.

II. General Studies

ASTRANA MARÍN, LUIS: *Lope de Vega*, New York, 1964.

DÍAZ, JOSÉ SIMÓN, and JOSÉ PRADES, JUANA DE: *Ensayo de una bibliografía de las obras y artículos sobre la vida y escritos de Lope de Vega*, Madrid, 1955.

ENTRAMBASAGUAS, JOAQUÍN DE: *Vida de Lope de Vega*, Madrid, 1952.

FLORES, ÁNGEL: *Lope de Vega y su tiempo*, Barcelona, 1961.

MENÉNDEZ PIDAL, RÁMÓN: *De Cervantes y Lope de Vega*, Buenos Aires-Mexico City, 1940.

MONTEIRO DE BARROS LINS, I.: *Lope de Vega*, Rio de Janeiro, 1935.

RENNERT, HUGO ALBERT: *The Life of Lope de Vega*, Philadelphia, 1904. (Spanish translation by Américo Castro, *Vida de Lope de Vega*, Madrid, 1919.)

ZAMORA, VICENTE ALONSO: *Lope de Vega: Su vida y su obra*, Madrid, 1961.

III. Lope as Dramatist

ANIBAL, C. E.: "The Historical Elements of Lope de Vega's *Fuenteovejuna*," *Publications of the Modern Language Association of America*, 1934, No. 3, pp. 657–718.

CASALDUERO, JOAQUÍN: "Fuenteovejuna," *Revista de Filología Hispánica*, V (1943), pp. 21–44.

MARÍN, DIEGO: "On the Dramatic Function of Versification in Lope de Vega," *Theater Annual*, XIX (1962), pp. 27–42.

MCCRARY, WILLIAM C.: "*Fuenteovejuna*: Its Platonic Vision and Execution," *Studies in Philology*, LVIII (1961), pp. 179–192.

MENÉNDEZ PELAYO, MARCELINO: *Estudios sobre el teatro de Lope de Vega*, Madrid, 1919–1927.

Montesinos, josé f.: "La paradoja del *Arte nuevo*," *Revista de Occidente*, V (1964), pp. 302–330.
Schevill, rodolfo: *The Dramatic Art of Lope de Vega*, Berkeley, 1918.
Spitzer, leo: "A Central Theme and Its Structural Equivalent in Lope's *Fuenteovejuna*," *Hispanic Review*, XXIII (1955), pp. 274–292.

LA ESTRELLA DE SEVILLA

It is not certain who wrote *La Estrella de Sevilla*; until 1920 it was assumed to be Lope de Vega. Menéndez Pelayo was convinced it was, in its present form, altered with interpolations by Andrés de Claramonte; nevertheless, he held that the text was basically Lope's.

In the past few decades, however, many critics have disputed this, proposing as author various other dramatists, among them Claramonte and Luis Vélez de Guevara. At the same time, although apparently losing ground in the running battle over the authorship of the play, there are those who still argue that Lope is the author.

The problem is not apt to be resolved, barring some definitive new evidence. The alterations in the text—mutilations would be more accurate in some cases—complicate the problem. Added to this is the semi-anonymous or collective character of many *Siglo de Oro* plays. Many works were the product of collaborations, successive alterations by adapters, and frequent unauthorized printings under the name of Lope, whose name greatly enhanced a play's chances of selling well. When plays were published, it was often from acting versions in manuscript, full of emendations by various hands. Lastly, the so-called *memorillas*, persons with phenomenal memories who could furnish the text of a play by listening to its performance, would produce editions whose faithfulness to the original was highly variable. The two versions in which *La Estrella de Sevilla* is known today differ; one, an acting version, is shorter by some five hundred lines than the other.

The uncertainty about the authorship of the work does not, of course, detract from its merits; nor does it prevent it from being one of the more celebrated *comedias* or from being still read and performed. Out of tradition, as well as convenience—an alternative attribution has not yet been firmly established—it is still often linked with the name of Lope.

The play was not particularly popular in Lope's lifetime. In fact, it was forgotten until an adaptation by Cándido María Trigueros, first performed in 1800 under the title *Sancho Ortiz de las Roelas*, aroused interest in it. J. P. Wickersham Crawford tells us that in later times it was reprinted in the United States (in 1828) about a decade before an edition appeared in Spain. About a decade before that, Lord Holland made it known to the English-speaking world in the form of a summary and abstract. In abridged form it has been translated into English, French, German, Italian, and Polish. During the Second World War, under the German occupation, a French adaptation was successfully performed in a number of French and North African cities.

La Estrella de Sevilla is one of the many *Siglo de Oro* plays set in Seville. *El burlador de Sevilla* in this volume is another. This colorful city with all its romantic associations never ceased to have a powerful appeal for both the dramatist and his audience. The number of Spanish dramatic and non-dramatic works with a Sevillian setting would probably fill a library. The action of our play takes place in 1284 at the beginning of the reign of Sancho IV of Castile, but, as Henry Thomas reminds us, the Seville that is pictured in it is that of Lope's day. The unbecoming behavior of the King in the play is in keeping with the reputation for cruelty and crudeness Sancho el Bravo has in history.

Central in *La Estrella de Sevilla* is the chivalric ideal of loyalty and the conflict it produces. Sancho Ortiz de las Roelas, a knight of Seville, is commanded by the King to slay Busto Tavera. As Busto is the brother of his own fiancée, the knight must make the agonizing choice between love and duty. It is the same basic conflict that appears in Guillén de Castro's *Las mocedades del Cid*, in which the Cid must choose between Ximena's love and his duty to defend the honor of his father, which demands that he slay Ximena's father. Like the Cid, Sancho chooses duty. As in *Las mocedades*, the remainder of the play involves the working out of the consequences of the slaying. Throughout, despite the King's shoddy behavior in the whole affair, Sancho remains loyal to him, observing the secrecy imposed upon him though it means his execution.

The theme of friendship, one of the favorites in the drama of the *Siglo de Oro*, also appears in *La Estrella de Sevilla*. Not only is Busto the brother of Estrella, but between him and Sancho there is the closest bond, one which the author, following convention, depicts in moving terms. The conflict confronting Sancho is therefore a double one.

The terrible and the sensational are noteworthy features of *La Estrella de Sevilla*, as they are of innumerable other Spanish plays of the period. They make for some particularly effective scenes. One is that in which Estrella's long awaited happiness is shattered when she is presented with the body of her brother, who has been slain by the very man she is about to marry. Another is the one in which it is discovered that Busto, to punish Natilde for her treachery in giving the King access to his house to seduce Estrella, has hanged her at the royal castle, after having thrust the written evidence of the King's delinquency into her hands as a silent accusation against his sovereign.

In the closing lines of the play, Clarindo refers to the work as "*esta tragedia.*" Menéndez Pelayo explains for us the sense in which the term should be taken. It is a tragedy, not in that it portrays a misfortune or that it follows the classic form, but in that it deals with a grand or elevated action. The ending of the play has usually been interpreted in such a way as to assume that Estrella, following the usual course open to a disappointed woman of her station, enters a convent. However, consideration should be given to Bernard Dulsey's argument to the contrary. The text, as Dulsey points out, makes no reference to any convent. It is true Estrella's betrothal to Sancho Ortiz is broken, but the King declares his intention to give her in marriage to a Castilian grandee. There is no indication the marriage will not take place.

It is often remarked that Lope, for all the naturalness and spontaneity of his verse, was not unaffected by the Gongorism that was current during the Baroque period. *La Estrella de Sevilla*, whether written by Lope or someone else, contains several instances of this contrived style.

METRICAL SCHEME OF «LA ESTRELLA DE SEVILLA»

Act I

Décimas	abbaa-ccddc	1–220
Redondillas	abba	221–476
Estancias	abbaacddCeE	477–598
	(2 irregular strophes)	
Redondillas	abba	599–662
Sextillas	ababcc	663–692
Romance (e-a)		693–868
Redondillas	abba	869–916

Act II

Redondillas	abba	917–1164
Quintillas	ababa	1165–1259
Romance (i-o)		1260–1401
Quintillas	ababa	1402–1606
Pareados (silvas)	xX	1607–1690
Décimas	abbaa-ccddc	1691–1880
Romance (i-a)		1881–1986

Act III

Quintillas	ababa	1987–2061
Romance (u-e)		2062–2117
Octavas reales	abababcc	2118–2173
Romance (e-o)		2174–2555
Décimas	abbaa-ccddc	2556–2645
Redondillas	abba	2646–2745
Romance (a-a)		2746–3029

LA ESTRELLA DE SEVILLA

PERSONAS

El rey Don Sancho el Bravo.*
Don Arias.
Don Pedro de Guzmán, alcalde mayor.
Farfán de Ribera, alcalde mayor.
Don Gonzalo de Ulloa.
Fernán Pérez de Medina.
Don Sancho Ortiz de las Roelas.
Busto Tavera.

Pedro de Caus, Alcaide.
Estrella, dama.
Teodora.
Natilde.
Don Íñigo Osorio.
Don Manuel.
Clarindo, gracioso.
Acompañamiento.
Criados, Músicos, Gente.

La escena es en Sevilla

Época: 1284.

ACTO PRIMERO

ESCENA PRIMERA

Salón del alcázar.

El Rey, Don Arias, Don Pedro de Guzmán, Farfán de Ribera.

Rey.
    Muy agradecido estoy
al cuidado de Sevilla,
y conozco que en Castilla
soberano rey ya soy.
Desde hoy reino, pues desde hoy   5
Sevilla me honra y ampara;
que es cosa evidente y clara
y es averiguada ley
que en ella no fuera rey
si en Sevilla no reinara.   10
    Del gasto y recibimiento,
del aparato en mi entrada,
si no la dejo pagada,
no puedo quedar contento.

---

* *rey*: Sancho IV, el Bravo, King of Castile (1284–1295) *12 aparato*: pomp, display *13 pagada*: satisfied (not "paid")

	Mi corte tendrá su asiento	15
	en ella, y no es maravilla	
	que la corte de Castilla	
	de asiento en Sevilla esté;	
	que en Castilla reinaré	
	mientras reinare en Sevilla.	20
Don Pedro.	Hoy sus alcaldes mayores	
	agradecidos pedimos	
	tus pies, porque recebimos	
	en su nombre tus favores.	
	Jurados y regidores	25
	ofrecen con voluntad	
	su riqueza y su lealtad,	
	y el Cabildo lo desea,	
	con condición que no sea	
	en daño de tu ciudad.	30
Rey.	Yo quedo muy satisfecho...	
Don Pedro.	Tus manos nos da a besar.	
Rey.	Id, Sevilla, a descansar,	
	que con mi gozo habéis hecho	
	como quien sois, y sospecho	35
	que a vuestro amparo he de hacerme	
	rey de Gibraltar, que duerme	
	descuidado en las colunas;	
	y con prósperas fortunas	
	haré que de mí se acuerde.	40
Farfán.	Con su Audiencia y con su gente	
	Sevilla en tan alta empresa	
	le servirá a vuestra alteza,	
	ofreciendo juntamente	
	las vidas.	
Don Arias.	Así lo siente,	45
	señor Farfán, de los dos,	
	y satisfecho de vos,	
	su Alteza, y de su deseo.	
Rey.	Todo, Sevilla, lo creo	
	y lo conozco. Id con Dios.	50
	Vanse los Alcaldes.	

---

20 *reinare* = *reine* 21 *alcaldes mayores*: chief magistrates 23 *recebimos* = *recibimos* 28 *Cabildo* = *Ayuntamiento*: City Council 35 *quien* = *quienes* 36 *a* = *con* 38 *colunas* = *columnas*: the Pillars of Hercules 40 *acuerde*: Note that there is only vowel rhyme (assonance) with *hacerme* and *duerme*. 41 *Audiencia*: Tribunal 43 *alteza*: does not rhyme with *empresa*. This is either due to carelessness as in the case of *acuerde* in v. 40, which introduces assonance in a strophe with consonantal rhyme, or it is internal evidence that the author was from southern Spain.

ESCENA II

El Rey, Don Arias.

Don Arias.	¿ Qué te parece, señor, de Sevilla?
Rey.	Parecido me ha tan bien, que hoy he sido sólo rey.
Don Arias.	Mucho mejor, mereciendo tu favor, señor, te parecerá cada día. 55
Rey.	Claro está que ciudad tan rica y bella, viviendo despacio en ella, más despacio admirará. 60
Don Arias.	El adorno y sus grandezas de las calles, no sé yo si Augusto en Roma las vió, ni, creo, tantas riquezas.
Rey.	Y las divinas bellezas, 65 ¿ por qué en silencio las pasas? ¿ Cómo limitas y tasas sus celajes y arreboles? Y dí ¿ cómo, en tantos soles como Faetón no te abrasas? 70
Don Arias.	Doña Leonor de Ribera todo un cielo parecía; que de su rostro nacía el sol de la primavera.
Rey.	Sol es, si blanca no fuera, 75 y a un sol con rayos de nieve poca alabanza se debe, si en vez de abrasar, enfría. Sol que abrasase querría, no sol que helado se bebe. 80
Don Arias.	¿ Doña Elvira de Guzmán, que es la que a su lado estaba, qué te pareció?
Rey.	Que andaba muy prolijo el alemán, pues de dos en dos están 85 juntas las blancas ansí.

---

63 *Augusto*: Augustus, Roman Emperor (63 B.C.–14 A.D.) 70 *Faetón*: Phaethon, who almost burned up the world with the sun chariot 72 *todo un cielo*: a veritable heaven 76 *nieve*: represents, like ice, coldness of temperament 83–84 *andaba ... alemán*: allusion to the money (*blancas*) German bankers lent Spain 86 *blancas*: silver coins, i.e., blondes

Don Arias.	Un maravedí vi allí.	
Rey.	Aunque amor anda tan franco,	
	por maravedí tan blanco	
	no diera un maravedí.	90
Don Arias.	Doña Teodora de Castro	
	es la que viste de verde.	
Rey.	Bien en su rostro se pierde	
	el marfil y el alabastro.	
Don Arias.	Sacárala amor de rastro,	95
	si se la quisiera dar,	
	porque en un buen verde mar	
	engorda como en favor.	
Rey.	A veces es bestia amor	
	y el verde suele tomar.	100
Don Arias.	La que te arrojó las rosas,	
	doña Mencía se llama,	
	Coronel.	
Rey.	Hermosa dama;	
	mas otras vi más hermosas.	
Don Arias.	Las dos morenas briosas,	105
	que en la siguiente ventana	
	estaban, eran doña Ana	
	y doña Beatriz Mejía,	
	hermanas, con que aun el día	
	nuevos resplandores gana.	110
Rey.	Por Ana es común la una,	
	y por Beatriz la otra es	
	sola como el fénix, pues	
	jamás le igualó ninguna.	
Don Arias.	La buena o mala fortuna	115
	¿también se atribuye al nombre?	
Rey.	En amor (y no te asombre)	
	los nombres con extrañeza,	
	dan calidad y nobleza	
	al apetito del hombre.	120
Don Arias.	La blanca y rubia . . .	
Rey.	No digas	
	quien es ésa: la mujer	
	blanca y rubia vendrá a ser	
	mármol y azófar; y obligas,	
	como adelante prosigas	125

---

87 *maravedí*: copper coin, i.e., brunette 93 *se pierde*: is outdone (by her fair complexion) 102–103 Read: *se llama doña Mencía Coronel*. Note the separation of *Mencía* from *Coronel*. 111 *Por Ana*: Because she has the common name Ana 113 *sola como el fénix*: unique like the phoenix, the mythological lone bird 125 *como*: if

a oír la que me da pena.
Una vi de gracias llena,
y en silencio la has dejado;
que en sola la blanca has dado
y no has dado en la morena. 130
  ¿Quién es la que en un balcón
yo con atención miré
y la gorra le quité
con alguna suspensión?
¿Quién es la que rayos son 135
sus dos ojos fulminantes,
en abrasar semejantes
a los de Júpiter fuerte,
que están dándome la muerte,
de su rigor ignorantes? 140
  Una que, de negro, hacía
fuerte competencia al sol,
y al horizonte español
entre ébano amanecía.
Una noche, horror del día, 145
pues, de negro, luz le daba,
y él eclipsado quedaba;
un borrón de la luz pura
del Sol, pues con su hermosura
sus puras líneas borraba. 150

Don Arias. Ya caigo, señor, en ella.
Rey.   En la mujer más hermosa
repara, que es justa cosa.
Don Arias. Ésa la llaman *la Estrella
de Sevilla.*
Rey.   Si es más bella 155
que el sol, ¿cómo así la ofende
Sevilla? ¿Cómo no entiende,
que merece su arrebol
llamarse Sol, pues es Sol
que vivifica y enciende? 160
Don Arias. Es doña Estrella Tavera
su nombre, y por maravilla
la llama Estrella Sevilla.
Rey.   Y Sol llamarla pudiera.
Don Arias. Casarla su hermano espera 165
en Sevilla, como es justo.

---

127 gracias: charms *134 suspensión:* amazement *135–136 la ... fulminates:* she whose devastating eyes are like flashes of light *142 competencia:* competition *144 amanecía:* lit up *151 Ya ... ella:* Now I know who you mean.

Rey.	¿ Llámase su hermano ?
Don Arias.	Busto Tavera, y es regidor de Sevilla, cuyo honor a su calidad ajusto. 170
Rey.	¿ Y es casado ?
Don Arias.	No es casado; que en la esfera sevillana es Sol, si Estrella es su hermana; que Estrella y Sol se han juntado.
Rey.	En buena estrella he llegado 175 a Sevilla: tendré en ella suerte favorable y bella como la deseo ya; todo me sucederá teniendo tan buena Estrella. 180 Si tal Estrella me guía, ¿ cómo me puedo perder ? Rey soy, y he venido a ver Estrellas a mediodía. Don Arias, verla querría, 185 que me ha parecido bien.
Don Arias.	Si es Estrella que a Belén te guía, señor, no es justo que hagas a su hermano Busto bestia del portal también. 190
Rey.	¿ Qué orden, don Arias, darás para que la vea y hable ?
Don Arias.	Esa Estrella favorable, a pesar del sol, verás, a su hermano honrar podrás; 195 que los más fuertes honores baten tiros de favores. Favorécele; que el dar, deshacer y conquistar puede imposibles mayores. 200 Si tú le das y él recibe, se obliga; y si es obligado, pagará lo que le has dado; que al que dan, en bronce escribe.
Rey.	A llamarle te apercibe, 205 y dar orden juntamente como la noche siguiente vea yo a Estrella en su casa;

---

175 buena estrella: good omen *187 Belén:* Bethlehem *190 bestia del portal:* an ass, after the one in Nativity scenes *208 casa:* In casting horoscopes, one's house stands for one's sign of the zodiac.

epiciclo que me abrasa
con fuego que el alma siente. 210
 Parte, y llámame al hermano.
DON ARIAS. En el Alcázar le vi;
veré, señor, si está allí.
REY. Si hoy este imposible allano,
mi reino pondré en su mano. 215
DON ARIAS. Yo esta Estrella te daré. (*Vase.*)
REY. Cielo estrellado seré
en noche apacible y bella
y solo con una Estrella
más que el Sol alumbraré. 220

 Vase DON ARIAS.

ESCENA III

DON GONZALO DE ULLOA, *con luto.* — EL REY.

DON GONZALO. Déme los pies vuestra alteza.
REY. Levantad, por vida mía.
Día de tanta alegría
¿venís con tanta tristeza?
DON GONZALO. Murió mi padre ....
REY. Perdí 225
un valiente capitán.
DON GONZ. Y las fronteras están
sin quien las defienda.
REY. Sí.
Faltó una heroica persona,
y enternecido os escucho. 230
DON GONZ. Señor, ha perdido mucho
la frontera de Archidona;
y puesto, señor, que igual
no ha de haber a su valor,
y que he heredado el honor 235
de tan fuerte general,
 vuestra alteza no permita
que no se me dé el oficio
que ha vacado.
REY. Claro indicio
que en vos siempre se acredita. 240
 Pero la muerte llorad

---

209 epiciclo: orbit of a planet in the Ptolemaic system *226 capitán:* commander *232 Archidona:* town in the province of Málaga *239 ha vacado:* has become vacant

	de vuestro padre, y en tanto	
	que estáis con luto y con llanto,	
	en mi corte descansad.	
Don Gonzalo.	Con la mesma pretensión	245
	Fernán Pérez de Medina	
	viene, y llevar imagina	
	por servicios el bastón;	
	que en fin adalid ha sido	
	diez años, y con la espada	250
	los nácares de Granada	
	de rubíes ha teñido;	
	y por eso adelantarme	
	quise.	
Rey.	Yo me veré en ello;	
	que, supuesto que he de hacello,	255
	quiero en ello consultarme.	

ESCENA IV

Fernán Pérez de Medina. — Dichos.

Fernán.	Pienso, gran Señor, que llego	
	tarde a vuestros altos pies;	
	besarlos quiero, y después . . .	
Rey.	Fernán Pérez, con sosiego	260
	los pies me podéis besar;	
	que aun en mis manos está	
	el oficio, y no se da	
	tal plaza sin consultar	
	primero vuestra persona	265
	y otras del reino importantes,	
	que, siendo en él los atlantes,	
	serán rayos de Archidona.	
	Id, y descansad.	
Don Gonzalo.	Señor,	
	este memorial os dejo.	270
Fernán.	Y yo el mío, que es espejo	
	del cristal de mi valor,	
	donde se verá mi cara	
	limpia, perfecta y leal.	

---

245 pretensión: desire, purpose *248 bastón:* baton, symbol of authority *249 adalid:* chief, leader *251-252 los . . . teñido:* i.e., he has shed much Moorish blood in Granada *254 Yo me veré en ello:* I shall see about it *258 altos pies:* royal feet *267 atlantes:* pillars, mainstays *268 rayos:* thunderbolts

Don Gonz. También el mío es cristal
que hace mi justicia clara.

Vanse Don Gonzalo *y* Fernán.

ESCENA V

Don Arias, Busto Tavera, el Rey.

Don Arias. Aquí, gran señor, está
Busto Tavera.
Busto. A esos pies
turbado llego, porque es
natural efeto ya
en la presencia del Rey
turbarse el vasallo; y yo,
puesto que esto lo causó,
como es ordinaria ley,
dos veces llego turbado,
porque el hacerme, señor,
este impensado favor,
turbación en mí ha causado.
Rey. Alzad.
Busto. Bien estoy así;
que si el Rey se ha de tratar
como santo en el altar,
digno lugar escogí.
Rey. Vos sois un gran caballero.
Busto. De eso he dado a España indicio;
pero conforme a mi oficio,
señor, los aumentos quiero.
Rey. ¿Pues yo no os puedo aumentar?
Busto. Divinas y humanas leyes
dan potestad a los reyes;
pero no les dan lugar
a los vasallos a ser
con sus reyes atrevidos,
porque con ellos medidos,
gran señor, deben tener
sus deseos; y ansí, yo,
que exceder las leyes veo,
junto a la ley mi deseo.
Rey. ¿Cuál hombre no deseó
ser más siempre?
Busto. Si más fuera,

---

280 efeto = efecto 289 Alzad: Busto is kneeling, hence the king tells him to rise. *296 aumentos = ascensos:* promotions *309 ser más:* improve his status

cubierto me hubiera hoy; 310
pero si Tavera soy,
no ha de cubrirse Tavera.
Rey (*aparte con don Arias*). ¡Notable filosofía
de honor!
Don Arias (*aparte con el Rey*). Éstos son primero
los que caen.
Rey. Yo no quiero, 315
Tavera, por vida mía,
que os cubráis hasta aumentar
vuestra persona en oficio,
que os dé deste amor indicio;
y así, os quiero consultar, 320
sacándoos de ser Tavera,
por general de Archidona;
que vuestra heroica persona
será rayo en su frontera.
Busto. Pues yo, señor, ¿en qué guerra 325
os he servido?
Rey. En la paz
os hallo, Busto, capaz
para defender mi tierra;
tanto, que ahora os prefiero
a estos que servicios tales 330
muestran por sus memoriales,
que aquí en mi presencia quiero
que leáis y despachéis.
Tres pretenden, que sois vos
y estos dos; mirad qué dos 335
competidores tenéis.
Busto (*lee*). « Muy poderoso señor: don Gonzalo de Ulloa
suplica a Vuestra Alteza le haga merced de
la plaza de capitán general de las fronteras de
Archidona, atento que mi padre lo ha servido
catorce años, haciendo notables servicios a Dios
y a vuestra corona; ha muerto en una escara-
muza. Pido justicia.»
Si de su padre el valor
ha heredado don Gonzalo,
el oficio le señalo.
(*Lee*). « Muy poderoso señor: 340
Fernán Pérez de Medina

---

310 cubierto: Only a grandee was privileged to keep his hat on in the presence of the king
317–318 hasta . . . oficio: until I promote you *320 consultar:* consider *329 ahora:* sometimes
spelled *agora*, is trisyllabic throughout the play. *333 despachéis:* attend to

veinte años soldado ha sido,
y a vuestro padre ha servido,
y serviros imagina
 con su brazo y con su espada,
en propios reinos, y extraños.
Ha sido adalid diez años
de la vega de Granada,
 ha estado captivo en ella
tres años en ejercicios
cortos; por cuyos oficios,
y por su espada, que en ella
 toda su justicia abona,
pide en este memorial
el bastón de general
de los campos de Archidona.»

REY.   Decid los vuestros.
BUSTO.   No sé
servicio aquí que decir,
por donde pueda pedir
ni por donde se me dé.
 Referir de mis pasados
los soberanos blasones,
tantos vencidos pendones
y castillos conquistados,
 pudiera; pero, señor,
ya por ellos merecieron
honor; y si ellos sirvieron,
no merezco yo su honor.
 La justicia, para sello,
ha de ser bien ordenada,
porque es caridad sagrada
que Dios cuelga de un cabello,
 para que, si a tanto exceso
de una cosa tan sutil,
para que, cayendo en fil,
no se quiebre, y dé buen peso.
 Dar este oficio es justicia
a uno de los dos aquí;
que si me le dais a mí,
hacéis, señor, injusticia.
 Y aquí en Sevilla, señor,
en cosa no os he obligado;

---

343 padre = Alfonso X, el Sabio, King of Castile and León (1252–1284) *344 imagina:* thinks of, wishes *349 captivo = cautivo 350–351 ejercicios cortos:* menial occupations *358 decir:* mention, enumerate *369 sello = serlo 375 en fil:* even, true

que en las guerras fuí soldado,
y en las paces regidor.
Y si va a decir verdad,
Fernán Pérez de Medina
merece el cargo; que es dina
de la frontera su edad.
Y a don Gonzalo podéis,
que es mozo, y cordobés Cid,
hacer, señor, adalid.

Rey. Sea, pues, vos lo queréis.

Busto. Sólo quiero (y la razón
y la justicia lo quieren)
darles a los que sirvieren
debida satisfacción.

Rey. Basta; que me avergonzáis
con vuestros buenos consejos.

Busto. Son mis verdades espejos;
y así, en ellas os miráis.

Rey. Sois un grande caballero,
y en mi cámara y palacio
quiero que asistáis despacio,
porque yo conmigo os quiero.
¿Sois casado?

Busto. Gran señor,
soy de una hermana marido,
y casarme no he querido
hasta dársele.

Rey. Mejor,
yo, Busto, se le daré.
¿Es su nombre?

Busto. Doña Estrella.

Rey. A Estrella tan clara y bella,
no sé qué esposo le dé
si no es el sol.

Busto. Sólo un hombre,
señor, para Estrella anhelo;
que no es estrella del cielo.

Rey. Yo la casaré, en mi nombre,
con hombre que la merezca.

Busto. Por ello los pies te pido.

Rey. Daréla, Busto, marido
que a su igual no desmerezca.

387 dina = digna 390 cordobés Cid: the Cid of Córdoba *391 hacer señor, adalid:* you can make him, sir, a chief *394 quieren:* call for *403 despacio:* for a long time to come *406 de una hermana marido:* sole support and protection of a sister *418* Supply *para besarlos.*

vv. 383-454] LA ESTRELLA DE SEVILLA 159

| | Y decidle que he de ser
              padrino y casamentero,
              y que yo dotarla quiero. | |
|-------------|--|-----|
| Busto. | Ahora quiero saber,
                señor, para qué ocasión
              vuestra alteza me ha llamado;
              porque me ha puesto en cuidado. | 425 |
| Rey. | Tenéis, Tavera, razón;
                yo os llamé para un negocio
              de Sevilla, y quise hablaros
              primero, para informaros
              dél; pero la paz y el ocio
                nos convida: más despacio
              lo trataremos los dos. | 430 |
| | Desde hoy asistidme vos
              en mi cámara y palacio.
              Id con Dios.   Dadme los pies. | 435 |
| Busto. | | |
| Rey. | Mis dos brazos, Regidor,
              os daré. | |
| Busto. | Tanto favor. . . . | |
| (Aparte.) | No puedo entender por qué.
                Sospechoso voy: quererme,
              y sin conocerme honrarme . . .
              El rey quiere sobornarme
              de algún mal que piensa hacerme. | 440 |

Vase.

ESCENA VI

El Rey, Don Arias.

| Rey. | El hombre es bien entendido,
              y tan cuerdo como honrado. | 445 |
|------------|--|-----|
| Don Arias. | Destos honrados me enfado.
              ¡Cuántos, gran señor, lo han sido,
                hasta dar con la ocasión!
              Sin ella, son destos modos
              todos cuerdos; pero todos
              con ella bailan a un son.
                Aquél murmura hoy de aquel
              que el otro ayer murmuró; | 450 |

---

422 padrino y casamentero: best man and sponsor *427 me ha puesto en cuidado:* it has me worried
443 sobornarme: bribe me *447 Destos . . . enfado:* I have no confidence in these men of honor; *me enfado = desconfío*

	que la ley que ejecutó	455
	ejecuta el tiempo en él.	
	Su honra en una balanza	
	pone; en otra poner puedes	
	tus favores y mercedes,	
	tu lisonja y tu privanza;	460
	y verás, gran señor, cómo	
	la que agora está tan baja	
	viene a pesar una paja,	
	y ella mil marcos de plomo.	
Rey.	Encubierto pienso ver	465
	esta mujer en su casa,	
	que es Sol, pues tanto me abrasa,	
	aunque Estrella al parecer.	
Don Arias.	Mira que podrán dezir . . .	
Rey.	Los que reparando están,	470
	amigo, en lo que dirán,	
	se quieren dejar morir.	
	Viva yo, y diga Castilla	
	lo que quisiere entender;	
	que rey mago quiero ser	475
	de la Estrella de Sevilla.	
	Vanse.	

ESCENA VII

Sala en casa de Busto Tavera.

Sancho, Estrella, Natilde, Clarindo.

Sancho.	Divino ángel mío,	
	¿ cuándo seré tu dueño	
	sacando deste empeño	
	las ansias que te envío ?	480
	¿ Cuándo el blanco rocío	
	que vierten mis dos ojos,	
	sol que alumbrando sales	
	en conchas de corales,	
	de que ha formado amor los labios rojos,	485
	con apacibles calmas	
	perlas harás que engasten nuestras almas ?	
	¿ Cuándo, dichosa Estrella	
	que como el Sol adoro,	

---

464 marcos: a measure of weight (about half a pound) *475 rey mago:* Wise Man from the East (a carrier of gifts) *478–509* The gist of this series of elaborate conceits is contained in v. 478, *¿cuándo seré tu dueño:* when will you be mine *479–480 sacando . . . envío:* redeeming from this pawnage my longing for you

	a tu epiciclo de oro	490
	resplandeciente y bella,	
	la luz que baña y sella	
	tu cervelo divino,	
	con rayos de alegría	
	adornarás el día,	495
	juntándonos amor en sólo un sino,	
	para que emule el cielo	
	otro Cástor y Pólux en el suelo?	
	Cuándo en lazos iguales	
	nos llamará Castilla	500
	Géminis de Sevilla	
	con gustos inmortales?	
	¿ Cuándo tendrán mis males	
	esperanzas de bienes ?	
	¿ Cuándo, alegre y dichoso,	505
	me llamaré tu esposo	
	a pesar de los tiempos que detienes,	
	que en perezoso turno	
	caminan con las plantas de Saturno?	
Estrella.	Si como mis deseos	510
	los tiempos caminaran,	
	al sol aventajaran	
	los pasos giganteos,	
	y mis dulces empleos	
	celebrara Sevilla,	515
	sin envidiar celosa,	
	amante y venturosa,	
	la regalada y tierna tortolilla,	
	que con arrullos roncos	
	tálamos hace de los huecos troncos.	520
	En círculos amantes	
	ayer se enamoraban	
	do sabes, y formaban	
	requiebros ignorantes;	
	sus picos de diamantes,	525
	sus penachos de nieve	
	dulcemente ofendían,	
	mas luego los hacían	

---

493 cervelo = cerebelo : brain *496 sino :* Fate (sign of the zodiac) *498 Cástor y Pólux :* Castor and Pollux, twin sons of Zeus. They are represented by the constellation Gemini. *504 bienes :* the joys of being wedded to Estrella *509 Saturno :* The period of revolution of Saturn, the least dense of the planets, is about 29.5 years. *514 empleos :* love *518 tortolilla :* small turtledove *520 tálamos :* bridal beds *523 do = donde*

	vaso en que amor sus esperanzas bebe,
	pues los picos unidos 530
	se brindaban las almas y sentidos.
SANCHO.	¡ Ay, cómo te agradezco,
	mi vida, esos deseos!
	Los eternos trofeos
	de la fama apetezco; 535
	sólo el alma te ofrezco.
ESTRELLA.	Yo con ella la vida,
	para que viva en ella.
SANCHO.	¡ Ay, amorosa Estrella,
	de fuego y luz vestida! 540
ESTRELLA.	¡ Ay, piadoso homicida!
SANCHO.	¡ Ay, sagrados despojos,
	norte en el mar de mis confusos ojos!
CLAR. (a Nat.).	¿ Cómo los dos no damos
	de holandas y cambrayes 545
	algunos blandos ayes,
	siguiendo a nuestros amos?
SANCHO.	¿ No callas?
CLARINDO.	Ya callamos.
	¡ Ay, hermosa muleta (aparte a Natlide).
	de mi amante desmayo! 550
NATILDE.	¡ Ay, hermano lacayo,
	que al son de la almohaza eres poeta!
CLARINDO.	¡ Ay mi dicha!
NATILDE.	¡ Ay dichoso!
CLARINDO.	No tiene tantos ayes un leproso.
SANCHO.	¿ Qué dice al fin tu hermano? 555
ESTRELLA.	Que hechas las escrituras
	tan firmes y seguras,
	el casamiento es llano,
	y que el darte la mano
	unos días dilate 560
	hasta que él se prevenga.
SANCHO.	Mi amor quiere que tenga
	mísero fin; el tiempo le combate.
	Hoy casarme querría;
	que da el tiempo mil vueltas cada día. 565
	La mar tranquila y cana
	amanece entre leche,
	y, antes que montes eche

---

542 *despojos:* victim, i.e., Estrella 545 *holandas y cambrayes:* types of handkerchiefs 549 *hermosa muleta:* beautiful crutch 552 *almohaza:* currycomb (a comb for grooming horses) 562 Read: *Quiere que mi amor tenga* 565 *da . . . día:* each day is like a thousand 566 *cana:* silvery 567 *entre leche:* calm

                    al Sol por la mañana,
                    en círculos de grana
                    madruga el alba hermosa,
                    y luego negra nube
                    en sus hombros se sube
                    vistiéndola con sombra tenebrosa,
                    y los que fueron riscos
                    son de nieve gigantes basiliscos.
                        Penachos de colores
                    toma un almendro verde,
                    y en un instante pierde
                    sus matizadas flores;
                    cruzan murmuradores
                    los arroyuelos puros,
                    y en su argentado suelo
                    grillos les pone el hielo;
                    pues si éstos dél jamás están seguros,
                    ¿ cómo en tanta mudanza
                    podré tener del tiempo confianza ?
ESTRELLA.   Si el tiempo se detiene,
                habla a mi hermano.
SANCHO.   Quiero
                hablarle, porque muero
                lo que amor se entretiene.
CLARINDO.   Busto Tavera viene.

ESCENA VIII

Busto. — Dichos.

BUSTO.   ¡ Sancho amigo !
ESTRELLA.   ¡ Ay ! ¿ Qué es esto ?
SANCHO.   ¿ Vos con melancolía ?
BUSTO.   Tristeza y alegría
            en cuidado me ha puesto.
            Entrate dentro, Estrella.
ESTRELLA.   ¡ Válgame Dios, si el tiempo me atropella !
                Vanse ESTRELLA *y* NATILDE.

ESCENA IX

Sancho, Busto, Clarindo.

BUSTO.   Sancho Ortiz de las Roelas . . .
SANCHO.   ¿ Ya no me llamáis cuñado ?

---

583 argentado suelo: silvery surface *584 grillos:* fetters *585 dél = de él:* Antecedent is *tiempo.*
588 se detiene: seems to drag *590–591 muero . . . entretiene:* I die with love's delay. *599 Roelas:* trisyllabic

Busto. Un caballo desbocado
me hace correr sin espuelas.
  Sabed que el Rey me llamó;
no sé, por Dios, para qué;
que aunque se lo pregunté, 605
jamás me lo declaró.
  Hacíame general
de Archidona sin pedillo;
y a fuerza de resistillo
no me dió el bastón real. 610
  Hízome al fin . . .
Sancho.   Proseguid;
que todo eso es alegría.
Decid la melancolía,
y la tristeza decid.
Busto.   De su cámara me ha hecho. 615
Sancho. También es gusto.
Busto.   Al pesar
vamos.
Sancho (*aparte*).   Que me ha de costar
algún cuidado sospecho.
Busto.   Díjome que no casara
a Estrella, porque él quería 620
casalla, y se profería,
cuando yo no la dotara,
  a hacello y dalla marido
a su gusto.
Sancho.   Tú dijiste
que estabas alegre y triste; 625
mas yo solo el triste he sido,
  pues tú alcanzas las mercedes,
y yo los pesares cojo.
Déjame a mí con tu enojo,
y tú el gusto tener puedes; 630
  que en la cámara del Rey,
y bien casada tu hermana,
el tenerle es cosa llana.
Mas no cumples con la ley
  de amistad, porque debías 635
decirle al Rey que ya estaba
casada tu hermana.
Busto.   Andaba
entre tantas demasías

608-609 *pedillo, resistillo* = *pedirlo, resistirlo*. See page 6, v. 7, note. 615 *De . . . hecho:* He has made me a courtier. 621 *casalla* = *casarla* 623 *hacello, dalla* = *hacerlo, darla* 637 *casada*: promised

	turbado mi entendimiento,	
	que lugar no me dió allí	640
	a decirlo.	
SANCHO.	Siendo así,	
	¿ no se hará mi casamiento ?	
BUSTO.	Volviendo a informar al Rey	
	que están hechos los conciertos	
	y escrituras, serán ciertos	645
	los contratos; que su ley	
	no ha de atropellar lo justo.	
SANCHO.	Si el Rey la quiere torcer,	
	¿ quién fuerza le podrá hacer,	
	habiendo interés o gusto ?	650
BUSTO.	Yo le hablaré y vos también,	
	pues yo entonces, de turbado,	
	no le dije lo tratado.	
SANCHO.	¡ Muerte pesares me den !	
	Bien decía que en el tiempo	655
	no hay instante de firmeza,	
	y que el llanto y la tristeza	
	son sombra de pasatiempo.	
	Y cuando el Rey con violencia	
	quisiere torcer la ley . . .	660
BUSTO.	Sancho Ortiz, el Rey es Rey;	
	callar y tener paciencia.	

Vase.

ESCENA X

SANCHO, CLARINDO.

SANCHO.	En ocasión tan triste,	
	¿ quién paciencia tendrá, quién sufrimiento ?	
	¡ Tirano, que veniste	665
	a perturbar mi dulce casamiento,	
	con aplauso a Sevilla,	
	no goces los imperios de Castilla !	
	Bien de don Sancho el Bravo	
	mereces el renombre, que en las obras	670
	de conocerte acabo,	
	y pues por tu crueldad tal nombre cobras,	
	y Dios siempre la humilla,	
	¡ no goces los imperios de Castilla !	

---

650 habiendo . . . gusto: where his interest or pleasure is involved *654* Read: *¡ Los pesares me den muerte! 668 no . . . Castilla:* may you never enjoy the dominions of Castile

	¡ Conjúrese tu gente,	675
	y pongan a los hijos de tu hermano	
	la corona en la frente	
	con bulas del Pontífice Romano,	
	y dándoles tu silla,	
	no goces los imperios de Castilla!	680
	De Sevilla salgamos;	
	vamos a Gibraltar, donde las vidas	
	en su riesgo perdamos.	
Clarindo.	Sin ir allá las damos por perdidas.	
Sancho.	Con Estrella tan bella,	685
	¿ cómo vengo a tener tan mala estrella?	
	Mas ¡ ay, que es rigurosa	
	y en mí son sus efectos desdichados!	
Clarindo.	Por esta Estrella hermosa	
	morimos como huevos estrellados;	690
	mejor fuera en tortilla.	
Sancho.	¡ No goces los imperios de Castilla!	
	Vanse.	

ESCENA XI

Calle.

El Rey, Don Arias, Acompañamiento; *después* Busto.

Rey.	Decid cómo estoy aquí.	
Don Arias.	Ya lo saben, y a la puerta	
	a recebirte, señor,	695
	sale don Busto Tavera.	
	Sale Busto.	
Busto.	¡ Tal merced, tanto favor!	
	¿ En mi casa Vuestra Alteza?	
Rey.	Por Sevilla así embozado	
	salí, con gusto de vella,	700
	y me dijeron, pasando,	
	que eran vuestras casas éstas	
	y quise verlas, que dicen	
	que son en extremo buenas.	
Busto.	Son casas de un escudero.	705
Rey.	Entremos.	
Busto.	Señor, son hechas	
	para mi humildad, y vos	

---

678 Pontífice Romano: Pope Martin IV (1281–1285) *684 les damos por perdidas:* we consider them lost *690 huevos estrellados:* fried eggs. Note pun on Estrella's name. *700 vella = verla.* Subsequent examples of assimilation of the *r* of the infinitive to the *l* of an attached object pronoun will not be noted in this play except for some special reason.

	no podéis caber en ellas;	
	que para tan gran señor	
	se cortaron muy estrechas,	710
	y no os vendrán bien sus salas,	
	que son, gran señor, pequeñas,	
	porque su mucha humildad	
	no aspira a tanta soberbia.	
	Fuera, señor, de que en casa	715
	tengo una hermosa doncella	
	solamente, que la caso	
	ya con escrituras hechas,	
	y no sonará muy bien	
	en Sevilla, cuando sepan	720
	que a visitarla venís.	
Rey.	No vengo, Busto, por ella;	
	por vos vengo.	
Busto.	Gran señor,	
	notable merced es ésta;	
	y si aquí por mí venís,	725
	no es justo que os obedezca;	
	que será descortesía	
	que a visitar su rey venga	
	al vasallo, y que el vasallo	
	lo permita y lo consienta.	730
	Criado y vasallo soy,	
	y es más razón que yo os vea,	
	ya que me queréis honrar,	
	en el alcázar; que afrentan	
	muchas veces las mercedes,	735
	cuando vienen con sospecha.	
Rey.	¿Sospecha? ¿De qué?	
Busto.	Dirán,	
	puesto que al contrario sea,	
	que venistes a mi casa	
	por ver a mi hermana; y puesta	740
	en buena opinión su fama,	
	está a pique de perderla;	
	que el honor es cristal puro,	
	que con un soplo se quiebra.	
Rey.	Ya que estoy aquí, un negocio	745
	comunicaros quisiera.	
	Entremos.	
Busto.	Por el camino	
	será, si me dais licencia;	

---

731 Criado: Protégé *738 puesto que = aunque 744 soplo:* breath (of scandal)

	que no tengo apercibida	
	la casa.	
Rey	(*aparte con don Arias*). Gran resistencia	750
	nos hace.	
Don Arias	(*aparte con el rey*). Llevalle importa;	
	que yo quedaré con ella	
	y en tu nombre la hablaré.	
Rey.	Habla paso, no te entienda,	
	que tiene todo su honor	755
	este necio en las orejas.	
Don Arias.	Arracadas muy pesadas	
	de las orejas se cuelgan;	
	el peso las romperá.	
Rey.	Basta; no quiero por fuerza	760
	ver vuestra casa.	
Busto.	Señor,	
	en casando a doña Estrella,	
	con el adorno que es justo	
	la verá.	
Don Arias.	Esos coches llegan.	
Rey.	Ocupad, Busto, un estribo.	765
Busto.	A pie, si me dais licencia,	
	he de ir.	
Rey.	El coche es mío	
	y mando yo en él.	
Don Arias.	Ya esperan	
	los coches.	
Rey.	Guíen al alcázar.	
Busto (*ap.*).	Muchas mercedes son éstas;	770
	gran favor el Rey me hace:	
	¡ plegue a Dios que por bien sea !	
	Vanse.	

ESCENA XII

Sala en casa de Busto.

Estrella, Natilde; *después*, Don Arias.

Estrella.	¿ Qué es lo que dices, Natilde ?	
Natilde.	Que era el Rey, señora. (*Sale don Arias.*)	
Don Arias.	Él era,	
	y no es mucho que los reyes	775

---

754 *paso*: softly   755 *que* = *porque*   757 *Arracadas*: Earrings   764 *coches*: coaches, an anachronism   772 *plegue*: subjunctive of the verb *placer*   775 *y no es mucho*: no wonder. The allusion is to the wise kings who followed the star of Bethlehem (cf. Matthew ii, 1–2).

siguiendo una estrella vengan.
A vuestra casa venía
buscando tanta belleza;
que si el Rey lo es de Castilla,
vos de la beldad sois reina. 780
El Rey don Sancho, a quien llaman
por su invicta fortaleza
el Bravo el vulgo, y los moros,
porque de su nombre tiemblan,
el Fuerte, y sus altas obras 785
el Sacro y Augusto César,
que los laureles romanos
con sus hazañas afrenta,
esa divina hermosura
vió en un balcón, competencia 790
de los palacios del alba,
cuando, en rosas y azucenas
medio dormidas, las aves
la madrugan y recuerdan,
y del desvelo llorosa, 795
vierte racimos de perlas.
Mandóme que de Castilla
las riquezas te ofreciera,
aunque son para tus gracias
limitadas las riquezas. 800
Que su voluntad admitas;
que si la admites y premias,
serás de Sevilla el Sol,
si hasta aquí has sido la Estrella.
Daráte villas, ciudades, 805
de quien serás rica hembra,
y te dará a un rico hombre
por esposo, con quien seas
corona de tus pasados
y aumento de tus Taveras. 810
¿Qué respondes?

ESTRELLA. ¿Qué respondo?
Lo que ves. (*Vuelve la espalda.*)
DON ARIAS. Aguarda, espera.
ESTRELLA. A tan livianos recados
da mi espalda la respuesta.

Vase.

---

788 *afrenta*: puts to shame, surpasses 789 *esa*: your 794 *recuerdan*: awaken 806 *rica hembra*: feminine equivalent of *rico hombre* (grandee, peer)

ESCENA XIII

Don Arias, Natilde.

Don Arias.	¡Notable valor de hermanos! (*Aparte.*)	815
	Los dos suspenso me dejan.	
	La gentilidad romana	
	Sevilla en los dos celebra.	
	Parece cosa imposible	
	que el Rey los contraste y venza;	820
	pero porfía y poder	
	talan montes, rompen peñas.	
	Hablar quiero a esta criada;	
	que las dádivas son puertas	
	para conseguir favores	825
	de las Porcias y Lucrecias.	
	¿Eres criada de casa?	
Natilde.	Criada soy; mas por fuerza.	
Don Arias.	¿Cómo por fuerza?	
Natilde.	Que soy esclava.	
Don Arias.	¿Esclava?	
Natilde.	Y sujeta,	830
	sin la santa libertad,	
	a muerte y prisión perpetua.	
Don Arias.	Pues yo haré que el Rey te libre,	
	y mil ducados de renta	
	con la libertad te dé,	835
	si en su servicio te empleas.	
Natilde.	Por la libertad y el oro	
	no habrá maldad que no emprenda;	
	mira lo que puedo hacer,	
	que lo haré como yo pueda.	840
Don Arias.	Tú has de dar al Rey entrada	
	en casa esta noche.	
Natilde.	Abiertas todas las puertas tendrá,	
	como cumplas la promesa.	
Don Arias.	Una cédula del Rey	845
	con su firma y de su letra,	
	antes que entre te daré.	
Natilde.	Pues yo le pondré en la mesma	
	cama de Estrella esta noche.	
Don Arias.	¿A qué hora Busto se acuesta?	850

---

817 gentilidad: nobility *820 contraste:* oppose *826 Porcias y Lucrecias:* i.e., virtuous women like the Roman matrons Portia and Lucretia *844 como:* if

| NATILDE. | Al alba viene a acostarse.
Todas las noches requiebra;
que este descuido en los hombres
infinitas honras cuesta. | |
|---|---|---|
| DON ARIAS. | Y ¿ a qué hora te parece
que venga el Rey? | 855 |
| NATILDE. | Señor, venga
a las once; que ya entonces
estará acostada. | |
| DON ARIAS. | Lleva
esta esmeralda en memoria
de las mercedes que esperas
del Rey. | 860 |
| NATILDE. | Que no hay para qué. | |
| DON ARIAS. | No quiero que te parezcas
a los médicos. | |
| NATILDE. | ¿ Por oro,
qué monte tendrá firmeza?
El oro ha sido en el mundo
el que los males engendra,
porque, si él faltara, es claro
no hubiera infamias ni afrentas. | 865 |

Vanse.

ESCENA XIV

Salón del alcázar.

DON ÍÑIGO OSORIO, BUSTO y DON MANUEL, *con llaves doradas.*

| DON MANUEL. | Goce vuestra señoría
la llave y cámara, y vea
el aumento que desea. | 870 |
|---|---|---|
| BUSTO. | Saber pagalle querría
a su Alteza la merced
que me hace sin merecella. | |
| DON ÍÑIGO. | Mucho merecéis, y en ella
que no se engaña creed
el Rey. | 875 |
| BUSTO. | Su llave me ha dado,
puerta me hace de su cielo;
aunque me amenaza el suelo,
viéndome tan levantado; | 880 |

---

852 requiebra: goes courting *856 venga:* should come *862–863 No . . . médicos:* i.e., by pretending to want no payment *870 la llave:* symbol of a king's chamberlain

     que como impensadamente
     tantas mercedes me ha hecho,
     que se ha de mudar sospecho
     el que honra tan de repente.
      Mas, conservando mi honor,   885
     si a lo que he sido me humilla,
     vendré a quedarme en Sevilla
     veinticuatro y Regidor.

Don Íñigo. ¿ Quién es de guarda ?
Don Manuel.   Ninguno
     de los tres.
Don Íñigo.   Pues yo quisiera   890
     holgarme.
Don Manuel.   Busto Tavera,
     si tenéis requiebro alguno,
      esta noche nos llevad
     y la espalda os guardaremos.
Busto.   Si queréis que visitemos   895
     lo común de la ciudad,
      yo os llevaré donde halléis
     concetos y vozería,
      y dulce filosofía
     de amor.
Don Manuel.   Merced nos haréis.   900

ESCENA XV

Don Arias. — Dichos.

Don Arias. A recoger, caballeros;
     que quiere el Rey escrebir.
Don Man. Vamos, pues, a divertir
     la noche.

Vanse Busto, Don Íñigo *y* Don Manuel.

ESCENA XVI

El Rey, Don Arias.

Rey.   ¿ Que sus luceros
     esta noche he de gozar,   905
     don Arias ?

---

888 *veinticuatro:* member of City Council of Seville   889 *¿Quién es* = *¿Quién es el que está*   895–896 *que . . . ciudad:* to go slumming   898 *concetos* = *conceptos:* witty remarks   901 *A recoger:* Withdraw, Leave

Don Arias.	La esclavilla
	es extremada.
Rey.	Castilla
	estatuas la ha de labrar.
Don Arias.	Una cédula has de hacella.
Rey.	Ve, don Arias, a ordenalla; 910
	que no dudaré en firmalla,
	como mi amor lo atropella.
Don Arias.	¡ Buena queda la esclavilla,
	a fe de noble!
Rey.	Recelo
	que me vende el sol del cielo 915
	en la Estrella de Sevilla.

---

906 There is one syllable missing unless the line, starting with *don Arias*, is read with hiatus.
909 cédula : document

ACTO SEGUNDO

ESCENA PRIMERA

Calle.

El Rey, Don Arias y Natilde, *a la puerta de casa de Busto.*

Natilde. Solo será más seguro;
que todos reposan ya.
Rey. ¿ Estrella ?
Natilde. Durmiendo está,
y el cuarto en que duerme, oscuro. 920
Rey. Aunque decillo bastaba,
éste es, mujer, el papel,
con la libertad en él;
que yo le daré otra esclava
a Busto.
Don Arias. El dinero y todo 925
va en él.
Natilde. Dadme vuestros pies.
Don Arias. Todos con el interés (*Aparte al Rey.*)
son, señor, de un mismo modo.
Rey. Divina cosa es reinar.
Don Arias. ¿ Quién lo puede resistir ? 930
Rey. Al fin, solo he de subir,
para más disimular.
Don Arias. ¿ Solo te aventuras ?
Rey. Pues,
¿ por qué espumosos remolcos
por mançanas paso a Colcos ? 935
Busto mi vasallo es :
¿ no es su casa ésta en que estoy ?
Pues dime, ¿ a qué me aventuro ?
Y cuando no esté seguro,
¿ conmigo mismo no voy ? 940

---

925 *y todo :* also 927 *interés :* inducement, i.e., if there is something in it for them 935 *mançanas = manzanas :* apples (of the Garden of the Hesperides); *Colcos = Colchos :* Colchis, the port where the Argonauts found the Golden Fleece. In this mixed metaphor the king crosses tempestuous seas to Colchis, instead of to the Hesperides, in search of the golden apples. 940 *¿conmigo . . . voy? :* can I not rely on myself?

	Vete.	
Don Arias.	¿ Dónde aguardaré ?	
Rey.	Desviado de la calle,	
	en parte donde te halle.	
Don Arias.	En San Marcos entraré.	
	Vase.	
Rey.	¿ A qué hora Busto vendrá ?	945
Natilde.	Viene siempre cuando al alba	
	hacen pajarillos salva;	
	y abierta la puerta está	
	hasta que él viene.	
Rey.	El amor	
	me alienta a tan alta empresa.	950
Natilde.	Busque tras mí Vuestra Alteza	
	lo escuro del corredor;	
	que así llegará a sus bellas	
	luzes.	
Rey.	Mira mis locuras,	
	pues los dos, ciegos y a oscuras,	955
	vamos a caza de Estrellas.	
Natilde.	¿ Qué Estrella al Sol no se humilla ?	
Rey.	Aunque soy don Sancho el Bravo,	
	venero en el cielo octavo	
	esta Estrella de Sevilla.	960

Vanse.

ESCENA II

Don Manuel, Busto, Don Íñigo.

Busto.	Ésta es mi posada.	
Don Íñigo.	Adiós.	
Busto.	Es temprano para mí.	
Don Man.	No habéis de pasar de aquí.	
Busto.	Basta.	
Don Íñigo.	Tenemos los dos	
	cierta visita que hacer.	965
Busto.	¿ Qué os pareció Feliciana ?	
Don Man.	En el alcázar mañana,	
	amigo, en esa mujer	

---

944 *San Marcos*: an anachronism. This Gothic church was not built until the fourteenth century. 959 *octavo*: the eighth heaven of Ptolemaic astronomy, where the fixed stars were supposed to dwell 961 *posada*: not "inn" but "home" 968 *en = de*

hablaremos; que es figura
muy digna de celebrar. 970

Vanse Don Manuel *y* Don Íñigo.

ESCENA III

Busto. Temprano me entro a acostar.
(*Mirando el portal de su casa.*)
Toda la casa está oscura.
¿ No hay un paje ? ¡ Hola, Luján,
Osorio, Juanico, Andrés !
Todos duermen. ¡ Justa, Inés ! 975
También ellas dormirán.
¡ Natilde ! También la esclava
se ha dormido: es dios el sueño,
y de los sentidos dueño.

Éntrase en su casa.

ESCENA IV

Sala en casa de Busto.

El Rey, Natilde; *después*, Busto.

Natilde. Pienso que es el que llamaba 980
mi señor. ¡ Perdida soy !
Rey. ¿ No dijiste que venía
al alba ?
Natilde. Desdicha es mía.

Sale Busto *y el* Rey *se emboza.*

Busto. ¡ Natilde !
Natilde. ¡ Ay Dios ! Yo me voy.
Rey (*aparte a ella*). No tengas pena.

Vase Natilde.

ESCENA V

El Rey, Busto.

Busto. ¿ Quién es ? 985
Rey. Un hombre.
Busto. ¡ A estas horas hombre
y en mi casa ! Diga el nombre.

---

972 *oscura* = *obscura* 985 Compare this scene with a similar one in the second act of *Del rey abajo, ninguno,* on page 741.

Rey.	Aparta.
Busto.	No sois cortés; y si pasa, ha de pasar por la punta desta espada; que aunque esta casa es sagrada, la tengo de profanar.
Rey.	Ten la espada.
Busto.	¿ Qué es tener, cuando el cuarto de mi hermana desta suerte se profana? Quién sois tengo de saber, o aquí os tengo de matar.
Rey.	Hombre de importancia soy; déjame.
Busto.	En mi casa estoy, y en ella yo he de mandar.
Rey.	Déjame pasar: advierte que soy hombre bien nacido y aunque a tu casa he venido, no es mi intención ofenderte, sino aumentar más tu honor.
Busto.	¡ El honor así se aumenta!
Rey.	Corra tu honor por mi cuenta.
Busto.	Por esta espada es mejor. Y si mi honor procuráis, ¿ cómo embozado venís? Honrándome ¿ os encubrís? Dándome honor ¿ os tapáis? Vuestro temor os convenza, como averiguado está que ninguno que honra da tiene de dalla vergüenza. Meted mano, o ¡ vive Dios, que os mate!
Rey.	¡ Necio apurar!
Busto.	Aquí os tengo de matar o me habéis de matar vos. (*Mete mano.*)
Rey (*aparte*).	(Diréle quién soy.) Detente; que soy el Rey.
Busto.	Es engaño. ¡ El Rey procurar mi daño, solo, embozado y sin gente?

---

988 Aparta: Make way. *993 Ten:* Hold, Put away; *¿Qué es tener:* What do you mean *996 tengo de* = he de *1017 Meted mano:* Draw your sword *1018 apurar:* insistence *1023-1024 ¡ El ... gente?* a combined question and exclamation

No puede ser; y a su Alteza 1025
aquí, villano, ofendéis,
pues defeto en él ponéis,
que es una extraña bajeza.
¡ El Rey había de estar
sus vasallos ofendiendo ? 1030
Desto de nuevo me ofendo;
por esto os he de matar,
aunque más me porfiéis;
que, ya que a mí me ofendáis,
no en su grandeza pongáis 1035
tal defeto, pues sabéis
que sacras y humanas leyes
condenan a culpa estrecha
al que imagina o sospecha
cosa indigna de los reyes. 1040

REY (*aparte*). ¡ Qué notable apurar de hombre !
Hombre, digo que el Rey soy.
BUSTO. Menos crédito te doy;
porque aquí no viene el nombre
de rey con las obras, pues 1045
es el rey el que da honor;
tú buscas mi deshonor.
REY (*aparte*). Éste es necio y descortés:
¿ qué he de hacer ?
BUSTO (*aparte*).   (El embozado
es el Rey, no hay que dudar. 1050
Quiérole dejar pasar
y saber si me ha afrentado
luego; que el alma me incita
la cólera y el furor;
que es como censo el honor, 1055
que aun el que le da le quita.)
Pasa, cualquiera que seas,
y otra vez al Rey no infames,
ni el Rey, villano, te llames
cuando haces hazañas feas. 1060
Mira que el Rey, mi señor,
del África horror y espanto,
es cristianísimo y santo,
y ofendes tanto valor.
La llave me ha confiado 1065
de su casa y no podía
venir sin llave a la mía

1027 *defeto* = *defecto* 1038 *a culpa estrecha*: for the commission of a criminal act 1055 *censo*: annuity

cuando la suya me ha dado.
　　Y no atropelléis la ley;
mirad que es hombre en efeto:
esto os digo y os respeto
porque os fingisteis el Rey.
　　Y de verme no os asombre
fiel, aunque quedo afrentado;
que un vasallo está obligado
a tener respeto al nombre.
　　Esto don Busto Tavera
aquí os lo dice, y ¡por Dios!
que como lo dice a vos
a él mismo se lo dijera.
　　Y sin más atropellallos
contra Dios y contra ley,
así aprenderá a ser rey
del honor de sus vasallos.

REY.　　Ya no lo puedo sufrir;
que estoy confuso y corrido.
¡Necio! Porque me he fingido
el Rey, ¿me dejas salir?
　　Pues advierte que yo quiero,
porque dije que lo era,
salir de aquesta manera;　(*Mete mano.*)
que si libertad adquiero
　　porque aquí rey me llamé,
y en mí respetas el nombre,
porque te admire y te asombre,
en las obras lo seré.
　　Muere, villano; que aquí
aliento el nombre me da
de rey, y él te matará.

BUSTO.　Sólo mi honor reina en mí. (*Riñen.*)

ESCENA VI

CRIADOS, *con luces;* NATILDE. — EL REY, *embozado;* BUSTO.

CRIADOS.　　　¿Qué es esto?
REY (*aparte*).　　　　　Escaparme quiero
antes de ser conocido.
Deste villano ofendido
voy; pero vengarme espero.
　　　　Vase.

1081 The antecedent of *atropellallos* is *vasallos*. *1086 corrido:* ashamed

| Un Criado. | Huyó quien tu afrenta trata. | 1105 |
| Busto. | Seguidle, dadle el castigo... | |

   — Dejadle; que al enemigo
se ha de hacer puente de plata.
  Si huye, la gloria es notoria
que se alcanza sin seguir,
que el vencido con huir
da al vencedor la vitoria.   1110
  Cuanto más, que éste que huyó,
más por no ser conocido
huye, que por ser vencido,
porque nadie le venció.   1115
  Dadle una luz a Natilde,
y entraos vosotros allá.

Dánsela, y vanse los criados.

ESCENA VII

Busto, Natilde.

Busto (*ap.*). (Ésta me vende, que está
avergonzada y humilde.   1120
  La verdad he de sacar
con una mentira cierta.)
Cierra de golpe esa puerta.
Aquí os tengo de matar:
  todo el caso me ha contado   1125
el Rey.

Natilde (*aparte*). (Si él no guardó
el secreto ¿ cómo yo,
con tan infelice estado,
  lo puedo guardar?) Señor,
todo lo que el Rey te dijo   1130
es verdad.

Busto (*aparte*).   (Ya aquí colijo
los defectos de mi honor.)
  ¿ Que tú al fin al Rey le diste
entrada?

Natilde.   Me prometió
la libertad; y así, yo   1135
por ella, como tú viste,
  hasta este mismo lugar
le metí.

1108 hacer puente de plata: give enough rope to hang himself *1122 mentira cierta:* sure lie *1123 de golpe:* with the spring bolt

Busto.	Y di: ¿sabe Estrella algo desto?
Natilde.	Pienso que ella en sus rayos a abrasar me viniera, si entendiera mi concierto.
Busto.	Es cosa clara; porque si acaso enturbiara la luz, Estrella no fuera. No permite su arrebol eclipse ni sombra oscura; que es su luz, brillante y pura, participada del sol.
Natilde.	A su cámara llegó; en dándome este papel, entró el Rey, y tú tras él.
Busto.	¿Cómo? ¿Este papel te dió?
Natilde.	Con mil ducados de renta y la libertad.
Busto (*aparte*).	¡Favor grande! ¡A costa de mi honor! ¡Bien me engrandece y aumenta! Ven conmigo.
Natilde.	¿Dónde voy?
Busto	Vas a que te vea el Rey; que así cumplo con la ley y obligación en que estoy.
Natilde.	¡Ay desdichada esclavilla!
Busto (*ap.*).	Si el Rey la quiso eclipsar, fama a España ha de quedar de la Estrella de Sevilla.

Vanse.

ESCENA VIII

Calle que sale al alcázar.

El Rey, Don Arias.

Rey.	Esto al fin ha sucedido.
Don Arias.	Quisiste entrar solo.
Rey.	Ha andado tan necio y tan atrevido, que vengo, amigo, afrentado; que sé que me ha conocido.

1140–1141 en ... viniera: her angry look alone would be enough to burn me alive *1145 arrebol:* light-rays, reputation

Metió mano para mí 1170
con equívocas razones,
y aunque más me resistí,
las naturales acciones
con que como hombre nací,
 del decoro me sacaron 1175
que pide mi majestad.
Doy sobre él; pero llegaron
con luces, que la verdad
dijeran que imaginaron,
 si la espalda no volviera, 1180
temiendo el ser conocido;
y vengo desta manera.
Lo que ves me ha sucedido,
Arias, con Busto Tavera.

Don Arias. Pague con muerte el disgusto; 1185
degüéllale, vea el sol
naciendo el castigo justo,
pues en el orbe español
no hay más leyes que tu gusto.

Rey. Matarle públicamente, 1190
Arias, es yerro mayor.

Don Arias. Causa tendrás suficiente;
que en Sevilla es regidor,
y el más sabio y más prudente
 no deja, señor, de hacer 1195
algún delito, llevado
de la ambición y el poder.

Rey. Es tan cuerdo y tan mirado,
que culpa no ha de tener.

Don Arias. Pues hazle, señor, matar 1200
en secreto.

Rey.   Eso sí:
mas ¿ de quién podré fiar
este secreto?

Don Arias.   De mí.

Rey. No te quiero aventurar.

Don Arias. Pues yo darte un hombre quiero, 1205
valeroso y gran soldado,
como insigne caballero,
de quien el moro ha temblado
en el obelisco fiero
 de Gibraltar, donde ha sido 1210

1173 acciones: reactions *1188 orbe:* world *1209 obelisco* = *columna:* one of the Pillars of Hercules

muchas veces capitán
victorioso, y no vencido,
y hoy en Sevilla le dan,
por gallardo y atrevido,
   el lugar primero; que es
de militares escuelas
el sol.

REY.   Su nombre ¿ cómo es ?
DON ARIAS. Sancho Ortiz de las Roelas,
y el Cid andaluz después.
   Éste le dará la muerte,
señor, con facilidad,
que es bravo, robusto y fuerte,
y tiene en esta ciudad
superior ventura y suerte.

REY.   Ése al momento me llama,
pues ya quiere amanecer.
DON ARIAS. Ven a acostarte.
REY.   ¿ Qué cama,
Arias, puede apetecer
quien está ofendido y ama?
   Ese hombre llama al momento.
DON ARIAS. En el alcázar está
un bulto pendiente al viento.
REY. ¿ Bulto dices? ¿ Qué será ?
DON ARIAS. No será sin fundamento.
REY.   Llega, llega, Arias, a ver
lo que es.
DON ARIAS.   Es mujer colgada.
REY. ¿ Mujer dices ?
DON ARIAS.   Es mujer.
REY. ¿ Mujer?
DON ARIAS.   Y está ahorcada,
con que no lo viene a ser.
REY.   Mira quién es.
DON ARIAS.   ¡ La esclavilla,
con el papel en las manos !
REY. ¡ Hay tal rabia !
DON ARIAS.   ¡ Hay tal mancilla !
REY. Mataré a los dos hermanos,
si se alborota Sevilla.

1219 Cid andaluz: the Cid of Andalusia *1226 quiere amanecer:* day is about to break *1232 pendiente:* dangling *1236 colgada:* suspended *1238 ahorcada:* dead by hanging

	Mándala luego quitar,	1245
	y con decoro y secreto	
	también la manda enterrar.	
	¿ Así se pierde el respeto	
	a un rey ? No me ha de quedar,	
	no más que si arenas fuera,	1250
	deste linaje ninguno:	
	en Sevilla, gente fiera,	
	a mis manos, uno a uno,	
	no ha de quedar un Tavera;	
	esta Estrella, que al Sol brilla	1255
	en Sevilla, ha de caer.	
Don Arias.	Si cae, no es maravilla	
	que la abrase.	
Rey.	Se ha de arder	
	hoy con su Estrella Sevilla.	

Vanse.

ESCENA IX

Sala en casa de Busto.

Busto, Estrella.

Busto.	Echa ese marco.	
Estrella.	¿ Qué es esto,	1260
	que apenas el sol dormido	
	por los balcones del alba	
	sale pisando zafiros,	
	y del lecho me levantas	
	solo, triste y afligido ?	1265
	¿ Confuso y turbado me hablas ?	
	Díme: ¿ has visto algún delito	
	en que cómplice yo sea ?	
Busto.	Tú me dirás si lo has sido.	
Estrella.	¿ Yo ? ¿ Qué dices ? ¿ Estás loco ?	1270
	Dime si has perdido el juicio.	
	¡ Yo delito ! Mas ya entiendo	
	que tú lo has hecho en decillo,	
	pues sólo con preguntallo,	
	contra mí lo has cometido.	1275
	¿ Si he hecho delitos, preguntas ?	
	No de ti, de mí me admiro;	
	mas por decirte que sí,	

1260 *Echa ese marco:* Shut the window. 1263 *sale ... zafiros:* appears, treading on sapphires (stars) 1277 *me admiro:* I am amazed

	lo quiero hacer en sufrillo.	
	¿ No me conoces ? ¿ No sabes	1280
	quién soy ? ¿ En mi boca has visto	
	palabras desenlazadas	
	del honor con que las rijo ?	
	¿ Has visto alegres mis ojos	
	de la cárcel de sus vidrios	1285
	desatar rayos al aire,	
	lisonjeros y lascivos ?	
	¿ En las manos de algún hombre	
	viste algún papel escrito	
	de la mía ? ¿ Has visto hablando,	1290
	dime, algún hombre conmigo ?	
	Porque si no has visto nada	
	de las cosas que te he dicho,	
	¿ qué delito puede haber ?	
Busto.	Sin ocasión no lo digo.	1295
Estrella.	¿ Sin ocasión ?	
Busto.	¡ Ay, Estrella !	
	Que esta noche en casa . . .	
Estrella.	Dílo ;	
	que si estuviere culpada,	
	luego me ofrezco al suplicio.	
	¿ Qué hubo esta noche en mi casa ?	1300
Busto.	Esta noche fué epiciclo	
	del Sol ; que en entrando en ella	
	se trocó de Estrella el signo.	
Estrella.	Las llanezas del honor	
	no con astrólogo estilo	1305
	se han de decir : habla claro,	
	y deja en sus zonas cinco	
	el Sol ; que aunque Estrella soy,	
	yo por el Sol no me rijo ;	
	que son las suyas errantes,	1310
	y yo Estrella fija he sido	
	en el cielo de mi honor,	
	de quien los rayos recibo . . .	
Busto.	Cuando partía la noche	
	con sus destemplados giros	1315
	entre domésticas aves	
	los gallos olvidadizos,	
	rompiendo el mudo silencio	

1301–1302 Esta . . . Sol: Tonight (the house) was the epicycle, or orbit, of the Sun (the king) *1303 se . . . signo:* the sign (fate) of Estrella (star) has now changed *1307 zonas cinco:* The Sun was supposed to occupy all the zones (heavens). *1314 partía=dividía:* struck midnight. The antecedent is *la campana.*

186 LA ESTRELLA DE SEVILLA [Act. II

	con su canoro sonido	
	la campana de las Cuevas,	1320
	lisonja del cielo impíreo,	
	entré en casa, y topé en ella,	
	cerca de tu cuarto mismo,	
	al Rey, solo y embozado.	
Estrella.	¡Qué dices!	
Busto.	Verdad te digo.	1325
	Mira, Estrella, a aquellas horas	
	¡a qué pudo haber venido	
	el Rey a mi casa solo,	
	si por Estrella no vino!	
	Que de noche las Estrellas	1330
	son de los cielos jacintos,	
	y a estas horas las buscaban	
	los astrólogos egipcios.	
	Natilde con él estaba;	
	que a los pasos y al rüido	1335
	salió, que aunque a oscuras era	
	lo vió el honor lince mío.	
	Metí mano: y «¿Quién va?», dije;	
	respondió: «Un hombre»; y embisto	
	con él; y él, de mí apartado,	1340
	que era el Rey, Estrella, dijo;	
	y aunque le conocí luego,	
	híceme desentendido	
	en conocerle; que el cielo	
	darme sufrimiento quiso.	1345
	Embistióme como rey	
	enojado y ofendido;	
	que un rey que embiste enojado,	
	se trae su valor consigo.	
	Salieron pajes con luces;	1350
	y entonces, por no ser visto,	
	volvió la espalda, y no pudo	
	ser de nadie conocido.	
	Conjuré a la esclava; y ella,	
	sin mostralle de Dionisio	1355
	los tormentos, confesó	
	las verdades sin martirio.	
	Firmada la libertad	

1320 *las Cuevas* = *Nuestra Señora de las Cuevas*, a church attached to a Carthusian monastery built in 1401. An anachronism. *1321 cielo impíreo* = *cielo empíreo*: the Empyrean, the highest heaven *1322 topé*: I found, from *topar* *1331 jacintos*: sapphires *1355 Dionisio*: Dionysius the Elder, tyrant of Syracuse, famous for his methods of discovering plots against his rule.

le dió en un papel que le hizo
el Rey, que ha sido el proceso
en que sus culpas fulmino. 1360
Saquéla de casa luego,
por que su aliento nocivo
no sembrara deshonor
por los nobles edificios; 1365
que es un criado, si es malo,
en la casa un basilisco;
si con lisonjas y halagos,
engañoso cocodrilo.
Cogíla a la puerta, y luego, 1370
puesta en los hombros, camino
al alcázar, y en sus rejas
la colgué por su delito;
que quiero que el Rey conozca
que hay Brutos contra Tarquinos 1375
en Sevilla, y que hay vasallos
honrados y bien nacidos.
Esto me ha pasado, Estrella;
nuestro honor está en peligro:
yo he de ausentarme por fuerza, 1380
y es fuerza darte marido.
Sancho Ortiz lo ha de ser tuyo;
que con su amparo te libro
del rigor del Rey, y yo
libre me pongo en camino. 1385
Yo le voy a buscar luego
porque así mi honor redimo,
y el nombre de los Taveras
contra el tiempo resucito.

ESTRELLA. ¡Ay Busto! Dame esa mano 1390
por el favor recebido
que me has hecho.

BUSTO. Hoy has de ser,
y así, Estrella, te apercibo
su esposa: guarda silencio,
porque importa al honor mío. 1395

Vase.

ESTRELLA. ¡Ay amor! y ¡qué ventura!
Ya estás de la venda asido;
no te has de librar. Mas ¿quién
sacó el fin por el principio,

1360-1361 *el ... fulmino:* the case I have drawn up against her 1367 *basilisco:* basilisk, fatal monster 1375 *Brutos contra Tarquinos:* Brutuses against Tarquins, i.e., avengers against tyrants 1399 *sacó ... principio:* ever predicted the end by the beginning

si entre la taza y la boca
un sabio temió el peligro? 1400
Vase.

ESCENA X
Salón del alcázar.

El Rey, *con dos papeles;* Don Arias.

Don Arias. Ya en la antecámara aguarda
Sancho Ortiz de las Roelas.
. . . .
Rey. Todo el amor es cautelas; 1405
si la piedad me acobarda,
en este papel sellado
traigo su nombre y su muerte,
y en éste, que yo he mandado
matalle: y de aquesta suerte 1410
él quedará disculpado.
Hazle entrar, y echa a la puerta
la loba, y tú no entres.
Don Arias. ¿No?
Rey. No; porque quiero que advierta
que sé este secreto yo 1415
solamente; que concierta
la venganza mi deseo
más acomodada así.
Don Arias. Voy a llamarle. (*Vase.*)
Rey. Ya veo,
amor, que no es éste en mí 1420
alto y glorioso trofeo;
mas disculparme podrán
mil prodigiosas historias
que en vivos bronces están,
y este exceso entre mil glorias 1425
los tiempos disculparán.

ESCENA XI
Sancho, el Rey.

Sancho. Vuestra Alteza a mis dos labios
les conceda los dos pies.
Rey. Alzad; que os hiciera agravios.

1400 entre la taza y la boca: between the cup and the lip *1404* There is a verse missing between 1403 and 1405. *1413 loba = cerradura de loba:* lock with teeth like a wolf's

	Alzad.
Sancho.	Señor...
Rey (*aparte*).	Galán es. 1430
Sancho.	Los filósofos más sabios
	y más dulces oradores
	en la presencia rëal
	sus retóricas colores
	pierden, y en grandeza igual, 1435
	y en tan inmensos favores,
	no es mucho que yo, señor,
	me turbe, no siendo aquí
	retórico ni orador.
Rey.	Pues decid: ¿qué veis en mí? 1440
Sancho.	La majestad, y el valor,
	y al fin, una imagen veo,
	de Dios, pues le imita el Rey;
	y después dél, en vos creo,
	y a vuestra cesárea ley, 1445
	gran señor, aquí me empleo.
Rey.	¿Cómo estáis?
Sancho.	Nunca me he visto
	tan honrado como estoy,
	pues a vuestro lado asisto.
Rey.	Pues aficionado os soy, 1450
	por prudente y por bienquisto,
	y por valiente soldado,
	y por hombre de secreto,
	que es lo que más he estimado.
Sancho.	Señor, de mi tal conceto... 1455
	Vuestra Alteza más me ha honrado,
	que las partes que me dais
	sin tenellas, sustenellas
	tengo, por lo que me honráis.
Rey.	Son las virtudes Estrellas. 1460
Sancho (*ap.*).	Si en la Estrella me tocáis,
	ciertas son mis desventuras:
	honrándome, el Rey me ofende;
	no son sus honras seguras,
	pues sospecho que pretende 1465
	dejarme sin ella a escuras.
Rey.	Porque estaréis con cuidado,
	codicioso de saber
	para lo que os he llamado,
	decíroslo quiero, y ver 1470

1434 colores: eloquence *1451 bienquisto:* well regarded (irregular past participle of *bienquerer,* to esteem or like) *1458 sustenellas = sostenerlas*

<blockquote>
que en vos tengo un gran soldado.
A mí me importa matar
en secreto a un hombre, y quiero
este caso confiar
sólo de vos; que os prefiero 1475
a todos los del lugar.
</blockquote>

SANCHO. ¿Está culpado?
REY. Sí está.
SANCHO.
<blockquote>
Pues ¿cómo muerte en secreto
a un culpado se le da?
Poner su muerte en efeto 1480
públicamente podrá
vuestra justicia, sin dalle
muerte en secreto; que así
vos os culpáis en culpalle,
pues dais a entender que aquí 1485
sin culpa mandáis matalle.
Y dalle muerte, señor,
sin culpa, no es justa ley,
sino bárbaro rigor;
y un rey, sólo por ser rey, 1490
se ha de respetar mejor.
Que si un brazo poderoso
no se vence en lo que puede,
siempre será riguroso,
y es bien que enfrenado quede 1495
con el afecto piadoso.
¿Qué hace un poderoso en dar
muerte a un humilde, despojos
de sus pies, sino triunfar
de las pasiones y enojos 1500
con que le mandó matar?
Si ese humilde os ha ofendido
en leve culpa, señor,
que le perdonéis os pido.
</blockquote>

REY.
<blockquote>
Para su procurador, 1505
Sancho Ortiz, no habéis venido,
sino para dalle muerte;
y pues se la mando dar
escondiendo el brazo fuerte,
debe a mi honor importar 1510
matarle de aquesta suerte.
¿Merece, el que ha cometido
crimen laesae, muerte?
</blockquote>

1489 rigor: harshness, severity *1494 riguroso:* harsh, severe *1498 despojos:* debris *1513 crimen laesae:* lese majesty, treason

Sancho.	En fuego.	
Rey.	¿ Y si *crimen laesae* ha sido el déste ? . . .	
Sancho.	¡ Que muera luego !	1515
	Y a voces, señor, os pido, aunque él mi hermano sea, o sea deudo, o amigo que en el corazón se emplea, el riguroso castigo que tu autoridad desea. Si es así, muerte daré, señor, a mi mismo hermano, y en nada repararé.	1520
Rey.	Dadme esa palabra y mano.	1525
Sancho.	Y en ella el alma y la fe.	
Rey.	Hallándole descuidado puedes matarle.	
Sancho.	¡ Señor ! Siendo Roela, y soldado, ¿ me quieres hacer traidor ? ¡ Yo muerte en caso pensado ! Cuerpo a cuerpo he de matalle, donde Sevilla lo vea, en la plaza o en la calle; que al que mata y no pelea, nadie puede disculpalle; y gana más el que muere a traición, que el que le mata; que el muerto opinión adquiere, y el vivo, con cuantos trata su alevosía refiere.	1530 1535 1540
Rey.	Matalde como queráis; que este papel para abono de mí firmado lleváis, por donde, Sancho, os perdono cualquier delito que hagáis. Referildo. (*Dale el papel.*)	1545
Sancho.	Dice así : (*Lee.*) « Al que ese papel advierte, Sancho Ortiz, luego por mí, y en mi nombre dalde muerte; que yo por vos salgo aquí ; y si os halláis en aprieto,	1550

1519 en el corazón se emplea: is close to my heart *1531 en caso pensado:* with premeditation
1539 opinión: honor, fame *1542 Matalde = Matadle:* See page 11, v. 214, note.

por este papel firmado
sacaros dél os prometo. —
Yo el Rey.» — Estoy admirado								1555
de que tan poco conceto
 tenga de mí Vuestra Alteza.
¡ Yo cédula ! ¡ Yo papel !
Tratadme con más llaneza,
que más en vos que no en él								1560
confía aquí mi nobleza.
 Si vuestras palabras cobran
valor que los montes labra,
y ellas cuanto dicen obran,
dándome aquí la palabra,								1565
señor, los papeles sobran.
 A la palabra remito
la cédula que me dais,
con que a vengaros me incito,
porque donde vos estáis								1570
es excusado lo escrito.
 Rompeldo, porque sin él
la muerte le solicita
mejor, señor, que con él;
que en parte desacredita								1575
vuestra palabra el papel.   (*Rómpele.*)
 Sin papel, señor, aquí
nos obligamos los dos,
y prometemos así,
yo de vengaros a vos,								1580
y vos de librarme a mí.
 Si es así, no hay que hacer
cédulas, que estorbo han sido:
yo os voy luego a obedecer;
y sólo por premio os pido								1585
para esposa la mujer
 que yo eligiere.

REY.							Aunque sea
ricafembra de Castilla
os la concedo.

SANCHO.						¡ Posea
vuestro pie la alarbe silla;								1590
el mar los castillos vea
 gloriosos y dilatados

1567 A ... remito: I transfer to, trust, your word *1571 excusado:* unnecessary *1588 ricafembra =
ricahembra 1590 alarbe silla:* Moorish throne *1591 los castillos:* the banners of Castile

	por los trópicos ardientes	
	y por sus climas helados!	
Rey.	Vuestros hechos excelentes,	1595
	Sancho, quedarán premiados.	
	En este papel va el nombre	
	(*Dale un papel.*)	
	del hombre que ha de morir;	
	cuando lo abráis no os asombre;	
	mirad que he oído decir	1600
	en Sevilla que es muy hombre.	
Sancho.	Presto, señor, lo sabremos.	
Rey.	Los dos, Sancho, solamente	
	este secreto sabemos.	
	No hay que advertiros; prudente	1605
	sois vos: obrad, y callemos.	
	Vase.	

ESCENA XII

Clarindo, Sancho.

Clarindo.	¿Había de encontrarte	
	cuando nuevas tan dulces vengo a darte?	
	Dame, señor, albricias	
	de las glorias mayores que codicias.	1610
Sancho.	¿Agora de humor vienes?	
Clarindo.	¿Cómo el alma en albricias no previenes?	
	(*Dale un papel.*)	
Sancho.	¿Cuyo es éste?	
Clarindo.	De Estrella,	
	que estaba más que el Sol hermosa y bella	
	cuando por la mañana	1615
	forma círculos de oro en leche y grana.	
	Mandóme que te diera	
	ese papel, y albricias te pidiera.	
Sancho.	¿De qué?	
Clarindo.	Del casamiento,	
	que se ha de efectuar luego al momento.	1620
Sancho.	Abrázame, Clarindo,	
	que no he visto jamás hombre tan lindo.	
	(*Lee el papel.*)	
Clarindo.	Tengo, señor, buen rostro	
	con buenas nuevas, pero fuera un mostro	
	si malas las trajera,	1625

1601 *muy hombre:* quite a man 1624 *mostro = monstruo:* monster

                que hermosea el placer desta manera.
                   No vi que hermoso fuese
                hombre jamás que deuda me pidiese,
                   ni vi que feo hallase
                hombre jamás que deuda me pagase.   1630
                  ¡ Ay mortales deseos,
                que hacéis hermosos los que espantan feos,
                   y feos los hermosos !

SANCHO.   ¡ Ay renglones divinos y amorosos,
                   beberos quiero a besos,   1635
                para dejaros en el alma impresos,
                   donde, pues os adoro,
                más eternos seréis que plantas de oro.
                   Abrázame, Clarindo,
                que no he visto jamás hombre tan lindo.   1640
CLARINDO.   Soy como un alpargate.
SANCHO.   Leeréle otra vez, aunque me mate,
                  ‹ la impensada alegría.
                ¿ Quién tal Estrella vió al nacer del día ?
                   ¿ El hermoso lucero   1645
                del alba es para mí ya el Sol ?   Espero
                   con sus dorados rayos
                en abismo de luz pintar los mayos.

(*Lee.*)   « Esposo, ya ha llegado
                el venturoso plazo deseado :   1650
                   mi hermano va a buscarte
                sólo por darme vida y por premiarte.
                   Si del tiempo te acuerdas,
                búscale luego, y la ocasión no pierdas.
                   Tu *Estrella*.» — ¡ Ay forma bella !   1655
                ¿ Qué bien no he de alcanzar con tal Estrella ?
                   ¡ Ay, vuelto soberano
                deste Pólux divino, soy humano !
CLARINDO.   ¡ Vivas eternidades,
                siendo a tus pies momentos las edades !   1660
                   ¡ Si amares, en amores
                trueques las esperanzas y favores !
                   Y en batallas y ofensas
                siempre glorioso tus contrarios venzas,
                   y no salgas vencido,   1665
                que ésta la suerte más dichosa ha sido.
SANCHO.   Avisa al mayordomo

1632 feos: belongs after *los 1641 alpargate*: a sandal made of hemp *1648 en . . . mayos*: to paint the Maypoles with gulfs of light *1649 Esposo*: Betrothed. Trans.: beloved *1658 Pólux*: See v. 498, note

de la dichosa sujeción que tomo,
y que saque al momento
las libreas que están para este intento 1670
en casa reservadas,
y saquen las cabezas coronadas
mis lacayos y pajes
de hermosas pesadumbres de plumajes.
   Y si albricias codicias, 1675
toma aqueste jacinto por albricias;
   que el sol también te diera,
cuando la piedra del anillo fuera.

CLARINDO.   Vivas más que la piedra,
a tu esposa enlazado como hiedra; 1680
   y pues tanto te aprecio,
vivas, señor, más años que no un necio.
   Vase.

ESCENA XIII

SANCHO.   Buscar a Busto quiero;
que entre deseos y esperanzas muero.
   ¡ Cómo el amor porfía ! 1685
¡ Quién tal Estrella vió al nacer del día !
   Mas con el miedo y gusto
me olvidaba del Rey, y no era justo.
   Ya está el papel abierto.
Quiero saber quién ha de ser el muerto. 1690
(*Lee.*) « Al que muerte habéis de dar
es, Sancho, a Busto Tavera.»
¡ Válgame Dios ! ¡ Que esto quiera
tras una suerte un azar !
Toda esta vida es jugar 1695
una carteta imperfeta,
mal barajada, y sujeta
a desdichas y a pesares;
que es toda en cientos y azares
como juego de carteta. 1700
   Pintada la suerte vi;
mas luego se despintó,
y el naipe se barajó
para darme muerte a mí.
Miraré si dice así . . . 1705
Pero yo no lo leyera

1676 jacinto: hyacinth, a precious stone *1682 no:* a negative with affirmative value *1694 suerte:* piece of luck; *azar:* unforeseen disaster (in card games, a losing card) *1696 carteta:* lansquenet, a card game; *imperfeta = imperfecta* *1699 cientos:* winning hands (in piquet, a hundred points are needed to win) *1701 Pintada . . . vi:* I saw my good fortune before me

si el papel no lo dijera.
Quiérole otra vez mirar.
(*Lee.*) « Al que muerte habéis de dar
es, Sancho, a Busto Tavera.» 1710
¡ Perdido soy! ¿ Qué he de hacer?
Que al Rey la palabra he dado ...
de matar a mi cuñado,
y a su hermana he de perder ...
Sancho Ortiz, no puede ser. 1715
Viva Busto. — Mas no es justo
que al honor contraste el gusto:
muera Busto, Busto muera. —
Mas detente, mano fiera;
viva Busto, viva Busto. 1720
— Mas no puedo con mi honor
cumplir, si a mi amor acudo;
mas ¿ quién resistirse pudo
a la fuerza del amor ?
Morir me será mejor, 1725
o ausentarme, de manera
que sirva al Rey, y él no muera.
Mas quiero al Rey agradar.
(*Lee.*) « Al que muerte habéis de dar
es, Sancho, a Busto Tavera.» 1730
¡ Oh, nunca yo me obligara
a ejecutar el rigor
del Rey, y nunca el amor
mis potencias contrastara !
¡ Nunca yo a Estrella mirara, 1735
causa de tanto disgusto !
Si servir al Rey es justo,
Busto muera, Busto muera;
pero extraño rigor fuera:
viva Busto, viva Busto. 1740
¿ Si le mata por Estrella
el Rey, que servilla trata ? ...
Sí, por Estrella le mata:
pues no muera aquí por ella.
Ofendelle y defendella 1745
quiero. — Mas soy caballero,
y no he de hacer lo que quiero,
sino lo que debo hacer.
Pues ¿ qué debo obedecer?
La ley que fuere primero. 1750
Mas no hay ley que a aquesto obligue.
Mas sí hay; que aunque injusto el Rey,

1735 ¡ *Nunca ... mirara!*: Would that I never looked at Estrella! 1751 *aquesto=esto*

debo obedecer su ley;
a él después Dios le castigue.
Mi loco amor se mitigue;   1755
que, aunque me cueste disgusto,
acudir al Rey es justo:
Busto muera, Busto muera,
pues ya no hay quien decir quiera:
« viva Busto, viva Busto ».   1760
　　Perdóname, Estrella hermosa;
que no es pequeño castigo
perderte y ser tu enemigo.
¿ Qué he de hacer ? ¿ Puedo otra cosa ?

ESCENA XIV

Busto, Sancho.

BUSTO.　　Cuñado, suerte dichosa   1765
he tenido en encontraros.
SANCHO (ap.). Y yo desdicha en hallaros,
porque me buscáis aquí
para darme vida a mí;
pero yo para mataros.   1770
BUSTO.　　Ya, hermano, el plazo llegó
de vuestras dichosas bodas.
SANCHO (ap.). Más de mis desdichas todas,
decirte pudiera yo.
　　¡ Válgame Dios ! ¿ Quién se vió   1775
jamás en tanto pesar ?
¡ Que aquí tengo de matar
al que más bien he querido !
¡ Que a su hermana haya perdido !
¡ Que con todo he de acabar !   1780
BUSTO.　　¿ Desa suerte os suspendéis,
cuando a mi hermana os ofrezco ?
SANCHO.　Como yo no la merezco,
callo.
BUSTO.　　　¿ No la merecéis ?
¿ Callando me respondéis ?   1785
¿ Qué dudáis, que estáis turbado,
y con el rostro mudado
miráis al suelo y al cielo ?
Decid : ¿ qué pálido hielo
de silencio os ha bañado ?   1790
　　¿ Por escrituras no estáis
casado con doña Estrella ?

1781 os suspendéis: you hesitate

Sancho.	Casarme quise con ella;	
	mas ya no, aunque me la dais.	
Busto.	¿Conocéisme? ¡Así me habláis!	1795
Sancho.	Por conoceros, aquí	
	os hablo, Tavera, así.	
Busto.	Si me conocéis Tavera	
	¿cómo habláis de esa manera?	
Sancho.	Hablo porque os conocí.	1800
Busto.	Habréis en mí conocido	
	sangre, nobleza y valor,	
	y virtud, que es el honor;	
	que sin ella honor no ha habido	
	y estoy, Sancho Ortiz, corrido.	1805
Sancho.	Más lo estoy yo.	
Busto.	¡Vos! ¿De qué?	
Sancho.	De hablaros.	
Busto.	Si en mi honra y fe	
	algún defecto advertís,	
	como villano mentís,	
	y aquí os lo sustentaré. (*Meten mano.*)	1810
Sancho.	¿Qué has de sustentar, villano?	
(*Aparte.*)	Perdone amor; que el exceso	
	del Rey me ha quitado el seso,	
	y es el resistirme en vano. (*Riñen.*)	
Busto.	¡Muerto soy! Detén la mano. (*Cae.*)	1815
Sancho.	¡Ay, que estoy fuera de mí,	
	y sin sentido te herí!	
	Mas aquí, hermano, te pido	
	que ya que cobré el sentido	
	que tú me mates a mí.	1820
	Quede tu espada envainada	
	en mi pecho; abre con ella	
	puerta al alma.	
Busto.	A doña Estrella	
	os dejo, hermano, encargada.	
	Adiós. (*Muere.*)	
Sancho.	Rigurosa espada,	1825
	sangrienta y fiera homicida,	
	si me has quitado la vida,	
	acábame de matar,	
	por que le pueda pagar	
	el alma por otra herida.	1830

1817 sin sentido: without my senses, without being aware of what I was doing *1829 por que:* so that. The same as *para que.*

ESCENA XV

Los dos alcaldes mayores Don Pedro de Guzmán *y* Farfán de Ribera, *y otros caballeros;* Sancho; Busto, *muerto.*

Don Pedro. ¿Qué es esto? Detén la mano.
Sancho. ¿Cómo, si a mi vida he muerto?
Farfán. ¡Hay tan grande desconcierto!
Don Pedro. ¿Qué es esto?
Sancho.   He muerto a mi hermano.
Soy un Caín sevillano,   1835
que vengativo y cruel,
maté a un inocente Abel:
veisle aquí; matadme aquí;
que, pues él muere por mí,
yo quiero morir por él.   1840

ESCENA XVI

Don Arias, Dichos.

Don Arias. ¿Qué es esto?
Sancho.   Un fiero rigor;
que tanto en los hombres labra
una cumplida palabra
y un acrisolado honor.
Decidle al Rey mi señor   1845
que tienen los sevillanos
las palabras en las manos,
como lo veis, pues por ellas
atropellan las Estrellas
y no hacen caso de hermanos.   1850
Don Pedro. Dió muerte a Busto Tavera.
Don Arias. ¡Hay tan temerario exceso!
Sancho. Prendedme, llevadme preso;
que es bien que el que mata muera.
¡Mirad qué hazaña tan fiera   1855
me hizo el amor intentar,
pues me ha obligado a matar
y me ha obligado a morir,
pues por él vengo a pedir
la muerte que él me ha de dar!   1860
Don Pedro. Llevadle a Triana preso,
porque la ciudad se altera.
Sancho. ¡Amigo Busto Tavera!...

1832 he muerto: I have killed, destroyed *1844 acrisolado:* without blemish *1846–1847 tienen... manos:* i.e., don't just talk *1861 Triana:* section of Seville on the right bank of the Guadalquivir

FARFÁN.	Este hombre ha perdido el seso.
SANCHO.	Dejadme llevar en peso,
	señores, el cuerpo helado,
	en noble sangre bañado;
	que así su atlante seré,
	y entretanto le daré
	la vida que le he quitado.
DON PEDRO.	Loco está.
SANCHO.	Yo, si atropello
	mi gusto, guardo la ley.
	Esto, señor, es ser rey,
	y esto, señor, es no sello.
	Entendello y no entendello
	importa, pues yo lo callo.
	Yo lo maté, no hay negallo;
	mas el porqué no diré:
	otro confiese el porqué,
	pues yo confieso el matallo.

Llévanselo y vanse.

ESCENA XVII
Sala en casa de Busto.
ESTRELLA, TEODORA.

ESTRELLA.	No sé si me vestí bien,
	como me vestí de prisa.
	Dame, Teodora, ese espejo.
TEODORA.	Verte, señora, en ti misma
	puedes, porque no hay cristal
	que tantas verdades diga,
	ni de hermosura tan grande
	haga verdadera cifra.
ESTRELLA.	Alterado tengo el rostro
	y la color encendida.
TEODORA.	Es, señora, que la sangre
	se ha asomado a las mejillas,
	entre temor y vergüenza,
	sólo a celebrar tus dichas.
ESTRELLA.	Ya me parece que llega,
	bañado el rostro de risa,
	mi esposo a darme la mano
	entre mil tiernas caricias.

1868 atlante: Atlas, who supported the heavens on his shoulders *1869–1870 le daré la vida:* i.e., by giving him the power of motion, by carrying him *1874 sello = serlo*

| | Ya me parece que dice
mil ternezas, y que oídas,
sale el alma por los ojos,
disimulando sus niñas.
¡Ay venturoso día!
Ésta ha sido, Teodora, estrella mía. | 1900 |
| TEODORA. | Parece que gente suena. | 1905 |
| | Cayó el espejo. De envidia, (*Álzale.*)
dentro la hoja, el cristal,
de una luna hizo infinitas. | |
ESTRELLA.	¿Quebróse?	
TEODORA.	Señora, sí.	
ESTRELLA.	Bien hizo, porque imagina	1910
	que aguardo el cristal, Teodora,
en que mis ojos se miran;
y pues tal espejo aguardo,
quiébrese el espejo, amiga;
que no quiero que con él,
éste de espejo me sirva.	1915

ESCENA XVIII

CLARINDO, *muy galán;* DICHAS.

| CLARINDO. | Ya aquesto suena, señora,
a gusto y volatería;
que las plumas del sombrero
los casamientos publican.
¿No vengo galán? ¿No vengo
como Dios hizo una guinda,
hecho un jarao por de fuera
y por de dentro una pipa?
A mi dueño di el papel,
y dióme aquesta sortija
en albricias. | 1920

1925 |
| ESTRELLA. | Pues yo quiero
feriarte aquesas albricias;
dámela, y toma por ella
este diamante. | |

1902 niñas (de los ojos): the pupils *1907 la hoja:* the frame *1908 luna:* face of a mirror *1915 él:* Sancho's eyes (the *cristal* of v. 1911), into which Estrella gazes and which reflect her own, render the broken one superfluous. *1918 volatería:* poultry; an allusion to the feathers in his hat *1922 guinda:* a kind of wild cherry which is preserved in brandy *1923 jarao (jaral):* field of reddish evergreens *1924 hecho una pipa:* soaked in wine (like a hogshead) *1928 feriarte:* buy you

Clarindo.	Partida	1930
	está por medio la piedra:	
	será de melancolía;	
	que los jacintos padecen	
	de ese mal, aunque le quitan.	
	Partida por medio está.	1935
Estrella.	No importa que esté partida;	
	que es bien que las piedras sientan	
	mis contentos y alegrías.	
	¡ Ay venturoso día!	
	Esta, amigos, ha sido estrella mía.	1940
Teodora.	Gran tropel suena en los patios.	
Clarindo.	Y ya el escalera arriba	
	parece que sube gente.	
Estrella.	¿ Qué valor hay que resista	
	al placer ?	

ESCENA XIX

Los dos alcaldes mayores, con gente que trae el cadáver de Busto.
Dichos.

Estrella.	Pero . . . ¿ qué es esto ?	1945
Don Pedro.	Los desastres y desdichas	
	se hicieron para los hombres;	
	que es mar de llanto esta vida.	
	El señor Busto Tavera	
	es muerto, y sus plantas pisan	1950
	ramos de estrellas, del cielo	
	lisonjera argentería.	
	El consuelo que aquí os queda	
	es que está el fiero homicida,	
	Sancho Ortiz de las Roelas,	1955
	preso, y dél se hará justicia	
	mañana sin falta . . .	
Estrella.	¡ Ay Dios !	
	Dejadme, gente enemiga;	
	que en vuestras lenguas traéis	
	de los infiernos las iras.	1960
	¡ Mi hermano es muerto, y le ha muerto	
	Sancho Ortiz ! ¿ Hay quien lo diga ?	
	¿ Hay quien lo escuche y no muera ?	
	Piedra soy, pues estoy viva.	
	¡ Ay riguroso día !	1965
	Ésta, amigos, ha sido estrella mía.	

1942 el escalera = la escalera. 1952 lisonjera argentería: bright ornament 1956 dél = de él 1962 ¿Hay quien lo diga? : How can anyone say it?

	¿ No hay cuchillos, no hay espadas,	
	no hay cordel, no hay encendidas	
	brasas, no hay áspides fieros,	
	muertes de reinas egipcias?	1970
	Pero si hay piedad humana,	
	matadme.	
Don Pedro.	El dolor la priva,	
	y con razón.	
Estrella.	¡ Desdichada	
	ha sido la estrella mía !	
	¡ Mi hermano es muerto, y le ha muerto	1975
	Sancho Ortiz ! ¡ Él quien divida	
	tres almas de un corazón ! . . .	
	Dejadme, que estoy perdida.	
Don Pedro.	Ella está desesperada.	
Farfán.	¡ Infeliz beldad !	
Don Pedro.	Seguidla.	1980
Clarindo.	Señora . . .	
Estrella.	Déjame, ingrato,	
	sangre de aquel fratricida.	
	Y pues acabo con todo,	
	quiero acabar con la vida.	
	¡ Ay riguroso día !	1985
	Ésta, Teodora, ha sido estrella mía.	

1970 reinas egipcias: allusion to Cleopatra's asp; follows other classical forms of suicide *1972 priva:* prohibits *1980 beldad:* beauty

ACTO TERCERO

ESCENA PRIMERA

Salón del alcázar.

El Rey, *los dos alcaldes*, Don Arias.

Don Pedro.	Confiesa que le mató,
	mas no confiesa por qué.
Rey.	¿ No dice qué le obligó ?
Farfán.	Sólo responde : « No sé », 1990
	y es gran confusión.
Rey.	Y ¿ no
	dice si le dió ocasión ?
Don Pedro.	Señor, de ninguna suerte.
Don Arias.	¡ Temeraria confusión !
Don Pedro.	Dice que le dió la muerte ; 1995
	no sabe si es con razón.
Farfán.	Sólo confiesa matalle
	porque matalle juró.
Don Arias.	Ocasión debió de dalle.
Don Pedro.	Dice que no se la dió. 2000
Rey.	Volved de mi parte a hablalle,
	y decilde que yo digo
	que luego el descargo dé ;
	y decid que soy su amigo,
	y su enemigo seré 2005
	en el rigor y castigo.
	Declare por qué ocasión
	dió muerte a Busto Tavera
	y en sumaria información
	antes que de necio muera 2010
	dé del delito razón.
	Diga quién se lo mandó
	y por quién le dió la muerte,
	o qué ocasión le movió
	a hacello ; que desta suerte 2015
	oiré su descargo yo ;
	o que a morir se aperciba.
Don Pedro.	Eso es lo que más desea.
	El sentimiento le priva,

2006 *rigor y castigo* = *rigoroso castigo*. Note the hendiadys, in which the "and" between two nouns makes a modifier of the first.

                        viendo una hazaña tan fea,   2020
                        tan avara y tan esquiva
                            del juicio.
Rey.   ¿Y no se queja
                        de ninguno?
Farfán.   No, señor;
                        con su pesar se aconseja.
Rey.   ¡Notable y raro valor!   2025
Farfán.   Los cargos ajenos deja,
                        y a sí se culpa no más.
Rey.   No se habrá visto en el mundo
                        tales dos hombres jamás.
                        Cuando su valor confundo,
                        me van apurando más.   2030
                            Id, y haced, alcaldes, luego
                        que haga la declaración
                        y habrá en la corte sosiego.
                        Id vos, con esta ocasión,
                        don Arias, a ese hombre ciego;   2035
                            de mi parte le decid
                        que diga por quién le dió
                        la muerte y le persuadid
                        que declare, aunque sea yo   2040
                        el culpado; y prevenid,
                            si no confiesa al momento,
                        el teatro en que mañana
                        le dé a Sevilla escarmiento.
Don Arias.   Ya voy.

            Vanse los alcaldes y Don Arias.

                        ESCENA II

                    Don Manuel, el Rey.

Don Manuel.   La gallarda hermana,   2045
                        con grande acompañamiento,
                            de Busto Tavera, pide
                        para besaros las manos
                        licencia.
Rey.   ¿Quién se lo impide?
Don Man.   Gran señor, los ciudadanos.   2050
Rey.   ¡Bien con la razón se mide!

2021 tan avara y tan esquiva: so selfish and so senseless *2024 se aconseja:* takes counsel *2043 el teatro:* the stage, scaffold

Dadme una silla y dejad
que entre ahora.

Don Manuel.   Voy por ella.
                Vase.
Rey.   Vendrá vertiendo beldad,
                 como en el cielo la estrella   2055
                 sale tras la tempestad.
                    (*Vuelve don Manuel.*)
Don Manuel. Ya está aquí.
Rey.   No por abril
                 parece así su arrebol
                 el Sol gallardo y gentil,
                 aunque por verano el Sol   2060
                 vierte rayos de marfil.

ESCENA III

Estrella, Acompañamiento. — Dichos.

Estrella.   Cristianísimo don Sancho,
                 de Castilla Rey ilustre,
                 por las hazañas notable,
                 heroico por las virtudes: 2065
                 una desdichada Estrella
                 que sus claros rayos cubre
                 deste luto, que mi llanto
                 lo ha sacado en negras nubes;
                 justicia a pedirte vengo;   2070
                 mas no que tú la ejecutes,
                 sino que en mi arbitrio dejes
                 que mi venganza se funde.
                 Estrella de mayo fuí,
                 cuando más flores produce,   2075
                 y agora en extraño llanto
                 ya soy Estrella de octubre.
                 No doy lugar a mis ojos,
                 que mis lágrimas enjuguen,
                 porque, anegándose en ellas,   2080
                 mi sentimiento no culpen.
                 Quise a Tavera, mi hermano,
                 que sus sacras pesadumbres
                 ocupa, pisando estrellas
                 en pavimentos azules.   2085
                 Como hermano me amparó,
                 y como a padre le tuve

2057–2059 No por abril ... Sol: Not even in April does the rosiness of the skies brightened by the sun compare with her rosy cheeks.

  la obediencia, y el respeto
en sus mandamientos puse.
Vivía con él contenta,
sin dejar que el Sol me injurie;
que aun los rayos del Sol no eran
a mis ventanas comunes.
Nuestra hermandad envidiaba
Sevilla, y todos presumen
que éramos los dos hermanos
que a una Estrella se reducen.
Un tirano cazador
hace que el arco ejecute
el fiero golpe en mi hermano,
y nuestras glorias confunde.
Perdí hermano, perdí esposo:
sola he quedado, y no acudes
a la obligación de rey,
sin que nadie te disculpe.
Hazme justicia, señor;
dame el homicida, porque,
en mis manos los excesos,
déjame que yo los juzgue.
Entrégamele, así reines
mil edades, así triunfes
de las lunas que te ocupan
los términos andaluces,
por que Sevilla te alabe,
sin que su gente te adule,
en los bronces inmortales
que ya los tiempos te bruñen.

REY.   Sosegaos, y enjugad las luces bellas,
si no queréis que se arda mi palacio,
que lágrimas del Sol son las Estrellas,
si cada rayo suyo es un topacio;
recoja el alba su tesoro en ellas,
si el Sol recién nacido le da espacio,
y dejad que los cielos las codicien;
que no es razón que aquí se desperdicien.
  Tomad esta sortija, y en Trïana
allanad el castillo con sus señas:
pónganlo en vuestras manos, sed tirana

2091 injurie: dishonor *2093 comunes:* familiar *2096 los dos hermanos:* Gemini, "the Twins" *2098 tirano cazador:* Sagittarius, the Archer, ninth sign of the zodiac *2107 porque:* Note the abnormal assonance *2112 las lunas:* the crescent of the Moors *2127 allanad . . . señas:* gain admission into the castle with this identification

208   LA ESTRELLA DE SEVILLA   [ACT. III

    fiera, como él, de las hircanas peñas,
    aunque a piedad y compasión villana 2130
    nos enseñan volando las cigüeñas:
    que es bien que sean, por que más asombre,
    aves y fieras confusión del hombre.
     Vuestro hermano murió; quien le dió muerte
    dicen que es Sancho Ortiz: vengaos vos della; 2135
    y aunque él muriese así de aquesta suerte,
    vos la culpa tenéis por ser tan bella:
    si es la mujer el animal más fuerte,
    mujer, Estrella sois, y sois Estrella;
    vos vencéis, que inclináis, y con venceros 2140
    competencia tendréis con dos luceros.
ESTRELLA. ¿ Qué ocasión dió, gran señor, mi hermosura
    en la inocente muerte de mi hermano?
    ¿ He dado yo la causa, por ventura,
    o con deseo, a propósito liviano? 2145
    ¿ Ha visto alguno en mi desenvoltura
    algún inútil pensamiento vano?
    Es ser hermosa, en la mujer, tan fuerte,
    que, sin dar ocasión, da al mundo muerte.
REY.   Vos quedáis sin matar, porque en vos mata 2150
    la parte que os dió el cielo, la belleza;
    se ofenderá consigo cuando, ingrata
    emulación con la naturaleza,
    no avarientas las perlas, ni la plata,
    y un oro que hace un mar vuestra cabeza, 2155
    para vos reservéis; que no es justicia.
ESTRELLA. Aquí, señor, virtud es avaricia . . .
    que si en mí plata hubiera y oro hubiera,
    luego de mi cabeza le arrancara,
    y el rostro con fealdad oscureciera, 2160
    aunque en brasas ardiente le abrasara.
    Si un Tavera murió, quedó un Tavera;
    y si su deshonor está en mi cara,
    ya la pondré de suerte con mis manos,
    que espanto sea entre los más tiranos. 2165
    Vanse todos, menos el REY.

ESCENA IV

REY.   Si a Sancho Ortiz le entregan, imagino
    que con su mano misma ha de matalle,
    ¡ que en vaso tan perfeto y peregrino

2129 *fiera . . . peñas*: tigress (beast of the crags of ancient Hircania) 2130 *villana = por los villanos*: for peasants 2140 *que inclináis*: for you (being a star) have an influence 2141 *competencia*: power, ability; *dos luceros*: eyes as radiant as two bright stars 2152–2156 *se . . . justicia*: Nature will be angry with herself for creating a rival in Estrella.

permite Dios que la fiereza se halle!
¡Ved lo que intenta un necio desatino!   2170
Yo incité a Sancho Ortiz: voy a libralle;
que amor que pisa púrpura de reyes,
a su gusto no más promulga leyes.
            Vase.

ESCENA V

Prisión.

Sancho, Clarindo, Músicos.

Sancho. ¿Algunos versos, Clarindo,
no has escrito a mi suceso?   2175
Clarindo. ¿Quién, señor, ha de escrebir
teniendo tan poco premio?
A las fiestas de la plaza
muchos me pidieron versos,
y viéndome por las calles,   2180
como si fuera maestro
de cortar o de coser,
me decían: «¿No está hecho
aquel recado?» Y me daban
más prisa que un rompimiento.   2185
Y cuando escritas llevaba
las estancias, muy compuetos
decían: «Buenas están:
yo, Clarindo, lo agradezco»;
y sin pagarme la hechura   2190
me enviaban boquiseco.
No quiero escrebir a nadie,
ni ser tercero de necios,
que los versos son cansados
cuando no tienen provecho.   2195
Tomen la pluma los cultos,
después de cuarenta huevos
sorbidos, y versos pollos
saquen a luz de otros dueños,
que yo por comer escribo,   2200
si escriben comidos ellos.
Y si que comer tuviera,
excediera en el silencio
a Anaxágoras, y burla
de los latinos y griegos   2205
ingenios hiciera.

2185 *rompimiento*: in the theater, an open drop scene 2187 *compuetos = compuestos*: composed, calm 2202 *si que comer tuviera*: if I had what to eat 2204 *Anaxágoras*: Anaxagoras, Greek philosopher, said to have cut his tongue rather than talk under torture.

ESCENA VI

Los alcaldes Don Pedro de Guzmán *y* Farfán de Ribera, Don Arias, Dichos.

Don Pedro.   Entrad.
Clarindo.   Que vienen, señor, sospecho
  éstos a notificarte
  la sentencia.
Sancho.   Pues de presto
  decid vosotros un tono. (*A los* Músicos.) 2210
  ¡ Agora sí que deseo
  morir, y quiero cantando
  dar muestras de mi contento!
  Fuera de que quiero dalles
  a entender mi heroico pecho, 2215
  y que aun la muerte no puede
  en él obligarme a menos.
Clarindo.   ¡ Notable gentilidad!
  ¿ Qué más hiciera un tudesco,
  llena el alma de lagañas 2220
  de pipotes de lo añejo,
  de Monturques, de Lucena,
  santos y benditos pueblos?
Músicos (*cantan*).   *Si consiste en el vivir*
  mi triste y confusa suerte, 2225
  lo que se alarga la muerte,
  eso se tarda el morir.
Clarindo.   ¡ Gallardo mote han cantado!
Sancho.   A propósito y discreto.
Músicos (*cantan*).   *No hay vida como la muerte* 2230
  para el que vive muriendo.
Don Pedro.   ¿ Ahora es tiempo, señor,
  de música?
Sancho.   ¿ Pues qué tiempo
  de mayor descanso pueden
  tener en su mal los presos? 2235
Farfán.   ¿ Cuando la muerte por horas
  le amenaza, y por momentos
  la sentencia está aguardando
  del fulminado proceso,
  con música se entretiene? 2240
Sancho.   Soy cisne, y la muerte espero
  cantando.

2219 tudesco: German *2220 llena el alma de legañas:* bleary-eyed *2222 Monturques, Lucena:* wine-producing towns in the province of Córdoba *2237 por momentos:* at any moment

Farfán.	Ha llegado el plazo.
Sancho.	Las manos y pies os beso
	por las nuevas que me dais.
	¡ Dulce día! Sólo tengo (*a los* Músicos) 2245
	amigos, esta sortija,
	pobre prisión de mis dedos:
	repartilda, que en albricias
	os la doy, y mis contentos
	publicad con la canción 2250
	que a mi propósito han hecho.
Músicos (*cantan*).	*Si consiste en el vivir*
	mi triste y confusa suerte,
	lo que se alarga la muerte,
	eso se tarda el morir. 2255
	(*Vanse los músicos.*)
Sancho.	Pues si la muerte se alarga
	lo que la vida entretengo,
	y está en la muerte la vida
	con justicia la celebro.
Don Pedro.	Sancho Ortiz de las Roelas, 2260
	¿ vos confesáis que habéis muerto
	a Busto Tavera ?
Sancho.	Sí,
	y aquí a voces lo confieso;
	yo le di muerte, señores,
	al más noble caballero 2265
	que trujo arnés, ciñó espada,
	lanza empuñó, enlazó yelmo.
	Las leyes del amistad,
	guardadas con lazo eterno,
	rompí, cuando él me ofreció 2270
	sus estrellados luceros.
	Buscad bárbaros castigos,
	inventad nuevos tormentos,
	por que en España se olviden
	de Fálaris y Majencio. 2275
Farfán.	¿ Pues sin daros ocasión
	le matasteis ?
Sancho.	Yo le he muerto:
	esto confieso, y la causa,
	no la sé, y causa tengo,
	y es de callaros la causa, 2280
	pues tan callada la tengo;
	si hay alguno que la sepa,

2266 trujo=trajo; arnés: armor; ciño: girded, from ceñir 2275 Fálaris y Majencio: Phalaris and Maxentius, tyrannical rulers of ancient times

| | dígalo; que yo no entiendo
| | por qué murió; sólo sé
| | que le maté sin saberlo. |2285
| Don Pedro. | Pues parece alevosía
| | matarle sin causa.
| Sancho. | Es cierto
| | que la dió, pues que murió.
| Don Pedro. | ¿A quién?
| Sancho. | A quien me ha puesto
| | en el estado en que estoy, |2290
| | que es en el último extremo.
| Don Pedro. | ¿Quién es?
| Sancho. | No puedo decillo,
| | porque me encargó el secreto;
| | que como rey en las obras,
| | he de serlo en el silencio. |2295
| | Y para matarme a mí,
| | basta saber que le he muerto,
| | sin preguntarme el por qué.
| Don Arias. | Señor Sancho Ortiz, yo vengo
| | aquí, en nombre de su Alteza, |2300
| | a pediros que a su ruego
| | confeséis quién es la causa
| | deste loco desconcierto:
| | si lo hicisteis por amigos,
| | por mujeres o por deudos, |2305
| | o por algún poderoso
| | y grande de aqueste reino.
| | Y si tenéis de su mano
| | papel, resguardo o concierto
| | escrito o firmado, al punto |2310
| | lo manifestéis, haciendo
| | lo que debéis.
| Sancho. | Si lo hago,
| | no haré, señor, lo que debo.
| | Decilde a su Alteza, amigo,
| | que cumplo lo que prometo; |2315
| | y si él es don Sancho el Bravo,
| | yo ese mismo nombre tengo.
| | Decilde que bien pudiera
| | tener papel; mas me afrento
| | de que papeles me pida, |2320
| | habiendo visto rompellos.
| | Yo maté a Busto Tavera;
| | y aunque aquí librarme puedo,
| | no quiero, por entender

2288 la dió: cause was given

	que alguna palabra ofendo.	2325
	Rey soy en cumplir la mía,	
	y lo prometido he hecho;	
	y quien promete, también	
	es razón haga lo mesmo.	
	Haga quien se obliga hablando,	2330
	pues yo me he obligado haciendo,	
	que si al callar llaman Sancho,	
	yo soy Sancho, y callar quiero.	
	Esto a su Alteza decid	
	y decilde que es mi intento	2335
	que conozca que en Sevilla	
	también ser reyes sabemos.	
Don Arias.	Si en vuestra boca tenéis	
	el descargo, es desconcierto	
	negarlo.	
Sancho.	Yo soy quien soy,	2340
	y siendo quien soy me venzo	
	a mí mismo con callar,	
	y a alguno que calla afrento...	
	Quien es quien es, haga obrando	
	como quien es; y con esto,	2345
	de aquesta suerte los dos	
	como quien somos haremos.	
Don Arias.	Eso le diré a su Alteza.	
Don Pedro.	Vos, Sancho Ortiz, habéis hecho	
	un caso muy mal pensado	2350
	y anduvisteis poco cuerdo.	
Farfán.	Al Cabildo de Sevilla	
	habéis ofendido, y puesto	
	a su rigor vuestra vida,	
	y en su furor vuestro cuello.	2355
	Vase.	
Don Pedro.	Matasteis a un regidor	
	sin culpa, al cielo ofendiendo;	
	Sevilla castigará	
	tan locos atrevimientos.	
	Vase.	
Don Arias.	. . . .	
	. . . .	
	y al Rey, que es justo y es santo.	2360
(*Aparte.*)	¡Raro valor! ¡Bravo esfuerzo!	
	Vase.	

2344 haga obrando: let him behave *2359–2360* Two verses missing. *2361 ¡ Bravo esfuerzo! :* Fine courage!

ESCENA VII

Sancho, Clarindo.

Clarindo. ¿ Es posible que consientas
tantas injurias ?
Sancho. Consiento
que me castiguen los hombres
y que me confunda el cielo. 2365
Y ya, Clarindo, comienza.
¿ No oyes un confuso estruendo ?
Braman los aires, armados
de relámpagos y truenos
Uno baja sobre mí 2370
como culebra esparciendo
círculos de fuego a priesa.
Clarindo. Pienso que has perdido el seso.
(*Aparte.*) Quiero seguille el humor.
Sancho. ¡ Que me abraso !
Clarindo. ¡ Que me quemo ! 2375
Sancho. ¿ Cogióte el rayo también ?
Clarindo. ¿ No me ves cenizas hecho ?
Sancho. ¡ Válgame Dios !
Clarindo. Sí, señor.
Ceniza soy de sarmientos.
Sancho. Dame una poca, Clarindo, 2380
para que diga « memento ».
Clarindo. ¿ Y a ti no te ha herido el rayo ?
Sancho. ¿ No me ves, Clarindo, vuelto,
como la mujer de Lot,
en piedra sal ?
Clarindo. Quiero verlo. 2385
Sancho. Tócame.
Clarindo. Duro y salado
estás.
Sancho. ¿ No lo he de estar, necio,
si soy piedra sal aquí ?
Clarindo. Así te gastarás menos ;
mas si eres ya piedra sal, 2390
di : ¿ cómo hablas ?
Sancho. Porque tengo
el alma ya encarcelada
en el infierno del cuerpo.
¿ Y tú, si eres ya ceniza,
cómo hablas ?

2372 a priesa = aprisa 2374 seguille el humor : humor him 2381 « memento » = « Memento quod cinis es » : Remember that thou art dust.

Clarindo.	Soy un brasero,	2395
	donde entre cenizas pardas	
	el alma es tizón cubierto.	
Sancho.	¿Alma tizón tienes? Malo.	
Clarindo.	Antes, señor, no es muy bueno.	
Sancho.	¿Ya estamos en la otra vida?	2400
Clarindo.	Y pienso que en el infierno.	
Sancho.	¿En el infierno, Clarindo?	
	¿En qué lo ves?	
Clarindo.	En que veo,	
	señor, en aquel castillo	
	más de mil sastres mintiendo.	2405
Sancho.	Bien dices que en él estamos;	
	que la Soberbia está ardiendo	
	sobre esa torre formada	
	de arrogantes y soberbios.	
	Allí veo a la Ambición	2410
	tragando abismos de fuego.	
Clarindo.	Y más adelante está	
	una legión de cocheros.	
Sancho.	Si andan coches por acá,	
	destruirán el infierno.	2415
	Pero si el infierno es,	
	¿cómo escribanos no vemos?	
Clarindo.	No los quieren recebir	
	por que acá no inventen pleitos.	
Sancho.	Pues en él pleitos no hay,	2420
	bueno es el infierno.	
Clarindo.	Bueno.	
Sancho.	¿Qué son aquéllos?	
Clarindo.	Tahures	
	sobre una mesa de fuego.	
Sancho.	¿Y aquéllos?	
Clarindo.	Son demonios,	
	que los llevan, señor, presos.	2425
Sancho.	No les basta ser demonios,	
	sino soplones. ¿Qué es esto?	
Clarindo.	Voces de dos mal casados,	
	que se están pidiendo celos.	
Sancho.	Infierno es ese dos veces,	2430
	acá y allá padeciendo,	
	bravo penar, fuerte yugo;	
	lástima, por Dios, les tengo.	
	¿De qué te ríes?	
Clarindo.	De ver	
	a un espantado hacer gestos,	2435

2399 *Antes:* Rather, On the contrary   2405 *sastres:* Tailors were considered deserving of hell.

	señor, a aquellos demonios,	
	porque le han ajado el cuello	
	y cortado las melenas.	
Sancho.	Ese es notable tormento:	
	sentirálo mucho.	
Clarindo.	Allí	2440
	la necesidad, haciendo	
	cara de hereje, da voces.	
Sancho.	Acá y allá padeciendo,	
	pobre mujer, disculpados	
	habían de estar sus yerros,	2445
	porque la necesidad	
	tiene disculpa en hacerlos,	
	y no te espantes, Clarindo.	
Clarindo.	¡Válgame Dios! Saber quiero	
	quién es aquél de la pluma.	2450
Sancho.	Aquél, Clarindo, es Homero,	
	y aquel Virgilio, a quien Dido	
	la lengua le cortó, en premio	
	del testimonio y mentira	
	que le levantó. Aquel viejo	2455
	es Horacio, aquél Lucano,	
	y aquél Ovidio.	
Clarindo.	No veo,	
	señor, entre estos poetas	
	ninguno de nuestros tiempos:	
	no veo ahora ninguno	2460
	de los sevillanos nuestros.	
Sancho.	Si son los mismos demonios,	
	díme cómo puedes vellos,	
	que allá en forma de poetas	
	andan dándonos tormentos.	2465
Clarindo.	¿Demonios poetas son?	
	Por Dios, señor, que lo creo,	
	que aquel demonio de allí,	
	arrogante y corninegro,	
	a un poeta amigo mío	2470
	se parece, pero es lego;	
	que los demonios son sabios,	

2451 *Homero:* Homer 2452 *Virgilio:* Virgil; *Dido:* in Virgil's *Aeneid*, Queen of Carthage in love with Aeneas 2456 *Horacio:* Horace, Roman poet; *Lucano:* Lucan, Roman poet, born in Córdoba, Spain 2457 *Ovidio:* Ovid, Roman poet 2469 *corninegro:* with black horns 2471 *lego:* layman, amateur

	mas éste será mostrenco.	
	Allí está el tirano Honor,	
	cargado de muchos necios	2475
	que por la honra padecen.	
Sancho.	Quiérome juntar con ellos.	
	— Honor, un necio y honrado	
	viene a ser criado vuestro,	
	por no exceder vuestras leyes.	2480
	— Mal, amigo, lo habéis hecho,	
	porque el verdadero honor	
	consiste ya en no tenerlo.	
	¡ A mí me buscáis allá,	
	y ha mil siglos que estoy muerto !	2485
	Dinero, amigo, buscad;	
	que el honor es el dinero.	
	¿ Qué hicisteis ? — Quise cumplir	
	una palabra. — Riendo	
	me estoy: ¿ palabras cumplís ?	2490
	Parecéisme majadero;	
	que es ya el no cumplir palabras	
	bizarría en este tiempo.	
	— Prometí matar a un hombre,	
	y le maté airado, siendo	2495
	mi mejor amigo. — Malo.	
Clarindo.	No es muy bueno.	
Sancho.	No es muy bueno.	
	— Metelde en un calabozo,	
	y condénese por necio.	
	— Honor, su hermana perdí,	2500
	y ya en su ausencia padezco.	
	— No importa.	
Clarindo (aparte).	¡ Válgame Dios !	
	Si más proseguir le dejo,	
	ha de perder el juicio.	
	Inventar quiero un enredo. (*Da voces.*)	2505
Sancho.	¿ Quién da voces ? ¿ Quién da voces ?	
Clarindo.	Da voces el Cancerbero,	
	portero deste palacio.	
	— ¿ No me conocéis ?	
Sancho.	Sospecho	
	que sí.	
Clarindo.	¿ Y vos quién sois ?	
Sancho.	¿ Yo ?	2510
	Un honrado.	

2473 mostrenco : (coll.) ignorant *2507 Cancerbero :* Cerberus, the watchdog of the lower regions

CLARINDO.   ¿ Y acá dentro
            estáis ?   Salid noramala.
SANCHO.   ¿ Qué decís ?
CLARINDO.   Salíos presto;
            que este lugar no es de honrados;
            asidle, llevadle preso
            al otro mundo, a la cárcel
            de Sevilla por el viento.
            — ¿ Cómo ? — Tapados los ojos,
            para que vuele sin miedo.
            — Ya está tapado. — En sus hombros
            al punto el Diablo Cojuelo
            allá le ponga de un salto.
            — ¿ De un salto ? Yo soy contento.
            — Camina, y lleva también
            de la mano al compañero.
                 (*Da una vuelta y déjale.*)
            — Ya estáis en el mundo, amigo.
            Quedaos a Dios. — Con Dios quedo.
SANCHO.   ¿ Adiós dijo ?
CLARINDO.   Sí, señor;
            que este demonio, primero
            que lo fuese, fué cristiano
            bautizado, y es gallego
            de Cal de Francos.
SANCHO.   Parece
            que de un éxtasis recuerdo.
            ¡ Válgame Dios ! ¡ Ay Estrella,
            qué desdichada la tengo
            sin vos ! Mas si yo os perdí,
            este castigo merezco.

ESCENA VIII

EL ALCAIDE y ESTRELLA *con el manto echado.* — DICHOS.

ESTRELLA.   Luego el preso me entregad.
ALCAIDE.   Aquí está, señora el preso,
            y como lo manda el Rey,
            en vuestras manos lo entrego.
            — Señor Sancho Ortiz, su Alteza

2512 *noramala = enhoramala:* in an evil hour; i.e., confound you 2521 *Diablo Cojuelo:* protagonist of the celebrated work of that name by Vélez de Guevara. Cf. also: Asmodeus (Aschmedai), Book of Tobit. 2532 *Cal de Francos = Calle de Francos:* a street in Seville where Galicians lived 2535 *la tengo:* The antecedent is *estrella*, fate.

	nos manda que le entreguemos	
	a esta señora.	
Estrella.	Señor,	
	venid conmigo.	
Sancho.	Agradezco	2545
	la piedad si es a matarme,	
	porque la muerte deseo.	
Estrella.	Dadme la mano y venid.	
Cla. (aparte).	¿No parece encantamiento?	
Estrella.	Nadie nos siga.	
Clarindo.	Está bien.	2550

Vanse Estrella *y* Sancho.

¡Por Dios, que andamos muy buenos,
desde el infierno a Sevilla,
y de Sevilla al infierno!
¡Plegue a Dios que aquesta Estrella
se nos vuelva ya lucero! 2555

Vanse.

ESCENA IX

Campo.

Estrella, *cubierta con el manto;* Don Sancho.

Estrella.	Ya os he puesto en libertad.	
	Idos, Sancho Ortiz, con Dios,	
	y advertid que uso con vos	
	de clemencia y de piedad.	
	Idos con Dios; acabad.	2560
	Libre estáis. ¿Qué os detenéis?	
	¿Qué miráis? ¿Qué os suspendéis?	
	Tiempo pierde el que se tarda:	
	id, que el caballo os aguarda,	
	en que escaparos podéis.	2565
	Dineros tiene el criado	
	para el camino.	
Sancho.	Señora,	
	dadme esos pies.	
Estrella.	Id; que ahora	
	no es tiempo.	
Sancho.	Voy con cuidado.	
	Sepa yo quién me ha librado,	2570
	por que sepa agradecer	
	tal merced.	

Estrella.	Una mujer;	
	vuestra aficionada soy,	
	que la libertad os doy,	
	teniéndola en mi poder.	2575
	Id con Dios.	
Sancho.	No he de pasar	
	de aquí, si no me decís	
	quién sois o no os descubrís.	
Estrella.	No me da el tiempo lugar.	
Sancho.	La vida os quiero pagar,	2580
	y la libertad también.	
	Yo he de conocer a quién	
	tanta obligación le debo,	
	para pagar lo que debo,	
	reconociendo este bien.	2585
Estrella.	Una mujer principal	
	soy, y si más lo pondero,	
	la mujer que más os quiero	
	y a quien vos queréis más mal.	
	Idos con Dios.	
Sancho.	No haré tal,	2590
	si no os descubrís ahora.	
Estrella.	Porque os vais, yo soy. (*Descúbrese.*)	
Sancho.	¡ Señora!	
	¡ Estrella del alma mía!	
Estrella.	Estrella soy que te guía,	
	de tu vida precursora.	2595
	Vete; que amor atropella	
	la fuerza así del rigor;	
	que como te tengo amor,	
	te soy favorable estrella.	
Sancho.	¡ Tú, resplandeciente y bella,	2600
	con el mayor enemigo!	
	¡ Tú tanta piedad conmigo!	
	Trátame con más crueldad;	
	que aquí es rigor la piedad,	
	porque es piedad el castigo.	2605
	Haz que la muerte me den;	
	no quieras tan liberal	
	con el bien hacerme mal	
	cuando está en mi mal el bien.	
	¡ Darle libertad a quien	2610
	muerte a su hermano le dió!	
	No es justo que viva yo,	
	pues él padeció por mí;	
	que es bien que te pierda así	

	quien tal amigo perdió.
	En libertad, desta suerte
	me entrego a la muerte fiera;
	porque si preso estuviera
	¿qué hacía en pedir la muerte?
Estrella.	Mi amor es más firme y fuerte;
	y así, la vida te doy.
Sancho.	Pues yo a la muerte me voy,
	puesto que librarme quieres;
	que si haces como quien eres,
	yo he de hacer como quien soy.
Estrella.	¿Por qué mueres?
Sancho.	Por vengarte.
Estrella.	¿De qué?
Sancho.	De mi alevosía.
Estrella.	Es crueldad.
Sancho.	Es valentía.
Estrella.	Ya no hay parte.
Sancho.	Amor es parte.
Estrella.	Es ofenderme.
Sancho.	Es amarte.
Estrella.	¿Cómo me amas?
Sancho.	Muriendo.
Estrella.	Antes me ofendes.
Sancho.	Viviendo.
Estrella.	Óyeme.
Sancho.	No hay qué decir.
Estrella.	¿Dónde vas?
Sancho.	Voy a morir,
	pues con la vida te ofendo.
Estrella.	Vete y déjame.
Sancho.	No es bien.
Estrella.	Vive y líbrate.
Sancho.	No es justo.
Estrella.	¿Por quién mueres?
Sancho.	Por mi gusto.
Estrella.	Es crueldad.
Sancho.	Honor también.
Estrella.	¿Quién te acusa?
Sancho.	Tu desdén.
Estrella.	No lo tengo.
Sancho.	Piedra soy.
Estrella.	¿Estás en ti?

2623 puesto que: even though *2629 parte:* litigant, a party to a lawsuit *2632 Antes:* Rather

SANCHO. En mi honra estoy.
y te ofendo con vivir.
ESTRELLA. Pues vete, loco, a morir,
que a morir también me voy. 2645

Vanse por distintos lados.

ESCENA X

Salón del alcázar.

EL REY, DON ARIAS.

REY. ¿Que no quiere confesar
que yo mandé darle muerte?
DON ARIAS. No he visto bronce más fuerte;
todo su intento es negar.
Dijo al fin que él ha cumplido 2650
su obligación, y que es bien
que cumpla la suya quien
le obligó con prometido.
REY. Callando quiere vencerme.
DON ARIAS. Y aun te tiene convencido. 2655
REY. Él cumplió lo prometido.
En confusión vengo a verme
por no podelle cumplir
la palabra que enojado
le di.
DON ARIAS. Palabra que has dado 2660
no se puede resistir,
porque si debe cumplilla
un hombre ordinario, un rey
la hace entre sus labios ley,
y a la ley todo se humilla. 2665
REY. Es verdad, cuando se mide
con la natural razón
la ley.
DON ARIAS. Es obligación.
El vasallo no la pide
al rey; sólo ejecutar, 2670
sin vello y averiguallo,
debe la ley el vasallo;
y el rey debe consultar.
Tú esta vez la promulgaste
en un papel; y pues él 2675
la ejecutó sin papel,
a cumplille te obligaste

        la ley que hiciste en mandalle
matar a Busto Tavera;
que, si por tu ley no fuera, 2680
él no viniera a matalle.

REY.   Pues ¿ he de decir que yo
darle la muerte mandé,
y que tal crueldad usé
con quien jamás me ofendió ? 2685
        ¿ El Cabildo de Sevilla,
viendo que la causa fuí,
Arias, qué dirá de mí ?
¿ Y qué se dirá en Castilla,
        cuando don Alonso en ella 2690
me está llamando tirano,
y el Pontífice romano
con censuras me atropella ?
        La parte de mi sobrino
vendrá a esforzar por ventura, 2695
y su amparo la asegura.
Falso mi intento imagino;
        también si dejo morir
a Sancho Ortiz, es bajeza.
¿ Qué he de hacer ?

DON ARIAS.   Puede tu Alteza 2700
con halagos persuadir
a los alcaldes mayores,
y pedilles con destierro
castiguen su culpa y yerro,
atropellando rigores. 2705
        Pague Sancho Ortiz: así
vuelves, gran señor, por él,
y ceñido de laurel,
premiado queda de ti.
        Puedes hacerle, señor, 2710
general de una frontera.

REY. Bien dices; pero si hubiera
ejecutado el rigor
        con él doña Estrella ya,
a quien mi anillo le di, 2715
¿ cómo lo haremos aquí ?

DON ARIAS. Todo se remediará.
        Yo en tu nombre iré a prendella
por causa que te ha movido,
y sin gente y sin ruido 2720

2690 don Alonso: nephew of Don Sancho and a claimant to the throne *2692 Pontífice:* Pontiff, Pope

| | traeré al alcázar a Estrella.
| | Aquí la persuadirás
| | a tu intento, y porque importe,
| | con un grande de la corte
| | casarla, señor, podrás; | 2725
| | que su virtud y nobleza
| | merece un alto marido.
| Rey. | ¡Cómo estoy arrepentido,
| | don Arias, de mi flaqueza!
| | Bien dice un sabio que aquél | 2730
| | era sabio solamente
| | que era en la ocasión prudente
| | como en la ocasión cruel.
| | Ve luego a prender a Estrella,
| | pues de tanta confusión | 2735
| | me sacas con su prisión;
| | que pienso casar con ella,
| | para venirla a aplacar,
| | un ricohome de Castilla;
| | y a poderla dar mi silla, | 2740
| | la pusiera en mi lugar;
| | que tal hermano y hermana
| | piden inmortalidad.
| Don Arias. | La gente desta ciudad
| | oscurece la romana. | 2745

Vase.

ESCENA XI

El Alcaide Pedro de Caus, el Rey.

| Alcaide. | Déme los pies Vuestra Alteza.
| Rey. | Pedro de Caus, ¿qué causa
| | os trae a mis pies?
| Alcaide. | Señor,
| | este anillo con sus armas
| | ¿no es de Vuestra Alteza?
| Rey. | Sí: | 2750
| | éste es privilegio y salva
| | de cualquier crimen que hayáis
| | cometido.
| Alcaide. | Fué a Triana,
| | invicto señor, con él
| | una mujer muy tapada, | 2755

2739 *ricohome* = *ricohombre:* grandee   2745 *oscurece:* eclipses

        diciendo que Vuestra Alteza
        que le entregara mandaba
        a Sancho Ortiz. Consultéle
        tu mandato con las guardas
        y el anillo juntamente;   2760
        y todos que le entregara
        me dijeron: díle luego;
        pero en muy poca distancia
        Sancho Ortiz, dando mil voces,
        pide que las puertas abra   2765
        del castillo, como loco:
        « no he de hacer lo que el Rey manda »,
        decía, y « quiero morir;
        que es bien que muera quien mata ».
        La entrada le resistí;   2770
        pero, como voces tantas
        daba, fué abrirle fuerza.
        Entró, donde alegre aguarda
        la muerte.

REY.   No he visto gente
        más gentil ni más cristiana   2775
        que la desta ciudad: callen
        bronces, mármoles y estatuas.

ALCAIDE.   La mujer dice, señor,
        que la libertad le daba,
        y que él no quiso admitilla,   2780
        por saber que era la hermana
        de Busto Tavera, a quien
        dió la muerte.

REY.   Más me espanta
        lo que me decís agora.
        En sus grandezas agravian   2785
        la mesma naturaleza.
        Ella, cuando más ingrata
        había de ser, le perdona,
        le libra; y él, por pagarla
        el ánimo generoso,
        se volvió a morir. Si pasan   2790
        más adelante sus hechos,
        darán vida a eternas planchas.
        Vos, Pedro de Caus, traedme
        con gran secreto al alcázar   2795
        a Sancho Ortiz en mi coche,
        excusando estruendo y guardas.

2776–2777 *callen ... estatuas:* let not the bronzes, etc., boast of the men they honor; the Sevillians surpass them   2793 *planchas:* inscriptions

ALCAIDE. Voy a servirte.
Vase.

ESCENA XII

Un Criado; el Rey; *después*, los Alcaldes.

CRIADO. Aquí
ver a Vuestra Alteza aguardan
sus dos alcaldes mayores.
REY. Decid que entren con sus varas.

Vase el CRIADO.

Si yo puedo, a Sancho Ortiz
he de cumplir la palabra,
sin que mi rigor se entienda . . .

Salen los dos alcaldes.

DON PEDRO. Ya, gran señor, sustanciada
la culpa, pide el proceso
la sentencia.
REY. Sustanciadla:
sólo os pido que miréis,
pues sois padres de la patria,
su justicia, y la clemencia
muchas veces la aventaja.
Regidor es de Sevilla
Sancho Ortiz; si es el que falta
regidor, uno piedad
pide, si el otro venganza.
FARFÁN. Alcaldes mayores somos
de Sevilla, y hoy nos carga
en nuestros hombros, señor,
su honor y su confianza.
Estas varas representan
a Vuestra Alteza; y si tratan
mal vuestra planta divina,
ofenden a vuestra estampa.
Derechas miran a Dios,
y si se doblan y bajan,
miran al hombre, y de Dios,
en torciéndose, se apartan.
REY. No digo que las torzáis,
sino que equidad se haga
en la justicia.

Don Pedro.	Señor,	2830
	la causa de nuestras causas	
	es Vuestra Alteza: en su *fiat*	
	penden nuestras esperanzas.	
	Dadle la vida, y no muera,	
	pues nadie en los reyes manda.	2835
	Dios hace los reyes, Dios	
	de los Saúles traslada	
	en los humildes Davides	
	las coronas soberanas.	
Rey.	Entrad, y ved la sentencia,	2840
	que da por disculpa, y salga	
	al suplicio Sancho Ortiz,	
	como las leyes lo tratan. —	
	Vos, don Pedro de Guzmán,	
	escuchadme una palabra	2845
	aquí aparte.	

Vase Farfán.

ESCENA XIII

El Rey, Don Pedro.

Don Pedro.	Pues ¿ qué es	
	lo que Vuestra Alteza manda ?	
Rey.	Dando muerte a Sancho, amigo	
	don Pedro, no se restaura	
	la vida al muerto; y querría,	2850
	evitando la desgracia	
	mayor, que le desterremos	
	a Gibraltar o a Granada,	
	donde en mi servicio tenga	
	una muerte voluntaria.	2855
	¿ Qué decís ?	
Don Pedro.	Que soy don Pedro	
	de Guzmán, y a vuestras plantas	
	me tenéis. Vuestra es mi vida,	
	vuestra es mi hacienda y espada,	
	y así serviros prometo	2860
	como el menor de mi casa.	
Rey.	Dadme esos brazos, don Pedro	
	de Guzmán; que no esperaba	

2831 causa de nuestras causas: cause of our complaints *2832 fiat:* order, command, "Let it be done." *2837-2838 Saúl, David:* two kings of Israel

	yo menos de un pecho noble.	
	Id con Dios: haced que salga	2865
	luego Farfán de Ribera.	
(*Aparte.*)	Montes la lisonja allana.	
	Vase Don Pedro.	

ESCENA XIV

Farfán, el Rey.

Farfán.	Aquí a vuestros pies estoy.	
Rey.	Farfán de Ribera, estaba	
	con pena de que muriera	2870
	Sancho Ortiz; mas ya se trata	
	de que en destierro se trueque	
	la muerte, y será más larga,	
	porque será mientras viva.	
	Vuestro parecer me falta,	2875
	para que así se pronuncie.	
Farfán.	Cosa de más importancia	
	mande a Farfán de Ribera	
	Vuestra Alteza, sin que en nada	
	repare; que mi lealtad	2880
	en servirle no repara	
	en cosa alguna.	
Rey.	En fin, sois	
	Ribera, en quien vierte el alba	
	flores de virtudes bellas	
	que os guarnecen y acompañan.	2885
	Id con Dios.	
	Vase Farfán.	

ESCENA XV

El Rey.	Bien negocié.	
	Hoy de la muerte se escapa	
	Sancho Ortiz, y mi promesa	
	sin que se entienda se salva.	
	Haré que por general	2890
	de alguna frontera vaya,	
	con que le destierro y premio.	

ESCENA XVI

Los Alcaldes, el Rey.

Don Pedro.	Ya está, gran señor, firmada
	la sentencia, y que la vea

2883 *Ribera*: river bank

	Vuestra Alteza, sólo falta.	2895
Rey.	Habrá la sentencia sido	
	como yo la deseaba	
	de tan grandes caballeros.	
Farfán.	Nuestra lealtad nos ensalza.	
Rey (*lee*).	« Fallamos y pronunciamos	2900
	que le corten en la plaza	
	la cabeza.» ¡ Esta sentencia	
	es la que traéis firmada !	
	¿ Así, villanos, cumplís	
	a vuestro rey la palabra ?	2905
	¡ Vive Dios !	
Farfán.	Lo prometido	
	con las vidas, con las almas	
	cumplirá el menor de todos	
	como ves, como arrimada	
	la vara tenga; con ella,	2910
	por las potencias humanas,	
	por la tierra y por el cielo,	
	que ninguno dellos haga	
	cosa mal hecha o mal dicha.	
Don Pedro.	Como a vasallos nos manda,	2915
	mas como alcaldes mayores,	
	no pidas injustas causas;	
	que aquello es estar sin ellas,	
	y aquesto es estar con varas,	
	y el Cabildo de Sevilla	2920
	es quien es.	
Rey.	Bueno está. Basta;	
	que todos me avergonzáis.	

ESCENA XVII

Don Arias ; Estrella. — Dichos.

Don Arias.	Ya está aquí Estrella.	
Rey.	Don Arias,	
	¿ qué he de hacer ? ¿ Qué me aconsejas	
	entre confusiones tantas ?	2925

ESCENA XVIII

El Alcaide ; Sancho ; Clarindo. — Dichos.

Alcaide.	Ya Sancho Ortiz está aquí.
Sancho.	Gran señor ¿ por qué no acabas

2900 Fallamos: We give sentence *2909-2910 como arrimada . . . tenga:* provided his staff of authority is laid down *2925* The reply of don Arias is missing.

	con la muerte mis desdichas,
	con tu rigor mis desgracias?
	Yo maté a Busto Tavera; 2930
	matadme, muera quien mata.
	Haz, señor, misericordia,
	haciendo justicia.
Rey.	Aguarda.
	¿Quién te mandó darle muerte?
Sancho.	Un papel.
Rey.	¿De quién?
Sancho.	Si hablara 2935
	el papel, él lo dijera;
	que es cosa evidente y clara;
	mas los papeles rompidos
	dan confusas las palabras.
	Sólo sé que di la muerte 2940
	al hombre que más amaba,
	por haberlo prometido.
	Mas aquí a tus pies aguarda
	Estrella mi heroica muerte,
	y aun no es bastante venganza. 2945
Rey.	Estrella, yo os he casado
	con un grande de mi casa,
	mozo, galán, y en Castilla
	príncipe, y señor de salva;
	y en premio desto os pedimos, 2950
	con su perdón, vuestra gracia,
	que no es justo que se niegue.
Estrella.	Ya, señor, que estoy casada,
	vaya libre Sancho Ortiz.
	No ejecutes mi venganza. 2955
Sancho.	¿Al fin me das el perdón
	porque su Alteza te casa?
Estrella.	Sí, por eso te perdono.
Sancho.	¿Y quedáis así vengada
	de mi agravio?
Estrella.	Y satisfecha. 2960
Sancho.	Pues por que tus esperanzas
	se logren, la vida aceto,
	aunque morir deseaba.
Rey.	Id con Dios.
Farfán.	Mirad, señor,
	que así Sevilla se agravia, 2965
	y debe morir.

2949 *señor de salva*: royal food taster, a rank of great honor   2962 *aceto* = *acepto*

Rey (*a don Arias*). ¿Qué haré,
que me apura y acobarda
esta gente?
Don Arias. Hablad.
Rey. Sevilla,
matadme a mí, que fuí causa
desta muerte. Yo mandé
matalle, y aquesto basta
para su descargo.
Sancho. Sólo
ese descargo aguardaba
mi honor. El Rey me mandó
matarle; que yo una hazaña
tan fiera no cometiera,
si el Rey no me lo mandara.
Rey. Digo que es verdad.
Farfán. Así
Sevilla se desagravia;
que pues mandasteis matalle,
sin duda os daría causa..
Rey. Admirado me ha dejado
la nobleza sevillana.
Sancho. Yo a cumplir salgo el destierro,
cumpliéndome otra palabra
que me disteis.
Rey. Yo la ofrezco.
Sancho. Yo dije que aquella dama
por mujer habías de darme
que yo quisiera.
Rey. Así pasa.
Sancho. Pues a doña Estrella pido,
y aquí a sus divinas plantas
el perdón de mis errores.
Estrella. Sancho Ortiz, yo estoy casada.
Sancho. ¿Casada?
Estrella. Sí.
Sancho. ¡Yo estoy muerto!
Rey. Estrella, ésta es mi palabra.
Rey soy, y debo cumplirla:
¿qué me respondéis?
Estrella. Que se haga
vuestro gusto. Suya soy.
Sancho. Yo soy suyo.
Rey. ¿Qué os falta?
Sancho. La conformidad.
Estrella. Pues ésa

	jamás podremos hallarla viviendo juntos.
Sancho.	Lo mesmo digo yo, y por esta causa de la palabra te absuelvo.
Estrella.	Yo te absuelvo la palabra; que ver siempre al homicida de mi hermano en mesa y cama me ha de dar pena.
Sancho.	Y a mí estar siempre con la hermana del que maté injustamente, queriéndolo como al alma.
Estrella.	¿ Pues libres quedamos ?
Sancho.	Sí.
Estrella.	Pues, adiós.
Sancho.	Adiós.
Rey.	Aguarda.
Estrella.	Señor, no ha de ser mi esposo hombre que a mi hermano mata, aunque le quiero y le adoro.
	Vase.
Sancho.	Y yo, señor, por amarla, no es justicia que lo sea.
	Vase.
Rey.	¡ Grande fe !
Don Arias.	¡ Brava constancia !
Cl. (*aparte*).	Más me parece locura.
Rey.	Toda esta gente me espanta.
Don Pedro.	Tiene esta gente Sevilla.
Rey.	Casarla pienso, y casarla como merece.
Clarindo.	Y aquí esta tragedia os consagra Cardenio, dando a *La Estrella de Sevilla* eterna fama, cuyo prodigioso caso inmortales bronces guardan.

Fin de « La Estrella de Sevilla »

During the period of Romanticism *La Estrella de Sevilla* appeared under the title *Sancho Ortiz de las Roelas*, an adaptation by Cándido Trigueros.

This play, abridged, has been translated into English, French, German, Italian and Polish.

3026 Cardenio: pseudonym of the unknown author of the play

LA ESTRELLA DE SEVILLA BIBLIOGRAPHY

ANIBAL, C. E.: "Observations on *La Estrella de Sevilla*," *Hispanic Review*, II (1934), pp. 1–38.

BELL, AUBREY F. G.: "The Author of *La Estrella de Sevilla*," *Revue Hispanique*, LIX (1923), pp. 296–300.

BELL, AUBREY F. G.: "The Authorship of *La Estrella de Sevilla*," *Modern Language Review*, XXVI (1931), pp. 97–98.

COTARELO Y MORI, EMILIO: "*La Estrella de Sevilla* es de Lope de Vega," *Revista de Archivos, Bibliotecas y Museos*, VII (1930), pp. 12–24.

DULSEY, BERNARD: "Estrella de Sevilla, ¿Adónde va?," *Hispanófila*, Madrid, No. 2 (1958), pp. 8–10.

FOULCHÉ-DELBOSC, RAYMOND: "*La Estrella de Sevilla*," *Revue Hispanique*, XLVIII (1920), pp. 497–678.

JOHNSON, HARVEY L.: "A Recent French Adaptation of *La Estrella de Sevilla*," *Romanic Review*, XXXVI (1945), pp. 222–234.

LEAVITT, STURGIS E.: *The Estrella de Sevilla* and *Claramonte*: Cambridge, 1931.

TIRSO DE MOLINA

TIRSO DE MOLINA

Tirso de Molina, pseudonym for Fray Gabriel Téllez, was a disciple of Lope de Vega and belongs to his school. Born twenty-three years after Lope and sixteen before Calderón, he is chronologically situated between the two giants of the Spanish drama (1583–1648).

In his youth he entered the Mercedarian religious order, in whose service he made several voyages, spent some years in the New World, gave courses in theology, and occupied various high positions. He wrote works of a religious nature and a history of his order. His fame, however, rests on his dramatic works, which were numerous, even if less so than those of Lope. Some four hundred *comedias* are attributed to him, of which only about eighty are known. Of this number, Tirso's authorship of some, including *El condenado por desconfiado*, has been disputed.

His style, barring instances of the virtually ubiquitous Gongorism of the age in which he wrote, is clear, free of affectation, and does not differ much from that of more modern authors. The form and content of some of his masterpieces stand up well under present-day criticism. The plots are usually simple. The characters, especially the female ones, are well drawn and display a very marked personality.

Tirso, in whose writings many a salty passage can be found, was reprimanded by his ecclesiastical superiors for the sensuality in his works. The frank, sometimes ribald, way in which he handles erotic matters—especially when dealing with women—was deemed unbecoming of a man of the cloth. He had to withdraw for ten years from writing for the theater.

Among his more notable works *El condenado por desconfiado* and *El burlador de Sevilla* stand out. In both, Tirso deals with the theological problem of free will, but conceived from two diametrically opposite points of view. The theme of *El condenado por desconfiado* is the want of confidence in the Supreme goodness, while that of *El burlador de Sevilla* is overconfidence in that same goodness.

The last-mentioned work, although it is not the best his dramatic genius produced, has the extraordinary merit of constituting the first appearance in dramatic form of one of the greatest characters in

European literature. It is from the pen of Tirso that Don Juan comes forth as a dramatic type. Starting in seventeenth-century Spain, he makes his way into virtually all literatures. He is derived partly from legend, partly from Spanish ballads, and partly from the seducing *galán* of the *comedia* with his real-life counterpart in the *calavera* (madcap) of the nobility. But Tirso's imagination transforms him into a character that is without verifiable historical basis and yet is a symbol, a fantasy, of something timeless in all men. Don Juan has been adapted, interpreted, defined, and redefined—often with a lack of understanding—by eminent writers of widely differing periods and nationalities. Molière, Goldoni, Byron, and Shaw are but a few non-Spaniards who have written works based on the type. Zorrilla's *Don Juan Tenorio*, a play of the Romantic period, is an often-performed classic of Spanish literature. Each age, each country, has recreated him in its own image. Yet the type remains Spanish, always identifiable with the prototype.

Don Juan is the romantic character par excellence. A defiant rebel, Don Juan fears neither God nor the devil, neither the living nor the dead. He stands alone against society with its moral code. Warnings of divine retribution elicit his contemptuous refrain, "*Qué largo me lo fiáis*" (freely translated, "I have time enough to repent and be saved"). There is only one reality for him: the unbridled exercise of his monstrous will, which is channeled into erotic activity to the exclusion of all other. No reflective, conflicted Hamlet, he is a man of action only—the fast pace of the play is perfectly suited to this—and that action is seduction by trickery. But seduction is only the particular form his vital impulses take. He is a supremely self-confident male erotic hero, but in a larger sense he is a hero of the will in general. In him the ego is given the completely free expression which for most can exist only in fantasy or the subconscious. He has thrown off the restrictions which check men's impulses.

Catalinón ("coward") is the more timid, restrictive voice of morality. True to the tradition of the *gracioso*, he serves to describe and comment, somewhat in the fashion of the Greek chorus, on the character and actions of the master he serves. Since he repeatedly cautions him about his transgressions, he has often been said to represent Don Juan's conscience—a conscience which Don Juan rejects, of course.

No doubt Tirso's intention was to teach a moral lesson with his work. This is clear from the terrible punishment meted out to Don Juan for his overconfidence in divine mercy. Yet it is this moral lesson which has kept *El burlador de Sevilla*, despite its having created the character, from being more universally known. Indirectly, of course, its influence was decisive. But it was non-Spanish versions, in which the religious emphasis of the original was removed, that had a far greater direct influence. Gendarme de Bévotte maintains that if the Italian Giliberto had not made Don Juan more universal by shifting away from the religious interest of Tirso, *El burlador* would not have reached beyond Spain. Molière, who developed the character in *Le Festin de Pierre* and greatly influenced subsequent treatments of the Don Juan theme, is believed to have been unfamiliar with Tirso's play. It was Giliberto's version that he built upon.

But Tirso, whether his influence was direct or indirect, remains as the genius who created a character so enduring in world literature that after more than three hundred years of shifting tastes and styles he continues to exercise the minds and talents of the finest intellectuals.

Since Freud, Don Juan, like Hamlet and countless other literary characters, has been subjected to much clinical analysis. His erotic drive has been said to be merely a function of his latent homosexuality. He is said to be incapable of love or of even sexual enjoyment, only the satisfaction of tricking the woman being what interests him. But such validity as there may be to such interpretations in no way detracts from Don Juan's literary value or his importance as a symbol of certain human aspirations.

METRICAL SCHEME OF « EL BURLADOR DE SEVILLA »
Act I

Redondillas	abba	1-120
Romance (e-a)		121-190
Redondillas	abba	191-278
Romance (o-o)		279-314
Décimas	abbaa-ccddc	315-374
Romance (o-a)		375-516
Redondillas	abba	517-696
Sueltos		697-721
Romance (e-a)		722-877
Redondillas	abba	878-981
Canción		982-985
Romance (a-a)		986-1045

Act II

Sueltos		1046-1093
Octavas reales	abababcc	1094-1125
Redondillas	abba	1126-1165
Quintilla	abbaa	1166-1170
Redondillas	abba	1171-1490
Estribillo		1491-1492
Redondillas	abba	1493-1504
Estribillo		1505-1506
Redondillas	abba	1507-1559
Estribillo		1560-1561
Redondillas	abba	1562-1615
Romance (a-a)		1616-1679
Estribillo		1680-1683
Octava real (irregular)		1684-1691
Estribillo		1692-1695
Octavas reales (incompletas)		1696-1709
Estribillo		1710
Décimas	abbaa-ccddc	1711-1797

Act III

Redondillas	abba	1798-1917
Romance (i-a)		1918-2097
Sextillas	ababcc	2098-2205
Quintillas	ababa	2206-2270
Redondillas	abba	2271-2398
Romance (-ó-)		2399-2484
Octavas reales	abababcc	2485-2532
Romance (a-a)		2533-2584
Quintillas	ababa, aabba	2585-2634
Romance (a-e)		2635-2867

EL BURLADOR DE SEVILLA

PERSONAS

Don Diego Tenorio, *viejo*.
Don Juan Tenorio, *su hijo*.
Catalinón, *lacayo*.
El Rey de Nápoles.
El Duque Octavio.
Don Pedro Tenorio.
El Marqués de la Mota.
Don Gonzalo de Ulloa.
El Rey de Castilla.
Doña Ana de Ulloa.
Fabio, *criado*.

Isabela, *Duquesa*.
Tisbea, *pescadora*.
Belisa, *villana*.
Anfriso, *pescador*.
Coridón, *pescador*.
Gaseno, *labrador*.
Batricio, *labrador*.
Ripio, *criado*.
Aminta.
Pastores.
Músicos.

La escena es en Nápoles; a orillas del mar; en Dos-Hermanas; y en Sevilla.

Época: siglo XIV

JORNADA PRIMERA

Salen Don Juan Tenorio *e* Isabela, *Duquesa*.

Isabela. Duque Octavio, por aquí
Podrás salir más seguro.
D. Juan. Duquesa, de nuevo os juro
De cumplir el dulce sí.
Isabela. Mi gloria, ¿ serán verdades, 5
Promesas y ofrecimientos,
Regalos y cumplimientos,
Voluntades y amistades ?
D. Juan. Sí, mi bien.
Isabela.   Quiero sacar
Una luz.
D. Juan.   Pues ¿ para qué ? 10
Isabela. Para que el alma dé fe
Del bien que llego a gozar.
D. Juan. Matarête la luz yo.
Isabela. ¡ Ah, cielo! ¿ Quién eres, hombre ?
D. Juan. ¿ Quién soy ? Un hombre sin nombre. 15

---
1 *Duque Octavio*: Don Juan, masquerading in this scene as the Duke 4 *el dulce sí*: promise of marriage 5–8 *Mi gloria*: term of endearment, "my love." *verdades*: Isabela asks if the things she enumerates can be true. 9–10 *sacar una luz*: get a light 13 *Matarête la luz*: I shall put out the light

ISABELA. ¿Que no eres el Duque?
D. JUAN. No.
ISABELA. ¡Ah, de palacio!
D. JUAN. Detente.
Dame, Duquesa, la mano.
ISABELA. No me detengas, villano.
¡Ah, del Rey: soldados, gente! 20

Sale el REY DE NÁPOLES *con una vela en un candelero.*

REY. ¿Qué es esto?
ISABELA. ¡El Rey! ¡Ay, triste!
REY. ¿Quién eres?
D. JUAN. ¿Quién ha de ser?
Un hombre y una mujer.
REY. Esto en prudencia consiste. (*Aparte.*)
¡Ah, de mi guarda! Prended 25
A este hombre.
ISABELA. ¡Ah, perdido honor!
Vase ISABELA.

Sale DON PEDRO TENORIO, *Embajador de España,
y guarda.*

D. PED. ¡En tu cuarto, gran señor,
Voces! ¿Quién la causa fué?
REY. Don Pedro Tenorio, a vos
Esta prisión os encargo. 30
Si ando corto, andad vos largo:
Mirad quién son estos dos;
Y con secreto ha de ser,
Que algún mal suceso creo;
Porque si yo aquí lo veo, 35
No me queda más que ver.
Vase.
D. PED. Prendelde.
D. JUAN. ¿Quién ha de osar? ...
Bien puedo perder la vida;
Mas ha de ir tan bien vendida,
Que a alguno le ha de pesar. 40
D. PED. ¡Matalde!
D. JUAN. ¿Quién os engaña?
Resuelto a morir estoy,
Porque caballero soy
Del embajador de España.

---

17 *¡Ah, de palacio!:* Men of the palace! 25 *de mi guarda:* men of my guard 31 *Si ... largo:* If I must be restrained, be you more firm. 36 *No ... ver:* It will be the end 37 *Prendelde = Prendedle:* Metathesis of the *l* and *d* is frequent in this period.

    Llegue, que solo ha de ser   45
    A quien me rinda.
D. Ped.   Apartad;
    A ese cuarto os retirad
    Todos con esa mujer.
         Vanse.
D. Ped. Ya estamos solos los dos;
    Muestra aquí tu esfuerzo y brío.   50
D. Juan. Aunque tengo esfuerzo, tío,
    No le tengo para vos.
D. Ped. ¡ Di quién eres !
D. Juan.   Ya lo digo:
    Tu sobrino.
D. Ped. *(aparte).* ¡ Ay, corazón !
    ¡ Que temo alguna traición !   55
    ¿ Qué es lo que has hecho, enemigo ?
    ¿ Cómo estás de aquesa suerte ?
    Dime presto lo que ha sido.
    ¡ Desobediente, atrevido ! . . .
    Estoy por darte la muerte.   60
    Acaba.
D. Juan.   Tío y señor,
    Mozo soy y mozo fuiste;
    Y pues que de amor supiste,
    Tenga disculpa mi amor.
    Y, pues a decir me obligas   65
    La verdad, oye y diréla:
    Yo engañé y gocé a Isabela
    La Duquesa.
D. Ped.   No prosigas;
    Tente. ¿ Cómo la engañaste ?
    Habla quedo o cierra el labio.   70
D. Juan. Fingí ser el Duque Octavio . . .
D. Ped. No digas más, calla, baste. —
    Perdido soy, si el Rey sabe *(Aparte.)*
    Este caso. ¿ Qué he de hacer ?
    Industria me ha de valer   75
    En un negocio tan grave.
    Di, vil, ¿ no bastó emprender,
    Con ira y con fuerza extraña,
    Tan gran traición en España
    Con otra noble mujer,   80
    Sino en Nápoles tambien,
    Y en el Palacio real,

---

57 *aquesa* = esa 69 *Tente:* Stop, from *tenerse* 74 *industria:* ingenuity

           Con mujer tan principal?
           ¡ Castíguete el cielo, amén !
             Tu padre desde Castilla 85
           A Nápoles te envió,
           Y en sus márgenes te dió
           Tierra la espumosa orilla
             Del mar de Italia, atendiendo
           Que el haberte recebido 90
           Pagaras agradecido;
           ¡ Y estás su honor ofendiendo,
             Y en tan principal mujer !
           Pero en aquesta ocasión
           Nos daña la dilación. 95
           Mira qué quieres hacer.
D. JUAN.   No quiero daros disculpa,
           Que la habré de dar siniestra.
           Mi sangre es, señor, la vuestra;
           Sacalda, y pague la culpa. 100
             A esos pies estoy rendido,
           Y esta es mi espada, señor.
D. PED.   Alzate y muestra valor,
           Que esa humildad me ha vencido.
             ¿ Atreveráste a bajar 105
           Por ese balcón ?
D. JUAN.   Sí atrevo,
           Que alas en tu favor llevo.
D. PED.   Pues yo te quiero ayudar.
           Vete a Sicilia o Milán,
           Donde vivas encubierto. 110
D. JUAN. Luego me iré.
D. PED.   ¿ Cierto ?
D. JUAN.   Cierto.
D. PED.   Mis cartas te avisarán
             En qué para este suceso
           Triste que causado has.
D. JUAN. Para mí alegre, dirás. (*Aparte.*) 115
           Que tuve culpa, confieso.
D. PED.   Esa mocedad te engaña.
           Baja, pues, ese balcón.
D. JUAN. Con tan justa pretensión
           Gozoso me parto a España. 120
                 Vase DON JUAN *y entra el* REY.

D. PED.   Ya ejecuté, gran señor,
           Tu justicia justa y recta

---

89 atendiendo = esperando 90 recebido = recibido 100 sacalda = sacadla : shed it 107 Que . . . llevo: For your assistance lends me wings. *113 En qué para:* What the outcome will be of *119 pretensión:* purpose

En el hombre.
REY. ¿Murió?
D. PED. Escapóse
De las cuchillas soberbias.
REY. ¿De qué forma?
D. PED. Desta forma: 125
Aún no lo mandaste apenas,
Cuando, sin dar más disculpa,
La espada en la mano aprieta,
Revuelve la capa al brazo,
Y con gallarda presteza, 130
Ofendiendo a los soldados
Y buscando su defensa,
Viendo vecina la muerte,
Por el balcón de la huerta
Se arroja desesperado. 135
Siguióle con diligencia
Tu gente. Cuando salieron
Por esa vecina puerta,
Le hallaron agonizando
Como enroscada culebra. 140
Levantóse, y al decir
Los soldados: *¡muera, muera!*
Bañado de sangre el rostro,
Con tan heroica presteza
Se fué, que quedé confuso. 145
La mujer, que es Isabela
— Que para admirarte nombro —
Retirada en esa pieza,
Dice que es el Duque Octabio
Que, con engaño y cautela, 150
La gozó.
REY. ¿Qué dices?
D. PED. Digo
Lo que ella propia confiesa.
REY. ¡Ah, pobre honor! Si eres alma (*Aparte.*)
Del hombre, ¿por qué te dejan
En la mujer inconstante, 155
Si es la misma ligereza? —
¡Hola!
Sale un CRIADO.
CRIADO. ¡Gran señor!
REY. Traed
Delante de mi presencia

---

134 huerta: garden *156 Si ... ligereza:* If she is fickleness itself

	Esa mujer.
D. Ped.	Ya la guardia
	Viene, gran señor, con ella.

Trae la guarda a Isabela.

Is. (*ap*).	¿Con qué ojos veré al Rey?
Rey.	Idos, y guardad la puerta
	De esa cuadra. Di, mujer:
	¿Qué rigor, qué airada estrella
	Te incitó, que en mi palacio,
	Con hermosura y soberbia,
	Profanases sus umbrales?
Isabela.	Señor...
Rey.	Calla, que la lengua
	No podrá dorar el yerro
	Que has cometido en mi ofensa.
	¿Aquél era el Duque Octavio?
Isabela.	Señor...
Rey.	No importan fuerzas,
	Guardas, criados, murallas,
	Fortalecidas almenas
	Para amor, que la de un niño
	Hasta los muros penetra. —
	Don Pedro Tenorio, al punto
	A esa mujer llevad presa
	A una torre, y con secreto
	Haced que al Duque le prendan;
	Que quiero hacer que le cumpla
	La palabra o la promesa.
Isabela.	Gran señor, volvedme el rostro.
Rey.	Ofensa a mi espalda hecha
	Es justicia y es razón
	Castigalla a espaldas vueltas.

Vase el Rey.

D. Ped.	Vamos, Duquesa.
Isabela.	Mi culpa
	No hay disculpa que la venza;
	Mas no será el yerro tanto
	Si el Duque Octavio lo enmienda.

Vanse y sale el Duque Octavio *y* Ripio, *su criado*.

---

163 *cuadra:* room 167 *umbrales:* portals 169 *yerro:* error 170 *en mi ofensa:* as an offense against me 172 *fuerzas:* used here in the sense of fortress 175 *la:* refers to *fuerzas* above, but here in the sense of strength; *niño:* Cupid 186 *Castigalla = Castigarla.* See page 6, v. 7, note.

Ripio.	¿Tan de mañana, señor,	
	Te levantas?	
Octavio.	No hay sosiego	
	Que pueda apagar el fuego	
	Que enciende en mi alma amor;	
	Porque, como al fin es niño,	195
	No apetece cama blanda,	
	Entre regalada holanda,	
	Cubierta de blanco armiño.	
	Acuéstase, no sosiega:	
	Siempre quiere madrugar	200
	Por levantarse a jugar;	
	Que, al fin, como niño juega.	
	Pensamientos de Isabela	
	Me tienen amigo sin calma,	
	Que como vive en el alma	205
	Anda el cuerpo siempre en vela,	
	Guardando ausente y presente	
	El castillo del honor.	
Ripio.	Perdóname, que tu amor	
	Es amor impertinente.	210
Octav.	¿Qué dices, necio?	
Ripio.	Esto digo:	
	Impertinencia es amar	
	Como amas; ¿quiés escuchar?	
Octav.	Ea, prosigue.	
Ripio.	Ya prosigo.	
	¿Quiérete Isabela a ti?	215
Octav.	Eso, necio, ¿has de dudar?	
Ripio.	No; más quiero preguntar:	
	Y tú, ¿no la quieres?	
Octav.	Sí.	
Ripio.	Pues ¿no seré majadero,	
	Y de solar conocido,	220
	Si pierdo yo mi sentido	
	Por quien me quiere y la quiero?	
	Si ella a ti no te quisiera,	
	Fuera bien el porfialla,	
	Regalalla y adoralla	225
	Y aguardar que se rindiera;	
	Mas si los dos os queréis	
	Con una mesma igualdad,	

---

206 en vela: without peace (like a soul not at rest) *213 quiés = quieres 220 de solar conocido:* a legitimate one, i.e., a blooming idiot *224 porfialla=porfiarla:* importune her. This assimilation occurs frequently during the seventeenth century. *228 mesma = misma*

| | Dime: ¿ hay más dificultad
De que luego os desposéis? | 230 |
|---|---|---|
| Octav. | Eso fuera, necio, a ser
De lacayo o lavandera
La boda. | |
| Ripio. | Pues, ¿ es quienquiera
Una lavandriz mujer,
  Lavando y fregatrizando,
Defendiendo y ofendiendo,
Los paños suyos tendiendo,
Regalando y remendando?
— Dando dije, porque al dar
No hay cosa que se le iguale.
Y si no a Isabela dale,
A ver si sabe tomar. | 235

240 |

Sale un Criado.

| Criado. | El Embajador de España
En este punto se apea
En el zaguán, y desea,
Con ira y fiereza extraña,
  Hablarte; y si no entendí
Yo mal, entiendo es prisión. | 245 |
|---|---|---|
| Octav. | ¡Prisión! Pues ¿ por qué ocasión?
Decid que entre. | |

Entra Don Pedro Tenorio, *con guardas.*

| D. Ped. | Quien así
Con tanto descuido duerme,
Limpia tiene la conciencia. | 250 |
|---|---|---|
| Octav. | Cuando viene Vuexcelencia
A honrarme y favorecerme,
  No es justo que duerma yo;
Velaré toda mi vida.
¿ A qué y por qué es la venida? | 255 |
| D. Ped. | Porque aquí el Rey me envió. | |
| Octav. | Si el Rey, mi señor, se acuerda
De mí en aquesta ocasión,
Será justicia y razón
Que por él la vida pierda.
  Decidme, señor, ¿ qué dicha
O qué estrella me ha guiado,
Que de mí el Rey se ha acordado? | 260

265 |
| D. Ped. | Fué, Duque, vuestra desdicha.
Embajador del Rey soy; | |

---

230 *desposéis*: marry 231–233 *A ser ... boda*: if the wedding were 235 *fregatrizando* = *fregando*: scouring 253 *Vuexcelencia* = *Vuestra excelencia*

	Dél os traigo una embajada.	
Octav.	Marqués, no me inquieta nada;	
	Decid, que aguardando estoy.	270
D. Ped.	A prenderos me ha enviado	
	El Rey; no os alborotéis.	
Octav.	¡ Vos por el Rey me prendéis!	
	Pues ¿ en qué he sido culpado ?	
D. Ped.	Mejor lo sabéis que yo;	275
	Mas, por si acaso me engaño,	
	Escuchad el desengaño	
	Y a lo que el Rey me envió.	
	Cuando los negros gigantes,	
	Plegando funestos toldos	280
	Ya del crepúsculo huían	
	Tropezando unos con otros;	
	Estando yo con Su Alteza	
	Tratando ciertos negocios	
	Porque antípodas del sol	285
	Son siempre los poderosos,	
	Voces de mujer oímos,	
	Cuyos ecos menos roncos	
	Por los artesones sacros,	
	Nos repitieron ¡ socorro !	290
	A las voces y al ruido	
	Acudió, Duque, el Rey proprio;	
	Halló a Isabela en los brazos	
	De algún hombre poderoso . . .	
	Mas quien al cielo se atreve	295
	Sin duda es gigante o monstruo.	
	Mandó el Rey que los prendiera,	
	Quedé con el hombre solo,	
	Llegué y quise desarmalle;	
	Pero pienso que el demonio	300
	En él tomó forma humana,	
	Pues que, vuelto en humo y polvo,	
	Se arrojó por los balcones	
	Entre los pies de esos olmos,	
	Que coronan del palacio	305
	Los chapiteles hermosos.	
	Hice prender la Duquesa,	
	Y en la presencia de todos	
	Dice que es el Duque Octavio	

279–281 Cuando . . . huían: When the gigantic shadows, folding their mournful tents, were fleeing from dawn; i.e., at daybreak *285–286 antípodas . . . poderosos:* men in power work into the night *289 artesones:* vaultings *295–296 Mas . . . gigante:* reference to the Titans, who rose against their parents, rulers of the universe *304 olmos:* elms *306 chapiteles* = *capiteles:* spires

El que con mano de esposo
La gozó. 310

OCTAV. ¿Qué dices?
D. PED. Digo
Lo que al mundo es ya notorio
Y que tan claro se sabe:
Que Isabela por mil modos...
OCTAV. Dejadme, no me digáis 315
Tan gran traición de Isabela.
Mas, si fué su amor cautela
Mal hacéis si lo calláis.
Mas sí, veneno me dáis
Que a un firme corazón toca, 320
Y así a decir me provoca;
Que imita a la comadreja,
Que concibe por la oreja
Para parir por la boca.
¿Será verdad que Isabela, 325
Alma, se olvidó de mí
Para darme muerte? Sí,
Que el bien sueña y el mal vela.
Ya el pecho nada recela,
Juzgando si son antojos: 330
Que, por darme más enojos,
Al entendimiento entró,
Y por la oreja escuchó
Lo que acreditan los ojos.
Señor Marqués, ¿es posible 335
Que Isabela me ha engañado
Y que mi amor ha burlado?
Parece cosa imposible.
¡Oh mujer!... Ley tan terrible
De honor... ¿A quién me provoco 340
A emprender?... Mas yo ¿no toco
En tu honor esta cautela? —
¡Anoche con Isabela
Hombre en palacio! ¡Estoy loco!
D. PED. Como es verdad que en los vientos 345
Hay aves, en el mar peces,
Que participan a veces
De todos cuatro elementos;
Como en la gloria hay contentos,

---

310 *con mano de esposo*: promising to marry her 312 *notorio*: well known 317 *cautela*: deception 322–324 Ancient legend of the weasel (Ovid, *Metamorphoses*, IX, 306–321) 330 *si son antojos*: that it is imagination 348 *cuatro elementos*: earth, air, fire, and water

	Lealtad en el buen amigo,	350
	Traición en el enemigo,	
	En la noche escuridad	
	Y en el día claridad,	
	Así es verdad lo que digo.	
Octav.	Marqués, yo os quiero creer.	355
	Ya no hay cosa que me espante	
	Que la mujer más constante	
	Es, en efeto, mujer.	
	No me queda más que ver,	
	Pues es patente mi agravio.	360
D. Ped.	Pues que sois prudente y sabio,	
	Elegid el mejor medio.	
Octav.	Ausentarme es mi remedio.	
D. Ped.	Pues sea presto, Duque Octavio.	
Octav.	Embarcarme quiero a España	365
	Y darle a mis males fin.	
D. Ped.	Por la puerta del jardín,	
	Duque, esta prisión se engaña.	
Octav.	¡Ah, veleta! ¡Débil caña!	
	A más furor me provoco	370
	Y extrañas provincias toco	
	Huyendo desta cautela.	
	¡Patria, adiós! ¿Con Isabela	
	Hombre en palacio? ¡Estoy loco!	

Vanse y sale Tisbea, *pescadora, con una caña de pescar en la mano.*

Tisbea.	Yo, de cuantas el mar	375
	Pies de jazmín y rosa —	
	En sus riberas besa	
	Con fugitivas olas,	
	Sola de amor esenta,	
	Como en ventura sola,	380
	Tirana me reservo	
	De sus prisiones locas.	
	Aquí donde el sol pisa	
	Soñolientas las ondas,	
	Alegrando zafiros —	385
	Los que espantaban sombras —	
	Por la menuda arena,	
	Unas veces aljófar,	

---

352 escuridad = obscuridad *366* darle = darles *369* veleta: weather vane, i.e., fickle one *379* esenta = exenta: deprived *383–386* el ... sombras the sun strikes the sleeping waters, bringing out their blue which chases the shadows. *388* aljófar: dewdrops

Y átomos otras veces
Del sol, que así le dora   390
Oyendo de las aves
Las quejas amorosas,
Y los combates dulces
Del agua entre las rocas;
Ya con la sutil caña,   395
Que al débil peso dobla
Del necio pececillo
Que el mar salado azota;
O ya con la atarraya,
Que en sus moradas hondas   400
Prende cuantos habitan
Aposentos de conchas:
Segura me entretengo,
Que en libertad se goza
El alma; que amor áspid   405
No le ofende ponzoña.
En pequeñuelo esquife,
Y ya en compañía de otras,
Tal vez al mar le peino
La cabeza espumosa;   410
Y cuando más perdidas
Querellas de amor forman,
Como de todos río,
Envidia soy de todas.
¡Dichosa yo mil veces,   415
Amor, pues me perdonas,
Si ya, por ser humilde,
No desprecias mi choza,
Obelisco de paja!
Mi edificio coronan   420
Nidos, si no hay cigarras,
O tortolillas locas.
Mi honor conservo en pajas
Como fruta sabrosa,
Vidrio guardado en ellas   425
Para que no se rompa.
De cuantos pescadores
Con fuego Tarragona
De piratas defiende
En la argentada costa,   430
Desprecio, soy encanto;
A sus suspiros, sorda,

---

399 atarraya: casting net *405–406 amor . . . ponzoña:* love does not, like an asp, sting it with its poison *409–410 al . . . espumosa:* i.e., I sail *428 fuego:* lights

A sus ruegos, terrible,
A sus promesas, roca.
Anfriso, a quien el cielo   435
Con mano poderosa,
Prodigio en cuerpo y alma
Dotó de gracias todas,
Medido en las palabras,
Liberal en las obras,   440
Sufrido en los desdenes,
Modesto en las congojas:
Mis pajizos umbrales,
Que heladas noches ronda,
A pesar de los tiempos,   445
Las mañanas remoza.
Pues ya con ramos verdes,
Que de los olmos corta,
Mis pajas amanecen
Ceñidas de lisonjas;   450
Ya con vigüelas dulces
Y sutiles zampoñas
Músicas me consagra,
Y todo no me importa
Porque en tirano imperio   455
Vivo, de amor señora;
Que hallo gusto en sus penas
Y en sus infiernos gloria.
Todas por él se mueren,
Y yo todas las horas   460
Le mato con desdenes;
De amor condición propia,
Querer donde aborrecen,
Despreciar donde adoran;
Que si le alegran, muere,   465
Y vive si le oprobian.
En tan alegres días
Segura de lisonjas,
Mis juveniles años
Amor no los malogra;   470
Que en edad tan florida,
Amor, no es suerte poca
No ver tratando enredos
Las tuyas amorosas.
Pero, necio discurso,   475
Que mi ejercicio estorbas,

451 vigüelas = vihuelas: guitars *452 zampoñas:* rustic flutes *456 de amor señora:* mistress over love *474 Las tuyas amorosas:* Your (love's) amorous flatteries (*lisonjas,* v. 468) *476 mi ejercicio:* what I am doing, i.e., my fishing

En él no me diviertas
En cosa que no importa.
Quiero entregar la caña
Al viento, y a la boca   480
Del pececillo el cebo.
Pero al agua se arrojan
Dos hombres de una nave,
Antes que el mar la sorba,
Que sobre el agua viene   485
Y en un escollo aborda.
Como hermoso pavón,
Hacen las velas cola,
Adonde los pilotos
Todos los ojos pongan.   490
Las olas va escarbando.
Y ya su orgullo y pompa
Casi la desvanece . . .
Agua un costado toma.
— Hundióse, y dejó al viento   495
La gavia, que la escoja
Para morada suya;
Que un loco en gavias mora.
    Dentro.   ¡ Que me ahogo ! —
Un hombre al otro aguarda,
Que dice que se ahoga: 500
¡ Gallarda cortesía !
En los hombros le toma:
Anquises se hace Eneas,
Si el mar está hecho Troya.
Ya, nadando, las aguas   505
Con valentía corta,
Y en la playa no veo
Quien le ampare y socorra,
Daré voces: ¡ Tirseo,
Anfriso, Alfredo ! ¡ hola !   510
Pescadores me miran,
¡ Plega a Dios que me oigan !
Mas milagrosamente
Ya tierra los dos toman,
Sin aliento el que nada,   515
Con vida el que le estorba.

---

477 no me diviertas: do not distract me *487–490 Como . . . pongan:* The sails bellow out like a beautiful peacock's tail feathers, all of whose eyes (ringlets) the pilots fasten upon them *496 gavia:* main topsail, also madman's cage *503 Anquises:* Anchises (myth.), whom Aeneas carried on his back and saved from burning Troy *512 Plega:* subjunctive of *placer,* to please. Here, May it please

Saca en brazos Catalinón *a* Don Juan, *mojados.**

CATAL. ¡ Válgame la Cananea,
Y qué salado está el mar!
Aquí puede bien nadar
El que salvarse desea,
   Que allá dentro es desatino.
Donde la muerte se fragua,
Donde Dios juntó tanta agua,
No juntara tanto vino.
   Agua salada: ¡ estremada
Cosa para quien no pesca!
Si es mala aun el agua fresca,
¿ Qué será el agua salada?
   ¡ Oh, quién hallara una fragua
De vino, aunque algo encendido!
Si del agua que he bebido
Escapo hoy, no más agua.
   Desde hoy abernuncio della,
Que la devoción me quita
Tanto, que aun agua bendita
No pienso ver, por no vella.
   ¡ Ah, señor! Helado y frío
Está. ¿ Si estará ya muerto?
Del mar fué este desconcierto
Y mío este desvarío.
   ¡ Mal haya aquel que primero
Pinos en la mar sembró,
Y que sus rumbos midió
Con quebradizo madero!
   ¡ Maldito sea el vil sastre
Que cosió el mar que dibuja
Con astronómica aguja,
Causa de tanto desastre!
   ¡ Maldito sea Jasón,
Y Tisis maldito sea!
Muerto está, no hay quien lo crea.

---

*As may be seen from lines 514, 515, 557, 558, Don Juan saves Catalinón; on reaching the shore he drops from exhaustion, and the servant has to carry him. *517 Cananea:* the promised land *533 abernuncio* = (Lat.) *abrenuntio:* I renounce *542 Pinos:* Masts, i.e., ships *544 madero:* log *547 aguja:* compass as well as sewing needle *549 Jasón* (myth.): the leader of the Argonauts who went in search of the Golden Fleece *550 Tisis:* Theseus, Greek hero who, according to legend, took part in the expedition of the Argonauts

|||||||Mísero Catalinón!
¿Qué he de hacer?
TISBEA. Hombre, ¿qué tienes
En desventuras iguales?
CATAL. Pescadora, muchos males, 555
Y falta de muchos bienes.
Veo, por librarme a mí,
Sin vida a mi señor. Mira
Si es verdad.
TISBEA. No, que aún respira.
CATAL. ¿Por dónde? ¿Por aquí?
TISBEA. Sí; 560
Pues ¿por dónde?
CATAL. Bien podía
Respirar por otra parte.
TISBEA. Necio estás.
CATAL. Quiero besarte
Las manos de nieve fría.
TISBEA. Ve a llamar los pescadores 565
Que en aquella choza están.
CATAL. Y si los llamo, ¿vendrán?
TISBEA. Vendrán presto, no lo ignores,
¿Quién es este caballero?
CATAL. Es hijo aqueste señor 570
Del Camarero mayor
Del Rey, por quien ser espero
Antes de seis dias Conde
En Sevilla, donde va,
Y adonde Su Alteza está, 575
Si a mi amistad corresponde.
TISBEA. ¿Cómo se llama?
CATAL. Don Juan
Tenorio.
TISBEA. Llama mi gente.
CATAL. Ya voy.

Vase y coge en el regazo TISBEA *a* DON JUAN.

TISBEA. Mancebo excelente,
Gallardo, noble y galán. 580
Volved en vos, caballero.
D. JUAN. ¿Dónde estoy?
TISBEA. Ya podéis ver:
En brazos de una mujer.
D. JUAN. Vivo en vos, si en el mar muero.
Ya perdí todo el recelo 585
Que me pudiera anegar,

561-562 Bien ... parte: a dirty joke 571 Camarero: Chamberlain

	Pues del infierno del mar	
	Salgo a vuestro claro cielo.	
	Un espantoso huracán	
	Dió con mi nave al través,	590
	Para arrojarme a esos pies,	
	Que abrigo y puerto me dan	
	Y en vuestro divino Oriente	
	Renazco, y no hay que espantar,	
	Pues veis que hay de amar a mar	595
	Una letra solamente.	
Tisbea.	Muy grande aliento tenéis	
	Para venir sin aliento,	
	Y tras de tanto tormento,	
	Mucho tormento ofrecéis.	600
	Pero si es tormento el mar,	
	Y son sus ondas crueles,	
	La fuerza de los cordeles	
	Pienso que así os hace hablar.	
	Sin duda que habéis bebido	605
	Del mar la oración pasada,	
	Pues, por ser de agua salada,	
	Con tan grande sal ha sido.	
	Mucho habláis cuando no habláis;	
	Y cuando muerto venís,	610
	Mucho al parecer sentís:	
	¡ Plega a Dios que no mintáis!	
	Parecéis caballo griego	
	Que el mar a mis pies desagua,	
	Pues venís formado de agua	615
	Y estáis preñado de fuego.	
	Y si mojado abrasáis,	
	Estando enjuto ¿ qué haréis ?	
	Mucho fuego prometéis;	
	¡ plega a Dios que no mintáis!	620
D. Juan.	A Dios, zagala, pluguiera	
	Que en el agua me anegara	
	Para que cuerdo acabara	
	Y loco en vos no muriera;	
	Que el mar pudiera anegarme	625
	Entre sus olas de plata	
	Que sus límites desata;	
	Mas no pudiera abrasarme,	

---

593 Oriente: the East, where the sun rises (is reborn) *597–598 aliento:* The first *aliento* means "vigor," the second "breath." *600 Mucho tormento ofrecéis:* i.e., You bring me the pangs of love. *603 cordeles:* the torturing ropes of the rack *613 caballo griego:* reference to the Trojan horse *621 A Dios, zagala, pluguiera:* Would that it had pleased God, lass

	Gran parte del sol mostráis,	
	Pues que el sol os da licencia,	630
	Pues sólo con la apariencia,	
	Siendo de nieve abrasáis.	
Tisbea.	Por más helado que estáis,	
	Tanto fuego en vos tenéis,	
	Que en este mío os ardéis.	635
	¡Plega a Dios que no mintáis!	

Salen Catalinón, Coridón *y* Anfriso, *pescadores.*

Catal.	Ya vienen todos aquí.	
Tisbea.	Y ya está tu dueño vivo.	
D. Juan.	Con tu presencia recibo	
	El aliento que perdí.	640
Corid.	¿Qué nos mandas?	
Tisbea.	Coridón.	
	Anfriso, amigos.	
Corid.	Todos	
	Buscamos por varios modos	
	Esta dichosa ocasión.	
	Di, que nos mandas, Tisbea;	645
	Que por labios de clavel	
	No lo habrás mandado a aquel	
	Que idolatrarte desea,	
	Apenas, cuando al momento,	
	Sin cesar en llano o sierra,	650
	Surque el mar, tale la tierra,	
	Pise el fuego, el aire, el viento.	
Tisbea *(ap.)*.	¡Oh, qué mal me parecían	
	Estas lisonjas ayer,	
	Y hoy echo en ellas de ver	655
	Que sus labios no mentían!—	
	Estando, amigos, pescando	
	Sobre este peñasco, vi	
	Hundirse una nave allí,	
	Y entre las olas nadando	660
	Dos hombres, y compasiva,	
	Dí voces que nadie oyó;	
	Y en tanta aflición, llegó	
	Libre de la furia esquiva	
	Del mar, sin vida a la arena,	665
	Déste en los hombros cargado,	
	Un hidalgo, ya anegado;	
	Y envuelta en tan triste pena,	

649–652 Apenas . . . viento: Coridón's way of saying he will brave all four elements to obey Tisbea's command

	A llamaros envié.	
Anfris.	Pues aquí todos estamos,	670
	Manda que tu gusto hagamos,	
	Lo que pensado no fué.	
Tisbea.	Que a mi choza los llevemos	
	Quiero, donde, agradecidos,	
	Reparemos sus vestidos,	675
	Y allí los regalaremos;	
	Que mi padre gusta mucho	
	Desta debida piedad.	
Catal.	¡Estremada es su beldad!	
D. Juan.	Escucha aparte.	
Catal.	Ya escucho.	680
D. Juan.	Si te pregunta quién soy,	
	Di que no sabes.	
Catal.	¡A mí...	
	Quieres advertirme a mí	
	Lo que he de hacer!	
D. Juan.	Muerto voy	
	Por la hermosa pescadora.	685
	Esta noche he de gozalla.	
Catal.	¿De qué suerte?	
D. Juan.	Ven y calla.	
Corid.	Anfriso: dentro de un hora	
	Los pescadores prevén	
	Que canten y bailen.	
Anfris.	Vamos,	690
	Y esta noche nos hagamos	
	Rajas y paños también.	
D. Juan.	Muerto voy.	
Tisbea.	¿Cómo, si andáis?	
D. Juan.	Ando en pena como veis.	
Tisbea.	Mucho habláis.	
D. Juan.	Mucho entendéis.	695
Tisbea.	¡Plega a Dios que no mintáis!	

Vanse.

Salen Don Gonzalo *de* Ulloa *y el* Rey Don Alonso *de* Castilla.*

Rey.	¿Cómo os ha sucedido en la Embajada,
	Comendador mayor?
D. Gon.	Hallé en Lisboa

683–684 Catalinón has already revealed Don Juan's identity in vv. 570–572. *691–692 nos ... paños:* let's sing and dance ourselves to a frazzle *693 Muerto voy:* i.e., I'm stricken with love. *694 Ando en pena:* I go about like a soul in torment *Rey ... Castilla:* Alfonso XI, King of Castile and León (1312–1350)

	Al Rey Don Juan, tu primo, previniendo
	Treinta naves de armada.
Rey.	¿ Y para dónde ?
D. Gon.	Para Goa, me dijo: mas yo entiendo
	Que a otra empresa más fácil apercibe:
	A Ceuta o Tánger pienso que pretende
	Cercar este verano.
Rey.	Dios le ayude,
	Y premie el cielo de aumentar su gloria.
	¿ Qué es lo que concertasteis ?
D. Gon.	Señor, pide
	A Serpa y Mora y Olivencia y Toro,
	Y por eso te vuelve a Villaverde,
	Al Almendral, a Mértola y Herrera
	Entre Castilla y Portugal.
Rey.	Al punto
	Se firmen los conciertos, Don Gonzalo.
	Mas decidme primero cómo ha ido
	En el camino, que vendréis cansado
	Y alcanzado también.
D. Gon.	Para serviros,
	Nunca, señor, me canso.
Rey.	¿ Es buena tierra
	Lisboa ?
D. Gon.	La mayor ciudad de España;
	Y si mandas que diga lo que he visto
	De lo exterior y célebre, en un punto
	En tu presencia te pondré un retrato.
Rey.	Yo gustaré de oíllo. Dadme silla
D. Gon.	Es Lisboa una otava maravilla.
	De las entrañas de España,
	Que son las tierras de Cuenca,
	Nace el caudaloso Tajo,
	Que media España atraviesa.
	Entra en el mar Océano
	En las sagradas riberas
	De esta ciudad, por la parte
	Del Sur; mas antes que pierda

---

699 *Rey Don Juan:* Juan I of Portugal (1357–1433), son of *Pedro el Cruel* of Castile. An anachronism. 701 *Goa:* a Portuguese colony in Asia. Another anachronism; Goa was not conquered by the Portuguese until the sixteenth century. 716 *Lisboa:* Portugal was united to Spain at the time the play was written but not at the time the action takes place. 721 *otava* = *octava* 726 *Oceano: Océano* is often stressed on the *a*.

Su curso y su claro nombre, 730
Hace un puerto entre dos sierras,
Donde están de todo el orbe
Barcas, naves, carabelas.
Hay galeras y saetías
Tantas, que desde la tierra 735
Parece una gran ciudad
Adonde Neptuno reina.
A la parte del Poniente
Guardan del puerto dos fuerzas,
De *Cascaes y San Juan*, 740
Las más fuertes de la tierra.
Está, desta gran ciudad,
Poco más de media legua,
Belén, convento del santo
Conocido por la piedra, 745
Y por el león de guarda,
Donde los reyes y reinas
Católicos y cristianos
Tienen sus casas perpetuas.
Luego esta máquina insigne, 750
Desde Alcántara comienza
Una gran legua a tenderse
Al convento de Jabregas.
En medio está el valle hermoso
Coronado de tres cuestas, 755
Que quedara corto Apeles
Cuando pintarlas quisiera.
Porque, miradas de lejos,
Parecen piñas de perlas
Que están pendientes del cielo, 760
En cuya grandeza inmensa
Se ven diez Romas cifradas
En conventos y en iglesias,
En edificios y calles,
En solares y encomiendas, 765
En las letras y en las armas,
En la justicia tan recta,
Y en una Misericordia
Que está honrando su ribera
Y pudiera honrar a España 770
Y aun enseñar a tenerla.

---

734 saetías: three-masted Latin boats *739 fuerzas:* fortresses *744 Belén:* a convent built in 1499
744-746 santo . . . guarda: Jerome, who used to do penance by inflicting wounds on his chest with a flint. The lion, befriended once by the saint, guarded the convent. *756 Apeles:* Greek painter of the fourth century *768 Misericordia:* a large foundling hospital finished in 1534

Y en lo que yo más alabo
Desta máquina soberbia,
Es, que del mismo castillo,
En distancia de seis leguas, 775
Se ven sesenta lugares,
Que llega el mar a sus puertas,
Uno de los cuales es
El convento de *Olivelas*,
En el cual vi por mis ojos 780
Seiscientas y treinta celdas,
Y entre monjas y beatas
Pasan de mil y doscientas.
Tiene desde allí a Lisboa,
En distancia muy pequeña, 785
Mil y ciento treinta quintas,
Que en nuestra provincia Bética
Llaman cortijos, y todas
Con sus huertos y alamedas.
En medio de la ciudad 790
Hay una plaza soberbia,
Que se llama del *Rucío*,
Grande, hermosa y bien dispuesta,
Que habrá cien años, y aun más,
Que el mar bañaba su arena, 795
Y ahora della a la mar
Hay treinta mil casas hechas;
Que, perdiendo el mar su curso,
Se tendió a partes diversas.
Tiene una calle que llaman 800
Rua Nova o calle Nueva,
Donde se cifra el Oriente
En grandezas y riquezas,
Tanto, que el Rey me contó
Que hay un mercader en ella 805
Que, por no poder contarlo,
Mide el dinero a fanegas.
El terrero, donde tiene
Portugal su casa regia,
Tiene infinitos navíos, 810
Varados siempre en la tierra
De sólo cebada y trigo
De Francia y Ingalaterra.
Pues el Palacio Real,

---

787 *Bética*: modern Andalusia   801 *calle Nueva*: site of a market for oriental goods

Que el Tajo sus manos besa, 815
Es edificio de Ulises,
Que basta para grandeza,
De quien toma la ciudad
Nombre en la latina lengua,
Llamándose Ulisibona, 820
Cuyas armas son la esfera,
Por pedestal de las llagas
Que en la batalla sangrienta
Al rey Don Alfonso Enríquez
Dió la Majestad Inmensa. 825
Tiene en su gran Tarazana
Diversas naves, y entre ellas
Las naves de la conquista,
Tan grandes, que de la tierra
Miradas, juzgan los hombres 830
Que tocan en las estrellas.
Y lo que desta ciudad
Te cuento por excelencia,
Es, que estando sus vecinos
Comiendo, desde las mesas 835
Ven los copos del pescado
Que junto a sus puertas pescan,
Que, bullendo entre las redes,
Vienen a entrarse por ellas;
Y sobre todo, el llegar 840
Cada tarde a su ribera
Más de mil barcos cargados
De mercancías diversas
Y de sustento ordinario;
Pan, aceite, vino y leña, 845
Frutas de infinita suerte,
Nieve de Sierra de Estrella,
Que por las calles a gritos,
Puestas sobre las cabezas,
La venden; mas ¿qué me canso? 850
Porque es contar las estrellas
Querer contar una parte
De la ciudad opulenta.
Ciento y treinta mil vecinos
Tiene, gran señor, por cuenta; 855
Y por no cansarte más,

---

815 Que . . . besa: whose hands the Tagus kisses *816 Ulises:* Ulysses, after whom Tirso wrongly supposes Lisbon was named. *823 batalla:* that of Urique in 1139 *824 Don Alfonso Enríquez:* Alfonso I (1111-1185), founder of the kingdom of Portugal *846 Tarazana:* navy yard

	Un Rey que tus manos besa.
Rey.	Más estimo, Don Gonzalo,
	Escuchar de vuestra lengua
	Esa relación sucinta, 860
	Que haber visto su grandeza.
	¿ Tenéis hijos ?
D. Gon.	Gran señor,
	Una hija hermosa y bella,
	En cuyo rostro divino
	Se esmeró naturaleza. 865
Rey.	Pues yo os la quiero casar
	De mi mano.
D. Gon.	Como sea
	Tu gusto, digo, señor,
	Que yo lo aceto por ella.
	Pero ¿ quién es el esposo ? 870
Rey.	Aunque no está en esta tierra,
	Es de Sevilla, y se llama
	Don Juan Tenorio.
D. Gon.	Las nuevas
	Voy a llevar a Doña Ana
	 875
Rey.	Id en buen hora, y volved,
	Gonzalo, con la respuesta.

Vanse y sale Don Juan Tenorio y Catalinón.

D. Juan.	Esas dos yeguas prevén,
	Pues acomodadas son.
Catal.	Aunque soy Catalinón, 880
	Soy, señor, hombre de bien,
	Que no se dijo por mí:
	« Catalinón es el hombre »
	Que sabes; que aquese nombre
	Me asienta al revés a mí. 885
D. Juan.	Mientras que los pescadores
	Van de regocijo y fiesta,
	Tú las dos yeguas apresta;
	Que de sus pies voladores
	Solo nuestro engaño fío. 890
Catal.	Al fin, ¿ pretendes gozar
	A Tisbea ?
D. Juan.	Si burlar
	Es hábito antiguo mío,

---

869 aceto = acepto 875 Verse missing. Sense not altered. 878 *yeguas*: mares 881 *hombre de bien*: man of honor 883 *Catalinón*: (vulgar) coward

        ¿ Qué me preguntas, sabiendo
      Mi condición ?

CATAL.   Ya sé que eres
      Castigo de las mujeres.

D. JUAN. Por Tisbea estoy muriendo,
      Que es buena moza.

CATAL.   ¡ Buen pago
      A su hospedaje deseas !

D. JUAN. Necio, lo mismo hizo Eneas
      Con la reina de Cartago.

CATAL.   Los que fingís y engañáis
      Las mujeres desa suerte
      Lo pagaréis en la muerte.

D. JUAN. ¡ Qué largo me lo fiáis !
      Catalinón con razón
      Te llaman.

CATAL.   Tus pareceres
      Sigue, que en burlar mujeres
      Quiero ser Catalinón.
        Ya viene la desdichada.

D. JUAN. Vete, y las yeguas prevén.

CATAL. ¡ Pobre mujer ! Harto bien
      Te pagamos la posada.

       Vase CATALINÓN *y sale* TISBEA.

TISBEA.   El rato que sin ti estoy
      Estoy ajena de mí.

D. JUAN. Por lo que finges ansí,
      Ningún crédito te doy.

TISBEA.   ¿ Por qué ?

D. JUAN.   Porque, si me amaras,
      Mi alma favorecieras.

TISBEA. Tuya soy.

D. JUAN.   Pues di, ¿ qué esperas,
      O en qué, señora, reparas ?

TISBEA.   Reparo que fué castigo
      De amor, el que he hallado en ti.

D. JUAN. Si vivo, mi bien, en ti,
      A cualquier cosa me obligo.
        Aunque yo sepa perder
      En tu servicio la vida,
      La diera por bien perdida,
      Y te prometo de ser

---

895 condición: nature, character *898 buena moza:* good-looking girl *900 Eneas:* Aeneas, hero of Virgil's *Aeneid* who spurned Dido *916 ansí = así*

	Tu esposo.	
Tisbea.	Soy desigual	930
	A tu ser.	
D. Juan.	Amor es rey	
	Que iguala con justa ley	
	La seda con el sayal.	
Tisbea.	Casi te quiero creer. . . .	
	Mas sois los hombres traidores.	935
D. Juan.	¿ Posible es, mi bien, que ignores	
	Mi amoroso proceder ?	
	Hoy prendes por tus cabellos	
	Mi alma.	
Tisbea.	Yo a tí me allano	
	Bajo la palabra y mano	940
	De esposo.	
D. Juan.	Juro, ojos bellos	
	Que mirando me matáis,	
	De ser vuestro esposo.	
Tisbea.	Advierte,	
	Mi bien, que hay Dios y que hay muerte.	
D. Juan.	¡ Qué largo me lo fiáis !	945
	Y mientras Dios me dé vida	
	Yo vuestro esclavo seré.	
	Esta es mi mano y mi fe	
Tisbea.	No seré en pagarte esquiva.	
D. Juan.	Ya en mí mismo no sosiego.	950
Tisbea.	Ven, y será la cabaña	
	Del amor que me acompaña	
	Tálamo de nuestro fuego.	
	Entre estas cañas te esconde	
	Hasta que tenga lugar.	955
D. Juan.	¿ Por dónde tengo de entrar ?	
Tisbea.	Ven y te diré por dónde.	
D. Juan.	Gloria al alma, mi bien, dais.	
Tisbea.	Esa voluntad te obligue,	
	Y si no, Dios te castigue.	960
D. Juan.	¡ Qué largo me lo fiáis !	

Vanse y sale Coridón, Anfriso, Belisa *y* Músicos.

Corid.	Ea, llamad a Tisbea,
	Y los zagales llamad

---

933 sayal: sackcloth *941 Juro:* I swear. Note that Don Juan, under the influence of casuistic morality, swears to marry not Tisbea but her eyes. *953 Tálamo:* bride chamber *955 tenga lugar:* This is not the French *avoir lieu* but rather *tenga tiempo.*

	Para que en la soledad
	El huésped la corte vea.
ANFRIS.	¡Tisbea, Lucinda, Atandra!
	No vi cosa más cruel.
	¡Triste y mísero de aquel
	Que su fuego es salamandra!
	Antes que el baile empecemos
	A Tisbea prevengamos.
BELISA.	Vamos a llamarla.
CORID.	Vamos.
BELISA.	A su cabaña lleguemos.
CORID.	¿No ves que estará ocupada
	Con los huéspedes dichosos,
	De quien hay mil envidiosos?
ANFRIS.	Siempre es Tisbea envidiada.
BELISA.	Cantad algo, mientras viene,
	Porque queremos bailar.
ANFRIS.	¿Cómo podrá descansar *(Aparte.)*
	Cuidado que celos tiene?

(Cantan.)

A pescar salió la niña
Tendiendo redes,
Y en lugar de peces
Las almas prende.

Sale TISBEA.

TISBEA.	¡Fuego, fuego! ¡que me quemo!
	¡Que mi cabaña se abrasa!
	Repicad a fuego, amigos,
	Que ya dan mis ojos agua.
	Mi pobre edificio queda
	Hecho otra Troya en las llamas;
	Que después que faltan Troyas,
	Quiere amor quemar cabañas.
	Mas si amor abrasa peñas
	Con gran ira y fuerza extraña,
	Mal podrán de su rigor
	Reservarse humildes pajas
	¡Fuego, zagales, fuego, agua, agua!
	¡Amor, clemencia, que se abrasa el alma!
	¡Ay, choza, vil instrumento
	De mi deshonra y mi infamia!
	¡Cueva de ladrones fiera,
	Que mis agravios ampara!
	Rayos de ardientes estrellas

---

969 *salamandra:* salamander 986-987 *¡Fuego ... abrasa!:* The burning is probably intended to denote Tisbea's passion.

                En tus cabelleras caigan,
                Porque abrasadas estén,
                Si del viento mal peinadas.
                ¡ Ah, falso huésped, que dejas
                Una mujer deshonrada!
                Nube que del mar salió
                Para anegar mis entrañas.
                ¡ Fuego, fuego, zagales, agua, agua !
                ¡ Amor, clemencia, que se abrasa el alma !
                Yo soy la que hacía siempre
                De los hombres burla tanta;
                Que siempre las que hacen burla,
                Vienen a quedar burladas.
                Engañóme el caballero
                Debajo de fe y palabra
                De marido, y profanó
                Mi honestidad y mi cama.
                Gozóme al fin, y yo propia
                Le di a su rigor las alas
                En dos yeguas que crié,
                Con que me burló y se escapa.
                Seguilde todos, seguilde.
                Mas no importa que se vaya,
                Que en la presencia del Rey
                Tengo de pedir venganza.
                ¡ Fuego, fuego, zagales ! ¡ agua, agua !
                ¡ Amor, clemencia, que se abrasa el alma !
                        Vase TISBEA.
CORID.   Seguid al vil caballero.
ANFRIS. ¡ Triste del que pena y calla !
                Mas ¡ vive el cielo ! que en él,
                Me he de vengar desta ingrata.
                Vamos tras ella nosotros,
                Porque va desesperada,
                Y podrá ser que ella vaya
                Buscando mayor desgracia.
CORID.   Tal fin la soberbia tiene.
                Su locura y confianza
                Paró en esto.
                    Dice TISBEA *dentro:* ¡ Fuego, fuego !
ANFRIS.   Al mar se arroja.
CORID.   Tisbea, detente y para.
TISBEA. ¡ Fuego, fuego, zagales, agua, agua !
                ¡ Amor, clemencia, que se abrasa el alma !

1026 Seguilde = Seguidle. See page 11, v. 214, note. 1045 Since Tisbea appears later in the play it is to be supposed that she is rescued.

JORNADA SEGUNDA

Sale el Rey Don Alonso *y* Don Diego Tenorio, *de barba.**

Rey. ¿Qué me dices?
D. Dieg. Señor, la verdad digo.
   Por esta carta estoy del caso cierto,
   Que es de tu Embajador y de mi hermano.
   Halláronle en la cuadra del Rey mismo
   Con una hermosa dama de Palacio.   1050
Rey. ¿Qué calidad?
D. Dieg. Señor, es la Duquesa
   Isabela.
Rey. ¿Isabela?
D. Dieg. Por lo menos.
Rey. ¡Atrevimiento temerario! ¿Y dónde
   Ahora está?
D. Dieg. Señor, a Vuestra Alteza
   No he de encubrille la verdad. Anoche   1055
   A Sevilla llegó con un criado.
Rey. Ya conocéis, Tenorio, que os estimo,
   Y al Rey informaré del caso luego,
   Casando a ese rapaz con Isabela,
   Volviendo a su sosiego al Duque Octavio,   1060
   Que inocente padece, y luego al punto
   Haced que Don Juan salga desterrado.
D. Dieg. ¿Adónde, mi señor?
Rey. Mi enojo vea
   En el destierro de Sevilla. Salga
   A Lebrija esta noche; y agradezca   1065
   Solo al merecimiento de su padre.
   Pero, decid, Don Diego, ¿qué diremos
   A Gonzalo de Ulloa, sin que erremos?
   Caséle con su hija, y no sé cómo
   Lo puedo ahora remediar.
D. Dieg. Pues mira,   1070
   Gran señor, qué mandas que yo haga
   Que esté bien al honor desta señora,
   Hija de un padre tal.

**de barba:* bearded, i.e., as an old man 1051 *¿Qué calidad?:* What is her station? 1052 *Por lo menos:* No less 1058 *al Rey:* the King of Naples 1065 *Lebrija:* town in the province of Seville 1069 *Caséle:* I arranged his marriage

Rey. Un medio tomo,
Con que absolvello del enojo entiendo.
Mayordomo mayor pretendo hacelle.

Sale un Criado.

Criado. Un caballero llega de camino,
Y dice, señor, que es el Duque Octavio.
Rey. ¿ El Duque Octavio ?
Criado. Sí, señor.
Rey. Sin duda
Que supo de Don Juan el desatino,
Y que viene, incitado a la venganza,
A pedir que le otorgue desafío.
D. Dieg. Gran señor, en tus heroicas manos
Está mi vida, que mi vida propia
Es la vida de un hijo inobediente,
Que, aunque mozo, es gallardo y valeroso
Y le llaman los mozos de su tiempo
El Héctor de Sevilla, porque ha hecho
Tantas y tan extrañas mocedades.
La razón puede mucho ; no permitas
El desafío, si es posible.
Rey. Basta.
Ya os entiendo, Tenorio ; honor de padre.
Entre el Duque.
D. Dieg. Señor, dame esas plantas.
¿ Cómo podré pagar mercedes tantas ?

Sale el Duque Octavio *de camino.**

Octav. A esos pies, gran señor, un peregrino,
Mísero y desterrado, ofrece el labio,
Juzgando por más fácil el camino
En vuestra gran presencia.
Rey. Duque Octavio.
Octav. Huyendo vengo el fiero desatino
De una mujer, el no pensado agravio
De un caballero que la causa ha sido
De que así a vuestros pies haya venido.
Rey. Ya, Duque Octavio, sé vuestra inocencia.
Yo al Rey escribiré que os restituya
En vuestro estado, puesto que el ausencia
Que hicisteis algún daño os atribuya.

1074 *absolvello del enojo entiendo :* I mean to free him from his annoyance 1087 *Héctor :* hero of Homer's *Iliad* 1088 *mocedades :* reckless deeds of youth, wild oats 1090 *desafío :* duel **de camino :* in travel dress 1104 *puesto que :* used in the sense of *aunque,* although

| | Yo os casaré en Sevilla, con licencia,
Y también con perdón y gracia suya;
Que puesto que Isabela un ángel sea,
Mirando la que os doy, ha de ser fea.
    Comendador mayor de Calatrava
Es Gonzalo de Ulloa, un caballero
A quien el moro por temor alaba;
Que siempre es el cobarde lisonjero.
Este tiene una hija, en quien bastaba
En dote la virtud, que considero,
Después de la beldad, que es maravilla,
Y el sol de las estrellas de Sevilla.
    Esta quiero que sea vuestra esposa. |
| Octav. | Cuando este viaje le emprendiera
A solo esto, mi suerte era dichosa
Sabiendo yo que vuestro gusto fuera. |
| Rey. | Hospedaréis al Duque, sin que cosa
En su regalo falte. |
| Octav. | Quien espera
En vos, señor, saldrá de premios lleno.
Primero Alonso sois, siendo el onceno. |

Vase el Rey *y* Don Diego *y sale* Ripio.

| Ripio. | ¿Qué ha sucedido? |
| Octav. | Que he dado
El trabajo recebido,
Conforme me ha sucedido,
Desde hoy por bien empleado.
    Hablé al Rey, vióme y honróme;
César con el César fuí,
Pues vi, peleé y vencí.
Y hace que esposa tome
    De su mano, y se prefiere
A desenojar al Rey
En la fulminada ley. |
| Ripio. | Con razón el nombre adquiere
    De generoso en Castilla.
Al fin ¿te llegó a ofrecer
Mujer? |
| Octav. | Sí, amigo, mujer
De Sevilla, que Sevilla
    Da, si averiguallo quieres, |

1110 Calatrava: religious and military order founded in the twelfth century *1119 Cuando:* Even if *1133* Since the *h* was sometimes aspirated, this verse has nine syllables. *1134 se prefiere:* offers *1135 al Rey:* the King of Naples *1136 fulminada ley:* the decree invoked against me

Porque de oíllo te asombres,
Si fuertes y airosos hombres,
También gallardas mujeres.
   Un manto tapado, un brío,
Donde un puro sol se esconde,
Si no es en Sevilla, ¿ adónde
Se admite ?   El contento mío
   Es tal, que ya me consuela
En mi mal.

Sale Don Juan *y* Catalinón.

Catal.   Señor : detente,
Que aquí está el Duque, inocente
Sagitario de Isabela,
   Aunque mejor le diré
Capricornio.

D. Juan.   Disimula.
Catal.   Cuando le vende le adula.   (*Aparte.*)
D. Juan. Como a Nápoles dejé
   Por enviarme a llamar
Con tanta priesa mi rey,
Y como su gusto es ley,
No tuve, Octavio, lugar
   De despedirme de vos
De ningún modo.

Octav.   Por eso,
Don Juan, amigo, os confieso :
Que hoy nos juntamos los dos
   En Sevilla.

D. Juan.   ¡ Quién pensara,
Duque, que en Sevilla os viera
Para que en ella os sirviera,
Como yo lo deseara !
   ¿ Vos Puzol, vos la ribera
   Dejáis ?   Mas aunque es lugar
Nápoles tan excelente,
Por Sevilla solamente
Se puede, amigo, dejar.

Octav.   Si en Nápoles os oyera
Y no en la parte que estoy,
Del crédito que ahora os doy

1146 brío: air, manner *1153 Sagitario:* Sagittarius, constellation into which Chiron, an innocent victim, was transformed by Zeus *1155 Capricornio:* Capricorn (Pan, whose horns denote the victim of cuckoldry) *1156 adula:* It is understood that Don Juan shakes hands with Octavio. *1159 priesa* = *prisa 1170 Puzol:* Italian Pozzuoli, in the province of Naples

	Sospecho que me riera:	
	Mas llegándola a habitar,	
	Es, por lo mucho que alcanza,	1180
	Corta cualquiera alabanza	
	Que a Sevilla queráis dar.	
	¿— Quién es el que viene allí?	
D. Juan.	El que viene es el Marqués	
	De la Mota. Descortés	1185
	Es fuerza ser....	
Octav.	Si de mí	
	Algo hubiereis menester,	
	Aquí espada y brazo está.	
Catal.	Y si importa gozará *(Aparte.)*	
	En su nombre otra mujer,	1190
	Que tiene buena opinión.	
D. Juan.	De vos estoy satisfecho.	
Catal.	Si fuere de algún provecho,	
	Señores, Catalinón,	
	Vuarcedes continuamente	1195
	Me hallarán para servillos.	
Ripio.	¿Y dónde?	
Catal.	En Los Pajarillos,	
	Tabernáculo excelente.	

Vase Octavio *y* Ripio, *y sale el* Marqués de la Mota.

Mota.	Todo hoy os ando buscando,	
	Y no os he podido hallar.	1200
	¿Vos, Don Juan, en el lugar,	
	Y vuestro amigo penando	
	En vuestra ausencia?	
D. Juan.	¡Por Dios,	
	Amigo, que me debéis	
	Esa merced que me hacéis!	1205
Catal.	Como no le entreguéis vos *(Aparte.)*	
	Moza o cosa que lo valga,	
	Bien podéis fiaros dél,	
	Que, cuanto en esto es cruel,	
	Tiene condición hidalga.	1210
D. Juan.	¿Qué hay de Sevilla?	
Mota.	Está ya	
	Toda esta corte mudada.	
D. Juan.	¿Mujeres?	
Mota.	Cosa juzgada.	

1186 Es fuerza: It is necessary *1195 Vuarcedes = Vuestras mercedes 1198 Tabernáculo:* Tavern
1206 Como: Provided that *1213 Cosa juzgada:* It goes without saying.

D. Juan. ¿Inés?
Mota. A Vejel se va.
D. Juan. Buen lugar para vivir
La que tan dama nació.
Mota. El tiempo la desterró
A Vejel.
D. Juan. Irá a morir.
¿Constanza?
Mota. Es lástima vella
Lampiña de frente y ceja.
Llámale el portugués vieja,
Y ella imagina que bella.
D. Juan. Sí, que *velha* en portugués
Suena vieja en castellano.
¿Y Teodora?
Mota. Este verano
Se escapó del mal francés
Por un río de sudores,
Y está tan tierna y reciente,
Que anteayer me arrojó un diente
Envuelto entre muchas flores.
D. Juan. ¿Julia, la del Candilejo?
Mota. Ya con sus afeites lucha.
D. Juan. ¿Véndese siempre por trucha?
Mota. Ya se da por abadejo.
D. Juan. El barrio de Cantarranas,
¿Tiene buena población?
Mota. Ranas las más dellas son.
D. Juan. ¿Y viven las dos hermanas?
Mota. Y la mona de Tolú
De su madre Celestina
Que les enseña dotrina.
D. Juan. ¡Oh, vieja de Bercebú!
¿Cómo la mayor está?
Mota. Blanca, sin blanca ninguna.
Tiene un santo a quien ayuna.
D. Juan. ¿Agora en vigilias da?
Mota. Es firme y santa mujer.
D. Juan. ¿Y esotra?
Mota. Mejor principio
Tiene; no desecha ripio.

1218 *Vejel* = *Vejer*: town in the province of Cádiz. Its sound suggests *vejez* (old age). 1226–1227 *Se ... sudores*: She cured her syphilis by sweat baths 1233 *trucha*: courtesan 1234 *abadejo*: common prostitute 1237 *Ranas*: Low-class prostitutes 1239 *Tolú*: Colombian port known for its monkeys 1244 *sin blanca*: penniless 1245 *Tiene ... ayuna*: She has a sweetheart for whom she foregoes all others 1249 *no desecha ripio*: she doesn't pass up even leftovers

D. Juan. Buen albañir quiere ser.
　　　　Marqués, ¿ qué hay de perros muertos ?
Mota. 　Yo y Don Pedro de Esquivel
　　　　Dimos anoche un cruel,
　　　　Y esta noche tengo ciertos
　　　　　　Otros dos.
D. Juan. 　　　　　　Iré con vos;
　　　　Que también recorreré
　　　　Cierto nido que dejé
　　　　En güevos para los dos.
　　　　　¿ Qué hay de terrero ?
Mota. 　　　　　　　No muero
　　　　En terrero, que en terrado
　　　　Me tiene mayor cuidado.
D. Juan. ¿ Cómo ?
Mota. 　　　　Un imposible quiero.
D. Juan. Pues ¿ no os corresponde ?
Mota. 　　　　　　　　Sí,
　　　　Me favorece y estima.
D. Juan. ¿ Quién es ?
Mota. 　　　　　Doña Ana, mi prima,
　　　　Que es recién llegada aquí.
D. Juan. Pues ¿ dónde ha estado ?
Mota. 　　　　　　　　En Lisboa,
　　　　Con su padre en la embajada.
D. Juan. ¿ Es hermosa ?
Mota. 　　　　　　Es estremada,
　　　　Porque en Doña Ana de Ulloa
　　　　　Se estremó naturaleza.
D. Juan. ¿ Tan bella es esa mujer ?
　　　　¡ Vive Dios que la he de ver !
Mota. 　Veréis la mayor belleza
　　　　Que los ojos del sol ven.
D. Juan. Casaos, si es tan estremada.
Mota. 　El Rey la tiene casada,
　　　　Y no se sabe con quién.
D. Juan. ¿ No os favoresce ?
Mota. 　　　　　　　Y me escribe.
Catal. No prosigas, que te engaña　(Aparte.)
　　　　El gran Burlador de España.
D. Juan. Quien tan satisfecho vive
　　　　De su amor, ¿ desdichas teme ?
　　　　Sacalda, solicitalda.

1250 albañir = albañil: mason, bricklayer *1251 perros muertos*: tricks, deceptions *1258 güevos = huevos 1259-1260 No ... terrado*: A pun intended; *terrero*: place from which to court a woman at her window; *terrado*: flat roof or terrace; *enterrado* (written as one word): buried *1277 casada*: betrothed

	Escribilda y engañalda,	1285
	Y el mundo se abrase y queme.	
Mota.	Ahora estoy esperando	
	La postrer resolución.	
D. Juan.	Pues no perdáis la ocasión,	
	Que aquí os estoy aguardando.	1290
Mota.	Ya vuelvo.	

Vase el Marqués *y el* Criado.

Catal.	Señor Cuadrado
	O señor redondo, adiós.
Criado.	Adiós.
D. Juan.	Pues solos los dos,
	Amigo, habemos quedado,
	Síguele el paso al Marqués, 1295
	Que en el palacio se entró.

Vase Catalinón.

Habla por una reja una mujer.

Mujer.	Ce, ¿a quién digo?	
D. Juan.	¿Quién llamó?	
Mujer.	Pues sois prudente y cortés	
	Y su amigo, dalde luego	
	Al Marqués este papel.	1300
	Mirad que consiste en él	
	De una señora el sosiego.	
D. Juan.	Digo que se lo daré.	
	Soy su amigo y caballero.	
Mujer.	Basta, señor forastero.	1305
	Adiós.	

Vase.

D. Juan.	Y la voz se fué.	
	¿No parece encantamento	
	Esto que ahora ha pasado?	
	A mí el papel ha llegado	
	Por la estafeta del viento.	1310
	Sin duda que es de la dama	
	Que el Marqués me ha encarecido:	
	Venturoso en esto he sido.	
	Sevilla a voces me llama	
	El Burlador, y el mayor	1315
	Gusto que en mí puede haber,	
	Es burlar una mujer	

1291 *Cuadrado:* "Square" was the name of this probably fat servant.

Y dejalla sin honor.
  ¡ Vive Dios, que le he de abrir
Pues salí de la plazuela !
Mas ¿ si hubiese otra cautela ?
Gana me da de reír.
  Ya está abierto el papel,
Y que es suyo es cosa llana,
Porque aquí firma Doña Ana
Dice asi : *Mi padre infiel*
  En secreto me ha casado,
Sin poderme resistir:
No sé si podré vivir,
Porque la muerte me ha dado.
  Si estimas, como es razón,
Mi amor y mi voluntad,
Y si tu amor fué verdad,
Muéstralo en esta ocasión.
  Por que veas que te estimo,
Ven esta noche a la puerta;
Que estará a las once abierta,
Donde tu esperanza, primo,
  Goces, y el fin de tu amor.
Traerás, mi gloria, por señas
De Leonorilla y las dueñas,
Una capa de color.
  Mi amor todo de ti fío,
Y adiós. ¡ Desdichado amante !
¿ Hay suceso semejante ?
Ya de la burla me río.
  ¡ Gozaréla, vive Dios !
Con el engaño y cautela
Que en Nápoles a Isabela.

Sale CATALINÓN.

CATAL. Ya el Marqués viene.
D. JUAN.   Los dos
  Aquesta noche tenemos
Que hacer.
CATAL.   ¿ Hay engaño nuevo ?
D. JUAN. Estremado.
CATAL.   No lo apruebo.
  Tú pretendes que escapemos
    Una vez, señor, burlados,
  Que el que vive de burlar

1321 ¿ si hubiese otra cautela? : what if there should be another trick? *1327 me ha casado* : has arranged a marriage for me *1340 por señas* : as a means of identification (for Leonorilla and the dueñas) *1354 pretendes* : claim

                    Burlado habrá de escapar
                    Pagando tantos pecados
                      De una vez.
D. Juan.   ¿ Predicador
                    Te vuelves, impertinente?
Catal.   La razón hace al valiente.
D. Juan. Y al cobarde hace el temor.
                    El que se pone a servir
                    Voluntad no ha de tener,
                    Y todo ha de ser hacer,
                    Y nada ha de ser decir.
                      Sirviendo, jugando estás,
                    Y si quieres ganar luego,
                    Haz siempre, porque en el juego
                    Quien más hace gana más.
Catal.   Y también quien hace y dice
                    Pierde por la mayor parte.
D. Juan. Esta vez quiero avisarte,
                    Porque otra vez no te avise.
Catal.   Digo que de aquí adelante
                    Lo que me mandes haré,
                    Y a tu lado forzaré
                    Un tigre y un elefante.
                      Guárdese de mí un prior,
                    Que si me mandas que calle
                    Y le fuerce, he de forzalle
                    Sin réplica, mi señor.
D. Juan. Calla, que viene el Marqués.
Catal.   Pues, ¿ ha de ser el forzado?

Sale el Marqués de la Mota.

D. Juan. Para vos, Marqués, me han dado
                    Un recaudo harto cortés,
                      Por esa reja, sin ver
                    El que me lo daba allí;
                    Solo en la voz conocí
                    Que me lo daba mujer.
                      Dícete al fin, que a las doce
                    Vayas secreto a la puerta,
                    (Que estará a las once abierta;)
                    Donde tu esperanza goce
                      La posesión de tu amor,
                    Y que llevases por señas
                    De Leonorilla y las dueñas,
                    Una capa de color.

1374 *Porque . . . avise:* So that I won't have to tell you again. 1386 *recaudo = recado:* message
1393 (*Que . . . abierta;*): an aside to indicate Don Juan's deception

Mota. ¿Qué dices?
D. Juan. Que este recaudo
De una ventana me dieron,
Sin ver quién.
Mota. Con él pusieron
Sosiego en tanto cuidado.
¡Ay amigo! Sólo en ti
Mi esperanza renaciera.
Dame esos pies.
D. Juan. Considera
Que no está tu prima en mí.
Eres tú quien ha de ser
Quien la tiene de gozar,
¿Y me llegas a abrazar
Los pies?
Mota. Es tal el placer,
Que me ha sacado de mí.
¡Oh, sol! apresura el paso.
D. Juan. Ya el sol camina al ocaso.
Mota. Vamos, amigos, de aquí,
Y de noche nos pondremos.
¡Loco voy!
D. Juan (aparte). Bien se conoce;
Mas yo bien sé que a las doce
Harás mayores estremos.
Mota. ¡Ay, prima del alma, prima,
Que quieres premiar mi fe!
Catal. ¡Vive Cristo, que no dé (Aparte.)
Una blanca por su prima!

Vase el Marqués *y sale* Don Diego.

D. Dieg. ¿Don Juan?
Catal. Tu padre te llama.
D. Juan. ¿Qué manda vueseñoría?
D. Dieg. Verte más cuerdo quería,
Más bueno y con mejor fama.
¿Es posible que procuras
Todas las horas mi muerte?
D. Juan. ¿Por qué vienes desa suerte?
D. Dieg. Por tu trato y tus locuras.
Al fin, el Rey me ha mandado
Que te eche de la ciudad,
Porque está de una maldad

1411 *me ha sacado de mí*: it's made me mad with joy 1415 *de noche nos pondremos*: we'll put on evening dress 1421-1422 ¡*Vive . . . prima!* By Christ, he won't give a cent for his cousin! 1424 *vueseñoría = vuestra señoría*: your lordship 1427 *procuras*: seek

Con justa causa indignado;
      Que, aunque me lo has encubierto,
   Ya en Sevilla el Rey lo sabe,
   Cuyo delito es tan grave
   Que a decírtelo no acierto.
      ¡ En el palacio real
   Traición, y con un amigo!
   Traidor, Dios te dé el castigo
   Que pide delito igual.
      Mira que, aunque al parecer
   Dios te consiente y aguarda,
   Su castigo no se tarda;
   Y ¡ qué castigo ha de haber
      Para los que profanáis
   Su nombre! que es jüez fuerte
   Dios en la muerte.

D. JUAN.   ¿ En la muerte?
   ¿ Tan largo me lo fiáis?
      De aquí allá hay gran jornada.
D. DIEG. Breve te ha de parecer.
D. JUAN. Y la que tengo de hacer,
   Pues a Su Alteza le agrada
      Agora, ¿ es larga también?
D. DIEG. Hasta que el injusto agravio
   Satisfaga el Duque Octavio
   Y apaciguados estén
      En Nápoles de Isabela
   Los sucesos que has causado.
   En Lebrija retirado
   Por tu traición y cautela
      Quiere el Rey que estés agora:
   Pena a tu maldad ligera.
CATAL. Si el caso también supiera   (*Aparte.*)
   De la pobre pescadora,
      Más se enojara el buen viejo.
D. DIEG. Pues no te vence castigo
   Con cuanto hago y cuanto digo,
   A Dios tu castigo dejo.
                    Vase.
CATAL.   Fuese el viejo enternecido.
D. JUAN. Luego las lágrimas copia,
   Condición de viejo propia.
   Vamos, pues ha anochecido,
      A buscar al Marqués.

1437 *Cuyo delito*: Which crime 1471 *Fuese = Se fue* 1472 *copia = acopia*: accumulates

CATAL.   Vamos,   1475
        Y al fin gozarás su·dama.
D. JUAN. Ha de ser burla de fama
CATAL.   Ruego al cielo que salgamos
        Della en paz.
D. JUAN.   ¡ Catalinón
        Al fin !
CATAL.   Y tu, señor, eres   1480
        Langosta de las mujeres,
        Y con público pregón,
        Porque de tí se guardara,
        Cuando a noticia viniera,
        De la que doncella fuera,   1485
        Fuera bien se pregonara:
        « Guárdense todos de un hombre
        Que a las mujeres engaña,
        Y es el Burlador de España.»
D. JUAN. Tú me has dado gentil nombre.   1490

Sale el MARQUÉS, *de noche, con* MÚSICOS, *y pasea el tablado,*
               y se entran cantando.

MÚSICOS.   *El que un bien gozar espera,*
        cuanto espera desespera.
MOTA.   ¡ Ay, noche espantosa y fría !
        Para que yo a mi bien goce,
        Corre veloz a las doce,   1495
        Y después no venga el día.
D. JUAN. ¿ Qué es esto ?
CATAL.   Música es.
MOTA.   Parece que habla conmigo
        El poeta. ¿ Quién va ?
D. JUAN.   Amigo.
MOTA.   ¿ Es Don Juan ?
D. JUAN.   ¿ Es el Marqués ?   1500
MOTA.   ¿ Quién puede ser sino yo ?
D. JUAN. Luego que la capa vi,
        Que érades vos conocí.
MOTA.   Cantad, pues Don Juan llegó.
MÚSIC. (*can.*). *El que un bien gozar espera,*   1505
        cuanto espera desespera.
D. JUAN. ¿ Qué casa es la que miráis ?
MOTA.   De Don Gonzalo de Ulloa.
D. JUAN. ¿ Dónde iremos ?
MOTA.   A Lisboa.

1479–1480 ¡ Catalinón . . . fin! : Not for nothing are you named coward! *1481 Langosta de las mujeres :* The scourge of women *1499 El poeta :* the poet who composed the words being sung *1503 érades = erais 1509 A Lisboa :* i.e., visit the loose Portuguese girls on Calle de la Sierpe

D. Juan. ¿ Cómo, si en Sevilla estáis ?
Mota.   Pues ¿ aqueso os maravilla ?
          ¿ No vive con gusto igual
          Lo peor de Portugal
          En lo mejor de Castilla ?
D. Juan. ¿ Dónde viven ?
Mota.   En la calle
          De la Sierpe, donde ves
          A Adán vuelto en portugués,
          Que en aqueste amargo valle
            Con bocados solicitan
          Mil Evas : que aunque dorados
          En efeto, son bocados,
          Con que la vida nos quitan.
Catal.   Ir de noche no quisiera
          Por esa calle cruel,
          Pues lo que de día es miel
          Entonces lo dan en cera
            Una noche, por mi mal,
          La vi sobre mí vertida,
          Y hallé que era corrompida
          La cera de Portugal.
D. Juan. Mientras a la calle vais,
            Yo dar un perro quisiera.
Mota.   Pues cerca de aquí me espera
          Un bravo.
D. Juan.   Si me dejáis
          con él, Marqués, vos veréis
          Cómo de mí no se escapa.
Mota.   Vamos, y poneos mi capa,
          Para que mejor lo deis.
D. Juan. Bien habéis dicho.   Venid,
          Y me eseñaréis la casa.
Mota.   Mientras el suceso pasa,
          La voz y el habla fingid.
          ¿ Veis aquella celosía ?
D. Juan. Ya la veo.
Mota.   Pues llegad
          Y decid : « Beatriz », y entrad.
D. Juan. ¿ Qué mujer ?
Mota.   Rosada y fría.

1517 Adán: Adam; *portugués:* one easily susceptible to love *1519–1520 Con . . . Evas:* A thousand Eves solicit with bites (of the forbidden fruit) *1530 cera:* contents of chamber pots emptied out of windows *1532 dar un perro:* play a trick *1534 Un bravo:* An excellent one. *1543 celosía:* shutter *1546 ¿ Qué mujer ? :* What's she like ?

Catal. Será mujer cantimplora.
Mota. En Gradas os aguardamos.
D. Juan. Adiós, Marqués.
Catal. ¿Dónde vamos?
D. Juan. Calla, necio, calla agora;
 Adonde la burla mía
 Ejecute.
Catal. No se escapa
 Nadie de ti.
D. Juan. El trueque adoro.
Catal. ¿Echaste la capa al toro?
D. Juan. No, el toro me echó la capa.
Mota. La mujer ha de pensar
 Que soy él.
Músic. ¡Qué gentil perro!
Mota. Esto es acertar por yerro.
Músic. Todo este mundo es errar.
(*Cantan.*) *El que un bien gozar espera,*
 cuanto espera desespera.

Vanse, y dice Doña Ana *dentro.*

Ana. ¡Falso! no eres el Marqués,
 Que me has engañado.
D. Juan. Digo
 Que lo soy.
Ana. ¡Fiero enemigo,
 Mientes, mientes!

Sale Don Gonzalo *con la espada desnuda.*

D. Gon. La voz es
 De Doña Ana la que siento.
Ana. ¿No hay quien mate este traidor,
 Homicida de mi honor?
D. Gon. ¿Hay tan grande atrevimiento?
 Muerto honor dijo, ¡ay de mí!
 Y es su lengua tan liviana
 Que aquí sirve de campana.
Ana. Matalde.

Sale Don Juan *y* Catalinón *con las espadas desnudas.*

D. Juan. ¿Quién está aquí?
D. Gon. La barbacana caída

1547 cantimplora: water cooler *1548 Gradas:* the steps of the cathedral *1553 trueque:* Don Juan exchanges identities with Mota by wearing Mota's cape. *1554–1555 ¿Echaste ... capa:* Catalinón uses *echar la capa* in the sense of "stake all on one effort." Don Juan uses it in the sense of "come to someone's aid," as one bullfighter helps another by distracting the bull with his cape. *1572 sirve de campana:* advertises the dishonor *1574 barbacana:* barbican (part of a fortress); also greybeard (*barba cana*)

De la torre de mi honor
Echaste en tierra, traidor,
Donde era alcaide la vida.
D. JUAN. Déjame pasar.
D. GON. ¿Pasar?
Por la punta desta espada.
D. JUAN. Morirás.
D. GON. No importa nada.
D. JUAN. Mira que te he de matar.
D. GON. ¡Muere, traidor!
D. JUAN. Desta suerte
Muero.
CATAL. Si escapo désta,
No más burlas, no más fiesta.
D. GON. ¡Ay, que me has dado la muerte!
D. JUAN. Tú la vida te quitaste.
D. GON. ¿De qué la vida servía?
D. JUAN. Huyamos.

Vase DON JUAN *y* CATALINÓN.

D. GON. La sangre fría
Con el furor aumentaste.
Muerto soy; no hay bien que aguarde.
Seguiráte mi furor,
Que eres traidor, y el traidor
Es traidor porque es cobarde.

Entran muerto a DON GONZALO *y salen el* MARQUÉS
DE LA MOTA *y* MÚSICOS.

MOTA. Presto las doce darán,
Y mucho Don Juan se tarda:
¡Fiera pensión del que aguarda!

Sale DON JUAN *y* CATALINÓN.

D. JUAN. ¿Es el Marqués?
MOTA. ¿Es Don Juan?
D. JUAN. Yo soy; tomad vuestra capa.
MOTA. ¿Y el perro?
D. JUAN. Funesto ha sido.
Al fin, Marqués, muerto ha habido.
CATAL. Señor, del muerto te escapa.
MOTA. ¿Burlásteisla?
D. JUAN. Sí burlé.
CATAL. Y aún a vos os ha burlado. (*Aparte.*)
D. JUAN. Cara la burla ha costado.

1577 *alcaide:* warden 1587 *¿De ... servía?:* Of what use would my life be to me (i.e., with my honor destroyed)? 1596 *pensión:* burden

Mota.	Yo, Don Juan, lo pagaré, Porque estará la mujer Quejosa de mí.	1605
D. Juan.	Adiós, Marqués.	
Catal.	Muy buen lance El desdichado hallará.	
D. Juan.	Huyamos.	
Catal.	Señor, no habrá, Aguilita que me alcance.	1610

Vanse.

Mota.	Vosotros os podéis ir Todos a casa; que yo He de ir solo.	
Criados.	Dios crió Las noches para dormir.	1615

Vanse, queda el Marqués de la Mota.

	(*Dentro.*) ¿Vióse desdicha mayor, Y vióse mayor desgracia?	
Mota.	¡Válgame Dios! voces siento En la plaza del Alcázar. ¿Qué puede ser a estas horas? Un hielo el pecho me arraiga. Desde aquí parece todo Una Troya que se abrasa, Porque tantas luces juntas Hacen gigantes de llamas. Un grande escuadrón de antorchas Se acerca a mí; ¿por qué anda El fuego emulando estrellas, Dividiéndose en escuadras? Quiero saber la ocasión.	1620 1625 1630

Sale Don Diego Tenorio *y la* Guarda *con hachas.*

D. Dieg.	¿Qué gente?	
Mota.	Gente que aguarda Saber de aqueste rüido El alboroto y la causa.	
D. Dieg.	Prendeldo.	
Mota.	¡Prenderme a mí!	
D. Dieg.	Volved la espada a la vaina, Que la mayor valentía Es no tratar de las armas.	1635

1607 There are two verses missing to complete the *redondilla*. *1621 arraiga:* paralyzes

Mota. ¿ Cómo al Marqués de la Mota
Hablan ansí ?
D. Dieg. Dad la espada,
Que el Rey os manda prender.
Mota. ¡ Vive Dios !

Sale el Rey *y acompañamiento.*

Rey. En toda España
No ha de caber, ni tampoco
En Italia, si va a Italia.
D. Dieg. Señor, aquí está el Marqués.
Mota. ¿ Vuestra Alteza a mí me manda
Prender ?
Rey. Llevalde y ponelde
La cabeza en una escarpia.
¿ En mi presencia te pones ?
Mota. ¡ Ah, glorias de amor tiranas,
Siempre en el pasar ligeras,
Como en el venir pesadas !
Bien dijo un sabio que había
Entre la boca y la taza
Peligro ; mas el enojo
Del Rey me admira y me espanta.
No sé por lo que voy preso.
D. Dieg. ¿ Quién mejor sabrá la causa
Que vueseñoría ?
Mota. ¿ Yo ?
D. Dieg. Vamos.
Mota. ¡ Confusión extraña !
Rey. Fulmínesele el proceso
Al Marqués luego, y mañana
Le cortarán la cabeza.
Y al Comendador, con cuanta
Solemnidad y grandeza
Se da a las personas sacras
Y reales, el entierro
Se haga : bronce y piedras varias
Un sepulcro con un bulto
Le ofrezcan, donde en mosaicas
Labores, góticas letras
Den lenguas a sus venganzas :
Y entierro, bulto y sepulcro
Quiero que a mi costa se haga. —

1653 *la ... taza :* the cup and the lip 1655 *admira :* surprises 1656 He is arrested because of the cape he wears. 1660–1661 *Fulmínesele ... luego :* Let the case against the Marqués be prepared immediately 1668 *bulto :* bust, statue

|||¿Dónde Doña Ana se fué?
D. Dieg. |Fuese al sagrado, Doña Ana,
|De mi señora la Reina.
Rey. |Ha de sentir esta falta
|Castilla; tal Capitán
|Ha de llorar Calatrava.

Sale Batricio *desposado con* Aminta; Gaseno, *viejo,*
Belisa *y* Pastores *músicos.*

(*Cantan.*)

    Lindo sale el sol de Abril,
Con trébol y toronjil,
    Y aunque le sirve de estrella,
Aminta sale más bella.

Batric. Sobre esta alfombra florida,
A donde en campos de escarcha
El sol sin aliento marcha
Con su luz recién nacida,
Os sentad, pues nos convida
Al tálamo el sitio hermoso...
Aminta. Cantalde a mi dulce esposo
Favores de mil en mil.

(*Cantan.*)

    Lindo sale el sol de Abril
Con trébol y toronjil,
    Y aunque le sirve de estrella,
Aminta sale más bella.

Gaseno. Muy bien lo hacéis solfeado;
No hay más sones en el kyries.
Batric. Cuando con sus labios tiries
Vuelve en púrpura los labios
Saldrán, aunque vergonzosas,
Afrentando el sol de Abril.
Aminta. Batricio, yo lo agradezco;
Falso y lisonjero estás;
Mas si tus rayos me das,
Por ti ser luna merezco.
Tú eres el sol por quien crezco
Después de salir menguante,
Para que el alba te cante

1675 *sagrado*: protection 1690–1691 *Cantalde ... mil*: Sing my husband's praises by the thousand.
1697 *kyries* = *Kyrie eleison*: a Church prayer for mercy 1698 *tiries* = *tirios*: red as Tyrian purple, from Tyre. Between verses 1698 and 1701 there are two verses missing to complete the rhyme and the sense.

La salva en tono sutil.
    (*Cantan.*)
  Lindo sale el sol, etc.   1710

   Sale CATALINÓN, *de camino.*

CATAL. Señores, el desposorio
Huéspedes ha de tener.
GASENO. A todo el mundo ha de ser
Este contento notorio.
¿ Quién viene ?
CATAL.   Don Juan Tenorio.   1715
GASENO. ¿ El viejo ?
CATAL.   No ese Don Juan.
BELISA. Será su hijo galán.
BATRIC. Téngolo por mal agüero,
(*Aparte.*) Que galán y caballero
Quitan gusto y celos dan.   1720
  Pues ¿ quién noticia le dió
De mis bodas ?
CATAL.   De camino
Pasa a Lebrija.
BATRIC. (*aparte*).   Imagino
Que el demonio le envió.
Mas ¿ de qué me aflijo yo ?   1725
Vengan a mis dulces bodas
Del mundo las gentes todas.
Mas, con todo, ¡ un caballero
En mis bodas ! ¡ mal agüero !
GASENO. Venga el coloso de Rodas,   1730
  Venga el Papa, el Preste Juan
Y Don Alonso el Onceno
Con su corte, que en Gaseno
Animo y valor verán.
Montes en casa hay de pan,   1735
Guadalquivires de vino,
Babilonias de tocino,
Y entre ejércitos cobardes
De aves, para que las lardes
El pollo y el palomino.   1740
  Venga tan gran caballero

1730 *coloso de Rodas*: the Colossus of Rhodes, the famous statue of Helios 1731 *Preste Juan*: Prester John, the name of a great legendary king of Asia or, more probably, Abyssinia 1736 *Guadalquivires de vino*: rivers of wine 1737 *Babilonias de tocino*: Towers of bacon 1739 *lardes*: from *lardar*, to baste (meat)

	A ser hoy en Dos Hermanas	
	Honra destas viejas canas.	
Belisa.	El hijo del Camarero	
	Mayor . . .	
Batric. (*aparte*).	Todo es mal agüero	1745
	Para mí, pues le han de dar	
	Junto a mi esposa lugar.	
	Aún no gozo, y ya los cielos	
	Me están condenando a celos,	
	Amor, sufrir y callar.	1750

Sale Don Juan Tenorio.

D. Juan.	Pasando acaso he sabido	
	Que hay bodas en el lugar,	
	Y dellas quise gozar,	
	Pues tan venturoso he sido.	
Gaseno.	Vuestra señoría ha venido	1755
	A honrallas y engrandecellas.	
Batric.	Yo que soy el dueño dellas,	
(*Aparte.*)	Digo entre mí que vengáis	
	En hora mala.	
Gaseno.	¿ No dais	
	Lugar a este caballero ?	1760
D. Juan.	Con vuestra licencia quiero	
	Sentarme aquí. (*Siéntase junto a la novia.*)	
Batric.	Si os sentáis	
	Delante de mí, señor,	
	Seréis de aquesa manera	
	El novio.	
D. Juan.	Cuando lo fuera,	1765
	No escogiera lo peor.	
Gaseno.	Que es el novio . . .	
D. Juan.	De mi error	
	Y ignorancia perdón pido.	
Catal.	¡ Desventurado marido !	
D. Juan.	Corrido está.	
Catal.	No lo ignoro;	1770
	Mas si tiene de ser toro,	
	¿ Qué mucho que esté corrido ?	
	No daré por su mujer	
	Ni por su honor un cornado.	
	¡ Desdichado tú, que has dado	1775

1742 Dos Hermanas: town in the province of Seville *1745 mal agüero*: bad luck *1751 acaso he sabido*: I learned by chance *1760* This verse should end in *-ellas*. Defective versification *1761–1762* These two verses are in excess. The sense, however, remains clear. *1765 Cuando lo fuera*: Even if I were *1771 si tiene de ser toro*: if he is to be a bull (with cuckold's horns)

	En manos de Lucifer!	
D. Juan.	¿ Posible es que vengo a ser,	
	Señora, tan venturoso?	
	Envidia tengo al esposo.	
Aminta.	Parecéisme lisonjero.	1780
Batric.	Bien dije que es mal agüero	
	En bodas un poderoso.	
Gaseno.	Ea, vamos a almorzar,	
	Por que pueda descansar	
	Un rato su señoría.	1785

Tómale Don Juan *la mano a la novia.*

D. Juan.	¿ Por qué la escondéis?	
Aminta.	No es mía.	
Gaseno.	Vamos.	
Belisa.	Volved a cantar.	
D. Juan.	¿ Qué dices tú?	
Catal.	¿ Yo? que temo	
	Muerte vil destos villanos.	
D. Juan.	Buenos ojos, blancas manos,	1790
	En ellos me abraso y quemo.	
Catal.	¡ Almagrar y echar a Estremo!	
	Con ésta cuatro serán.	
D. Juan.	Ven, que mirándome están.	
Batric.	En mis bodas caballero,	1795
	¡ Mal agüero!	
Gaseno.	Cantad.	
Batric.	Muero.	
Catal.	Canten, que ellos llorarán.	

Vanse todos, con que da fin la segunda jornada.

1792 ¡ *Almagrar* ... *Estremo!* Brand another victim and set her aside! *1793 ésta:* conquista or **mujer** understood *1793–1797* a *quintilla* ending a series of *décimas*

JORNADA TERCERA

Sale Batricio *pensativo.*

Batric.
Celos, reloj de cuidados
Que a todas las horas dais
Tormentos con que matáis, 1800
Aunque dais desconcertados :
 Celos, del vivir desprecios,
Con que ignorancias hacéis,
Pues todo lo que tenéis
De ricos tenéis de necios, 1805
 Dejadme de atormentar,
Pues es cosa tan sabida
Que, cuando amor me da vida,
La muerte me queréis dar.
 ¿ Qué me queréis, caballero, 1810
Que me atormentáis ansí ?
Bien dije, cuando le vi
En mis bodas : « ¡ mal agüero ! »
 ¿ No es bueno que se sentó
A cenar con mi mujer, 1815
Y a mí en el plato meter
La mano no me dejó ;
 Pues cada vez que quería
Metella, la desviaba,
Diciendo a cuanto tomaba ; 1820
« Grosería, grosería ? »
 Pues llegándome a quejar
A algunos, me respondían
Y con risa me decían :
« No tenéis de qué os quejar ; 1825
 Eso no es cosa que importe ;
No tenéis de qué temer ;
Callad, que debe de ser
Uso de allá de la Corte. »
 ¡ Buen uso, trato estremado ! 1830
Mas no se usará en Sodoma
Que otro con la novia coma

1801 dais desconcertados : strike the hours (and the torments) in disorder *1814 ¿ No . . . sentó :* Isn't it wonderful the way he sat down *1821 Grosería :* Rudeness *1830 uso :* the custom *1831 no se usará :* it can't have been the custom ; *Sodoma :* Sodom, in Genesis (xiii, 10), the city destroyed for its wickedness

	Y que ayune el desposado.
		Pues el otro bellacón
	A cuanto comer quería,
	« ¿ Esto no come ? » decía,
	« No tenéis, señor, razón : »
		¡ Y de delante al momento
	Me lo quitaba corrido.
	Esto sé yo bien que ha sido
	Culebra, y no casamiento.
		Ya no se puede sufrir
	Ni entre cristianos pasar.
	Y acabando de cenar
	Con los dos . . . ¡ mas que a dormir
		Se ha de ir también, si porfía,
	Con nosotros, y ha de ser,
	El llegar yo a mi mujer,
	« Grosería, grosería ! »
		Ya viene, no me resisto.
	Aquí me quiero esconder ;
	Pero ya no puede ser,
	Que imagino que me ha visto.

	Sale Don Juan Tenorio.

D. Juan.   Batricio.
Batric.			Su señoría
	¿ Qué manda ?
D. Juan.			Haceros saber . . .
Batric.   ¿ Mas que ha de venir a ser   (*Aparte.*)
	Alguna desdicha mía ?
D. Juan.   Que ha muchos días, Batricio,
	Que a Aminta el alma le di
	Y he gozado . . .
Batric.			¿ Su honor ?
D. Juan.				Sí.
Batric.   Manifiesto y claro indicio   (*Aparte.*)
		De lo que he llegado a ver
	Que si bien no le quisiera,
	Nunca a su casa viniera.
	Al fin, al fin, es mujer.
D. Juan.   Al fin, Aminta celosa,
	O quizá desesperada
	De verse de mí olvidada
	Y de ajeno dueño esposa,
		Esta carta me escribió
	Enviándome a llamar ;
	Y yo prometí gozar

1836 ¿ Esto no come? : Reference unclear. Catalinón apparently encourages Don Juan with these words to eat the food Batricio wants. *1845 mas que = a que :* I'll bet

| | Lo que el alma prometió.
| | Esto pasa desta suerte:
| | Dad a vuestra vida un medio;   1875
| | Que le daré sin remedio
| | A quien lo impida, la muerte.
| Batric. | Si tú en mi elección lo pones,
| | Tu gusto pretendo hacer;
| | Que el honor y la mujer   1880
| | Son malos en opiniones.
| | La mujer en opinión
| | Siempre más pierde que gana:
| | Que son como la campana,
| | Que se estima por el són;   1885
| | Y así es cosa averiguada
| | Que opinión viene a perder,
| | Cuando cualquiera mujer
| | Suena a campana quebrada,
| | No quiero, pues me reduces   1890
| | El bien que mi amor ordena,
| | Mujer entre mala y buena,
| | Que es moneda entre dos luces.
| | Gózala, señor, mil años;
| | Que yo quiero resistir   1895
| | Desengaños, y morir,
| | Y no vivir con engaños.
| | *Vase.*
| D. Juan. | Con el honor le vencí,
| | Porque siempre los villanos
| | Tienen su honor en las manos,   1900
| | Y siempre miran por sí;
| | Que por tantas variedades,
| | Es bien que se entienda y crea
| | Que el honor se fué al aldea,
| | Huyendo de las ciudades.   1905
| | Pero antes de hacer el daño,
| | Le pretendo reparar.
| | A su padre voy a hablar
| | Para autorizar mi engaño.
| | Bien lo supe negociar;   1910
| | Gozarla esta noche espero;
| | La noche camina, y quiero
| | Su viejo padre llamar.
| | Estrellas que me alumbráis,
| | Dadme en este engaño suerte,   1915

1875 Dad ... medio: Save your life *1881* en opiniones: when they become the objects of gossip *1893* entre dos luces: at twilight, i.e., in a dim light *1900* Tienen ... manos: Jump to the defense of their honor

Si el galardón en la muerte
Tan largo me lo guardáis.

Vase.

Sale Aminta *y* Belisa.

Belisa. Mira que vendrá tu esposo;
Entra a desnudarte, Aminta.
Aminta. De estas infelices bodas
No sé qué sienta, Belisa.
Todo hoy mi Batricio ha estado
Bañado en melancolía;
Todo es confusión y celos;
¡ Mirad qué grande desdicha !
Di, ¿ qué caballero es éste
Que de mi esposo me priva ?
La desvergüenza en España
Se ha hecho caballería.
Déjame, que estoy sin seso,
Déjame, que estoy corrida.
¡ Mal hubiese el caballero
Que mis contentos me priva !
Belisa. Calla, que pienso que viene,
Que nadie en la casa pisa
De un desposado, tan recio.
Aminta. Queda adiós, Belisa mía.
Belisa. Desenójale en los brazos.
Aminta. Plega a los cielos que sirvan
Mis suspiros de requiebros,
Mis lágrimas de caricias !

Vanse.

Sale Don Juan, Catalinón *y* Gaseno.

D. Juan. Gaseno, quedad con Dios.
Gaseno. Acompañaros querría,
Por dalle de esta ventura
El parabién a mi hija.
D. Juan. Tiempo mañana nos queda.
Gaseno. Bien decís. El alma mía
En la muchacha os ofrezco.

Vase.

D. Juan. Mi esposa decid. Ensilla,
Catalinón.

1926 ¿qué: what kind of *1945 parabién:* congratulations *1949 Ensilla:* Saddle the horses

CATAL. ¿ Para cuándo ? 1950
D. JUAN. Para el alba, que de risa
 Muerta, ha de salir mañana,
 Deste engaño.
CATAL. Allá, en Lebrija,
 Señor, nos está aguardando
 Otra boda. Por tu vida, 1955
 Que despaches presto en ésta.
D. JUAN. La burla más escogida
 De todas ha de ser ésta.
CATAL. Que saliésemos querría
 De todas bien.
D. JUAN. Si es mi padre 1960
 El dueño de la justicia,
 Y es la privanza del Rey,
 ¿ Qué temes ?
CATAL. De los que privan
 Suele Dios tomar venganza
 Si delitos no castigan, 1965
 Y se suelen en el juego
 Perder también los que miran.
 Yo he sido mirón del tuyo,
 Y por mirón no querría
 Que me cogiese algún rayo 1970
 Y me trocase en ceniza.
D. JUAN. Vete, ensilla, que mañana
 He de dormir en Sevilla.
CATAL. ¿ En Sevilla ?
D. JUAN. Sí.
CATAL. ¿ Qué dices ?
 Mira lo que has hecho, y mira 1975
 Que hasta la muerte, señor,
 Es corta la mayor vida;
 Que hay castigo, pena y muerte.
D. JUAN. Si tan largo me lo fías,
 Vengan engaños.
CATAL. Señor ... 1980
D. JUAN. Vete, que ya me amohinas
 Con tus temores estraños.
CATAL. Fuerza al Turco, fuerza al Scita,
 Al Persa y al Garamante
 Al Gallego, al Troglodita, 1985
 Al Alemán y al Japón,
 Al sastre con la agujita

1957 *escogida:* choice 1962 *privanza:* favorite 1983-1986 *Turco ... Japón:* The nationalities enumerated are, in order: Turkish, Scythian, Persian, Libyan, Galician (of Spain), Troglodyte, German, and Japanese.

>   De oro en la mano, imitando
>   Contino a la blanca niña.
>   *Vase.*

D. Juan. La noche en negro silencio   1990
          Se estiende, y ya las Cabrillas
          Entre racimos de estrellas
          El Polo más alto pisan.
          Yo quiero poner mi engaño
          Por obra. El amor me guía   1995
          A mi inclinación, de quien
          No hay hombre que se resista.
          Quiero llegar a la cama.
          ¡Aminta!

>   *Sale* Aminta *como que está acostada.*

Aminta.   ¿Quién llama a Aminta?
          ¿Es mi Batricio?
D. Juan.   No soy   2000
          Tu Batricio.
Aminta.   Pues ¿quién?
D. Juan.   Mira
          De espacio, Aminta, quién soy.
Aminta.   ¡Ay de mi! ¡yo soy perdida!
          ¿En mi aposento a estas horas?
D. Juan. Estas son las horas mías.   2005
Aminta.   Volveos, que daré voces:
          No excedáis la cortesía
          Que a mi Batricio se debe.
          Ved que hay romanas Emilias
          En Dos-Hermanas también,   2010
          Y hay Lucrecias vengativas.
D. Juan. Escúchame dos palabras,
          Y esconde de las mejillas
          En el corazón la grana,
          Por tí más preciosa y rica.   2015
Aminta.   Vete, que vendrá mi esposo.
D. Juan. Yo lo soy; ¿de qué te admiras?
Aminta.   ¿Desde cuándo?
D. Juan.   Desde agora.
Aminta.   ¿Quién lo ha tratado?
D. Juan.   Mi dicha.

1989 Contino = Continuo; la blanca niña: allusion to a *romance 1991 Cabrillas:* constellation of the Pleiades *2002 De espacio = Despacio 2009–2011* allusion to Aemilia and Lucretia, exemplary Roman matrons

AMINTA. ¿ Y quién nos casó ?
D. JUAN. Tus ojos.
AMINTA. ¿ Con qué poder ?
D. JUAN. Con la vista.
AMINTA. ¿ Sábelo Batricio ?
D. JUAN. Sí,
Que te olvida.
AMINTA. ¿ Que me olvida ?
D. JUAN. Sí, que yo te adoro.
AMINTA. ¿ Cómo ?
D. JUAN. Con mis dos brazos.
AMINTA. Desvía.
D. JUAN. ¿ Cómo puedo, si es verdad
Que muero ?
AMINTA. ¡ Qué gran mentira !
D. JUAN. Aminta, escucha y sabrás,
Si quieres que te lo diga,
La verdad; que las mujeres
Sois de verdades amigas.
Yo soy noble caballero,
Cabeza de la familia
De los Tenorios antiguos,
Ganadores de Sevilla.
Mi padre, después del Rey,
Se reverencia y estima,
Y en la corte, de sus labios
Pende la muerte o la vida.
Corriendo el camino acaso,
Llegué a verte; que amor guía
Tal vez las cosas de suerte,
Que él mismo dellas se olvida.
Vite, adoréte, abraséme
Tanto, que tu amor me anima
A que contigo me case;
Mira qué acción tan precisa
Y aunque lo mormure el Rey
Y aunque el Rey lo contradiga
Y aunque mi padre enojado
Con amenazas lo impida,
Tu esposo tengo de ser.
¿ Qué dices ?
AMINTA. No sé qué diga,
Que se encubren tus verdades
Con retóricas mentiras;

2042 Tal vez: Sometimes *2048 mormure = murmure:* grumble, complain

| | Porque si estoy desposada,
| | Como es cosa conocida,
| | Con Batricio, el matrimonio
| | No se absuelve, aunque él desista.
| D. Juan. | En no siendo consumado,   2060
| | Por engaño o por malicia
| | Puede anularse.
| Aminta. | En Batricio
| | Toda fué verdad sencilla.
| D. Juan. | Ahora bien: dame esa mano,
| | Y esta voluntad confirma   2065
| | Con ella,
| Aminta. | ¿ Qué, no me engañas?
| D. Juan. | Mío el engaño sería.
| Aminta. | Pues jura que cumplirás
| | La palabra prometida.
| D. Juan. | Juro a esta mano, señora,   2070
| | Infierno de nieve fría,
| | De cumplirte la palabra.
| Aminta. | Jura a Dios que te maldiga
| | Si no la cumples.
| D. Juan. | Si acaso
| | La palabra y la fe mía   2075
| | Te faltare, ruego a Dios
| | Que a traición y alevosía
| | Me dé muerte un hombre . . . (muerto:
| | Que, vivo, ¡ Dios no permita!)
| Aminta. | Pués con ese juramento   2080
| | Soy tu esposa.
| D. Juan. | El alma mía.
| | Entre los brazos te ofrezco.
| Aminta. | Tuya es el alma y la vida.
| D. Juan. | ¡ Ay, Aminta de mis ojos!
| | Mañana, sobre virillas   2085
| | De tersa plata, estrellada
| | Con clavos de oro de Tíbar,
| | Pondrás los hermosos pies,
| | Y en prisión de gargantillas
| | La alabastrina garganta,   2090
| | Y los dedos en sortijas,
| | En cuyo engaste parezcan

2059 No se absuelve: Is not annulled *2070 Juro:* I swear. As in v. 941, Don Juan swears evasively. *2078* again the same evasive reservation *2085 virillas:* ornaments on a woman's shoe *2087 oro de Tíbar:* pure gold

Trasparentes perlas finas.
AMINTA. A tu voluntad, esposo,
La mía desde hoy se inclina: 2095
Tuya soy.
D. JUAN (*aparte*). ¡Qué mal conoces
Al Burlador de Sevilla!

Vanse.

Sale ISABELA *y* FABIO, *de camino.**

ISABELA. ¡Que me robase una traición el dueño,
La prenda que estimaba y más quería!
¡Oh rigoroso empeño 2100
De la verdad, oh máscara del día,
Noche, al fin, tenebrosa,
Antípoda del sol, del sueño esposa!
FABIO. ¿De qué sirve, Isabela,
La tristeza en el alma y en los ojos, 2105
Si amor todo es cautela,
Y siempre da tristeza por despojos;
Si el que se ríe agora
En breve espacio desventuras llora?
El mar está alterado 2110
Y en grave temporal, riesgo se corre.
El abrigo han tomado
Las galeras, Duquesa, de la torre
Que esta playa corona.
ISABELA. ¿Dónde estamos ahora?
FABIO. En Tarragona. 2115
De aquí a poco espacio
Daremos en Valencia, ciudad bella,
Del mismo sol palacio.
Divertiráste algunos días en ella,
Y después a Sevilla, 2120
Irás a ver la octava maravilla.
Que si a Octavio perdiste,
Más galán es Don Juan, y de notorio
Solar. ¿De qué estás triste?
Conde dicen que es ya Don Juan Tenorio: 2125
El Rey con él te casa,
Y el padre es la privanza de su casa.
ISABELA. No nace mi tristeza
De ser esposa de Don Juan, que el mundo

2098 el dueño: my lord (Don Octavio) *2109 espacio:* time *2115 Tarragona:* seaport in northeastern Spain *2123–2124 de notorio Solar:* of illustrious noble lineage

                Conoce su nobleza:
                En la esparcida voz mi agravio fundo;
                Que esta opinión perdida,
                Es de llorar mientras tuviere vida.
FABIO.   Allí una pescadora
                Tiernamente suspira y se lamenta;
                Y dulcemente llora.
                Acá viene, sin duda, y verte intenta.
                Mientras llamo tu gente,
                Lamentaréis las dos más dulcemente.

                Vase FABIO *y sale* TISBEA.

TISBEA.   Robusto mar de España,
                Ondas de fuego, fugitivas ondas,
                Troya de mi cabaña;
                Que ya el fuego en el mar es y por hondas
                En sus abismos fragua,
                Y el mar vomita por las llamas agua...
                  ¡Maldito el leño sea
                Que a tu amargo cristal halló camino,
                Antojo de Medea,
                Y el cáñamo primero, o primer lino,
                Aspado de los vientos
                Para telas, de engaños instrumentos!
ISABELA.   ¿Por qué del mar te quejas
                Tan tiernamente, hermosa pescadora?
TISBEA.   Al mar formo mil quejas.
                Dichosa vos que sin cuidado agora
                Dél os estáis riendo!
ISABELA.   También quejas del mar estoy haciendo.
                  ¿De dónde sois?
TISBEA.   De aquellas cabañas
                Que miráis del viento heridas
                Tan vitorioso entre ellas,
                Cuyas pobres paredes desparcidas
                Van en pedazos graves
                Dando en mil grietas nidos a las aves.
                  En sus pajas me dieron
                Corazón de fortísimo diamante;
                Mas las obras me hicieron,
                Deste monstruo que ves tan arrogante,

2131 esparcida voz: gossip *2140 mar de España:* the Mediterranean *2146 leño:* metaphor for ship, in this case that of the Argonauts *2147 cristal:* metaphor for water *2148 antojo de Medea:* whim of Medea, whose husband Jason led the Argonauts in quest of the Golden Fleece at her demand *2151 telas:* webs, snares *2161 desparcidas = esparcidas:* scattered, i.e., by the victorious wind

            Ablandarme de suerte,
            Que al sol la cera es más robusta y fuerte.
              ¿ Sois vos la Europa hermosa
            Que esos toros os llevan ?

ISABELA.   A Sevilla
            Llévanme a ser esposa
            Contra mi voluntad.

TISBEA.   Si mi mancilla
            A lástima os provoca,
            Y si injurias del mar os tienen loca,
              En vuestra compañía,
            Para serviros como humilde esclava,
            Me llevad ; que querría,
            Si el dolor o la afrenta no me acaba,
            Pedir al Rey justicia
            De un engaño crüel, de una malicia.
              Del agua derrotado,
            A esta tierra llegó Don Juan Tenorio,
            Difunto y anegado ;
            Amparéle, hospedéle en tan notorio
            Peligro, y el vil güésped
            Víbora fué a mi planta en tierno césped.
              Con palabra de esposo,
            La que de esta costa burla hacía
            Se rindió al engañoso :
            ¡ Mal haya la mujer que en hombres fía !
            Fuése al fin y dejóme :
            Mira si es justo que venganza tome.

ISABELA.   Calla, mujer maldita :
            Vete de mi presencia, que me has muerto.
            Mas si el dolor te incita,
            No tienes culpa tú, prosigue, ¿ es cierto ?

TISBEA.   La dicha fuera mía . . .

ISABELA.   ¡ Mal haya la mujer que en hombre fía !
              ¿ Quién tiene de ir contigo ?

TISBEA.   Un pescador, Anfriso ; un pobre padre
            De mis males testigo.

ISABELA.   No hay venganza que a mí tanto me cuadre.   (*Aparte.*)
            Ven en mi compañía.

TISBEA.   ¡ Mal haya la mujer que en hombres fía !
                  Vanse.

2170 *Europa*: Phoenician princess wh m Zeus, in the form of a bull, carried off *2171 esos toros*: the oxen towing Tisbea to shore *2186 güesped* = *hüésped*: guest *2187 Víbora . . . césped*: was a snake to my foot on soft ground, i.e., dishonored (stung) me in my own bed *2191 ¡ Mal haya*: Cursed be *2198 La dicha fuera mía*: Would that I had the good fortune.

Sale Don Juan *y* Catalinón.

CATAL. Todo en mal estado está.
D. JUAN. ¿ Cómo ?
CATAL. Que Octavio ha sabido
La traición de Italia ya,
Y el de la Mota ofendido
De ti justas quejas da, 2210
Y dice que fué el recaudo
Que de su prima le diste
Fingido y disimulado,
Y con su capa emprendiste
La traición que le ha infamado. 2215
Dicen que viene Isabela
A que seas su marido,
Y dicen . . .
D. JUAN. ¡ Calla !
CATAL. Una muela
En la boca me has rompido.
D. JUAN. Hablador, ¿ quién te revela 2220
Tanto disparate junto ?
CATAL. ¡ Disparate, disparate !
Verdades son.
D. JUAN. No pregunto
Si lo son. Cuando me mate
Otavio: ¿ estoy yo difunto ? . 2225
¿ No tengo manos también ?
¿ Dónde me tienes posada ?
CATAL. En la calle, oculta.
D. JUAN. Bien.
CATAL. La iglesia es tierra sagrada.
D. JUAN. Di que de día me den 2230
En ella la muerte. ¿ Viste
Al novio de Dos Hermanas ?
CATAL. También le vi ansiado y triste.
D. JUAN. Aminta, estas dos semanas
No ha de caer en el chiste. 2235
CATAL. Tan bien engañada está,
Que se llama Doña Aminta.
D. JUAN. ¡ Graciosa burla será !
CATAL. Graciosa burla y sucinta,
Mas siempre la llorará. 2240

Descúbrese un sepulcro de Don Gonzalo de Ulloa.

2209 *el de la Mota* = *el marqués de la Mota* 2219 *rompido:* regular past participle of *romper* 2224 *Cuando:* Even if 2229 *tierra sagrada:* a safe haven, asylum 2237 *Doña:* title of respect Aminta thinks will be hers as Don Juan's wife

D. Juan. ¿Qué sepulcro es éste?
Catal. 			Aquí
		Don Gonzalo está enterrado.
D. Juan. Este es a quien muerte di.
		¡Gran sepulcro le han labrado!
Catal.	Ordenólo el Rey así.
		¿Cómo dice este letrero.
D. Juan. *Aquí aguarda del Señor*
		El más leal caballero
		La venganza de un traidor.
		Del mote reirme quiero.
		¿Y habéisos vos de vengar,
		Buen viejo, barbas de piedra?
Catal.	No se las podrás pelar;
		Que en barbas muy fuertes medra.
D. Juan. Aquesta noche a cenar
		Os aguardo en mi posada,
		Allí el desafío haremos,
		Si la venganza os agrada;
		Aunque mal reñir podremos,
		Si es de piedra vuestra espada.
Catal.	Ya, señor, ha anochecido;
		Vámonos a recoger.
D. Juan. Larga esta venganza ha sido.
		Si es que vos la habéis de hacer,
		Importa no estar dormido;
		Que si a la muerte aguardáis
		La venganza, la esperanza
		Ahora es bien que perdáis;
		Pues vuestro enojo y venganza
		Tan largo me lo fiáis.

		Vanse y ponen la mesa dos Criados.

C. 1.º		Quiero apercebir la cena,
		Que vendrá a cenar Don Juan.
C. 2.º		Puestas las mesas están.
		¡Qué flema tiene, si empieza!
		Ya tarda, como solía,
		Mi señor: no me contenta;
		La bebida se calienta
		Y la comida se enfría.
		Mas ¿quién a Don Juan ordena
		Esta desorden?

		Entra Don Juan *y* Catalinón.

2254 *medra:* from *medrar,* to be abundantly provided   2257 *desafío:* duel   2267–2268 *esperanza . . . perdáis:* you should abandon hope   2279–2280 *¿quién . . . desorden?:* who can bring order out of Don Juan's disorder?

D. Juan.   ¿Cerraste? 2280
Catal.   Ya cerré como mandaste.
D. Juan. ¡Hola! Traíganme la cena.
C. 2.º   Ya está aquí.
D. Juan.   Catalinón,
   Siéntate.
Catal.   Yo soy amigo
   De cenar de espacio.
D. Juan.   Digo 2285
   Que te sientes.
Catal.   La razón
   Haré.
C. 1.º   También es camino
   Éste, si come con él.
D. Juan. Siéntate. (*Un golpe dentro.*)
Catal.   Golpe es aquél.
D. Juan. Que llamaron imagino. 2290
   Mira quién es.
C. 1.º   Voy volando.
Catal.   ¿Si es la justicia, señor?
D. Juan. Sea, no tengas temor.

   Vuelve el Criado *huyendo*.

   ¿Quién es? ¿De qué estás temblando?
Catal.   De algún mal da testimonio. 2295
D. Juan. Mal mi cólera resisto.
   Habla, responde, ¿qué has visto?
   ¿Asombróte algún demonio?
   Ve tú, y mira aquella puerta:
   ¡Presto, acaba!
Catal.   ¿Yo?
D. Juan.   Tú, pues. 2300
   Acaba, menea los pies.
Catal.   A mi agüela hallaron muerta
   Como racimo colgada,
   Y desde entonces se suena
   Que anda siempre su alma en pena. 2305
   Tanto golpe no me agrada.
D. Juan. Acaba.
Catal.   Señor, si sabes
   Que soy un Catalinón . . .
D. Juan. Acaba.
Catal.   ¡Fuerte ocasión!

2286-2287 *La razón haré*: I'll accept your invitation. 2287 *camino*: Don Juan treats Catalinón as a fellow traveler, a privilege accorded servants traveling with their masters. 2302 *agüela* = *abuela*

D. Juan. ¿ No vas ?
Catal. ¿ Quién tiene las llaves 2310
De la puerta ?
C. 2.º Con la aldaba
Está cerrada no más.
D. Juan. ¿ Qué tienes ? ¿ Por qué no vas ?
Catal. Hoy Catalinón acaba.
¿ Mas si las forzadas vienen 2315
A vengarse de los dos ?

(*Llega* Catalinón *a la puerta y viene corriendo; cae y levántase.*)

D. Juan. ¿ Qué es eso ?
Catal. ¡ Válgame Dios !
¡ Que me matan, que me tienen !
D. Juan. ¿ Quién te tiene, quién te mata ?
¿ Qué has visto ?
Catal. Señor, yo allí . . . 2320
Vide . . . Cuando luego fuí . . . —
¿ Quién me ase ? ¿ Quién me arrebata ? —
Llegué, cuando . . . después, ciego . . .
Cuando vile, juro a Dios . . .
Habló y dijo : ¿ quién sois vos ? 2325
Respondió, respondí luego . . .
Topé y vide . . .
D. Juan. ¿ A quién ?
Catal. No sé.
D. Juan. ¡ Cómo el vino desatina !
Dame la vela, gallina,
Y yo a quien llama veré. 2330

Toma Don Juan *la vela y llega a la puerta; sale al encuentro*
Don Gonzalo, *en la forma que estaba en el sepulcro, y* Don Juan
se retira atrás turbado, empuñando la espada, y en la otra la vela y
Don Gonzalo *hacia él con pasos menudos, y al compás* Don Juan
retirándose hasta estar en medio del teatro.

D. Juan. ¿ Quién va ?
D. Gon. Yo soy.
D. Juan. ¿ Quién sois vos ?
D. Gon. Soy el caballero honrado
Que a cenar has convidado.
D. Juan. Cena habrá para los dos,
Y si vienen más contigo, 2335
Para todos cena habrá.

2311 *aldaba*: latch 2315 *forzadas*: outraged women 2321 *Vide*: See v. 2327, note. 2327 *Topé y vide*: I ran into and saw (arch.) 2329 *gallina*: coward

                    Ya puesta la mesa está.
                    Siéntate.
CATAL.   ¡ Dios sea conmigo !
                    ¡ San Panuncio, San Antón !
                    Pues ¿ los muertos comen, di ?   2340
                    Por señas dice que sí.
D. JUAN. Siéntate, Catalinón.
CATAL.   No, señor yo lo recibo
           Por cenado.
D. JUAN.   Es desconcierto;
                    ¡ Qué temor tienes a un muerto !   2345
                    ¿ Qué hicieras estando vivo ?
                    Necio y villano temor.
CATAL.   Cena con tu convidado,
           Que yo, señor, ya he cenado.
D. JUAN. ¿ He de enojarme ?
CATAL.   Señor,   2350
                    ¡ Vive Dios que güelo mal !
D. JUAN. Llega, que aguardando estoy.
CATAL.   Yo pienso que muerto soy
           Y está muerto mi arrabal.
                    (Tiemblan los CRIADOS.)
D. JUAN.   Y vosotros, ¿ qué decís ?   2355
           ¿ Qué hacéis ? ¡ Necio temblar !
CATAL.   Nunca quisiera cenar
           Con gente de otro país.
                    ¿ Yo, señor, con convidado
           De piedra ?
D. JUAN.   ¡ Necio temer !   2360
                    Si es piedra, ¿ qué te ha de hacer ?
CATAL.   Dejarme descalabrado.
D. JUAN.   Háblale con cortesía.
CATAL.   ¿ Está bueno ? ¿ Es buena tierra
           La otra vida ? ¿ Es llano o sierra ?   2365
           ¿ Prémiase allá la poesía ?
C. 1.º   A todo dice que sí
           Con la cabeza.
CATAL.   ¿ Hay allá
           Muchas tabernas ? Sí habrá,
           Si Noé reside allí.   2370
D. JUAN.   ¡ Hola ! dadnos de cenar.
CATAL.   Señor muerto, ¿ allá se bebe
           Con nieve ? (Baja la cabeza.)

2339 ¡ San Panuncio, San Antón ! : Catalinón follows the *gracioso*'s tradition of invoking saints with odd names. 2343–2344 *yo . . . cenado*: make believe I've already eaten what's served 2351 *güelo = hüelo*, from *oler:* I smell, i.e., I've soiled my breeches, I'm so frightened 2354 *está muerto mi arrabal:* my (soiled) buttocks are killing me 2370 *Noé:* Noah, traditionally associated with wine; Cf. Gen. ix, 15–29

Así, que hay nieve:
Buen país.
D. Juan. Si oír cantar
Queréis, cantarán. (*Baja la cabeza.*)
C. 2.º Sí, dijo.
D. Juan. Cantad.
Catal. Tiene el seor muerto
Buen gusto.
C. 1.º Es noble, por cierto,
Y amigo de regocijo.
    (*Cantan dentro:*)
  Si de mi amor aguardáis,
Señora, de aquesta suerte
El galardón en la muerte,
¡Qué largo me lo fiáis!
Catal. O es sin duda veraniego
El seor muerto, o debe ser
Hombre de poco comer:
Temblando al plato me llego.
  Poco beben por allá;
Yo beberé por los dos. (*Bebe.*)
Brindis de piedra, por Dios,
Menos temor tengo ya.
    (*Cantan.*)
  Si ese plazo me convida
Para que gozaros pueda,
Pues larga vida me queda,
Dejad que pase la vida.
  Si de mi amor aguardáis,
Señora, de aquesta suerte
El galardón en la muerte,
¡Qué largo me lo fiáis!
Catal. ¿Con cuál de tantas mujeres
Como has burlado, señor,
Hablan?
D. Juan. De todas me río,
Amigo, en esta ocasión
En Nápoles a Isabela...
Catal. Esa, señor, ya no es hoy
Burlada, porque se casa
Contigo, como es razón.
Burlaste a la pescadora
Que del mar te redimió

2376 *el seor* = *el señor* (Don Gonzalo) 2383 *veraniego*: not hungry, because of the summer heat

            Pagándole el hospedaje
            En moneda de rigor.
            Burlaste a Doña Ana.
D. Juan.   Calla,
            Que hay parte aquí que lastó
            Por ella, y vengarse aguarda.
Catal.   Hombre es de mucho valor,
            Que él es piedra, tú eres carne:
            No es buena resolución.
            (*Hace señas que se quite la mesa, y queden solos.*)
D. Juan.   ¡Hola! quitad esa mesa,
            Que hace señas que los dos
            Nos quedemos, y se vayan
            Los demás.
Catal.   ¡Malo, por Dios!
            No te quedes, porque hay muerto
            Que mata de un mojicón
            A un gigante
D. Juan.   Salíos todos,
            ¡A ser yo Catalinón...!
            Vete, que viene.

Vanse, y quedan los dos solos, y hace señas que cierre la puerta.

                        La puerta
            Ya está cerrada; ya estoy
            Aguardando; di, ¿qué quieres,
            Sombra, fantasma o visión?
            Si andas en pena, o si aguardas
            Alguna satisfacción
            Para tu remedio, dilo;
            Que mi palabra te doy
            De hacer lo que me ordenares.
            ¿Estás gozando de Dios?
            ¿Dite la muerte en pecado?
            Habla, que suspenso estoy.
                (*Habla paso*como cosa del otro mundo.*)
D. Gon.   ¿Cumplirásme una palabra
            Como caballero?
D. Juan.   Honor
            Tengo, y las palabras cumplo,
            Porque caballero soy.
D. Gon.   Dame esa mano; no temas.

2410 *En... rigor*: In harsh coin. 2412 *parte aquí que lastó*: a party here who paid 2422 *mojicón*: punch 2424 ¡*A... Catalinón...!*: If I were Catalinón (i.e., a coward)...! 2429 *Si andas en pena*: If you're a soul in torment *Habla paso: He speaks softly

D. Juan. ¿Eso dices? ¿Yo temor?
　　　　Si fueras el mismo infierno,
　　　　La mano te diera yo. (*Dale la mano.*)
D. Gon. Bajo esta palabra y mano,
　　　　Mañana a las diez te estoy
　　　　Para cenar aguardando.
　　　　¿Irás?
D. Juan. 　　　　Empresa mayor
　　　　Entendí que me pedías.
　　　　Mañana tu güésped soy.
　　　　¿Dónde he de ir?
D. Gon. 　　　　　　A mi capilla.
D. Juan. ¿Iré solo?
D. Gon. 　　　　No, id los dos;
　　　　Y cúmpleme la palabra
　　　　Como la he cumplido yo.
D. Juan. Digo que la cumpliré;
　　　　Que soy Tenorio.
D. Gon. 　　　　　　Yo soy
　　　　Ulloa.
D. Juan. 　　Yo iré sin falta.
D. Gon. Yo lo creo. Adiós. (*Va a la puerta.*)
D. Juan. 　　　　　　Adiós.
　　　　Aguarda, iréte alumbrando.
D. Gon. No alumbres, que en gracia estoy.

Vase muy poco a poco, mirando a Don Juan, *y* Don Juan *a él,
hasta que desaparece y queda* Don Juan *con pavor.*

D. Juan. ¡Válgame Dios! Todo el cuerpo
　　　　Se ha bañado de un sudor,
　　　　Y dentro de las entrañas
　　　　Se me hiela el corazón.
　　　　Cuando me tomó la mano,
　　　　De suerte me la apretó,
　　　　Que un infierno parecía;
　　　　Jamás vide tal calor.
　　　　Un aliento respiraba,
　　　　Organizando la voz,
　　　　Tan frío, que parecía
　　　　Infernal respiración.
　　　　Pero todas son ideas
　　　　Que da la imaginación:
　　　　El temor y temer muertos
　　　　Es más villano temor:

2452 *id los dos:* both of you go　2460 *en gracia estoy:* God's grace lights my way　2470 *Organizando la voz:* As he formed his words

Que si un cuerpo noble, vivo,
Con potencias y razón
Y con alma, no se teme,
¿ Quién cuerpos muertos temió ? 2480
Mañana iré a la capilla
Donde convidado soy,
Porque se admire y espante
Sevilla de mi valor.

Vase.

Sale el Rey *y* Don Diego Tenorio *y acompañamiento.*

Rey. ¿ Llegó al fin Isabela ?
D. Dieg. Y disgustada. 2485
Rey. Pues ¿ no ha tomado bien el casamiento ?
D. Dieg. Siente, señor, el nombre de infamada.
Rey. De otra causa procede su tormento.
¿ Dónde está ?
D. Dieg. En el convento está alojada
De las Descalzas.
Rey. Salga del convento 2490
Luego al punto, que quiero que en palacio
Asista con la reina más de espacio.
D. Dieg. Si ha de ser con Don Juan el desposorio,
Manda, señor, que tu presencia vea.
Rey. Véame, y galán salga, que notorio 2495
Quiero que este placer al mundo sea.
Conde será desde hoy Don Juan Tenorio
De Lebrija ; él la mande y la posea,
Que si Isabela a un Duque corresponde,
Ya que ha perdido un Duque, gane un Conde. 2500
D. Dieg. Y por esta merced tus pies besamos.
Rey. Merecéis mi favor más dignamente.
Que si aquí los servicios ponderamos,
Me quedo atrás con el favor presente.
Paréceme, Don Diego, que hoy hagamos 2505
Las bodas de Doña Ana juntamente.
D. Dieg. ¿ Con Octavio ?
Rey. No es bien que el Duque Octavio
Sea el restaurador de aqueste agravio.
Doña Ana con la Reina me ha pedido
Que perdone al Marqués, porque Doña Ana, 2510
Ya que el padre murió, quiere marido,
Porque si le perdió, con él le gana.

2490 Descalzas: Barefoot, Unshod *2491 Luego al punto:* Immediately *2504 Me quedo atrás:* I fall short (of the favors you have done me) *2512 Porque ... gana:* Because if she has lost one father, with the Marqués she gains another.

	Iréis con poca gente y sin rüido	
	Luego a hablalle a la fuerza de Triana:	
	Por su satisfacción y por abono	2515
	De su agraviada prima le perdono.	
D. Dieg.	Ya he visto lo que tanto deseaba.	
Rey.	Que esta noche han de ser, podéis decille,	
	Los desposorios.	
D. Dieg.	Todo en bien se acaba.	
	Fácil será al Marqués el persuadille;	2520
	Que de su prima amartelado estaba.	
Rey.	También podéis a Octavio prevenille.	
	Desdichado es el Duque con mujeres:	
	Son todas opinión y pareceres.	
	Hánme dicho que está muy enojado	2525
	Con Don Juan.	
D. Dieg.	No me espanto, si ha sabido	
	De Don Juan el delito averiguado,	
	Que la causa de tanto daño ha sido.	
	El Duque viene.	
Rey.	No dejéis mi lado,	
	Que en el delito sois comprehendido.	2530

Sale el Duque Octavio.

Octav.	Los pies, invicto Rey, me dé tu alteza.	
Rey.	Alzad, Duque, y cubrid vuestra cabeza.	
	¿Qué pedís?	
Octav.	Vengo a pediros,	
	Postrado ante vuestras plantas,	
	Una merced, cosa justa,	2535
	Digna de serme otorgada.	
Rey.	Duque, como justa sea,	
	Digo que os doy mi palabra	
	De otorgárosla. Pedid.	
Octav.	Ya sabes, señor, por cartas	2540
	De tu Embajador, y el mundo	
	Por la lengua de la fama	
	Sabe, que Don Juan Tenorio,	
	Con española arrogancia,	
	En Nápoles una noche,	2545
	Para mí noche tan mala,	
	Con mi nombre profanó	
	El sagrado de una dama.	

2514 *fuerza de Triana:* fortress of Triana, a section of Seville 2515 *abono:* payment 2521 *amartelado:* enamored 2530 *comprehendido* = comprendido 2532 *cubrid vuestra cabeza:* A grandee was privileged to keep his hat on in the royal presence. 2542 *lengua de la fama:* rumor

Rey.	No pases más adelante.
	Ya supe vuestra desgracia.
	En efeto: ¿ qué pedís ?
Octav.	Licencia que en la campaña
	Defienda como es traidor.
D. Dieg.	Eso no. Su sangre clara [noble]
	Es tan honrada ...
Rey.	¡ Don Diego !
D. Dieg.	Señor.
Octav.	¿ Quién eres que hablas
	En la presencia del Rey
	De esa suerte ?
D. Dieg.	Soy quien calla,
	Porque me lo manda el Rey;
	Que si no, con esta espada
	Te respondiera.
Octav.	Eres viejo.
D. Dieg.	Ya he sido mozo en Italia,
	A vuestro pesar, un tiempo:
	Ya conocieron mi espada
	En Nápoles y en Milan.
Octav.	Tienes ya la sangre helada:
	No vale fuí, sino soy.
D. Dieg.	Pues fuí y soy. (*Empuña.*)
Rey.	Tened, basta;
	Bueno está; callad, Don Diego;
	Que a mi persona se guarda
	Poco respeto: y vos, Duque,
	Después que las bodas se hagan,
	Más despacio hablaréis.
	Gentilhombre de mi cámara
	Es Don Juan y hechura mía,
	Y de aqueste tronco rama:
	Mirad por él.
Octav.	Yo lo haré,
	Gran señor, como lo mandas.
Rey.	Venid conmigo, Don Diego.
D. Dieg.	¡ Ay hijo ! ¡ Qué mal me pagas (*Aparte.*)
	El amor que te he tenido !
Rey.	Duque ...
Octav.	Gran señor ...
Rey.	Mañana
	Vuestras bodas se han de hacer.
Octav.	Háganse, pues tú lo mandas.

2552–2553 *Licencia ... traidor:* Permission to prove on the field of honor that he is a traitor
2554 *clara:* noble 2574 *Gentilhombre ... cámara:* My chamberlain

Vase el Rey *y* Don Diego *y sale* Gaseno *y* Aminta.

Gaseno. Este señor nos dirá (*Aparte.*)
Dónde está Don Juan Tenorio.
Señor, ¿ si está por acá
Un Don Juan a quien notorio
Ya su apellido será ?
Octav. Don Juan Tenorio, diréis.
Aminta. Sí, señor; ese Don Juan.
Octav. Aquí está ; ¿ qué le queréis ?
Aminta. Es mi esposo ese galán.
Octav. ¿ Cómo ?
Aminta. Pues, ¿ no lo sabéis
Siendo del alcázar vos ?
Octav. No me ha dicho Don Juan nada.
Gaseno. ¿ Es posible ?
Octav. Sí, por Dios.
Gaseno. Doña Aminta es muy honrada.
Cuando se casen los dos,
Que cristiana vieja es
Hasta los güesos, y tiene
De la hacienda el interés
Que en Dos Hermanas mantiene
Más bien que un Conde un Marqués.
Casóse Don Juan con ella
Y quitósela a Batricio.
Aminta. Decid como fué doncella
A su poder.
Gaseno. No es jüicio
Esto, ni aquesta querella.
Octav. Esta es burla de Don Juan, (*Aparte.*)
Y para venganza mía
Estos diciéndola están.
¿ Qué pedís al fin ?
Gaseno. Querría,
Porque los dias se van,
Que se hiciese el casamiento
O querellarme ante el Rey.
Octav. Digo que es justo ese intento.
Gaseno. Y razón y justa ley.
Octav. Medida a mi pensamiento (*Aparte.*)
Ha venido la ocasión.
En el alcázar tenemos
Bodas.
Aminta. ¡ Si las mías son !

2600 *cristiana vieja:* a Christian without Jewish or Moorish blood 2601 *güesos = hüesos:* bones 2607–2608 *fué ... poder:* a virgin (Aminta) fell into his hands 2622 ¡ *Si las mías son!:* May they (the nuptials) be mine!

OCTAV. Quiero, para que acertemos. (*Aparte.*)
Valerme de una invención.
Venid donde os vestiréis,
Señora, a lo cortesano,
Y a un cuarto del Rey saldréis
Conmigo . . .
AMINTA. Vos de la mano
A Don Juan me llevaréis.
OCTAV. Que desta suerte es cautela.
GASENO. El arbitrio me consuela.
OTAV. Éstos venganza me dan (*Aparte.*)
De aqueste traidor Don Juan
Y el agravio de Isabela.

Vanse.

Sale DON JUAN *y* CATALINÓN.

CATAL. ¿ Cómo el Rey te recibió ?
D. JUAN. Con más amor que mi padre.
CATAL. ¿ Viste a Isabela ?
D. JUAN. También.
CATAL. ¿ Cómo viene ?
D. JUAN. Como un ángel.
CATAL. ¿ Recibióte bien ?
D. JUAN. El rostro
Bañado de leche y sangre,
Como la rosa que al alba
Revienta la verde cárcel.
CATAL. Al fin, ¿ esta noche son
Las bodas ?
D. JUAN. Sin falta.
CATAL. Si antes
Hubieran sido, no hubieras,
Señor, engañado a tantas ;
Pero tú tomas esposa,
Señor, con cargas muy grandes.
D. JUAN. Di : ¿ comienzas a ser necio ?
CATAL. Y podrás muy bien casarte
Mañana, que hoy es mal día.
D. JUAN. Pues ¿ qué día es hoy ?
CATAL. Es martes.
D. JUAN. Mil embusteros y locos
Dan en esos disparates.
Solo aquel llamo mal día,
Acïago y detestable

2631 *arbitrio:* plan 2639–2640 *El . . . sangre:* Her face was aglow (rosy) 2652 *martes:* A Spanish proverb runs: *En martes, ni te cases ni te embarques.* 2654 *Dan en:* Persist in

	En que no tengo dineros;
	Que lo demás es donaire.
Catal.	Vamos, si te has de vestir;
	Que te aguardan, y ya es tarde.	2660
D. Juan.	Otro negocio tenemos
	Que hacer, aunque nos aguarden.
Catal.	¿Cuál es?
D. Juan.	Cenar con el muerto,
Catal.	Necedad de necedades.
D. Juan.	¿No ves que di mi palabra?	2665
Catal.	Y cuando se la quebrantes,
	¿Que importará? ¿Ha de pedirte
	Una figura de jaspe
	La palabra?
D. Juan.	Podrá el muerto
	Llamarme a voces infame.	2670
Catal.	Ya está cerrada la iglesia.
D. Juan.	Llama.
Catal.	¿Qué importa que llame?
	¿Quién tiene de abrir? que están
	Durmiendo los sacristanes.
D. Juan.	Llama a este postigo.
Catal.	¡Abierto	2675
	Está!
D. Juan.	Pues entra.
Catal.	Entre un fraile
	Con su hisopo y estola.
D. Juan.	Sígueme y calla.
Catal.	¿Qué calle?
D. Juan.	Sí.
Catal.	Ya callo. Dios en paz
	Destos convites me saque.	2680
	¡Qué escura que está la iglesia!
	(*Entran por una puerta y salen por otra.*)
	Señor, para ser tan grande....
	¡Ay de mí! Tenme, señor,
	Porque de la capa me asen.

Sale Don Gonzalo *como de antes, y encuéntrase con ellos.*

D. Juan.	¿Quién va?
D. Gon.	Yo soy.
Catal.	¡Muerto estoy!	2685
D. Gon.	El muerto soy, no te espantes.

2681 escura = obscura; que: superfluous *2677 hisopo y estola:* priest's sprinkler and stole *2683 Tenme:* Hold on to me

No entendí que me cumplieras
La palabra, según haces
De todos burla.

D. JUAN. ¿Me tienes
En opinión de cobarde? 2690

D. GON. Sí, que aquella noche huiste
De mí cuando me mataste.

D. JUAN. Huí de ser conocido;
Mas ya me tienes delante.
Di presto lo que me quieres. 2695

D. GON. Quiero a cenar convidarte.

CATAL. Aquí escusamos la cena,
Que toda ha de ser fiambre,
Pues no parece cocina.

. . . . 2700

D. JUAN. Cenemos.

D. GON. Para cenar,
Es menester que levantes
Esa tumba.

D. JUAN. Y si te importa,
Levantaré estos pilares.

D. GON. Valiente estás.

D. JUAN. Tengo brío 2705
Y corazón en las carnes.

CATAL. Mesa de Guinea es ésta.
Pues ¿no hay por allá quien lave?

D. GON. Siéntate.

D. JUAN. ¿Adónde?

CATAL. Con sillas
Vienen ya dos negros pajes. 2710
Entran dos enlutados con dos sillas.
¿También acá se usan lutos
Y bayeticas de Flandes?

D. GON. Siéntate tú.

CATAL. Yo, señor,
He merendado esta tarde.

D. GON. No repliques.

CATAL. No replico. 2715
(*Aparte.*) Dios en paz desto me saque.
¿Qué plato es éste, señor?

D. GON. Este plato es de alacranes
Y víboras.

CATAL. ¡Gentil plato!

2687 *No entendí*: I didn't think 2697 *escusamos = excusamos*: we can do without 2700 verse missing 2707 *Mesa de Guinea*: black table 2712 *bayeticas* (diminutive of *bayetas*): baize table-cloths

D. Gon.	Estos son nuestros manjares.	2720
	¿No comes tú?	
D. Juan.	Comeré	
	Si me dieses áspid y áspides	
	Cuantos el infierno tiene.	
D. Gon.	También quiero que te canten.	
Catal.	¿Qué vino beben acá?	2725
D. Gon.	Pruébalo.	
Catal.	Hiel y vinagre	
	Es este vino.	
D. Gon.	Este vino	
	Esprimen nuestros lagares.	

(*Cantan:*)

Adviertan los que de Dios
Juzgan los castigos grandes, 2730
Que no hay plazo que no llegue
Ni deuda que no se pague.

Catal.	¡Malo es esto, vive Cristo!	
	Que he entendido este romance,	
	Y que con nosotros habla.	2735
D. Juan.	Un hielo el pecho me parte.	

(*Cantan:*)

Mientras en el mundo viva,
No es justo que diga nadie:
¡Qué largo me lo fiáis!
Siendo tan breve el cobrarse. 2740

Catal.	¿De qué es este guisadillo?	
D. Gon.	De uñas.	
Catal.	De uñas de sastre	
	Será, si es guisado de uñas.	
D. Juan.	Ya he cenado; haz que levanten	
	La mesa.	
D. Gon.	Dame esa mano;	2745
	No temas la mano darme.	
D. Juan.	¿Eso dices? ¿Yo, temor?	
	¡Que me abraso! ¡No me abrases	
	Con tu fuego!	
D. Gon.	Este es poco	
	Para el fuego que buscaste.	2750
	Las maravillas de Dios	
	Son, Don Juan, investigables,	
	Y así quiere que tus culpas	

2728 *Esprimen ... lagares*: Our wine presses squeeze out; *Esprimen = Exprimen* 2735 *con nosotros habla*: it's about us 2742 *uñas de sastre*: reference to the rapacity for which tailors were known 2752 *investigables = ininvestigables*: unfathomable

     A manos de muerto pagues.
     Y si pagas desta suerte,   2755
     Esta es justicia de Dios:
     Quien tal hace que tal pague.
D. Juan. ¡Que me abraso! No me aprietes.
     Con la daga he de matarte.
     Mas ¡ay, que me canso en vano   2760
     De tirar golpes al aire!
     — A tu hija no ofendí;
     Que vió mis engaños antes.
D. Gon. No importa, que ya pusiste
     Tu intento.
D. Juan.   Deja que llame   2765
     Quien me confiese y absuelva.
D. Gon. No hay lugar, ya acuerdas tarde.
D. Juan. ¡Que me quemo! ¡Que me abraso!
     Muerto soy. (*Cae muerto.*)
Catal.   No hay quien se escape;
     Que aquí tengo de morir   2770
     También por acompañarte.
D. Gon. Esta es justicia de Dios:
     Quien tal hace, que tal pague.

Húndese el sepulcro con Don Juan *y* Don Gonzalo, *con mucho ruído, y sale* Catalinón *arrastrando.*

Catal. ¡Válgame Dios! ¿Qué es aquesto?
     Toda la capilla se arde,   2775
     Y con el muerto he quedado
     Para que le vele y guarde.
     Arrastrando como pueda
     Iré a avisar a su padre.
     ¡San Jorge, San *Agnus Dei*,   2780
     Sacadme en paz a la calle!

        Vase.

   Sale el Rey, Don Diego *y acompañamiento.*

D. Dieg. Ya el Marqués, señor, espera
     Besar vuestros pies reales.
Rey.   Entre luego, y avisad
     Al Conde, por que no aguarde.   2785

     Sale Batricio *y* Gaseno.

Batric. ¿Dónde, señor, se permiten,
     Desenvolturas tan grandes,
     Que tus criados afrenten
     A los hombres miserables?
Rey.   ¿Qué dices?

2757 *Quien ... pague:* Let each one pay for his actions. 2785 *por que = para que*

vv. 2754-2824]   TIRSO DE MOLINA   317

BATRIC.   Don Juan Tenorio,   2790
         Alevoso y detestable,
         La noche del casamiento,
         Antes que le consumase,
         A mi mujer me quitó.
         Testigos tengo delante.   2795

         Salen TISBEA *y* ISABELA *y acompañamiento.*

TISBEA. Si vuestra Alteza, señor,
         De Don Juan Tenorio no hace
         Justicia, a Dios y a los hombres,
         Mientras viva, he de quejarme.
         Derrotado le echó el mar,   2800
         Dile vida y hospedaje,
         Y pagóme esta amistad
         Con mentirme y engañarme
         Con nombre de mi marido.
REY.   ¿Qué dices?
ISABELA.   Dice verdades.   2805

         Sale AMINTA *y el* DUQUE OCTAVIO.

AMINTA. ¿Adónde mi esposo está?
REY.   ¿Quién es?
AMINTA.   Pues ¿aún no lo sabe?
         El señor Don Juan Tenorio,
         Con quien vengo a desposarme
         Porque me debe el honor,   2810
         Y es noble y no ha de negarme.
         Manda que nos desposemos.
                . . . .
         Sale el MARQUÉS DE LA MOTA.

MOTA.   Pues es tiempo, gran señor,
         Que a luz verdades se saquen,
         Sabrás que Don Juan Tenorio   2815
         La culpa que me imputaste
         Tuvo él, pues como amigo,
         Pudo el crüel engañarme;
         De que tengo dos testigos.
REY.   ¿Hay desvergüenza más grande?   2820
         Prendelde y matalde luego.
D. DIEG. En premio de mis servicios
         Haz que le prendan y pague
         Sus culpas, porque del cielo

2800 Derrotado: Exhausted *2813* verse missing

	Rayos contra mí no bajen,	2825
	Si es mi hijo tan malo.	
Rey.	¡ Esto mis privados hacen!	

Sale Catalinón.

Catal.	Escuchad, oid, señores,	
	El suceso más notable	
	Que en el mundo ha sucedido,	2830
	Y en oyéndome, matadme.	
	Don Juan, del Comendador	
	Haciendo burla, una tarde,	
	Después de haberle quitado	
	Las dos prendas que más valen,	2835
	Tirando al bulto de piedra	
	La barba, por ultrajarle,	
	A cenar le convidó:	
	¡ Nunca fuera a convidarle!	
	Fué el bulto, y convidóle;	2840
	Y agora (porque no os canse)	
	Acabando de cenar,	
	Entre mil presagios graves,	
	De la mano le tomó,	
	Y le aprieta hasta quitalle	2845
	La vida, diciendo: « Dios	
	Me manda que así te mate,	
	Castigando tus delitos:	
	Quien tal hace, que tal pague.»	
Rey.	¿ Qué dices ?	
Catal.	Lo que es verdad,	2850
	Diciendo antes que acabase,	
	Que a Doña Ana no debía	
	Honor, que lo oyeron antes	
	Del engaño.	
Mota.	Por las nuevas	
	Mil albricias pienso darte.	2855
Rey.	¡ Justo castigo del cielo!	
	Y agora es bien que se casen	
	Todos, pues la causa es muerta,	
	Vida de tantos desastres.	
Otavio.	Pues ha enviudado Isabela,	2860
	Quiero con ella casarme.	
Mota.	Yo con mi prima.	
Batric.	Y nosotros	
	Con las nuestras, porque acabe	

2827 *privados:* favorites 2855 *albricias:* rewards 2858–2859 *la ... desastres:* the case, which was the life (cause) of so many disasters, is dead (closed)

El Convidado de piedra.

Rey. Y el sepulcro se traslade 2865
En San Francisco en Madrid,
Para memoria más grande.

Fin de « El Burlador de Sevilla »

2865-2866 el ... Madrid: let the tomb be moved to the church of San Francisco in Madrid

TIRSO DE MOLINA BIBLIOGRAPHY

I. Works

Comedias. Nueva Biblioteca de Autores Españoles, Vols. IV, V, and IX.

Obras dramáticas completas, edited by Blanca de los Ríos de Lampérez, 3 vols., Madrid, 1946–1959.

Comedias. I : El vergonzoso en palacio and *El burlador de Sevilla,* edited by Américo Castro, 2nd ed., revised (Clásicos Castellanos), Madrid, 1922.

MacCurdy, r. r. (ed.): *El burlador de Sevilla* and *La prudencia en la mujer,* New York, 1964.

II. General Studies

Ayala, francisco: "Erotismo y juego teatral en Tirso," *Insula,* XIX, No. 204 (1964), pp. 1, 7.

Bushee, alice huntington: *Three Centuries of Tirso de Molina,* Philadelphia, 1939.

Hesse, everett w.: *Catálogo bibliográfico de Tirso de Molina,* Madrid, 1949.

McClelland, i. l.: *Tirso de Molina: Studies in Dramatic Realism,* Liverpool, 1948.

Ríos de lampérez, blanca de los: *Tirso de Molina,* Madrid, 1906.

Sanz y díaz, josé: *Tirso de Molina,* Madrid, 1964.

III. El burlador de Sevilla

Aubrun, Charles V.: "Le *Don Juan* de Tirso de Molina: Essai d'interprétation," *Bulletin Hispanique*, LIX (1957), pp. 26–61.

Bévotte, Georges Gendarme de: *La Légende de Don Juan*, 2 vols., Paris, 1911.

Cotarelo y Mori, E.: "Últimos estudios acerca de *El Burlador de Sevilla*," *Revista de Archivos, Bibliotecas y Museos*, XVIII (1908), pp. 75–86.

Mandel, Oscar (ed.): *The Theatre of Don Juan: A Collection of Plays and Views, 1630–1963*, Lincoln, Nebraska, 1963.

Radoff, M. L., and Salley, W. E.: "Notes on the Burlador," *Modern Language Notes*, XLV, 1930.

Said Armesto, Victor: *La leyenda de Don Juan*, Madrid, 1908.

Sloman, Albert E.: "The Two Versions of *El burlador de Sevilla*," *Bulletin of Hispanic Studies*, XLII (1965), pp. 18–33.

Valle, Rafael Heliodoro: "Bibliografía de don Juan," *Boletín de la Biblioteca Nacional*, Mexico, IX, No. 3 (1958), pp. 3–26.

Waxman, S. M.: "The Don Juan legend in Literature," *Journal of American Folk-Lore*, XXI (1908), pp. 184–204.

Weinstein, Leo: *The Metamorphoses of Don Juan*, Stanford, California, 1959.

LAS MOCEDADES DEL CID.

COMEDIA PRIMERA.

POR D. GVILLEM DE CASTRO.

Los que hablan en ella son los siguientes.

El Rey D. Fernando.
La Reyna su muger.
El Principe D. Sacho.
La Infanta doña Vrraca.
Diego Laynez Padre del Cid.
Rodrigo, el Cid.
El Conde Loçano.
Ximena Gomez hija del Conde.
Arias Gonçalo.
Peransules.
Hernan Dias, y Bermudo Lain hermanos de Cid.
Elúira criada de Ximena Gomez.
Vn Maestro de armas del Principe.
D. Martin Gõçales
Vn Rey Moro.
Quatro Moros.
Vn Pastor.
Dos, o tres Pajes, y alguna otra gẽte de acompañamiento.

PORTADA DE UNA "COMEDIA"

GUILLÉN DE CASTRO

Guillén de Castro y Bellvis (1569–1631) belongs to the Valencian dramatic school. Friend and pupil of Lope de Vega, he contributed to the triumph of his dramatic practices in Valencia. He was of high noble lineage, a fact that may have contributed to the lifelike portrayal of the nobility in *Las mocedades del Cid*. He was also from a literary family. Two of his relatives, under the metaphoric names of *Lluvia* and *Consejo*, belonged to the *Academia de los Nocturnos*, the most famous of the private *Siglo de Oro* academies in Spain. Castro himself was a member of it, using the name *Secreto*. In 1616, after its demise, he revived it as the *Montañeses del Parnaso*.

He was a precocious youth and a restless, adventurous spirit like Lope, whom he met probably during the latter's exile in Valencia. Extravagant and disorganized, he led a life of adventure and dissipation. Following his marriage, he encountered great financial difficulty; and, although he received many honors, he was so impoverished at the time of his death that he had to be buried at public expense.

He was far less prolific than Lope, the number of his works not exceeding forty-three. In almost all of them he dealt with themes that were more or less popular. The epics and legends which inspired him led him to cast the epic material of the *romancero* in the mold of the national theater. By his doing this he did no more than continue the work of Lope, taking for the main source of his writings the popular tradition contained in ballads and epics. *Las mocedades del Cid* preceded Juan de Escobar's *Romancero del Cid* (1612). However, many *romances* on the theme of the Cid were available to Castro from oral tradition and the *pliegos sueltos*. Similarly he might have drawn on the *Romancero general* or other such collections of *romances*.

He was temperamentally incapable of creating dramatic scenes and types. His special distinction is the representation of historic situations and individuals around whom he paints a vivid picture of the vigor and energy of medieval customs. Chivalric honor, patriotism, and moral conflicts are the mainsprings of his dramatic works.

His greatest success, the one for which he is best known, is the dramatization of the historico-legendary figure of Rodrigo Díaz de

Vivar, the Cid. Of the two parts in which it is written, *Comedia Primera* and *Comedia Segunda*, it is the first which is the better known and which appears in this volume. It is also the part which Corneille utilized for *Le Cid*. In the Second Part, sometimes called *Las hazañas del Cid*, the national hero really plays a secondary role. Because the general lines of the theme and the characterization of the hero were well known to all, Castro's freedom to alter them was restricted. Yet he managed to create a dramatization which captivates with its passions and delights with the colorful customs it delineates.

If Castro's subject limited him, it also offered great advantages. In many ways, in fact, it was sure-fire material. He had chosen the national hero for his protagonist. The *romances* he drew upon—he utilized some twenty—were already extremely pleasing to the audience. Some of these he incorporated in whole or in part into the play. It is not at all unreasonable to surmise, as Louis Dubois does, that the audience recited along with the actors those inserted *romances* they knew by heart. Perhaps they recited them under their breath. What better way to engage an audience than by eliciting their participation?

It is necessary to point out that, as the word *mocedades* indicates, the play deals with the Cid's younger days rather than with the mature family man of the *Poema del Cid*. What is more, there is no direct relation between the play and the epic. The latter was written around 1140 but was unknown in Castro's day. It was not published until the eighteenth century. Moreover, the tone of the two works is radically different. Castro's work is more passionate, far less austere, and the love interest occupies a place of importance it does not have in the *Poema*. Doña Ximena is assigned a far greater role than she has in the epic.

The language, although the characters in the play belong to the eleventh century, is in the main that of the *Siglo de Oro*. The reader will not find in it much of the archaic quality of the epic's twelfth-century Castilian. Castro's verse forms, unlike the single one of the *Poema*, is varied in the manner of the *Siglo de Oro comedia*.

For many, *Las mocedades del Cid* is noteworthy only as the basis of the first French tragedy on a modern theme, Corneille's celebrated *Le Cid*. They see greater psychological penetration in *Le Cid*, and greater universality than in its Spanish prototype. But *Las mocedades* has an undeniable vitality. There are those, like Schack and Ticknor, who prefer it to Corneille's version. As for Corneille's debt to Castro, there can be no doubt. Castro provided him with unusually dramatic material. Nor did he merely serve to transmit the subject matter. He added much to it, such as his centering of the story around the conflict between love and duty and his treatment of Ximena's character. Some passages in Corneille are out and out translations from Castro.

It will be noted that *Las mocedades*, unlike the vast majority of *Siglo de Oro comedias*, does not have a *gracioso*. But it is a typical product of *Siglo de Oro* drama in that it draws upon national tradition, features the theme of honor, and exercises the technical liberties established by Lope.

METRICAL SCHEME OF «LAS MOCEDADES DEL CID»

Act I

Quintillas	ababa	1-40
Versos sueltos		41-49
Quintillas	abbab & ababa	50-129
Romance (a-o)		130-305
Redondillas	abba	306-357
Décimas	abbaaccddc	358-427
Romance (a-a)		428-517
Liras	abbacc	518-541
Romance (a-o)		542-569
Redondillas	abba	570-865

Act II

Redondillas	abba	866-1041
Redondillas mixed with Quintillas	abba	1042-1208
Tercetos	aba, bcb, cdc, *etc.*	1209-1284
Romance (i-a)		1285-1428
Redondillas	abba	1429-1712
Romance (a-o)		1713-1820

Act III

Redondillas	abba	1821-1972
Romance (á)		1973-2114
Redondillas	abba	2115-2718
Romance (a-a)		2719-2894
Redondillas	abba	2895-2926
Romance (e-a)		2927-3004

LAS MOCEDADES DEL CID

PERSONAS

El Rey Don Fernando.
La Reyna, su muger.
El Príncipe Don Sancho.
La Infanta Doña Urraca.
Diego Laínez, padre del Cid.
Rodrigo, el Cid.
El Conde Loçano.
Ximena Gómez, hija del Conde.
Arias Gonçalo.
Peransules.
Hernán Díaz y Bermudo Laín, hermanos del Cid.

Elvira, criada de Ximena Gómez.
Un Maestro de Armas del Príncipe.
Don Martín Gonçáles.
Un Rey Moro.
Cuatro Moros.
Un Pastor.
Un Gafo.
Dos o tres Pajes, y alguna otra gente de acompañamiento.

Época: siglo XI.

ACTO PRIMERO*

Salen el Rey Don Fernando *y* Diego Laínez, *los dos de barba blanca, y el* Diego Laínez, *decrépito : arrodíllase delante el Rey, y dize:*

Diego.	Es gran premio a mi lealtad.
Rey.	A lo que devo me obligo.
Diego.	Hónrale tu Magestad.
Rey.	Honro a mi sangre en Rodrigo.
	Diego Laínez, alçad. 5
	Mis proprias armas le he dado
	para armalle Cavallero.
Diego.	Ya, Señor, las ha velado,
	y ya viene . . .

---

* *Stage Directions:*
   Acto: *Jornada* and *Acto* were used without distinction.
   Salen = *Entran*
   delante el = *delante del*
1 *lealtad*: dissyllabic by syneresis 4 *Rodrigo*: was of noble family, but not of royal lineage 5 *alçad*: The modern Spanish equivalent is *alzaos*. 6 *proprias* = *propias* 7 *armalle Cavallero* = *armarle Caballero*: knight him 8 *las ha velado*: he has observed the ritual all-night vigil over them

Rey.	Ya lo espero.
Diego.	... excesivamente honrado, pues don Sancho mi Señor, — mi Príncipe, — y mi Señora la Reyna, le son, Señor, Padrinos.
Rey.	Pagan agora lo que deven a mi amor.

Salen la Reyna *y el Príncipe* Don Sancho, *la Infanta* Doña Urraca, Ximena Gómez, Rodrigo, *el* Conde Loçano, Arias Gonçalo *y* Peransules.*

Urra.	¿ Qué te parece, Ximena, de Rodrigo ?
Xim.	Que es galán, — y que sus ojos le dan (*Aparte.*) al alma sabrosa pena. —
Reyna.	¡ Qué bien las armas te están ! ¡ Bien te asientan !
Rod.	¿ No era llano, pues tú les diste los ojos, y Arias Gonçalo la mano ?
Arias.	Son del cielo tus despojos, y es tu valor Castellano.
Reyna.	¿ Qué os parece mi ahijado ? (*Al* Rey.)
D. San.	¿ No es galán, fuerte y lucido ? ... (*Idem*.)
Conde.	— Bravamente le han honrado (*A* Perans.) los Reyes.
Perans.	Estremo ha sido. —
Rod.	¡ Besaré lo que ha pisado quien tanta merced me ha hecho !
Rey.	Mayores las merecías. ¡ Qué robusto, qué bien hecho ! Bien te vienen armas mías.

---

13 le son: serve him as. Castro carelessly rhymes *señor* with itself in vv. 11 and 13. *14 agora = ahora*
**Peransules = Pedro Anzures:* Peter, son of Anzur *17 galán:* gallant (a well-built and elegantly dressed man) *19 sabrosa pena:* Note the antithesis. *21 llano:* natural, very simple *22 les diste los ojos:* you picked them out *24 despojos:* charms *26 ahijado:* protégé *27* As successor to his father the prince was known as Sancho II, el Fuerte. His reign over Castile extended from 1065 to 1072. *29 Reyes:* King and Queen; *Estremo = Extremo:* Excessive *30 lo que ha pisado:* the ground he has walked on *32 las:* refers to *mercedes*

Rod.	Es tuyo también mi pecho. —	35
Rey.	Lleguémonos al Altar	
	del Santo Patrón de España.	
Diego.	No hay más glorias que esperar.	
Rod.	Quien te sirve, y te acompaña,	
	al cielo puede llegar.	40

Corren una cortina, y parece el Altar de Santiago, y en él una fuente de plata, una espada, y unas espuelas doradas.

Rey.	Rodrigo, ¿queréys ser Cavallero?	
Rod.	Sí, quiero.	
Rey.	Pues Dios os haga buen Cavallero.	
	Rodrigo, ¿queréys ser Cavallero?	
Rod.	Sí, quiero.	45
Rey.	Pues Dios os haga buen Cavallero.	
	Rodrigo, ¿queréys ser Cavallero?	
Rod.	Sí, quiero.	
Rey.	Pues Dios os haga buen Cavallero. —	
	Cinco batallas campales	50
	venció en mi mano esta espada,	
	y pienso dexarla honrada	
	a tu lado.	
Rod.	Estremos tales	
	mucho harán, Señor, de nada:	
	Y assí, porque su alabança	55
	llegue hasta la esfera quinta,	
	ceñida en tu confiança	
	la quitaré de mi cinta,	
	colgaréla en mi esperança.	
	Y, por el ser que me ha dado	60
	El tuyo, que el cielo guarde,	
	de no bolvérmela al lado	
	hasta estar asegurado	
	de no hazértela covarde,	
	que será haviendo vencido	65
	cinco campales batallas.	
Conde.	— ¡Ofrecimiento atrevido! — (*Aparte.*)	

---

37 Santo Patrón de España: Santiago, or San Diego (St. James), whose remains are supposed to be at Compostela *50 batallas campales:* pitched battles *51 venció:* won *52 dexarla = dejarla 53 Estremos tales:* Such extraordinary favors *55 porque = para que 56 esfera quinta:* According to the Ptolemaic system, the fifth sphere was that of Mars, god of war. *57 tu confiança = tu confianza:* your confidence in me; four syllables *58 cinta:* belt *59 en mi esperança:* until I live up to expectations; *esperança = esperanza 62 de no:* Supply *juro* before the now superfluous *de; bolvérmela = volvérmela*

Rey.	Yo te daré para dallas
	la ocasión que me has pedido. —
	Infanta, y vos le poné
	la espuela.
Rod.	¡ Bien soberano !
Urra.	Lo que me mandas haré.
Rod.	Con un favor de tal mano,
	sobre el mundo pondré el pie.
	Pónele (Doña Urraca) *las espuelas.*
Urra.	Pienso que te havré obligado;
	Rodrigo, acuérdate desto.
Rod.	Al cielo me has levantado.
Xim.	— Con la espuela que le ha puesto, (*Aparte.*)
	el coraçón me ha picado. —
Rod.	Y tanto servirte espero,
	como obligado me hallo.
Reyna.	Pues eres ya Cavallero,
	ve a ponerte en un cavallo,
	Rodrigo, que darte quiero.
	Y yo y mis Damas saldremos
	a verte salir en él.
D. San.	A Rodrigo acompañemos.
Rey.	Príncipe, salid con él.
Perans.	— Ya estas honras son estremos. — (*Aparte.*)
Rod.	¿ Qué vasallo mereció
	ser de su Rey tan honrado ?
D. San.	Padre, y ¿ quándo podré yo
	ponerme una espada al lado ?
Rey.	Aún no es tiempo.
D. San.	¿ Cómo no ?
Rey.	Pareceráte pesada,
	que tus años tiernos son.
D. San.	Ya desnuda, o ya embaynada,
	las alas del coraçón
	hazen ligera la espada.
	Yo, Señor, quando su azero
	miro de la punta al pomo,

Line numbers: 70, 75, 80, 85, 90, 95, 100

---

68 *dallas* = *darlas*: assimilation of the *r* of *dar* to *l* for the rhyme with *batallas* 70 *le poné* = *ponedle*: Dropping of final *d* of imperative was common in *Siglo de Oro*. Attaching of object pronouns to commands was less standard than today. 74 *sobre* . . . *pie*: I'll conquer the world 82 The Queen was Doña Sancha. 88 *Él* rhymes with itself in v. 86; another slip 96 *que* = *porque* 97 *embaynada* = *envainada*: in its scabbard 98 *las alas del coraçón*: courage 100 *azero* = *acero*: sword

con tantos bríos le altero,
que a ser un monte de plomo
me pareciera ligero.
    Y si Dios me da lugar 105
de ceñilla, y satisfecho
de mi pujança, llevar
en hombros, espalda y pecho,
gola, peto y espaldar,
    verá el mundo que me fundo 110
en ganalle; y si le gano,
verán mi valor profundo,
sustentando en cada mano
un polo de los del mundo.

REY.   Soys muy moço, Sancho; andad. 115
Con la edad daréys desvío
a ese brío.
D. SAN.   ¡ Imaginad
que pienso tener más brío
quanto tenga más edad!
ROD.   En mí tendrá vuestra Alteza 120
para todo un fiel vasallo.
CONDE. ¡ Qué brava naturaleza! (*A* PERANSULES.)
D. SAN. Ven, y pondráste a cavallo.
PERANS. ¡ Será la misma braveza! (*Al* CONDE.)
REYNA. Vamos a vellos.
DIEGO.   Bendigo, 125
hijo, tan dichosa palma.
REY. — ¡ Qué de pensamientos sigo! — (*Aparte*.)
XIM. — Rodrigo me lleva el alma! — (*Aparte*.)
URRA. — Bien me parece Rodrigo. — (*Aparte*.)

Vanse, y quedan el REY, *el* CONDE LOÇANO, DIEGO LAÍNEZ, ARIAS GONÇALO *y* PERANSULES.

REY.   Conde de Orgaz, Peransules, 130
Laínez, Arias Gonçalo,
los quatro que hazéys famoso

---

103 a ser = si fuera (el acero) 105–106 lugar de ceñilla: opportunity to gird it (the sword) *107 pujança = pujanza 109 gola, peto y espaldar:* gorget, breastplate, and backplate (armor) *110–111 me fundo en ganalle:* I aspire to conquering it (the world) *117–119 ¡ Imaginad . . . edad!:* Mind you, the older I get the more spirited I intend to be! *122 brava:* courageous *124 braveza:* pride *126 palma:* triumph *127 sigo:* turn over (in my head) *128 me lleva el alma:* wins my heart *130* Note that the *romance* verse is used whenever a story is told.

nuestro Consejo de estado,
esperad, bolved, no os vays;
sentaos, que tengo que hablaros. — 135
(*Siéntanse todos quatro, y el* REY *en medio de ellos.*)
Murió Gonçalo Bermudes
que del Príncipe don Sancho
fué Ayo, y murió en el tiempo
que más le importava el Ayo.
Pues dexando estudio y letras 140
el Príncipe tan temprano,
tras su inclinación le llevan
guerras, armas y cavallos.
Y siendo de condición
tan indomable, y tan bravo, 145
que tiene asombrado el mundo
con sus prodigios estraños,
un vasallo ha menester
que, tan leal como sabio,
enfrene sus apetitos 150
con prudencia y con recato.
Y assí, yo viendo, parientes
más amigos que vasallos,
que es Mayordomo mayor
de la Reyna Arias Gonçalo, 155
y que de Alonso y García
tiene la cura a su cargo
Peransules, y que el Conde
por muchas causas Loçano,
para mostrar que lo es, 160
viste azero y corre el campo,
quiero que a Diego Laínez
tenga el Príncipe por Ayo;
pero es mi gusto que sea
con parecer de los quatro, 165
columnas de mi corona
y apoyos de mi cuydado.

---

134 vays: contraction of *vayáis 139* Supply *tener* after *importava. 144 condición:* nature, disposition *148 un vasallo ha menester:* he needs a vassal *151 recato:* tact *152–153 parientes,* etc.: Trans.: dear relatives, for you are to me relatives and friends rather than vassals *157 tiene la cura a su cargo:* is charged with the education *159 Loçano = Lozano:* Bold *161 corre el campo = hace correrías:* carries out raids *167 cuydado = cuidado*

ARIAS.   ¿Quién como Diego Laínez
          puede tener a su cargo
          lo que importa tanto a todos,   170
          y al mundo le importa tanto?
PERANS.   ¿Merece Diego Laínez
          tal favor de tales manos?
CONDE.   Sí, merece; y más agora,
          que a ser contigo ha llegado   175
          preferido a mi valor
          tan a costa de mi agravio.
          Haviendo yo pretendido
          el servir en este cargo
          al Príncipe mi Señor,   180
          que el cielo guarde mil años,
          devieras mirar, buen Rey,
          lo que siento y lo que callo
          por estar en tu presencia,
          si es que puedo sufrir tanto.   185
          Si el viejo Diego Laínez
          con el peso de los años
          caduca ya, ¿cómo puede,
          siendo caduco, ser sabio?
          Y quando al Príncipe enseñe   190
          lo que entre exercicios varios
          deve hacer un Cavallero
          en las Plaças y en los Campos,
          ¿podrá, para dalle exemplo,
          como yo mil vezes hago,   195
          hacer una lança astillas,
          desalentando un cavallo?
          Si yo...
REY.   ¡Baste!
DIEGO.   Nunca, Conde,
          anduvistes tan loçano.
          Que estoy caduco confieso,   200
          que el tiempo, en fin, puede tanto.
          Mas caducando, durmiendo,
          feneciendo, delirando,

---

175 contigo = por ti: thanks to you *177 mi agravio:* the affront to me *178 Haviendo... pretendido:* Since I sought *184 por estar = porque estoy 185 si es que:* since *188 caduca ya:* is already in his dotage *193 Plaças:* Jousts, Tourneys *196 hacer astillas:* shatter *199 anduvistes = anduvisteis = estuvisteis 200 caduco:* decrepit *201 puede tanto:* can do that much

|puedo, puedo enseñar yo
lo que muchos ignoraron! 205
Que si es verdad que se muere
qual se bive, agonizando,
para bivir daré exemplos,
y valor para imitallos.
Si ya me faltan las fuerças 210
para con pies y con braços
hazer de lanças astillas
y desalentar cavallos,
de mis hazañas escritas
daré al Príncipe un traslado, 215
y aprenderá en lo que hize,
si no aprende en lo que hago.
Y verá el mundo, y el Rey,
que ninguno en lo criado
merece ...

Rey. ¡Diego Laínez! 220
Conde. ¡Yo lo merezco ...
Rey. ¡Vasallos!
Conde. ... tan bien como tú, y mejor!
Rey. ¡Conde!
Diego. Recibes engaño.
Conde. Yo digo ...
Rey. ¡Soy vuestro Rey!
Diego. ¿No dizes? ...
Conde. ¡Dirá la mano 225
lo que ha callado la lengua!
Dale una bofetada.
Perans. ¡Tente! ...
Diego. ¡Ay, viejo desdichado!
Rey. ¡Ah, de mi guarda ...!
Diego. ¡Dexadme!
Rey. ... prendelde!
Conde. ¿Estás enojado?
Espera, escusa alborotos, 230
Rey poderoso, Rey magno,
y no los havrá en el mundo

---

205 *ignoraron*: do not know 207 *agonizando*: means both dying and helping students 215 *traslado*: copy 219 *ninguno en lo criado*: no man 223 *Recibes engaño*: You are deceived. 225 *¿No dizes?*: Are you going to finish what you started to say? 228 Supply *vengan los* before *de mi guarda*. 229 *prendelde = prendedle*: arrest him. See page 11, v. 214, note. 230 *escusa = excusa*: avoid; *alborotos*: scandals 231 *magno*: was pronounced *mano*

	de havellos en tu palacio.	
	Y perdónale esta vez	
	a esta espada y a esta mano	235
	el perderte aquí el respeto,	
	pues tantas y en tantos años	
	fué apoyo de tu corona,	
	caudillo de tus soldados,	
	defendiendo tus fronteras,	240
	y vengando tus agravios.	
	Considera que no es bien	
	que prendan los Reyes sabios	
	a los hombres como yo,	
	que son de los Reyes manos,	245
	alas de su pensamiento,	
	y coraçón de su estado.	
REY.	¿ Ola ?	
PERANS.	¿ Señor ?	
ARIAS.	¿ Señor ?	
REY.	¿ Conde ?	
CONDE.	Perdona.	
REY.	¡ Espera villano ! —	
	Vase el CONDE.	
	¡ Seguilde !	
ARIAS.	¡ Parezca agora	250
	tu prudencia, gran Fernando !	
DIEGO.	Llamalde, llamad al Conde,	
	que venga a exercer el cargo	
	de Ayo de vuestro hijo,	
	que podrá más bien honrallo;	255
	pues que yo sin honra quedo,	
	y él lleva, altivo y gallardo,	
	añadido al que tenía	
	el honor que me ha quitado.	
	Y yo me iré, si es que puedo,	260
	tropeçando en cada paso	
	con la carga de la afrenta	
	sobre el peso de los años,	
	donde mis agravios llore	
	hasta vengar mis agravios.	265
REY.	¡ Escucha, Diego Laínez !	

---

233 de havellos = *de haberlos*: because they occur *236 el perderte aquí el respeto*: It was a crime to draw a sword in the presence of the king. *237 tantas*: Supply the word *veces* (cf. v. 234). *250 Parezca* = *Aparezca*: Let's see, show *253 exercer* = *ejercer 260 si es que*: since I may

Diego.	Mal parece un afrentado
	en presencia de su Rey.
Rey.	¡ Oid !
Diego.	¡ Perdonad, Fernando ! —
	¡ Ay, sangre que honró a Castilla !
	Vase Diego Laínes.
Rey.	¡ Loco estoy !
Arias.	Va apasionado.
Rey.	Tiene razón. ¿ Qué haré, amigos ?
	¿ Prenderé al Conde Loçano ?
Arias.	No, Señor; que es poderoso,
	arrogante, rico y bravo,
	y aventuras en tu imperio
	tus Reynos y tus vasallos.
	Demás de que en casos tales
	es negocio averiguado
	que el prender al delinqüente
	es publicar el agravio.
Rey.	Bien dizes. — Ve, Peransules,
	siguiendo al Conde Loçano.
	Sigue tú a Diego Laínez. (*A* Arias Gonç.)
	Dezid de mi parte a entrambos
	que, pues la desgracia ha sido
	en mi aposento cerrado
	y está seguro el secreto,
	que ninguno a publicallo
	se atreva, haziendo el silencio
	perpetuo ; y que yo lo mando
	so pena de mi desgracia.
Perans.	¡ Notable razón de estado !
Rey.	Y dile a Diego Laínez (*A* Arias Gonç.)
	que su honor tomo a mi cargo,
	y que buelva luego a verme.
	Y di al Conde que le llamo, (*A* Perans.)
	y le aseguro. — Y veremos
	si puede haver medio humano
	que componga estas desdichas.
Perans.	Iremos.
Rey.	¡ Bolved bolando !
Arias.	Mi sangre es Diego Laínez.
Perans.	Del Conde soy primo hermano.

---

267 *Mal parece :* Cuts a sad figure 271 *apasionado :* furious 273 *¿ Prenderé . . . Loçano?* Shall I cause the arrest of Count Lozano? 276 *aventuras :* you risk; *imperio :* authority 285 *entrambos* = *ambos* 292 *so . . . desgracia :* on pain of my disfavor 293 *razón de estado :* decree 298 *le aseguro :* I give him safe conduct

REY. — Rey soy mal obedecido,
       castigaré mis vasallos. — 305

           Vanse.

Sale RODRIGO *con sus hermanos* HERNÁN DÍAZ *y* BERMUDO LAÍN
*que le salen quitando las armas.**

ROD.   Hermanos, mucho me honráys.
BERM.   A nuestro hermano mayor
        servimos.
ROD.   Todo el amor
        que me devéys, me pagáys.
HERN.   Con todo, havemos quedado, 310
        — que es bien que lo confesemos, —
        imbidiando los estremos
        con que del Rey fuiste honrado.
ROD.   Tiempo, tiempo vendrá, hermanos,
        en que el Rey, placiendo a Dios, 315
        pueda emplear en los dos
        sus dos liberales manos,
        y os dé con los mismos modos
        el honor que merecí;
        que el Rey que me honra a mí, 320
        honra tiene para todos.
          Id colgando con respeto
        sus armas, que mías son;
        a cuyo heroyco blasón
        otra vez juro y prometo 325
          de no ceñirme su espada,
        que colgada aquí estará
        de mi mano, y está ya
        de mi esperança colgada,
          hasta que llegue a vencer 330
        cinco batallas campales.
BERM.   Y ¿ quándo, Rodrigo, sales
        al campo ?
ROD.   A tiempo ha de ser.

Sale DIEGO LAÍNEZ *con el báculo* partido en dos partes.*

---

305 *mis vasallos:* The personal *a* may be omitted in poetry. **armas:* armor 310 *havemos = hemos*
315 *placiendo:* if it pleases 324 *blasón:* coat of arms 326 *de:* In modern Spanish *de* is not used after *jurar* or *prometer.* 330 *vencer:* win 332-333 *sales ... campo:* do you go into battle; *A tiempo ha de ser:* When the right moment arrives **báculo:* staff of authority

Diego.	¿Agora cuelgas la espada, Rodrigo?
Hern.	¡Padre!
Berm.	¡Señor!
Rod.	¿Qué tienes?
Diego.	— No tengo honor. — (*Aparte.*) ¡Hijos!...
Rod.	¡Dilo!
Diego.	Nada, nada... ¡Dexadme solo!
Rod.	¿Qué ha sido? — De honra son estos enojos. (*Aparte.*) Vertiendo sangre los ojos... con el báculo partido... —
Diego.	¡Salíos fuera!
Rod.	Si me das licencia, tomar quisiera otra espada.
Diego.	¡Esperad fuera! ¡Salte, salte como estás!
Hern.	¡Padre!
Berm.	¡Padre!
Diego.	— ¡Más se aumenta (*Ap.*) mi desdicha! —
Rod.	¡Padre amado!
Diego.	— Con una afrenta os he dado (*Aparte.*) a cada uno una afrenta. — ¡Dexadme solo...
Berm.	Cruel (*A* Hernán.) es su pena.
Hern.	Yo la siento.
Diego.	... que se caerá este aposento (*Aparte.*) si hay quatro afrentas en él! — ¿No os vays?
Rod.	Perdona...
Diego.	— ¡Qué poca (*Ap.*) es mi suerte! —
Rod.	¿Qué sospecho?... (*Aparte.*) Pues ya el honor en mi pecho toca a fuego, al arma toca. —

Vanse los tres.

---

339 *De... enojos:* This anger springs from honor. 345 *Salte:* not from *saltar* but from *salirse* 352 *que = porque:* continues sentence Don Diego begins with *¡Dexadme solo,* v. 350. 353 *quatro afrentas:* his and one for each of his three sons, his dishonor being theirs as well 357 *toca a fuego:* sounds the alarm

Diego. ¡Cielos! ¡Peno, muero, rabio!...
    No más báculo rompido,
    pues sustentar no ha podido 360
    sino al honor, al agravio.
    Mas no os culpo, como sabio;
    Mal he dicho... perdonad:
    que es ligera autoridad
    la vuestra, y sólo sustenta 365
    no la carga de una afrenta,
    sino el peso de una edad.
        Antes con mucha razón
    os vengo a estar obligado,
    pues dos palos me havéys dado 370
    con que vengue un bofetón.
    Mas es liviana opinión
    que mi honor fundarse quiera
    sobre cosa tan ligera.
    Tomando esta espada, quiero 375
    llevar báculo de acero,
    y no espada de madera.

Ha de haver unas armas colgadas en el tablado y algunas espadas.

        Si no me engaño, valor
    tengo que mi agravio siente. —
    ¡En ti, en ti, espada valiente, 380
    ha de fundarse mi honor!
    De Mudarra el vengador
    eres; tu acero afamólo
    desde el uno al otro polo:
    pues vengaron tus heridas 385
    la muerte de siete vidas,
    ¡venga en mí un agravio solo!
        Esto ¿es blandir o temblar?
    pulso tengo todavía;
    aún yerve mi sangre fría, 390
    que tiene fuego el pesar.
    Bien me puedo aventurar;
    mas ¡ay cielo! engaño es,

359-361 No... agravio: Since it has been able to support only honor, no longer do I want a staff broken by dishonor. *362* He addresses the broken parts of his staff. *364 autoridad:* importance, role *368 Antes:* On the contrary *372 liviana opinión:* futile thought *382 Mudarra:* Mudarra González, who avenged the death of the seven Infantes de Lara. *383 afamólo:* made him famous; *acero* is the subject; *lo* refers to *Mudarra*. *385 tus heridas:* the wounds you inflicted *390 yerve = hierve:* from *hervir*

que qualquier tajo o revés
me lleva tras sí la espada, 395
bien en mi mano apretada,
y mal segura en mis pies.
　　Ya me parece de plomo,
ya mi fuerça desfallece,
ya caygo, ya me parece 400
que tiene a la punta el pomo.
Pues ¿ qué he de hazer? ¿ Cómo, cómo,
con qué, con qué confiança
daré paso a mi esperança,
quando funda el pensamiento 405
sobre tan flaco cimiento
tan importante vengança?
　　¡ Oh, caduca edad cansada!
Estoy por pasarme el pecho.
¡ Ah, Tiempo ingrato! ¿ qué has hecho? 410
¡ Perdonad, valiente espada,
y estad desnuda, y colgada,
que no he de embaynaros, no!
Que pues mi vida acabó
donde mi afrenta comiença, 415
teniéndoos a la vergüença,
diréys la que tengo yo.
　　¡ Desvanéceme la pena!
Mis hijos quiero llamar;
que aunque es desdicha tomar 420
vengança con mano agena,
el no tomalla condena
con más veras al honrado.
En su valor he dudado,
teniéndome suspendido 425
el suyo por no sabido,
y el mío por acabado.
　　¿ Qué haré? . . . No es mal pensamiento. —
¿ Hernán Díaz?

Sale HERNÁN DÍAZ.

HERN. 　　　　¿ Qué me mandas?
DIEGO. Los ojos tengo sin luz, 430
la vida tengo sin alma.

---

394 tajo: cut; *revés:* counterstroke *400–401 me . . . pomo:* it feels so heavy that the point weighs down *404 daré paso a:* I will realize *405 pensamiento:* subject of *funda 409 Estoy . . . pecho:* I feel like plunging it into my breast. *414 Que pues = Pues que:* Since *416–417 teniéndoos . . . yo:* your shame will bespeak mine *418 Desvanéceme:* Destroys me *424* In Modern Spanish *dudar* takes *de* rather than *en; su:* refers to *hijos.*

Hern.	¿Qué tienes?
Diego.	¡Ay hijo! ¡Ay hijo! Dame la mano; estas ansias con este rigor me aprietan.

Tómale la mano a su hijo, y apriétasela lo más fuerte que pudiere.

Hern.	¡Padre, padre! ¡que me matas! ¡Suelta, por Dios, suelta! ¡ay cielo!	435
Diego.	¿Qué tienes? ¿qué te desmaya? ¿qué lloras, medio muger?	
Hern.	¡Señor!...	
Diego.	¡Vete! ¡vete! ¡Calla! ¿Yo te di el ser? No es posible... ¡Salte fuera!	440
Hern.	—¡Cosa estraña!—	

Vase.

Diego.	¡Si assí son todos mis hijos buena queda mi esperança!— ¿Bermudo Laín?

Sale Bermudo Laín.

Berm.	¿Señor?	
Diego.	Una congoja, una basca tengo, hijo. Llega, llega... ¡Dame la mano! (*Apriétale la mano.*)	445
Berm.	Tomalla puedes. ¡Mi padre! ¿qué hazes?... ¡Suelta, dexa, quedo, basta! ¿Con las dos manos me aprietas?	450
Diego.	¡Ah, infame! Mis manos flacas ¿son las garras de un león? Y aunque lo fueran ¿bastaran a mover tus tiernas quexas? ¿Tú eres hombre? ¡Vete, infamia de mi sangre!...	455
Berm.	—Voy corrido.—	

Vase.

Diego.	—¿Hay tal pena? ¿hay tal desgracia? ¡En qué columnas estriba la nobleza de una casa que dió sangre a tantos Reyes!	460

---

436 | *Suelta:* Let go, from *soltar* 438 *medio:* an adverb 443 *buena:* Note the irony. 445 *basca:* fit of anger 449 *quedo = quieto:* an adverb 456 *Voy corrido:* I am ashamed. 457 ¿*Hay tal:* Did you ever see such

Todo el aliento me falta. —
¿ Rodrigo ?

Sale RODRIGO.

ROD. ¿ Padre ? — Señor,
¿ es posible que me agravias ?
Si me engendraste el primero,
¿ cómo el postrero me llamas ?   465
DIEGO. ¡ Ay, hijo ! Muero . . .
ROD. ¿ Qué tienes ?
DIEGO. ¡ Pena, pena, rabia, rabia !
Muérdele un dedo de la mano fuertemente.
ROD. ¡ Padre ! ¡ Soltad en mal hora !
¡ Soltad, padre, en hora mala !
¡ Si no fuérades mi padre   470
diéraos una bofetada ! . . .
DIEGO. Ya no fuera la primera.
ROD. ¿ Cómo ?
DIEGO. ¡ Hijo, hijo del alma !
¡ Esse sentimiento adoro,
essa cólera me agrada,   475
essa braveza bendigo !
¡ Essa sangre alborotada
que ya en tus venas rebienta,
que ya por tus ojos salta,
es la que me dió Castilla,   480
y la que te di heredada
de Laín Calvo, y de Nuño,
y la que afrentó en mi cara
el Conde . . . el Conde de Orgaz . . .
esse a quien Loçano llaman !   485
¡ Rodrigo, dame los braços !
¡ Hijo, esfuerça mi esperança,
y esta mancha de mi honor
que al tuyo se estiende, lava
con sangre; que sangre sola   490
quita semejantes manchas ! . . .
Si no te llamé el primero
para hazer esta vengança,
fué porque más te quería,
fué porque más te adorava;   495
y tus hermanos quisiera
que mis agravios vengaran,

---

463 *agravias*: Although the subjunctive is regularly required after *es posible* the thought of certainty in the Cid's mind justifies the use of the indicative. 468 *en mal hora*: confound it 470 *fuérades* = *fuerais* 472 *Ya no fuera la primera*: Diego has in mind the blow the Count struck him. 489 *se estiende* = *se extiende*: from *extenderse*

por tener seguro en ti
el mayorazgo en mi casa.
Pero pues los vi, al provallos,
tan sin bríos, tan sin alma,
que doblaron mis afrentas,
y crecieron mis desgracias,
¡ a ti te toca, Rodrigo !
Cobra el respeto a estas canas ;
poderoso es el contrario,
y en Palacio y en campaña
su parecer el primero,
y suya la mejor lança.
Pero pues tienes valor
y el discurso no te falta,
quando a la vergüença miras
aquí ofensa, y allí espada,
no tengo más que dezirte,
pues ya mi aliento se acaba,
y voy a llorar afrentas
mientras tú tomas venganças.

Vase DIEGO LAÍNES, *dexando solo a* RODRIGO.

ROD.   Suspenso, de afligido,
estoy . . . Fortuna, ¿ es cierto lo que veo ?
¡ Tan en mi daño ha sido
tu mudança, que es tuya, y no la creo ! . . .
¿ Posible pudo ser que permitiese
tu inclemencia que fuese
mi padre el ofendido . . . ¡ estraña pena !
y el ofensor el padre de Ximena ?
  ¿ Qué haré, suerte atrevida,
si él es el alma que me dió la vida ?
¿ Qué haré (¡ terrible calma !),
si ella es la vida que me tiene el alma ?
Mezclar quisiera, en confiança tuya,
mi sangre con la suya,
¿ y he de verter su sangre ? . . . ¡ brava pena !
¿ yo he de matar al padre de Ximena ?

---

501 sin bríos: feeble; *sin alma:* cowardly *503 crecieron* = *acrecieron* (transitive) : increased *506 contrairo:* adversary *508 su parecer el primero:* his opinion the most influential *511 el discurso:* good sense *512–513 quando . . . ofensa:* if you see honor stained here *514 no tengo más que:* I have no more than *527 él:* refers to *mi padre* *528 calma:* hesitation, doubt *529 ella:* refers to Ximena *530 tuya:* in you (objective possessive) *532 brava:* fierce

Mas ya ofende esta duda
al santo honor que mi opinión sustenta. 535
Razón es que sacuda
de amor el yugo y, la cerviz esenta,
acuda a lo que soy; que haviendo sido
mi padre el ofendido,
poco importa que fuese ¡ amarga pena! 540
el ofensor el padre de Ximena.
 ¿ Qué imagino ?   Pues que tengo
más valor que pocos años,
para vengar a mi padre
matando al Conde Loçano 545
¿ qué importa el bando temido
del poderoso contrario,
aunque tenga en las montañas
mil amigos Asturianos ?
Y ¿ qué importa que en la Corte 550
del Rey de León, Fernando,
sea su voto el primero,
y en guerra el mejor su braço ?
Todo es poco, todo es nada
en descuento de un agravio, 555
el primero que se ha hecho
a la sangre de Laín Calvo.
Daráme el cielo ventura,
si la tierra me da campo,
aunque es la primera vez 560
que doy el valor al braço.
Llevaré esta espada vieja
de Mudarra el Castellano,
aunque está bota, y mohosa,
por la muerte de su amo; 565
y si le pierdo el respeto,
quiero que admita en descargo
del ceñírmela ofendido,
lo que la digo turbado:
 Haz cuenta, valiente espada, 570
que otro Mudarra te ciñe,

---

535 *opinión:* reputation (object of *sustenta*) 537 *esenta = exenta:* free 546 *bando:* party, clan 555 *descuento:* payment 558 *ventura:* triumph 559 *campo:* battlefield 564 *bota = embotada:* blunted; *mohosa = enmohecida:* rusty 565 *por:* on account of

     y que con mi braço riñe
por su honra maltratada.
     Bien sé que te correrás
de venir a mi poder,
mas no te podrás correr
de verme echar paso atrás.
     Tan fuerte como tu acero
me verás en campo armado;
segundo dueño has cobrado
tan bueno como el primero.
     Pues quando alguno me vença,
corrido del torpe hecho,
hasta la cruz en mi pecho
te esconderé, de vergüença.
Vase.

Salen a la ventana Doña Urraca *y* Ximena Gómez.

Urra.	¡Qué general alegría
	tiene toda la ciudad
	con Rodrigo!
Xim.	Assí es verdad,
	y hasta el Sol alegra el día.
Urra.	Será un bravo Cavallero,
	galán, bizarro y valiente.
Xim.	Luze en él gallardamente
	entre lo hermoso lo fiero.
Urra.	¡Con qué brío, qué pujança,
	gala, esfuerço y maravilla,
	afirmándose en la silla,
	rompió en el ayre una lança!
	Y al saludar ¿no le viste
	que a tiempo picó el cavallo?
Xim.	Si llevó para picallo
	la espuela que tú le diste,
	¿qué mucho?
Urra.	¡Ximena, tente!
	porque ya el alma recela

---

573 su honra: trisyllabic by dieresis *574 te correrás:* you will be ashamed *579 campo armado:* battlefield *584 cruz:* cross formed by the guard *585 te esconderé:* I will plunge you *589 el Sol:* Modern Spanish would say *al Sol,* since *Sol* is the object of *alegría. 590 bravo:* handsome, fine *591 bizarro:* high-spirited *593 lo fiero:* pride (subject of *luze*) *595 esfuerço = esfuerzo:* courage *599 que a tiempo = a tiempo que 600 picallo = picarlo 602 ¿qué mucho?* what's wonderful about that? *tente:* keep quiet *603 recela:* suspects

que no ha picado la espuela
al cavallo solamente. 605

Salen el Conde Loçano *y* Peransules, *y algunos* Criados.

Conde. Confieso que fué locura,
mas no la quiero emendar.
Perans. Querrálo el Rey remediar
con su prudencia y cordura.
Conde. ¿ Qué ha de hazer ?
Perans. Escucha agora, 610
ten flema, procede a espacio . . . —
Xim. A la puerta de Palacio
llega mi padre, y, Señora,
algo viene alborotado.
Urra. Mucha gente le acompaña. — 615
Perans. Es tu condición estraña.
Conde. Tengo condición de honrado.
Perans. Y con ella ¿ has de querer
perderte ?
Conde. ¿ Perderme ? No,
que los hombres como yo 620
tienen mucho que perder,
y ha de perderse Castilla
antes que yo.
Perans. ¿ Y no es razón
el dar tú . . . ?
Conde. ¿ Satisfacción ?
¡ Ni dalla ni recebilla ! 625
Perans. ¿ Por qué no ? No digas tal.
¿ Qué duelo en su ley lo escrive ?
Conde. El que la da y la recibe,
es muy cierto quedar mal,
porque el uno pierde honor, 630
y el otro no cobra nada;
el remitir á la espada
los agravios es mejor.
Perans. Y ¿ no hay otros medios buenos ?
Conde. No dizen con mi opinión. 635
Al dalle satisfación

---

611 ten flema: keep cool; *a espacio* = despacio *614 algo* . . . *alborotado:* somewhat troubled *616 condición:* character *621 mucho:* too much *623–624 ¿ Y . . . tú . . . ?* Isn't it right for you to give ? *625 recebilla* = recibirla *626 tal* = tal cosa *627 duelo:* point of honor *635 No . . . opinión:* They do not accord with my concern for my honor.

   ¿ no he de dezir, por lo menos,
    que sin mí y conmigo estava
   al hazer tal desatino,
   o porque sobrava el vino,   640
   o porque el seso faltava ?
PERANS. Es assí.
CONDE.   Y ¿ no es desvarío
   el no advertir, que en rigor
   pondré un remiendo en su honor
   quitando un girón del mío ?   645
    Y en haviendo sucedido,
   havremos los dos quedado,
   él, con honor remendado,
   y yo, con honor perdido.
    Y será más en su daño   650
   remiendo de otro color,
   que el remiendo en el honor
   ha de ser del mismo paño.
    No ha de quedar satisfecho
   de essa suerte, cosa es clara ;   655
   si sangre llamé a su cara,
   saque sangre de mi pecho,
    que manos tendré y espada
   para defenderme dél.
PERANS. Essa opinión es cruel.   660
CONDE. Esta opinión es honrada.
    Procure siempre acertalla
   el honrado y principal ;
   pero si la acierta mal,
   defendella, y no emendalla.   665
PERANS.   Advierte bien lo que hazes,
   que sus hijos . . .
CONDE.   Calla, amigo ;
   y ¿ han de competir conmigo
   un caduco, y tres rapazes ?
    Vanse (como que*entran en Palacio).
    Sale RODRIGO.

---

638 sin . . . estava: I was beside myself *643 en rigor:* finally, after all *644 remiendo:* patch *645 girón:* piece *646 en:* when *652 que:* for *662 Procure:* Try. The subject is *el honrado y principal. 662–665* A *redondilla* which has become famous. Cf. "Our country—may she always be in the right; but our country, right or wrong." *665 Procure* is understood before both infinitives. **como que:* as if

Xim.	¡ Parece que está enojado	670
	mi padre, ay Dios ! Ya se van.	
Urra.	No te aflixas; tratarán	
	allá en su razón de estado. —	
	Rodrigo viene.	
Xim.	Y también	
	trae demudado el semblante.	675
Rod.	— Qualquier agravio es gigante (*Aparte.*)	
	en el honrado . . . ¡ Ay, mi bien ! —	
Urra.	¡ Rodrigo, qué cavallero	
	pareces !	
Rod.	— ¡ Ay, prenda amada ! — (*Aparte.*)	
Urra.	¡ Qué bien te asienta la espada	680
	sobre seda y sobre azero !	
Rod.	Tal merced . . .	
Xim.	— Alguna pena (*A* D.ª Urraca.)	
	señala . . . ¿ Qué puede ser ? —	
Urra.	Rodrigo . . .	
Rod.	— ¡ Que he de verter (*Aparte.*)	
	sangre del alma ! ¡ Ay, Ximena ! —	685
Urra.	. . . o fueron vanos antojos,	
	o pienso que te has turbado.	
Rod.	Sí, que las dos havéys dado	
	dos causas a mis dos ojos,	
	pues lo fueron deste efeto	690
	el darme con tal ventura,	
	Ximena, amor y hermosura,	
	y tú, hermosura y respeto.	
Xim.	Muy bien ha dicho, y mejor	
	dixera, si no igualara	695
	la hermosura.	
Urra.	— Yo trocara (*Aparte.*)	
	con el respeto el amor. —	
	Más bien huviera acertado (*A* Ximena.)	
	si mi respeto no fuera,	
	pues sólo tu amor pusiera	700
	tu hermosura en su cuydado,	
	y no te causara enojos	
	el ver igualarme a ti	
	en ella.	

---

672 *tratarán:* they are probably speaking 673 *razón de estado:* affairs of state 675 *trae = tiene* 682 *Tal merced:* Supply *no merezco.* 683 *señala:* shows 684–685 ¡ *Qué . . . alma!:* To think that I must shed my beloved's blood! 690 *efeto = efecto;* rhymes with *respeto* 691 *ventura:* happiness 704 *ella:* object of *hermosura*

Xim.	Sólo sentí el agravio de tus ojos; por que yo más estimara el ver estimar mi amor que mi hermosura.	705
Rod.	— ¡Oh, rigor (*Aparte.*) de fortuna! ¡Oh, suerte avara! ¡Con glorias creces mi pena! —	710
Urra.	Rodrigo ...	
Xim.	— ¿Qué puede ser? — (*Aparte.*)	
Rod.	¡Señora! — ¡Que he de verter (*Aparte.*) sangre del alma! ¡Ay, Ximena! Ya sale el conde Loçano. ¿Cómo ¡terribles enojos! teniendo el alma en los ojos pondré en la espada la mano? —	715

Salen el Conde Loçano, *y* Peransules, *y los*
Criados.

Perans.	De lo hecho te contenta, y ten por cárcel tu casa.	
Rod.	— El amor allí me abrasa, (*Aparte.*) y aquí me yela el afrenta. —	720
Conde.	Es mi cárcel mi alvedrío, si es mi casa.	
Xim.	¿Qué tendrá? Ya está hecho brasa, y ya está como temblando de frío.	725
Urra.	Hasia el Conde está mirando Rodrigo, el color perdido. ¿Qué puede ser?	
Rod.	— Si el que he sido (*Aparte.*) soy siempre ¿qué estoy dudando? —	
Xim.	¿Qué mira? ¿A qué me condena?	730
Rod.	— Mal me puedo resolver. — (*Aparte.*)	
Xim.	¡Ay, triste!	
Rod.	— ¡Que he de verter (*Aparte.*) sangre del alma! ¡Ay, Ximena! ... ¿Qué espero? ¡Oh, amor gigante! ... ¿En qué dudo? ... Honor ¿qué es esto? ... En dos balanças he puesto ser honrado, y ser amante.	735

Salen Diego Laínez *y* Arias Gonçalo.

---

705 *el ... ojos:* his insult to your beauty (by making me your equal) 710 *creces = acreces* 715 *enojos:* resentment 716 *el alma en los ojos:* my beloved before my eyes 722 *alvedrío = albedrío:* freedom (subject of *es*) 726 *Hasia = Hacia* 729 *dudando:* hesitating 735 ¿*En qué = ¿Por qué*

Mas mi padre es éste; rabio
ya por hazer su vengança,
¡ que cayó la una balança 740
con el peso del agravio !
¡ Covardes mis bríos son,
pues para que me animara
huve de ver en su cara
señalado el bofetón ! — 745

Diego. Notables son mis enojos,
Deve dudar y temer.
¿ Qué mira, si echa de ver
que le animo con los ojos ?

Arias. Diego Laínez ¿ qué es esto ? 750
Diego. Mal te lo puedo dezir.
Perans. Por acá podremos ir,   (Al Conde.)
que está ocupado aquel puesto.
Conde. Nunca supe andar torciendo
ni opiniones ni caminos. 755
Rod. — Perdonad, ojos divinos,
si voy a matar muriendo. —
¿ Conde ?
Conde.   ¿ Quién es ?
Rod.   A esta parte
quiero dezirte quién soy.
Xim. ¿ Qué es aquello ? ¡ Muerta estoy ! — 760
Conde. ¿ Qué me quieres ?
Rod.   Quiero hablarte. —
Aquel viejo que está allí
¿ sabes quién es ?
Conde.   Ya lo sé.
¿ Por qué lo dizes ?
Rod.   ¿ Por qué ? —
Habla bajo, escucha.
Conde.   Di. 765
Rod. ¿ No sabes que fué despojo
de honra y valor ?
Conde.   Sí, sería.
Rod. Y ¿ que es sangre suya y mía
la que yo tengo en el ojo ?
¿ Sabes ?
Conde.   Y el sabello (acorta 770
razones) ¿ qué ha de importar ?

---

740 *balança* = *balanza*: pan of the scale 746 *enojos*: anxiety, anguish 758 *A esta parte*: Over here 766 *despojo*: model 767 *sería*: conditional of probability 768-769 *tener sangre en el ojo*: to be brave (furious) 770-771 *acorta razones*: cut short the remarks

Rod.   Si vamos a otro lugar,
		sabrás lo mucho que importa.
Conde.   Quita, rapaz; ¿ puede ser ?
		Vete, novel Cavallero,
		vete, y aprende primero
		a pelear y a vencer;
			y podrás después honrarte
		de verte por mí vencido,
		sin que yo quede corrido
		de vencerte, y de matarte.
			Dexa agora tus agravios,
		porque nunca acierta bien
		venganças con sangre quien
		tiene la leche en los labios.
Rod.   En ti quiero començar
		a pelear, y aprender;
		y verás si sé vencer,
		veré si sabes matar.
			Y mi espada mal regida
		te dirá en mi braço diestro,
		que el coraçón es maestro
		desta ciencia no aprendida.
			Y quedaré satisfecho,
		mezclando entre mis agravios
		esta leche de mis labios
		y esa sangre de tu pecho.
Perans.   ¡ Conde !
Arias.   ¡ Rodrigo !
Xim.   ¡ Ay, de mí !
Diego. — El coraçón se me abrasa. — (*Aparte.*)
Rod.   Qualquier sombra desta casa   (*Al* Conde.)
		es sagrado para ti . . .
Xim.   ¿ Contra mi padre, Señor ?
Rod.   . . . y assí no te mato agora.
Xim.   ¡ Oye !
Rod.   ¡ Perdonad, Señora,
		que soy hijo de mi honor ! —
		¡ Sígueme, Conde !
Conde.   Rapaz
		con sobervia de gigante,
		mataréte si delante
		te me pones; vete en paz.

---

773 *lo mucho que* = *cuánto* 775 *novel*: inexperienced, as a novice 784–785 *quien . . . labios*: he who is still wet behind the ears 791 *diestro*: skillful 801 *sagrado*: asylum, haven of refuge

Vete, vete, si no quiés 810
que como en cierta ocasión
di a tu padre un bofetón,
te dé a tí mil puntapiés.
Rod. ¡ Ya es tu insolencia sobrada !
Xim. ¡ Con quánta razón me aflixo ! 815
Diego. Las muchas palabras, hijo,
quitan la fuerça a la espada.
Xim. ¡ Detén la mano violenta.
Rodrigo !
Urra. ¡ Trance feroz !
Diego. ¡ Hijo, hijo ! Con mi boz 820
te embío ardiendo mi afrenta.

Entranse acuchillando el Conde *y* Rodrigo, *y todos tras ellos, y dizen dentro lo siguiente.*

Conde. ¡ Muerto soy !
Xim. ¡ Suerte inhumana !
¡ Ay, padre !
Perans. ¡ Matalde ! ¡ Muera ! (*Dentro.*)
Urra. ¿ Qué hazes, Ximena ?
Xim. Quisiera
echarme por la ventana. 825
Pero bolaré corriendo,
ya que no baxo bolando.
¡ Padre !

Entrase Ximena.

Diego. ¡ Hijo !
Urra. ¡ Ay, Dios !

Sale Rodrigo *acuchillándose con todos.*

Rod. ¡ Matando
he de morir !
Urraca. ¿ Qué estoy viendo ?
Criad. 1.° ¡ Muera, que al Conde mató ! 830
Criad. 2.° ¡ Prendeldo !
Urra. Esperá ¿ qué hazéys ?
Ni le prendáys, ni matéys . . .
¡ Mirad que lo mando yo,
que estimo mucho a Rodrigo,
y le ha obligado su honor ! 835
Rod. Bella Infanta, tal favor
con toda el alma bendigo.
Mas es la causa estremada,
para tan pequeño efeto,

---

810 *quiés* = quieres 819 *¡ Trance:* Moment 831 *Esperá* = Esperad 838 *la causa:* your authority

        interponer tu respeto, 840
        donde sobrara mi espada.
          No matallos ni vencellos
        pudieras mandarme a mí,
        pues por respetarte a ti
        los dexo con vida a ellos. 845
          Quando me quieras honrar,
        con tu ruego y con tu boz
        detén el viento veloz,
        pára el indómito mar,
          y para parar el Sol 850
        te le opón con tu hermosura;
        que para éstos, fuerça pura
        sobra en mi braço español;
          y no irán tantos viniendo,
        como pararé matando. 855
URRA.   Todo se va alborotando.
        Rodrigo, a Dios te encomiendo,
          y el Sol, el viento y el mar,
        pienso, si te han de valer,
        con mis ruegos detener 860
        y con mis fuerças parar.
ROD.   Beso mil vezes tu mano.
      ¡Seguidme! (*A los* CRIADOS.)
CRIAD. 1.°   ¡Vete al abismo!
CRIAD. 2.° ¡Sígate el demonio mismo!
URRA.   ¡Oh, valiente Castellano! 865

---

846 Quando: If *849-850 pára... parar:* Note the alliteration. *851 te le opón* = *oponte a él:* oppose it (the sun) *852 éstos:* these fellows

ACTO SEGUNDO

Sale el Rey Don Fernando *y algunos* Criados *con él.*

REY. ¿ Qué rüido, grita y lloro,
que hasta las nuves abrasa,
rompe el silencio en mi casa,
y en mi respeto el decoro?
　　　Arias Gonçalo ¿ qué es esto? 870
　　　Sale Arias Gonçalo.

ARIAS. ¡ Una grande adversidad!
Perderáse esta Ciudad
si no lo remedias presto.
　　　Sale Peransules.

REY. Pues ¿ qué ha sido?
PERANS. 　　　　　Un enemigo . . .
REY. ¿ Peransules?
PERANS. 　　　. . . un rapaz 875
ha muerto al Conde de Orgaz.
REY. ¡ Válame Dios! ¿ Es Rodrigo?
PERANS. El es, y en tu confiança
pudo alentar su osadía.
REY. Como la ofensa sabía, 880
luego caí en la vengança.
Un gran castigo he de hazer.
¿ Prendiéronle?
PERANS. 　　　　No, Señor.
ARIAS. Tiene Rodrigo valor,
y no se dexó prender. 885
　Fuése, y la espada en la mano,
llevando a compás los pies,
pareció un Roldán francés,
pareció un Héctor troyano.

Salen por una puerta Ximena Gómez, *y por otra* Diego Laínez,
ella con un pañuelo lleno de sangre y él teñido en sangre el carrillo.

---

866 *rüido :* trisyllabic 869 *en mi respeto el decoro :* honor and reverence due me 871 *grande :* instead of *gran* before a noun beginning with a vowel 872 *Ciudad :* Burgos 877 ¡ *Válame Dios!* =¡ *Válgame Dios!* : Good God! 881 *caí en la vengança :* I surmised that it would be avenged 887 *llevando . . . pies :* fencing term for footwork

Xim.	¡Justicia, justicia pido!	890
Diego.	Justa vengança he tomado.	
Xim.	¡Rey, a tus pies he llegado!	
Diego.	Rey, a tus pies he venido.	
Rey.	—¡Con quánta razón me aflixo! (*Aparte.*)	
	¡Qué notable desconcierto!—	895
Xim.	¡Señor, a mi padre han muerto!	
Diego.	Señor, matóle mi hijo;	
	fué obligación sin malicia.	
Xim.	Fué malicia y confiança.	
Diego.	Hay en los hombres vengança.	900
Xim.	¡Y havrá en los Reyes justicia!	
	¡Esta sangre limpia y clara	
	en mis ojos considera!	
Diego.	Si essa sangre no saliera	
	¿cómo mi sangre quedara?	905
Xim.	¡Señor, mi padre he perdido!	
Diego.	¡Señor, mi honor he cobrado!	
Xim.	Fué el vasallo más honrado.	
Diego.	¡Sabe el cielo quién lo ha sido!	
	Pero no os quiero aflixir:	910
	soys mujer; dezid, Señora.	
Xim.	Esta sangre dirá agora	
	lo que no acierto a dezir.	
	Y de mi justa querella	
	justicia assí pediré,	915
	porque yo solo sabré	
	mezclar lágrimas con ella.	
	Yo vi con mis propios ojos	
	teñido el luziente azero:	
	mira si con causa muero	920
	entre tan justos enojos.	
	Yo llegué casi sin vida,	
	y sin alma ¡triste yo!	
	a mi padre, que me habló	
	por la boca de la herida.	925
	Atajóle la razón	
	la muerte, que fué cruel,	
	y escrivió en este papel	
	con sangre mi obligación.	

---

895 *desconcierto:* disagreement 899 *confiança* = *abuso de confiança* 914 *querella* = *causa:* legal cause, complaint 917 *ella:* refers to *sangre* 919 *teñido:* bloodstained 923 ¡*triste yo!:* poor me 926 *Atajóle la razón:* Cut short his remarks 928 *este papel:* the bloodstained handkerchief

	A tus ojos poner quiero	930
	letras que en mi alma están,	
	y en los míos, como imán,	
	sacan lágrimas de azero.	
	Y aunque el pecho se desangre	
	en su misma fortaleza,	935
	costar tiene una cabeça	
	cada gota desta sangre.	
Rey.	¡ Levantad !	
Diego.	Yo vi, Señor,	
	que en aquel pecho enemigo	
	la espada de mi Rodrigo	940
	entrava a buscar mi honor.	
	Llegué, y halléle sin vida,	
	y puse con alma esenta	
	el coraçón en mi afrenta	
	y los dedos en su herida.	945
	Lavé con sangre el lugar	
	adonde la mancha estava,	
	porque el honor que se lava,	
	con sangre se ha de lavar.	
	Tú, Señor, que la ocasión	950
	viste de mi agravio, advierte	
	en mi cara de la suerte	
	que se venga un bofetón ;	
	que no quedara contenta	
	ni lograda mi esperança,	955
	si no vieras la vengança	
	adonde viste la afrenta.	
	Agora, si en la malicia	
	que a tu respeto obligó,	
	la vengança me tocó,	960
	y te toca la justicia,	
	hazla en mí, Rey soberano,	
	pues es proprio de tu Alteza	
	castigar en la cabeça	
	los delitos de la mano.	965
	Y sólo fué mano mía	
	Rodrigo : yo fuí el cruel	
	que quise buscar en él	
	las manos que no tenía.	
	Con mi cabeça cortada	970

---

936 costar tiene = tiene que costar 938 ¡ Levantad ! = ¡ Levantaos ! 943 esenta : liberated, frank 947 adonde : Modern Spanish requires *donde* or *en donde.*

	quede Ximena contenta,
	que mi sangre sin mi afrenta
	saldrá limpia, y saldrá honrada.
Rey.	¡ Levanta y sosiegaté,
	Ximena !
Xim.	¡ Mi llanto crece !

Salen Doña Urraca *y el Príncipe* Don Sancho, *con quien les acompañe.*

Urra.	Llega, hermano, y favorece (*Aparte.*)
	a tu Ayo.
D. San.	Assí lo haré. —
Rey.	Consolad, Infanta, vos
	a Ximena. — ¡ Y vos, id preso ! (*A* Diego.)
D. San.	Si mi padre gusta deso
	presos iremos los dos.
	Señale la fortaleza . . .
	mas tendrá su Magestad
	a estas canas más piedad.
Diego.	Déme los pies vuestra Alteza.
Rey.	A castigalle me aplico.
	¡ Fué gran delito !
D. San.	Señor,
	fué la obligación de honor,
	¡ y soy yo el que lo suplico !
Rey.	Casi a mis ojos matar
	al Conde, tocó en traycion.
Urra.	El Conde le dió ocasión.
Xim.	¡ El la pudiera escusar !
D. San.	Pues por Ayo me le has dado,
	hazle a todos preferido;
	pues que para havello sido
	le importava el ser honrado.
	Mi Ayo ¡ bueno estaría
	preso mientras bivo estoy !
Perans.	De tus hermanos lo soy,
	y fué el Conde sangre mía.
D. San.	¿ Qué importa ?
Rey.	¡ Baste !
D. San.	¡ Señor,
	en los Reyes soberanos
	siempre menores hermanos
	son criados del mayor !

---

974 *sosiegaté* = sosiégate 977 *tu Ayo:* Don Diego 979 *id preso:* go to jail 985 *Déme los pies:* (to kiss them) 989 *lo* = le 990–991 It was a crime to draw one's sword in the king's presence. 993 *escusar* = excusar: avoid 1000 *lo* = ayo

|||¿ Con el Príncipe heredero
los otros se han de igualar ?
PERANS. Preso le manda llevar.
D. SAN. ¡ No hará el Rey, si yo no quiero !
REY. ¡ Don Sancho ! . . .
XIM. ¡ El alma desmaya ! 1010
ARIAS. — Su braveza maravilla. — (*Aparte.*)
D. SAN. ¡ Ha de perderse Castilla
primero que preso vaya !
REY. Pues vos le havéys de prender.
DIEGO. ¿ Qué más bien puedo esperar ? 1015
D. SAN. Si a mi cargo ha de quedar,
yo su Alcayde quiero ser. —
Siga entre tanto Ximena
su justicia.
XIM. ¡ Harto mejor !
Perseguiré el matador. 1020
D. SAN. Conmigo va.
REY. ¡ Enhorabuena !
XIM. — ¡ Ay, Rodrigo ! pues me obligas (*Aparte.*)
si te persigo verás. —
URRA. — Yo pienso valelle más (*Aparte.*)
quanto tú más le persigas. — 1025
ARIAS. — Sucesos han sido estraños. — (*Aparte.*)
D. SAN. Pues yo tu Príncipe soy,
ve confiado.
DIEGO. Sí, voy.
Guárdete el cielo mil años.

Sale un PAJE, *y habla a la Infanta.*

PAJE. A su casa de plazer 1030
quiere la Reyna partir;
manda llamarte.
URRA. Havré de ir;
con causa deve de ser.
REY. Tú, Ximena, ten por cierto
tu consuelo en mi rigor. 1035
XIM. ¡ Haz justicia !
REY. Ten valor.
XIM. — ¡ Ay, Rodrigo, que me has muerto ! — (*Aparte.*)

Vanse, y salen RODRIGO *y* ELVIRA, *criada de* XIMENA.

1011 *Su braveza maravilla:* His arrogance is astonishing. 1017 *Alcayde* = *Alcaide:* warden of a jail or fortress 1020 Modern Spanish would require *al matador.* 1025 Supply *tanto* before *más.* 1030 *casa de plazer:* country home for pleasure

Elvira.	¿Qué has hecho, Rodrigo?
Rod.	Elvira, una infelize jornada. A nuestra amistad pasada 1040 y a mis desventuras mira.
Elvira.	¿No mataste al Conde?
Rod.	Es cierto; importávale a mi honor.
Elvira.	Pues, Señor, ¿quándo fué casa del muerto 1045 sagrado del matador?
Rod.	Nunca al que quiso la vida; pero yo busco la muerte en su casa.
Elvira.	¿De qué suerte?
Rod.	Está Ximena ofendida; 1050 de sus ojos soberanos siento en el alma disgusto, y por ser justo, vengo a morir en sus manos, pues estoy muerto en su gusto. 1055
Elvira.	¿Qué dizes? Vete, y reporta tal intento; porque está cerca Palacio, y vendrá acompañada.
Rod.	¿Qué importa? En público quiero hablalla, y ofrecelle la cabeça. 1060
Elvira.	¡Qué estrañeza! Esso fuera... ¡vete, calla! — locura, y no gentileza.
Rod.	Pues ¿qué haré?
Elvira.	¿Qué siento? ¡ay, Dios! 1065 ¡Ella vendrá...! ¿Qué recelo?... ¡Ya viene! ¡Válgame el cielo! ¡Perdidos somos los dos! A la puerta del retrete te cubre desa cortina. 1070
Rod.	Eres divina. (*Escóndese* Rodrigo.)

1039 infelize = infeliz; jornada: exploit *1040-1041 A... mira:* Think of our past friendship and my misfortunes. *1053 por:* for the sake of. (These short lines are called *pie quebrado.*) *1055 gusto:* affection, desire *1056 reporta:* renounce *1065 ¿Qué siento?:* What do I hear? *1066 vendrá:* future of probability; *¿Qué recelo?:* What do I fear? *1069 retrete:* dressing room *1070 te cubre = cúbrete:* hide; *desa = de esa*

ELVIRA. — Peregrino fin promete *(Aparte.)*
ocasión tan peregrina. —

Salen XIMENA GÓMEZ, PERANSULES, *y quien los acompañe.*

XIM. Tío, dexadme morir.
PERANS. Muerto voy. ¡ Ah, pobre Conde ! 1075
XIM. Y dexadme sola adonde
ni aun quexas puedan salir. —

Vanse PERANSULES *y los demás que salieron acompañando a*
XIMENA.

Elvira, sólo contigo
quiero descansar un poco.
Mi mal toco   *(Siéntase en una almohada.)*   1080
con toda el alma; Rodrigo
mató a mi padre.
ROD. — ¡ Estoy loco ! — *(Aparte.)*
XIM. ¿ Qué sentiré, si es verdad . . .
ELVIRA. Di, descansa.
XIM.   . . . ¡ ay, afligida !
que la mitad de mi vida 1085
ha muerto la otra mitad ?
ELVIRA. ¿ No es posible consolarte ?
XIM. ¿ Qué consuelo he de tomar,
si al vengar
de mi vida la una parte, 1090
sin las dos he de quedar ?
ELVIRA. ¿ Siempre quieres a Rodrigo ?
Que mató a tu padre mira.
XIM. Sí, y aun preso ¡ ay, Elvira !
es mi adorado enemigo. 1095
ELVIRA. ¿ Piensas perseguille ?
XIM.   Sí,
que es de mi padre el decoro;
y assí lloro
el buscar lo que perdí,
persiguiendo lo que adoro. 1100
ELVIRA. Pues ¿ Cómo harás — no lo entiendo —
estimando el matador
y el muerto ?
XIM.   Tengo valor,

1073 *ocasión tan peregrina:* such a strange adventure 1075 *Muerto voy:* I'm dying (of grief).
1076 *adonde* = *donde* 1080 *Mi mal toco:* I feel my misfortune; *almohada:* cushion 1092 *Siempre:*
Still 1093 *mira:* consider 1097 *el decoro:* honor, respect, reverence 1102 *el matador* = *al matador*

| | y havré de matar muriendo.
Seguiréle hasta vengarme. | 1105 |

Sale RODRIGO *y arrodíllase delante de* XIMENA.

| ROD. | Mejor es que mi amor firme,
con rendirme,
te dé el gusto de matarme
sin la pena del seguirme. | |
| XIM. | ¿Qué has emprendido? ¿Qué has hecho? | 1110 |
| | ¿Eres sombra? ¿Eres visión? | |
| ROD. | ¡Pasa el mismo coraçón
que pienso que está en tu pecho! | |
| XIM. | ¡Jesús!... ¡Rodrigo! ¿Rodrigo
en mi casa? | |
| ROD. | Escucha... | |
| XIM. | ¡Muero!... | 1115 |
| ROD. | Sólo quiero
que en oyendo lo que digo,
respondas con este azero. (*Dale su daga.*)
    Tu padre el Conde, Loçano
en el nombre, y en el brío,
puso en las canas del mío
la atrevida injusta mano;
    Y aunque me vi sin honor,
se mal logró mi esperança
en tal mudança,
con tal fuerça, que tu amor
puso en duda mi vengança.
    Mas en tan gran desventura
lucharon a mi despecho,
contrapuestos en mi pecho,
mi afrenta con tu hermosura;
    y tú, Señora, vencieras,
a no haver imaginado,
que afrentado,
por infame aborrecieras
quien quisiste por honrado.
    Con este buen pensamiento,
tan hijo de tus hazañas,
de tu padre en las entrañas
entró mi estoque sangriento.
    Cobré mi perdido honor; | 1120

1125

1130

1135

1140 |

1106 firme : constant *1112 ¡ Pasa :* Pierce *1119 Loçano :* bold *1125 mudança* = mudanza *1129 a mi despecho :* in spite of me *1133 a no haver* = si no hubiera *1136 quien* = al que *1138 hazañas :* nobility, illustrious blood.

mas luego a tu amor, rendido
he venido
porque no llames rigor
lo que obligación ha sido, 1145
 donde disculpada veas
con mi pena mi mudança,
y donde tomes vengança,
si es que vengança deseas.
 Toma, y porque a entrambos quadre 1150
un valor, y un alvedrío,
haz con brío
la vengança de tu padre.
como hize la del mío.

XIM. Rodrigo, Rodrigo ¡ay triste! 1155
yo confieso, aunque la sienta,
que en dar vengança a tu afrenta
como Cavallero hiziste.
 No te doy la culpa a ti
de que desdichada soy; 1160
y tal estoy,
que havré de emplear en mí
la muerte que no te doy.
 Sólo te culpo, agraviada,
el ver que a mis ojos vienes 1165
a tiempo que aún fresca tienes
mi sangre en mano y espada.
 Pero no a mi amor, rendido,
sino a ofenderme has llegado,
confiado 1170
de no ser aborrecido
por lo que fuiste adorado.
 Mas, ¡vete, vete, Rodrigo!
Disculpará mi decoro
con quien piensa que te adoro, 1175
el saber que te persigo.
 Justo fuera sin oirte
que la muerte hiziera darte;
mas soy parte
para sólo perseguirte, 1180
¡pero no para matarte!
 ¡Vete!... Y mira a la salida
no te vean, si es razón

1144 rigor: violence, cruelty *1150 porque a entrambos quadre* = *para que a ambos cuadre*: so that one courage and one will may belong to us both *1172 por ... adorado*: because of how much you were adored *1174 Disculpará*: subject is *el saber que*; *decoro*: reputation *1183 es razón*: it is right (just)

	no quitarme la opinión	
	quien me ha quitado la vida.	1185
Rod.	Logra mi justa esperança.	
	¡ Mátame!	
Xim.	¡ Déxame!	
Rod.	¡ Espera!	
	¡ Considera	
	que el dexarme es la vengança,	
	que el matarme no lo fuera!	1190
Xim.	Y aun por esso quiero hazella.	
Rod.	¡ Loco estoy! Estás terrible . . .	
	¿ Me aborreces?	
Xim.	No es posible,	
	que predominas mi estrella.	
Rod.	Pues tu rigor ¿ qué hazer quiere?	1195
Xim.	Por mi honor, aunque muger,	
	he de hazer	
	contra ti quanto pudiere . . .	
	deseando no poder.	
Rod.	¡ Ay, Ximena! ¿ Quién dixera . . .	1200
Xim.	¡ Ay, Rodrigo! ¿ Quién pensara . . .	
Rod.	. . . que mi dicha se acabara?	
Xim.	. . . y que mi bien feneciera?	
	Mas ¡ ay, Dios! que estoy temblando	
	de que han de verte saliendo . . .	1205
Rod.	¿ Qué estoy viendo?	
Xim.	¡ Vete, y déxame penando!	
Rod.	¡ Quédate, iréme muriendo!	

Éntranse los tres.

Sale Diego Laínez, *solo.*

Diego.	No la ovejuela su pastor perdido,	
	ni el león que sus hijos le han quitado,	1210
	baló quexosa, ni bramó ofendido,	
	como yo por Rodrigo . . . ¡ Ay hijo amado!	
	Voy abraçando sombras descompuesto	
	entre la oscura noche que ha cerrado . . .	
	Dile la seña y señaléle el puesto	1215
	donde acudiese en sucediendo el caso.	
	¿ Si me havrá sido inobediente en esto?	

1186 Logra: Fulfill *1194 que . . . estrella:* for you rule my fate. That the stars influenced the destinies of men, but that men could overcome this influence, was a common seventeenth-century belief. *1210 que = a quien 1213 descompuesto:* upset, beside myself

¡ Pero no puede ser! ¡ Mil penas paso!
Algún inconveniente le havrá hecho,
mudando la opinión, torcer el paso . . .   1220
¡ Qué helada sangre me rebienta el pecho!
¿ Si es muerto, herido, o preso ? . . . ¡ Ay, cielo
                                                          santo!
¡ Y quántas cosas de pesar sospecho!
¿ Qué siento ? . . . ¿ Es él ? Mas, no merezco
                                                          tanto;
será que corresponden a mis males   1225
los ecos de mi boz y de mi llanto.
Pero . . . entre aquellos secos pedregales
buelvo a oír el galope de un caballo . . .
Dél se apea Rodrigo. ¿ Hay dichas tales ?

                Sale RODRIGO.

¿ Hijo ?

ROD.   ¿ Padre ?
DIEGO.   ¿ Es posible que me hallo   1230
entre tus braços ? Hijo, aliento tomo
para en tus alabanças empleallo.
    ¿ Cómo tardastes tanto ? Pies de plomo
te puso mi deseo, y pues veniste,
no he de cansarte preguntando el cómo.   1235
    ¡ Bravamente provaste! ¡ bien lo hiziste!
¡ bien mis pasados bríos imitaste!
¡ bien me pagaste el ser que me deviste!
    Toca las blancas canas que me honraste,
llega la tierna boca a la mexilla   1240
donde la mancha de mi honor quitaste.
    Sobervia el alma a tu valor se humilla,
como conservador de la nobleza
que ha honrado tantos Reyes en Castilla.
ROD.   Dame la mano, y alça la cabeça,   1245
a quien, como la causa, se atribuya
si hay en mí algún valor y fortaleza.
DIEGO.   Con más razón besara yo la tuya,
pues si yo te di el ser naturalmente,
tú me le has buelto a pura fuerça suya.   1250
    Mas será no acabar eternamente,

1223 *de pesar:* so grievous 1224 *siento:* hear 1225 *corresponden:* respond 1230 *me hallo:* cf. 463 (note) 1233–1234 *Pies . . . deseo:* my anticipation made it seem you took forever; *veniste:* archaic for *viniste* 1246 *quien:* refers to *cabeça*. This pronoun, besides being invariable, could refer to things as well as to persons in the language of the time. 1248 *la tuya:* refers to *mano*

si no doy a esta plática desvíos.
Hijo, ya tengo prevenida gente;
 con quinientos hidalgos, deudos míos,
(que cada qual tu gusto solicita),
sal en campaña a exercitar tus bríos.
 Ve, pues la causa y la razón te incita,
donde están esperando en sus cavallos,
que el menos bueno a los del Sol imita.
 Buena ocasión tendrás para empleallos,
pues Moros fronterizos arrogantes,
al Rey le quitan tierras y vasallos;
 que ayer, con melancólicos semblantes,
el Consejo de Guerra, y el de Estado,
lo supo por espías vigilantes.
 Las fértiles campañas han talado
De Burgos; y pasando Montes de Oca,
de Nágera, Logroño y Bilforado,
 con suerte mucha, y con vergüença poca,
se llevan tanta gente aprisionada,
que ofende al gusto, y el valor provoca.
 Sal les al paso, emprende esta jornada,
y dando brío al coraçón valiente,
prueve la lanza quien provó la espada,
 y el Rey, sus Grandes, la plebeya gente,
no dirán que la mano te ha servido
para vengar agravios solamente.
 Sirve en la guerra al Rey; que siempre ha sido
digna satisfación de un Cavallero
servir al Rey a quien dexó ofendido.

ROD. ¡ Dadme la bendición!
DIEGO.   Hazello quiero.
ROD. Para esperar de mi obediencia palma,
tu mano beso, y a tus pies la espero.
DIEGO. Tómala con la mano, y con el alma.

Vanse.

Sale la Infanta DOÑA URRACA, *asomada a una ventana.*

URRA. ¡ Qué bien el campo y el monte
le parece a quien lo mira
hurtando el gusto al cuydado,
y dando el alma a la vista !

1259 los del Sol: Phoebus' horses, which drew the chariot of the sun *1271 ofende al gusto:* grieves, saddens; *el valor = al valor 1272 jornada:* campaign *1285–1308* Note the beautiful appreciation of nature.

En los llanos y en las cumbres
¡ qué a concierto se divisan
aquí los pimpollos verdes,
y allí las pardas encinas!
Si acullá brama el león,
aquí la mansa avecilla
parece que su braveza
con sus cantares mitiga.
Despeñándose el arroyo,
señala que como estiman
sus aguas la tierra blanda,
huyen de las peñas bivas.
Bien merecen estas cosas
tan bellas, y tan distinctas,
que se imite a quien las goza,
y se alabe a quien las cría.
¡ Bienaventurado aquel
que por sendas escondidas
en los campos se entretiene,
y en los montes se retira!
Con tan buen gusto la Reyna
mi madre, no es maravilla
si en esta casa de campo
todos sus males alivia.
Salió de la Corte huyendo
de entre la confusa grita,
donde unos toman venganza
quando otros piden justicia ...
¿ Qué se havrá hecho Rodrigo?
que con mi presta venida
no he podido saber dél
si está en salvo, o si peligra.
No sé qué tengo, que el alma
con cierta melancolía
me desvela en su cuydado ...
Mas ¡ ay! estoy divertida:
una tropa de cavallos
dan polvo al viento que imitan,
todos a punto de guerra ...
¡ Jesús, y qué hermosa vista!
Saber la ocasión deseo,
la curiosidad me incita ...
— ¡ Ah, cavalleros! ¡ ah, hidalgos! — (*Llamando*.)

1293 acullá: farther away *1324 divertida:* distracted *1329 ocasión:* cause, reason

Ya se paran, y ya miran.
— ¡ Ah, Capitán, el que lleva
banda, y plumas amarillas ! —
Ya de los otros se aparta . . . 1335
la lança a un árbol arrima . . .
ya se apea del cavallo,
ya de su lealtad confía,
ya el cimiento desta torre,
que es todo de peña biva, 1340
trepa con ligeros pies . . .
ya los miradores mira.
Aún no me ha visto. — ¿ Qué veo ?
Ya le conozco. ¿ Hay tal dicha ?

Sale RODRIGO.

ROD. La boz de la Infanta era . . . 1345
Ya casi las tres esquinas
de la torre he rodeado.
URRA. ¡ Ah ! ¿ Rodrigo ? (*Llamando*.)
ROD.   Otra vez grita . . .
Por respetar a la Reyna
no respondo, y ella misma 1350
me hizo dexar el cavallo. —
Mas . . . ¡ Jesús ! ¡ Señora mía !
URRA. ¡ Dios te guarde ! ¿ Dónde vas ?
ROD. Donde mis hados me guían,
dichosos, pues me guiaron 1355
a merecer esta dicha.
URRA. ¿ Esta es dicha ? No, Rodrigo ;
la que pierdes lo sería ;
bien me lo dize por señas
la sobrevista amarilla. 1360
ROD. Quien con esperanças bive,
desesperado camina.
URRA. Luego, no las has perdido.
ROD. A tu servicio me animan.
URRA. ¿ Saliste de la ocasión 1365
sin peligro, y sin heridas ?
ROD. Siendo tú mi defensora
advierte cómo saldría.
URRA. ¿ Dónde vas ?
ROD.   A vencer Moros,

1338 lealtad: dissyllabic *1342 miradores:* balconies *1344 conozco* = reconozco *1360 sobrevista:* visor *1365 ocasión:* danger, risk *1368 saldría:* conditional of probability

| | y assí la gracia perdida
cobrar de tu padre el Rey.
| Urra. | ¡ Qué notable gallardía !
¿ Quién te acompaña ?
| Rod. | Esta gente
me ofrece quinientas vidas,
en cuyos hidalgos pechos
yerve también sangre mía.
| Urra. | Galán vienes, bravo vas,
mucho vales, mucho obligas;
bien me parece, Rodrigo,
tu gala, y tu valentía.
| Rod. | Estimo con toda el alma
merced que fuera divina,
mas mi humildad en tu Alteza
mis esperanças marchita.
| Urra. | No es imposible, Rodrigo,
el igualarse las dichas
en desiguales estados,
si es la nobleza una misma.
¡ Dios te buelva vencedor,
que después ! . . .
| Rod. | ¡ Mil años bivas !
| Urra | —¿ Qué he dicho ?— (*Aparte.*)
| Rod. | Tu bendición
mis vitorias facilita.
| Urra. | ¿ Mi bendición ? ¡ Ay, Rodrigo,
si las bendiciones mías
te alcançan, serás dichoso !
| Rod. | Con no más de recebillas
lo seré, divina Infanta.
| Urra. | Mi voluntad es divina.
Dios te guíe, Dios te guarde,
como te esfuerça y te anima,
y en número tus vitorias
con las estrellas compitan.
Por la redondez del mundo,
después de ser infinitas,
con las plumas de la fama
y el mismo Sol las escriva.
Y ve agora confiado
que te valdré con la vida.
Fía de mí estas promesas
quien plumas al viento fía.

1370 *gracia*: favor 1401 *vitorias* = victorias 1408 *valdré*: I will help

Rod.	La tierra que ves adoro,
	pues no puedo la que pisas;
	y la eternidad del tiempo
	alargue a siglos tus días.
	Oyga el mundo tu alabança 1415
	en las bocas de la imbidia,
	y más que merecimientos
	te dé la fortuna dichas.
	Y yo me parto en tu nombre,
	por quien venço mis desdichas, 1420
	a vencer tantas batallas
	como tú me pronosticas.
Urra.	¡Deste cuydado te acuerda!
Rod.	Lo divino no se olvida.
Urra.	¡Dios te guíe!
Rod.	¡Dios te guarde! 1425
Urra.	Ve animoso.
Rod.	Tú me animas.
	¡Toda la tierra te alabe!
Urra.	¡Todo el cielo te bendiga!

Vanse.

Gritan de adentro los Moros, *y sale huyendo un* Pastor.

Moros.	¡Li, li, li, li!...
Pastor.	¡Jesús mío,
	qué de miedo me acompaña! 1430
	Moros cubren la campaña...
	Mas de sus fieros me río,
	de su lança y de su espada,
	como suba, y me remonte
	en la cumbre de aquel monte 1435
	todo de peña tajada.

Sale un Rey Moro *y quatro* Moros *con él, y el* Pastor *éntrase huyendo.*

R. Mor.	Atad bien essos Cristianos.
	Con más concierto que priesa
	id marchando.
Mor. 1.º	¡Brava presa!
R. Mor.	Es hazaña de mis manos. 1440
	Con asombro y maravilla,
	pues en su valor me fundo,
	sepa mi poder el mundo,
	pierda su opinión Castilla.

1416 imbidia = envidia *1420* quien: antecedent is nombre *1423* te acuerda = acuérdate *1430* qué de miedo: what fear *1432* fieros: boasts *1434* como suba: provided I climb *1442* su: antecedent is manos *1444* opinión: reputation

¿ Para qué te llaman Magno, 1445
Rey Fernando, en paz y en guerra,
pues yo destruyo tu tierra
sin oponerte a mi mano?
Al que Grande te llamó,
¡ bive el cielo, que le coma, 1450
porque, después de Mahoma,
ninguno mayor que yo!

Sale el PASTOR *sobre la peña.*

PASTOR. Si es mayor el que es más alto,
yo lo soy entre estos cerros.
¿ Qué apostaremos — ¡ ah, perros! — 1455
que no me alcançays de un salto?
MOR. 2.° ¿ Qué te alcança una saeta?
PASTOR. Si no me escondo, sí hará.
¡ Morillos, bolvé, esperá
que el Cristiano os acometa! 1460
MOR. 3.° Oye, Señor, ¡ por Mahoma!,
que Cristianos . . .
R. MOR. ¿ Qué os espanta?
MOR. 4.° ¡ Allí polvo se levanta!
MOR. 1.° ¡ Y allí un estandarte asoma!
MOR. 2.° Cavallos deven de ser. 1465
R. MOR. Logren, pues, mis esperanças.
MOR. 3.° Ya se parecen las lanças.
R. MOR. ¡ Ea! ¡ morir, o vencer!

Toque dentro una trompeta.

MOR. 2.° Ya la bastarda trompeta
toca al arma.

Dizen dentro a boces:

¡ Santiago! 1470
R. MOR. ¡ Mahoma! — Hazed lo que hago. (*A los* MOROS.)

Otra vez dentro:

¡ Cierra, España!
R. MOR. ¡ Oh, gran Profeta!

*Vanse, y suena la trompeta, y caxas de guerra, y ruido de
golpes dentro.*

1450 bive . . . coma: by heaven, I'll eat him alive *1459 bolvé, esperá = volved, esperad.* The dropping of the final *d* of the imperative was common in classical Spanish. *1470–1471 ¡ Santiago!,
¡ Cierra España!:* battle cries used by the Spaniards during the Reconquest. *Santiago* is quadrisyllabic. *1471 ¡ Mahoma!* (Mohammed) was the Moorish battle cry.

| PASTOR. | ¡ Bueno ! Mire lo que va
de Santiago a Mahoma . . .
¡ Qué bravo herir ! Puto, toma
para peras. ¡ Bueno va !
    ¡ Boto a San ! Braveza es
lo que hazen los Cristianos ;
ellos matan con las manos,
sus cavallos con los pies.
    ¡ Qué lançadas ! ¡ Pardies, toros
menos bravos que ellos son !
¡ Assí calo yo un melón
como despachurran Moros !
    El que como cresta el gallo
trae un penacho amarillo,
¡ oh, lo que haze ! por dezillo
al Cura, quiero mirallo.
    ¡ Pardiós ! No tantas hormigas
mato yo en una patada,
ni siego en una manada
tantos manojos de espigas,
    como él derriba cabeças . . .
¡ Oh, hideputa ! es de modo,
que va salpicado todo
de sangre mora . . . ¡ Bravezas
    haze, voto al soto ! . . . Ya
huyen los Moros. — ¡ Ah galgos !   (Gritando.)
¡ Ea, Cristianos hidalgos,
seguildos ! ¡ Matá, matá ! —
    Entre las peñas se meten
donde no sirven cavallos . . .
Ya se apean . . . alcançallos
quieren . . . de nuevo acometen . . . | 1475

1480

1485

1490

1495

1500 |

Salen RODRIGO *y el* REY MORO, *cada uno con los suyos
acuchillándose.*

| ROD. | ¡ También pelean a pie
los Castellanos, Morillos !
¡ A matallos, a seguillos ! | 1505 |

1473 lo . . . a: what difference there is between Santiago and *1475–1476 Puto:* Sodomite; *toma para peras* (fam.): a form of threat *1477 ¡ Boto a San!* I swear to God! *1481 ¡ Pardies* = ¡ *Pardiez:* euphemism for *¡ Por Dios 1487 dezillo = decirlo 1488 mirallo = mirarlo 1489 ¡ Pardiós! =* ¡ *Por Dios! 1491 siego:* reap; *manada:* handful *1494 hideputa = hijo de puta:* son of a whore *1497 voto al soto = voto al santo:* a euphemism translatable as "by the saints" *1498 galgos:* dogs (used as an insult) *1500 seguildos! ¡ Matá, matá! = seguidlos! ¡ Matad, matad!*

R. Mor.	¡ Tente ! ¡ Espera !
Rod.	¡ Rindeté !
R. Mor.	Un Rey a tu valentía
	se ha rendido, y a tus leyes. (*Ríndesele el* Rey.) 1510
Rod.	¡ Tocá al arma ! Quatro Reyes
	he de vencer en un día.

Vanse todos, llevándose presos a los Moros.

Pastor.	¡ Pardiós ! que he havido plazer
	mirándolos desde afuera;
	las cosas desta manera 1515
	de tan alto se han de ver.

Éntrase el Pastor, *y salen el Príncipe* Don Sancho, *y un* Maestro de armas *con sendas espadas negras,** *y tirándole el Príncipe, y tras él, reportándole,* Diego Laínez.

Maes.	¡ Príncipe, Señor, Señor !
Diego.	Repórtese vuestra Alteza,
	que sin causa la braveza
	desacredita el valor. 1520
D. San.	¿ Sin causa ?
Diego.	— Vete, que enfadas (*Al* Maestro.) al Príncipe. —

Éntrase el Maestro.

	¿ Quál ha sido ?
D. San.	Al batallar, el ruido
	que hizieron las dos espadas,
	y a mí el rostro señalado. 1525
Diego.	¿ Hate dado ?
D. San.	No; el pensar
	que a querer me pudo dar,
	me ha corrido, y me ha enojado.
	Y a no escaparse el Maestro,
	yo le enseñara a saber . . . 1530
	No quiero más aprender.
Diego.	Bastantemente eres diestro.
D. San.	Quando tan diestro no fuera,
	tampoco importara nada.
Diego.	¿ Cómo ?
D. San.	Espada contra espada, 1535
	nunca por esso temiera.

1508 ¡ *Rindeté !* = ¡ *Ríndete !* : Surrender. Accent moved to rhyme with *pie*. *con sendas espadas negras*: each with a fencing foil 1520 *el valor* = *al valor* 1526 *dado*: touched 1527 *a querer*: if he wanted 1528 *corrido*: put to shame 1529 *a no escaparse*: if he had not escaped 1533 *Quando* = *Cuando*: If

| | Otro miedo el pensamiento
me aflixe y me atemoriza:
con una arma arrojadiza
señala en mi nacimiento
que han de matarme, y será
cosa muy propinqua mía
la causa. | 1540 |
|---|---|---|
| Diego. | Y ¿ melancolía te da esso? | |
| D. San. | Sí, me da. Y haziendo discursos vanos, pues mi padre no ha de ser, vengo a pensar y a temer que lo serán mis hermanos. Y assí los quiero tan poco, que me ofenden. | 1545 |
| Diego. | ¡ Cielo santo! A no respetarte tanto, te dixera... | 1550 |
| D. San. | ¿ Que soy loco? | |
| Diego. | Que lo fué quien a esta edad te ha puesto en tal confusión. | |
| D. San. | ¿ No tiene demostración esta ciencia? | 1555 |
| Diego. | Assí es verdad. Mas ninguno la aprendió con certeza. | |
| D. San. | Luego, di: ¿ locura es creella? | |
| Diego. | Sí. | |
| D. San. | ¿ Serálo el temella? | |
| Diego. | No. — | 1560 |
| D. San. | ¿ Es mi hermana? | |
| Diego. | Sí, Señor. | |

Sale Doña Urraca, *y un* Paje, *que le saca un venablo* * *tinto en sangre.*

Urra.	En esta suerte ha de ver mi hermano, que aunque muger, tengo en el braço valor. — Hoy, hermano...	
D. San.	¿ Cómo assí?	1565
Urra.	... entre unas peñas...	

1538 Subject of both verbs is *miedo* 1540 *nacimiento:* horoscope 1545 *discursos:* reflections 1554 *confusión:* mix-up, trouble 1555 *demostración:* proof **venablo:* javelin

D. San.		¿Qué fué?
Urra.	... este venablo tiré,	
	con que maté un javalí,	
	viniendo por el camino	
	caçando mi madre y yo.	1570
D. San.	Sangriento está; y ¿le arrojó	
	tu mano? —¡Ay, cielo divino!	
	Mira si tengo razón. (*Entre los dos.*)	
Diego.	Ya he caído en tu pesar. —	
Urra.	¿Qué te ha podido turbar	1575
	el gusto?	
D. San.	Cierta ocasión	
	que me da pena.	
Diego.	Señora,	
	una necia astrología	
	le causa melancolía,	
	y tú la creciste agora.	1580
Urra.	Quien viene a dalle contento,	
	¿cómo su disgusto aumenta?	
Diego.	Dize que a muerte violenta	
	le inclina su nacimiento.	
D. San.	¡Y con una arma arrojada	1585
	herido en el coraçón!	
Diego.	Y como en esta ocasión	
	la vió en tu mano...	
Urra.	—¡Ay, cuytada!—	
D. San.	... alteróme de manera	
	que me ha salido a la cara.	1590
Urra.	Si disgustarte pensara	
	con ella no la truxera.	
	Mas, tú ¿crédito has de dar	
	a lo que abominan todos?	
D. San.	Con todo, buscaré modos	1595
	como poderme guardar;	
	mandaré hazer una plancha,	
	y con ella cubriré	
	el coraçón, sin que esté	
	más estrecha, ni más ancha.	1600
Urra.	Guarda con más prevención	
	el coraçón: mira bien	
	que por la espalda también	
	hay camino al coraçón.	

1574 he caído en: I understand *1576 ocasión:* cause, coincidence *1588 cuytada = cuitada:* unhappy me *1589* Supply *tal* before *manera. 1592 truxera = trajera 1595 Con todo:* Nevertheless

D. San.	¿ Qué me has dicho ? ¿ Qué imagino ?	1605
	¡ Que tú de tirar te alabes	
	un venablo, y de que sabes	
	del coraçón el camino	
	por las espaldas ! . . . ¡ Traydora !	
	¡ Temo que causa has de ser	1610
	tú de mi muerte ! ¡ Muger,	
	estoy por matarte agora,	
	y asegurar mis enojos !	
Diego.	¿ Qué hazes, Príncipe ?	
D. San.	¿ Qué siento ? . . .	
	¡ Esse venablo sangriento	1615
	rebienta sangre en mis ojos !	
Urra.	Hermano, el rigor reporta	
	de quien justamente huyo.	
	¿ No es mi padre como tuyo	
	el Rey mi Señor ?	
D. San.	¿ Qué importa ?	1620
	Que eres de mi padre hija,	
	pero no de mi fortuna.	
	Nací heredando.	
Urra.	Importuna	
	es tu arrogancia, y prolija.	
Diego.	El Rey viene.	
D. San.	—¡ Qué despecho !— (*Aparte.*)	1625
Urra.	—¡ Qué hermano tan enemigo !— (*Aparte.*)	

Salen el Rey Don Fernando *y el* Rey Moro *que embía Rodrigo,
y otros que le acompañan.*

Rey.	Diego, tu hijo Rodrigo	
	un gran servicio me ha hecho;	
	y en mi palabra fiado,	
	licencia le he concedido	1630
	para verme.	
Diego.	Y ¿ ha venido ?	
Rey.	Sospecho que havrá llegado ;	
	y en prueva de su valor . . .	
Diego.	¡ Grande fué la dicha mía !	
Rey.	. . . hoy a mi presencia embía	1635
	un Rey por su Embaxador.	

Siéntase el Rey.

Bolvió por mí y por mis greyes;
muy obligado me hallo.

1612 estoy por: I am in favor of *1618 quien* = *que 1621 Que:* For, Because *1637 Bolvió por mí:* He defended me; *greyes:* subjects

R. Mor. Tienes, Señor, un vasallo
de quien lo son quatro Reyes. 1640
   En esquadrones formados,
tendidas nuestras banderas,
corríamos tus fronteras,
vencíamos tus soldados,
   talávamos tus campañas, 1645
cautivávamos tus gentes,
sugetando hasta las fuentes
de las sobervias montañas;
   quando gallardo y ligero
el gran Rodrigo llegó, 1650
peleó, rompió, mató,
y vencióme a mí el primero.
   Viniéronme a socorrer
tres Reyes, y su venir
tan sólo pudo servir 1655
de dalle más que vencer,
   pues su esfuerço varonil
los nuestros dexando atrás;
quinientos hombres no más
nos vencieron a seys mil. 1660
   Quitónos el Español
nuestra opinión en un día,
y una presa que valía
más oro que engendra el Sol.
   Y en su mano vencedora 1665
nuestra divisa Otomana,
sin venir lança cristiana
sin una cabeça mora,
   viene con todo triumfando
entre aplausos excesivos, 1670
atropellando cautivos
y banderas arrastrando,
   asegurando esperanças,
obligando coraçones,
recibiendo bendiciones 1675
y despreciando alabanças.
   Y ya llega a tu presencia.
Urra. —¡Venturosa suerte mía!— (*Aparte.*)
Diego. Para llorar de alegría
te pido, Señor, licencia, 1680

1640 lo son quatro Reyes: four kings are the Moorish king's vassals *1647 sugetando* = *sujetando*
1657 esfuerço = *esfuerzo:* prowess *1658 los nuestros:* refers to *esfuerços* understood *1664 el Sol:*
In the Middle Ages the belief was held that metals were produced by the astral bodies. Gold
was believed to come from the sun, iron from Mars, lead from Saturn, etc.

	y para abraçalle ¡ ay, Dios !	
	antes que llegue a tus pies.	

Entra Rodrigo, *y abráçanse.*

	¡ Estoy loco !	
Rod.	Causa es (*Al* Rey.)	
	que nos disculpa a los dos. —	
	Pero ya esperando estoy	1685
	tu mano, y tus pies, y todo.	
	Arrodíllase delante el Rey.	
Rey.	¡ Levanta, famoso Godo,	
	levanta !	
Rod.	¡ Tu hechura soy ! —	
	¡ Mi Príncipe ! (*A* Don Sancho.)	
D. San.	¡ Mi Rodrigo !	
Rod.	Por tus bendiciones llevo (*A* D.ª Urraca.)	1690
	estas palmas.	
Urra.	Ya de nuevo,	
	pues te alcançan, te bendigo.	
R. Mor.	¡ Gran Rodrigo !	
Rod.	¡ Oh, Almançor !	
R. Mor.	¡ Dame la mano, el Mió Cide !	
Rod.	A nadie mano se pide	1695
	donde está el Rey mi Señor.	
	A él le presta la obediencia.	
R. Mor.	Ya me sugeto a sus leyes	
	en nombre de otros tres Reyes	
	y el mío. — ¡ Oh, Alá ! paciencia. — (*Aparte.*)	1700
D. San.	El « Mió Cid » le ha llamado.	
R. Mor.	En mi lengua es « Mi Señor »,	
	pues ha de serlo el honor	
	merecido, y alcançado.	
Rey.	Esse nombre le está bien.	1705
R. Mor.	Entre Moros le ha tenido.	
Rey.	Pues allá le ha merecido,	
	en mis tierras se le den.	
	Llamalle « el Cid » es razón,	
	y añadirá, porque asombre,	1710

1683 ¡ *Estoy loco!*: Supply *de alegría* 1686 *y todo:* and all of you 1687 ¡ *Levanta* = ¡ *Levántate*; *Godo:* as a descendant of Pelayo, Visigothic prince 1688 *hechura:* henchman 1693 *Almançor:* a generic name for Moorish kings. It means "the victor, by the grace of God." 1694 *Cide:* from the Arabic *Sidi*, chief. Note that *Mió* is monosyllabic. 1697 *A él le presta* = *Préstale a él* 1710 *porque* = *para que*

a su apellido este nombre,
y a su fama este blasón.

Sale Ximena Gómez, *enlutada, con quatro* Escuderos, *también enlutados, con sus lobas.**

Escu. 1.º Sentado está el Señor Rey
en su silla de respaldo.
Xim. Para arrojarme a sus pies 1715
¿ qué importa que esté sentado ?
Si es Magno, si es justiciero,
premie al bueno y pene al malo;
que castigos y mercedes
hazen seguros vasallos. 1720
Diego. Arrastrando luengos lutos,
entraron de quatro en quatro
escuderos de Ximena,
hija del Conde Loçano.
Todos atentos la miran, 1725
suspenso quedó Palacio,
y para decir sus quexas
se arrodilla en los estrados.
Xim. Señor, hoy haze tres meses
que murió mi padre a manos 1730
de un rapaz, a quien las tuyas
para matador criaron.
Don Rodrigo de Bivar,
sobervio, orgulloso y bravo,
profanó tus leyes justas, 1735
y tú le amparas ufano.
Son tus ojos sus espías,
tu retrete su sagrado,
tu favor sus alas libres,
y su libertad mis daños. 1740
Si de Dios los Reyes justos
la semejança y el cargo
representan en la tierra
con los humildes humanos,
no deviera de ser Rey 1745
bien temido, y bien amado,
quien desmaya la justicia
y esfuerça los desacatos.
A tu justicia, Señor,
que es árbol de nuestro amparo, 1750
no se arrimen malhechores,

**lobas*: black capes *1748 esfuerça* = *esfuerza*: encourages

indignos de ver sus ramos.
Mal lo miras, mal lo sientes,
y perdona si mal hablo;
que en boca de una muger 1755
tiene licencia un agravio.
¿ Qué dirá, qué dirá el mundo
de tu valor, gran Fernando,
si al ofendido castigas,
y si premias al culpado? 1760
Rey, Rey justo, en tu presencia,
advierte bien cómo estamos:
él ofensor, yo ofendida,
yo gimiendo y él triunfando;
él arrastrando banderas, 1765
y yo lutos arrastrando;
él levantando trofeos,
y yo padeciendo agravios;
él sobervio, yo encogida,
yo agraviada y él honrado, 1770
yo aflixida, y él contento,
él riendo, y yo llorando.

ROD. —¡ Sangre os dieran mis entrañas, (*Aparte.*)
para llorar, ojos claros! —
XIM. —¡ Ay, Rodrigo! ¡ Ay, honra! ¡ Ay, ojos! 1775
¿ adónde os lleva el cuydado? — (*Aparte.*)
REY. ¡ No haya más, Ximena, baste!
Levantaos, no lloréys tanto.
que ablandarán vuestras quexas
entrañas de azero y mármol; 1780
que podrá ser que algún día
troquéys en plazer el llanto,
y si he guardado a Rodrigo,
quiçá para vos le guardo.
Pero por hazeros gusto, 1785
buelva a salir desterrado,
y huyendo de mi rigor
exercite el de sus braços,
y no asista en la Ciudad
quien tan bien prueva en el campo. 1790
Pero si me days licencia,
Ximena, sin enojaros,
en premio destas vitorias
ha de llevarse este abraço. (*Abrázale.*)
ROD. Honra, valor, fuerça y vida, 1795

1782 troquéys = troquéis (from *trocar*, to change) *1788 el:* modifies *rigor* in the sense of strength

	todo es tuyo, gran Fernando,		
	pues siempre de la cabeça		
	baxa el vigor a la mano.		
	Y assí, te ofrezco a los pies		
	essas banderas que arrastro,		1800
	essos Moros que cautivo,		
	y essos haberes que gano.		
Rey.	Dios te me guarde, el Mió Cid.		
Rod.	Beso tus heroycas manos,		
	— y a Ximena dexo el alma. —	(*Aparte.*)	1805
Xim.	— ¡Que la opinión pueda tanto	(*Aparte.*)	
	que persigo lo que adoro! —		
Urra.	— Tiernamente se han mirado;	(*Aparte.*)	
	no le ha cubierto hasta el alma		
	a Ximena el luto largo		1810
	¡ay, cielo!, pues no han salido		
	por sus ojos sus agravios. —		
D. San.	Vamos, Diego, con Rodrigo,		
	que yo quiero acompañarlo,		
	y verme entre sus trofeos.		1815
Diego.	Es honrarme, y es honrallo.		
	¡Ay, hijo del alma mía!		
Xim.	— ¡Ay, enemigo adorado! —	(*Aparte.*)	
Rod.	— ¡Oh, amor, en tu Sol me yelo! —	(*Aparte.*)	
Urra.	— ¡Oh, amor, en celos me abraso! —	(*Aparte.*)	1820

1819–1820 me ... abraso: Note the antithesis.

ACTO TERCERO

Salen Arias Gonçalo *y la Infanta* Doña Urraca.

Arias.	Más de lo justo adelantas,
	Señora, tu sentimiento.
Urra.	Con mil ocasiones siento
	y lloro con otras tantas.
	Arias Gonçalo, por padre
	te he tenido.
Arias.	Y soylo yo
	con el alma.
Urra.	Ha que murió
	y está en el cielo mi madre
	más de un año, y es crueldad
	lo que esfuerçan mi dolor,
	mi hermano con poco amor
	mi padre con mucha edad.
	Un moço que ha de heredar,
	y un viejo que ha de morir,
	me dan penas que sentir
	y desdichas que llorar.
Arias.	Y ¿ no alivia tu cuydado
	el ver que aún viven los dos,
	y entre tanto querrá Dios
	pasarte a mejor estado,
	a otros Reynos, y a otro Rey
	de los que te han pretendido ?
Urra.	¿ Yo un estraño por marido ?
Arias.	No lo siendo de tu ley
	¿ qué importa ?
Urra.	¿ Assí me destierra
	la piedad que me crió ?
	Mejor le admitiera yo
	de mi sangre, y de mi tierra;
	que más quisiera mandar
	una Ciudad, una Villa,
	una Aldea de Castilla,
	que en muchos Reynos reynar.
Arias.	Pues pon, Señora, los ojos

1822 sentimiento: sorrow *1827 Ha = Hace 1830 lo que:* how much; *esfuerçan:* increase *1844 No ... ley:* If he is a foreigner to your religion *1847 Mejor ... yo:* I could better accept him

	en uno de tus vasallos.	
Urra.	Antes havré de quitallos	1855
	a costa de mis enojos.	
	Mis libertades te digo	
	como al alma propria mía . . .	
Arias.	Di, no dudes;	
Urra.	Yo querría	
	al gran Cid, al gran Rodrigo.	1860
	Castamente me obligó,	
	pensé casarme con él . . .	
Arias.	Pues ¿ quién lo estorba ?	
Urra.	¡ Es cruel	
	mi suerte, y honrada yo ! —	
	Ximena y él se han querido,	1865
	y después del Conde muerto	
	se adoran.	
Arias.	¿ Es cierto ?	
Urra.	Cierto	
	será, que en mi daño ha sido.	
	Quanto más su padre llora,	
	quanto más justicia sigue,	1870
	y quanto más le persigue,	
	es cierto que más le adora;	
	y él la idolatra adorado,	
	y está en mi pecho advertido,	
	no del todo aborrecido,	1875
	pero del todo olvidado;	
	que la muger ofendida,	
	del todo desengañada,	
	ni es discreta, ni es honrada,	
	si no aborrece ni olvida. —	1880
	Mi padre viene; después	
	hablaremos . . . mas ¡ ay, cielo !	
	ya me ha visto.	
Arias.	A tu consuelo	
	aspira.	

Salen el Rey Don Fernando *y* Diego Laínez *y los que le acompañan.*

Diego.	Beso tus pies	
	por la merced que a Rodrigo	1885
	le has hecho; vendrá bolando	
	a servirte.	

1855–1856 *Antes . . . enojos:* Rather must I, to my sorrow, remove them (my eyes) 1857 *libertades:* intentions, desires 1861 *me obligó:* won my heart 1866 *después del Conde muerto:* since the death of the Count 1872 Supply *tanto* before *más.* 1875–1876 *del todo:* completely

Rey.	Ya esperando lo estoy.
Diego.	Mi suerte bendigo.
Rey.	Doña Urraca, ¿dónde vays? Esperad, hija, ¿qué hazéys? ¿qué os aflije? ¿qué tenéys? ¿havéys llorado? ¿lloráys? ¡Triste estáys!

Urra.	No lo estuviera,
	si tú, que me diste el ser,
	eterno huvieras de ser,
	o mi hermano amable fuera.
	   Pero mi madre perdida,
	y tú cerca de perderte,
	dudosa queda mi suerte,
	de su rigor ofendida.
	   Es el Príncipe un león
	para mí.

Rey.	Infanta, callad;
	la falta en la eternidad
	supliré en la prevención.
	   Y pues tengo, gloria a Dios,
	más Reynos y más estados
	adquiridos que heredados,
	alguno havrá para vos.
	   Y alegraos, que aún bivo estoy,
	y si no . . .

Urra.	¡Dame la mano!
Rey.	. . . es don Sancho buen hermano, yo padre, y buen padre, soy. Id con Dios.
Urra.	¡Guárdete el cielo!
Rey.	Tened de mí confiança.
Urra.	Ya tu bendición me alcança.

Vase.

Arias.	Ya me alcança tu consuelo. (*A* D.ª Urra.)

Sale Un Criado *y entrega al* Rey *una carta; el* Rey *la lee y después dize:*

Rey.	Resuelto está el de Aragón, pero ha de ver algún día que es Calahorra tan mía

---

1898 perderte: to die *1904 prevención:* foresight *1915 alcança = alcanza:* has taken effect *1917 el de Aragón:* the King's own brother *1919 Calahorra:* a town in the province of Logroño

	como Castilla y León;	1920
	que pues letras y letrados
	tan varios en esto están,
	mejor lo averiguarán
	con las armas los soldados.
	Remitir quiero a la espada	1925
	esta justicia que sigo,
	y al Mió Cid, al mi Rodrigo,
	encargalle esta jornada:
	En mi palabra fiado
	lo he llamado.
ARIAS.	Y ¿ha venido?	1930
DIEGO.	Si tu carta ha recebido
	con tus alas ha bolado.

Sale OTRO CRIADO.

CRIADO.	Ximena pide licencia
	para besarte la mano.
REY.	Tiene del Conde Loçano	1935
	la arrogancia y la impaciencia.
	Siempre la tengo a mis pies
	descompuesta y querellosa.
DIEGO.	Es honrada y es hermosa.
REY.	Importuna también es.	1940
	A disgusto me provoca
	el ver entre sus enojos,
	lágrimas siempre en sus ojos,
	justicia siempre en su boca.
	Nunca imaginara tal;	1945
	siempre sus querellas sigo.
ARIAS.	Pues yo sé que ella y Rodrigo,
	Señor, no se quieren mal.
	Pero assí de la malicia
	defenderá la opinión,	1950
	o quiça satisfación
	pide, pidiendo justicia;
	y el tratar el casamiento
	de Rodrigo con Ximena
	será alivio de su pena.	1955
REY.	Yo estuve en tu pensamiento,
	pero no lo osé intentar
	por no crecer su disgusto.
DIEGO.	Merced fuera, y fuera justo.

1921 letras y letrados: laws and lawyers *1928 jornada:* enterprise *1945 tal:* Supply *cosa. 1951 satisfación = satisfacción:* compensation

Rey.	¿ Quiérense bien ?	
Arias.	No hay dudar.	1960
Rey.	¿ Tú lo sabes ?	
Arias.	Lo sospecho.	
Rey.	Para intentallo ¿ qué haré ?	
	¿ De qué manera podré	
	averiguallo en su pecho ?	
Arias.	Dexándome el cargo a mí,	1965
	haré una prueva bastante.	
Rey.	Dile que entre. (*Al* Criado 2.º)	
Arias.	Este diamante	
	he de provar. — Oye. (*Al* Criado 1.º)	
Criado.	Di.	

El primer Criado *habla al oído con* Arias Gonçalo, *y el otro sale a avisar a* Ximena.

Rey.	En el alma gustaría	
	de gozar tan buen vasallo	1970
	libremente.	
Diego.	Imaginallo	
	haze inmensa mi alegría.	

Sale Ximena Gómez.

Xim.	Cada día que amanece,	
	veo quien mató a mi padre,	
	cavallero en un cavallo,	1975
	y en su mano un gavilán.	
	A mi casa de plazer,	
	donde alivio mi pesar	
	curioso, libre, y ligero,	
	mira, escucha, viene, y va,	1980
	y por hazerme despecho	
	dispara a mi palomar	
	flechas, que a los vientos tira,	
	y en el coraçón me dan ;	
	mátame mis palomicas	1985
	criadas, y por criar ;	
	la sangre que sale de ellas	
	me ha salpicado el brial.	
	Embiéselo a dezir,	
	embióme a amenazar	1990
	con que ha de dexar sin vida	
	cuerpo que sin alma está.	
	Rey que no haze justicia	

1962 intentallo = *intentarlo*: put it to the test *1967–1968 Este* . . . *provar*: I will test Ximena's resoluteness. *1970 vasallo* = Rodrigo *1971 Imaginallo* = *Imaginarlo*: The thought of it *1988 brial*: gown

            no devría de reynar,
            ni pasear en cavallo,   1995
            ni con la Reyna folgar.
            ¡Justicia, buen Rey, justicia!
Rey.   ¡Baste, Ximena, no más!
Diego.   Perdonad, gentil Señora,
            — y vos, buen Rey, perdonad, —   2000
            que lo que agora dixiste
            sospecho que lo soñáys;
            pensando vuestras vengan ças,
            si os desvanece el llorar,
            lo havréys soñado esta noche,   2005
            y se os figura verdad;
            que Rodrigo ha muchos días,
            Señora, que ausente está,
            porque es ido en romería
            a Santiago: ved, mirad   2010
            cómo es posible ofenderos
            en esso que le culpáys.
Xim.   Antes que se fuese ha sido.
            — ¡Si podré disimular! —   (*Aparte.*)
            Ya en mi ofensa, que estoy loca   2015
            sólo falta que digáys.

                Dentro Un Criado *y el* Portero.

Porte.   ¿Qué queréys?
Criado.   Hablar al Rey.
            ¡Dexadme, dexadme entrar!

                Sale el primer Criado.

Rey.   ¿Quién mi palacio alborota?
Arias.   ¿Qué tenéys? ¿Adónde vays?   2020
Criado.   Nuevas te traygo, el buen Rey,
            de desdicha, y de pesar;
            el mejor de tus vasallos
            perdiste, en el cielo está.
            El Santo Patrón de España   2025
            venía de visitar,
            y saliéronle al camino
            quinientos Moros, y aun más.
            Y él, con veynte de los suyos,
            que acompañándole van,   2030
            los acomete, enseñado

1994 *devría = debería*; Cf. *habría*. 1996 *folgar = holgar*: enjoy himself 2009 *es ido = ha ido* 2015–2016 *en mi ofensa*: for my dishonor 2021 *el buen Rey*: The article would not be used in modern Spanish.

	a no bolver paso atrás.	
	Catorze heridas le han dado,	
	que la menor fué mortal.	
	Ya es muerto el Cid, ya Ximena	2035
	no tiene que se cansar,	
	Rey, en pedirte justicia.	
Diego.	¡ Ay, mi hijo ! ¿ dónde estáys ?	
	— Que estas nuevas, aun oídas (*Aparte.*)	
	burlando, me hazen llorar. —	2040
Xim.	¿ Muerto es Rodrigo ? ¿ Rodrigo	
	es muerto ? . . . — ¡ No puedo más ! . . . (*Ap.*)	
	¡ Jesús mil vezes ! . . .	
Rey.	Ximena,	
	¿ qué tenéys, que os desmayáys ?	
Xim.	Tengo . . . un laço en la garganta,	2045
	¡ y en el alma muchos hay ! . . .	
Rey.	Bivo es Rodrigo, Señora,	
	que yo he querido provar	
	si es que dize vuestra boca	
	lo que en vuestro pecho está.	2050
	Ya os he visto el coraçon;	
	reportalde, sosegad.	
Xim.	— Si estoy turbada y corrida, (*Aparte.*)	
	mal me puedo sosegar . . .	
	Bolveré por mi opinión . . .	2055
	Ya sé el cómo. ¡ Estoy mortal !	
	¡ Ay, honor, quánto me cuestas ! —	
	Si por agraviarme más	
	te burlas de mi esperança	
	y pruevas mi libertad;	2060
	si miras que soy muger,	
	verás que lo aciertas mal;	
	y si no ignoras, Señor,	
	que con gusto, o con piedad,	
	tanto atribula un plazer	2065
	como congoxa un pesar,	
	verás que con nuevas tales	
	me pudo el pecho asaltar	
	el plazer, no la congoxa.	
	Y en prueva desta verdad,	2070
	hagan públicos pregones	
	desde la mayor Ciudad	

2034 que = de las que 2036 se cansar = cansarse 2042 ¡ No puedo más ! : I can bear no more!
2052 reportalde = reportadle : calm it *2055 opinión :* reputation *2056 mortal :* dying *2060 libertad :* will *2063 si no ignoras :* if you know *2066 congoxa = acongoja :* vexes, afflicts

                    hasta en la menor Aldea,
                    en los campos y en la mar,
                    y en mi nombre, dando el tuyo   2075
                    bastante siguridad,
                    que quien me dé la cabeça
                    de Rodrigo de Bivar,
                    le daré, con quanta hazienda
                    tiene la Casa de Orgaz,   2080
                    mi persona, si la suya
                    me igualare en calidad.
                    Y si no es su sangre hidalga
                    de conocido solar,
                    lleve, con mi gracia entera,   2085
                    de mi hazienda la mitad.
                    Y si esto no hazes, Rey,
                    proprios y estraños dirán
                    que, tras quitarme el honor,
                    no hay en ti, para reynar,   2090
                    ni prudencia, ni razón,
                    ni justicia, ni piedad.
Rey.   ¡ Fuerte cosa havéys pedido!
                    No más llanto; bueno está.
Diego.   Y yo también, yo, Señor,   2095
                    suplico a tu Magestad,
                    que por dar gusto a Ximena,
                    en un pregón general
                    asegures lo que ofrece
                    con tu palabra Real;   2100
                    que a mí no me da cuydado;
                    que en Rodrigo de Bivar
                    muy alta está la cabeça,
                    y el que alcançalla querrá
                    más que gigante ha de ser,   2105
                    y en el mundo pocos hay.
Rey.   Pues las partes se conforman,
                    ¡ ea, Ximena, ordenad
                    a vuestro gusto el pregón!
Xim.   Los pies te quiero besar.   2110
Arias.   —¡ Grande valor de muger!— (*Aparte.*)
Diego.   — No tiene el mundo su igual. — (*Aparte.*)
Xim.   — La vida te doy; perdona,   (*Aparte.*)
                    honor, si te devo más. —
                            Vanse.

2076 siguridad = seguridad *2083* hidalga : noble *2084* solar : family *2088* proprios : natives *2089* tras : besides *2106* pocos : modifies *gigantes* understood *2107* Trans.: Since the parties are in accord

Salen el Cid Rodrigo, *y dos* Soldados *suyos, y el* Pastor *en hábito de lacayo; y una boz de un* Gafo* *dize de dentro, sacando las manos, y lo demás del cuerpo muy llagado y asqueroso.*

Gafo.	¿No hay un Cristiano que acuda	2115
	a mi gran necesidad?	
Rod.	Essos cavallos atad... (*A los* Soldados.)	
	¿Fueron bozes?	
Sold. 1.º	Son, sin duda.	
Rod.	¿Qué puede ser? El cuydado	
	haze la piedad mayor.	2120
	¿Oyes algo?	
Sold. 2.º	No, Señor.	
Rod.	Pues nos hemos apeado,	
	escuchad...	
Pastor.	No escucho cosa.	
Sold. 1.º	Yo tampoco.	
Sold. 2.º	Yo tampoco. —	
Rod.	Tendamos la vista un poco	2125
	por esta campaña hermosa,	
	que aquí esperaremos bien	
	los demás; proprio lugar	
	para poder descansar.	
Pastor.	Y para comer también.	2130
Sold. 1.º	¿Traes algo en el arçón?	
Sold. 2.º	Una pierna de carnero.	
Sold. 1.º	Y yo una bota...	
Pastor.	Essa quiero.	
Sold. 1.º	...y casi entero un jamón.	
Rod.	Apenas salido el Sol,	2135
	después de haver almorçado,	
	¿queréys comer?	
Pastor.	Un bocado.	
Rod.	A nuestro Santo Español	
	primero gracias le hagamos,	
	y después podréys comer.	2140
Pastor.	Las gracias suélense hazer	
	después de comer: comamos.	
Rod.	Da a Dios el primer cuydado,	
	que aún no tarda la comida.	
Pastor.	¡Hombre no he visto en mi vida	2145
	tan devoto, y tan soldado!	

---

gafo: leper *2118 bozes* = *voces*: shouts *2131 arçón* = *arzón*: saddletree *2143 cuydado*: concern, thought *2146 soldado*: valiant

Rod.   ¿ Y es estorbo el ser devoto
       al ser soldado ?
Pastor.   Sí, es.
       ¿ A qué soldado no ves
       desalmado, o boquirroto ?
Rod.   Muchos hay; y ten en poco
       siempre a cualquiera soldado
       hablador, y desalmado,
       porque es gallina, o es loco.
          Y los que en su devoción
       a sus tiempos concertada
       le dan filos a la espada,
       mejores soldados son.
Pastor.   Con todo, en esta jornada,
       da risa tu devoción
       con dorada guarnición,
       y con espuela dorada,
          con plumas en el sombrero,
       a cavallo, y en la mano
       un rosario.
Rod.   El ser Cristiano
       no impide al ser Cavallero.
          Para general consuelo
       de todos, la mano diestra
       de Dios mil caminos muestra,
       y por todos se va al cielo.
          Y assí, el que fuere guiado
       por el mundo peregrino,
       ha de buscar el camino
       que diga con el estado.
          Para el bien que se promete
       de un alma limpia y sencilla,
       lleve el frayle su capilla,
       y el clérigo su bonete,
          y su capote doblado
       lleve el tosco labrador,
       que quiçá acierta mejor
       por el surco de su arado.
          Y el soldado y cavallero,
       si lleva buena intención,
       con dorada guarnición,
       con plumas en el sombrero,

2151 ten en poco: think little of *2154 gallina:* coward *2157 le dan filos a:* sharpen *2159 Con todo:* In spite of it all *2172 peregrino:* in apposition to *el que 2174 diga con:* agree with *2177 capilla:* hood *2179 capote:* cloak

   a cavallo, y con dorada
espuela, galán divino,
si no es que yerra el camino
hará bien esta jornada;
   porque al cielo caminando
ya llorando, ya riendo,
van los unos padeciendo,
y los otros peleando.

GAFO. ¿No hay un Cristiano, un amigo
de Dios?...

ROD.   ¿Qué buelvo a escuchar?

GAFO. ¡No con sólo pelear
se gana el cielo, Rodrigo!

ROD. Llegad; de aquel tremedal
salió la boz.

GAFO.   ¡Un hermano
en Cristo, déme la mano,
saldré de aquí!...

PASTOR.   ¡No haré tal!
Que está gafa y asquerosa.

SOLD. 1.º No me atrevo.

GAFO.   ¡Oíd un poco,
por Cristo!

SOLD. 2.º   Ni yo tampoco.

ROD. Yo sí, que es obra piadosa,

Sácale de las manos.

y aun te besaré la mano.

GAFO. Todo es menester, Rodrigo:
matar allá al enemigo,
y valer aquí al hermano.

ROD. Es para mí gran consuelo
esta cristiana piedad.

GAFO. Las obras de caridad
son escalones del cielo.
   Y en un Cavallero son
tan proprias, y tan lucidas,
que deven ser admitidas
por precisa obligación.
   Por ellas un Cavallero
subirá de grada en grada,
cubierto en lança y espada
con oro el luziente azero;

y con plumas, si es que acierta
la ligereza del buelo,
no haya miedo que en el cielo 2225
halle cerrada la puerta.
¡ Ah, buen Rodrigo !

ROD. Buen hombre,
¿ qué Angel ... — llega, tente, toca —
... habla por tu enferma boca ?
¿ Cómo me sabes el nombre ? 2230

GAFO. Oíte nombrar viniendo
agora por el camino.

ROD. Algún misterio imagino
en lo que te estoy oyendo. —
¿ Qué desdicha en tal lugar 2235
te puso ?

GAFO. ¡ Dicha sería !
Por el camino venía,
desviéme a descansar,
y como casi mortal
torcí el paso, erré el sendero, 2240
por aquel derrumbadero
caí en aquel tremedal,
donde ha dos días cabales
que no como.

ROD. ¡ Qué estrañeza !
Sabe Dios con qué terneza 2245
contemplo afliciones tales.
A mí ¿ qué me deve Dios
más que a ti ? Y porque es servido,
lo que es suyo ha repartido
desigualmente en los dos. 2250
Pues no tengo más virtud,
tan de güeso y carne soy,
y gracias al cielo, estoy
con hazienda y con salud,
con igualdad nos podía 2255
tratar ; y assí, es justo darte
de lo que quitó en tu parte
para añadir en la mía.
Esas carnes laceradas

Cúbrele con un gaván.

2228 llega, tente: approach, stop *2233 imagino:* I suspect *2239 mortal:* dying *2248 es servido:*
God wills it *2250 en* = entre *2252 güeso* = hüeso: bone

| | cubrid con ese gaván. —
| | ¿ Las azémilas vendrán
| | tan presto ?
| Pastor. | Vienen pesadas.
| Rod. | Pues de esso podéys traer
| | que a los arçones venía.
| Pastor. | Gana de comer tenía,
| | mas ya no podré comer,
| | porque essa lepra de modo
| | me ha el estómago rebuelto . . .
| Sold. 1.º | Yo también estoy resuelto
| | de no comer.
| Sold. 2.º | Y yo, y todo.
| | Un plato viene no más.   (*A* Rodrigo.)
| | que por desdicha aquí está.
| Rod. | Esse solo bastará.
| Sold. 2.º | Tú, Señor, comer podrás
| | en el suelo.
| Rod. | No, que a Dios
| | no le quiero ser ingrato.
| | Llegad, comed, que en un plato   (*Al* Gafo.)
| | hemos de comer los dos.
| | *Siéntanse los dos y comen.*
| Sold. 1.º | ¡ Asco tengo !
| Sold. 2.º | ¡ Bomitar
| | querría !
| Pastor. | ¿ Vello podéys ?
| Rod. | Ya entiendo el mal que tenéys,
| | allá os podéys apartar.
| | Solos aquí nos dexad,
| | si es que el asco os alborota.
| Pastor. | ¡ El dexaros con la bota
| | me pesa, Dios es verdad !
| | *Vanse el* Pastor *y* Soldados.
| Gafo. | ¡ Dios os lo pague !
| Rod. | Comed.
| Gafo. | ¡ Bastantemente he comido,
| | gloria a Dios !
| Rod. | Bien poco ha sido.
| | Beved, hermano, beved.
| | Descansá.

2261 azémilas = acémilas : mules *2270 y todo :* absolutely; adverbial expression that reinforces all that has been said *2280 ¿Vello =¿ Verlo 2284 os alborota:* upsets your stomach *2286 Dios es verdad :* As God is my witness *2291 Descansá =Descansad*

| Gafo. | El divino Dueño
de todo, siempre pagó. |
|---|---|
| Rod. | Dormid un poco, que yo
quiero guardaros el sueño.
Aquí estaré a vuestro lado.
Pero … yo me duermo … ¿ hay tal ?
No parece natural
este sueño que me ha dado.
A Dios me encomiendo, y sigo …
en todo … su voluntad … (*Duérmese.*) |
| Gafo. | ¡ Oh, gran valor ! ¡ Gran bondad !
¡ Oh, gran Cid ! ¡ Oh, gran Rodrigo !
¡ Oh, gran Capitán Cristiano !
Dicha es tuya, y suerte es mía,
pues todo el cielo te embía
la bendición por mi mano,
y el mismo Espíritu Santo
este aliento por mi boca. |

El Gafo *aliéntale por las espaldas, y desaparécese; y el* Cid *váyase despertando a espacio, por que tenga tiempo de vestirse el* Gafo *de San Lázaro.**

| Rod. | ¿ Quién me enciende ? ¿ quién me toca ?
¡ Jesús ! ¡ Cielo, cielo santo !
¿ Qué es del pobre ? ¿ qué se ha hecho ?
¿ Qué fuego lento me abrasa,
que como rayo me pasa
de las espaldas al pecho ? …
¿ Quién sería ? El pensamiento
lo adevina, y Dios lo sabe.
¡ Qué olor tan dulce y suave
dexó su divino aliento !
Aquí se dexó el gaván,
seguiréle sus pisadas …
¡ Válgame Dios ! señaladas
hasta en las peñas están.
Seguir quiero sin recelo
sus pasos … |
|---|---|

Sale arriba con una tunicela blanca el Gafo, *que es San Lázaro.*

Gafo.	¡ Buelve, Rodrigo !
Rod.	… que yo sé que si los sigo,
me llevarán hasta el cielo.

2296 ¿ *hay tal?* is it possible? 2298 *me ha dado :* has taken hold of me * *San Lázaro :* St. Lazarus, patron saint of lepers 2311 ¿ *qué se ha hecho? :* what has become of him? 2316 *adevina = adivina*

	Agora siento que pasa	
	con más fuerça y más vigor	
	aquel bao, aquel calor	
	que me consuela y me abrasa.	
GAFO.	¡San Lázaro soy, Rodrigo!	2330
	Yo fuí el pobre a quien honraste;	
	y tanto a Dios agradaste	
	con lo que hiziste conmigo,	
	que serás un imposible	2335
	en nuestros siglos famoso,	
	un Capitán milagroso,	
	un vencedor invencible;	
	y tanto, que sólo a ti	
	los humanos te han de ver	2340
	después de muerto vencer.	
	Y en prueva de que es assí,	
	en sintiendo aquel vapor,	
	aquel soberano aliento	
	que por la espalda violento	2345
	te pasa al pecho el calor,	
	emprende qualquier hazaña,	
	solicita qualquier gloria,	
	pues te ofrece la vitoria	
	el Santo Patrón de España.	2350
	Y ve, pues tan cerca estás,	
	que tu Rey te ha menester. (*Desparécese.*)	
ROD.	Alas quisiera tener,	
	y seguirte donde vas.	
	Mas, pues el cielo, bolando,	2355
	entre sus nuves te encierra,	
	lo que pisaste en la tierra	
	iré siguiendo, y besando.	

Vase.

Salen el REY DON FERNANDO, DIEGO LAÍNEZ, ARIAS GONÇALO *y* PERANSULES.*

REY.	Tanto de vosotros fío,	
	parientes...	
ARIAS.	¡Honrar nos quieres!	2360
REY.	... que a vuestros tres pareceres	
	quiero remitir el mío.	
	Y assí, dudoso, y perplexo,	
	la respuesta he dilatado,	

2329 *bao:* vapor   2335 *un imposible:* an impossibility, i.e., unbelievable   2355 *bolando:* refers to *te*   2361 *pareceres:* opinions   2364 *dilatado:* delayed

    porque de un largo cuydado
    nace un maduro consejo.
     Propóneme el de Aragón,
    que es un grande inconveniente
    el juntarse tanta gente
    por tan leve pretensión,
    y cosa por inhumana,
    que nuestras hazañas borra,
    el comprar a Calahorra
    con tanta sangre cristiana;
     y que assí, desta jornada
    la justicia y el derecho
    se remita a solo un pecho,
    una lança y una espada,
     que peleará por él
    contra el que fuere por mí,
    para que se acabe assí
    guerra, aunque justa, cruel.
     Y sea del vencedor
    Calahorra, y todo, en fin,
    lo remite a don Martín
    Gonzales, su Embaxador.

Diego.   No hay negar que es cristiandad
    bien fundada, y bien medida,
    escusar con una vida
    tantas muertes.

Perans.   Es verdad.
    Mas tiene el Aragonés
    al que ves su Embaxador
    por manos de su valor
    y por basa de sus pies.
     Es don Martín un gigante
    en fuerças y en proporción,
    un Rodamonte, un Milón,
    un Alcides, un Adlante.
     Y assí, apoya sus cuydados
    en él solo, haviendo sido

2367 *Propóneme el de Aragón:* The King of Aragón remarks to me 2370 *pretensión:* purpose 2371 Supply *tiene* before *por inhumana;* he considers it inhuman 2375 *jornada:* campaign 2377 *solo un pecho:* the courage of a single man 2397 *Rodamonte:* from Italian Rodomonte, a character in Ariosto's *Orlando Furioso; Milón:* Milo, celebrated Greek athlete 2398 *Alcides:* name for Hercules; *Adlante:* Atlas, i.e., pillar or support

>   quiçá no estar prevenido
>   de dineros y soldados.
>   Y assí, harás mal si aventuras,
>   remitiendo esta jornada
>   a una lança y a una espada, 2405
>   lo que en tantas te aseguras,
>   y viendo en braço tan fiero
>   el azerada cuchilla . . .

ARIAS. Y ¿ no hay espada en Castilla
que sea también de azero ? 2410

DIEGO. ¿ Faltará acá un Castellano,
si hay allá un Aragonés,
para basa de tus pies,
para valor de tu mano ?
   ¿ Ha de faltar un Adlante 2415
que apoye tu pretensión,
un árbol a esse Milón,
y un David a esse gigante ?

REY. Días ha que en mi corona
miran mi respuesta en duda, 2420
y no hay un hombre que acuda
a ofrecerme su persona.

PERANS. Temen el valor profundo
deste hombre, y no es maravilla
que atemorize a Castilla 2425
un hombre que asombra el mundo.

DIEGO. ¡ Ah, Castilla ! ¿ a qué has llegado ?

ARIAS. Con espadas y consejos
no han de faltarte los viejos,
pues los moços te han faltado. 2430
   Yo saldré, y, Rey, no te espante
el fiar de mí este hecho;
que qualquier honrado pecho
tiene el coraçón gigante.

REY. ¡ Arias Gonçalo ! . . .

ARIAS. Señor, 2435
de mí te sirve y confía,
que aún no es mi sangre tan fría,
que no yerva en mi valor.

REY. Yo estimo essa voluntad

2408 el . . . cuchilla: the sharp sword blade. Modern usage prefers *la. 2417 un . . . Milón:* reference to the tree that caused the death of Milo *2418 gigante:* Goliath *2434 gigante = de un gigante* 2436 *te sirve = sírvete:* make use 2438 *valor:* subject of *yerva* (mod. *hierva*)

	al peso de mi corona;	2440
	pero ¡ alçad !, vuestra persona	
	no ha de aventurarse ¡ alçad !	
	no digo por una Villa,	
	mas por todo el interés	
	del mundo.	
ARIAS.	Señor, ¿ no ves	2445
	que pierde opinión Castilla ?	
REY.	No pierde; que a cargo mío,	
	que le di tanta opinión,	
	queda su heroyco blasón	
	que de mis gentes confío,	2450
	Y ganará el interés	
	no sólo de Calahorra,	
	mas pienso hazelle que corra	
	todo el Reyno Aragonés. —	
	Hazed que entre don Martín.	2455

Vase un CRIADO *y entra* OTRO.

CRIADO.	Rodrigo viene.
REY.	¡ A buena hora !
	¡ Entre !
DIEGO.	¡ Ay, cielo !
REY.	En todo agora
	espero dichoso fin.

Salen por una puerta DON MARTÍN GONÇALES, *y por otra* RODRIGO.

D. MAR.	Rey poderoso en Castilla . . .	
ROD.	Rey, en todo el mundo, Magno . . .	2460
D. MAR.	¡ Guárdete el cielo !	
ROD.	Tu mano	
	honre al que a tus pies se humilla.	
REY.	Cubríos, don Martín. — Mió Cid,	
	levantaos. — Embaxador,	
	sentaos.	
D. MAR.	Assí estoy mejor.	2465
REY.	Assí os escucho; dezid.	
D. MAR.	Sólo suplicarte quiero . . .	
ROD.	— ¡ Notable arrogancia es esta ! — *(Aparte.)*	
D. MAR.	. . . que me des una respuesta,	
	que ha dos meses que la espero.	2470
	¿ Tienes algún Castellano,	
	a quien tu justicia des,	

2449 blasón: standard, banner *2451 ganará:* subject is *blasón; el interés:* possession *2472 a . . . des:* who will fight for your cause

         que espere un Aragonés
         cuerpo a cuerpo y mano a mano?
            Pronuncie una espada el fallo,
         dé una vitoria la ley;
         gane Calahorra el Rey
         que tenga mejor vasallo.
            Dexe Aragón y Castilla
         de verter sangre Española,
         pues basta una gota sola
         para el precio de una Villa.
REY.   En Castilla hay tantos buenos,
         que puedo en su confiança
         mi justicia y mi esperança
         fiarle al que vale menos.
            Y a qualquier señalaría
         de todos, si no pensase,
         que si a uno señalase,
         los demás ofendería.
            Y assí, para no escoger,
         ofendiendo tanta gente,
         mi justicia solamente
         fiaré de mi poder.
            Arbolaré mis banderas
         con divisas diferentes;
         cubriré el suelo de gentes
         naturales y estrangeras;
            marcharán mis Capitanes
         con ellas; verá Aragón
         la fuerça de mi razón
         escrita en mis tafetanes.
            Esto haré; y lo que le toca
         hará tu Rey contra mí.
D. MAR. Essa respuesta le di,
         antes de oílla en tu boca;
            porque teniendo esta mano
         por suya el Aragonés,
         no era justo que a mis pies
         se atreviera un Castellano.
ROD.   —¡Rebiento!...— Con tu licencia
         quiero responder, Señor;
         que ya es falta del valor
         sobrar tanto la paciencia. —
            Don Martín, los Castellanos,

2483 *buenos*: brave men 2502 *tafetanes*: flags 2508 *el Aragonés*: the King of Aragón 2509 *justo*: possible 2511 *¡Rebiento!* = *Reviento* (from *reventar*): I am bursting! 2513–2514 *falta ... sobrar*: Note the antithesis.

	con los pies a vencer hechos,	
	suelen romper muchos pechos,	
	atropellar muchas manos,	
	y sugetar muchos cuellos;	
	y por mí su Magestad	2520
	te hará ver esta verdad	
	en favor de todos ellos.	
D. Mar.	El que está en aquella silla	
	tiene prudencia y valor:	
	no querrá . . .	
Rod.	¡ Buelve, Señor,	2525
	por la opinión de Castilla !	
	Esto el mundo ha de saber,	
	esso el cielo ha de mirar;	
	sabes que sé pelear	
	y sabes que sé vencer.	2530
	Pues ¿ cómo, Rey, es razón	
	que por no perder Castilla	
	el interés de una Villa	
	pierda un mundo de opinión ?	
	¿ Qué dirán, Rey soberano,	2535
	el Alemán y el Francés,	
	que contra un Aragonés	
	no has tenido un Castellano ?	
	Si es que dudas en el fin	
	de esta empresa, a que me obligo,	2540
	¡ salga al campo don Rodrigo	
	aunque vença don Martín !	
	Pues es tan cierto y sabido	
	quánto peor viene a ser	
	el no salir a vencer,	2545
	que saliendo, el ser vencido.	
Rey.	Levanta, pues me levantas	
	el ánimo. En ti confío,	
	Rodrigo; el imperio mío	
	es tuyo.	
Rod.	Beso tus plantas.	2550
Rey.	¡ Buen Cid !	
Rod.	¡ El cielo te guarde !	
Rey.	Sal en mi nombre a esta lid.	
D. Mar.	¿ Tú eres a quien llama Cid	
	algún Morillo covarde ?	
Rod.	Delante mi Rey estoy,	2555
	mas yo te daré en campaña	
	la respuesta.	

2523 *El . . . silla*: Don Fernando, King of Castile 2525–2526 *¡ Buelve . . . por* = *¡ Vuelve . . . por*: Defend

D. Mar. ¿Quién te engaña?
¿Tú eres Rodrigo?
Rod. Yo soy.
D. Mar. ¿Tú, a campaña?
Rod. ¿No soy hombre?
D. Mar. ¿Conmigo?
Rod. ¡Arrogante estás! 2560
Sí; y allí conocerás
mis obras como mi nombre.
D. Mar. Pues ¿tú te atreves, Rodrigo,
no tan sólo a no temblar
de mí, pero a pelear, 2565
y quando menos, conmigo?
 ¿Piensas mostrar tus poderes,
no contra arneses y escudos,
sino entre pechos desnudos,
con hombres medio mugeres, 2570
 con los Moros, en quien son
los alfanges de oropel,
las adargas de papel,
y los braços de algodón?
 ¿No adviertes que quedarás 2575
sin el alma que te anima,
si dexo caerte encima,
una manopla no más?
 ¡Ve allá, y vence a tus Morillos,
y huye aquí de mis rigores! 2580
Rod. ¡Nunca perros ladradores
tienen valientes colmillos!
 Y assí, sin tanto ladrar,
sólo quiero responder
que, animoso por vencer, 2585
saldré al campo a pelear;
 y fundado en la razón
que tiene su Magestad,
pondré yo la voluntad,
y el cielo la permisión. 2590
D. Mar. ¡Ea! pues quieres morir,
con matarte, pues es justo,
a dos cosas de mi gusto
con una quiero acudir.

2566 quando menos, conmigo: with me no less *2569 entre pechos desnudos*: amidst (against) breasts unprotected by armor *2571 quien = quienes. Quien* was frequently invariable. *2578 no más*: only *2581-2582* Cf. the proverb *Perro ladrador poco mordedor*: A barking dog never bites. *2593-2594* Cf. the proverb *matar dos pájaros con la misma piedra*: to kill two birds with one stone.

	¿ Al que diere la cabeça (*Al* REY.)	2595
	de Rodrigo, la hermosura	
	de Ximena no asegura	
	en un pregón vuestra Alteza ?	
REY.	Sí, aseguro.	
D. MAR.	Y yo soy quien	
	me ofrezco dicha tan buena ;	2600
	porque, ¡ por Dios, que Ximena	
	me ha parecido muy bien !	
	Su cabeça por los cielos,	
	y a mí en sus manos, verás.	
ROD.	— Agora me ofende más, (*Aparte.*)	2605
	porque me abrasa con celos. —	
D. MAR.	Es pues, Rey, la conclusión,	
	en bréve, por no cansarte,	
	que donde el término parte	
	Castilla con Aragón	2610
	será el campo, y señalados	
	Juezes, los dos saldremos,	
	y por seguro traeremos	
	cada quinientos soldados.	
	Assí quede.	
REY.	Quede assí.	2615
ROD.	Y allí verás en tu mengua	
	quán diferente es la lengua	
	que la espada.	
D. MAR.	Ve, que allí	
	daré yo (aunque te socorra	
	de tu arnés la mejor pieça)	2620
	a Ximena tu cabeça,	
	y a mi Rey a Calahorra.	
ROD.	Al momento determino (*Al* REY.)	
	partir, con tu bendición.	
D. MAR.	Como si fuera un halcón	2625
	bolaré por el camino.	
REY.	¡ Ve a vencer !	
DIEGO.	¡ Dios soberano	
	te dé la vitoria y palma,	
	como te doy con el alma	
	la bendición de la mano !	2630
ARIAS.	¡ Gran Castellano tenemos	
	en ti !	

2603 *cabeça por los cielos:* Rodrigo's head held aloft on my lance 2604 *sus manos:* Ximena's 2612 *Juezes = Jueces.* Counts as three syllables in scansion. 2613 *por seguro:* for our safety 2614 *cada:* Modern Spanish requires *cada uno.* 2616 *en tu mengua:* to your shame 2620 *arnés:* armor

D. Mar.	Yo voy.
Rod.	Yo te sigo.
D. Mar.	¡Allá me verás, Rodrigo!
Rod.	¡Martín, allá nos veremos!

Vanse.

Salen Ximena *y* Elvira.

Xim.	Elvira, ya no hay consuelo	2635
	para mi pecho aflixido.	
Elvira.	Pues tú misma lo has querido	
	¿de quién te quexas?	
Xim.	¡Ay, cielo!	
Elvira.	Para cumplir con tu honor	
	por el dezir de la gente,	2640
	¿no bastaba cuerdamente	
	perseguir el matador	
	de tu padre y de tu gusto,	
	y no obligar con pregones	
	a tan fuertes ocasiones	2645
	de su muerte y tu disgusto?	
Xim.	¿Qué pude hazer? ¡Ay, cuytada!	
	Vime amante y ofendida,	
	delante del Rey corrida,	
	y de corrida, turbada;	2650
	y ofrecióme un pensamiento	
	para escusa de mi mengua;	
	dixe aquello con la lengua,	
	y con el alma lo siento,	
	y más con esta esperança	2655
	que este Aragonés previene.	
Elvira.	Don Martín Gonçales tiene	
	ya en sus manos tu vengança.	
	Y en el alma tu belleza	
	con tan grande extremo arrayga,	2660
	que no dudes que te trayga	
	de Rodrigo la cabeça;	
	que es hombre que tiene en poco	
	todo un mundo, y no te asombres;	
	que es espanto de los hombres,	2665
	y de los niños el coco.	
Xim.	¡Y es la muerte para mí!	
	No me le nombres, Elvira;	
	a mis desventuras mira.	
	¡En triste punto nací!	2670

2640 *el dezir de la gente:* what people say 2656 *previene:* nourishes 2660 *arrayga = arraiga:* takes root 2666 *coco:* bugbear 2669 *mira:* consider 2670 *punto:* moment

| | ¡ Consuélame! ¿ No podría
vencer Rodrigo ? ¿ Valor
no tiene ? Mas es mayor
mi desdicha, porque es mía;
y ésta ... ¡ ay, cielos soberanos! — | 2675 |
|---|---|---|
| Elvira. | Tan aflixada no estés. | |
| Xim. | ... será grillos de sus pies,
será esposas de sus manos;
ella le atará en la lid
donde le vença el contrario. | 2680 |
| Elvira. | Si por fuerte y temerario
el mundo le llama « el Cid »,
quiçá vencerá su dicha
a la desdicha mayor. | |
| Xim. | ¡ Gran prueva de su valor
será el vencer mi desdicha! | 2685 |

Sale un Paje.

| Paje. | Esta carta te han traído:
dizen que es de don Martín
Gonçales. | |
| Xim. | Mi amargo fin
podré yo dezir que ha sido.
¡ Vete! — ¡ Elvira, llega, llega! | 2690 |

Vase el Paje.

| Elvira. | La carta puedes leer. | |
| Xim. | Bien dizes, si puedo ver;
que de turbada estoy ciega. (*Lee la carta.*)
« El luto dexa, Ximena,
ponte vestidos de bodas,
si es que mi gloria acomodas
donde quitaré tu pena.
De Rodrigo la cabeça
te promete mi valor,
por ser esclavo y Señor
de tu gusto y tu belleza.
Agora parto a vencer
vengando al Conde Loçano;
espera alegre una mano
que tan dichosa ha de ser.
Don Martín.» — ¡ Ay, Dios! ¿ qué siento ? | 2695

2700

2705 |
| Elvira. | ¿ Dónde vas ? ... Hablar no puedes. | |
| Xim. | ¡ A lastimar las paredes | |

2673–2674 *Mas ... mía:* But (his concern for) my misfortune will count for more. Ximena continues in vv. 2677–2680, explaining how this will cause Rodrigo's defeat. 2677 *grillos:* irons 2678 *esposas:* handcuffs 2679 *lid:* contest 2697 *acomodas:* you are hospitable to 2709 *lastimar:* to soften, inspire pity in

	de mi cerrado aposento,	2710
	a gemir, a suspirar! ...	
Elvira.	¡Jesús!	
Xim.	¡Voy ciega, estoy muerta!	
	Ven, enséñame la puerta	
	por donde tengo de entrar ...	
Elvira.	¿Dónde vas?	
Xim.	Sigo, y adoro	2715
	las sombras de mi enemigo.	
	¡Soy desdichada!... ¡Ay, Rodrigo,	
	yo te mato, y yo te lloro!	

Vanse.

Salen el Rey Don Fernando, Arias Gonçalo, Diego Laínez *y* Peransules.

Rey.	De Don Sancho la braveza,	
	que, como sabéys, es tanta	2720
	que casi casi se atreve	
	al respeto de mis canas;	
	viendo que por puntos crecen	
	el desamor, la arrogancia,	
	el desprecio, la aspereza	2725
	con que a sus hermanos trata;	
	como, en fin, padre, entre todos	
	me ha obligado a que reparta	
	mis Reynos y mis estados,	
	dando a pedaços el alma.	2730
	Desta piedad, ¿qué os parece?	
	Dezid, Diego.	
Diego.	Que es estraña,	
	y a toda razón de estado	
	haze grande repugnancia.	
	Si bien lo adviertes, Señor,	2735
	mal prevalece una casa	
	cuyas fuerças, repartidas,	
	es tan cierto el quedar flacas.	
	Y el Príncipe, mi Señor,	
	si en lo que dizes le agravias,	2740
	pues le dió el cielo braveza,	
	tendrá razón de mostralla.	
Perans.	Señor, Alonso y García,	
	pues es una mesma estampa,	
	pues de una materia misma	2745
	los formó quien los ampara,	

2723 *por puntos:* continually 2727 *padre:* as a father 2731 *piedad:* solicitude 2733 *razón de estado:* the best interests of the state 2738 *es ... flacas:* will so surely grow weak 2744 *es = son*

	si su hermano los persigue,
	si su hermano los maltrata,
	¿ qué será quando suceda
	que a ser escuderos vayan	2750
	de otros Reyes a otros Reynos ?
	¿ Quedará Castilla honrada ?
Arias.	Señor, también son tus hijas
	doña Elvira y doña Urraca,
	y no prometen buen fin	2755
	mugeres desheredadas.
Diego.	¿ Y si el Príncipe don Sancho,
	cuyas bravezas espantan,
	cuyos prodigios admiran,
	advirtiese que le agravias ?	2760
	¿ Qué señala, qué promete,
	sino incendios en España ?
	Assí que, si bien lo miras,
	la misma, la misma causa
	que a lo que dizes te incita,	2765
	te obliga a que no lo hagas.
Arias.	Y ¿ es bien que su Magestad,
	por temer essas desgracias,
	pierda sus hijos, que son
	pedaços de sus entrañas ?	2770
Diego.	Siempre el provecho común
	de la Religión cristiana
	importó más que los hijos;
	demás que será sin falta,
	si mezclando disensiones	2775
	unos a otros se matan,
	que los perderá también.
Perans.	Entre dilaciones largas
	esso es dudoso, esto cierto.
Rey.	Podrá ser, si el brío amayna	2780
	don Sancho con la igualdad,
	que se humane.
Diego.	No se humana
	su indomable coraçón
	ni aun a las estrellas altas.
	Pero llámale, Señor,	2785
	y tu intención le declara,

2759 *admiran:* amazes one 2767 *Magestad:* an anachronism. Majesty, as a royal title, was not used then. 2774 *demás que:* besides which 2780 *amayna = amaina:* subsides, lessens 2786 *le declara = declárale*

	y assí verás si en la suya	
	tiene paso tu esperança.	
Rey.	Bien dizes.	
Diego.	Ya viene allí.	

Sale el Príncipe.

Rey.	Pienso que mi sangre os llama.	2790
	Llegad, hijo; sentaos, hijo.	
D. San.	Dame la mano.	
Rey.	Tomalda.	
	Como el peso de los años,	
	sobre la ligera carga	
	del cetro y de la corona,	2795
	más presto a los Reyes cansa,	
	para que se eche de ver	
	lo que va en la edad cansada	
	de los trabajos del cuerpo	
	a los cuydados del alma,	2800
	— siendo la veloz carrera	
	de la frágil vida humana	
	un hoy en lo poseído,	
	y en lo esperado un mañana —,	
	yo, hijo, que de mi vida	2805
	en la segunda jornada,	
	triste el día y puesto el Sol,	
	con la noche me amenaça,	
	quiero, hijo, por salir	
	de un cuydado, cuyas ansias	2810
	a mi muerte precipitan	
	quando mi vida se acaba,	
	que oyáys de mi testamento	
	bien repartidas las mandas,	
	por saber si vuestro gusto	2815
	asegura mi esperança.	
D. San.	¿Testamento hazen los Reyes?	
Rey.	— ¡Qué con tiempo se declara!— (*Aparte.*)	
	No, hijo, de lo que heredan,	
	mas pueden de lo que ganan.	2820
	Vos heredáys, con Castilla,	
	la Estremadura y Navarra,	
	quanto hay de Pisuerga a Ebro.	
D. San.	Esso me sobra.	

2790 mi sangre: my concern as a father *2794 sobre:* compared to *2803 un hoy:* as brief as a single day *2804 un mañana:* an eternity *2813 oyáys = oigáis:* an old form *2814 mandas:* bequests *2815 por saber = para saber*

Rey.	— En la cara (*Aparte.*)	
	se le ha visto el sentimiento. —	2825
D. San.	— ¡ Fuego tengo en las entrañas! — (*Aparte.*)	
Rey.	De don Alonso es León	
	y Asturias, con quanto abraça	
	Tierra de Campos; y dexo	
	a Galicia y a Vizcaya	2830
	a don García. A mis hijas	
	doña Elvira y doña Urraca	
	doy a Toro y a Zamora,	
	y que igualmente se partan	
	el Infantado. Y con esto,	2835
	si la del cielo os alcança	
	con la bendición que os doy,	
	no podrán fuerças humanas	
	en vuestras fuerças unidas,	
	atropellar vuestras armas;	2840
	que son muchas fuerças juntas	
	como un manojo de varas,	
	que a rompellas no se atreve	
	mano que no las abarca,	
	más de por sí cada una,	2845
	qualquiera las despedaça.	
D. San.	Si en esse exemplo te fundas,	
	Señor, ¿ es cosa acertada	
	el dexallas divididas	
	tú, que pudieras juntallas ?	2850
	¿ Por qué no juntas en mí	
	todas las fuerças de España ?	
	En quitarme lo que es mío,	
	¿ no ves, padre, que me agravias ?	
Rey.	Don Sancho, Príncipe, hijo,	2855
	mira mejor que te engañas.	
	Yo sólo heredé a Castilla;	
	de tu madre doña Sancha	
	fué León, y lo demás	
	de mi mano y de mi espada.	2860
	Lo que yo gané ¿ no puedo	
	repartir con manos francas	
	entre mis hijos, en quien	
	tengo repartida el alma ?	
D. San.	Y a no ser Rey de Castilla,	2865
	¿ con qué gentes conquistaras	

2825 sentimiento: resentment *2833* Toro is to go to Doña Elvira, Zamora to Doña Urraca. *2835 Infantado:* Princedom *2847 te fundas:* you base your opinion *2863 quien = quienes 2865 Y a no ser:* and if you had not been

	lo que repartes agora?	
	¿ con qué haveres, con qué armas ?	
	Luego, si Castilla es mía	
	por derecho, cosa es clara	2870
	que al caudal, y no a la mano,	
	se atribuye la ganancia.	
	Tú, Señor, mil años bivas;	
	pero si mueres . . . ¡ mi espada	
	juntará lo que me quitas,	2875
	y hará una fuerça de tantas!	
Rey.	¡ Inobediente, rapaz,	
	tu sobervia y tu arrogancia	
	castigaré en un castillo!	
Perans.	— ¡ Notable altivez! — (*Aparte, a* Arias.)	
Arias.	— ¡ Estraña! —	2880
D. San.	Mientras bives, todo es tuyo.	
Rey.	¡ Mis maldiciones te caygan	
	si mis mandas no obedeces!	
D. San.	No siendo justas, no alcançan.	
Rey.	Estoy . . .	
Diego.	Mire vuestra Alteza (*A* D. San.)	2885
	lo que dize; que más calla	
	quien más siente.	
D. San.	Callo agora. —	
Diego.	En esta experiencia clara (*Al* Rey.)	
	verás mi razón, Señor.	
Rey.	¡ El coraçón se me abrasa! —	2890
Diego.	¿ Qué novedades son éstas?	
	¿ Ximena con oro y galas?	
Rey.	¿ Cómo sin luto Ximena?	
	¿ Qué ha sucedido? ¿ qué pasa?	

Sale Ximena *vestida de gala.*

Xim.	— ¡ Muerto traygo el coraçón! (*Aparte.*)	2895
	¡ Cielo! ¿ Si podré fingir ? —	
	Acabé de recebir	
	esta carta de Aragón;	
	y como me da esperança	
	de que tendré buena suerte,	2900
	el luto que di a la muerte	
	me le quito a la vengança.	
Diego.	Luego. . . ¿ Rodrigo es vencido?	
Xim.	Y muerto lo espero ya.	
Diego.	¡ Ay, hijo! . . .	

2868 haveres = haberes: resources *2871* al caudal, y no a la mano: to wealth, and not to my deeds *2884* no alcançan = no alcanzan: they have no power *2888* Clara modifies razón.

Rey.	Presto vendrá 2905
	certeza de lo que ha sido.
Xim.	— Essa he querido saber, (*Aparte.*)
	y aqueste achaque he tomado. —
Rey.	Sosegaos. (*A* Diego Laínez.)
Diego.	¡ Soy desdichado! . . .
	Cruel eres. (*A* Ximena.)
Xim.	Soy muger. 2910
Diego.	Agora estarás contenta,
	si es que murió mi Rodrigo.
Xim.	— Si yo la vengança sigo. (*Aparte.*)
	corre el alma la tormenta. —

Sale un Criado.

Rey.	¿ Qué nuevas hay ?
Criado.	Que ha llegado 2915
	de Aragón un Caballero.
Diego.	¿ Venció don Martín ? ¡ Yo muero!
Criado.	Devió de ser . . .
Diego.	¡ Ay, cuytado!
Criado.	. . . Que éste trae la cabeça
	de Rodrigo, y quiere dalla 2920
	a Ximena.
Xim.	— ¡ De tomalla (*Aparte.*)
	me acabará la tristeza! —
D. San.	¡ No quedará en Aragón
	una almena, bive el cielo!
Xim.	— ¡ Ay, Rodrigo! ¡ Este consuelo (*Aparte.*) 2925
	me queda en esta aflicción! —
	¡ Rey Fernando! ¡ Cavalleros!
	Oid mi desdicha inmensa,
	pues no me queda en el alma
	más sufrimiento y más fuerça. 2930
	¡ A bozes quiero dezillo,
	que quiero que el mundo entienda
	quánto me cuesta el ser noble,
	y quánto el honor me cuesta!
	De Rodrigo de Bivar 2935
	adoré siempre las prendas
	y por cumplir con las leyes
	— ¡ que nunca el mundo tuviera! —
	procuré la muerte suya,
	tan a costa de mis penas, 2940

2908 *achaque:* pretext 2915 *nuevas:* news 2919 *Que:* For 2921 *¡ De tomalla:* If I take it 2924 *almena = merlón:* part of a castle 2934 *el honor = el pundonor:* point of honor 2936 *prendas:* endowments 2938 *¡ que . . . tuviera!:* which, would to God the world never had

que agora la misma espada
que ha cortado su cabeça
cortó el hilo de mi vida . . .

Sale Doña Urraca.

URRA. Como he sabido tu pena
he venido; — ¡ y como mía, *(Aparte.)* 2945
hartas lágrimas me cuesta! —
XIM. . . . Mas, pues soy tan desdichada,
tu Magestad no consienta
que esse don Martin Gonçales
essa mano injusta y fiera 2950
quiera dármela de esposo:
conténtese con mi hazienda.
Que mi persona, Señor,
si no es que el cielo la lleva,
llevaréla a un monesterio . . . 2955
REY. Consolaos, alçad, Ximena . . .

Sale Rodrigo.

DIEGO. ¡ Hijo! ¡ Rodrigo!
XIM. ¡ Ay, de mí!
¿ Si son soñadas quimeras?
D. SAN. ¡ Rodrigo!
ROD. Tu Magestad *(Al* REY.)
me dé los pies, — y tu Alteza. *(A* DON SANCHO.) 2960
URRA. — Bivo le quiero, aunque ingrato. — *(Aparte.)*
REY. De tan mentirosas nuevas
¿ dónde está quien fué el autor?
ROD. Antes fueron verdaderas.
Que si bien lo adviertes, yo 2965
no mandé dezir en ellas
sino sólo que venía
a presentalle a Ximena
la cabeça de Rodrigo
en tu estrado, en tu presencia, 2970
de Aragón un Cavallero;
y esto es, Señor, cosa cierta,
pues yo vengo de Aragón,
y no vengo sin cabeça,
y la de Martín Gonçales 2975
está en mi lança allí fuera;
y ésta le presento agora
en sus manos a Ximena.

2945 como mía: just as if it were mine *2964 Antes:* On the contrary *2971 de Aragón un Cavallero:* subject of *venía a presentalle* 2977 *ésta:* Rodrigo's own head

	Y pues ella en sus pregones	
	no dixo biva, ni muerta,	2980
	ni cortada, pues le doy	
	de Rodrigo la cabeça,	
	ya me deve el ser mi esposa;	
	mas si su rigor me niega	
	este premio, con mi espada	2985
	puede cortalla ella mesma.	
Rey.	Rodrigo tiene razón;	
	yo pronuncio la sentencia	
	en su favor.	
Xim.	— ¡ Ay, de mí! *(Aparte.)*	
	Impídeme la vergüenza. —	2990
D. San.	¡ Ximena, hazedlo por mí!	
Arias.	¡ Essas dudas no os detengan!	
Perans.	Muy bien os está, sobrina.	
Xim.	Haré lo que el cielo ordena.	
Rod.	¡ Dicha grande! ¡ Soy tu esposo!	2995
Xim.	¡ Y yo tuya!	
Diego.	¡ Suerte inmensa!	
Urra.	— ¡ Ya del coraçón te arrojo, *(Aparte.)*	
	ingrato! —	
Rey.	Esta noche mesma	
	vamos, y os desposará	
	el Obispo de Placencia.	3000
D. San.	Y yo he de ser el Padrino.	
Rod.	Y acaben de esta manera	
	las *Mocedades del Cid*,	
	y las bodas de Ximena.	

Fin de la Comedia « Las Mocedades del Cid »

2986 mesma = misma

GUILLÉN DE CASTRO BIBLIOGRAPHY

I. Works

Teatro, edited by Eduardo Juliá Martínez, 3 vols., Madrid, 1925–1927.
Las mocedades del Cid, edited by Víctor Said Armesto (Clásicos Castellanos), Madrid, 1913.

II. Studies

ALPERN, HYMEN (ed.): *La tragedia por los celos*, Paris, 1926, pp. 11–22, 37–41.
HÄMEL, A.: *Der Cid im spanischen Drama des XVI und XVII Jahrhunderts* (Beihefte zur *Zeitschrift für Romanische Philologie*, XXV), Halle, 1910.
LA DU, ROBERT R.: "Honor and the King in the Comedias of Guillén de Castro," *Hispania*, XLV (1962), pp. 211–217.
MCBRIDE, CHARLES A.: "Los objetos materiales como objetos significativos en *Las mocedades del Cid*," *Nueva Revista de Filología Hispánica*, XV (1961), pp. 448–458.
SCHULZ, W.: "Ein Kulturbild aus den Mocedades del Cid," *Zeitschrift für Romanische Philologie*, XLVII (1927), pp. 446–491.
SEGALL, J. B.: *Corneille and the Spanish Drama*, New York, 1907.

PALCO DE UN TEATRO DEL SIGLO XVII

MIRA DE AMESCUA

Antonio Mira de Amescua—his contemporaries also called him Mira, Mira de Mescua, and Mirademescua, by all of which names he is designated in various manuals and histories of literature—was born in Guadix (Granada) in 1574 and died in Madrid in 1644. His erratic, irascible nature has sometimes been ascribed to an inferiority complex caused by the taint of being the illegitimate son of a descendant of conquistadores by a woman believed to be of gypsy blood.

Like so many other *Siglo de Oro* dramatists, he was an ordained priest. He served as royal chaplain of Granada, and later as archdeacon of Guadix. He spent much of his time in Madrid, where he pursued his literary interests and did not take his ecclesiastical duties too seriously. While archdeacon of Guadix he was involved in several altercations with fellow members of the cathedral chapter. On one occasion his violent tendencies, discernible in some of his plays, led to his striking one of the members.

Amescua belongs to the Andalusian group of the Lope cycle. His known output consists of some sixty works, including *comedias* and *autos sacramentales*. Of this number, his principal plays include *comedias* of the heroic, palace, and Biblical types as well as those dealing with manners and with the lives of saints (*comedias de santos*). *El esclavo del demonio* is in the last-mentioned category.

His works suffer from a plethora of plot material unrelated to the main themes, his moralizing palls at times, and his Gongorism is not to everyone's taste. On the other hand, he is distinguished for his dramatic power and his inventiveness. His plays have been a rich source of plots for other dramatists. Calderón's *El mágico prodigioso* and *La devoción de la cruz* were probably both influenced by him.

Amescua sought to adapt the essentials of Lope's system, at the same time infusing his own individuality into his plays. He marks the beginning of a transition in the *comedia* from the *novela en acción* to the lesson in moral philosophy, the object of which is to instruct while entertaining. His theory, expressed in the approbation he wrote to a volume of Lope's *comedias*, is that the object of the *comedia* is "*enseñar virtudes morales y políticas.*"

El esclavo del demonio is Amescua's best *comedia* and one of the most important religious works of the Spanish drama. The play is a dramatization of the legend of San Gil de Santarem, known to Spaniards as San Gil de Portugal, who made a pact with the devil. A real-life figure (c. 1190–1265), he was a Dominican and a saint. Like Faust, he was a physician. His story is related to the Faust legend and also has its resemblance to the story of Theophilus. Amescua's probable source is Fray Hernando del Castillo's *Historia general de Santo Domingo y de su orden de Predicadores*. His protagonist, instead of abandoning science, abandons theology and religious devotion. On exchanging the contemplative life for one of action, he seeks not action but sin. The moral lesson consists in the conversion of the sinner and in his exaggerated penance in keeping with the magnitude of his depravity.

El esclavo del demonio is built around the problem of free will versus predestination, a question widely debated by the theologians of the day. An adherent of the ideas of the Jesuit Luis de Molina (1535–1600), Amescua holds with free will. His position is the one that was accepted by the Church and forms the theological basis of other *Siglo de Oro* plays, notably Tirso de Molina's *El condenado por desconfiado* and Calderón's *La vida es sueño*.

Amescua's play bears a particularly important relationship to *El condenado por desconfiado*, whose "*hermano menor*" Menéndez Pelayo calls it. Both Paulo in *El condenado* and Don Gil in *El esclavo* are saintly hermits who forsake a life of holiness for one of depravity when they become convinced that they are predestined to be damned whether saints or sinners. Both enter into pacts with the devil, the door to whose influence is opened by their succumbing to a belief in predestination. However, whereas Paulo remains impenitent and is damned, Don Gil is saved by a realization that he has been prey to a false doctrine. "*Luego si estoy condenado/vana fué mi penitencia*," he says on the threshold of his initial adventure in sin. But by Act III he repudiates the idea of predestination:

> *Hasta morir no hay seguro*
> *en aqueste mundo estado,*
> *porque sólo Dios conoce*
> *los que están predestinados.*

It remains only for the skeletal representation of Leonor to shock him into a rejection of the world's false delights and a return to his former saintliness.

The distrust of the intellect that was so widespread in the *Siglo de Oro*—intellectual pursuits made one suspect of Jewish ancestry, according to Américo Castro, although the idea appears back in Genesis—

is reflected in *El esclavo del demonio*. It is Don Gil, in his state of sin, who associates knowledge with enslavement to the devil:

> Soy amigo
> de saber, y lo soy tanto
> que siendo ignorante libre
> quiero saber siendo esclavo.

The play has its weaknesses, to be sure. The style is affected, and its introduction of a secondary action totally unrelated to the main one complicates the plot unnecessarily. Both Lisarda's and Don Gil's continual moralizing on their own actions might more plausibly have been assigned to characters other than themselves. Many scenes sin against all standards of verisimilitude. Yet the play is of considerable interest and one can understand the high place it enjoys in *Siglo de Oro* dramatic literature. Along with Amescua's dramatic vigor and imagination go an elevated idea and ethical intention.

The practical problems that beset declining post-Armada Spain, as Valbuena Prat observes, find no echo in *El esclavo del demonio*. Instead we have, in the form of a secular play, a reflection of that same perennial Spanish concern with spiritual matters that expressed itself in the *autos sacramentales* of the *Siglo de Oro*. Amescua, who, like Lope de Vega and Calderón, also wrote *autos*, is part of an unbroken religious tradition in the Spanish drama which extends back four centuries to the *Auto de los Reyes Magos*.

METRICAL SCHEME OF «EL ESCLAVO DEL DEMONIO»

Act I

Quintillas	ababa, aabba	1–185
Décimas	abbaaccddc	186–235
Romance (o-a)		236–395
Quintillas	ababa, aabba	396–515
Décimas	abbaaccddc	516–575
Sueltos		576–601
Quintillas	ababa, aabba	602–751
Redondilla	abba	752–755
Quintillas	ababa, aabba	756–860
Redondillas	abba	861–1024

Act II

Redondillas	abba	1025–1144
Quintillas	ababa, aabba	1145–1354
Redondillas	abba	1355–1498
Soneto	abba, abba, cdc, dcd	1499–1512
Redondillas	abba	1513–1560
Sueltos		1561–1594
Romance (a-e)		1595–1701
Redondillas	abba	1702–1781
Sueltos		1782–1818
Redondillas	abba	1819–1942
Sueltos		1943–1979
Soneto	abba, abba, cde, cde	1980–1993
Redondillas	abba	1994–2141

Act III

Sueltos		2142–2172
Quintillas	ababa, aabba	2173–2367
Romance (a-o)		2368–2519
Romance (a-a)		2520–2691
Soneto	abba, abba, cde, dce	2692–2705
Quintillas	ababa, aabba	2706–2875
Redondillas	abba	2876–3002
Sueltos		3003–3060
Romance (e-a)		3061–3224

EL ESCLAVO DEL DEMONIO

PERSONAS

Marcelo, *viejo*.
Lisarda y Leonor, *sus hijas*.
Don Diego Meneses.
Domingo, *lacayo de Don Diego*.
Don Gil.
Beatriz, *criada de Lisarda*.
Don Sancho.
Fabio, *su criado*.
Florino.
Un escudero de Marcelo.

Angelio, *demonio*.
Dos Esclavos.
Un Músico.
Constancio, *labrador viejo*.
El Príncipe de Portugal.
Don Rodrigo.
Lísida, *pastora*.
Arsindo, *labrador*.
Riselo.

Época: 1185. Portugal.

ACTO PRIMERO

En casa de Marcelo.

Entra Marcelo, *viejo, y* Lisarda *y* Leonor, *hijas suyas*.

Marcelo. Padre soy, hago mi oficio.
  Tomad consejo esta vez,
  y sed, por tal beneficio,
  báculos de esta vejez,
  colunas deste edificio.   5
    Si las acciones humanas
  con igual amor de hermanas
  dirigís a la virtud,
  a la fuerte juventud
  no envidiarán estas canas.   10
    Un año fué el curso mío;
  Mayo la niñez inquieta,
  la juventud fué el Estío,
  Otoño la edad perfeta,
  la vejez Invierno frío.   15
    Mi cuerpo apenas se mueve,
  que la edad mayor es breve,
  como el hombre no es eterno;
  y, por estar en mi invierno,
  me cubre el tiempo de nieve.   20

---

5 colunas = *columnas;* deste = de + este *11 el curso mío:* the course of my life *14 perfeta* = *perfecta:* mature

       Sirviendo a mi rey gasté
       la flor de mi edad dorada
       que en sus límites se ve,
       y ansí he dejado aumentada
       la nobleza que heredé.   25
         Esta quiero conservar,
       y así te pretendo dar,
       Lisarda, el estado que amas;
       pues que las dos sois las ramas
       en que el fruto he de mostrar.   30
         Cásate. Estado recibe.
       Hágame Dios tal merced,
       antes que el tiempo derribe
       aquesta blanca pared
       que agora temblando vive.   35
         Don Sancho de Portugal,
       que de la sangre real
       gotas en sus venas tiene,
       a ser tu marido viene
       mañana.

LISARDA (*aparte*). — ¡Yo estoy mortal! —   40
MARC.   Tú, Leonor, que el pensamiento
       a Dios eterno ofreciste,
       en que yo vivo contento;
       ya que el estado elegiste,
       sabe elegir el convento.   45
         Tus intentos son divinos,
       que en esta vida en que estamos
       todos somos peregrinos
       del cielo, aunque caminamos
       por diferentes caminos.   50
         Cada estado, ya se sabe
       que es camino; cuál es grave,
       cuál es fácil; la casada
       lleva su cruz más pesada,
       y la monja menos grave.   55
         Al Cordero, qué inocencia,

---

24 ansí: archaic form of *así* *27 pretendo*: I want *28 estado*: i.e., the marital state. In v. 44 *estado* refers to the life of a nun. *34 aquesta* = *esta* *35 agora*: archaic form of *ahora*, even in Amescua's time, but used by poets for the extra syllable; *aora* or *ahora* usually counted as only two syllables. *40 mortal*: dying (of fear) *49 peregrinos del cielo*: pilgrims seeking heaven *52–53 cuál . . . cuál*: one . . . one *56 Cordero*: Savior (the Lamb).

siguen con gran reverencia
diferentes monarquías,
y quiero que con las mías
gocen desta diferencia. 60
　　Mis dos brazos sois las dos.
Estados son en que fundo
poder abrazaros, Dios;
con el uno a Vos y al mundo,
con el otro sólo a Vos. 65
　　Una monja, otra casada;
quedará mi casa honrada,
y yo, con ánimo fuerte,
en el umbral de la muerte
lloraré mi edad pasada. 70

LEONOR.　Mi lengua perpetuamente
se atreve a decir de no. —
LIS.　Rabio, amor; muero impaciente. —
LEO.　Tu esclava he de ser.
LIS.　　　　　　Y yo
una hija inobediente. 75
　　La venganza y la afición
efetos de ánimo son
que suelen torcer el curso
a la costumbre, al discurso,
al honor y a la razón. 80
　　Son tales estas pasiones
que unos tiranos se hacen
de nuestras inclinaciones,
y de no vencerlas nacen
extrañas revoluciones. 85
　　De las dos vencida fuí;
que a Don Sancho aborrecí,
y a Don Diego de Meneses,
tu enemigo, ha cuatro meses
que mi voluntad rendí. 90
　　Esta es fuerte inclinación
y no la puedo vencer,

---

58 *monarquías*: realms of life 60 *desta* = *de esta* 62 *fundo*: I trust 63 *Dios* = *Dios mío* 64 *Vos*: archaic form of *vosotros*, a singular form used in addressing the Deity 70 *lloraré* (transitive): I will weep over; *edad* = *vida* 72 *de* = *que* 75 *inobediente* = *desobediente* 77 *efetos* = *efectos*: states of mind 84 *de no vencerlas*: if we do not conquer them 86 *De . . . fuí*: I was conquered by both (passions) 89 *ha* = *hace*

hace en l'ánima impresión;
no discierno, soy mujer,
y tomo resolución. 95
  Si con él me has de casar
yo obedezco.
MARC. ¿ Que escuchar
pueda un padre tal rigor ?
Ciega la tiene el amor
y quiérome reportar. 100
LIS. Mudar, Leonor, no pretendo
mi propósito ofendido.
MARC. Angel, mira que me ofendo.
LIS. Angel soy, y ansí no olvido
lo que una vez aprehendo. 105
MARC. Tu aprehensión te condena.
LIS. Fuerza de estrellas me inclina.
MARC. No se fuerza la que es buena.
LIS. A quien amor determina
ninguna razón refrena. 110
MARC. ¿ A un traidor, a un homicida,
que priva de dulce vida
a un hijo que yo engendré,
tienes amor, tienes fe ?
¿ No es tu sangre la vertida ? 115
  ¿ Qué fiera, qué irracional,
qué bárbaro hiciera tal ?
Hoy pareces mujer mala,
que quiere más y regala
a aquel que la trata mal. 120
  Plega a Dios, inobediente,
que casada no te veas,
que vivas infamemente,
que mueras pobre, y que seas
aborrecible a la gente. 125
  Plega a Dios, que, destruída
como una mujer perdida,
te llamen facinerosa;

---

93 *l'* : instead of *el*, for the needed number of syllables *94 no discierno* : I cannot make distinctions, i.e., I cannot help loving Don Diego de Meneses even though he is your enemy. *98 rigor* : hardness *100 quiérome reportar* : I want to compose myself *103 me ofendo* : I am offended *107 Fuerza de estrellas* : Fate *109 determina* : causes to make up his mind *117 tal* = *tal cosa* *121 Plega* : equivalent to the modern *plegue* or *plazca* (from *placer*, to please) *128 facinerosa* : wicked

	y en el mundo no haya cosa	
	tan mala como tu vida.	130
Leo.	Templa tu enojo, señor,	
	que espantan tus maldiciones.	
Marc.	Descubro en esto el valor.	
Lis.	Y yo las inclinaciones.	
Marc.	¿ De quién, falsa ?	
Lis.	De mi amor.	135

Vase.

Marc.	Quien vé tanta desvergüenza	
	también verá mi deshonra,	
	porque en la mujer comienza	
	a morir crédito y honra	
	cuando pierde la vergüenza.	140
	Hija que al padre desprecia	
	viva y muera con infamia;	
	siga como loca y necia	
	a la antigua Flora y Lamia,	
	no a Penélope y Lucrecia.	145
Leo.	Señor, — dije mal « señor »	
	que en este nombre hay rigor	
	por la sucesión del hombre —	
	padre digo, porque es nombre	
	de más dulzura y amor.	150
	Tiempla, tiempla tus enojos,	
	que con esas maldiciones	
	podrán mirarlas tus ojos	
	divertidas las acciones	
	entre sus vanos antojos.	155
	Muéstrale el semblante amigo,	
	porque si está porfiando	
	una mujer, yo te digo	
	que es mejor consejo blando	
	que colérico castigo.	160
	Yo la rogaré; y, en tanto,	
	habla tú a don Gil, el santo	
	que Coimbra reverencia	
	por su ayuno y penitencia,	
	oración y tierno llanto,	165

---

139 crédito: character, good reputation *140 vergüenza:* modesty, honor, sense of shame *144 Flora y Lamia:* notorious courtesans of antiquity *145 Penélope:* Ulysses' wife, a paragon of conjugal fidelity; *Lucrecia* (Lucretia): a name synonymous with honor and purity *146–148 dije ... hombre:* I should not have said "sir" for in this name there is a harshness because of man's origin (in original sin) *153–155 podrán ... antojos:* your eyes may see those curses come true by her indulging her vain fancies *163 Coimbra:* city in Portugal

    para que a Don Diego pida
    se contente del rigor
    con que fué nuestro homicida,
    sin pretender el honor
    que es de los nobles la vida.   170

Marc.   Eres el cielo que ordenas
    las cosas con igualdad,
    eres arco que serenas
    mi rostro en la tempestad
    de mis lágrimas y penas.   175
    Mi cólera es bien detenga,
    y que por ti a pensar venga
    que en este mundo pesado
    no hay hombre tan desdichado
    que algún consuelo no tenga.   180
    Plega a Dios que desigual
    tu vida a tu hermana sea,
    y este viejo ya mortal
    tan venturoso te vea
    que reines en Portugal.   185

Vanse.

En la calle donde está la casa de Marcelo.

Sale Don Diego.

Diego.   Amor, si tus pasos sigo,
    no sé qué camino elija,
    pues vengo a adorar la hija
    de un hombre que es mi enemigo;
    temo, resisto y prosigo,   190
    teme en balde la prudencia,
    y resisto con violencia;
    mas es cual rayo el amor
    que hiere con más rigor
    donde halla más resistencia.   195
    Pasa Leandro el estrecho,
    Hero en él se precipita,
    Tisbe la vida se quita,

---

173 arco = arco iris: rainbow *176 Trans.:* It is fitting that I check my anger *180* Cf. *La vida es sueño,* verses 253–262. *187 no ... elija:* I do not know what path to choose *193 cual:* like *196–197 Leandro, Hero:* Hero and Leander, lovers famous in song and poetry. Leandro drowned in the Hellespont. Amescua wrote a play on the subject. *198–199 Tisbe, Píramo:* Pyramus and Thisbe. Pyramus, believing Thisbe slain by a lion, stabbed himself. Thisbe, finding him close to death, took her life.

Píramo se rompe el pecho.
¿Quién lo hizo? Amor lo ha hecho, 200
porque vence si porfía;
y la condición más fría
en amor se trueca y arde,
y en el ánimo cobarde
suele engendrar osadía. 205
   Osar tengo y no temer,
que a Lisarda he de gozar,
pues bien me quiere.
   Entra DOMINGO, *lacayo, con un billete.**

DOMINGO.   Al pasar,
éste me dió una mujer.
DIEG. Aun hay sol; podré leer. (*Lee.*) 210
«Don Diego, el alma se abrasa
por ti, y mi padre me casa;
mas, si amor te da osadía,
ven esta noche a la mía:
me llevarás a tu casa.» — 215
   Cielos, dadme el parabién,
pues que mi ventura es tal
que apenas supe mi mal
cuando encontré con mi bien;
fortuna, no dés vaivén, 220
ya que al mismo sol me igualas.
Trae Domingo unas escalas,
aunque supérfluas serán
donde favores me dan
que pueden servirme de alas. 225
DOM. Don Gil te viene buscando.
DIEG. Azar es, esta ocasión,
hallar un santo varón
que se está martirizando
al que mal está pensando 230
y al que con su carne lucha;
amistad me tiene mucha;
uno es flaco, y otro fuerte.
   Entra DON GIL *en hábito largo.*
GIL. Don Diego.
DIEG.   ¿Qué quieres?
GIL.   Verte,
y hablarte.
DIEG.   Dime qué.

---

201 porfía: persists *206 Osar ... temer:* I have boldness, not fear **billete:* note *216 dadme el parabién:* congratulate me *220 no dés vaivén:* don't waver *227 Azar es:* It is a coincidence

Gil.   Escucha.   235
    Son, amigo, los consejos
    unas amargas lisonjas
    que al alma dan dulce vida
    y a las orejas ponzoña.
    Son luz de nuestras acciones.   240
    Son unas piedras preciosas
    con que amigos, padres, viejos,
    nos regalan y nos honran.
    El darlos es discreción
    a quien los pide y los honra,   245
    y es también locura el darlos
    si no se estiman y toman.
    Fuerza es darlos al amigo,
    y la ocasión es forzosa
    si al cuerpo importa la vida   250
    y al alma importa la gloria.
    Tu amigo soy, y una escuela
    nos dió letras, aunque pocas;
    si te cansaren consejos,
    buena es la intención; perdona.   255
    Ya tú sabes la nobleza
    de los antiguos Noroñas,
    señores de Mora, lustre
    de la nación española.
    Y ya sabes que estas casas   260
    que celas, miras y adoras
    son desta noble familia,
    rica, ilustre y generosa.
    Tú que dignamente igualas
    cualquier majestad y pompa   265
    porque es bien que los Meneses
    pocos iguales conozcan,
    cortaste la tierna vida
    con tu mano rigurosa
    al primogénito ilustre   270
    que padres y hermanas lloran.
    Accidental fué el suceso,
    no quiero en él parte ahora:
    llegó tu espada primero,
    fué tu suerte venturosa.   275

---

237 lisonjas: lozenges *239 ponzoña:* poison *248 Fuerza es:* It is necessary *249 forzosa:* needful *252 una escuela:* the same school *254 cansaren:* future subjunctive. In modern Spanish *cansan* would be used. *257–258 Noroñas ... Mora:* surname and title of Marcelo's family; *lustre:* glory *266 Meneses:* family name of Don Diego

Cumpliste un breve destierro,
que blanda misericordia
vive en los pechos hidalgos
y fácilmente perdonan.
Los nobles son como niños,   280
que fácil se desenojan,
si las injurias y agravios
a la nobleza no tocan.
Agravios sobre la vida
heridas son peligrosas,   285
mas sólo incurables son
las que caen sobre la honra.
Al fin, las heridas suyas
tienen salud, aunque poca;
que al alma incita el agravio   290
y al agravio la memoria.
Pues si este viejo no imita
a la africana leona,
ni a la tigre remendada
en la venganza que toma,   295
¿cómo tú, tigre, león,
rinoceronte, áspid, onza,
no corriges y no enfrenas
tus inclinaciones locas?
Busca el bien; huye el mal; que es la edad corta;   300
y hay muerte, y hay infierno, hay Dios y gloria.
Si con lascivos deseos
de Lisarda te aficionas,
y en ella pones los ojos,
la pesada injuria doblas.   305
A un agravio, habrá piedad;
pero a más, está dudosa;
que aun a Dios muchas ofensas
rompe el amor si se enoja.
Teme siempre el ofensor   310
si el agravio le perdonan,
que su justicia da voces
y el rigor de Dios invoca.
Refrena pues tu apetito,
porque es bestia maliciosa   315
y caballo que no para
si no le enfrenan la boca.

---

277 que: for, because *281 fácil* = fácilmente *294 tigre remendada:* spotted tiger *297 onza:* lynx
301 See *El Burlador de Sevilla,* III, v. 1978. *307 a más:* i.e., *agravios* *310-313 Teme . . . invoca:*
The offender fears God will punish him if the victim does not; *da voces:* cries out

Si aspiras a casamiento,
pretendan tus ojos otra,
porque no habrá paz segura
si resulta de discordia.
De largas enemistades
vienen paces, pero cortas,
y al temple pinturas hace
que fácilmente se borran.
Busca otros medios süaves
si pretendes paz dichosa,
y sobre basas de agravio
colunas de amor no pongas.
Busca el bien, huye el mal; que es la edad corta;
y hay muerte, y hay infierno, hay Dios y gloria.

DIEG. Predicador en desierto,
hora es ya que te recojas.

GIL. Quien hace mal, aborrece
la luz, y busca la sombra.
Como la noche ha venido
a tu gusto tenebrosa,
quieres que solo te deje.
Líbrete Dios de tus obras,
Él corrija tus intentos;
Él te inspire y te disponga
y Él no te suelte jamás
de su mano poderosa.

Vase.

DIEG. Dichoso tú que no sabes
de pasiones amorosas;
no conoces disfavores,
desdén y celos ignoras.
Y desdichado, también,
pues los regalos no gozas
del amor que en nuestros ojos
tiende su red cautelosa.

Entra DOMINGO *con la escala.*

DOM. Ya traigo escala, temiendo
no me encontrase la ronda.

DIEG. Y yo parece que veo

---

319 pretendan tus ojos: let your eyes seek *324 al temple:* painted in distemper *333 te recojas:* withdraw, retire *347 ignoras:* you do not know *351 cautelosa:* crafty, cunning *352–353* a negative sentence with an affirmative value; *ronda:* patrolman, watchman

   al balcón una persona.
   ¿ Es mi Lisarda ?

    Sale Lisarda *al balcón.*

Lis.   ¿ Es don Diego ?
Dieg. Soy, mi dueño y mi señora,
   quien idolatra ese rostro,
   imagen de Dios hermosa,
   quien sacrifica en tus aras
   un alma ajena y fe propia.
Lis.   Yo, quien recibe la fe
   y la he pagado con otra,
   quien no ha temido, quien ama,
   quien es cuerda, quien es loca,
   quien se atreve, quien es tuya,
   quien espera y quien te adora.
   Procura subir arriba
   mientras amor me transforma
   en hombre, por que me lleves
   sin que nadie me conozca.
   En esta cuadra me espera,
   que sin luz, cerrada y sola
   la dejaré.
Dieg.   Escala traigo.
Lis.   Ladrón, que el alma me robas . . .
Dieg. Arrímala, pues, Domingo,
   que quiero escalar ahora
   este cielo de Lisarda.
Dom. A mil peligros te arrojas.
Dieg. Amor me da atrevimiento.
Dom. Y a mí, temor estas cosas.
   ¿ He de subir yo contigo ?
Dieg. La escala es bien que recojas
   cuando suba, y en lo oscuro
   de aquesta calle te pongas,
   y esto ha de ser sin dormirte.
   Mira, Domingo, que roncas
   cuando duermes, y aun a veces
   a gritos dice tu boca
   lo que te pasa de día
   y a los demás alborotas.
Dom. No era bueno para grulla ;

---

361 un . . . propia: a heart which is no longer his own (since he has lost it to you) and a fidelity which is *369* She intends to disguise herself in man's attire. *372 cuadra:* room *392 No . . . grulla:* I wouldn't make a good crane (supposed to be sleepless).

| | no puedo velar un hora, |
| | que tengo el sueño pesado. |
| Dieg. | Vela esta noche, que importa. | 395

Pónese a dormir Domingo. *Entra* Don Gil *con una linterna; halla a* Don Diego *en la escalera.*

Gil.	Esta noche para el cielo
	un alma voy conquistando;
	mas, la casa de Marcelo
	está Don Diego escalando.
	Grandes desdichas recelo.	400
	Don Diego.
Dieg.	— Temo perder
	la gloria desta mujer. —
	¿ Qué quieres ?
Gil.	¿ Adónde subes,
	piedra arrojada a las nubes
	que sube para caer ?	405
	Bajen tus altivas plantas
	movidas de torpe amor,
	Nembrot que torres levantas
	contra el cielo del honor
	de aquestas doncellas santas.	410
	Baja, lobo carnicero,
	ladrón de honrados tesoros;
	cobarde y mal caballero.
	¿ En qué alcázares de moros
	estás subiendo el primero ?	415
	En un libro Dios escribe
	a la virtud y al pecado
	del que en este mundo vive
	y aqueste libro acabado
	la gloria o pena recibe.	420
	Y, siendo así, tus delitos
	tienen cercanas sus penas,
	porque son tan infinitos
	que ya están las hojas llenas
	donde Dios los tiene escritos.	425
	Marcelo es árbol que pudo
	dar el fruto que tú amas,

---

395 que = porque 400 recelo: fear *406 plantas:* feet *408 Nembrot:* Nimrod, who, tradition has it, suggested the Tower of Babel *419 aqueste libro acabado:* when this book is completed *426* Verses printed in italics here and elsewhere in this play were part of the first edition (Princeps, 1612) but were omitted in subsequent printings. They have been given special numbers.

>   y si cual bárbaro rudo
>   le vas quitando las ramas
>   quedará el tronco desnudo.
>   La vida y honra también
>   son colunas en que estriba
>   su casa. El brazo detén;
>   déjale vida en que viva
>   y honra con que viva bien.
>   Si el cuerpo joven desalmas
>   de su hijo, y sin deshonra
>   su sangre atinó tus palmas,
>   no le derrames la honra
>   que es la sangre de las almas.
>   Si no hay quien quite ni pida
>   lo que no puede tornar,
>   advierte, ingrato homicida,
>   que no eres rey para honrar
>   ni Dios para dar la vida.
>   Teme a Dios cuya persona
>   es con los hijos que trata
>   como parida leona,
>   que a quien los ofende mata
>   y a quien los deja perdona.
>   Ave es, y tus obras malas
>   se oponen contra los cielos,
>   siendo milano que escalas
>   un nido donde hay polluelos
>   que cubre Dios con sus alas.
>   Número determinado
>   tiene el pecar, y ¿qué sabes
>   si para ser condenado
>   sólo te falta que acabes
>   de cometer un pecado?
>   Ea, gallardo mancebo,
>   advierte a lo que te debo:
>   Si en gracia de Dios estoy,
>   lo que te debo te doy.

425ª

430ª

435ª

440ª

430

435

440

DIEG. Penitencia haré de nuevo. 445
>   No pienso escalaros, rejas.
>   Perdonad, Lisarda, vos.
>   Don Gil, trocado me dejas,
>   porque a las voces de Dios
>   no ha de haber sordas orejas.

450

423ª cual: like *431ª desalmas:* slay *432ª–433ª sin ... palmas:* his blood reached the palms of your hands without dishonor *433 siendo milano:* since you are a bird of prey

Trae, Domingo, esas escalas,
y tú, que con santo celo,
a los milanos me igualas,
eres cazador del cielo
y me has quebrado las alas.   455

Desciende Don Diego, *y vase.*

GIL. Cielos, albricias; vencí;
no es pequeña mi victoria.
Un alma esta vez rendí.
Mas ¿qué es esto, vanagloria?
¿Cómo me tratáis así?   460
   Aquí se queda la escala
manifestando su intento.
¡Oh, qué extraño pensamiento!
¡Jesús, que el alma resbala
y mudo mi entendimiento!   465
   La fe deste corazón
huyó, pues que la ocasión
es la madre del delito;
que si crece el apetito
es muy fuerte tentación.   470
   Lisarda arriba le aguarda
a quien ama tiernamente.
Imaginación, detente;
porque es hermosa Lisarda.
Corazón ¿quién te acobarda?   475
   Loco pensamiento mío,
mirad que sois como río
que a los principios es fuente
que se pasa fácilmente,
y después sufre un navío.   480
   Subiendo podré gozar . . .
¡Ay, cielos! ¿Si consentí
en el modo de pecar?
Pero no, que discurrí.
Tocando están a marchar   485
   mis deseos, la razón
forma un divino escuadrón.
El temor es infinito.
Toca al arma el apetito
y es el campo la ocasión.   490
   Huye Gil, salva tu estado,
no escapes de vivo o muerto.

---

480 *sufre:* supports 484 *discurrí:* my mind wandered 485–486 *Tocando . . . deseos:* The moment for my desires to march (attack) is here 491–492 *salva . . . muerto:* save your state of grace lest you not escape in this life or the next

Conveniente es ser tentado.
Mas si Cristo va al desierto
ya la batalla se ha dado.
    La conciencia está oprimida.   495
La razón va de vencida.
Muera, muera el pensamiento.
Mas ¡ ay alma, cómo siento
que está en peligro tu vida !   500
    Mas esto no es desvarío.
Yo subo ¿ qué me detengo,
si subo al regalo mío ?
¿ Mas, para qué si yo tengo
en mis manos mi albedrío ?   505
    Nada se podrá igualar,
que es la ocasión singular,
y, si della me aprovecho,
gozaré, don Diego, el lecho
que tú quisiste gozar.   510
    La ejecutada maldad
tres partes ha de tener:
pensar, consentir y obrar;
y siendo aquesto ansí
hecho tengo la mitad: 515a
que es pensamiento liviano
no resistirle temprano;
dudé y casi es consentido.
Alto, pues yo soy vencido.
Soltóme Dios de su mano.
Que a Lisarda gozaré,   515
sin ser conocido, entiendo.
    Sube Don Gil; *despierta* Domingo.

Dom. Basta, que en pie estoy durmiendo
como mula de alquilé;
pero al tiempo desperté   520
que subió arriba don Diego,
y mientras él mata el fuego
y se arrepiente y le pesa,
soltaré al sueño la presa
y dormiré con sosiego.   525
    Dentro está; yo determino
hacer del suelo colchón,
que no hay cama de algodón

---

494 Mas . . . desierto: reference to the temptation of Christ in the wilderness. *497 va de vencida*: is as good as defeated *502 qué* = *porqué* *503 regalo*: pleasure *514 Alto*: Stop *517 entiendo*: I think *519 alquilé* = *alquiler*

    como un azumbre de vino,
    y no hay Roldán paladino   530ª
    que a dormir cual yo se atreva,
    si el estómago no lleva
    con este licor armado.
    A quien despierta el cuidado,
    si dormir pretende, beba.   535ª

    Quita DOMINGO *la escala, y duérmese.*

GIL.   Sola, cerrada y escura
    está esta cuadra; Lisarda
    que Marcelo duerma aguarda
    o está en su cama segura;
    ya me tiene su hermosura   530
    tan determinado y loco
    que parece que la toco.
    ¡ Ay, amor! Si imaginado
    eres tan dulce, gozado
    no será tu gusto poco.   535
    Mil pensamientos me inflaman,
    porque pleitos y recados
    andan siempre encadenados
    que unos a otros se llaman;
    estos intentos me infaman   540
    y el crédito iré perdiendo.
    Con el mundo irme pretendo
    y conservar mi opinión.
    Sabe el cielo mi intención,
    que ya por Dios no deciendo.   545
    Mas la escala no está aquí.

    Habla entre sueños DOMINGO.

DOM.   No bajes sin que la goces.
GIL.   ¿ Quién me anima y me dá voces?
    Temiendo estoy. ¡ Ay de mí!
    Bajar por donde subí   550
    no es posible.
DOM.   Espera, espera.
GIL.   Bajar no puedo aunque quiera.

529ª *azumbre:* half gallon 530ª *Roldán:* Roland, hero of the *Chanson de Roland* 535ª *pretende:* wants 526 *escura = oscura (obscura)* 527 *cuadra:* room 528 *aguarda = espera* 537 *pleitos y recados:* consent and means 543 *opinión:* reputation 545 *deciendo = desciendo*

Dom.	¿ Si me vió alguno subir ?
Gil.	¡ Justicia de Dios !
	Huir no la podré.
Dom.	Muera, muera. 555
Gil.	La justicia de Dios es que me viene a amenazar.
Dom.	No la dejes de gozar, yo te ayudaré después.
Gil.	Ya me anima ¿ Cómo, pues, 560
si estoy hablando entre mí
responderme puede así
a lo que yo a solas hablo ?
Dom.	¿ Quién ha de ser sino el diablo ?
Gil.	¿ Si estoy condenado ?
Dom.	Sí. 565
Gil.	Luego si estoy condenado
vana fué mi penitencia.
¿ Y ha venido la sentencia ?
Dom.	Vino, vino.
Gil.	¿ Ya ha llegado ?
Dom.	Bebe y come.
Gil.	Si he ayunado 570
en balde ya comeré.
Dom.	Brindis.
Gil.	La razón haré
pues que la carne me brinda.
Dom.	Goza la ocasión que es linda.
Gil.	Esta y otras gozaré. 575

Entrase Don Gil; *despierta* Domingo, *alborotado.*

|Dom.|¿ Vienes, señor ? ¡ Por Dios, que me he dormido !
¿ Es hora? ¿ No eres tú? ¡ Nadie parece!
En dulce sueño estaba sepultado.
Al principio soñaba una pendencia
que Don Diego tenía, y que bajaba 580
sin gozar de Lisarda los favores ;
mas luego, que en regalo y pasatiempo
la boda celebrábamos alegres
brindándonos con vino de los cielos.
Mas ya se van huyendo las Cabrillas 585|

---

554 *¡ Justicia:* Punishment, Retribution 555 *la:* refers to *justicia* 561 *entre mí:* to myself 569 *Vino:* Note the play on the meanings "came" and "wine." 572–573 *Brindis : Brindis* is the noun for "toast"; *brinda* is from *brindar,* "to provoke" as well as "to toast." *La razón haré :* I will return the toast. 585 *Cabrillas:* Pleiades, a constellation

y las ruedas del Carro se han parado,
y el Norte ya no toca su bocina,
y no sale Don Diego. A gran peligro
estoy en esta calle con la escala.
¿ Si está dentro ? ¿ Si estando yo durmiendo   590
se fué ? Dudoso estoy; no sé qué haga.
Estando dentro no esperará el día,
y, si quiere bajar por la ventana,
saltar puede en el suelo fácilmente,
que al fin para bajar no importa escala.   595
Mejor consejo es irme desta calle,
y más que están abriendo ya las puertas
de casa de Marcelo, y han salido
dos hombres, y Don Diego no parece.
Mas yo me acojo, que el temor empieza   600
a subirse cual vino a la cabeza.

Éntrase. Salen Don Gil *y* Lisarda *en hábito de hombre.*

Lis. Mucho, Don Diego, has callado.
 Ya estamos solos. No estés
 cubierto ni recatado.
Gil. Ten paciencia, que no es   605
 Don Diego quien te ha gozado.
Lis. ¿ Quién eres ?
Gil.   Quien ha subido
 hasta la divina esfera,
 pero cual Ícaro he sido
 que volé con fe de cera   610
 y en el infierno he caído.
  Un segundo Pedro fuí,
 y tú el fuego de Pilato,
 pues por llegarme hoy a ti
 como necio y como ingrato   615
 negué a Dios y le perdí.
  Por la voz de un gallo fué
 a llorar con pecho tierno;

---

586 Carro: the Greater Bear, the Big Dipper *587 el Norte:* the pole star *590 ¿ Si está dentro?* I wonder if he is inside. *591 no sé qué haga:* I do not know what to do *600 me acojo:* I shall take refuge, I shall get away *601 cual:* like *604 recatado:* shy, modest *609 cual:* like; *Ícaro:* Icarus, whose waxen wings melted as he flew close to the sun, causing him to fall into the sea *612 Pedro:* Peter, one of the Disciples, who denied Christ three times before the crowing of the cock *613 fuego de Pilato:* Pilate's fire—hell

yo cual precito escuché
la voz del mísero infierno
con que he perdido la fe.
   Don Gil soy.

LIS.   ¡Triste de mí!
   ¿Y Don Diego?

GIL.   Él me ha traído
a que gozase de ti,
para dejar ofendido
tu padre otra vez.

LIS.   Así
se cumplen como merecen
mis esperanzas prolijas;
mi agravio y desdichas crecen,
que en esto paran las hijas
que a sus padres no obedecen.
   ¿En qué pecho habrá paciencia?

GIL. Para tan grave dolor
igual es nuestra imprudencia.
Tú perdiste mucho honor
y yo mucha penitencia.

LIS. Deja que vuelva a mi casa
antes de nacer el día.

GIL. Eso no, adelante pasa;
que era el alma nieve fría
y es un infierno y se abrasa.
   La vida de aqueste pecho
hoy correrá más apriesa
por el gusto y el provecho,
pues se ha soltado la presa
que las virtudes han hecho.
   Por ti perdí la prudencia
por el infierno profundo,
con la carne la abstinencia,
el crédito con el mundo,
y con Dios la penitencia.
   Por ti he perdido el jornal
que pensaba recibir
del Señor universal,
y entro de nuevo a servir
a un amo que paga mal.
   Ya serán mis ejercicios

---

619 cual precito: like one condemned to hell *623–626 Él ... vez:* a deliberate lie *628 prolijas:* extensive *643 apriesa = aprisa 645 presa:* dike *652 jornal:* reward

pecados facinerosos,
que así salen de sus quicios
los que fueron virtuösos
y siguen tras de los vicios.
  Conmigo, Lisarda hermosa,
has de ir, que para los dos
no negará el mundo cosa,
pues nos ha soltado Dios
de su mano poderosa.

Lis. ¿ Qué dices alma ? — No puedes
quedar en más vituperio. —
¿ Tú, cuerpo ? — Que no te quedes;
que temas de un monasterio
las solícitas paredes. —
  ¿ Qué replicas, alma ? — Que es
eso de buena conciencia. —
¿ Y tú, cuerpo ? — Que ya ves
que es temprana penitencia
pudiendo hacerla después. —
  La maldición es cumplida
de mi padre; el cielo temo.
Ya lloro mi honra perdida
y va llegando a su extremo
la desdicha de mi vida.
  Tres enemigos me dió
el cielo en mi mal prolijo;
Don Diego que me engañó,
mi padre que me maldijo,
y Don Gil que me forzó.
  Mi padre en su maldición
colérico estuvo y ciego,
venció a Don Gil la afición;
sólo el ingrato Don Diego
no tiene satisfacción.
  Don Gil, ¿ querrás ayudar
la venganza de mi agravio ?

Gil. En pedir y perdonar,
mueve el encendido labio
cual fino coral del mar.
  La estrella que te ha inclinado

---

664 cosa = nada 667 ¿ Qué dices alma?: Lisarda addresses her soul. In v. 669 she addresses her body. *683 mal prolijo:* profound wrong *689 afición:* desire *691 satisfacción:* excuse *697 estrella:* fate, destiny. That the stars influenced the destinies of men, but that men could overcome this influence, was a common belief in the seventeenth century.

	sigue, que yo pienso ser	
	un caballo desbocado	
	que parar no he de saber	700
	en el curso del pecado.	
	Sigue el gusto y la venganza,	
	que lo que tu pecho ordene	
	emprenderá sin mudanza	
	esta alma que ya no tiene	705
	fé, caridad ni esperanza.	
Lis.	Adiós, casa en que nací;	
	adiós, honra mal perdida;	
	adiós, padre que ofendí;	
	adiós, hermana querida;	710
	adiós, Dios a quien perdí.	
	Perdida soy, y es razón	
	que tengan tal desventura	
	las que inobedientes son.	
Gil.	No hay alma buena segura,	715
	si no huye la ocasión.	
	Como en Dios no he confiado	
	y en mis fuerzas estribé	
	en el peligro pasado,	
	soberbia angélica fué	720
	y ansí Dios me ha derribado.	

Éntranse.

En casa de Marcelo.

Salen Marcelo *y* Leonor.

Marc.	Leonor, el grave cuidado	
	que a un viejo padre conviene	
	con dos hijas sin estado,	
	toda esta noche me tiene	725
	afligido y desvelado.	
	Si Lisarda cruel porfía	
	y de mi amor se desvía,	
	será obligación forzosa	
	dejar de ser religiosa.	730
Leo.	Tu voluntad es la mía.	

Entra Beatriz, *criada.*

Beatriz.	Señor.
Marc.	Tu miedo me espanta.

---

698 sigue: used as a command *699 caballo desbocado:* runaway horse *716 ocasión:* danger, risk *718 estribé:* relied *720 soberbia angélica:* reference to Satan's rebellion *727 porfía:* insists *730 religiosa:* a nun

BEA. Helada tengo y asida
al suelo la débil planta,
a un grave dolor la vida 735
y la voz a la garganta.
MARC. Dí ¿ de qué estás admirada ?
BEA. Piensa de qué puede ser.
MARC. Dilo, pues. No estés turbada.
que me estás dando a beber 740
veneno en taza penada.
BEA. Lisarda, Lisarda ha escrito.
MARC. Anda en su mismo apetito,
mas tu lengua no la nombre,
que en sólo decir su nombre 745
me has dicho ya su delito.
Mas, dime, ¿ a quién escribió ?
BEA. A Don Diego de Meneses.
MARC. ¿ Qué le ha escrito ?
BEA. Le llamó.
MARC. Calla.
BEA. Y sé . . .
MARC. Más ¡ ay! no ceses. 750
Dí, ¿ qué sabes ?
BEA. La llevó.
MARC. Dijéraslo de una vez,
porque a tragos he bebido
la purga que me has traído
para mi enferma vejez. 755
Si Dios quiere que me ofenda
mi enemigo declarado,
que soy otro Job entienda;
vida y honra me ha quitado;
vuelva también por la hacienda. 760
Cigüeña soy blanda y pía;
él es culebra, es harpía
que quebrantándome el nido
dos hijuelos me ha traído
de los tres que en él tenía. 765
Hija ¿ qué enemigos vientos
hacen que tu honra se doble
a tan infames intentos ?
¿ Posible es que en sangre noble
quepan bajos pensamientos ? 770

733-736 *Helada . . . garganta:* Beatriz is paralyzed with fear. Her foot is frozen to the floor, her life to a heavy sorrow, and her voice to her throat. 737 *admirada:* frightened 741 *penada:* sorrowful 752-755 A *redondilla* among *quintillas*. Possibly a verse is missing. 752 *Dijéraslo . . . vez:* I wish you had said it all at once 761 *Cigüeña:* Crane 764 *traído:* carried off

    Pero el vil y el mal honrado
    caen en un mismo pecado,
    que la humana afrenta es ancha,
    y están a una misma mancha
    sujetos jerga y brocado.   775
LEO.   No mojes tus canas tanto,
    que son perlas orientales
    tus lágrimas.
MARC.   Yo me espanto
    que no las llames corales,
    viendo que es sangre mi llanto.   780
    ¡ Ay de mi ! ¿ Qué bien espero ?
LEO. ¿ Qué sientes ?
MARC.   Siento un desmayo.
LEO. Tenerte en mis brazos quiero.
MARC. Así veré al verde Mayo
    junto al nevado Febrero.   785

Desmáyase en sus brazos, y sale DON DIEGO MENESES.

DIEG.   — Amor, que mi pecho sabes,
    paz pretendo, pónte en medio ;
    modera mis penas graves,
    pues vengo a buscar remedio
    por caminos tan süaves.   790
    A pedir vengo a Lisarda
    antes que en sus llamas arda,
    mas traigo, aunque amor me anima,
    tantos agravios encima,
    que mi sangre se acobarda. —   795
    Señor, si en tu noble pecho
    viven mis graves ofensas,
    si tú no estás satisfecho
    y remitirlas no piensas,
    aquí está quien las ha hecho,   800
    y intenta tus desagravios.
    Dame muerte ; aunque es prudencia
    de pechos nobles y sabios
    tener petos de paciencia
    hechos a prueba de agravios.   805ª
    Mi mal confieso, y me pesa
    si he ofendido tu persona,
    pero si el agravio cesa,
    imita a Dios que perdona
    a quien sus culpas confiesa.   805

---

775 *jerga y brocado:* coarse cloth and brocade, i.e., poor and rich 778 *me espanto:* am surprised
799 *remitirlas:* forgive them

De nuestro enojo pasado
puede la paz resultar,
como el cielo lo ha mostrado;
que a veces suele sacar
un gran bien de un gran pecado. 810
 A Lisarda tuve amor,
que no he sido su enemigo;
dale licencia, señor,
que se despose conmigo
pues merecí su favor. 815
 Y a mi gusto satisfaces
ya quien eres, si esto haces;
hazlo, asi goces tu edad
un siglo, una eternidad
con el bien de nuestras paces. 820ª

MARC. Dame una espada o montante,
vengaré esta grave injuria,
que es mi vejez elefante,
y ha cobrado nueva furia
viendo este tigre delante. 820

DIEG. No la traigan, que no importa
si a tus pies está inclinada
la mía. El enojo acorta
porque es cobarde la espada
que el cuello rendido corta. 825

LEO. Señor, Lisarda ha de ser
forzosamente mujer
de Don Diego, pues la tiene
en su casa. Te conviene
fingir muestras de placer. 830
 ¿No vale más que se diga
que por mujer se la has dado
porque la paz se prosiga,
y no que te la ha llevado
y la tiene por su amiga? 835
 Dile, pues, que enhorabuena,
y allá se habrán.

MARC. Ya mi pena
con tus consejos se tarda.
Don Diego, tuya es Lisarda;
alegres bodas ordena. 840
 Mas es con tal condición
que en mi casa no ha de entrar,
pena de mi maldición;

---

816 montante: broad sword *827 forzosamente:* unavoidably *835 amiga:* mistress *836 enhorabuena:* all right *837 allá se habrán:* they will get along

| | allá se puede casar, y siga su inclinación. | 845 |
| DIEG. | Los pies a besar me da; todo a tu gusto será pues que de límite pasa tus mercedes. En mi casa el casamiento se hará. *A prevenir fiestas voy, pues con Lisarda me alegro: Amor, mil gracias te doy pues mi amigo que es mi suegro Marcelo, loco estoy.* | 850

855ª |
	Vase.	
MARC.	Hija, no es razón que vea casarse contra mi gusto la que ofenderme desea, y así me parece justo que nos vamos a la aldea. Estando allá no veré esta boda desdichada ni su suceso sabré.	855
LEO.	Lo que mandares me agrada.	
MARC.	Tienes amor, tienes fe.	860

Entra MARCELO, *queda* LEONOR; *sale don* SANCHO *y* FABIO, *su criado, de camino, con un retrato.*

| SAN. | Fabio, el hombre que se casa sin ver antes su mujer está obligado a tener poca paz y amor en casa. En estas cosas es justo que haya alguna inclinación o que se haga elección pidiendo consejo al gusto. Yo, pues, que casarme trato sin ser conocido, quiero ver a Lisarda primero sin dar crédito al retrato. | 865

870 |
FAB.	¿Con qué ocasión llegarás?	
SAN.	Darámela mi deseo. ¿Si es Lisarda la que veo?	875
FAB.	Si es ella, casado estás.	

---

846 The ancient custom of kissing feet as a sign of homage has left such expressions of regard as *a los pies de Ud.* and *Q.B.S.P. (que besa sus pies)*. *851 no es razón = no es justo   855 vamos = vayamos*

	Paréceme que te abrasa.	
San.	Estando vivo Marcelo,	
	mal hago en llegar al cielo,	
	a preguntar si está en casa.	880
	Hablarle ya no deseo	
	aunque bien su intento supe,	
	porque la lengua se ocupe	
	en alabar lo que veo.	
	No vió el sol mujer ni estrella	885
	tan hermosa y tan gallarda.	
	Mira, Fabio, si es Lisarda,	
	que sospecho que no es ella.	
Fab.	Nada al retrato parece	
San.	Son sus ojos soberanos.	890
Fab.	¿Hay más que trocar sus manos?	
San.	Ningún hombre la merece.	
Leo.	No es digno lo que miráis,	
	señor, de ser alabado,	
	y mi padre está ocupado.	895
	Decidme lo que mandáis.	
San.	Mando al gusto, que no venga	
	a veros en daño mío,	
	mando a mi libre albedrío	
	que mi inclinación detenga.	900
	Mando el cuerpo a la ventura	
	que tuve en estar mirando	
	ese sol, y el alma mando	
	al cielo de esa hermosura.	
	Y dejo del pensamiento	905
	a la memoria heredera.	
Leo.	Sólo falta que se muera,	
	pues se ha hecho el testamento.	
San.	No falta, que la herida	
	fué repentina y es fuerte,	910
	y el que en veros ve su muerte	
	ese sólo tiene vida.	
	Quien su seso, mucho o poco,	
	pierde, viendo esa hermosura,	
	tiene razón y cordura,	915
	y quien no le pierde es loco.	
Leo.	¿Y qué favor lisonjero	
	no me dará un hombre que es	

---

883 porque = para que 888 que: for, because *891 trocar sus manos:* exchange hands (i.e., exchange the picture for the real thing) *896–897 mandáis, Mando:* Note the play on words (command, bequeath). *899 libre albedrío:* free will *916 le = lo*

	cortesano y portugués?
	¿De dónde sois, caballero?
San.	Como a Coimbra viniese
	de Lisboa la Real
	don Sancho de Portugal,
	mandó que a Marcelo viese,
	porque cierta ocupación
	le detiene.
Leo.	— Yo sospecho
	que este es don Sancho —.
San.	En el pecho
	no me cabe el corazón.
	Lisarda no puede ser
	tan hermosa dama. Fabio,
	un consejo como sabio.
Fab.	Pide aquesta por mujer.
	Aunque es hermana segunda
	no repares en el dote.
San.	Mal podré sin que se note.
Fab.	Torres de esperanza funda.
	No desmayes.
San.	Si es Lisarda
	tan hermosa como vos
	a don Sancho ha dado Dios
	ventura.
Leo.	En vano la aguarda.
	Vos sois, señor, el primero
	que hermosa me ha llamado.
San.	Todos lo habrán confesado
	con silencio. — Fabio, muero. —
	Naturaleza inclinada
	tanto en vos quiso cifrar,
	que sois más para adorar
	que para ser alabada.
	Y así, los ojos que os ven
	dejan a la lengua muda.
Leo.	¿Que soy hermosa?
	Esa duda
San.	discreta os hace tambien,
	que pudiérades se crea,
	según sois bella y perfeta

---

919 The Portuguese are regarded by the Spaniards as sentimental, polished lovers. *921 viniese =
venía 934 dote*: dowry *953 pudiérades = pudierais 954 perfeta = perfecta*

	ser necia, y sois tan discreta	955
	que pudiérades ser fea.	

Entra BEATRIZ *con el sombrero.*

BEA.	Tomad, señora, el sombrero
	y capotillo, que espera
	mi señor.
SAN.	¿Quieres que muera
	flechando el arco de acero	960
	Amor?
LEO.	Vamos a una aldea;
	mi padre os verá después,
	derretido portugés.
SAN.	Dadme licencia que os vea.
LEO.	Ni la doy ni la consiento.	965

Vanse LEONOR *y* BEATRIZ.

SAN.	Pues yo me la tomaré,
	si basta que me la dé
	mi atrevido pensamiento.
	¡Ay Fabio! Que esta es Leonor
	la que ha de ser religiosa.	970
FAB.	De que la llames hermosa
	y le hayas mostrado amor,
	no le pesa. No hayas miedo
	que en su vida monja sea.
SAN.	Verla tengo en el aldea.	975
FAB.	¿Cómo?
SAN.	Disfrazarme puedo,
	porque mi amor no consiente
	que en otra el alma divierta.
FAB.	Vete, pues, por esta puerta,
	que viene acá mucha gente.	980

Éntranse.

En la calle.

Salen DOMINGO, DON DIEGO *y* FLORINO.

DIEG.	¿Quién serán los que salieron?
FLO.	¿Quién? El pretensor sería
	de Lisarda.

---

958 *capotillo*: short cape or mantelet 963 *derretido*: enamored 973 *hayas* = *tengas* 975 *tengo* = *tengo que* = *he de* 981 *¿Quién* = *¿Quiénes*; *serán*: future of probability 982 *pretensor*: suitor

DIEG.   Bueno iría.
         Si ellos salen, ya nos vieron
           Ola, avisa cómo vengo   985
         con mis parientes y amigos,
         de mi mucho amor testigos,
         por mi Lisarda, y que tengo
           a la puerta el coche.   Avisa
         a Lisarda y a Marcelo.   990

                Éntrase DOMINGO.

         No ví más alegre el cielo;
         lloviendo está gozo y risa.
           Dándome está el parabién
         desta paz, desta amistad,
         con luz y serenidad,   995
         y sus esferas también.

              Entra DOMINGO *y un* ESCUDERO.

DOM.   Señor, no tenemos nada.
         La boda del perro ha sido
         esta boda.
DIEG.   ¿Cómo?
DOM.   Es ido
         Marcelo.
DIEG.   La sangre helada   1000
           tengo ya.
ESCUDERO.   Toda su casa
         a la aldea se llevó,
         y hecho alcaide me dejó
         destas suyas.
DIEG.   ¿Que esto pasa?
           ¿Y Lisarda?
ESC.   Claro está   1005
         que con él la llevaría.
         No la ví, pero allá iría
         con Leonor.
DIEG.   Muerto soy ya.
           ¡Qué inconstante es la vejez!
         A Lisarda me ha de dar,   1010
         o tengo de ejecutar

---

985 avisa cómo vengo: announce that I come *1001 Toda su casa:* his entire household *1003 alcaide:* governor *1004 ¿Que esto pasa?* Is it possible that such a thing has happened? *1006 llevaría:* conditional of probability *1011 tengo de = tengo que = he de*

	lo que he intentado otra vez.	
	¡Qué bien sintió quien decía	
	que el hombre con la vejez	
	vuelve a la tierna niñez!	1015
	¿Quién de viejo y niño fía?	
	Por guardarle yo respeto	
	no la tengo en mi poder.	
	Pero será mi mujer.	
	Robaréla, te prometo.	1020
	No respetaré sus años.	
Florino.	Fuerte es su castillo.	
Dieg.	Amor	
	ha sido siempre inventor	
	de máquinas y de engaños.	

1917 Por ... respeto: On account of my respect for him

ACTO SEGUNDO

En un Monte.

Entran Don Gil *y* Lisarda, *en hábito de salteadores, con arcabuces.*

GIL. Ya vendrás arrepentida; 1025
ya te quisieras tornar.
LIS. Un delfín cortando el mar,
una cometa encendida,
un caballo en la carrera,
en alta mar un navío, 1030
el veloz curso de un río,
rayo que cay de su esfera;
una flecha disparada
del arco, podrán volver
atrás, mas no la mujer 1035
una vez determinada.
Delfín, caballo, cometa,
río, flecha, rayo, nave
es la mujer que no sabe
ser obediente y sujeta. 1040
Vergüenza y honra preciosa,
interés, miedo y poder
no la podrá detener,
si está agraviada y celosa.
Pues yo, que en cólera rabio, 1045
sin vergüenza, honra ni miedo,
¿cómo arrepentirme puedo
antes de vengar mi agravio?
Antes me trae confianza
que pues fuiste el instrumento 1050
de las injurias que siento
lo has de ser de mi venganza.
Esta es del monte la falda
a quien llaman *Las Cabezas*:
de encinas verdes y secas 1055
sustenta un bosque en su espalda.
Aquí en un valle cercano,
que a los ánimos recrea,

1026 tornar: return, go back *1032 cay = cae 1033 disparada:* shot, discharged *1040 sujeta:* amenable, subdued *1049 Antes:* Rather *1051 injurias:* wrongs, insults *1053–1054 la falda a quien llaman:* whose slope they call

    tiene mi padre una aldea
    donde se viene el verano.
     De la otra parte Don Diego
    un pequeño bosque tiene,
    donde muchas veces viene
    a cazar y holgarse.
Gil.   Luego.
    ¿ aquí pretendes vengarte ?
Lis.   Sí, porque en esta espesura
    con vida alegre y segura
    yo me atrevo a contentarte.
     Una tigre seré brava
    contra el cauto cazador,
    pues me han robado el honor
    que era el hijo que criaba.
     Haré del miedo moneda,
    y compraré a los pastores
    cabritillos trepadores,
    fresca leche y fruta aceda.
     El seguro pasajero
    viendo mi alcabuz al hombro
    con sobresalto y asombro
    dará el guardado dinero.
     Fuertes murallas haremos
    desta sierra, que, si subes,
    verás que toca en las nubes
    con sus ásperos extremos.
     Cuando su nieve desata
    Julio, por ásperas quiebras
    bajan al valle culebras
    hechas delicada plata.
     Con el calor del Estío
    sudan tanto estas montañas
    que en el valle, entre espadañas,
    forman un pequeño río.
     Dos fuentes hay donde cría
    yelos mayo y leche enero,
    y donde el ciervo ligero
    vide correr algún día.
     Una cueva hay de pizarras
    y de diferentes piedras,

1069 brava: wild *1076 aceda*: out of season *1078 alcabuz = arcabuz*: harquebus, an early firearm *1086–1087* Cf. *nace el arroyo, culebra,* "La vida es sueño," I, 153. *1093–1094 cría . . . enero*: i.e., May brings ice-cold water, and January brings snow; *yelos = hielos 1096 vide = vi*: a popular form which lives on, beside the literary Castilian *vi*

que está aforrada de yedras
y guarnecida de parras.
　　Todo a palmos lo he medido
porque he sido cazadora,
y la gama voladora
en vano de mí ha huido.
　　Aquí pretendo que pases
el pecho de piedra fría
que grande amor me fingía
para que tú me gozases.
　　Aquí, cuando al bosque venga,
su homicida pienso ser,
sin que el miedo de mujer
lugar en mi pecho tenga.
　　Aquí le he de dar la muerte,
pues que ha sido el instrumento
de las injurias que siento.

GIL. ¡Fuerte mujer!
LIS. 　　　　　Y tan fuerte,
que el mundo me ha de llamar
Semíramis la cruel,
y en cuantos pasen por él
quiero enseñarme a matar.

GIL. 　　Yo seguiré tus cuidados,
pues soy, ciego con mi error,
hidrópico pecador,
y tengo sed de pecados.
　　Manda que emprenda adulterios,
que latrocinios intente,
que jure, mate y afrente,
que escale los monasterios.
　　Y mira si peco aprisa
por tí en aqueste lugar,
que ayer me ví en el altar
celebrando eterna Misa;
　　ayer en tanto desecho
tuve a Dios entre mis manos,
y hoy con actos inhumanos
tengo un infierno en el pecho.

1099 aforrada de yedras = forrada de hiedras: lined with ivy *1100 guarnecida de parras:* adorned with vines *1105–1106 pretendo ... fría:* I want you to run that cold, stony heart through, i.e., kill Don Diego *1118 Semíramis:* legendary Assyrian queen, founder of Babylon *1121 Yo ... cuidados:* I will pursue your ends *1133 en tanto desecho:* while entranced

452   EL ESCLAVO DEL DEMONIO   [Act. II

Lis.   Gente pasa.
Gil (*pónense las mascarillas*). El rostro cubre,
 y escóndete en esos riscos
 coronados de lentiscos
 verdes a pesar de octubre. 1140
Lis.   Morirán.
Gil.   Si no son tantos
 que algún recato nos dan.
 Mujeres son.
Lis.   No podrán
 enternecerme sus llantos.

Entran Marcelo *y* Leonor *de camino y* Beatriz *con un cofrecillo.*

Marc.   Vaya el coche por lo llano, 1145
 y tú, Leonor, esta cuesta
 descenderás de la mano
 segura.
Lis.   Mi hermana es ésta.
Gil.   Es un ángel soberano.
Leo.   Fácil es la descendida. 1150
 Sólo tu cansancio siento.
Lis.   Hoy verá el mundo en mi vida
 el extraño atrevimiento
 de un alma que va perdida.
 Mi sangre quiero verter. 1155
 Mueran pues, mueran los dos,
 porque tales suelen ser
 las obras de una mujer
 que está sin honra y sin Dios.
 Mi hermana a heredarme viene, 1160
 la envidia me da inquietud
 y matarla me conviene,
 que me ofende la virtud
 y aborrezco a quien la tiene.
 Si el ser Marcelo me dió, 1165
 con su maldición prolija
 a esta vida me obligó,
 y el que aborrece a su hija
 sin duda no la engendró.
 No es mi padre, es mi contrario, 1170
 y ansí a la muerte se viene.
Gil.   Ese intento temerario
 me agrada por lo que tiene

1142 *recato :* hesitation 1147–1148 *de la mano segura :* holding on securely 1163 *que :* for, because
1170 *contrario :* enemy

de pecado extraordinario.
　　Hecho será que me asombre;
que a la mujer nadie iguala
en celo y piadoso nombre,
pero cuando da en ser mala
es peor que el más mal hombre.

Apúntales LISARDA, *y pónese de rodillas* MARCELO.

MARC. 　　Deteneos, esperad;
para mí no es bien os pida
misericordia y piedad,
pues me quitáis poca vida
no perdonando a mi edad.
　　No es para mí caso fuerte
el verme así amenazando,
pues mataréis desa suerte
a un viejo que está llamando
a las puertas de la muerte.
　　Si yo en vuestras manos doy
la vida, me habéis sacado
de desdichas; porque soy
el hombre más desdichado
que Portugal tiene hoy.
　　Sólo la piedad pretendo
para esta hija, que es joya
con quien escapo huyendo
de mi casa, que es la Troya
que está en desdichas ardiendo.
　　Por ella, piedad espero;
pues que el soberbio elefante
ablanda su pecho fiero
cuando le ponen delante
un inocente cordero.
　　Hijas el cielo me dió;
ángeles han parecido,
porque la mayor cayó;
ya es demonio, y éste ha sido
el buen ángel que quedó.
　　De virtudes está llena,
ninguna mujer la iguala;
y pues mi desdicha ordena
que tenga vida la mala,
no me matéis vos la buena.
LIS. 　　Mas la envidia me inhumana.

1178 da en: is bent on *1182 piedad:* pity *1185 caso fuerte:* terrible occurrence *1215 me inhumana:* makes me inhuman

GIL.	No dé lumbre el pedernal.
	Sosiégate, hermosa dama.
	¿Qué dije? No es racional
	el hombre que no se allana.
	Aunque otras veces te vi 1220
	quise el alma como cuerdo,
	y la guardaba de mí;
	mas ya que sin mí la pierdo
	perdella quiero por ti.
LEO.	Si una vida queréis ya 1225
	yo pagaré ese tributo,
	que menos daño será
	cortar el temprano fruto
	que no el árbol que lo da.
	Cruel sois, la causa ignoro; 1230
	si es vuestra vida de toro,
	sirva mi vida de capa:
	rompelda mientras se escapa
	el dueño y padre que adoro.
	Nunca os ofendí, señor; 1235
	viva mi padre y yo muera.
	Si es de lobo este rigor,
	despedazad la cordera
	y dejad vivo al pastor.
	Aunque en ambos puso Dios 1240
	tan grande amor, que ninguno
	le ha igualado, y así vos
	sólo con matar al uno
	quitáis la vida a los dos.
GIL.	Aquellos ojos se deben 1245
	mil victorias y trofeos;
	cielos son que perlas llueven,
	y mis sedientos deseos
	dentro del alma los beben.
(*Aparte.*)	Por ti, divina Leonor, 1250
	haré otro grave delito,
	que el pasado fué un error,
	y éste es un ciego furor
	nacido de un apetito.
	A Marcelo he de matar. 1255
	Mas lo que el alma desea
	puede Lisarda estorbar.

1216 No... pedernal: Don't fire the harquebus. *1219 no se allana:* does not yield, humble himself *1224 perdella = perderla 1232 de capa:* i.e., as a bullfighter distracts the bull with his cape to aid a fellow bullfighter *1233 rompelda = rompedla;* metathesis

| | Váyanse pues al aldea
que allá la pienso gozar. |
|---|---|
| Bea. | Señor, por el cielo os pido
que ir nos dejéis con sosiego. |
| Lis. (*ap.*). | Y si tú no hubieras sido
alcagüeta de don Diego,
yo no me hubiera perdido.
Dime, Don Gil, ¿ qué haremos ? |
| Gil. | Que nuestra necesidad
con sus joyas remediemos,
y la amada libertad,
por ser tu sangre, les demos. |
Lis.	Rescatad las vidas.
Marc.	¿ Cómo ?
Lis.	Dándonos oro.
Marc.	Señor,
en esta caja de plomo
hay joyas de gran valor.

Dale el cofrecillo.

Lis. (*ap.*).	Si son mías nada os tomo.
Marc.	Estas joyas he guardado
a una hija que tenía.
Lis.	¿ Y adónde está ?
Marc.	Se ha casado
contra mi gusto este día
para mí tan desdichado.
Huyendo a mí me persigo
por no ver el casamiento
tan infelice que os digo,
que es envidioso tormento
la gloria de un enemigo.
Eslo mío el desposado
y pues ella se ha casado
contra el mandato de Dios,
gozad de sus joyas vos
que ansí me habéis consolado.
Lis.	Consolado ¿ en qué ?
Marc.	En pensar
que se ha podido llamar
más desdichado que yo
vuestro padre que engendró
hijos para saltear.

1258 al = a la *1263* alcagüeta = alcahueta: procuress *1276* a = para *1277* adónde = en dónde *1280 Huyendo a mí me persigo*: In fleeing I pursue myself *1282* infelice = infeliz *1285* Eslo mío el desposado: The bridegroom is an enemy of mine

456 EL ESCLAVO DEL DEMONIO [Act. II

Lis. (*ap.*). Quitarte el consuelo puedo 1295
si la máscara me quito.
La libertad os concedo.
Y adiós.
Bea. El sea bendito,
que ya respiro sin miedo.
Gil. Espera, que me has de dar 1300
la mano.

Tómale a Leonor *la mano.*

Leo. Mi vida es breve.
¿Si me la quiere cortar?
Gil. Sangre, leche, grana y nieve
el cielo quiso mezclar
en estas manos.
Leo. ¡Ay, cielos, 1305
temblando estoy!
Gil. Yo encendido
tocando estos dulces yelos.
¡Qué ignorante que he vivido
de amor, de favor, de celos!
Pero ya empiezo a saber 1310
que es peregrina criatura
para el gusto la mujer;
con razón por su hermosura
reinos se saben perder.
Lis. Vuelve.
Marc. Di que vuelva el llanto. 1315
Leo. ¡Don Gil, amigo de Dios,
quitadnos peligro tanto!
Gil. Por cierto, dama, que vos
os ofrecéis a un buen santo.
Marc. ¿Qué quieres?

Pónese de rodillas Lisarda.

Lis. Que me perdones 1320
tus injurias; que me digas
blandas y dulces razones,
y, cual padre, me bendigas.
Bea. ¡Oh, qué benditos ladrones!
Marc. Ya que con sano consejo 1325
pides bendición a un viejo,
Dios desta vida te saque.

---

*1298 El = Dios, referring back to adiós (a Dios) in v. 1298. 1300 que: for, because 1302 Si:
What if 1322 razones: words*

Él te perdone y te aplaque,
que perdonado te dejo.

Bendícele y vanse.

GIL. No es bendición sino error
la que pediste y te ha dado,
porque para el pecador
mientras gusta del pecado
no hay otra vida mejor.
¿ O vives arrepentida ?
LIS. Lejos estoy de ese estado,
mas bien es que el perdón pida
para tenello alcanzado
cuando mudare de vida.
GIL. En el poder de Don Diego
te juzgan.
LIS. Muerto lo llama.
GIL. ¿ Cómo ?
LIS. Hoy pienso poner fuego
a su bosque, y a la fama
vendrá, y matárele luego.
GIL. Con mucho rigor salteas,
si a tus padres no perdonas.
LIS. Imito, como deseas,
a las fieras amazonas
pero no al troyano Eneas.

Abre el cofre; ven las joyas.

GIL. ¿ Qué joyas son ?
LIS. No pequeñas.
GIL. ¿ Y éste ?
LIS. Retrato ha de ser
de mi hermana.

Toma el retrato.

GIL. El sol me enseñas.
LIS. La caja quiero esconder
entre estas ásperas peñas.

Vase LISARDA *con el cofre.*

1339 mudare = mude 1341 Muerto lo llama = Llámalo muerto. 1343 fama: report, news *1348 amazonas:* Amazons *1349 Eneas:* See page 252, v. 503, note.

Gil.	Amor, el alma abrasada	1355
	con viva esperanza viva,	
	que podrás dársela viva	
	pues hoy se la das pintada.	
	El alma, tuya se nombra	
	con amorosos desmayos,	1360
	mas ¿ qué efecto harán tus rayos	
	si así me ciega tu sombra ?	
	Leonor, mi pecho se abrasa,	
	tu gloria he de pretender,	
	que la peste pienso ser	1365
	de las honras de tu casa.	
	Gozar pienso el bien que veo,	
	pues lo llegué a desear,	
	que no me han de condenar	
	más las obras que el deseo.	1370
	Si la intención y el afeto	
	condenan al pecador,	
	por gozar de ti, Leonor,	
	daré el alma.	

Sale el demonio vestido de galán, y llámase Angelio.

Ang.	Yo la aceto.	
Gil.	Después que a este hombre he mirado,	1375
	siento perdidos los bríos,	
	los huesos y labios fríos,	
	barba y cabello erizado.	
(*Aparte.*)	Temor extraño he sentido.	
	Alma ¿ quién hay que te asombre ?	1380
	¿ Cómo temes tanto a un hombre	
	si al mismo Dios no has temido ?	
Ang.	No temas, Don Gil, espera.	
Gil.	Di, ¿ quién eres ?	
Ang.	Soy tu amigo,	
	aunque he sido tu enemigo	1385
	hasta ayer.	
Gil.	¿ De qué manera ?	
Ang.	Porque imitándome vas;	
	que en gracia de Dios me ví,	
	y en un instante caí	
	sin que pudiese jamás	1390
	arrepentirme.	
Gil.	¿ Y te llamas ?	

1355-1358 Amor . . . pintada: Love, may my burning heart live alive with hope, for you will be able to give her to it alive since today you give her to it in painted form (her portrait). *1364 tu gloria he de pretender:* I shall seek the glory of winning you *1365 peste:* plague, corruption *1371 afeto = afecto:* inclination *1374 aceto = acepto* *1378 erizado:* bristling

| ANG. | Angelio, y vivo espantado
de lo poco que has gozado
gusto de juegos y damas.
  Si predestinado estás
la gloria tienes segura.
Si no lo estás, ¿no es locura
vivir sin gusto jamás?
  Si aprender nigromancía
quieres, enseñarla puedo,
que en la cueva de Toledo
la aprendí, y en esta mía
  la enseño a algunos, y ciencia
para vicios infinitos
corriendo los apetitos
sin freno de la conciencia.
  Si a los infiernos conjuras
sabrás futuros sucesos
entre sepulcros y huesos,
noches y sombras oscuras.
  En todos cuatro elementos,
verás extrañas señales
en las plantas, animales
y celestes movimientos.
  Tu gusto será infinito;
con vida libre y resuelta
seguirás a rienda suelta
los pasos de tu apetito.
  Y pues que tienes amor
a Leonor, aunque es incesto,
haré que la goces presto. | 1395

1400

1405

1410

1415

1420 |
|---|---|---|
| GIL. | ¿Que adoro a Doña Leonor
has sabido? | |
| ANG. | Y no imagines
que en lo que toca a saber
me pueden a mí exceder
los más altos cherubines. | 1425 |
| GIL. | Tengo a tu ciencia afición.
Yo aprenderé tus lecciones. | |
| ANG. | Guardando las condiciones
con que las deprendí. | |
| GIL. | ¿Y son? | 1430 |

1401 The legendary lore of the Middle Ages regards Toledo as a center of necromancy. Cf. Juan Manuel's *Conde Lucanor*, Chapter XI. *1411 cuatro elementos*: the ancient concept of the elements as consisting of earth, water, air, and fire *1420 incesto*: incest in the sense that Don Gil loves two women of the same family *1430 deprendí = aprendí*

Ang.   Que del mismo Dios reniegues,
y haciendo escrituras firmes
de ser mi esclavo, las firmes
con sangre, y la crisma niegues.
Gil.   Alma, si hay alma en mi pecho,   1435
hoy tu salvación se impide.
Poco pide, pues me pide
lo que casi tengo hecho.
  Dejando la buena vida
perdí el alma, pues ¿qué espero,   1440
si por hallar lo que quiero
doy una cosa perdida?
  Si son tres las condiciones
con que ofendí a Dios eterno,
ya tengo para el infierno   1445
bajado tres escalones.
  Otro con algún disgusto
sa da muerte o desconfía,
y así viene a ser la mía
desesperación de gusto.   1450
  Digo, que haré lo que ordenas,
pero has de darme a Leonor.
Ang.   ¡Ah, discípulos!

Salen dos en hábitos de esclavos.

Escla. 1.º   Señor.
Ang.   Sangrad a don Gil las venas
porque a ser mi esclavo empieza.   1455
Gil.   Yo a ser discípulo voy.
Ang.   No te pese, porque soy
de mejor naturaleza.

Meten a Don Gil *los esclavos. Queda* Angelio; *sale* Lisarda.

Lis.   Junto a una fuente, que espejo
de cristales y diamantes   1460
es del sol, dos caminantes
robados y muertos dejo.
  Relámpago fué y ensayo
de mi colérico fuego,
pero el matar a Don Diego   1465
será la verdad y el rayo.
  Probar quise mi valor,
mas, ¿cómo no he de ser fuerte
en la ajena, si a mi muerte
tengo perdido el temor?   1470

1434 *crisma:* baptismal grace

Cazadora de hombres soy,
(fieras, de otro nombre indinas).
Yo colgaré en las encinas
humanos despojos hoy.
    Serán silvestres picotas
tanto que a decirnos muevan
que ya las encinas llevan
cabezas y no bellotas.

Ve la visión del demonio que asoma, y dice:

¡Jesús! ¿De qué ha procedido
tan prodigioso temor?
¿Adónde están el valor
y arrogancia que he tenido?
    ¿Sólo a un hombre tanto temo
que ni es monstruo ni gigante?
Pasar no puedo adelante,
espantada con extremo.
    La muerte le quiero dar.

Apúntale la escopeta.

ANG. No tienes qué prevenir,
que si no puedo morir,
¿cómo me podrás matar?
LIS. ¿Viste un hombre?
ANG.   A un hombre ví,
que no ha de ser hombre más.
LIS. ¿Qué ha de ser?
ANG.   Tú lo verás.

Entran los esclavos y sacan a DON GIL, *hecho esclavo, con S y clavo.**

ANG. ¿Firmó la escritura?
ESCLA. 1.°   Sí.
LIS. ¿Quién habrá que a Don Gil vea
que no se admire? ¿Qué es esto?
GIL. Yo a servirte estoy dispuesto.
ANG. Esta cédula se lea.

Lee el papel.

GIL.   Si aprendo la sutil Nigromancía
que el católico llama barbarismo,
y excediendo las fuerzas de mí mismo
gozare de Leonor un breve día;

1472 *indinas* = *indignas*: unworthy 1474 *despojos*: mortal remains 1475 *picotas*: pillories 1481 ¿*Adónde* = ¿*En dónde* *S y clavo = *esclavo*: The person marked with the S and the nail was identifiable as a slave. 1496 *que no se admire*: who does not wonder

                digo yo Don Gil Núñez de Atoguía,
              sin temor de las penas del abismo,
              que reniego del cielo y del bautismo,   1505
              perdiendo a Dios la fé y la cortesía.
                Su nombre borro ya de mi memoria.
              Tu esclavo para siempre quedo hecho
              por gozar desta vida transitoria,
                y renuncio el legítimo derecho   1510
              que la Iglesia me da para la gloria
              por la puerta que Dios abrió en su pecho.
                Así la otorgo.
ANG.   Pues, ea;
              maten hombres esas manos,
              porque entre cuerpos humanos   1515
              la primer lición se vea.
                Esta cueva es el asilo,
              y allí entre negros altares
              llorarás lo que matares
              como suele el cocodrilo.   1520

              Éntranse; quedan DON GIL *y* LISARDA.

LIS.   ¿Qué traje es este?
GIL.   De esclavo,
              que he dado mi libertad
              por cierta curiosidad
              que te encarezco y alabo.
                Aprendo Nigromancía   1525
              que en esta cueva me enseña.
LIS.   No es curiosidad pequeña.
              Yo también daré la mía.
                Contigo la aprenderé.
GIL.   Guardan ciertas condiciones.   1530
LIS.   Si mongibelos me pones,
              por sus llamas pasaré.
GIL.   De Dios has de renegar.
LIS.   Harélo una vez y dos.
GIL.   Y de la Madre de Dios.   1535
LIS.   Eso no puedo otorgar.
GIL.   ¿Pues, no es más Dios?
LIS.   Sí, más es;
              mas si a los dos niego agora,

1506 *cortesía*: respect 1516 *primer lición* = primera lección 1520 The crocodile entices his victims by uttering a wail like a person in distress calling for assistance. 1531 *mongibelos*: sparks in burned papers 1534 *una vez y dos*: over and over again

	¿ quién será mi intercesora	
	si me arrepiento después?	1540
GIL.	Apréndela tú sin miedo	
	del que la vida te dió,	
	que no soy demonio yo	
	que arrepentirme no puedo.	
(*Habla*	Y en tu loca juventud	1545
aparte.)	la muerte quisiera darte;	
	pero es virtud el matarte,	
	y aborrezco la virtud.	
LIS.	Pecadora y ciega soy	
	y espero hacer penitencia,	1550
	aunque mi enferma conciencia	
	dice que mejor es hoy.	

Vase.

GIL.	Espérate, para luego	
	volverte a inflamar en ira,	
	con la verdad y mentira	1555
	que la dije de don Diego.	
	Quiero ocasiones buscar	
	en que usar del vicio nuestro,	
	pues he hallado maestro	
	para enseñarme a pecar.	1560

Éntrase.

Campo próximo a una aldea.

Salen DON SANCHO *y* FABIO, *de labradores.*

FAB.	¿ Podráte conocer?	
SAN.	Es imposible,	
	que no me vió Marcelo en muchos años.	
FAB.	¿ Y si te extrañan los de aquesta aldea?	
SAN.	No importa. Pensarán que en las entrañas	
	moramos.	
FAB.	¿ Qué pretendes?	
SAN.	La alma noble	1565
	desta Leonor que ya robó la mía.	
FAB.	Lisarda no ha venido con su padre.	
SAN.	Ya yo lo supe; no sé qué es la causa,	
	si es muerta, si es casada.	

1552 hoy: the pleasures of the moment *1556 la:* refers to the half-truth *1563 te extrañan:* consider you as a stranger *1564 las entrañas:* the interior *1565 moramos:* we dwell. *La alma:* The usual *el* would have given ten syllables to this hendacasyllabic verse.

FAB.   Todo es uno.
Mas, todos están tristes, y sospecho   1570
que es muerta.   Hoy lo sabré.

Entran DON DIEGO *y* DOMINGO, *de labradores*.

DIEG.   Calla Domingo;
no me aconsejes, que me abrasa el alma
el amor de Lisarda.

DOM.   ¿ Y qué es tu intento ?

DIEG.   Robarla.

DOM.   Ya pudiste, y como necio
dormido me dejaste, y te acogiste.   1575
No sé si miedo fué.

SAN.   Fué celo bueno.
Procura el amistad de los villanos,
que introducido yo una vez entre ellos
y el rostro recatado de Marcelo,
ocasión buscaré para mi intento.   1580

DOM. (*a* FABIO *y* DON SANCHO).
Mantengaos el Señor.

FAB.   Sí, que es buen amo
y a todos nos mantiene.

DOM.   ¿ Habéis ya visto
el señor del lugar ?

FAB.   Visto le habemos.

DOM.   ¿ Y a las señoras ?

FAB.   Sólo trajo una,
que es Leonor.

DOM.   ¿ Y Lisarda ?

FAB.   Creo que es muerta.   1585

DOM.   Pues mal te haga Dios.   ¿ Así lo dices ?
¿ Oyes esto, señor ?

DIEG.   Oígolo y creo
que así debe de ser, porque Marcelo
la habrá muerto por no verla casada
conmigo.   ¡ Viejo cruel !   ¡ Triste Don Diego !   1590

DOM.   Ninguno desta casa me conoce :
informarme podrá.   Escóndete presto,
que salen a este prado.

SAN.   Esta es la gloria,
que pienso conservar en mi memoria.

Salen MARCELO, LEONOR, BEATRIZ (MARCELO *con gabán puesto*)
y un músico.

1575 *te acogiste:* took refuge 1577 *el* = *la.* Cf. v. 1565. 1583 *el* = *al.* The direct personal object without a preposition was common at that time; *habemos* = *hemos*

Marc.	Mucho agradezco el deseo	1595
	que muestras tú de alegrarme.	
	Cantad, mientras deste campo	
	gozo de los frescos aires.	
Mús.	«Escucha, Lisarda, ausente	
	de aquestos amenos valles,	1600
	más que Anajarte cruel	
	y más hermosa que Dafne.	
	Al pastor que te adoraba	
	trocaron tus libertades,	
	y a Gerarda llama dueño	1605
	que en perfección es un angel».	
Dom.	Señor Marcelo, pescudo	
	cómo a este prado no sale	
	nuesa señora Lisarda.	
Marc.	No la nombres, no me mates.	1610
	Lágrimas vierten mis ojos	
	si della me acuerdo.	
Dieg.	Sangre	
	fuera mejor. Ello es cierto.	
	¡Mi mal y desdicha es grande!	
Mús.	«Con justa razón te olvida,	1615
	pues no supiste estimarle,	
	y ha mejorado de gusto	
	siendo de Gerarda amante».	
San.	Dame licencia, señora,	
	que mientras cantan te hable.	1620
Leo.	Ya te conozco, Don Sancho.	
San.	Amor atrevidos hace.	
Mús.	«Con menosprecio y olvido	
	es justa razón que paguen	
	a quien no estima las obras	1625
	ni agradece voluntades».	
Dieg.	Pregunta claro si es muerta.	
Dom.	Mis pescudas no te cansen.	
	¿Murió Lisarda?	
Marc.	Ya es muerta	
	en esta casa.	
Dom.	¿Escuchaste?	1630

1601 Anajarte: Anaxarete, mythological Cypriot maiden who, by her disdain, caused her lover's suicide *1602 Dafne:* Daphne, nymph loved by Apollo *1605 dueño:* mistress *1607 pescudo:* I ask *1609 nuesa = nuestra 1620 que = para que 1622 atrevidos hace:* makes men bold *1626 voluntades:* goodwill, kindness *1628 pescudas:* questions *1629 muerta:* i.e., spiritually

	Que en esta casa murió	
	me ha dicho.	
Dieg.	¡Ay, hermosa mártir,	
	vida inocente, alma noble!	
	¡Viejo tirano, mal padre!	
	Matarle quiero y vengarla.	1635
Dom.	Más sano será que calles.	
Dieg.	Loco estoy.	
Dom.	Mira que estamos	
	entre villanos, cobardes,	
	y son muchos.	
Dieg.	Ella ha muerto.	
	Domingo, mi mal es grande.	1640
Dom.	Soy Domingo y tus desgracias	
	me van convirtiendo en Martes.	

Vanse don Diego, *y* Domingo.

Mús.	«En el jardín del amor	
	entre verdes arrayanes	
	duerme Gerarda al ruido	1645
	de fugitivos cristales».	
San.	No te ofendo si te adoro.	
	Mira, Leonor, que no es fácil	
	vencer una inclinación.	
Leo.	Podráse ofender mi padre.	1650
	Podráse ofender mi honor.	
	Mira, Don Sancho, qué haces,	
	que puedo ser murmurada	
	si estás aquí en este traje.	

Entra Constancio, *labrador.*

Cons.	Señor, si de tus vasallos	1655
	sientes las desdichas grandes,	
	siente y remedia la mía	
	que la tendrás por notable.	
	A las fuentes de esa sierra	
	subí yo con dos zagales	1660
	y mi hija, cuya boda	
	fuera mañana en la tarde.	
	¡Nunca a las fuentes subiera,	
	que otras en mis ojos nacen	
	que correrán mientras dure	1665ª

1641-1642 Domingo... Martes. Note the play on words. *Martes:* Mars (or) Tuesday. Tuesday was regarded as an unlucky day. *1644 arrayanes:* myrtles *1653 murmurada:* gossiped about *1662 fuera:* was going to be

mi vida caduca y fácil!
Salieron cuatro ladrones,
crueles como cobardes,
que entre esos montes soberbios
no vistos insultos hacen, 1665
y a Lísida me robaron.
Mira si es razón que bañen
con lágrimas estas canas
ojos que ven cosas tales.
Un esclavo es capitán 1670
de aquella cuadrilla infame,
y aficionóse de verla.
¡Cegaran sus ojos antes!
Viéndose presa y forzada
daba gritos, aunque en balde, 1675
cual cabritillo que bala
por las voces de su madre.

MARC. Mi mal renueva esta historia.
Sucesos son semejantes.
LEO. Mis joyas robaron esos. 1680
SAN. ¿Que eso me encubres y callas?
¿A tí, que las almas robas,
se atrevieron? A buscarles
tengo de ir en tu servicio.
Con su muerte he de obligarte. 1685
Labrador, si en esa aldea
alguna gente juntases,
yo buscaré los ladrones:
no hayas miedo que se escapen.
LEO. Habrá muchos que te sigan. 1690
CONS. Yo también pienso ayudarte.
SAN. Con tu licencia, señora,
ir pienso.
LEO. Merced me haces.
¿Quién es este labrador
forastero y de buen talle? 1695
FAB. De aquesta cercana aldea
hombre de bien ... y tu amante.

Vanse los labradores.

LEO. Basta ya. Prosigue tú
en cantar aquel romance,
que gusto me dió.

1666ª *fácil:* docile 1673 *¡Cegaran ... antes!* Would that he had lost the sight of his eyes first! 1674 *presa:* captured 1678 *Mi ... historia:* This story renews my misfortune. 1684 *tengo de =*
he de 1689 *hayas = tengas* 1697 *hombre de bien:* a man of honor; *tu amante:* in love with you

Bea.   Otro tono
       podrá decir que te agrade.
Prín. (*dentro*). Esta voz he de escuchar
       mientras hierran los caballos.

Cante el músico algo, y sale Don Sancho, *príncipe de Portugal y* Don Rodrigo, *criado suyo, de camino.*

Rod.   El señor destos vasallos
       es éste.
Leo.   Torna a cantar.
Prín.   ¡ Ah, don Rodrigo !
Rod.   Señor.
Prín.   Gran mal hay.
Rod.   Dame tristeza
       que eso diga vuestra alteza.
       ¿ Qué mal siente ?
Prín.   Mal de amor.
       ¿ Has visto rostro más grave,
       color más viva y perfeta,
       más señales de discreta,
       habla más viva y süave ?
       Muerto soy, y no me espanto :
       sin causa serpiente he sido,
       pues que no cerré el oído
       a las voces de su encanto.
Bea.   Dos forasteros atentos
       a la música han estado.
Leo.   Y uno dellos me ha robado
       más de cuatro pensamientos.
Marc.   A Coimbra pasarán.
Leo.   Buen talle. ¡ Cómo parece
       caballero !
Prín.   Él lo merece.
Leo.   Los soldados aquí están.

Tocan una caja; salen todos los villanos que puedan, Don Sancho *de capitán y villano,* Fabio, *de alférez, y los demás.*

San.   Marchen en concierto.
Rod.   Tío,
       ¿ quién es padre desta dama ?
San.   Éste, y Marcelo se llama
       de Noroña.

1700 *tono*: tune 1705 *Torna* = *Vuelve* 1711 *perfeta* = *perfecta* 1721 *más de cuatro*: more than a few 1724 *Él lo merece*: continues the interrupted thought of verse 1717 1726 *Tío*: Uncle, Old man

Prín.	Deudo es mío.	
Rod.	Y decidme ¿ dónde van	1730
	armados estos garzones ?	
Cons.	A prender unos ladrones.	
Prín.	No es mal hecho el capitán.	
San.	Acá les traigo el alarde.	
	Sus bendiciones le den.	1735
Leo.	Todo os suceda muy bien,	
	y el cielo, Sancho, te guarde.	
Marc.	¿ Sancho te llamas ?	
San.	Señor,	
	uno Sancho, otro Pascual.	
Leo.	Y Sancho de Portugal.	1740
San.	Mejor dirás de Leonor.	

Del dueño el nombre se toma.
Tuyo soy y lo confiesa
el ánimo, aunque esta empresa
no es de César ni de Roma. 1745
  No voy con valor profundo
ni con griegos estandartes
a conquistar las tres partes
como Alejandro segundo.
  Voy a cobrar los despojos, 1750
y tú el ánimo me pones;
pero ¿ quién busca ladrones
si están presentes tus ojos ?
  Mas, ¿ a quién están mirando
tan divertidos y atentos ? 1755
¡ Ay, celosos pensamientos !
Al Príncipe está mirando.
  ¿ No es éste don Sancho, cielos,
Príncipe de Portugal ?
Déjeme en paz con mi mal 1760
sin darme muerte de celos.
  ¿ Dónde va, si no ha venido
a ver el sol que me admira ?
¡ Con qué atención que la mira !
Y ella en él se ha divertido. 1765
  Quiero sufrir y callar.
¡ Ah, ingrata ! De celos muero.
¿ Qué miras ?

1729 Deudo: a relative *1731 garzones:* lads. Cf. Fr. *garçons. 1734 alarde:* officer conducting the muster or review of soldiers *1749 como...segundo:* as a second Alexander *1750 los despojos:* what was lost (stolen) *1753 tus ojos:* your eyes (which have stolen my heart) *1763 me admira:* makes me marvel

Leo.	Un forastero
	convida siempre a mirar.
	No es bien que ingrata me llames. 1770
	¿ Qué favores te he quitado ?
San.	Los que pido y no me has dado.
Leo.	Si consiento que me ames
	favores son cortesanos.
Cons.	Vamos, capitán, que es tarde. 1775
San.	¡ Bueno voy haciendo alarde
	de celos y de villanos !

Éntranse los del escuadrón.

Prín.	Merece que la veamos.
	Yo he mitigado el cansancio.
	Don Rodrigo, dí que a espacio 1780
	hierren, que todos erramos.

Entra Riselo.

Ris.	Perdóname las nuevas desdichadas
	que traigo.
Marc.	Ya están hechos mis oídos
	a desdichas. ¿ Qué son ?
Ris.	Muerta es Lisarda.
	Don Diego la mató sin duda alguna. 1785
Marc.	¿ Cómo lo sabes ?
Ris.	Como en ese campo
	él mismo dice a voces: «sepan todos
	que a Lisarda mató quien aborrece
	su sangre», y como loco a todos dice :
	« Lisarda es muerta; ya murió Lisarda ». 1790
	« Quien su sangre aborrece le dió muerte ».
Marc.	Él es el que mi sangre ha aborrecido.
	Un hijo me mató y robó una hija
	y en vez de desposarse me la ha muerto.
	Por tálamo le dió la sepultura, 1795
	y por darme dolor vino a decillo.
	Paciencia me ha faltado. Iré a la corte
	y al Rey me quejaré destos agravios,
Prín.	Yo podré remediar vuestra desgracia.
	¿ Quién es el ofensor ?

1774 favores son cortesanos : it is like the favors out of courtesy *1780 a espacio* = *despacio 1781* A play on *herrar* ("to shoe horses") and *errar* ("to wander, err"). The pun was common. *1782 nuevas :* news *1795 tálamo :* bridal bed *1796 decillo* = *decirlo*

MARC.	Mi mal es tanto	1800
	que asiento no tendré. Díselo, hija,	
	que referido el mal siempre se alivia.	
LEO.	¿Quién sois, señor que remediar desdichas	
	podéis?	
PRÍN.	Un cortesano que pudiera	
	dar cuenta al mismo rey.	
LEO.	Y que ha podido	1805
	mitigar el dolor que me ha causado *(Aparte.)*	
	la muerte de mi hermana.	
BEA.	¿Y adónde bueno	
	vais por aquí?	
PRÍN.	Corriendo voy la posta	
	para ver a Don Gil, un hombre santo	
	canónigo en la iglesia de Coimbra,	1810
	a pedirle que ruegue a Dios que sane	
	a mi padre que está en mucho peligro,	
	y es persona que importa en estos reinos.	
	Este es, señora, el fin desta jornada,	
	mas después que os miré salir no puedo	1815
	deste lugar con libertad ni alma,	
	que al mismo amor podéis matar de amores.	
LEO.	Muy sin crédito están vuestros favores.	

Entra DON SANCHO, *vestido de labrador.*

SAN.	Si ha conocido Leonor	
	quién es el que la miraba,	1820
	mi esperanza y bien se acaba;	
	que le ha de cobrar amor.	
	El alma traigo abrasada.	
LEO.	Capitán, ¿dónde volvéis?	
SAN.	A pediros que nos deis	1825
	insignia en esta jornada:	
	una banda, cinta o toca	
	que siendo vuestra, pardiobre,	
	que lleve fuerza de robre;	
	poco he dicho, de una roca.	1830
PRÍN.	Si un rústico labrador	
	te estima tanto y adora,	

1801 asiento: rest, calm *1807–1808 ¿Y ... aquí?:* Where in goodness are you going? A familiar expression of good wishes for the errand. *1808 Corriendo voy la posta:* I am going posthaste *1814 jornada:* journey *1815 no puedo: salir* understood *1818 Muy sin crédito:* Not very believable *1828 pardiobre = pardiez:* by Jove! *1829 robre = roble:* oak tree *1830 poco he dicho:* I should say even greater (power)

¿ cómo no ha de amar, señora,
quien conoce tu valor?
— Ninguno me ha conocido. — (*Dice aparte.*)

San. No suelen los cortesanos
dar celos a los villanos.
Prín. ¿ Luego celos has tenido?
San. Al paso que tengo amor.
Prín. ¿ Amas mucho?
San.   Amando muero.
Prín. Pues yo seré tu tercero.
Dadle, señora, un favor;
vaya a esta empresa contento.
San. Hed lo que el señor os manda.
Leo. Echadle al cuello esta banda,
si gustáis.

Quítase una banda y dásela al Príncipe.

San.   Más es tormento
que merced la que me has hecho,
si viene por mano ajena.
Prín. Labrador, la banda es buena.
San. Así me hará buen provecho.
Bea. Espera entre aquesos ramos,
que les ha dado ocasión
de tener una questión.
Leo. Mal he hecho. No más. Vamos.

Pónese Leonor, *y* Beatriz, *aparte.*

Prín. Mucho la banda te vale,
pues te doy este diamante
por ella.
San.   Soy gran amante.
No hay tesoro que la iguale.
Prín. Deja esa necia porfía.
San. No ando en esto necio yo.
Prín. ¿ No ves que el dártelo o no
de mi voluntad pendía?
« Que si gustaba la diese »
dijo el dueño, y así es justo
que si de darla no gusto
me la lleve aunque te pese.
Leo. Valor tiene el forastero.
Bea. Reñir tienen. Mal hiciste.

1839 Al paso: At the same time *1841 tercero:* go-between *1844 Hed* = Haced *1853 question* = cuestión: quarrel *1868 Reñir tienen* = Tienen que reñir.

San.	Tú para mí la quisiste.	
Prín.	Pues yo dártela no quiero.	1870
	Eres un necio.	
San.	Discreto	
	si a necio aquí correspondo.	
	Yo sé por qué no respondo.	
Leo.	Esto ¿ es miedo o es respeto?	
Bea.	¿Por qué le ha de respetar?	1875
	Es miedo y no se ha atrevido.	
	Claro está.	
San. (*aparte*).	— Yo soy perdido.	
	No me sé determinar.	
	Si pierdo la banda, pierdo	
	una prenda de favor.	1880
	El príncipe es mi señor.	
	Si le ofendo no soy cuerdo.	
	Si la dejo, por cobarde	
	mi dueño me ha de tener;	
	si me dejo conocer	1885
	no hay quien fé en amores guarde.	
	No vi confusión igual;	
	estando Leonor delante	
	o dejo de ser amante	
	o dejo de ser leal.	1890
	Así lo remediaré. —	
	Aunque yo la banda espero	
	no he de reñir, que no quiero	
	reyertas con su mercé.	
	Pero si quieres mirar	1895
	si tengo valor y brío	
	dásela a aqueste judío	
	que yo la sabré cobrar.	
Rod.	Porque ese infame grosero	
	no me tenga por cobarde,	1900
	deja, señor, que la guarde.	
Prín.	No es razón.	
Rod.	A un caballero	
	se la das.	
San.	Señor, señor,	
	que bien se la puede dar.	
Prín.	No le habéis de maltratar	1905
	sino probar su valor.	
Rod.	Ya la tengo. Vesla aquí.	
San.	Pues yo le prometo a Dios	

1872 si a necio aquí correspondo: if I fit the role of a fool   *1894 su mercé = su merced:* your grace
1898 cobrar: recover   *1899 Porque = Para que*

	que son menester los dos	
	para guardarla de mí. (*Ásense los dos.*)	1910
Leo.	¿Cómo estuve inadvertida	
	en la locura que he hecho?	
San.	Quitaros tengo del pecho	
	o la banda o vuestra vida.	
Prín.	No es villano este valor.	1915
	Sin duda que es caballero,	
	y aun yo conocerle quiero	
Bea.	Es valiente, tiene amor.	
Rod.	Demonio es este aldeano.	
	La banda le dejo.	
San.	Así	1920
	podréis libraros de mí.	
Bea.	Ya trae la banda en la mano.	
San.	Así cobro lo que es mío.	
Prín.	Yo la pienso restaurar,	
	y conmigo has de mostrar	1925
	segunda vez ese brío.	
San.	Pues en reverencia y fe	
	de mi amor y tu valor,	
	(y así de aqueste favor)	
	humano mártir seré.	1930
	Tomad, señor, la mitad,	
	y en hacer esto os enseño,	
	que, como soy, con su dueño	
	parto yo la voluntad.	
Bea.	¡Don Sancho de Portugal!	1935
Leo.	Gran respeto le ha tenido.	
	Sin duda le ha conocido	
	y es persona principal.	
San.	Da tus favores, ingrata,	
	con más prudencia otro día.	1940
Prín.	El me vence en cortesía,	
	y ella de amores me mata.	

Vanse.

Monte.

Sacan Don Gil *y los esclavos a* Don Diego *y* Domingo, *atados y medio desnudos.*

Dieg.	Bandolero ladrón, esclavo noble,	
	quienquiera que tú seas, ¿qué te mueve	
	a prenderme? ¿No basta que el dinero	1945
	me quites y la ropa?	

1934 parto: I divide *1938 principal:* illustrious

vv. 1909-1979] MIRA DE AMESCUA 475

DOM. Ilustre esclavo y capitán valiente
destos ministros émulos de Caco, — intertext
¿ en qué el pobre Domingo te ha ofendido ?
Déjame vivo, y mas que vaya en cueros. 1950
GIL. Ataldos a esos robles.
DIEG. — Yo me acuerdo
de unas palabras de Don Gil el santo
tan fuertes y eficaces que volvieron
mi pecho. El deste moveré con ellas. —
Amigo, si enfadaren mis consejos 1955
es buena la intención; perdona y mira
que Dios rompe la paz y enojo toma
contra el hombre que ofende sus criaturas.
Huye el mal, busca el bien, que es la edad corta,
y hay muerte y hay infierno, hay Dios y gloria. 1960
GIL. Las últimas razones de mi vida
aquellas son, que ya mi vida es muerta.
DIEG. Si hay número en pecar determinado,
¿ qué sabes si te falta darme muerte
para ser condenado eternamente ? 1965
Huye el mal, busca el bien, que es la edad corta,
y hay muerte y hay infierno, hay Dios y gloria.
GIL. Esa doctrina prediqué en un tiempo,
moví con ella un pecho de cristiano,
mas yo me obstino más, que soy demonio. 1970
Queden atados. A Lisarda busco,
porque muerte le dé su mano propia.

Éntranse; quedan atados DON DIEGO *y* DOMINGO.

DIEG. Vivos nos dejan. ¡ Oh, palabras santas !
Al fin son de don Gil estas razones.
DOM. Desátame, señor, primero, y luego 1975
desataréte a ti.
DIEG. ¿ Qué dices, necio ?
DOM. Como estoy a la muerte desvarío.
San Sebastian parezco de azabache;
quiera Dios que no lleguen las saetas.

Entra LISARDA.

1948 Caco: Cacus, notorious bandit killed by Hercules (*Aeneid*, Bk. VII) *1950 mas que vaya en cueros:* even if I go naked *1951 Ataldos = Atadlos 1954 El deste = El corazón de éste 1961 razones:* words *1977 desvarío:* I am delirious *1978* Dressed in black and tied to a tree, he resembles a (black) Saint Sebastian, who was killed with arrows.

Lis.	La fábrica del mundo, comparada
con la celeste máquina en su punto,
y la gloria del hombre, es un trasunto
de la angélica empresa derribada.
Perece la presente edad, pasada,
si la eterna de Dios contempla junto;
y al fin de largos años vé difunto
el cuerpo envuelto en humo, en sombra, en nada.
La vida, el mundo, el gusto y gloria vana
son juntos nada, humo, sombra y pena.
Del alma, que es eterna, el bien importa.
Pues ¿ cómo una mujer, siendo cristiana,
se opone contra Dios y se condena
por el gusto que dá vida tan corta ?

Dom.	Si tenéis necesidad,
gentil hombre, de un cordel,
yo os haré servicio de él.
Aquí le tengo.   Llegad.

Dieg.	Tened piedad caballero,
de una extraña tiranía.

Dom.	No repare en cortesía:
desáteme a mí primero.

Lis.	Aquesta ocasión se opone
a mi buena pretensión.

Pónese la mascarilla.

Dom.	También es éste ladrón,
que la máscara se pone.

Lis.	Al fin he venido a ver
mi castigo entre mis brazos,
¿ Si es Don Diego ?   ¿ Si son lazos
para que torne a caer ?
Ya vuelvo a la escuridad,
no me quiero arrepentir.
Vela he sido, que al morir
muestra mayor claridad.
Don Diego es.   ¡ Ingrato, muera !
Navegante soy que a nado
salí del mar del pecado
y me anegué a la ribera.
Muere, traidor.

Apunta a Don Diego, *y no dispara.*

1980 fábrica: fabric, structure *1983 la angélica empresa derribada:* the kingdom of the defeated Satan *1989 son juntos nada:* are altogether nothing *2007 castigo:* vengeance *2010 escuridad = obscuridad 2012 Vela:* Candle *2017 me anegué:* I drowned

Dom.   ¡ Santo Dios,
            socorred en tanto mal!
            No dió lumbre el pedernal.
            Sancte Petre, ora pro nos.
                Pues que no hay santo lacayo
            que me libre deste fuego,
            válgame un santo gallego:
            ¡ Socorredme vos, San Payo!
Dieg.   Piedras me están perdonando,
            ¿ y tú en matarme qué medras?
Lis.   Si te perdonan las piedras,
            piedra soy y así me ablando.
                Perdón te pido, y confío
            que así a Dios obligaré
            de modo que le podré
            pedir perdón por el mío.
                Enemigos importunos
            tuvo Dios y perdonó,
            y en esto ser Dios mostró
            más que en milagros y ayunos.
                Y pues que mi pecho sabe
            en la ley de Dios glorioso
            hacer lo dificultoso,
            mejor hará lo süave.
                        Desátalos.
Dieg.   ¿ Quién eres?
Lis.   Decir pudiera
            el que más has perseguido.
Dieg.   A ser quien más he ofendido,
            que eras Lisarda dijera;
                pero yo no te he ofendido,
            que no te he visto jamás.
Lis.   Toma, que desnudo estás;
            busca a quien comprar vestido.
                Toma.

                    Dale una sortija.

Dieg.   Por favor del cielo
            tomo la vida y las prendas.
            ¿ Qué me mandas?
Lis.   Que no ofendas
            cosas jamás de Marcelo.

2020 No ... pedernal: The gun did not go off. *2021 Sancte Petre = San Pedro 2025 San Payo = San Pelayo 2026 Piedras:* Stones; i.e., the flint of the gun that did not go off *2027 qué medras:* what do you gain *2044 A ser:* If you were

Dieg.	Soy tu esclavo hasta la muerte;
	cumpliré tu honrado gusto.	2055
Dom.	¿Por ventura soy el justo
	sobre quien cayó la suerte?
	¿He de morir?
Dieg.	No.
Dom.	Sospecho
	que al árbol estoy pegado.

Desátalo.

| Dieg. | Confuso estoy y admirado | 2060 |
| | de quien tanto bien me ha hecho. |

Éntranse, y queda LISARDA.

Lis.	Ya, Dios Santo, me dispongo
	por serviros a morir,
	aunque lo quiera impedir
	el infierno a quien me opongo.	2065

Sale LÍSIDA, *pastora, destocada.*

Lísid.	Una desdichada ampara
	que de la muerte se ha huído,
	y su honra ha detenido
	tan a costa de su cara.
	Sin aliento y fuerzas hablo.	2070
	Un esclavo me prendió,
	que en los hechos pareció
	que era el esclavo del diablo.
	Forzarme quiso y vencer
	mis pensamientos honrados,	2075
	pero a gritos y bocados
	me he sabido defender.
	Con Dios no llevo deshonra,
	mas lloro y el alma siente
	que en mi lugar con la gente	2080
	en duda tengo la honra.
	Pobre soy y habrá quien note,
	pues tan desdichada he sido,
	que el honor llevo perdido,
	sin hacienda, cara y dote.	2085
Lis.	Dignos tus intentos son
	de alabanza. Digo que eres
	confusión de las mujeres
	y mi propia confusión.
	Tanta envidia te he tenido	2090

2060 admirado: amazed *2066 Una desdichada ampara:* Help an unfortunate woman

que me trocara por ti.
En tu peligro me ví;
faltó el valor, fué vencido.
 Pero llevando esta pena
puede ser mi dicha harta, 2095
que si aquesta ha sido Marta
yo puedo ser Magdalena.
 Lágrimas al cielo ofreces,
y el cielo dote te dió,
que no es bien que goce yo 2100
lo que sola tú mereces.
 Unas joyas te daré
que en una caja pequeña
en guarda dí a aquesta peña.

LÍSID. Gran limosna, grande fe. 2105

Saca de unas peñas el cofre de las joyas.

LIS. Era esta caja que enseño
de una honrada desposada,
mas dejó de ser honrada
y ha menester otro dueño.
 Toma, y ves allí el camino. 2110
Ya vas segura al lugar.

LÍSID. Los pies os quiero besar
por hecho tan peregrino.

Vase LÍSIDA *y sale* ARSINDO, *labrador.*

ARS. ¿No respetáis a la edad
ni a la pobreza, ladrones? 2115

LIS. Dios me da estas tentaciones
para moverme a piedad.
 ¿Qué tenéis, buen hombre?

ARS. Vengo
de Coimbra, de la feria;
y ya lloro la miseria 2120
de unos hijuelos que tengo.
 Vendí un poquillo ganado
en treinta escudos, y aquí
un esclavo salió a mí
y sin ellos me ha dejado. 2125

LIS. ¿Cuántos son los hijos?

ARS. Dos.

2096 Marta: Martha, a friend of Jesus *2097 Magdalena:* Magdalen, the fallen woman raised to saintship *2113 peregrino:* wonderful

Lis.	Esta limosna he de hacer;
	yo misma me he de vender
	en treinta escudos por Dios.
	Nada me queda que dar, 2130
	pero tu esclavo he de ser,
	y me has de herrar y vender
	al señor deste lugar.
	Perdíme no obedeciendo,
	y he de ganarme obediente. 2135
Ars.	¿ Quién habrá, señor, que intente
	hacer lo que estás diciendo ?
Lis.	Importa a mi salvación.
Ars.	Si al alma importa, obedezco.
Lis.	Señor, desde aquí os ofrezco 2140
	un esclavo corazón.

2132 herrar: brand *2140-2141* Lisarda becomes the slave of God instead of the slave of the devil.

ACTO TERCERO

En la aldea.

Entran LEONOR *y* BEATRIZ.

LEO. Yo te confieso que me ví en peligro
de amar al forastero.
BEA. ¿A amar llamas peligro?
LEO. Y con razón, pues es el amor bueno
semejante al de Dios, y el de los hombres
es amor que se tiene a las criaturas,
que al fin resulta en celos y cuidados,
deshonras, inquietud y breves gustos.
BEA. Ya sale mi señor.

Entra MARCELO.

MARC. Hija y consuelo
en los trágicos casos desta vida,
yo te he dicho otra vez: aunque inclinada
a ser monja, no importa que te cases,
y más faltando hoy de aqueste siglo
tu inobediente y desastrada hermana.
A don Sancho esperamos cada día
con quien traté por cartas desposarla.
Tú habrás de sucederla en el marido,
pues le sucedes en la noble casa.
Don Sancho es caballero rico y noble,
y dicen que es discreto y de buen talle
LEO. Siempre te obedecí. Lo mismo digo,
y pienso que don Sancho vendrá presto.
MARC. ¿Quién lo dijo?
LEO Sospecha es ésta mía.
BEA. Ya viene la villana compañía.

Suenan cajas. Sale el alarde de los labradores. Sacan presos a
DON DIEGO *y* DOMINGO.

SAN. Ya que a la sierra por ladrones fuimos
y en ella no prendimos los ladrones
porque el miedo los hizo fugitivos,
aquí traigo, señor, al homicida

2154 siglo: age, world 2155 desastrada: wretched, miserable

                    de la bella Lisarda, cuyo caso
                    en el camino supe; haz de él justicia
                    o remítelo al Rey. Tu injuria venga,   2170
                    aunque don Diego se ha fingido loco,
                    que es a veces su fin tenerse en poco.
MARC.   Como el ave torna al nido,
                    el mozo al primer amor
                    y el agua al mar desabrido,   2175
                    así vuelve el ofensor
                    a manos del ofendido.
                      Delante los homicidas
                    vierten sangre las heridas,
                    y esto me sucede a mí   2180
                    si estoy delante de ti
                    que me has quitado dos vidas.
                      Mis hijos son otro yo,
                    y así ahora que me viste
                    la sangre me reventó,   2185
                    porque el homicida fuiste
                    que dos veces me mató.
                      Dame, falso, mi hija ahora.
LEO.   Ingrato, dame a mi hermana.
BEA.   Traidor, dame a mi señora.   2190
DIEG.   Déme tu mano tirana
                    la mujer que mi alma adora.
                      Dime ¿ qué Herodes judío,
                    qué Virginio, qué Darío,
                    qué Mandio y Bruto romano,   2195
                    cuales con su propia mano
                    hicieran tal desvarío ?
                      Tú eres tu propio enemigo,
                    tú propio le diste muerte
                    por no casarla conmigo,   2200
                    porque el cielo quiso hacerte
                    ministro de tu castigo.
MARC.   Loco, se nos finge ya.
                    Así librarse no intente;
                    pero es verdad, claro está,   2205
                    porque es loco el delincuente
                    que a las prisiones se va.
                      Pues dió fortuna esta rueda
                    para que yo vengar pueda

2170 Tu injuria venga: Avenge the wrong done you *2172 tenerse en poco:* to appear unimportant *2193–2195 Herodes, Virginio, Darío, Mandio, Bruto:* Herod, Virginius, Darius, Manlius (?), Brutus—prototypes of cruelty *2199 propio = mismo 2207 a las prisiones se va:* he gets put in irons *2208 dió fortuna esta rueda:* fortune has taken this turn

        mis hijos, tu fin es cierto,
no por vengar los que has muerto
mas por guardar la que queda.
    Que tu condición tirana
por mi mal he penetrado;
así volverás mañana,
y si ahora vas perdonado
matarás a la otra hermana.

DIEG.   Antes, cruel, es más cierto
que si un noble la desea,
por quebrantar el concierto
la matarás en tu aldea
como a mi Lisarda has muerto.
    Viendo tu sangre vertida
no imitó tu alma perdida
al pelícano que el pecho
sangra y le deja deshecho
por dar a sus hijos vida.
    Tú, fiera que el Cielo dome,
Atropos del tierno estambre,
deja que venganza tome;
eres buho que con hambre
sus mismos hijos se come.

LEO.   ¡En qué locura que ha dado!
MARC.   ¿Veis cómo ha disimulado?
No te librarán embustes.
DOM.   Aunque por mí te disgustes
tú mismo me lo has contado:
    tú la mataste.
MARC.   ¡Otro loco!
Enciérrense en esa torre,
mientras la justicia invoco
del Rey.
DOM.   Si Dios no socorre
vivirá Domingo poco.
    ¿Quién me metió a mí en hablar?
LEO.   ¿Cómo lo puedes negar
con tus locuras prolijas
si traes puestas las sortijas
de mi hermana?

2213 condición: nature *2225 pelícano:* The reddish callus on a pelican's chest is believed by some to be a wound self-inflicted in order to enable its young to suck its blood. *2228 dome:* tame *2229 Atropos:* one of the Fates, the one who cut the thread of life *2233 ¡En...dado!:* What madness he is bent on! *2243 me metió a mí en:* got me into

Marc.	Eso es triunfar
	de su vida y sus despojos.
	¡ Ah, pensamientos villanos !
	Pues por darme más enojos
	con anillos en las manos
	me queréis sacar los ojos.
	Ya confirmo su maldad.
	Ponelde en una cadena,
	que pienso que es caridad
	quitar una vida ajena
	de virtud.
Dieg.	Llegad, llegad,
	que como perro rabioso
	os desharé entre mis dientes.
San.	Loco se finge furioso.
Marc.	Son embustes, no accidentes.
Dom.	Tú eres perro, yo soy oso.
	Defendámonos, señor.
Marc.	Si es cobarde el que es traidor,
	sabrás defenderte tarde
	que eres traidor y cobarde.
Dom.	¡ Tal oigo !
San.	Es justo rigor.
	Asilde bien.
Dieg.	¡ Ah, villanos !
	¿ sabéis que soy quien merezco
	respeto de vuestras manos ?
Marc.	Llevaldos.
Dom.	Cuerpo parezco
	combatido de milanos.
	¡ Mal haya tu necio amor !
Dieg.	Dame a mi esposa, tirano.
Marc.	Dame a mi hija, traidor.

Métenlos dentro.

San.	Dame a besarte la mano
	por reverencia y favor.
Leo.	Yo la diera, mas no quiero
	que la mano y voluntad
	partas con el forastero.
San.	De un favor dí la mitad
	y tú se lo diste entero.
Leo.	Habla a mi padre, porque
	sepa quién eres.

2254 *Ponelde* = Ponedle 2267 *¡ Tal* = ¡ Tal cosa 2268 *Asilde* = Asidle 2271 *Llevaldos* = Llevadlos.
2272 *milanos*: birds of prey 2283 *porque* = para que

San. No quiero
　　hasta examinar tu fe.　　　　　　　2285
Leo. ¿Qué temes?
San. 　　　　Al forastero.
Leo. Tú te enojas, y él se fué.

Vanse; queda Leonor *y* Marcelo; *salen* Arsindo, *labrador con* Lisarda, *herrado el rostro, en hábito de esclavo, y escrito en la cara:* « *esclavo de Dios* ».

Ars. 　　Tu crueldad ha sido rara.
Lis. 　　No quiero ser conocido.
　　　Estando así se repara　　　　　　2290
　　　un yerro que he cometido
　　　con los hierros de mi cara.
　　　　Una vida errada y loca
　　　he vivido en edad poca,
　　　y tendré salud segura　　　　　　2295
　　　si al modo de calentura
　　　me sale el yerro a la boca.
Ars. 　　No es posible conocerte,
　　　que tan cruel has estado
　　　y te has herrado de suerte　　　　2300
　　　que el rostro has desfigurado
　　　como suele hacer la muerte.
Lis. 　　Llega, pues.
Ars. 　　　　Tendré obediencia.
Lis. 　　No me deis a conocer,
　　　mi Dios, y haré penitencia.　　　2305
Ars. 　　En efecto, vengo a ser
　　　el Judas de tu inocencia.
(*A* Mar.) Mi señor, tan pobre vengo,
　　　de pleitear la hacienda
　　　de unos hijos que mantengo,　　2310
　　　que me es forzoso que venda
　　　este esclavillo que tengo.
　　　　Yo os lo venderé barato
　　　y os holgaréis del contrato,
　　　que, aunque el hierro es excesivo, 2315
　　　ni es ladrón ni es fugitivo,
　　　que es humilde y de buen trato.
Leo. 　　El rostro tiene labrado
　　　de hierros. Por vida mía
　　　que el alma me ha lastimado.　　2320

2289 conocido: masculine ending due to Lisarda's disguise as a man *2291-2292 yerro ... hierros:* Note the play on words. *2314 os holgaréis del:* you will be pleased with

Marc.	Algunas cosas haría
	que son dignas deste estado.
Ars.	No está así porque fué malo,
	mas porque malo no sea;
	que a un hombre de bien le igualo. 2325
Leo.	Cómpralo, porque se vea
	sin esta cadena.
Marc.	Dalo
	con fianzas, que es mejor.
Ars.	Deso me excusa el valor.
Marc.	¿Pues en cuánto le darás? 2330
Ars.	En treinta escudos no más.
Marc.	¿Qué es tu nombre?
Lis.	Pecador.
Marc.	Estimado en poco estás.
	Poco, pecador, valdrás.
Lis.	Si este precio valió un justo 2335
	siendo quien era, es injusto
	que un pecador valga más.
Marc.	El esclavillo es discreto.
Leo.	¿Por qué te han herrado, di?
Lis.	Por los yerros que cometo. 2340
Leo.	Luego, ¿malo has sido?
Lis.	Sí.
Leo.	¿Y ya?
Lis.	No serlo prometo.
Leo.	¿Qué seguridad tendrás?
Lis.	El mejorarme de dueño.
Leo.	¿Huiste?
Lis.	Una vez no más. 2345
Leo.	¿Fuiste ladrón?
Lis.	No pequeño.
Leo.	¿Has de serlo ya?
Lis.	Jamás.
Leo.	Humilde es, que su delito
	nos confiesa a ambos a dos.
Marc.	¿Qué tiene en la cara escrito? 2350
Leo.	Levanta. « Esclavo de Dios »
Marc.	Dueño tienes infinito.
	Con temor te compraré
	si eres de Dios.
Lis.	Lo seré
	si me compras.

2321 haría: conditional of probability *2330 en cuánto:* at what price *2335 un justo:* a just and pious man *2335–2337* The reference is to Christ's being sold for thirty silver coins. *2338 discreto:* sharp *2349 a ambos a dos:* a redundant expression still used

Marc.	¿Luego has sido de otro?
Lis.	Quien libre ha vivido esclavo de Dios no fué.
Leo.	¿Qué sabrás hacer?
Lis.	Sufrir, obedecer y callar.
Marc.	Tres partes son del vivir.
Bea.	¿Sabrás traer agua?
Lis.	A faltar la haré a mis ojos salir.
Marc.	Mío el esclavillo es. ¿Qué haces?
Lis.	Besar tus pies.
Marc.	Levanta.
Lis.	Pasa por cima.
Leo.	Grande humildad.
Bea.	Me lastima.
Leo.	Pecador, véme después.

Vanse.

Monte.

Salen Don Gil *y los dos esclavos.*

Gil.	En los márgenes de flores destos arroyuelos claros que echan grillos de cristal a los pies de robles altos, me parece que esperemos que el sol sus ardientes rayos temple, bordando las nubes, de arreboles nacarados.
Esc. 1.º	¿Vienes cansado?
Gil.	Me cansan las acciones del pecado, no el gusto de cometerle, que en éste siento descanso. Tres labradores he muerto, dos mujeres he forzado, salteé diez pasajeros, y he aprendido dos encantos. Soy discípulo, en efecto, de buen maestro, y esclavo de buen señor que a la vida me enseña caminos anchos.

2361 traer: one syllable by synéresis *2365 por cima* = *por encima* *2370 grillos:* fetters

Esc. 2.º   Gente pasa.
Gil.   Aunque el hurtar
          no es ahora necesario,
          tiene fuerza la costumbre
          nacida de tantos actos.

               Salen el Príncipe *y* Don Rodrigo.

Prín.   En esas verdes alfombras,
          que suelen servir de estrados
          a los rústicos pastores,
          pueden pacer los caballos,
          mientras con curso ligero
          camina el sol al ocaso
          haciendo grandes las sombras.
Gil.   Mayor es vuestro cuidado.
          ¿ Qué gente ?
Prín.   De paz.
Gil.   ¿ De adónde
          venís los dos caminando ?
Prín.   ¿ Qué os importa ?
Gil.   Soy amigo
          de saber, y lo soy tanto
          que siendo ignorante libre
          quiero saber siendo esclavo.
Prín.   Pues de aquesta mi jornada
          brevemente os diré el caso.
          En la ciudad de Coimbra
          vive un canónigo santo
          que es un vaso de elección
          como otro divino Pablo;
          Don Gil Núñez de Atoguía
          se llama, y aficionado
          a la grande relación
          de su vida y sus milagros,
          quise venir de Lisboa
          sólo con este criado
          a visitarle, y en esto
          fuí devoto y desdichado,
          porque llegando a Coimbra
          en lágrimas desatados
          hallé los ojos del vulgo
          porque era común el llanto.
          Y es la causa que Don Gil

2393 *estrados:* dais, platform 2400 *¿Qué gente?:* Who goes there?; *De paz:* Friends. 2404–2405 *siendo . . . esclavo:* I prefer to know and be a slave than not know (what I should not) and be free 2410 *vaso de elección:* chosen vessel, a designation given to Paul of Tarsus

	hoy ha sido arrebatado	2425
	como fué el Profeta Elías	
	en otro encendido carro,	
	o a estrechar su penitencia	
	del mundo se ha retirado,	
	que en efecto no parece.	2430
	¡Suceso adverso y extraño!	
	Desconsolado me vuelvo	
	a Lisboa, donde aguardo	
	saber de él para cumplir	
	esta devoción que traigo.	2435
GIL.	Si a Don Gil hablar pretendes	
	le verás hecho ermitaño	
	de una vida extraordinaria	
	entre estos altos peñascos.	
PRÍN.	Deja que por esa nueva	2440
	baje a besarte las manos.	
	Dime dónde, que en albricias	
	esta cadena te mando.	
GIL.	¿Es ajena?	
PRÍN.	¿Cómo? Es mía.	
GIL.	Derechos son deste paso.	2445
	No te espante, y oye atento	
	los milagros deste santo:	
	huye del valor del cielo	
	perdiendo el bautismo sacro;	
	roba a todos los que pasan	2450
	y mata a muchos robados;	
	mujeres fuerza y desea	
	juntamente.	
PRÍN.	Calla, falso,	
	no ofendas su santidad.	
GIL.	Pues con él estás hablando.	2455
	No te engañes, que en el mundo	
	es de fe que ha de haber santos,	
	pero sólo Dios penetra	
	los corazones humanos.	
	Muchos derribó fortuna:	2460
	Pompeyo, César y Mario,	
	Claudio, Marcelo, Tarquino,	
	Mitrídates, Belisario.	
	Otros levantó la misma;	

2436 pretendes: seek, try *2440 nueva:* news *2442 en albricias:* as a reward for good news *2443 mando:* I bequeath *2445 Derechos:* Toll *2461-2463 Pompeo, etc.:* historical figures brought down from high places by fate

Ciro, Artajerjes, Viriato,
Darío, Sila, Tamorlan,
Primislao y Cincinato.
Unos bajan y otros suben
de estados humildes y altos.
Lo mismo en los santos pasa
si no están santificados.
Unos tienen al principio
gran virtud, mas un pecado
los derriba; otros son justos
que al principio fueran malos.
En Salomón y en Orígenes
tenemos ejemplos raros;
ambos sabios, ambos justos,
y a la fin idolatraron.
De los otros son ejemplo
Magdalena, Dimas, Pablo
y otros muchos. No te espantes
de verme a mí derribado.
Muchos, milagros hicieron,
que después se condenaron,
y otros grandes pecadores
hicieron después milagros.
Hasta morir no hay seguro
en aqueste mundo estado,
porque sólo Dios conoce
los que están predestinados.
Un pecado llama a muchos,
porque es cobarde y en dando
puerta al uno, está por tierra
el edificio más alto.
Perdí la gracia de Dios,
Él me soltó de su mano,
y al fin en aqueste monte
prendo, robo, fuerzo y mato.
De santo no quiero nombre.
Publica este desengaño,
y porque lo jures deja
la cadena y los caballos.

2465–2467 historical characters raised from humble circumstances to places of power 2475 *fueran*: not the imperfect subjunctive, but the old pluperfect indicative, replaced in modern Spanish by the preterit 2476 *Salomón, Orígenes*: Solomon and Origen, pious men fallen into idolatry 2481 persons who were converted to Christianity 2488–2499 *no ... estado*: there is no secure state (nothing is fixed) in this world 2492 *llama a muchos*: leads to many

Prín.	¿ Es posible ? ¿ Éste es Don Gil ?	
Rod.	Señal da.	
Prín.	¡ Qué extraño caso !	2505
	Mira, Don Gil.	
Gil.	No prediques.	
Prín.	Confuso estoy y turbado.	
Gil.	Deje la cadena o muera,	
	y váyanse paseando,	
	que los caballos me importan.	2510
Prín.	¿ Que es posible ?	
Gil.	Calla.	
Prín.	Callo.	
	Don Rodrigo ¿ es esto sueño ?	
Rod.	Es prodigio extraordinario.	

Vase el Príncipe *con* Don Rodrigo.

Gil.	Dices bien, que es prodigioso	
	un pecador obstinado.	2515
	Llevad los caballos luego	
	entre estas peñas, y en tanto	
	divertiré una tristeza	
	en las flores destos prados.	

Vanse los esclavos; sale Angelio, *que es el demonio.*

Ang.	No tengas melancolía.	2520
	¿ Por qué con lágrimas bañas	
	el rostro ? ¿ No soy tu dueño ?	
	¿ Qué te aflige, qué te falta ?	
	Buen amo soy : de dos mundos	
	soy señor, y Dios me llama	2525
	« grande Príncipe » en su Iglesia,	
	que así mi poder le iguala.	
	Desde la región del fuego	
	hasta la esfera del agua	
	el corazón de la Tierra	2530
	mi mano pródiga abraza.	
	Yo penetro con la vista	
	las avarientas entrañas	
	de la tierra, del tesoro	
	y de hombres muertos preñada.	2535
	Si acaso estas soledades	
	melancolizan y cansan,	
	y te pide el apetito	
	comunicar gentes varias,	

2511 *¿ Que es posible?* : Can it be possible? 2535 *preñada* : bulging 2539 *comunicar* = comunicar con

no te arrepientas, no lloren 2540
los ojos que me idolatran,
y te llevaré a que mores
en ciudad extraordinaria,
Pintarla quiero: el pincel
es mi lengua, mis palabras 2545
serán los varios colores,
y tus orejas la tabla.
Pudiera, don Gil, pintarte
la ciudad que fué mi patria,
de quien salí desterrado 2550
por siglos y edades largas.
No te ofrezco esta ciudad,
que para mí está muy alta,
ésta te ofrezco que tengo
cual si fuera imaginada. 2555
La grandeza de París,
de Zaragoza las casas
y las calles de Florencia
con igualdad limpias y anchas;
cielo y suelo de Madrid, 2560
vega y huertas de Granada,
rica lonja de Sevilla,
de Játiva fuentes claras;
los jardines de Valencia,
escuelas de Salamanca, 2565
y de Nápoles las vistas
que alegran el gusto y alma;
de Lisboa el ancho río
que cuando el tributo paga
al mar, parece que lleva 2570
no tributo, mas batalla.
De Valladolid la rica
las salidas, porque agradan
diversamente los ojos,
prados, campos, montes y agua. 2575
El gobierno de Venecia,
de Moscovia las murallas;
sólo faltarán los templos
que hay en la Corte Romana.
Aquí, al modo de Castilla, 2580
toros trairán de Jarama,

2542 mores: inhabit *2550 quien* = que *2563 Játiva:* a town in the province of Valencia *2568 río:* the Tajo *2581 trairán* = traerán; *Jarama:* tributary of the *Tajo* (Tagus)

y en caballos andaluces
verás mil juegos de cañas.
Los banquetes y saraos
serán al uso de Italia, 2585
los torneos al de Flandes,
los juegos al de Alemania;
escaramuzas al uso
de la nación Africana;
músicas de Portugal, 2590
gallardas justas de Francia.
Luchas, carreras al modo
de la Griega edad pasada,
y en los públicos teatros
verás *Comedias* de España. 2595
Tendrán las damas que trates
la habla de sevillanas,
los rostros de granadinas,
ingenios de toledanas,
los talles de aragonesas, 2600
los vestidos y las galas
serán al uso moderno
de la Corte castellana.
El pan te dará Sevilla,
las ásperas Alpujarras 2605
la caza, y fruta escogida
y los vinos Ribadavia.
El tocino Extremadura;
pescado Laredo y Adra;
y si extranjero le quieres 2610
vino te dará Calabria;
peces Licia, fruta Lecia,
pan Beocia, carne Arcadia,
sabrosas aves Fenicia,
bella miel la Transilvania. 2615
No te faltarán riquezas:

2595 *Comedias:* The English equivalent for *comedia* is not "comedy" but "play" or "drama" in three acts and in verse. It was not until the eighteenth century that the Spaniards began to distinguish, at least by name, tragedy from comedy. 2597 *la habla:* Modern Spanish would have *el habla.* 2605 *Alpujarras:* a group of picturesque valleys situated south of the Sierra Nevada 2607 *Ribadavia:* a town in the province of Orense 2609 *Laredo:* a town in the province of Santander; *Adra:* a town in the province of Almería 2611–2619 The English names for the places named are, in order: Calabria, Lycia, Lecce (?), Boeotia, Arcadia, Phoenicia, Transylvania, Dalmatia, Epírus, and Tyre.

oro te dará Dalmacia,
brocado y telas Epiro,
y Tiro púrpura y grana.
A medida del deseo   2620
poder tengo y mano franca:
no te pese de servirme
ni te dé cuidado el alma.

GIL. No quiero, dueño y maestro
cuya ciencia al mundo espanta,   2625
repúblicas de Platón
en la idea fabricadas;
no quiero, no, las riquezas
de que el mundo ofrece parias
a soberbias majestades   2630
de la gente idolatradas.
Que entre relevados pinos,
que son rústicas guirnaldas
de las ásperas cabezas
de las soberbias montañas,   2635
aprendo ciencias gustosas
y a costa de los que pasan,
gozo diversos regalos
con la vida alegre y ancha.
Doncellas fuerzo, hombres mato,   2640
niego a Dios, huyo su gracia,
y si el deleite me anima
infiernos no me acobardan.
Sólo quiero que me cumplas
una liberal palabra,   2645
condición de la escritura
en tu favor otorgada.
Amo a Leonor: sufro y peno
viviendo con esperanzas
que me convierten las horas   2650
en siglos y edades largas.

ANG. Como obligado me tienes,
prevenido en eso estaba;
y a pesar de su virtud
traigo a Leonor conquistada.   2655
De su casa la he traído.
El monte pisan sus plantas
con quien están compitiendo
limpia nieve y fina grana.
Vuelve los ojos y mira   2660

2645 *liberal palabra:* voluntary promise   2653 *prevenido:* prepared

el raro Fénix de Arabia
y el encendido planeta
que alumbra en la esfera cuarta.
Reverencia su hermosura.
Esta imagen idolatra, 2665
a cuyas aras es justo
que sacrifiques el alma.

Sale LEONOR.

Llega, habla, goza, gusta.
¿Qué tiemblas, qué te desmayas?
Tuya es Leonor, no te admires: 2670
goza, gusta, llega y habla.

GIL. Hermoso dueño del mundo
que tienes tiranizadas
las almas con tu hermosura
que ya da vida, ya mata, 2675
en hora dichosa vengas,
huésped de nuestras montañas,
prisión de los albedríos
de cuantos miran tu cara.
Parece que triste vienes 2680
a ser destos montes alma,
mensajera de ti misma
que eres el sol que se guarda.
Muda estás Leonor, responde;
si mis regalos te agradan 2685
con ánimo generoso
te mostraré manos francas.
Ven conmigo a aquesta cueva:
Será con tu gloria honrada.
Dame la mano. ¿Es posible 2690
que he de gozar desta dama?

Vanse; queda ANGELIO.

ANG. Sale a la plaza el toro de Jarama
como furia cruel de los infiernos.
Tiemblan los hombres porque son no eternos;
cual huye, cual en alto se encarama. 2695
Herido el toro, en cólera se inflama.
Mármoles rompe como vidrios tiernos.

2661 *Fénix:* Phoenix, a name given to anything that is unique 2663 *esfera:* In the Ptolemaic system of astronomy the sun occupied the fourth sphere. 2670 *no te admires:* do not stand back in amazement 2675 *ya ... ya:* now ... now 2695 *cual ... cual:* some ... others

Hombres de bulto le echan a los cuernos;
y allí quiebra su furia, bufa y brama.
　　Soberbia fiera soy, nada perdono;
tres partes derribé de las estrellas
para que al coso deste mundo bajen.
　　Heridas tengo, y por vengarme de ellas,
coger no puedo a Dios porque está en trono,
y me vengo en el hombre que es su imagen.

Sale Don Gil *abrazado con una muerte* cubierta con un manto.*

GIL.　　Quiero, divina Leonor,
pues que merezco gozar
destos regalos de amor,
tener luz para gozar
de tus partes el valor.
　　No es bien que tanta ventura
se goce en la cueva oscura,
aunque a ser águila yo
viera los rayos que dió
este sol de tu hermosura.
　　¡ Dichoso yo que he gozado
tal ángel! ¡ Jesús! ¿ Qué veo?

Descúbrela, y luego se hunde.

ANG.　　¡ Cómo es propio del pecado
parecerle al hombre, feo,
después que está ejecutado!

GIL.　　Sombra infernal, visión fuerte,
¿ a quién el alma perdida
le pagan de aquesta suerte?
Gustos al fin desta vida
que todos paran en muerte.
　　¡ Qué bien un sabio ha llamado
la hermosura cosa incierta,
flor del campo, bien prestado,
tumba de huesos cubierta
con un paño de brocado!
　　¿ Yo no gocé de Leonor?
¿ Qué es de su hermoso valor?
Pero marchitóse luego,
porque es el pecado fuego
y la hermosura una flor.

2698 Hombres de bulto = *Dominguillos de paja:* Straw tumblers, placed in bullrings to tease the bull *2701* Cf. Revelation viii, 12. *2702 coso:* arena, bull-ring **una muerte:* a skeleton *2713 a ser:* if I were *2721 fuerte:* terrible *2728 bien prestado:* borrowed good

        Alma perdida, ¿qué sientes?
Dios sólo a los allegados
da los bienes existentes,
el mundo los da prestados,
pero el demonio aparentes.   2740
        ¿No te espanta, no te admira,
no te causa confusión?
Contempla estos gustos, mira
que no sólo breves son,
pero que son de mentira.   2745

Habla desde dentro una voz.

Voz.   Hombre, ¡ah, hombre pecador!
tu vida me da molestia,
muda la vida.

Gil.   Señor,
¿hombre llamáis a una bestia,
vida llamáis a un error?   2750
        Voces en el aire oí;
sin duda es Dios con quien hablo.
Líbrame, Señor, de mí;
y seré en buscaros Pablo
si Pedro en negaros fuí.   2755

Ang.   Don Gil, ¿qué intentos son esos?
Gil.   Hasme engañado.
Ang.   No hay tal.
Gil.   Testigos son los sucesos,
pues que dí un alma inmortal
por unos pálidos huesos.   2760
        Mujer fué la prometida;
la que me diste es fingida,
humo, sombra, nada, muerte.

Ang.   ¿Y cuándo no es desa suerte
el regalo desta vida?   2765
        No tienen más existencia
los gustos que el mundo ha dado.
Sólo está la diferencia
que tú corriste al pecado
el velo de la apariencia.   2770
        Verdadero bien jamás
dieron el mundo y abismo,
y ansí engañado no estás,
pues que te dí aquello mismo
que doy siempre a los demás.   2775

2737 allegados: friends *2738 existentes* = *que existen*: which are real *2742 confusión*: perturbation *2756 intentos*: endeavors *2757 No hay tal*: No such thing. *2769–2770 corriste ... apariencia*: you covered sin with the veil of appearance

En la mujer que más siente
belleza y salud constante
hay seguro solamente
de vida un pequeño instante,
y este instante es el presente. 2780
　Siendo, pues, desta manera
lo mismo podré decir
que fué su gloria ligera
un instante antes que muera,
u otro después de morir. 2785
　Cautivo estás, la escritura
tengo firme; porque al cabo
verás en la sepultura
de qué señor fuiste esclavo:
Mira mi propia figura. 2790

Vuélvese una tramoya, y aparece una figura de demonio, y disparan cohetes y arcabuces, y se va ANGELIO.

GIL.　　Santo Dios, con razón temo
la pena de mi locura,
pues siendo tú, Dios supremo,
extremo de la hermosura
te dejé por otro extremo. 2795
　Libre me ví siendo tuyo
cautivo soy siendo suyo,
y en la visión que mostró
no sólo he visto que yo
« esclavo soy, pero cuyo ». 2800
　Ser tu igual ha pretendido,
y hoy aunque está derribado
el mismo intento ha tenido,
que es ya mortal su pecado
porque no está arrepentido. 2805
　Pero este aspecto mostró
porque si el alma temió
diga que es Dios en poder;
y aunque le empiezo a temer,
« eso no lo diré yo », 2810
　Su potestad negaré,
que sólo de ti la alcanza;
y yo cuando te dejé
nunca perdí la esperanza
aunque he negado la fe. 2815

2791-2830 This is a type of composition known as *glosa*, in which a line from a popular song serves as the last line of each *décima* (verses 2800, 2810, 2820, 2830). 2800 *cuyo = de quien* 2812 *de ti la alcanza:* he gets it from you

La caridad me faltó;
teniendo tal dueño yo
mis obras son maliciosas,
pues hice todas las cosas
« que cuyo soy me mandó ».
 Si eres, Señor, el ollero
que la escritura nos dice,
vaso tuyo fuí primero,
y aunque pedazos me hice
volver a tus manos quiero.
 Haz de nuevo un vaso tuyo
que ya deste dueño huyo,
porque es tan malo y tan feo
que me es fuerza si le veo
« que no diga que soy suyo ».
 Justamente me recelo,
que estando libre en mí mismo
a Dios negué con mal celo
a la Virgen, al bautismo,
fe, Iglesia, santos y cielo.
 Intercesor no me queda.
Dios airado me acobarda.
¿ Quién hay que ampararme pueda ?
Sólo al ángel de la guarda
no he negado.   Él interceda.

Pónese de rodillas.

 Angeles cuya hermosura
no alcanzó humana criatura,
vencer sabéis; rescatadme.
Desta esclavitud sacadme;
borrad aquella escritura.

Desaparece la visión, suenan trompetas; aparece una batalla arriba entre un ángel y el demonio en sus tramoyas, y desaparecen.

 De alegres lágrimas llenos
los ojos, el bien me halla;
porque en los aires serenos
se dan por mí otra batalla
ángeles malos y buenos.
 Coro de virtudes bellas,
vencer sabes, que no es sola
esta vez la que atropellas
el dragón que con la cola
derribó tantas estrellas.

2820 cuyo soy: the one I belong to *2821 ollero:* potter *2840 él interceda:* May he intercede.
2854-2855 Cf. v. 2701.

Sale un ángel, o dos, triunfando,* al son de la música, con un papel.

ANGEL.   Don Gil, vencimos los dos:
tomad la cédula vos.
GIL.   Con ella mi dicha entablo.
Esclavo fuí del diablo
pero ya lo soy de Dios.   2860
   El alma alegre le adora,
porque tanto la ha querido
que habiendo sido traidora
dos veces la ha redimido:
una en la cruz y otra ahora.   2865
   Comerme quiero el papel
que al mismo infierno me iguala.
Entre en este pecho infiel,
que si no hay cosa tan mala
bien estará dentro de él.   2870
   Pues la suma omnipotencia
del cielo, te ha rescatado,
vive, Gil, con advertencia:
pues asombró tu pecado
asombre tu penitencia.   2875

Vase.

Prisión en una torre.

Sale LISARDA *con su cadena, y* RISELO *dándole empellones.***

RIS.   Basta ya la hipocresía.
Toda la noche rezando,
esclavo; estará buscando
qué hurtar antes del día.
   En esta torre le encierro   2880
lo que de la noche queda,
porque huirse no pueda.
Rece y azótese el perro,
   Éntrese dentro, que así
yo dormiré con sosiego.   2885
Requerir quiero a Don Diego
aunque seguro está aquí.
   Como Marcelo me ha dado
el esclavo y la prisión
a mi cargo, es gran razón   2890
andar con este cuidado.

**triunfando:* solemnly ***empellones:* pushes, shoves 2881 *lo ... queda:* for the rest of the night
2886 *Requerir:* Investigate, Look after

Vase RISELO.

LIS.
Estos golpes me alegraron.
Dadme trabajos apriesa,
mi Dios, pues sólo me pesa
que a cinco mil no llegaron. 2895ª
De nadie soy conocida,
como el rostro me ha quemado
el mucho sol que me ha dado
en los montes distraída,
o pienso que estos defetos 2900ª
causa en mi rostro el pecado
que como el alma ha mudado
mudó también los efetos.

Salen DON DIEGO *y* DOMINGO, *con prisiones.**

DIEG. ¿ Si es de día ?
DOM. Si de mí
entender eso procuras,
en estas cuevas oscuras
toda la vista perdí. 2895
En el Limbo estoy, por Dios,
cual sin bautismo y pecado.
DIEG. Yo en un infierno abrasado.
DOM. Vecinos somos los dos.

Suena la cadena de LISARDA.

¡ Jesús ! de alguna cadena 2900
fué aquel extraño ruido.
DIEG. ¿ Qué será ?
DOM. El alma habrá sido
de Lisarda que anda en pena.
Sin duda aquí la mataron,
y como te amaba tanto 2905
se condenó.
LIS. ¡ Ay !
DIEG. ¡ Qué espanto
estos suspiros causaron !
DOM. Habla paso, ten sosiego.
LIS. ¡ Ay, desdichada, Lisarda,
qué tribunal que te aguarda ! 2910
¡ Qué mal hiciste don Diego !

2895ª *a cinco mil:* Christ is said to have received 5,000 lashes. 2900ª *defetos = defectos* 2903ª *efetos = efectos* **prisiones:* chains 2896 *Limbo:* limbo, place to which the souls of children who die without baptism are supposed to be directed 2908 *paso:* softly, gently

Dom.	¿ Has escuchado ?
Dieg.	Ella es, y de mí se queja.
Lis.	¡ Ay, triste ! ¿ Por qué tanto mal me hiciste ? Tú has de pagarlo después.
Dieg.	Alto, mi fin es llegado. Marcelo me ha de matar, pues dice que he de pagar el haberla yo adorado.
Dom.	Temblando estoy. ¡ Oh, quién fuera escolar conjurador !
Lis.	Sufre y calla, pecador, antes que tu cuerpo muera.
Dieg.	Domingo, ¿ tan malo soy ? ; ¿ tanto peco ?
Dom.	Sí, has pecado en haberme a mí enredado en las penas en que estoy.
Dieg.	Éntrate al otro aposento donde estábamos los dos.

Suena la cadena de Don Diego.

Lis.	¡ Qué extraño rumor, ay Dios ! Presagios son de tormento.
Dieg.	Hablarla quiero. Lisarda, mi inocencia me disculpa, que en tu mal no tuve culpa.
Lis.	Aquella voz me acobarda. ¡ Jesús ! don Diego parece. ¿ Si es don Diego ?
Dieg.	Tu perdón espero en esta ocasión.
Lis.	Esta alma triste le ofrece.
Dieg.	Tu padre ha sido cruel conmigo de aquesta suerte.
Lis.	— Él sin duda le dió muerte por vengarse de mí y de él. —
Dieg.	Sin culpa estoy, pues podía llevarte a mi casa yo, y la ocasión me quitó don Gil Núñez de Atoguía.
Lis.	¿ Cómo tú me lo llevaste a dejarme deshonrada ?

2916 *Alto:* Stop 2920 *quién fuera:* I wish I were 2921 *conjurador = exorcizador:* conjurer

Dieg. En la noche desdichada
 y última que me hablaste,
 en la cual, dices, quedaste
 engañada y deshonrada,
 . . . .
 me predicó de manera,
 subiendo yo a tu balcón,
 que me trocó la intención.
 Fuíme al fin. ¡Nunca me fuera!
 Mira lo que has menester,
 Lisarda, y dame lugar
 que me vaya a reposar.
Lis. Presto nos podremos ver
 en la otra vida.
Dieg. ¿No oíste
 pronosticarme la muerte?
 Triste voy.
Dom. Yo voy de suerte
 que hiedo de puro triste.

Vanse los dos, y queda Lisarda.

Lis. Basta, que estaba inocente
 don Diego, y fué desdichado,
 pues que la muerte le han dado
 por mi culpa solamente.
 Si suelen tanto, Señor,
 matar dolor y cuidado,
 máteme a mí del pecado
 el cuidado y el dolor.
 Hacedme que sienta tanto
 el haberos ofendido
 que en lágrimas derretido
 dé el corazón a mi llanto.
 Ciegue de mucho llorar,
 muera de mucho dolor.

Sale Riselo.

Ris. Ya es de día, pecador;
 alto, al campo a trabajar.
Lis. Vamos, compañero amado,
 — digo a vos, amado hierro —.
Ris. ¡Qué a espacio se mueve el perro!

2954-2955 Two verses, apparently missing, are needed to complete the *redondilla*. *2958 ¡Nunca me fuera!*: Would I had never gone! *2960 dame lugar*: allow me *2966 hiedo*: I stink; i.e., I have soiled myself out of fear; from *heder 2979 Ciegue*: May I become blind *2985 ¡Qué a espacio*: How slowly

Vaya, pues; harto ha llorado.
¡ Ah, Don Diego de Meneses !

Vase LISARDA, *y salen* DON DIEGO *y* DOMINGO.

DIEG. ¿ Quién me llama ?
RIS. En este día
morirás.
DIEG. Ya lo sabía
antes que tú lo dijeses.
RIS. Está prevenido, pues;
que quiere vengar Marcelo
sus dos hijos.
DIEG. Sabe el cielo
que mi culpa de uño es,
y ya estaba perdonado.
DOM. Dios se lo perdone, amén.
Diga, ¿ morirá también
un Domingo desdichado ?
RIS. No un Domingo, hoy sí, que es jueves,
morirán ambos a dos.
DOM. Malas nuevas te dé Dios
que en pago de aquéllas lleves.

Vanse.

En la aldea.

Salen el PRÍNCIPE *y* DON RODRIGO.

PRÍN. Enamorado vuelvo a aquesta aldea.
No me congojes, Don Rodrigo.
ROD. ¿ Quieres
obligarte a casar y dar cuidado
a tu padre y al reino ?
PRÍN. Si es mi prima,
y la fama pregona sus virtudes,
¿ qué mucho que con ella me despose ?
ROD. Sin voluntad del Rey no es acertado.
PRÍN. Secreto puede estar hasta su tiempo.
ROD. Marcelo es éste. ¿ Piensas descubrirte ?
PRÍN. Puede ser que de miedo de mi padre
no se atreva a casarme con su hija,
y así tengo elegido otro camino.

Sale MARCELO.

2986 *harto :* enough 2999 *No . . . jueves :* Note the play on words. 3000 *ambos a dos :* both 3004 *congojes = acongojes :* afflict 3008 *¿ qué mucho :* what is there strange, what wonder 3011 *descubrirte :* disclose your identity

	El cielo os guarde, ilustre y generoso	3015
	Marcelo; aquesta carta de don Sancho	
	el Príncipe mirad.	
Marc.	Seáis bienvenido.	
Prín.	¿Conociste la firma de su alteza?	
Marc.	Muchas veces la vi.	

Lee la carta.

« Amigo y pariente,
Don Sancho es el que lleva aquesta carta.　　　　3020
Tratadle como a mí, que su persona
estimo en mucho, y dalde vuestra hija
y nunca os pesará del casamiento.
El Príncipe Don Sancho ».
　　　　　　　　　¿Sois Don Sancho
de Portugal, señor?

Prín.　　　　　　　Dello estad cierto.　　　　3025
— Su Rey de Portugal soy, y Don Sancho. — (*Ap.*)
Aquí estuve otra vez, y no he venido
a hablaros hasta aquí.

Marc.　　　　　　　Fué grande agravio,
y eslo también valeros de esta carta
del Príncipe, si estaba yo esperando　　　　　　3030
por momentos serviros yo en mi casa
donde casaros con Leonor espero,
ya que Lisarda la mayor es muerta.

Prín. La historia supe ya.

Marc.　　　　　　　El traidor marido
pretendo castigar, pues soy justicia　　　　　　3035
en mi tierra, y señor.

Prín.　　　　　　　Yo sé que el Príncipe
y el Rey lo aprobarán.

Marc.　　　　　　　Entrad en casa.
Descansaréis, señor, mientras prevengo
a Leonor.

Prín.　　　　Es el ángel que yo adoro.

Vase el Príncipe *y* Don Rodrigo.

Marc. Bien manifiesta ser ilustre y noble,　　　　3040
y el Príncipe nos honra con su carta.
Hija Leonor, Don Sancho es ya venido.

Entran Leonor *y* Beatriz.

Vista te tiene ya, porque encubierto
ha estado; ya me habló y luego pretendo
desposarte. Prevén lo necesario.　　　　　　　3045

3029 *valeros de:* to make use of　3036 *señor:* lord　3045 *Prevén:* Prepare

Leo.	Ya supe yo, señor, que era venido.
	Verme, sin duda, disfrazado quiso.
Marc.	Ese es un acto de persona cuerda.
	Espera; le traeré porque le veas.

Vanse, y salen Don Sancho *y* Fabio; *queda* Leonor.

San.	Ya vengo, mi Leonor, determinado	3050
	a que tu ilustre padre me conozca.	
Leo.	Ya sabe como estás en esta aldea	
	y quiere desposarnos.	
San.	¡ Soy dichoso!	
Leo.	Dime, ¿ quién era aquel con quien la banda	
	partiste ?	
San.	Es un truhán, un embustero	3055
	que fingiendo ser Rey, Príncipe o Duque	
	hace burlas. (*Aparte*.) El Príncipe ha tornado;	
	celos me abrasan.	
Leo.	¿ Cómo respetaste	
	su persona ?	
San.	De miedo que no hiciese	
	algunas burlas o quien soy dijese.	3060

Salen el Príncipe, Marcelo *y* Don Rodrigo.

Marc.	Venga el tirano homicida	
	de mis hijos, porque muera;	
	será vigilia su muerte	
	de una alegre y grande fiesta.	
	Misericordia y justicia	3065
	tendré si desta manera	
	desposo una hija viva	
	y vengo una hija muerta.	
	Tú, generoso don Sancho,	
	que mis noblezas heredas,	3070
	llega a conocer tu esposa	
	si a estimar mi casa llegas.	
	Habla a Don Sancho, Leonor;	
	este es el hombre que esperan	
	mis ojos, para el descanso	3075
	desta edad cansada y vieja.	
Prín.	Dadme, señora, las manos.	
San.	Amor, mi muerte me ordenas.	
Leo.	Pues ¿ también como en los campos	
	te burlas en las aldeas ?	3080
	Ya he sabido tus engaños,	
	tus gracias conozco llenas	
	de mentiras y de enredos.	

3068 *vengo:* I avenge, from *vengar*

Marc.	¿Qué dices, Leonor discreta?
	O estás necia o engañada. 3085
	Habla a Don Sancho.
San. (aparte).	Él intenta
	desposarse con Leonor.
	El cielo me dé paciencia.
Leo.	Señor, don Sancho es aqueste,
	que no es don Sancho el que piensas. 3090
San.	Don Sancho de Portugal
	humilde los pies te besa.
Fab.	Triunfo ha salido de Sanchos,
	y todos lo son de veras,
	mas del Príncipe no sé 3095
	que fin en esto pretenda.
Prín.	Don Sancho de Portugal
	como a suegro te respeta.
Leo.	Mira que éste es un truhán
	que hacernos burlas desea. 3100
San.	¿Por qué me quieres quitar
	la gloria, el ser, la nobleza?
	Si es burla, basta, señor;
	si es amor, tu amor refrena.
	Ya sabes que te conozco, 3105
	y si te casas con ella
	no te casas con tu igual;
	a mí que lo soy, la deja.
	Mira, señor, que adorarla
	me han forzado las estrellas. 3110
Leo.	¿Si es truhán, cómo le habla
	con tan grande reverencia?
Marc.	Confuso estoy; ¿qué es aquesto?
Prín.	No es posible bien la quieras
	si quieres quitarle un reino. 3115
	Yo la quiero, ten paciencia.

Entra Riselo.

Ris.	A darte unas nuevas tristes,
	señor, a la posta llegan.
	El Rey tu padre murió
	y todo el Reino te espera, 3120
	que ya tu ausencia ha sabido,
	y a buscarte ahora entran
	para llevarte, señor.

3093 *Triunfo*: a term used in card-playing, equivalent to "a pair," "trumps," "two of a kind."
3099 *truhán*: scoundrel 3108 *la deja* = *déjala*

PRÍN. Llevarlos pienso una Reina.
       Marcelo, dame los brazos,   3125
       si no es que acaso los niegas
       porque encubrí mi persona.
       Tu Rey soy; ¿qué dudas?   Llega.
SAN.   Yo soy, señor, el primero
       que ha de darte la obediencia.   3130
       Perdona, que amor y celos
       hicieron errar mi lengua.
MARC. Mi Príncipe y mi señor,
       no te espante que no crea
       mi ventura . . .
PRÍN.   Vuestro yerno   3135
       pienso ser.
MARC.   Gran dicha es ésta.
       Honrar quieres esta casa.
       Sea muy enhorabuena.
       Hija obediente y sumisa,
       dale la mano a su alteza.   3140
LEO.   Si una hija desdichada
       te dió el cielo, es bien que tengas
       otra dichosa.

        Dale la mano LEONOR *al* PRÍNCIPE.

MARC.   En tí he visto
       mi bendición manifiesta.
RIS.   Aquí está Don Diego.
PRÍN.   Es justo   3145
       que pague tantas ofensas,
       que a no ser propias y graves
       perdonárselas pudiera.

Sale DON GIL *con un saco de penitencia, una soga a la garganta, y*
          DON DIEGO *y* DOMINGO.

GIL.   Príncipe de Portugal,
       que dichoso reino heredas   3150
       por muerte del Rey Alfonso
       tu padre, que en gloria sea;
       Marcelo noble, y Leonor,
       que virtudes te hacen reina,
       dadle esta muerte a Don Gil,   3155
       no es bien que Don Diego muera.
       A vuestra casa y al cielo
       ofendí como una bestia

3138 *Sea muy enhorabuena:* Let it be with my blessings. 3147 *a no ser:* if they were not 3151 Alfonso I (1111–1185)

sin razón, que deste nombre
es digno el hombre que peca.　　　　　　　　3160
El más grave pecador
que ha conocido la tierra
he sido, pero confío
en Dios y en mi penitencia.
Esclavo fuí *del demonio*　　　　　　　　　3165
a quien serví en esas sierras
haciendo torpes delitos,
forzando muchas doncellas.
Soberbio fuí, soy humilde,
y con esta diferencia　　　　　　　　　　　　3170
soy tan pequeño que el cielo
sus secretos me revela.
Lisarda fué inobediente,
mas ya es tanta su obediencia
que es esclava de su padre　　　　　　　　　3175
y Dios la tiene encubierta.
Su dolor ha sido tanto
que hoy de dolor quedó muerta
llorando la grave culpa
de quien merezco la pena.　　　　　　　　　3180
La causa fuí de su daño,
no es Don Diego como piensan;
que, como digo, ha vivido
entre estos montes y peñas.
Perdonada está de Dios;　　　　　　　　　　3185
su dolor la tiene absuelta;
María, la pecadora
la llamad; tal nombre tenga.
Elevado está su cuerpo
en las murtas desa huerta;　　　　　　　　　3190
de la penitencia santa
el alma a los cielos vuela.
Y avergonzada la mía
públicamente confiesa
sus culpas, que Dios me manda　　　　　　3195
me acuse en público dellas.
Y ya de Domingo santo
blanca saya y capa negra
me está esperando, que quiero
que asombre mi penitencia.　　　　　　　　3200

3180 quien = que 3188 la llamad = llamadla 3190 murtas : myrtle *3197 Domingo santo :* St. Dominic founded the order of Preaching Friars (1215), whose habit consists of a white tunic and a black cape. His mention here is an anachronism.

| | A voces diré mis culpas
y en la Religión primera
de España quiero que el mundo
trocada mi vida vea.
Vase. |
|---|---|
| Prín. | Don Gil, escucha, detente; 3205
aguarda, Don Gil, espera.
¡ Caso extraño ! |
| Leo. | Estoy confusa. |
| Marc. | ¿ Si está mi Lisarda muerta ? |

Descúbrese Lisarda *con música, muerta, de rodillas, con un Cristo
y una calavera, en el jardín.*

| | Verdad dijo, ¡ santos cielos !;
más hermosa y más perfecta 3210
está que en vida. |
|---|---|
| Leo. | Y no tiene
los clavos y las cadenas. |
| Marc. | Mi maldición te alcanzó;
mas, si Dios ansí te trueca,
maldición dichosa ha sido. 3215
Viva Don Diego, y no muera. |
| Dom. | Hoy hago cuenta que nazco
con todas mis barbas negras. |
| Dieg. | Merecen estos sucesos
una admiración eterna. 3220 |
| Prín. | Dése a Lisarda sepulcro,
y vaya la nueva reina
a su Corte; dando fin
a esta historia verdadera. |

Cubren a Lisarda, *o llévanla en hombros.*

Fin de « El Esclavo del Demonio »

3202 Religión: Religious order *3217 hago cuenta:* I reckon, imagine

MIRA DE AMESCUA BIBLIOGRAPHY

I. Works

Teatro, edited by Ángel Valbuena Prat, 2 vols. (Clásicos Castellanos), Madrid, 1933.
Comedia famosa del Esclavo del Demonio, edited by Milton A. Buchanan, Baltimore, 1905.

II. Studies

ANIBAL, C.: *Mira de Amescua,* Columbus, Ohio, 1925.
COTARELO Y MORI, EMILIO: *Mira de Amescua y su teatro,* Madrid, 1931.
SANZ, FRUCTUOSO: "El Dr. Antonio Mira de Amescua, Nuevos datos para su biografía," *Boletín de la Real Academia Española,* I (1914), pp. 551–572.

JUAN RUIZ DE ALARCÓN

RUIZ DE ALARCÓN

Juan Ruiz de Alarcón y Mendoza (1581?–1639) is the only Spanish-American among the great dramatists of the *Siglo de Oro*. Born in Mexico of Spanish parents and educated there until the age of twenty, he spent most of his life in Spain. In 1602 he received a degree in canon law from the University of Salamanca. After practicing law in Seville from 1606 to 1608 he returned to Mexico, where he received a law degree and held a few positions. In 1614 he returned to Spain, where he remained until his death in 1639. An appointment as an official of the *Consejo de Indias* finally gave him a financial security he had long struggled to acquire.

His physical appearance was a cross to bear. Short, hunchbacked, humpchested, and redheaded in an age when red hair brought opprobrium, he was the butt of the cruelest remarks. Some of the greatest literary figures of the day—among them Góngora, Lope, Quevedo, Tirso de Molina, and Mira de Amescua—vied with one another in heaping a torrent of cleverly composed insults upon him. Nor did their abuse stop at words. Alarcón's detractors stooped to every imaginable device to disrupt the openings of his plays. At the opening of one of them, *El Anticristo*, the deliberate smashing of a phial of foul-smelling liquid—the instigators are believed to have been Lope and Mira de Amescua, who were arrested for the prank—created a disturbance that nearly brought an end to the performance.

The campaign against Alarcón was one of the more appalling examples of the age's barbaric treatment of the physically deformed. In accordance with the belief that the appearance of the outer man corresponded to the soul of the inner one, physical deformity was regarded as an outward manifestation of an evil character. But Alarcón's physical misfortune was not the only cause of his ordeal. He was resented as an outsider, a colonial, in a tightly knit, homogeneous society. He was also ridiculed for what were looked upon as his seignorial airs, manifested by his insistence on being addressed as "Don" and his showing off of his family names.

It was a period in which Spanish dramatists frequently collaborated with one another. Yet it was understandable that Alarcón fought shy of Lope and, with the exception of Tirso de Molina, the other practitioners of the *comedia*. As he was no doubt the victim of an inferiority complex, it could scarcely be otherwise than that he should bear a resentment against his tormentors and attempt to strike back at them. This he did principally in the sublimated form of his art, whose ethical tendencies have been attributed to his wounded, antagonized feelings. He also got back at the public, whom he addressed in the prologue to an edition of his plays as "*bestia fiera*."

Although he necessarily wrote within the general mold of Lope's school, he was in some important respects as much an outsider in his concept of the drama as he was socially. His fellow playwrights were composing plays based largely on the sensational or unusual, on the inventive, on complicated plots, on flights of lyricism and passion, on action rather than delineation of character. Alarcón gravitated toward the normal or everyday, toward real-life situations rather than invented ones, toward simple, well-constructed plots, toward restraint, toward the creation of well-drawn characters rather than abundant action. He was not a facile improviser like Lope and others. He was a careful writer who painstakingly worked out his plot and all details, and faithfully fashioned his characters. He wrote only some two dozen *comedias*, of which he published twenty—a mere handful, compared to the output of Lope or Tirso.

If Alarcón is the least prolific of *Siglo de Oro* dramatists, he is also the most modern. His focus on analysis of character and on the ordinary problems of life rather than on high tragic situations, his moral viewpoint, bring him close to us. Few of his works are mediocre. Several are masterpieces which served as models for other contemporary works. He created original types and expressed elevated thoughts in pure language and impeccable verse, always with the simplicity and clarity characteristic of his style. His most valuable contribution to the theater of his time was the making of the drama into a school of manners. He influenced Moreto and, through Corneille, Molière and the French comedy of manners.

Much has been made of the Mexican strain in Alarcón's plays. There have been those who, while recognizing that direct references to things of the New World are few and far between in his works, have held that Alarcón's Mexican background can be seen in such less obvious forms as a certain courtesy and refinement. However that may be, Alarcón thoroughly identified himself with Spain, and his works are fundamentally Spanish. Both Spain and Mexico proudly claim him for their own.

One of his most notable works—one of the most important of the Spanish theater—is *La verdad sospechosa*. Based on Aesop's fable of the boy who cried wolf, the play is traditionally regarded as a moralizing work which deals with the evils of lying. Some, in view of the sympathetic treatment of García, the lying protagonist, interpret the play in another light. Castro Leal sees it as a work expressing a certain youthful zest for life, a triumph of the imagination over reality. Yet the moral is there too. However, it is woven right into the very substance of the play, as Millares Carlo insists, not superimposed upon it.

There is no denying that García is punished for his lies by the loss of the woman he loves and by his not being believed when he finally comes around to speaking the truth. But the moral is tinged with a comic element which holds one's interest throughout. Ironically, the impatience of García's father to marry him off is motivated by a desire to cure him of his lies, although the youth's father is unprepared for the effect of the confusion of identities between Jacinta and Lucrecia. We may ask ourselves whether García's marriage to Lucrecia, the one he does not love, given the chastening circumstances surrounding the marriage, will rid him of his vice.

Corneille used *La verdad sospechosa* as the model of *Le Menteur*, even translating parts of it in this work which inaugurated the French comedy of character. His high opinion of Alarcón's play led him to remark that he would gladly have given his best two plays to have been the author of it. Goldoni's *Il bugiardo* (1759) was also inspired by *La verdad sospechosa*.

METRICAL SCHEME OF «LA VERDAD SOSPECHOSA»

Act I

Redondillas	abba	1–664
Romances (e-a)		665–872
Redondillas	abba	873–960
Quintillas	abbab, ababa	961–1040
Redondillas	abba	1041–1116

Act II

Redondillas	abba	1117–1308
Quintillas	ababa, abbab, aabba	1309–1383
Redondillas	abba	1384–1395
Romance (e-o)		1396–1523
Romance (o-e)		1524–1731
Redondillas	abba	1732–2151

Act III

Redondillas	abba	2152–2475
Décimas	abbaa-ccddc	2476–2525
Redondillas	abba	2526–2717
Romance (a-a)		2718–2975
Tercetos	aba, bcb, cdc, *etc.*	2976–3048
Romance (o-a)		3049–3112

LA VERDAD SOSPECHOSA

PERSONAS

Don García, *galán.*
Don Juan, *galán.*
Don Felis, *galán.*
Don Beltrán, *viejo grave.*
Don Sancho, *viejo grave.*
Don Juan, *viejo grave.*
Tristán, *gracioso.*

Un Letrado.
Camino, *escudero.*
Un Page.
Jacinta, *dama.*
Lucrecia, *dama.*
Isabel, *criada.*
Un Criado.

Época: actual (siglo XVII).

ACTO PRIMERO

Sala en casa de Don Beltrán.

ESCENA I

Salen por una puerta Don García *y un* Letrado *viejo, de estudiantes,* de camino**; *y, por otra,* Don Beltrán *y* Tristán.

D. Beltrán.   Con bien vengas, hijo mío.
D. García.   Dame la mano, señor.
D. Beltrán.   ¿Cómo vives?
D. García.   El calor
    del ardiente y seco estío
    me ha afligido de tal suerte, 5
    que no pudiera llevallo,
    señor, a no mitigallo
    con la esperança de verte.
D. Beltrán.   Entra, pues, a descansar.
    Dios te guarde. ¡Qué hombre vienes!— 10
    ¿Tristán?...
Tristán.   ¿Señor?...
D. Beltrán.   Dueño tienes
    nuevo ya de quien cuydar.
    Sirve desde oy a García;

---

de estudiantes: dressed as students **de camino*: in traveling attire *2* Supply *a besar* *6 pudiera* = *hubiera podido; llevallo* = *llevarlo* *7 a no mitigallo*: This is one of three ways of expressing the protasis of a condition (i.e., an "if" clause). *10 vienes*: How much of a (grown) man you return!

	que tú eres diestro en la Corte	
	y él bisoño.	
Tristán.	En lo que importe,	15
	yo le serviré de guía.	
D. Beltrán.	No es criado el que te doy;	
	mas consejero y amigo.	
D. García.	Tendrá esse lugar conmigo.	
	Vase.	
Tristán.	Vuestro humilde esclavo soy.	20
	Vase.	

ESCENA II

D. Beltrán.	Déme, señor Licenciado,	
	los braços.	
Letrado.	Los pies os pido.	
D. Beltrán.	Alce ya. ¿Cómo ha venido?	
Letrado.	Bueno, contento, honrado	
	de mi señor don García,	25
	a quien tanto amor cobré,	
	que no sé cómo podré	
	vivir sin su compañía.	
D. Beltrán.	Dios le guarde, que, en efeto,	
	siempre el señor Licenciado	30
	claros indicios ha dado	
	de agradecido y discreto.	
	Tan precisa obligación	
	me huelgo que aya cumplido	
	García, y que aya acudido	35
	a lo que es tanta razón.	
	Porque le asseguro yo	
	que es tal mi agradecimiento,	
	que, como un corregimiento	
	mi intercessión le alcançó	40
	(según mi amor, desigual),	
	de la misma suerte hiziera	
	darle también, si pudiera,	
	plaça en Consejo Real.	
Letrado.	De vuestro valor lo fío.	45

---

15 bisoño: new, a novice *21-22 Déme... braços:* Let me give you an *abrazo* (embrace). *Los pies os pido:* Supply *para besarlos,* an expression of regard or respect. *23 ¿Cómo ha venido?:* How have you been? *32* Supply *ser* after *de. 39 corregimiento:* magistracy *41 según... desigual:* not commensurate with my great regard for you *45 valor:* favor, influence

D. Beltrán.	Sí, bien lo puede creer.	
	Mas yo me doy a entender	
	que, si con el favor mío	
	en esse escalón primero	
	se ha podido poner, ya	
	sin mi ayuda subirá	
	con su virtud al postrero.	
Letrado.	En qualquier tiempo y lugar	
	he de ser vuestro crïado.	
D. Beltrán.	Ya, pues, señor Licenciado	55
	que el timón ha de dexar	
	de la nave de García,	
	y yo he de encargarme dél,	
	que hiziesse por mí y por él	
	sola una cosa querría.	60
Letrado.	Ya, señor, alegre espero	
	lo que me queréys mandar.	
D. Beltrán.	La palabra me ha de dar	
	de que lo ha de hazer, primero.	
Letrado.	Por Dios juro de cumplir,	65
	señor, vuestra voluntad.	
D. Beltrán.	Que me diga una verdad	
	le quiero sólo pedir.	
	Ya sabe que fué mi intento	
	que el camino que seguía	70
	de las letras, don García,	
	fuesse su acrecentamiento;	
	que, para un hijo segundo,	
	como él era, es cosa cierta	
	que es éssa la mejor puerta	75
	para las honras del mundo.	
	Pues como Dios se sirvió	
	de llevarse a don Gabriel,	
	mi hijo mayor, con que él	
	mi mayorazgo quedó,	80
	determiné que, dexada	
	essa professión, viniesse	
	a Madrid, donde estuviesse,	
	como es cosa acostumbrada	
	entre ilustres cavalleros	85
	en España; porque es bien	

---

62 *queréys:* In modern Spanish the subjunctive would be used. 72 *acrecentamiento:* adornment (social) 79 Supply *lo* before *que.* 83 Supply *se* before *estuviesse* and translate "should remain." 86–88 *es . . . herederos:* it is fitting that heirs of noble families should serve their king

que las nobles casas den
a su Rey sus herederos.
 Pues como es ya don García
hombre que no ha de tener
maestro, y ha de correr
su govierno a cuenta mía,
 y mi paternal amor
con justa razón dessea
que, ya que el mejor no sea,
no le noten por peor,
 quiero, señor Licenciado,
que me diga claramente,
sin lisonja, lo que siente
(supuesto que le ha crïado)
 de su modo y condición,
de su trato y exercicio,
y a qué género de vicio
muestra más inclinación.
 Si tiene alguna costumbre
que yo cuyde de enmendar,
no piense que me ha de dar
con dezirlo pesadumbre:
 que él tenga vicio es forçoso;
que me pese, claro está;
mas saberlo me será
útil, quando no gustoso.
 Antes en nada, a fe mía,
hazerme puede mayor
plazer, o mostrar mejor
lo bien que quiere a García,
 que en darme este desengaño,
quando provechoso es,
si he de saberlo después
que aya sucedido un daño.

LETRADO. Tan estrecha prevención,
señor, no era menester
para reduzirme a hazer
lo que tengo obligación.
 Pues es caso averiguado
que, quando entrega al señor
un cavallo el picador

---

92 govierno = gobierno: guidance *96* Supply *el* before *peor.* *100 crïado:* The word is trisyllabic. *101 modo:* conduct, especially as regards education *102 exercicio = ejercicio:* occupations and pastimes *112 quando = cuando:* if *121 prevención:* exhortation

	que lo ha impuesto y enseñado,	
	si no le informa del modo	
	y los resabios que tiene,	130
	un mal suceso previene	
	al cavallo y dueño y todo.	
	Deziros verdad es bien;	
	que, demás del juramento,	
	daros una purga intento	135
	que os sepa mal y haga bien.	
	De mi señor don García	
	todas las acciones tienen	
	cierto accento, en que convienen	
	con su alta genealogía.	140
	Es magnánimo y valiente,	
	es sagaz y es ingenioso,	
	es liberal y piadoso;	
	si repentino, impaciente.	
	No trato de las passiones	145
	proprias de la mocedad,	
	porque, en essas, con la edad	
	se mudan las condiciones.	
	Mas una falta no más	
	es la que le he conocido,	150
	que, por más que le he reñido,	
	no se ha enmendado jamás.	
D. Beltrán.	¿Cosa que a su calidad	
	será dañosa en Madrid?	
Letrado.	Puede ser.	
D. Beltrán.	¿Quál es? Dezid.	155
Letrado.	No dezir siempre verdad.	
D. Beltrán.	¡Jesús, qué cosa tan fea	
	en hombre de obligación!	
Letrado.	Yo pienso que, o condición,	
	o mala costumbre sea.	160
	Con la mucha autoridad	
	que con él tenéys, señor,	
	junto con que ya es mayor	
	su cordura con la edad,	
	esse vicio perderá.	165
D. Beltrán.	Si la vara no ha podido,	
	en tiempo que tierna ha sido,	

---

128 ha impuesto: has tamed *130* Supply *de* after *y. 132 y todo:* also *136 sepa mal* = *tenga mal sabor 139 accento* = *acento:* tone *144 si* = *aun si:* even if *150 le:* in him *153 calidad:* nobility *158 hombre de obligación:* nobleman. Cf. the proverb *La nobleza obliga. 159 condición:* character, nature *159–160 o . . . o:* whether . . . or, either . . . or

endereçarse, ¿ qué hará
siendo ya tronco robusto ?

LETRADO. En Salamanca, señor,
son moços, gastan humor,
sigue cada qual su gusto;
  hazen donayre del vicio,
gala de la travessura,
grandeza de la locura:
haze, al fin, la edad su oficio.
  Mas, en la Corte, mejor
su enmienda esperar podemos,
donde tan validas vemos
las escuelas del honor.

D. BELTRÁN. Casi me mueve a reyr
ver quán ignorante está
de la Corte. ¿ Luego acá
no ay quien le enseñe a mentir ?
  En la Corte, aunque aya sido
un estremo don García,
ay quien le dé cada día
mil mentiras de partido.
  Y si aquí miente el que está
en un puesto levantado,
en cosa en que al engañado
la hazienda o honor le va,
  ¿ no es mayor inconveniente
quien por espejo está puesto
al reyno ? Dexemos esto,
que me voy a maldiziente.
  Como el toro a quien tiró
la vara una diestra mano
arremete al más cercano
sin mirar a quien le hirió,
  assí yo, con el dolor
que esta nueva me ha causado,
en quien primero he encontrado
executé mi furor.
  Créame, que si García
mi hazienda, de amores ciego,
dissipara, o en el juego
consumiera noche y día;

---

170 Salamanca: The University of Salamanca is said to have housed about 14,000 students and offered over 70 different subjects at that time. *171 gastan humor:* play jokes *175 grandeza:* boast *176 haze ... oficio:* that age, in short, fulfills its function *186 estremo = extremo:* prodigy, expert *188 de partido = de ventaja:* as a handicap *194 espejo:* model

si fuera de ánimo inquieto
y a pendencias inclinado,
si mal se huviera casado,
si se muriera, en efeto,
  no lo llevara tan mal
como que su falta sea
mentir. ¡Qué cosa tan fea!
¡Qué opuesta a mi natural!
  Aora bien: lo que he hazer
es casarle brevemente,
antes que este inconveniente
conocido venga a ser.
  Yo quedo muy satisfecho
de su buen zelo y cuydado,
y me confiesso obligado
del bien que en esto me ha hecho.
  ¿Quándo ha de partir?

LETRADO.   Querría
luego.

D. BELTRÁN.   ¿No descansará
algún tiempo y gozará
de la Corte?

LETRADO.   Dicha mía
fuera quedarme con vos;
pero mi officio me espera.

D. BELTRÁN. Ya entiendo: volar quisiera
porque va a mandar. — Adiós.

Vase.

LETRADO.   Guárdeos Dios. — Dolor estraño
le dió al buen viejo la nueva.
Al fin, el más sabio lleva
agramente un desengaño.

Vase.

Las Platerías.

ESCENA III

Salen DON GARCÍA, *de galán, y* TRISTÁN.

D. GARCÍA.   ¿Dízeme bien este trage?
TRISTÁN.   Divinamente, señor.
¡Bien huviesse el inventor

---

213 The subject of *llevara* is *yo* understood. 226 *luego*: immediately 233 *estraño* = *extraño*: great 236 *agramente* = *agriamente*: bitterly 237 *¿Dízeme ... trage?*: Does this suit become me? 239 *¡Bien huviesse* = *¡Bien hubiese*: Blessed be

deste olandesco follaje!
    Con un cuello apanalado,
¿qué fealdad no se enmendó?
Yo sé una dama a quien dió
cierto amigo gran cuydado
    mientras con cuello le vía;
y una vez que llegó a verle
sin él, la obligó a perderle
quanta afición le tenía,
    porque ciertos costurones
en la garganta cetrina
publicavan la ruyna
de pasados lamparones.
    Las narizes le crecieron,
mostró un gran palmo de oreja,
y las quixadas, de vieja,
en lo enxuto, parecieron.
    Al fin el galán quedó
tan otro del que solía,
que no le conocería
la madre que le parió.

D. García.   Por essa y otras razones
me holgara de que saliera
premática que impidiera
essos vanos cangilones.
    Que, demás de essos engaños,
con su olanda el estrangero
saca de España el dinero
para nuestros proprios daños.
    Una baloncilla angosta,
usándose, le estuviera
bien al rostro, y se anduviera
más a gusto a menos costa.
    Y no que, con tal cuydado
sirve un galán a su cuello,
que, por no descomponello,

240

245

250

255

260

265

270

275

---

240 olandesco follaje = adorno holandés: Dutch collar *241 apanalado:* plaited *242 fealdad:* dissyllabic by syneresis *243* Supply *de* after *sé 243–244 a … cuydado:* whose love a certain friend aroused *245 vía = veía 252 lamparones:* scrofula *263 premática = pragmática, real orden, decreto.* Such a decree was actually issued in 1623. *264 cangilones:* frills *266 olanda = holanda:* fine Dutch linen *268 para:* to; *proprios:* the original form of modern *propio,* from Latin *proprio 269 baloncilla:* vandyke collar (*valona*)

	se obliga a andar empalado.	
Tristán.	Yo sé quien tuvo ocasión	
	de gozar su amada bella,	
	y no osó llegarse a ella	
	por no ajar un cangilón.	280
	Y esto me tiene confuso:	
	todos dizen que se holgaran	
	de que balonas se usaran,	
	y nadie comiença el uso.	
D. García.	De governar nos dexemos	285
	el mundo. ¿Qué ay de mugeres?	
Tristán.	¿El mundo dexas y quieres	
	que la carne governemos?	
	¿Es más fácil?	
D. García.	Más gustoso.	
Tristán.	¿Eres tierno?	
D. García.	Moço soy.	290
Tristán.	Pues en lugar entras oy	
	donde Amor no vive ocioso.	
	Resplandecen damas bellas	
	en el cortesano suelo,	
	de la suerte que en el cielo	295
	brillan luzientes estrellas.	
	En el vicio y la virtud	
	y el estado ay diferencia,	
	como es varia su inflüencia,	
	resplandor y magnitud.	300
	Las señoras, no es mi intento	
	que en este número estén,	
	que son ángeles a quien	
	no se atreve el pensamiento.	
	Sólo te diré de aquéllas	305
	que son, con almas livianas,	
	siendo divinas, humanas;	
	corruptibles, siendo estrellas.	
	Bellas casadas verás,	
	conversables y discretas,	310
	que las llamo yo planetas	
	porque resplandecen más.	
	Éstas, con la conjunción	

---

276 empalado: as stiff as though he were impailed on a stick *280 ajar un cangilón*: to crumple a plait (of a frilled collar) *285 nos dexemos = dejémonos* *290 Moço = Mozo* *298 estado*: social position *299 inflüencia*: has four syllables here *303 quien = quienes. Quien* was frequently invariable at that time. *310 conversables*: sociable *313 conjunción*: consent

de maridos placenteros,
influyen en estrangeros
dadivosa condición.
 Otras ay cuyos maridos
a comissiones se van,
o que en las Indias están,
o en Italia, entretenidos.
 No todas dizen verdad
en esto, que mil taymadas
suelen fingirse casadas
por vivir con libertad.
 Verás de cautas passantes
hermosas rezientes hijas:
éstas son estrellas fixas,
y sus madres son errantes.
 Ay una gran multitud
de señoras del tusón,
que, entre cortesanas, son
de la mayor magnitud.
 Síguense tras las tusonas
otras que serlo dessean,
y, aunque tan buenas no sean,
son mejores que busconas.
 Éstas son unas estrellas
que dan menor claridad;
mas, en la necesidad,
te avrás de alumbrar con ellas.
 La buscona, no la cuento
por estrella, que es cometa;
pues ni su luz es perfeta
ni conocido su assiento.
 Por las mañanas se ofrece
amenaçando al dinero,
y, en cumpliéndose el agüero,
al punto desaparece.
 Niñas salen que procuran
gozar todas ocasiones:
éstas son exalaciones
que, mientras se queman, duran.
 Pero que adviertas es bien,
si en estas estrellas tocas,

---

314 placenteros: agreeable *316 dadivosa condición:* a disposition toward gift-giving *318 comissiones = comisiones:* missions *330 tusón:* order of prostitutes *336 busconas:* streetwalkers *343 perfeta = perfecta 347 agüero:* warning *351 exalaciones:* meteorites

	que son estables muy pocas,
	por más que un Perú les den.
	No ignores, pues yo no ignoro,
	que un signo el de Virgo es,
	y los de cuernos son tres :
	Aries, Capricornio y Toro.
	Y assí, sin fiar en ellas,
	lleva un presupuesto solo,
	y es que el dinero es el polo
	de todas estas estrellas.
D. García.	¿ Eres astrólogo ?
Tristán.	Ohí, el tiempo que pretendía en Palacio, Astrología.
D. García.	¿ Luego has pretendido ?
Tristán.	Fuí pretendiente por mi mal.
D. García.	¿ Cómo en servir has parado ?
Tristán.	Señor, porque me han faltado la fortuna y el caudal; aunque quien te sirve, en vano por mejor suerte suspira.
D. García.	Dexa lisonjas y mira el marfil de aquella mano; el divino resplandor de aquellos ojos, que, juntas, despiden entre las puntas flechas de muerte y amor.
Tristán.	¿ Dizes aquella señora que va en el coche ?
D. García.	Pues ¿ quál merece alabança ygual ?
Tristán.	¡ Qué bien encaxaba agora esto de coche del sol, con todos sus adherentes de rayos de fuego ardientes y deslumbrante arrebol !
D. García.	¿ La primer dama que vi en la Corte me agradó ?

---

355 estables: constant, faithful *356 un Perú:* a fortune *358-360 Virgo:* Latin for virgin. Aries, Capricorn, and Taurus (Ram, Goat, and Bull) have horns, symbol of the cuckold. *365-366 Ohí... pretendía:* I attended classes (studied) while a candidate for a position *369 por mi mal:* to my sorrow *379 puntas:* corners *384 encaxaba = encajaba:* would be appropriate

LA VERDAD SOSPECHOSA [Act. I

TRISTÁN. La primera en tierra.
D. GARCÍA. No:
la primera en cielo, sí,
que es divina esta muger.
TRISTÁN. Por puntos las toparás
tan bellas, que no podrás 395
ser firme en un parecer.
Yo nunca he tenido aquí
constante amor ni desseo,
que siempre por la que veo
me olvido de la que vi. 400
D. GARCÍA. ¿Dónde ha de aver resplandores
que borren los de estos ojos?
TRISTÁN. Míraslos ya con antojos,
que hazen las cosas mayores.
D. GARCÍA. ¿Conoces, Tristán?...
TRISTÁN. No humanes 405
lo que por divino adoras;
porque tan altas señoras
no tocan a los Tristanes.
D. GARCÍA. Pues yo, al fin, quien fuere, sea,
la quiero y he de servilla. 410
Tú puedes, Tristán, seguilla.
TRISTÁN. Detente, que ella se apea
en la tienda.
D. GARCÍA. Llegar quiero.
¿Úsase en la corte?
TRISTÁN. Sí,
con la regla que te di 415
de que es el polo el dinero.
D. GARCÍA. Oro traigo.
TRISTÁN. ¡Cierra, España!
que a César llevas contigo.
Mas mira si en lo que digo
mi pensamiento se engaña; 420
advierte, señor, si aquélla
que tras ella sale agora

---

391 primera en tierra: may mean "unlucky from the start" as well as "first on earth" *393 que:* for, because *394 Por puntos:* Constantly *396 parecer:* opinion *403 antojos:* may mean "eyeglasses" (*anteojos*) or "vehement desires" *405 No humanes:* Do not make merely human *409 quien fuere, sea:* whoever she may be *410 servilla = servirla:* court her *414 ¿Úsase en la corte?:* Is it customary in the capital? *417 ¡Cierra, España [y Santiago]!* was the war cry during the Reconquista. *Cierra* here means "attack" or "come on." *418 César:* Caesar, i.e., money

| | puede ser sol de su aurora,
ser aurora de su estrella. | |
| --- | --- | --- |
| D. García. | Hermosa es también. | |
| Tristán. | Pues mira | 425 |
| | si la crïada es peor. | |
| D. García. | El coche es arco de amor,
y son flechas quantas tira.
     Yo llego. | |
Tristán.	A lo dicho advierte ...	
D. García.	¿Y es ...?	
Tristán.	Que a la mujer rogando,	430
	y con el dinero dando.	
D. García.	¡Consista en esso mi suerte!	
Tristán.	Pues yo, mientras hablas, quiero
que me haga relación
el cochero de quién son.	435
D. García.	¿Diralo?	
Tristán.	Sí, que es cochero.
Vase.	

ESCENA IV

Salen Jacinta, Lucrecia, Isabel, *con mantos; cae* Jacinta, *y llega* Don García *y dale la mano.*

Jacinta.	¡Válgame Dios!	
D. García.	Esta mano
os servid de que os levante,
si merezco ser Atlante
de un cielo tan soberano.	440
Jacinta.	Atlante devéys de ser,
pues lo llegáys a tocar.	
D. García.	Una cosa es alcançar
y otra cosa merecer.
   ¿Qué vitoria es la beldad
alcançar, por quien me abraso,
si es favor que devo al caso,
y no a vuestra voluntad?
   Con mi propria mano así
el cielo; mas ¿qué importó, | 445

450 |

---

428 Supply *mujeres* after *quantas*. 429 *advierte:* pay attention 430–431 Cf. the proverb *A Dios rogando y con el mazo dando,* freely translated: Praise the Lord and pass the ammunition. 434 *me haga relación:* report to me 439 *Atlante:* Atlas, who supported the heavens with his shoulders and hands 441 *devéys = debéis* 445 *vitoria = victoria* 447 *caso = casualidad:* accident 448 *voluntad:* desire, love 449 *así:* I seized, from *asir*

	si ha sido porque él cayó,	
	y no porque yo subí ?	
Jacinta.	¿ Para qué fin se procura	
	merecer ?	
D. García.	Para alcançar.	
Jacinta.	Llegar al fin, sin passar	455
	por los medios, ¿ no es ventura ?	
D. García.	Sí.	
Jacinta.	Pues ¿ cómo estáys quexoso	
	del bien que os ha sucedido,	
	si el no averlo merecido	
	os haze más venturoso ?	460
D. García.	Porque, como las acciones	
	del agravio y el favor	
	reciben todo el valor	
	sólo de las intenciones,	
	por la mano que os toqué	465
	no estoy yo favorecido,	
	si averlo vos consentido	
	con essa intención no fué.	
	Y, assí, sentir me dexad	
	que, quando tal dicha gano,	470
	venga sin alma la mano	
	y el favor sin voluntad.	
Jacinta.	Si la vuestra no sabía,	
	de que agora me informáys,	
	injustamente culpáys	475
	los defetos de la mía.	

ESCENA V

Sale Tristán.

Tristán (*ap.*).	El cochero hizo su oficio :	
	nuevas tengo de quién son. —	
D. García.	¿ Que hasta aquí de mi afición	
	nunca tuvistes indicio ?	480
Jacinta.	¿ Cómo, si jamás os vi ?	
D. García.	¿ Tampoco ha valido ¡ ay Dios !	
	más de un año que por vos	
	he andado fuera de mí ?	
Tristán (*ap.*).	¿ Un año, y ayer llegó	485

453-454 *se procura merecer* : are you trying to be worthy 456 *ventura* : risky 469 *me dexad* = *dejadme*. The rule for attaching affirmative imperatives was not as fixed as in modern Spanish. 480 *tuvistes* = *tuvisteis* 484 *fuera de mí* : beside myself

	a la Corte?
JACINTA.	¡ Bueno a fe ! ¿ Más de un año ? Juraré que no os vi en mi vida yo.
D. GARCÍA.	Quando del indiano suelo por mi dicha llegué aquí, la primer cosa que vi fué la gloria de esse cielo. Y aunque os entregué al momento el alma, avéyslo ignorado porque ocasión me ha faltado de deziros lo que siento.
JACINTA.	¿ Soys indiano ?
D. GARCÍA.	Y tales son mis riquezas, pues os vi, que al minado Potosí le quito la presunción.
TRISTÁN (ap.).	¿ Indiano ?
JACINTA.	¿ Y sois tan guardoso como la fama los haze ?
D. GARCÍA.	Al que más avaro nace, haze el amor dadivoso.
JACINTA.	¿ Luego, si dezís verdad, preciosas ferias espero ?
D. GARCÍA.	Si es que ha de dar el dinero crédito a la voluntad, serán pequeños empleos, para mostrar lo que adoro, daros tantos mundos de oro como vos me days desseos. Mas ya que ni al merecer de essa divina beldad, ni a mi inmensa voluntad ha de ygualar el poder, por lo menos os servid que esta tienda que os franqueo dé señal de mi deseo.
JACINTA (ap.).	No vi tal hombre en Madrid. Lucrecia ¿ qué te parece del indiano liberal ?

---

492 esse cielo: Jacinta *497 indiano:* one who returns rich from America *499 Potosí:* Bolivian silver-ore mountain, symbol of immense wealth *501 guardoso:* stingy *506 ferias:* gifts *509 empleos:* expenses *517 os servid = servíos:* allow *518 os franqueo:* I place at your disposal

Lucrecia.	Que no te parece mal,
	Jacinta, y que lo merece. —
D. García.	Las joyas que gusto os dan,
	tomad deste aparador.
Tristán	(*aparte a su amo*).
	Mucho te arrojas, señor. —
D. García	(*a* Tristán).
	¡ Estoy perdido, Tristán !
Isabel	(*aparte a las damas*).
	Don Juan viene. —
Jacinta.	Yo agradezco,
	señor, lo que me ofrecéys.
D. García.	Mirad que me agraviaréys
	si no lográys lo que ofrezco.
Jacinta.	Yerran vuestros pensamientos,
	cavallero, en presumir
	que puedo yo recebir
	más que los ofrecimientos.
D. García.	Pues ¿ qué ha alcançado de vos
	el coraçón que os he dado ?
Jacinta.	El averos escuchado.
D. García.	Yo lo estimo.
Jacinta.	Adiós.
D. García.	Adiós,
	y para amaros me dad
	licencia.
Jacinta.	Para querer,
	no pienso que ha menester
	licencia la voluntad.

Vanse las mugeres.

ESCENA VI

Don García, Tristán.

D. García.	Síguelas.
Tristán.	Si te fatigas,
	señor, por saber la casa
	de la que en amor te abrasa,
	ya la sé.
D. García.	Pues no las sigas ;
	que suele ser enfadosa

---

526 *aparador*: showcase 528 *¡ Estoy perdido (de amor)*: I am hopelessly in love 532 *lográys* = *lográis*: accept 535 *recebir* = *recibir*

	la diligencia importuna.
TRISTÁN.	« Doña Lucrecia de Luna
	se llama la más hermosa,
	que es mi dueño; y la otra dama
	que acompañándola viene,
	sé dónde la casa tiene;
	mas no sé cómo se llama ».
	Esto respondió el cochero.
D. GARCÍA.	Si es Lucrecia la más bella,
	no ay más que saber, pues ella
	es la que habló, y la que quiero;
	que, como el autor del día
	las estrellas dexa atrás,
	de essa suerte a las demás,
	la que me cegó, vencía.
TRISTÁN.	Pues a mí la que calló
	me pareció más hermosa.
D. GARCÍA.	¡ Qué buen gusto !
TRISTÁN.	Es cierta cosa
	que no tengo voto yo.
	Mas soy tan aficionado
	a cualquier muger que calla,
	que bastó para juzgalla
	más hermosa aver callado.
	Mas dado, señor, que estés
	errado tú, presto espero,
	preguntándole al cochero
	la casa, saber quién es.
D. GARCÍA.	Y Lucrecia, ¿ dónde tiene
	la suya ?
TRISTÁN.	Que a la Vitoria
	dixo, si tengo memoria.
D. GARCÍA.	Siempre esse nombre conviene
	a la esfera venturosa
	que da eclíptica a tal luna.

ESCENA VII

Salen DON JUAN *y* DON FELIS *por otra parte.*

| D. JUAN. | ¿ Música y cena ? ¡ A, fortuna ! |
| D. GARCÍA.| ¿ No es éste don Juan de Sosa ? |

---

553 dueño: mistress *561-562 que ... atrás:* for, just as the author of day (the sun) outdoes the stars *568 no tengo voto yo:* I do not know what I am talking about *578 la Vitoria = calle de La Victoria* (in Madrid) *582 luna:* a humorous reference to Doña Lucrecia de Luna *583 fortuna = mala fortuna*

Tristán.	El mismo.
D. Juan.	¿ Quién puede ser 585 el amante venturoso que me tiene tan zeloso ?
D. Felis.	Que lo vendréys a saber a pocos lances, confío.
D. Juan.	¡ Que otro amante le aya dado, 590 a quien mía se ha nombrado, música y cena en el río !
D. García.	¡ Don Juan de Sosa !
D. Juan.	¿ Quién es ?
D. García.	¿ Ya olvidáys a don García ?
D. Juan.	Veros en Madrid lo hazía, 595 y el nuevo trage.
D. García.	Después que en Salamanca me vistes, muy otro devo de estar.
D. Juan.	Más galán soys de seglar que de estudiante lo fuystes. 600 ¿ Venís a Madrid de assiento ?
D. García.	Sí.
D. Juan.	Bien venido seáys.
D. García.	Vos, don Felis, ¿ cómo estáys ?
D. Felis.	De veros, por Dios, contento. Vengáys bueno en hora buena. 605
D. García.	Para serviros. — ¿ Qué hazéys ? ¿ De qué habláys ? ¿ En qué entendéys ?
D. Juan.	De cierta música y cena que en el río dió un galán esta noche a una señora, 610 era la plática agora.
D. García.	¿ Música y cena, don Juan ? ¿ Y anoche ?
D. Juan.	Sí.
D. García.	¿ Mucha cosa ? ¿ Grande fiesta ?
D. Juan.	Assí es la fama.
D. García.	¿ Y muy hermosa la dama ? 615
D. Juan.	Dízenme que es muy hermosa.
D. García.	¡ Bien !
D. Juan.	¿ Qué mysterios hazéys ?
D. García.	De que alabéys por tan buena essa dama y essa cena,

---

589 *a pocos lances:* shortly 596 *Después* = Desde 599 *galán:* handsome ladies' man, suitor 601 *de assiento:* for good, permanently 605 *Vengáys ... buena:* Welcome. 607 *¿En qué entendéys?:* What are you thinking of?

si no es que alabando estéys
mi fiesta y mi dama assí.
D. Juan. ¿Pues tuvistes también boda
anoche en el río?
D. García. Toda
en esso la consumí.
Tristán (ap.). ¿Qué fiesta o qué dama es ésta,
si a la Corte llegó ayer?—
D. Juan. ¿Ya tenéys a quien hazer,
tan rezién venido, fiesta?
Presto el amor dió con vos.
D. García. No ha tan poco que he llegado
que un mes no aya descansado.
Tristán (ap.). ¡Ayer llegó, voto a Dios!
Él lleva alguna intención.—
D. Juan. No lo he sabido, a fe mía,
que al punto acudido avría
a cumplir mi obligación.
D. García. He estado hasta aquí secreto.
D. Juan. Essa la causa avrá sido
de no averlo yo sabido.
Pero la fiesta, ¿en efeto
fué famosa?
D. García. Por ventura,
no la vió mejor el río.
D. Juan (ap.). ¡Ya de zelos desvarío!—
¿Quién duda que la espessura
del Sotillo el sitio os dió?
D. García. Tales señas me vays dando,
don Juan, que voy sospechando
que la sabéys como yo.
D. Juan. No estoy de todo ignorante,
aunque todo no lo sé:
dixéronme no sé qué,
confusamente, bastante
a tenerme desseoso
de escucharos la verdad,
forçosa curiosidad
en un cortesano ocioso...
(Aparte.) O en un amante con zelos.—
D. Felis (a Don Juan aparte).
Advertid quán sin pensar

---

622 *boda = fiesta* 630 *ha = hace* 635 *al punto:* in an instant 641 *Por ventura:* Perhaps 645 *Sotillo:* diminutive of *soto*, grove. El Sotillo was a popular amusement park on the shores of the Manzanares River. 655 *forçosa = forzosa:* intense

	os han venido a mostrar	
	vuestro contrario los cielos. —	660
D. García.	Pues a la fiesta atended:	
	contaréla, ya que veo	
	que os fatiga esse desseo.	
D. Juan.	Haréysnos mucha merced.	
D. García.	Entre las opacas sombras	665
	y opacidades espessas	
	que el soto formava de olmos	
	y la noche de tinieblas,	
	se ocultava una quadrada,	
	limpia y olorosa mesa,	670
	a lo italiano curiosa,	
	a lo español opulenta.	
	En mil figuras prensados	
	manteles y servilletas,	
	sólo invidiaron las almas	675
	a las aves y a las fieras.	
	Quatro aparadores puestos	
	en quadra correspondencia,	
	la plata blanca y dorada,	
	vidrios y barros ostentan.	680
	Quedó con ramas un olmo	
	en todo el Sotillo apenas,	
	que dellas se edificaron,	
	en varias partes, seys tiendas.	
	Quatro coros diferentes	685
	ocultan las quatro dellas;	
	otra, principios y postres,	
	y las viandas, la sesta.	
	Llegó en su coche mi dueño,	
	dando embidia a las estrellas;	690
	a los ayres, suavidad,	
	y alegría a la ribera.	
	Apenas el pie que adoro	
	hizo esmeraldas la yerva,	
	hizo crystal la corriente,	695
	las arenas hizo perlas,	
	quando, en copia disparados	
	cohetes, bombas y ruedas,	
	toda la región del fuego	
	baxó en un punto a la tierra.	700

---

668 *la noche*: formaba understood after *noche* 671 *curiosa*: neat 675 *invidiaron* = *envidiaron*: envied 677 *aparadores*: side boards 678 *en quadra correspondencia*: in a quadrilateral 699 *región del fuego*: one of the Ptolemaic regions ringing the earth

Aun no las sulfúreas luzes
se acabaron, quando empieçan
las de veynte y quatro antorchas
a obscurecer las estrellas.
Empeçó primero el coro   705
de chirimías; tras ellas,
el de las vigüelas de arco
sonó en la segunda tienda.
Salieron con suavidad
las flautas de la tercera,   710
y, en la quarta, quatro vozes,
con guitarras y arpas suenan.
Entre tanto, se sirvieron
treynta y dos platos de cena,
sin los principios y postres,   715
que casi otros tantos eran.
Las frutas y las bevidas,
en fuentes y taças hechas
del cristal que da el invierno
y el artificio conserva,   720
de tanta nieve se cubren,
que Mançanares sospecha,
quando por el Soto passa,
que camina por la sierra.
El olfato no está ocioso   725
quando el gusto se recrea,
que de espíritus süaves,
de pomos y caçolejas
y distilados sudores
de aromas, flores y yervas,   730
en el Soto de Madrid
se vió la región sabea.
En un hombre de diamantes,
delicadas de oro flechas,
que mostrassen a mi dueño   735
su crueldad y mi firmeza,
al sauce, al junco y al mimbre
quitaron su preeminencia:

---

707 vigüelas (vihuelas) de arco: the *viola da arco,* played with a bow *718–719 hechas del cristal:* frozen *719–721* refers to *pozos de nieve:* snow wells *727 espíritus:* essence *732 sabea:* Sabean; i.e., from Saba, Arabian city famous for its perfumes *733–740 En ... perlas:* In a diamond figurine of a man, delicate arrow-shaped gold toothpicks, designed to display my mistress' cruelty and my faithfulness, put to shame toothpicks made of willow, rush, and osier; for toothpicks should be made of gold when (a lady's) teeth are like pearls. The figurine represents García, whose love is as firm as the diamond and whose heart the lady cruelly pierces with her gold toothpick. The figurine is both a toothpick holder and a fetish of García.

	que han de ser oro las pajas	
	quando los dientes son perlas.	740
	En esto, juntas en folla,	
	los quatro coros comiençan,	
	desde conformes distancias,	
	a suspender las esferas;	
	tanto que, invidioso Apolo,	745
	apressuró su carrera,	
	porque el principio del día	
	pusiesse fin a la fiesta.	
D. Juan.	¡ Por Dios, que la avéys pintado	
	de colores tan perfetas,	750
	que no trocara el oyrla	
	por averme hallado en ella	
Tristán (ap.).	¡ Válgate el diablo por hombre !	
	¡ Que tan de repente pueda	
	pintar un combite tal	
	que a la verdad misma vença ! —	755
D. Juan (aparte a Don Felis).		
	¡ Rabio de zelos !	
D. Felis.	No os dieron	
	del combite tales señas.	
D. Juan.	¿ Qué importa, si en la substancia,	
	el tiempo y lugar concuerdan ? —	760
D. García.	¿ Qué dezís ?	
D. Juan.	Que fué el festín	
	más célebre que pudiera	
	hazer Alexandro Magno.	
D. García.	¡ O ! Son niñerías éstas	
	ordenadas de repente.	765
	Dadme vos que yo tuviera	
	para prevenirme un día,	
	que a las romanas y griegas	
	fiestas que al mundo admiraron	
	nueva admiración pusiera.	770

Mira adentro.

D. Felis (*a Don Juan aparte*).
    Jacinta es la del estribo,

---

741 *En esto*: At this point; *en folla*: all together 744 *suspender*: astonish 753 *¡ Válgate ... hombre!*: By the devil, what a man! 763 *Alexandro Magno*: Alexander the Great (356–323 B.C.), reputed to be a generous monarch 766 *Dadme vos*: Grant me, Suppose 767 *un día*: the object of *dad* 769 *admiraron*: amazed

en el coche de Lucrecia. —
D. JUAN (*a* DON FELIS *aparte*).
　　　　　　　Los ojos a don García
　　　　　　　se le van, por Dios, tras ella.
D. FELIS.　　　Inquieto está y divertido.
D. JUAN.　　　Ciertas son ya mis sospechas. —

Juntos DON JUAN *y* DON GARCÍA.

D. JUAN.
D. GARCÍA.　　} Adiós.
D. FELIS.　　　　　　　Entrambos a un punto
　　　　　　　fuistes a una cosa mesma.

Vanse DON JUAN *y* DON FELIS.

ESCENA VIII

DON GARCÍA, TRISTÁN.

TRISTÁN (*ap.*).　No vi jamás despedida
　　　　　　　tan conforme y tan resuelta. —　　　　780
D. GARCÍA.　　Aquel cielo, primer móbil
　　　　　　　de mis acciones, me lleva
　　　　　　　arrebatado tras sí.
TRISTÁN.　　　Dissimula y ten paciencia,
　　　　　　　que el mostrarse muy amante,　　　　785
　　　　　　　antes daña que aprovecha,
　　　　　　　y siempre he visto que son
　　　　　　　venturosas las tibiezas.
　　　　　　　Las mugeres y los diablos
　　　　　　　caminan por una senda,　　　　　　　790
　　　　　　　que a las almas rematadas
　　　　　　　ni las siguen ni las tientan;
　　　　　　　que el tenellas ya seguras
　　　　　　　les haze olvidarse dellas,
　　　　　　　y sólo de las que pueden　　　　　　　795
　　　　　　　escapárseles se acuerdan.
D. GARCÍA.　　Es verdad, mas no soy dueño
　　　　　　　de mí mismo.

---

775 *divertido:* abstracted, oblivious of all else 778 *mesma:* used here instead of *misma* because it is the final word in a *romance* verse with assonance *e-a* 781 *primer móbil:* According to the Ptolemaic system the *primum mobile* was a vast sphere that was supposed to revolve round the earth from east to west in twenty-four hours and to carry all the celestial bodies along with it in its motion. 790 Supply *misma* before *senda*. 791 *rematadas:* irrevocably damned

TRISTÁN. Hasta que sepas
extensamente su estado,
no te entregues tan de veras;
que suele dar, quien se arroja
creyendo las apariencias,
en un pantano cubierto
de verde, engañosa yerva.
D. GARCÍA. Pues oy te informa de todo.
TRISTÁN. Esso queda por mi cuenta.
Y agora, antes que rebiente,
dime, por Dios: ¿qué fin llevas
en las ficciones que he oydo?
Siquiera para que pueda
ayudarte, que cogernos
en mentira será afrenta.
Perulero te fingiste
con las damas.
D. GARCÍA. Cosa es cierta,
Tristán, que los forasteros
tienen más dicha con ellas,
y más si son de las Indias,
información de riqueza.
TRISTÁN. Esse fin está entendido;
mas pienso que el medio yerras,
pues han de saber al fin
quién eres.
D. GARCÍA. Quando lo sepan,
avré ganado en su casa
o en su pecho ya las puertas
con esse medio, y después,
yo me entenderé con ellas.
TRISTÁN. Digo que me has convencido,
señor; mas agora venga
lo de aver un mes que estás
en la Corte. ¿Qué fin llevas,
aviendo llegado ayer?
D. GARCÍA. Ya sabes tú que es grandeza
esto de estar encubierto
o retirado en su aldea,

---

805 te informa = infórmate 807 rebiente = reviente: burst, from *reventar 813 Perulero = Indiano (peruano).* See v. 497, note. *818 información:* indication *826 Yo ... ellas:* I will deal with them *828 agora:* See page 420, v. 35, note; *venga:* out with, explain

	o en su casa descansando.	835
TRISTÁN.	¡Vaya muy en hora buena!	
	Lo del combite éntre agora.	
D. GARCÍA.	Fingílo, porque me pesa	
	que piense nadie que ay cosa	
	que mover mi pecho pueda	840
	a invidia o admiración,	
	passiones que al hombre afrentan.	
	Que admirarse es ignorancia,	
	como imbidiar es baxeza.	
	Tú no sabes a qué sabe,	845
	quando llega un portanuevas	
	muy orgulloso a contar	
	una hazaña o una fiesta,	
	taparle la boca yo	
	con otra tal, que se buelva	850
	con sus nuevas en el cuerpo	
	y que rebiente con ellas.	
TRISTÁN.	¡Caprichosa prevención,	
	si bien peligrosa treta!	
	La fábula de la Corte	855
	serás, si la flor te entrevan.	
D. GARCÍA.	Quien vive sin ser sentido,	
	quien sólo el número aumenta	
	y haze lo que todos hazen,	
	¿en qué difiere de bestia?	860
	Ser famosos es gran cosa,	
	el medio qual fuere sea.	
	Nómbrenme a mí en todas partes,	
	y murmúrenme siquiera;	
	pues, uno, por ganar nombre,	865
	abrasó el templo de Efesia.	
	Y, al fin, es éste mi gusto,	
	que es la razón de más fuerça.	
TRISTÁN.	Juveniles opiniones	
	sigue tu ambiciosa idea,	870
	y cerrar has menester,	
	en la Corte, la mollera.	
	Vanse.	

---

843 admirarse: to be amazed *845 a qué sabe:* what it tastes like *856 si la flor te entrevan:* a gambling phrase meaning "if they discover the trick" *862 el . . . sea:* whatever that means *864 murmúrenme:* let them gossip about me *865–866* The ancient city of Ephesus in Asia Minor contained a temple of Diana which was considered one of the seven wonders of the world. It was burned by Erostratus.

Sala en casa de Don Sancho.

ESCENA IX

Salen Jacinta y Isabel, *con mantos,* y Don Beltrán y Don Sancho.

JACINTA. ¿Tan grande merced?
D. BELTRÁN. No ha sido
amistad de un solo día
la que esta casa y la mía, 875
si os acordáys, se han tenido;
 y assí, no es bien que estrañéys
mi visita.
JACINTA. Si me espanto
es, señor, por aver tanto
que merced no nos hazéys. 880
 Perdonadme que, ignorando
el bien que en casa tenía,
me tardé en la Platería,
ciertas joyas concertando.
D. BELTRÁN. Feliz pronóstico days 885
al pensamiento que tengo,
pues quando a casaros vengo
comprando joyas estáys.
 Con don Sancho, vuestro tío,
tengo tratado, señora, 890
hazer parentesco agora
nuestra amistad, y confío
 (puesto que, como discreto,
dize don Sancho que es justo
remitirse a vuestro gusto) 895
que esto ha de tener efeto.
 Que, pues es la hazienda mía
y calidad tan patente,
sólo falta que os contente
la persona de García. 900
 Y aunque ayer a Madrid vino
de Salamanca el mancebo,
y de invidia el rubio Febo
le ha abrasado en el camino,
 bien me atreveré a ponello 905
ante vuestros ojos claros,
fiando que ha de agradaros
desde la planta al cabello,
 si licencia le otorgáys

---

873 *¿Tan grande merced?* : What brings you here? 879 *aver tanto* = *hacer tanto tiempo* 882 *el . . . tenía*: i.e., your presence here 903 *Febo*: Phoebus Apollo, the sun

	para que os bese la mano.	910
JACINTA.	Encarecer lo que gano
en la mano que me days,
si es notorio, es vano intento,
que estimo de tal manera
las prendas vuestras, que diera
luego mi consentimiento,
a no aver de parecer
— por mucho que en ello gano —
arrojamiento liviano
en una honrada mujer.
Que el breve determinarse
en cosas de tanto peso,
o es tener muy poco seso
o gran gana de casarse.
Y en quanto a que yo lo vea
me parece, si os agrada,
que, para no arriesgar nada,
passando la calle sea.
Que si, como puede ser
y sucede a cada passo,
después de tratarlo, acaso
se viniesse a deshazer,
¿de qué me huvieran servido,
o qué opinión me darán,
las visitas de un galán
con licencias de marido? | 915

920

925

930

935 |
| D. BELTRÁN. | Ya por vuestra gran cordura,
si es mi hijo vuestro esposo,
le tendré por tan dichoso
como por vuestra hermosura. | 940 |
| D. SANCHO. | De prudencia puede ser
un espejo la que oys. | |
| D. BELTRÁN. | No sin causa os remitís,
don Sancho, a su parecer.
Esta tarde, con García,
a cavallo passaré
vuestra calle. | 945 |
| JACINTA. | Yo estaré
detrás de essa celosía. | |
| D. BELTRÁN. | Que le miréys bien os pido,
que esta noche he de bolver,
Jacinta hermosa, a saber
cómo os aya parecido | 950 |

---

911 *Encarecer*: Praise 913 *si es notorio*: although what I stand to gain is evident 917 *a ... parecer*: if it were not that it would seem like 934 *opinión*: reputation

Jacinta.	¿ Tan apriessa ?
D. Beltrán.	Este cuydado
	no admiréys, que es ya forçoso;
	pues si vine desseoso, 955
	buelvo agora enamorado.
	Y adiós.
Jacinta.	Adiós.
D. Beltrán (*a* D. Sancho).	¿ Dónde vays ?
D. Sancho.	A serviros.
D. Beltrán.	No saldré.

Vase.

D. Sancho.	Al corredor llegaré
	con vos, si licencia days. 960

Vase.

ESCENA X

JACINTA, ISABEL.

Isabel.	Mucha priessa te da el viejo.
Jacinta.	Yo se la diera mayor,
	pues también le está a mi honor,
	si a diferente consejo
	no me obligara el amor; 965
	que, aunque los impedimentos
	del hábito de don Juan
	— dueño de mis pensamientos —
	forçosa causa me dan
	de admitir otros intentos, 970
	como su amor no despido,
	por mucho que lo deseo
	— que vive en el alma asido —,
	tiemblo, Isabel, quando creo
	que otro ha de ser mi marido. 975
Isabel.	Yo pensé que ya olvidavas
	a don Juan, viendo que davas
	lugar a otras pretensiones.
Jacinta.	Cáusanlo estas ocasiones,
	Isabel, no te engañavas. 980
	Que como ha tanto que está

---

953 apriessa = aprisa *958 serviros:* accompany you (to the door) *964 consejo:* course, decision *967 hábito:* the garb of one of the four orders of chivalry: Montesa, Calatrava, Alcántara, and Santiago *970 intentos:* (amorous) designs *978 pretensiones:* attentions (courting) *979 ocasiones:* reasons

el hábito detenido,
y no ha de ser mi marido
si no sale, tengo ya
este intento por perdido. 985
    Y, assí, para no morirme,
quiero hablar y divertirme,
pues en vano me atormento;
que en un impossible intento
no apruevo el morir de firme. 990
    Por ventura encontraré
alguno que tal merezca,
que mano y alma le dé.

ISABEL. No dudo que el tiempo ofrezca
sujeto digno a tu fe; 995
y, si no me engaño yo,
oy no te desagradó
el galán indiano.

JACINTA.   Amiga,
¿quieres que verdad te diga?
Pues muy bien me pareció. 1000
    Y tanto, que te prometo
que si fuera tan discreto,
tan gentilhombre y galán
el hijo de don Beltrán,
tuviera la boda efeto. 1005

ISABEL.   Esta tarde le verás
con su padre por la calle.

JACINTA. Veré sólo el rostro y talle;
el alma, que importa más,
quisiera ver con hablalle. 1010

ISABEL. Háblale.

JACINTA.   Hase de ofender
don Juan si llega a sabello,
y no quiero, hasta saber
que de otro dueño he de ser,
determinarme a perdello. 1015

ISABEL.   Pues da algún medio, y advierte
que siglos passas en vano,
y conviene resolverte,
que don Juan es, desta suerte,
el perro del hortelano. 1020
    Sin que lo sepa don Juan

---

995 fe: confidence, love *1001 te prometo:* I assure you *1012 sabello = saberlo.* See page 6, v. 7, note. *1020 el perro del hortelano:* a dog in the manger. Cf. the proverb *No come las berzas y no las deja comer:* He doesn't eat the cabbages and doesn't let anyone else eat them.

546 LA VERDAD SOSPECHOSA [Act. I

podrás hablar, si tú quieres,
al hijo de don Beltrán;
que, como en su centro, están
las traças en las mugeres. 1025

Jacinta.   Una pienso que podría
en este caso importar.
Lucrecia es amiga mía:
ella puede hazer llamar
de su parte a don García; 1030
que, como secreta esté
yo con ella en su ventana,
este fin conseguiré.

Isabel.   Industria tan soberana
sólo de tu ingenio fué. 1035

Jacinta.   Pues parte al punto, y mi intento
le di a Lucrecia, Isabel.

Isabel.   Sus alas tomaré al viento.

Jacinta.   La dilación de un momento
le di que es un siglo en él. 1040

ESCENA XI

Don Juan *encuentra a* Isabel *al salir.* — Jacinta.

D. Juan.   ¿ Puedo hablar a tu señora ?
Isabel.   Sólo un momento ha de ser,
que de salir a comer
mi señor don Sancho es hora.
              Vase.
D. Juan.   Ya, Jacinta, que te pierdo, 1045
ya que yo me pierdo, ya...
Jacinta.   ¿ Estás loco ?
D. Juan.   ¿ Quién podrá
estar con tus cosas cuerdo ?
Jacinta.   Repórtate y habla passo,
que está en la quadra mi tío. 1050
D. Juan.   Quando a cenar vas al río,
¿ cómo hazes dél poco caso ?
Jacinta.   ¿ Qué dices ? ¿ Estás en ti ?
D. Juan.   Quando para trasnochar
con otro tienes lugar, 1055
¿ tienes tío para mí ?
Jacinta.   ¿ Trasnochar con otro ? Advierte

1024 centro: element *1025 traças = trazas*: tricks *1031 como*: if *1034 Industria*: Trick *1035 fué*: could be *1037 le di = dile 1040 él*: reference to intento, v. 1036 *1050 quadra*: room

que, aunque esso fuesse verdad,
era mucha libertad
hablarme a mí de essa suerte; 1060
 quanto más que es desvarío
de tu loca fantasía.

D. JUAN. Ya sé que fué don García
el de la fiesta del río;
 ya los fuegos que a tu coche,
Jacinta, la salva hizieron; 1065
ya las antorchas que dieron
sol al soto a media noche;
 ya los quatro aparadores
con vaxillas variadas; 1070
las quatro tiendas pobladas
de instrumentos y cantores.
 Todo lo sé; y sé que el día
te halló, enemiga, en el río:
di agora que es desvarío 1075
de mi loca fantasía.
 Di agora que es libertad
el tratarte desta suerte,
quando obligan a ofenderte
mi agravio y tu liviandad. 1080

JACINTA. ¡ Plega a Dios! . . .
D. JUAN. Dexa invenciones;
calla, no me digas nada,
que en ofensa averiguada
no sirven satisfaciones.
 Ya, falsa, ya sé mi daño; 1085
no niegues que te he perdido;
tu mudança me ha ofendido,
no me ofende el desengaño.
 Y aunque niegues lo que ohí,
lo que vi confessarás; 1090
que oy lo que negando estás
en sus mismos ojos vi.
 Y su padre ¿ qué quería
agora aquí ? ¿ Qué te dixo ?
¿ De noche estás con el hijo 1095
y con el padre de día ?
 Yo lo vi; ya mi esperança
en vano engañar dispones;
ya sé que tus dilaciones
son hijas de tu mudança. 1100

1066 la salva hizieron: saluted *1070 vaxillas* = *vajillas*: table services *1081 ¡ Plega a Dios!*: Would to God! *1084 satisfaciones* = *satisfacciones*: excuses

                    Mas, crüel, ¡ viven los cielos,
                    que no has de vivir contenta !
                    Abrásete, pues rebienta,
                    este vulcán de mis zelos.
                        El que me haze desdichado   1105
                    te pierda, pues yo te pierdo.
JACINTA.   ¿ Tú eres cuerdo ?
D. JUAN.   ¿ Cómo cuerdo,
                    amante y desesperado ?
JACINTA.   Buelve, escucha; que si vale
                    la verdad, presto verás   1110
                    qué mal informado estás.
D. JUAN.   Voyme, que tu tío sale.
JACINTA.   No sale; escucha, que fío
                    satisfazerte.
D. JUAN.   Es en vano,
                    si aquí no me das la mano. (en matrimonio) 1115
JACINTA.   ¿ La mano ? — Sale mi tío.

1115 Supply *en matrimonio* after *mano.*

ACTO SEGUNDO

Sala en casa de Don Beltrán.

ESCENA I

Salen Don García, *en cuerpo,** *leyendo un papel, y* Tristán *y* Camino.

D. García. « La fuerça de una ocasión [a] me haze
exceder del orden [b] de mi estado. Sabrá-
la v. m. [c] esta noche por un balcón que
le enseñará el portador [d], con lo demás
que no es para escrito, y guarde N. Señor [e] . . . »
¿ Quién este papel me escrive ?
Camino. Doña Lucrecia de Luna.
D. García. El alma, sin duda alguna,
que dentro en mi pecho vive. 1120
¿ No es ésta una dama hermosa
que oy, antes de medio día,
estava en la Platería ?
Camino. Sí, señor.
D. García. ¡ Suerte dichosa !
Informadme, por mi vida, 1125
de las partes desta dama.
Camino. Mucho admiro que su fama
esté de vos escondida.
Porque la avéys visto, dexo
de encarecer que es hermosa; 1130
es discreta y virtuosa;
su padre es viudo y es viejo;
dos mil ducados de renta
los que ha de heredar serán,
bien hechos.
D. García. ¿ Oyes, Tristán ? 1135

**en cuerpo:* without cape [a] *ocasión:* danger [b] *exceder del orden:* overstep the limitations [c] *v. m.* = *vuestra merced* = *Vd.* [d] *portador:* bearer [e] *guarde N. Señor:* good-bye (God be with you) *1120 pecho:* heart *1125 por mi vida:* I beg you *1126 partes:* qualities, characteristics *1133 renta:* income *1135 bien hechos:* full measure

Tristán.	Oygo, y no me descontenta.
Camino.	En quanto a ser principal, no ay que hablar: Luna es su padre y fué Mendoça su madre, tan finos como un coral.
	Doña Lucrecia, en efeto, merece un rey por marido.
D. García.	¡Amor, tus alas te pido para tan alto sujeto! — ¿Dónde vive?
Camino.	A la Vitoria.
D. García.	Cierto es mi bien. — Que seréys, dize aquí, quien me guiéys al cielo de tanta gloria.
Camino.	Serviros pienso a los dos.
D. García.	Y yo lo agradeceré.
Camino.	Esta noche bolveré, en dando las diez, por vos.
D. García.	Esso le dad por respuesta a Lucrecia.
Camino.	Adiós quedad.

Vase.

ESCENA II

Don García, Tristán.

D. García.	¡Cielos! ¿Qué felicidad, Amor, qué ventura es ésta? ¿Ves, Tristán, cómo llamó la más hermosa el cochero a Lucrecia, a quien yo quiero? Que es cierto que quien me habló es la que el papel me embía.
Tristán.	Evidente presunción.
D. García.	Que la otra, ¿qué ocasión para escrivirme tenía?
Tristán.	Y a todo mal suceder,

1137 *principal*: noble, illustrious 1138 *Luna*: The Luna family included Álvaro de Luna, Condestable de Castilla, and his uncle Pedro de Luna, Condestable y Maestre de Santiago. 1139 *Mendoça*: The most famous members of this family were Íñigo López de Mendoza, Marqués de Santillano, Spanish statesman and writer, and Diego Hurtado de Mendoza, author of *Guerra de Granada* and possibly also of *Lazarillo de Tormes*. Alarcón's mother was a Mendoza. 1147 *guiéys = guiéis*: guides 1154 *Adiós quedad = Quédese con Dios*. 1165 Trans.: If the worst should happen

D. García.	presto de duda saldrás, que esta noche la podrás en la habla conocer. Y que no me engañe es cierto, según dexó en mi sentido impresso el dulce sonido de la voz con que me ha muerto.

ESCENA III

Sale un Page *con un papel; dalo a* Don García.

Page.	Éste, señor don García, es para vos.
D. García.	No esté assí.
Page.	Criado vuestro nací.
D. García.	Cúbrase, por vida mía.

(*Lee a solas* Don García.)

	« Averiguar cierta cosa importante a solas quiero con vos. A las siete espero en San Blas. — Don Juan de Sosa.
(*Aparte.*)	¡ Válgame Dios ! Desafío. ¿ Qué causa puede tener don Juan, si yo vine ayer y él es tan amigo mío ? — Dezid al señor don Juan que esto será assí.

Vase el Page.

Tristán.	Señor, mudado estás de color. ¿ Qué ha sido ?
D. García.	Nada, Tristán.
Tristán.	¿ No puedo saberlo ?
D. García.	No.
Tristán.	Sin duda es cosa pesada.

Vase Tristán.

D. García.	Dame la capa y espada. — ¿ Qué causa le he dado yo ?

1168 *en la habla :* by talking with her 1169 *engañe* = *engañaré* 1174 Supply *con la cabeza descubierta*. 1180 *San Blas:* a field where duels were held, named after a hermitage 1182 Supply *para desafiarme*. 1190 *pesada :* serious

ESCENA IV

Sale Don Beltrán. Don García; *después* Tristán.

D. Beltrán. ¿García?...
D. García. ¿Señor?
D. Beltrán. Los dos
a cavallo hemos de andar
juntos oy, que he de tratar
cierto negocio con vos.
D. García. ¿Mandas otra cosa?
D. Beltrán. ¿Adónde
vays quando el sol echa fuego?

Sale Tristán *y dale de vestir a* Don García.

D. García. Aquí a los trucos me llego
de nuestro vezino el Conde.
D. Beltrán. No apruevo que os arrojéys,
siendo venido de ayer,
a daros a conocer
a mil que no conocéys;
si no es que dos condiciones
guardéys con mucho cuydado,
y son: que juguéys contado
y habléys contadas razones.
Puesto que mi parecer
es éste, hazed vuestro gusto.
D. García. Seguir tu consejo es justo.
D. Beltrán. Hazed que a vuestro plazer
adereço se prevenga
a un cavallo para vos.
D. García. A ordenallo voy.
Vase.
D. Beltrán. Adiós.

ESCENA V

Don Beltrán, Tristán.

D. Bel. (*ap.*). ¡Qué tan sin gusto me tenga
lo que su ayo me dixo! —
¿Has andado con García,
Tristán?
Tristán. Señor, todo el día.
D. Beltrán. Sin mirar en que es mi hijo,

1199 los trucos: pool (billiards) *1202 siendo* = habiendo *1207–1208 juguéys ... razones*: you play for cash and say few words *1209 Puesto que*: Although *1213 adereço* (aderezo) *se prevenga*: trappings be made ready *1215 ordenallo* = ordenarlo

[vv. 1193-1256]

                si es que el ánimo fiel
                que siempre en tu pecho he hallado
                agora no te ha faltado
                me di lo que sientes dél.
TRISTÁN.   ¿ Qué puedo yo aver sentido   1225
                en un término tan breve ?
D. BELTRÁN.   Tu lengua es quien no se atreve,
                que el tiempo bastante ha sido,
                y más a tu entendimiento.
                Dímelo, por vida mía,   1230
                sin lisonja.
TRISTÁN.   Don García,
                mi señor, a lo que siento,
                que he de dezirte verdad,
                pues que tu vida has jurado . . .
D. BELTRÁN.   De essa suerte has obligado   1235
                siempre a mí tu voluntad.
TRISTÁN.   . . . Tiene un ingenio excelente,
                con pensamientos sutiles;
                mas caprichos juveniles
                con arrogancia imprudente.   1240
                   De Salamanca reboça
                la leche, y tiene en los labios
                los contagiosos resabios
                de aquella caterva moça.
                   Aquel hablar arrojado,   1245
                mentir sin recato y modo;
                aquel jactarse de todo
                y haçerse en todo estremado . . .
                   Oy, en término de un hora,
                echó cinco o seys mentiras.   1250
D. BELTRÁN.   ¡ Válgame Dios !
TRISTÁN.   ¿ Qué te admiras ?
                pues lo peor falta agora :
                que son tales, que podrá
                cogerle en ellas qualquiera.
D. BELTRÁN.   ¡ A, Dios !
TRISTÁN.   Yo no te dixera   1255
                lo que tal pena te da

1224 me di = dime 1225 sentido: thought *1227 quien:* This pronoun, besides being invariable (see note on v. 303), could refer to things as well as to persons. *1232 a lo que siento:* as I see it *1236 voluntad:* goodwill *1237 ingenio:* mind *1241-1242 De . . . leche:* He is still very young; *reboça = rebosa 1246 modo:* moderation *1251 ¿Qué te admiras?:* Why the amazement?

	a no ser de ti forçado.
—D. Beltrán.	Tu fe conozco y tu amor.
Tristán.	A tu prudencia, señor,
	advertir será escusado 1260
	el riesgo que correr puedo
	si esto sabe don García,
	mi señor.
D. Beltrán.	De mí confía;
	pierde, Tristán, todo el miedo.
	Manda luego adereçar 1265
	los cavallos.

Vase Tristán.

ESCENA VI

Don Beltrán.

D. Beltrán. Santo Dios,
pues esto permitís vos,
esto deve de importar.
  ¿A un hijo solo, a un consuelo
que en la tierra le quedó   1270
a mi vejez triste, dió
tan gran contrapeso el cielo?
  Aora bien, siempre tuvieron
los padres disgustos tales:
siempre vieron muchos males   1275
los que mucha edad vivieron.
  ¡Paciencia! Oy he de acabar,
si puedo, su casamiento.
Con la brevedad intento
este daño remediar,   1280
  antes que su liviandad,
en la Corte conocida,
los casamientos le impida
que pide su calidad.
  Por dicha, con el cuydado   1285
que tal estado acarrea,
de una costumbre tan fea
se vendrá a aver enmendado.
  Que es vano pensar que son
el reñir y aconsejar   1290
bastantes para quitar
una fuerte inclinación.

1257 *a no ser*: if I were not 1258 *fe*: fidelity, integrity 1260 *escusado* = *excusado*: unnecessary, superfluous 1272 *contrapeso*: handicap

ESCENA VII

Sale TRISTÁN. — DON BELTRÁN.

TRISTÁN.
Ya los cavallos están,
viendo que salir procuras,
provando las herraduras
en las guijas del çaguán.
　Porque con las esperanças
de tan gran fiesta, el overo
a solas está, primero,
ensayando sus mudanças;
　y el bayo, que ser procura
émulo al dueño que lleva,
estudia con alma nueva
movimiento y compostura.

D. BELTRÁN. Avisa, pues, a García.

TRISTÁN.
Ya te espera tan galán,
que en la Corte pensarán
que a estas horas sale el día.

Vanse.

Sala en casa de Don Sancho.

ESCENA VIII

Salen ISABEL *y* JACINTA.

ISABEL.
La pluma tomó al momento
Lucrecia, en execución
de tu agudo pensamiento,
y esta noche en su balcón,
para tratar cierto intento,
　le escrivió que aguardaría,
para que puedas en él
platicar con don García.
Camino llevó el papel:
persona de quien se fía.

JACINTA. Mucho Lucrecia me obliga.

ISABEL.
Muestra en qualquier ocasión
ser tu verdadera amiga.

JACINTA. ¿Es tarde?

ISABEL. 　　　Las cinco son.

JACINTA. Aun durmiendo me fatiga

1296 çaguán = zaguán: vestibule, entrance *1300 mudanças:* a dancing term, strutting *1303 alma:* ardor, enthusiasm *1308 el día:* the sun

               la memoria de don Juan,
               que esta siesta le he soñado   1325
               zeloso de otro galán.

                         Miran adentro.

ISABEL.   ¡ Ay, señora! Don Beltrán
               y el perulero a su lado.
JACINTA.   ¿ Qué dizes ?
ISABEL.   Digo que aquel
               que oy te habló en la Platería   1330
               viene a cavallo con él.
               Mírale.
JACINTA.   ¡ Por vida mía
               que dizes verdad, que es él!
                    ¿ Ay tal ? ¿ Cómo el embustero
               se nos fingió perulero,   1335
               si es hijo de don Beltrán ?
ISABEL.   Los que intentan siempre dan
               gran presunción al dinero,
               y con esse medio, hallar
               entrada en tu pecho quiso,   1340
               que devió de imaginar
               que aquí le ha de aprovechar
               más ser Midas que Narciso.
JACINTA.   En dezir que ha que me vió
               un año, también mintió,   1345
               porque don Beltrán me dixo
               que ayer a Madrid su hijo
               de Salamanca llegó.
ISABEL.   Si bien lo miras, señora,
               todo verdad puede ser,   1350
               que entonces te pudo ver,
               yrse de Madrid, y agora,
               de Salamanca bolver.
                    Y quando no, ¿ qué te admira
               que, quien a obligar aspira   1355
               prendas de tanto valor,
               para acreditar su amor,
               se valga de una mentira ?
                    Demás que tengo por llano,
               si no miente mi sospecha,   1360
               que no lo encarece en vano:

1328 *perulero : indiano* (García) 1334 *¿ Ay tal?* : Can such things be? 1337–1338 *intentan :* court, woo; *dan gran presunción al :* boast about 1343 *Midas :* the fabulously wealthy Phrygian king; *Narciso :* Narcissus 1354 *quando :* although 1361 *lo = su amor*

que hablarte oy su padre, es flecha
que ha salido de su mano.
    No ha sido, señora mía,
acaso que el mismo día   1365
que él te vió y mostró quererte,
venga su padre a ofrecerte
por esposo a don García.

JACINTA.   Diçes bien; mas imagino
que el término que passó
desde que el hijo me habló   1370
hasta que su padre vino,
fué muy breve.

ISABEL.   Él conoció
quién eres; encontraría
su padre en la Platería;   1375
hablóle, y él, que no ignora
tus calidades y adora
justamente a don García,
vino a tratarlo al momento.

JACINTA.   Al fin, como fuere, sea.   1380
De sus partes me contento;
quiere el padre, él me dessea:
da por hecho el casamiento.
            Vanse.

Paseo de Atocha.

ESCENA IX

Salen DON BELTRÁN *y* DON GARCÍA.

D. BELTRÁN.   ¿ Qué os parece ?
D. GARCÍA.   Que animal
no vi mejor en mi vida.   1385
D. BELTRÁN.   ¡ Linda bestia !
D. GARCÍA.   Corregida
de espíritu racional.
    ¡ Qué contento y bizarría !
D. BELTRÁN.   Vuestro hermano don Gabriel,
que perdone Dios, en él   1390
todo su gusto tenía.
D. GARCÍA.   Ya que combida, señor,
de Atocha la soledad,

1365 acaso: chance, accident *1370 término:* time *1383 da ... casamiento:* consider the marriage as good as concluded *1386 Corregida:* Relieved, Mitigated. *1390 que perdone Dios:* God rest his soul

	declara tu voluntad.	
D. Beltrán.	Mi pena, diréys mejor.	1395
	¿ Soys cavallero, García ?	
D. García.	Téngome por hijo vuestro.	
D. Beltrán.	¿ Y basta ser hijo mío	
	para ser vos cavallero ?	
D. García.	Yo pienso, señor, que sí.	1400
D. Beltrán.	¡ Qué engañado pensamiento!	
	Sólo consiste en obrar	
	como cavallero el serlo.	
	¿ Quién dió principio a las casas	
	nobles ? Los ilustres hechos	1405
	de sus primeros autores.	
	Sin mirar sus nacimientos,	
	hazañas de hombres humildes	
	honraron sus herederos.	
	Luego en obrar mal o bien	1410
	está el ser malo o ser bueno.	
	¿ Es assí ?	
D. García.	Que las hazañas	
	den nobleza, no lo niego;	
	mas no neguéys que sin ellas	
	también la da el nacimiento.	1415
D. Beltrán.	Pues si honor puede ganar	
	quien nació sin él, ¿ no es cierto	
	que, por el contrario, puede,	
	quien con él nació, perdello ?	
D. García.	Es verdad.	
D. Beltrán.	Luego si vos	1420
	obráys afrentosos hechos,	
	aunque seáys hijo mío,	
	dexáys de ser cavallero;	
	luego si vuestras costumbres	
	os infaman en el pueblo,	1425
	no importan paternas armas,	
	no sirven altos abuelos.	
	¿ Qué cosa es que la fama	
	diga a mis oydos mesmos	
	que a Salamanca admiraron	1430
	vuestras mentiras y enredos ?	
	¡ Qué cavallero y qué nada !	
	Si afrenta al noble y plebeyo	
	sólo el dezirle que miente,	

1426 *armas:* coat of arms 1428 *fama:* rumor, gossip 1429 *mesmos = mismos:* an archaic form 1430 *admiraron:* amazed 1432 *¡ Qué ... nada!:* Gentlemen, fiddlesticks!

	dezid ¿ qué será el hazerlo,	1435
	si vivo sin honra yo,	
	según los humanos fueros,	
	mientras de aquél que me dixo	
	que mentía no me vengo ?	
	¿ Tan larga tenéys la espada,	1440
	tan duro tenéys el pecho,	
	que penséys poder vengaros,	
	diziéndolo todo el pueblo ?	
	¿ Possible es que tenga un hombre	
	tan humildes pensamientos	1445
	que viva sujeto al vicio	
	más sin gusto y sin provecho ?	
	El deleyte natural	
	tiene a los lacivos presos ;	
	obliga a los cudiciosos	1450
	el poder que da el dinero ;	
	el gusto de los manjares,	
	al glotón ; el passatiempo	
	y el cebo de la ganancia,	
	a los que cursan el juego ;	1455
	su vengança, al homicida ;	
	al robador, su remedio ;	
	la fama y la presunción,	
	al que es por la espada inquieto.	
	Todos los vicios, al fin,	1460
	o dan gusto o dan provecho ;	
	mas de mentir, ¿ qué se saca	
	sino infamia y menosprecio ?	
D. García.	Quien dize que miento yo,	
	ha mentido.	
D. Beltrán.	También esso	1465
	es mentir, que aun desmentir	
	no sabéys sino mintiendo.	
D. García.	¡ Pues si days en no creerme ...	
D. Beltrán.	¿ No seré necio si creo	
	que vos dezís verdad solo	1470
	y miente el lugar entero ?	
	Lo que importa es desmentir	
	esta fama con los hechos,	
	pensar que éste es otro mundo,	
	hablar poco y verdadero ;	1475

1436 si vivo: meant impersonally, equivalent to *se vive.* Vv. 1438–1439 also to be considered impersonal. *1437 fueros:* laws *1438–1439 mientras ... vengo:* as long as I do not avenge myself on (punish) the one who told me I lied *1455 cursan el juego:* frequent the gambling table

mirar que estáys a la vista
de un Rey tan santo y perfeto,
que vuestros yerros no pueden
hallar disculpa en sus yerros;
que tratáys aquí con grandes, 1480
títulos y cavalleros,
que, si os saben la flaqueza,
os perderán el respeto;
que tenéys barba en el rostro,
que al lado ceñís azero, 1485
que nacistes noble al fin,
y que yo soy padre vuestro.
Y no he de deziros más,
que esta sofrenada espero
que baste para quien tiene 1490
calidad y entendimiento.
Y agora, porque entendáys
que en vuestro bien me desvelo,
sabed que os tengo, García,
tratado un gran casamiento. 1495

D. Gar. (ap.). ¡Ay, mi Lucrecia!
D. Beltrán. Jamás
pusieron, hijo, los Cielos
tantas, tan divinas partes
en un humano sujeto,
como en Jacinta, la hija 1500
de don Fernando Pacheco,
de quien mi vejez pretende
tener regalados nietos.

D. Gar. (ap.). ¡Ay, Lucrecia! Si es possible,
tú sola has de ser mi dueño. 1505
D. Beltrán. ¿Qué es esto? ¿No respondéys?
D. Gar. (ap.). ¡Tuyo he de ser, vive el Cielo!
D. Beltrán. ¿Qué os entristecéys? Hablad;
no me tengáys más suspenso.
D. García. Entristézcome porque es 1510
impossible obedeceros.
D. Beltrán. ¿Por qué?
D. García. Porque soy casado.
D. Beltrán. ¡Casado! ¡Cielos! ¿Qué es esto?
¿Cómo, sin saberlo yo?
D. García. Fué fuerça, y está secreto. 1515

1476 mirar: consider, bear in mind *1477 Rey:* Felipe IV, pious ruler of Spain (1598-1621) *1489 sofrenada:* reprimand *1491 calidad:* nobility *1504 Lucrecia:* García takes Jacinta for Lucrecia. *1508 ¿Qué* = *¿Por qué 1515 Fué fuerça* = *Fué necesario (casarme)*

D. Beltrán.	¡Ay padre más desdichado!	
D. García.	No os aflijáys, que, en sabiendo la causa, señor, tendréys por venturoso el efeto.	
D. Beltrán.	Acabad, pues, que mi vida pende sólo de un cabello.	1520
D. Gar. (ap.).	Agora os he menester sutilezas de mi ingenio. En Salamanca, señor, ay un cavallero noble, de quien es la alcuña Herrera y don Pedro el proprio nombre. A éste dió el Cielo otro cielo por hija, pues, con dos soles, sus dos purpúreas mexillas hazen claros orizontes. Abrevio, por yr al caso, con dezir que quantas dotes pudo dar naturaleza en tierna edad, la componen. Mas la enemiga fortuna, observante en su desorden, a sus méritos opuesta, de sus bienes la hizo pobre; que, demás de que su casa no es tan rica como noble, al mayorazgo nacieron, antes que ella, dos varones. A ésta, pues, saliendo al río, la vi una tarde en su coche, que juzgara el de Faetón si fuesse Erídano el Tormes. No sé quién los atributos del fuego en Cupido pone, que yo, de un súbito yelo, me sentí ocupar entonces. ¿Qué tienen que ver del fuego las inquietudes y ardores con quedar absorta un alma, con quedar un cuerpo inmóbil? Caso fué, verla, forçoso; viéndola, cegar de amores;	1525 1530 1535 1540 1545 1550 1555

1526 alcuña = alcurnia: ancestry, lineage 1535 la componen: she is comprised of 1537 observante en su desorden: adhering to the confusion she spreads 1546-1547 Faetón... Erídano: Phaeton, son of Helios (the Sun), while driving recklessly the chariot of the sun, was hurled by Jupiter into the Eridanus River, now the Po, in Italy. 1552-1553 Read: las inquietudes y ardores del fuego

pues, abrasado, seguirla,
júzguelo un pecho de bronze.
Passé su calle de día,   1560
rondé su puerta de noche;
con terceros y papeles,
le encarecí mis passiones;
hasta que, al fin, condolida
o enamorada, responde,   1565
porque también tiene Amor
jurisdición en los dioses.
Fuy acrecentando finezas
y ella aumentando favores,
hasta ponerme en el cielo   1570
de su aposento una noche.
Y, quando solicitavan
el fin de mi pena enorme,
conquistando honestidades,
mis ardientes pretensiones,   1575
siento que su padre viene
a su aposento: llamóle,
porque jamás tal hazía,
mi fortuna aquella noche.
Ella, turbada, animosa,   1580
¡muger al fin!, a empellones
mi casi difunto cuerpo
detrás de su lecho esconde.
Llegó don Pedro, y su hija,
fingiendo gusto, abraçóle,   1585
por negar el rostro en tanto
que cobrava sus colores.
Assentáronse los dos,
y él, con prudentes razones,
le propuso un casamiento   1590
con uno de los Monroyes.
Ella, honesta como cauta,
de tal suerte le responde,
que ni a su padre resista,
ni a mí, que la escucho, enoje.   1595
Despidiéronse con esto,

1558 pues = después 1559 un pecho de bronze: a heart of stone (bronze) *1565 responde = corresponde:* returns my love *1566–1567 Amor . . . dioses:* I.e., like the gods themselves, the lady (a goddess) is subject to love. *1574 honestidades:* her protestations of modesty *1578* Supply *cosa* after *tal 1579 fortuna:* meant either good or bad luck; here, the latter *1587 cobrava = recobrava:* recovered *1592* Supply *tan* before *honesta.*

y, quando ya casi pone
en el umbral de la puerta
el viejo los pies, entonces . . .,
¡mal aya, amén, el primero 1600
que fué inventor de reloxes!,
uno que llevaba yo,
a dar començó las doze.
Oyólo don Pedro, y buelto
hazia su hija: «¿De dónde 1605
vino esse relox?», le dixo.
Ella respondió: «Embïóle,
para que se le aderecen,
mi primo don Diego Ponce,
por no aver en su lugar 1610
reloxero ni reloxes».
«Dádmele, dixo su padre,
porque yo esse cargo tome».
Pues entonces doña Sancha,
que éste es de la dama el nombre, 1615
a quitármele del pecho,
cauta y prevenida corre,
antes que llegar él mismo
a su padre se le antoje.
Quitémele yo, y al darle, 1620
quiso la suerte que toquen
a una pistola que tengo
en la mano los cordones.
Cayó el gatillo, dió fuego;
al tronido desmayóse 1625
doña Sancha; alborotado
el viejo, empeçó a dar vozes.
Yo, viendo el cielo en el suelo
y eclipsados sus dos soles,
juzgué sin duda por muerta 1630
la vida de mis acciones,
pensando que cometieron
sacrilegio tan enorme,
del plomo de mi pistola,
los breves, volantes orbes. 1635
Con esto, pues, despechado,
saqué rabioso el estoque:
fueran pocos para mí,
en tal ocasión, mil hombres.

1600 *¡mal aya, amén*: curses, I say, on him 1613 *porque = para que* 1628 *el cielo*: the heavenly Doña Sancha 1629 *soles*: eyes 1634-1635 Read: *los breves, volantes orbes de plomo de mi pistola; breves*: little; *orbes*: bird-shot

A impedirme la salida, 1640
como dos bravos leones,
con sus armas sus hermanos
y sus crïados se oponen;
mas, aunque fácil por todos
mi espada y mi furia rompen, 1645
no ay fuerça humana que impida
fatales disposiciones;
pues, al salir por la puerta,
como yva arrimado, asióme
la alcayata de la aldava, 1650
por los tiros del estoque.
Aquí, para desasirme,
fué fuerça que atrás me torne,
y, entre tanto, mis contrarios,
muros de espadas me oponen. 1655
En esto cobró su acuerdo
Sancha, y para que se estorve
el triste fin que prometen
estos sucessos atroces,
la puerta cerró, animosa, 1660
del aposento, y dexóme
a mí con ella encerrado,
y fuera a mis agressores.
Arrimamos a la puerta
bahúles, arcas y cofres, 1665
que al fin son de ardientes yras
remedio las dilaciones.
Quisimos hazernos fuertes;
mas mis contrarios, ferozes,
ya la pared me derriban 1670
y ya la puerta me rompen.
Yo, viendo que, aunque dilate,
no es possible que revoque
la sentencia de enemigos
tan agraviados y nobles, 1675
viendo a mi lado la hermosa
de mis desdichas consorte,
y que hurtava a sus mexillas
el temor sus arreboles;
viendo quán sin culpa suya 1680
conmigo fortuna corre,
pues con industria deshaze

1644 *fácil* = *fácilmente* 1651 *tiros*: sword belts 1653 *fué fuerça*: it was necessary 1656 *cobró* = *recobró*: recovered 1668 *fuertes*: fast, secure 1676–1677 Read: *la hermosa consorte de mis dichas* 1681 *fortuna*: tempest

quanto los hados disponen,
por dar premio a sus lealtades,
por dar fin a sus temores, 1685
por dar remedio a mi muerte
y dar muerte a más passiones,
huve de darme a partido,
y pedirles que conformen
con la unión de nuestras sangres 1690
tan sangrientas dissenciones.
Ellos, que ven el peligro
y mi calidad conocen,
lo acetan, después de estar
un rato entre sí discordes. 1695
Partió a dar cuenta al Obispo
su padre, y bolvió con orden
de que el desposorio pueda
hazer qualquier sacerdote.
Hízose, y en dulce paz 1700
la mortal guerra trocóse,
dándote la mejor nuera
que nació del Sur al Norte.
Mas en que tú no lo sepas
quedamos todos conformes, 1705
por no ser con gusto tuyo
y por ser mi esposa pobre;
pero, ya que fué forçoso
saberlo, mira si escoges
por mejor tenerme muerto 1710
que vivo y con muger noble.

D. BELTRÁN. Las circunstancias del caso
son tales, que se conoce
que la fuerça de la suerte
te destinó essa consorte, 1715
y assí, no te culpo en más
que en callármelo.

D. GARCÍA.   Temores
de darte pesar, señor,
me obligaron.

D. BELTRÁN.   Si es tan noble,
¿qué importa que pobre sea? 1720
¡ Quánto es peor que lo ignore,
para que, aviendo empeñado

1687 passiones: sufferings *1688 darme a partido*: offer myself in marriage *1689 conformen*: adjust
1694 acetan = aceptan *1704 sepas*: Since *quedamos* is the preterit, this verb should be *supieras*.
1721 ignore: be ignorant of

mi palabra, agora torne
con esso a doña Jacinta!
¡Mira en qué lance me pones!
Toma el cavallo, y temprano,
por mi vida, te recoje,
porque de espacio tratemos
de tus cosas esta noche.

Vase.

D. García.   Yré a obedecerte al punto
que toquen las oraciones.

ESCENA X

Don García.

Dichosamente se ha hecho.
Persuadido el viejo va:
ya del mentir no dirá
que es sin gusto y sin provecho;
  pues es tan notorio gusto
el ver que me aya creydo,
y provecho aver huydo
de casarme a mi disgusto.
  ¡Bueno fué reñir conmigo
porque en quanto digo miento,
y dar crédito al momento
a quantas mentiras digo!
  ¡Qué fácil de persuadir
quien tiene amor suele ser!
Y ¡qué fácil en creer
el que no sabe mentir!
  Mas ya me aguarda don Juan. —

Dirá adentro.

¡Ola! Llevad el cavallo. —
Tan terribles cosas hallo
que sucediéndome van,
  que pienso que desvarío:
vine ayer y, en un momento,
tengo amor y casamiento
y causa de desafío.

ESCENA XI

Sale Don Juan. — Don García.

D. Juan.   Como quien soys lo avéys hecho,
don García.

1727-1728 te... espacio = recógete para que despacio 1736 notorio: manifest, evident

D. García.   ¿ Quién podía
            sabiendo la sangre mía,
            pensar menos de mi pecho ?
                Mas vamos, don Juan, al caso   1760
            porque llamado me avéys.
            Dezid, ¿ qué causa tenéys
            (que por sabella me abraso)
            de hazer este desafío ?
D. Juan.   Essa dama a quien hizistes,   1765
            conforme vos me dixistes,
            anoche fiesta en el río,
                es causa de mi tormento,
            y es con quien dos años ha
            que, aunque se dilata, está   1770
            tratado mi casamiento.
                Vos ha un mes que estáys aquí,
            y de esso, como de estar
            encubierto en el lugar
            todo esse tiempo de mí,   1775
                colijo que, aviendo sido
            tan público mi cuydado,
            vos no lo avéys ignorado,
            y, assí, me avéys ofendido.
                Con esto que he dicho, digo   1780
            quanto tengo que dezir,
            y es que, o no avéys de seguir
            el bien que ha tanto que sigo,
                o, si acaso os pareciere
            mi petición mal fundada,   1785
            se remita aquí a la espada,
            y la sirva el que venciere.
D. García.   Pésame que, sin estar
            del caso bien informado,
            os ayáys determinado   1790
            a sacarme a este lugar.
                La dama, don Juan de Sosa,
            de mi fiesta, vive Dios
            que ni la avéys visto vos,
            ni puede ser vuestra esposa ;   1795
                que es casada esta muger,
            y ha tan poco que llegó
            a Madrid, que sólo yo
            sé que la he podido ver.
                Y, quando éssa huviera sido,   1800

1760 *vamos, don Juan, al caso*: let's come to the point, Don Juan 1776 *colijo*: I gather, from *colegir* 1783 *ha tanto = hace tanto tiempo* 1800 *quando*: if

	de no verla más os doy	
	palabra, como quien soy,	
	o quedar por fementido.	
D. Juan.	Con esso se asseguró	
	la sospecha de mi pecho	1805
	y he quedado satisfecho.	
D. García.	Falta que lo quede yo,	
	que averme desafiado	
	no se ha de quedar assí;	
	libre fué el sacarme aquí,	1810
	mas, aviéndome sacado,	
	me obligastes, y es forçoso,	
	puesto que tengo de hazer	
	como quien soy, no bolver	
	sino muerto o vitorioso.	1815
D. Juan.	Pensado, aunque a mis desvelos	
	ayáys satisfecho assí,	
	que aún dexa cólera en mi	
	la memoria de mis zelos.	

(*Sacan las espadas y acuchíllanse.*)

ESCENA XII

Sale Don Felis. — Dichos.

D. Felis.	Deténganse, cavalleros,	1820
	que estoy aquí yo.	
D. García.	¡Que venga	
	agora quien me detenga!	
D. Felis.	Vestid los fuertes azeros,	
	que fué falsa la ocasión	
	desta pendencia.	
D. Juan.	Ya avía	1825
	dícholo assí don García;	
	pero, por la obligación	
	en que pone el desafío,	
	desnudó el valiente azero.	
D. Felis.	Hizo como cavallero	1830
	de tanto valor y brío.	
	Y, pues bien quedado avéys	
	con esto, merezca yo	
	que, a quien de zeloso erró,	
	perdón y las manos deys. (*Danse las manos.*)	1835

1813 *de* = *que* 1821–1822 ¡*Que ... detenga!*: I dare anyone to come and stop me! 1823 *Vestid ... azeros*: Sheath your trusty swords 1833–1834 *merezca yo que*: may I prevail upon you to

D. García.	Ello es justo, y lo mandáys. Mas mirad de aquí adelante, en caso tan importante, don Juan, cómo os arrojáys.	
	Todo lo avéys de intentar primero que el desafío, que empeçar es desvarío por donde se ha de acabar.	1840
	Vase.	

ESCENA XIII

Don Juan, Don Felis.

D. Felis.	Estraña ventura ha sido aver yo a tiempo llegado.	1845
D. Juan.	¿Que en efeto me he engañado?	
D. Felis.	Sí.	
D. Juan.	¿De quién lo avéys sabido?	
D. Felis.	Súpelo de un escudero de Lucrecia.	
D. Juan.	Dezid, pues, ¿cómo fué?	
D. Felis.	La verdad es que fué el coche y el cochero de doña Jacinta anoche al Sotillo, y que tuvieron gran fiesta las que en él fueron; pero fué prestado el coche.	1850

1855 |
	Y el caso fué que, a las horas que fué a ver Jacinta bella a Lucrecia, ya con ella estavan las matadoras, las dos primas de la quinta.	1860
D. Juan.	¿Las que en el Carmen vivieron?	
D. Felis.	Si. Pues ellas le pidieron el coche a doña Jacinta, y en él, con la oscura noche, fueron al río las dos. Pues vuestro paje, a quien vos dexastes siguiendo el coche, como en él dos damas vió entrar quando anochecía,	1865

1858-1860 *ya ... quinta*: the devastating creatures, the two cousins from the villa, were already with it (the party). Note the word play; *matadoras*, *primas* and *quinta* are also card terms.
1861 *el Carmen*: the *Calle del Carmen* in Madrid.

	y noticia no tenía	1870
	de otra visita, creyó	
	ser Jacinta la que entrava	
	y Lucrecia.	
D. Juan.	Justamente.	
D. Felis.	Siguió el coche diligente	
	y, quando en el soto estava,	1875
	entre la música y cena	
	lo dexó y bolvió a buscaros	
	a Madrid, y fué el no hallaros	
	ocasión de tanta pena;	
	porque, yendo vos allá,	1880
	se deshiziera el engaño.	
D. Juan.	En esso estuvo mi daño.	
	Mas tanto gusto me da	
	el saber que me engañé,	
	que doy por bien empleado	1885
	el disgusto que he passado.	
D. Felis.	Otra cosa averigüé,	
	que es bien graciosa.	
D. Juan.	Dezid.	
D. Felis.	Es que el dicho don García	
	llegó ayer en aquel día	1890
	de Salamanca a Madrid,	
	y en llegando se acostó,	
	y durmió la noche toda,	
	y fué embeleco la boda	
	y festín que nos contó.	1895
D. Juan.	¿ Qué dezís ?	
D. Felis.	Esto es verdad.	
D. Juan.	¿ Embustero es don García ?	
D. Felis.	Esso un ciego lo vería;	
	porque tanta variedad	
	de tiendas, aparadores,	
	vaxillas de plata y oro,	1900
	tanto plato, tanto coro	
	de instrumentos y cantores,	
	¿ no eran mentira patente ?	
D. Juan.	Lo que me tiene dudoso	1905
	es que sea mentiroso	
	un hombre que es tan valiente;	
	que de su espada el furor	
	diera a Alcides pesadumbre.	

1885 doy por: I consider *1890 ayer en aquel día*: redundancy for "only yesterday" *1894 embeleco*: lie, deception *1908* Read: *que el furor de su espada* *1909 diera = daría*; *Alcides*: Hercules

D. Felis.	Tendrá el mentir por costumbre	1910
	y por herencia el valor.	
D. Juan.	Vamos, que a Jacinta quiero	
	pedille, Felis, perdón,	
	y dezille la ocasión	
	con que esforçó este embustero	1915
	mi sospecha.	
D. Felis.	Desde aquí	
	nada le creo, don Juan.	
D. Juan.	Y sus verdades serán	
	ya consejos para mí.	

Vanse.

Calle.

ESCENA XIV

Salen Tristán, Don García *y* Camino, *vestidos en traje de noche.*

D. García.	Mi padre me dé perdón,	1920
	que forçado le engañé.	
Tristán.	¡ Ingeniosa escusa fué !	
	Pero, dime : ¿ qué invención	
	agora piensas hazer	
	con que no sepa que ha sido	1925
	el casamiento fingido ?	
D. García.	Las cartas le he de coger	
	que a Salamanca escriviere,	
	y, las respuestas fingiendo	
	yo mismo, yré entreteniendo	1930
	la ficción quanto pudiere.	

ESCENA XV

Salen Jacinta, Lucrecia *e* Isabel *a la ventana.* Don García, Tristán *y* Camino, *en la calle.*

Jacinta.	Con esta nueva volvió	
	don Beltrán bien descontento,	
	quando ya del casamiento	
	estava contenta yo.	1935
Lucrecia.	¿ Que el hijo de don Beltrán	
	es el indiano fingido ?	
Jacinta.	Sí, amiga.	
Lucrecia.	¿ A quién has oydo	
	lo del banquete ?	
Jacinta.	A don Juan.	

1910 *Tendrá... costumbre:* His lying must be an acquired characteristic. 1915 *esforçó = esforzó:* strengthened 1916 *aquí = ahora* 1930 *yré entreteniendo:* I shall maintain

Lucrecia.	Pues ¿ quándo estuvo contigo ?	1940
Jacinta.	Al anochecer me vió, y en contármelo gastó lo que pudo estar conmigo.	
Lucrecia.	Grandes sus enredos son. ¡ Buen castigo te merece!	1945
Jacinta.	Estos tres hombres, parece que se acercan al balcón.	
Lucrecia.	Vendrá al puesto don García, que ya es hora.	
Jacinta.	Tú, Isabel, mientras hablamos con él, a nuestros viejos espía.	1950
Lucrecia.	Mi padre está refiriendo bien de espacio un cuento largo a tu tío.	
Isabel.	Yo me encargo de avisaros en viniendo.	1955

Vase.

Cam. (*a* D. Gar). Éste es el balcón adonde
os espera tanta gloria.

Vase.

ESCENA XVI

Don García y Tristán, *en la calle*; Jacinta y Lucrecia, *a la ventana.*

Lucrecia.	Tú eres dueño de la historia; tú en mi nombre le responde.	
D. García.	¿ Es Lucrecia ?	
Jacinta.	¿ Es don García ?	1960
D. García.	Es quien oy la joya halló más preciosa que labró el Cielo en la Platería; es quien, en llegando a vella, tanto estimó su valor, que dió, abrasado de amor, la vida y alma por ella. Soy, al fin, el que se precia de ser vuestro, y soy quien oy comienço a ser, porque soy el esclavo de Lucrecia.	1965 1970

1945 te = de ti 1948 Supply *de la cita* after *puesto*. 1955 *en viniendo*: when they are coming 1956 *adonde* = (*en*) *donde* 1958 *dueño de la historia*: interested party

vv. 1940-2006]

Jacinta (*ap. a* Lucrecia).		
	Amiga, este cavallero	
	para todas tiene amor.	
Lucrecia.	El hombre es embarrador.	
Jacinta.	Él es un gran embustero. —	1975
D. García.	Ya espero, señora mía,	
	lo que me queréys mandar.	
Jacinta.	Ya no puede aver lugar	
	lo que trataros quería . . .	
Tristán (*al oído [a su amo]*).		
	¿ Es ella ?	
D. García.	Sí. —	
Jacinta.	. . . Que trataros	1980
	un casamiento intenté	
	bien importante, y ya sé	
	que es impossible casaros.	
D. García.	¿ Por qué ?	
Jacinta.	Porque soys casado.	
D. García.	¿ Que yo soy casado ?	
Jacinta.	Vos.	1985
D. García.	Soltero soy, vive Dios.	
	Quien lo ha dicho os ha engañado.	
Jacinta (*ap. a* Lucrecia).		
	¿ Viste mayor embustero ?	
Lucrecia.	No sabe sino mentir. —	
Jacinta.	¿ Tal me queréys persuadir ?	1990
D. García.	Vive Dios, que soy soltero.	
Jacinta.	¡ Y lo jura !	
Lucrecia.	Siempre ha sido	
	costumbre del mentiroso,	
	de su crédito dudoso,	
	jurar para ser creydo. —	1995
D. García.	Si era vuestra blanca mano	
	con la que el cielo quería	
	colmar la ventura mía,	
	no pierda el bien soberano,	
	pudiendo essa falsedad	2000
	provarse tan fácilmente.	
Jacinta (*ap.*).	¡ Con qué confiança miente !	
	¿ No parece que es verdad ? —	
D. García.	La mano os daré, señora,	
	y con esso me creeréys.	2005
Jacinta.	Vos soys tal, que la daréys	

1974 embarrador: impostor *1978-1979 Ya . . . quería:* There is no longer any room for what I wanted to discuss with you. *1980 trataros* = tratar con vos *1999* Supply *yo* after *pierda.*

                    a trezientas en un hora.
D. García.   Mal acreditado estoy
                con vos.
Jacinta.   Es justo castigo ;
                porque mal puede conmigo   2010
                tener crédito quien hoy
                dixo que era perulero
                siendo en la Corte nacido ;
                y, siendo de ayer venido,
                afirmó que ha un año entero   2015
                   que está en la Corte ; y aviendo
                esta tarde confessado
                que en Salamanca es casado,
                se está agora desdiziendo ;
                   y quien, passando en su cama   2020
                toda la noche, contó
                que en el río la passó
                haziendo fiesta a una dama.
Tristán (ap.). Todo se sabe. —
D. García.   Mi gloria,
                escuchadme, y os diré   2025
                verdad pura, que ya sé
                en qué se yerra la historia.
                   Por las demás cosas passo,
                que son de poco momento,
                por tratar del casamiento,   2030
                que es lo importante del caso.
                   Si vos huviérades sido
                causa de aver yo afirmado,
                Lucrecia, que soy casado,
                ¿ será culpa aver mentido ?   2035
Jacinta.   ¿ Yo la causa ?
D. García.   Sí, señora.
Jacinta.   ¿ Cómo ?
D. García.   Dezíroslo quiero.
Jacinta (ap. a Lucrecia).
                Oye, que hará el embustero
                lindos enredos agora. —
D. García.   Mi padre llegó a tratarme   2040
                de darme otra muger oy ;
                pero yo, que vuestro soy,
                quise con esso escusarme.
                   Que, mientras hazer espero

2007 un hora: permissible in poetry *2008 acreditado:* trusted, recommended *2014 de ayer:* only yesterday *2028 Por . . . passo:* I pass over the other things

con vuestra mano mis bodas,
soy casado para todas,
sólo para vos soltero.
   Y, como vuestro papel
llegó esforçando mi intento,
al tratarme el casamiento
puse impedimento en él.
   Este es el caso: mirad
si esta mentira os admira,
quando ha dicho esta mentira
de mi afición la verdad.

LUCRECIA (*ap.*). Mas ¿ si lo fuesse ? —
JACINTA (*ap.*).   ¡ Qué buena
la traço, y qué de repente ! —
Pues ¿ cómo tan brevemente
os puedo dar tanta pena ?
   ¡ Casi aun no visto me avéys
y ya os mostráys tan perdido !
¿ Aún no me avéys conocido
y por muger me queréys ?

D. GARCÍA. Oy vi vuestra gran beldad
la vez primera, señora;
que el amor me obliga agora
a deziros la verdad.
   Mas si la causa es divina,
milagro el efeto es,
que el dios niño, no con pies,
sino con alas camina.
   Dezir que avéys menester
tiempo vos para matar,
fuera, Lucrecia, negar
vuestro divino poder.
   Dezís que sin conoceros
estoy perdido : ¡ pluguiera
a Dios que no os conociera,
por hazer más en quereros !
   Bien os conozco : las partes
sé bien que os dió la fortuna,
que sin eclypse soys luna,
que soys mudança sin martes,
   que es difunta vuestra madre,

2045 con vuestra mano: with you *2050 al tratarme:* on talking to me about; supply *mi padre* after *al tratarme 2054-2055* Read: *quando* (if) *mi afición de la verdad ha dicho esta mentira 2060* Word order poetic license. Read: *Casi aun no me avéys visto 2070 el dios niño:* Cupid *2082 luna:* play on Luna, Lucrecia's paternal family name *2083 mudança sin martes:* flawless phase of the moon. Spaniards consider Tuesday an unlucky day, hence its meaning "flaw." *Martes* may be suggested by the similarity of *lunes* (Monday) to *luna.* Some editions quite plausibly replace *mudança* by Mendoza, Lucrecia's maternal family name.

     que soys sola en vuestra casa,
     que de mil doblones passa
     la renta de vuestro padre.
      Ved si estoy mal informado.
     ¡ Oxalá, mi bien, que assí
     lo estuviérades de mí!

Lucre. (*ap.*). Casi me pone en cuydado. —
Jacinta.   Pues Jacinta ¿ no es hermosa ?
     ¿ No es discreta, rica y tal
     que puede el más principal
     desseñalla por esposa ?
D. García.   Es discreta, rica y bella;
     mas a mí no me conviene.
Jacinta.   Pues, dezid, ¿ qué falta tiene ?
D. García. La mayor, que es no querella.
Jacinta.   Pues yo con ella os quería
     casar, que essa sola fué
     la intención con que os llamé.
D. García. Pues será vana porfía;
     que por aver intentado
     mi padre, don Beltrán, oy
     lo mismo, he dicho que estoy
     en otra parte casado.
      Y si vos, señora mía,
     intentáys hablarme en ello,
     perdonad, que por no hazello
     seré casado en Turquía.
      Esto es verdad, vive Dios,
     porque mi amor es de modo
     que aborrezco aquello todo,
     mi Lucrecia, que no es vos.
Lucre. (*ap.*). ¡ Oxalá! —
Jacinta.   ¡ Que me tratéys
     con falsedad tan notoria!
     Dezid, ¿ no tenéys memoria,
     o vergüença no tenéys ?
      ¿ Cómo, si oy dixistes vos
     a Jacinta que la amáys,
     agora me lo negáys ?
D. García. ¡ Yo a Jacinta! Vive Dios,
     que sola con vos he hablado

2099 querella = quererla, not *querella* (quarrel, complaint) *2109 en = de 2111 seré ... Turquía:*
This expression implies that he is many times married. *2124 sola = sólo:* with you alone

	desde que entré en el lugar.	2125
JACINTA.	Hasta aquí pudo llegar	
	el mentir desvergonçado.	
	Si en lo mismo que yo vi	
	os atrevéys a mentirme,	
	¿qué verdad podréys dezirme?	2130
	Ydos con Dios, y de mí	
	podéys desde aquí pensar	
	— si otra vez os diere oydo —	
	que por divertirme ha sido;	
	como quien, para quitar	2135
	el enfadoso fastidio	
	de los negocios pesados,	
	gasta los ratos sobrados	
	en las fábulas de Ovidio.	
	Vase.	
D. GARCÍA.	Escuchad, Lucrecia hermosa.	2140
LUCRE. (*ap.*).	Confusa quedo.	
	Vase.	
D. GARCÍA.	¡Estoy loco!	
	¿Verdades valen tan poco?	
TRISTÁN.	En la boca mentirosa.	
D. GARCÍA.	¡Que haya dado en no creer	
	quanto digo!	
TRISTÁN.	¿Qué te admiras,	• 2145
	si en quatro o cinco mentiras	
	te ha acabado de coger?	
	De aquí, si lo consideras,	
	conocerás claramente	
	que, quien en las burlas miente,	
	pierde el crédito en las veras.	2150

2144-2145 ¡Qué ... digo!: Imagine, she's taken to disbelieving all I say! *2147* Trans.: she has succeeded in catching you. *2150-2151 quien ... veras:* he who lies in jest loses his credibility when he speaks in earnest

ACTO TERCERO

Sala en casa de Don Juan de Luna.

ESCENA I

Sale Camino *con un papel; dalo a* Lucrecia.

CAMINO.
Éste me dió para ti
Tristán, de quien don García
con justa causa confía,
lo mismo que tú de mí;   2155
 que, aunque su dicha es tan corta
que sirve, es muy bien nacido,
y de suerte ha encarecido
lo que tu respuesta importa,
 que jura que don García   2160
está loco.

LUCRECIA.
¡Cosa estraña!
¿Es possible que me engaña
quien desta suerte porfía?
 El más firme enamorado
se cansa si no es querido,   2165
¿y éste puede ser fingido,
tan constante y desdeñado?

CAMINO.
Yo, al menos, si en las señales
se conoce el coraçón,
ciertos juraré que son,   2170
por las que he visto, sus males.
 Que quien tu calle passea
tan constante noche y día,
quien tu espessa celosía
tan atento bruxulea;   2175
 quien ve que de tu balcón,
quando él viene, te retiras,
y ni te ve ni le miras,
y está firme en tu afición;
 quien llora, quien desespera,   2180
quien, porque contigo estoy,
me da dineros — que es oy
la señal más verdadera —,
 yo me afirmo en que dezir

2152 Éste: refers to *papel 2157 sirve:* i.e., he is a servant *2158 de suerte:* in such a manner
2175 bruxulea = brujulea: spies. *2179 tu afición:* his fondness for you

	que miente es gran desatino.	2185
LUCRECIA.	Bien se echa de ver, Camino,	
	que no le has visto mentir.	
	¡ Pluguiera a Dios fuera cierto	
	su amor! Que, a dezir verdad,	
	no tarde en mi voluntad	2190
	hallaran sus ansias puerto.	
	Que sus encarecimientos,	
	aunque no los he creydo,	
	por lo menos han podido	
	despertar mis pensamientos.	2195
	Que, dado que es necedad	
	dar crédito al mentiroso,	
	como el mentir no es forçoso	
	y puede dezir verdad,	
	oblígame la esperança	2200
	y el proprio amor a creer	
	que conmigo puede hazer	
	en sus costumbres mudança.	
	Y assí — por guardar mi honor,	
	si me engaña lisonjero,	2205
	y, si es su amor verdadero,	
	porque es digno de mi amor —,	
	quiero andar tan advertida	
	a los bienes y a los daños,	
	que ni admita sus engaños	2210
	ni sus verdades despida.	
CAMINO.	De esse parecer estoy.	
LUCRECIA.	Pues dirásle que, crüel,	
	rompí, sin vello, el papel;	
	que esta respuesta le doy.	2215
	Y luego, tú, de tu aljava,	
	le di que no desespere,	
	y que, si verme quisiere,	
	vaya esta tarde a la otava	
	de la Madalena.	
CAMINO.	Voy.	2220
LUCRECIA.	Mi esperança fundo en ti.	
CAMINO.	No se perderá por mí,	
	pues ves que Camino soy.	
	Vanse.	

2201 el proprio amor: self-esteem *2210 admita:* permit *2216 de tu aljava:* from your quiver (as coming from you) *2219–2220 a ... Madalena:* the last day of the octave (eight-day religious observance) at the Convent of La Magdalena *2223 Camino:* Note the pun.

Sala en casa de Don Beltrán.
ESCENA II

Salen Don Beltrán, Don García y Tristán. Don Beltrán *saca una carta abierta; dala a* Don García.

D. Beltrán.	¿ Avéys escrito, García ?
D. García.	Esta noche escriviré.
D. Beltrán.	Pues abierta os la daré; por que, leyendo la mía, conforme a mi parecer a vuestro suegro escriváys; que determino que vays vos en persona a traer vuestra esposa, que es razón; porque pudiendo traella vos mismo, embïar por ella fuera poca estimación.
D. García.	Es verdad; mas sin efeto será agora mi jornada.
D. Beltrán.	¿ Por qué ?
D. García.	Porque está preñada; y hasta que un dichoso nieto te dé, no es bien arriesgar su persona en el camino.
D. Beltrán.	¡ Jesús ! Fuera desatino estando assí caminar. Mas dime : ¿ cómo hasta aquí no me lo has dicho, García ?
D. García.	Porque yo no lo sabía; y en la que ayer recebí de doña Sancha, me dize que es cierto el preñado ya.
D. Beltrán.	Si un nieto varón me da hará mi vejez felice. Muestra : que añadir es bien

Tómale la carta que le avía dado.

	quánto con esto me alegro. Mas di, ¿ quál es de tu suegro el proprio nombre ?
D. García.	¿ De quién ?
D. Beltrán.	De tu suegro.
D. García *(ap.).*	Aquí me pierdo. — Don Diego.
D. Beltrán.	O yo me he engañado, o otras veces le has nombrado

---
2226 la : *carta* understood 2230 *vays*: syncopated for *vayáis* 2242 ¡ *Fuera*: It would be 2251 *felice* = *feliz*: permissible in verse

	don Pedro.	
D. García.	También me acuerdo	
	de esso mismo; pero son	2260
	suyos, señor, ambos nombres.	
D. Beltrán.	¿Diego y Pedro?	
D. García.	No te assombres;	
	que, por una condición,	
	« don Diego » se ha de llamar	
	de su casa el sucessor.	2265
	Llamávase mi señor	
	« don Pedro » antes de heredar;	
	y como se puso luego	
	« don Diego » porque heredó,	
	después acá se llamó	2270
	ya « don Pedro », ya « don Diego »,	
D. Beltrán.	No es nueva essa condición	
	en muchas casas de España.	
	A escrivirle voy.	
	Vase.	

ESCENA III

Don García, Tristán.

Tristán.	Estraña	
	fué esta vez tu confusión.	2275
D. García.	¿Has entendido la historia?	
Tristán.	Y huvo bien en qué entender.	
	El que miente ha menester	
	gran ingenio y gran memoria.	
D. García.	Perdido me vi.	
Tristán.	Y en esso	2280
	pararás al fin, señor.	
D. García.	Entre tanto, de mi amor,	
	veré el bueno o mal sucesso.	
	¿Qué ay de Lucrecia?	
Tristán.	Imagino,	
	aunque de dura se precia,	2285
	que has de vencer a Lucrecia	
	sin la fuerça de Tarquino.	
D. García.	¿Recibió el villete?	
Tristán.	Sí;	
	aunque a Camino mandó	
	que diga que lo rompió,	2290

2263 condición: a clause in the will *2271 ya ... ya:* sometimes ... sometimes *2277 Y ... entender:* And there was quite a lot to understand. *2287 Tarquino:* Tarquin, semi-legendary tyrannical king of Rome *2288 villete = billete:* note

	que él lo ha fiado de mí.	
	Y, pues lo admitió, no mal	
	se negocia tu deseo;	
	si aquel epigrama creo	
	que a Nebia escrivió Marcial:	2295
	« Escriví; no respondió	
	Nebia: luego dura está;	
	mas ella se ablandará,	
	pues lo que escriví leyó ».	
D. García.	Que dice verdad sospecho.	2300
Tristán.	Camino está de tu parte,	
	y promete revelarte	
	los secretos de su pecho;	
	y que ha de cumplillo espero	
	si andas tú cumplido en dar,	2305
	que para hazer confessar	
	no ay cordel como el dinero.	
	Y aun fuera bueno, señor,	
	que conquistaras tu ingrata	
	con dádivas, pues que mata	2310
	con flechas de oro el amor.	
D. García.	Nunca te he visto grossero,	
	sino aquí, en tus pareceres.	
	¿Es ésta de las mugeres	
	que se rinden por dinero?	2315
Tristán.	Virgilio dize que Dido	
	fué del troyano abrasada,	
	de sus dones obligada	
	tanto como de Cupido.	
	¡Y era reina! No te espantes	2320
	de mis pareceres rudos,	
	que escudos vencen escudos,	
	diamantes labran diamantes.	
D. García.	¿No viste que la ofendió	
	mi oferta en la Platería?	2325
Tristán.	Tu oferta la ofendería,	
	señor, que tus joyas no.	
	Por el uso te govierna;	
	que a nadie en este lugar	

2291 lo ha fiado de mí: has confided it to me *2295 Marcial:* Martial, Roman epigrammatic poet *2301 de tu parte:* on your side *2304 cumplillo = cumplirlo* *2305 cumplido:* generous *2307 cordel:* rope of a rack, i.e., torture *2316 Virgilio, Dido:* See page 263, v. 900, note. *2322 escudos vencen escudos:* money (coins called *escudos*) batters shields *2327 que:* but *2328 Por el uso te govierna:* Be guided by custom

	por desvergonçado en dar	2330
	le quebraron braço o pierna.	
D. García.	Dame tú que ella lo quiera,	
	que darle un mundo imagino.	
Tristán.	Camino dará camino,	
	que es el polo desta esfera.	2335
	Y por que sepas que está	
	en buen estado tu amor,	
	ella le mandó, señor,	
	que te dixesse que oy va	
	Lucrecia a la Madalena	2340
	a la fiesta de la otava,	
	como que él te lo avisava.	
D. García.	¡ Dulce alivio de mi pena !	
	¿ Con esse espacio me das	
	nuevas que me buelven loco ?	2345
Tristán.	Dóytelas tan poco a poco	
	por que dure el gusto más.	
	Vanse.	

Claustro del convento de la Magdalena con puerta a la iglesia.

ESCENA IV

Salen Jacinta *y* Lucrecia *con mantos.*

Jacinta.	Qué, ¿ prosigue don García ?	
Lucrecia.	De modo que, con saber	
	su engañoso proceder,	2350
	como tan firme porfía,	
	casi me tiene dudosa.	
Jacinta.	Quiçá no eres engañada,	
	que la verdad no es vedada	
	a la boca mentirosa.	2355
	Quiçá es verdad que te quiere,	
	y más donde tu beldad	
	assegura essa verdad	
	en qualquiera que te viere.	
Lucrecia.	Siempre tú me favoreces;	2360
	mas yo lo creyera assí	
	a no averte visto a ti	
	que al mismo sol obscureces.	
Jacinta.	Bien sabes tú lo que vales,	
	y que en esta competencia	2365

2342 como que: as if *2344 espacio:* slowness *2349 con saber:* in spite of my knowing *2363 obscureces:* make seem dark (by comparison)

nunca ha salido sentencia
por tener votos yguales.
  Y no es sola la hermosura
quien causa amoroso ardor,
que también tiene el amor
su pedaço de ventura.
  Yo me holgaré que por ti,
amiga, me aya trocado,
y que tú ayas alcançado
lo que yo no merecí;
  porque ni tú tienes culpa
ni él me tiene obligación.
Pero ve con prevención,
que no te queda disculpa
  si te arrojas en amar
y al fin quedas engañada,
de quien estás ya avisada
que sólo sabe engañar.

LUCRECIA.   Gracias, Jacinta, te doy;
mas tu sospecha corrige,
que estoy por creerle dixe,
no que por quererle estoy.

JACINTA.   Obligaráte el creer
y querrás, siendo obligada,
y, assí, es corta la jornada
que ay de creer a querer.

LUCRECIA.   Pues ¿qué dirás si supieres
que un papel he recebido?

JACINTA.   Diré que ya le has creído,
y aun diré que ya le quieres.

LUCRECIA.   Erraráste; y considera
que tal vez la voluntad
haze por curiosidad
lo que por amor no hiziera.
  ¿Tú no le hablaste gustosa
en la Platería?

JACINTA.   Sí.

LUCRECIA. ¿Y fuyste, en oyrle allí,
enamorada o curiosa?

JACINTA.   Curiosa.

LUCRECIA.   Pues yo con él
curiosa también he sido,
como tú en averle oído,
en recebir su papel.

2366-2367 nunca ... yguales: i.e., neither can be said to have surpassed the other in beauty
2378 ve: go *2385 tu sospecha corrige:* correct your suspicion

JACINTA.   Notorio verás tu error
                si adviertes que es el oír
                cortesía, y admitir   2410
                un papel claro favor.
LUCRECIA.   Esso fuera a saber él
                que su papel recebí;
                mas él piensa que rompí,
                sin leello, su papel.   2415
JACINTA.   Pues, con esso, es cierta cosa
                que curiosidad ha sido.
LUCRECIA.   En mi vida me ha valido
                tanto gusto el ser curiosa.
                Y por que su falsedad   2420
                conozcas, escucha y mira
                si es mentira la mentira
                que más parece verdad.

Saca un papel y ábrele, y lee en secreto

ESCENA V

Salen CAMINO, GARCÍA *y* TRISTÁN *por otra parte.* DICHAS.

CAMINO.   ¿ Veys la que tiene en la mano
                un papel ?
D. GARCÍA.   Sí.
CAMINO.   Pues aquélla   2425
                es Lucrecia.
D. GARCÍA (*ap.*).   ¡ Oh, causa bella
                de dolor tan inhumano !
                Ya me abraso de zeloso. —
                ¡ Oh, Camino, quánto os devo !
TRISTÁN (*a* CAMINO).
                Mañana os vestís de nuevo.   2430
CAMINO.   Por vos he de ser dichoso. —
                        Vase.
D. GARCÍA.   Llegarme, Tristán, pretendo
                adonde, sin que me vea,
                si possible fuere, lea
                el papel que está leyendo.   2435
TRISTÁN.   No es difícil; que si vas
                a esta capilla arrimado,
                saliendo por aquel lado,
                de espaldas la cogerás.
                        Vase.

2418 me ha valido: has it brought me *2430 os vestís de nuevo:* you will wear a new suit; i.e. Don García will reward you for the information you have given him

D. García. Bien dizes. Ven por aquí. 2440
              Vase.
Jacinta.   Lee baxo, que darás
           mal exemplo.
Lucrecia.   No me oirás.
           Toma y lee para ti.
              Da el papel a Jacinta.
Jacinta.   Esse es mejor parecer.

ESCENA VI

Salen Tristán *y* García *por otra puerta, cogen de espaldas
              a las damas.*

Tristán.   Bien el fin se consiguió.   2445
D. García. Tú, si ves mejor que yo,
           procura, Tristán, leer.
Jacinta (*lee*). « Ya que mal crédito cobras
           de mis palabras sentidas,
           dime si serán creídas,   2450
           pues nunca mienten las obras.
              Que si consiste el creerme,
           señora, en ser tu marido,
           y ha de dar el ser creído
           materia al favorecerme,   2455
              por éste, Lucrecia mía,
           que de mi mano te doy
           firmado, digo que soy
           ya *tu esposo don García* ».
D. García (*ap. a* Tristán).
              ¡Vive Dios, que es mi papel !   2460
Tristán.   Pues qué, ¿ no lo vió en su casa ?
D. García. Por ventura lo repassa,
           regalándose con él.
Tristán.   Comoquiera te está bien.
D. García. Comoquiera soy dichoso. —   2465
Jacinta.   Él es breve y compendioso;
           o bien siente o miente bien.
D. García (*a* Jacinta).
              Bolved los ojos, señora,
           cuyos rayos no resisto.
              Tápanse Lucrecia *y* Jacinta.
Jacinta (*ap. a* Lucrecia).
              Cúbrete, pues no te ha visto,   2470

2440 *Bien dizes*: Good idea. 2449 *sentidas*: which you have heard 2464 *Comoquiera*: Anyhow

                y desengáñate agora.
Lucrecia (*ap. a* Jacinta).
                  Dissimula y no me nombres.
D. García.   Corred los delgados velos
                a esse assombro de los cielos,
                a esse cielo de los hombres.   2475
                      Descúbrese ella.
                ¿ Possible es que os llego a ver,
                homicida de mi vida ?
                Mas, como soys mi homicida,
                en la iglesia huvo de ser.
                Si os obliga a retraer   2480
                mi muerte, no ayáys temor,
                que de las leyes de amor
                es tan grande el desconcierto,
                que dexan preso al que es muerto
                y libre al que es matador.   2485
                  Ya espero que de mi pena
                estáys, mi bien, condolida,
                si el estar arrepentida
                os traxo a la Madalena.
                Ved cómo el amor ordena   2490
                recompensa al mal que siento,
                pues si yo llevé el tormento
                de vuestra crueldad, señora,
                la gloria me llevo agora
                de vuestro arrepentimiento.   2495
                ¿ No me habláys, dueño querido ?
                ¿ No os obliga el mal que passo ?
                ¿ Arrepentísos acaso
                de averos arrepentido ?
                Que advirtáys, señora, os pido,   2500
                que otra vez me mataréys.
                Si porque en la iglesia os veys,
                prováys en mí los azeros,
                mirad que no ha de valeros
                si en ella el delito hazéys.   2505
Jacinta.   ¿ Conocéysme ?
D. García.   ¡ Y bien, por Dios !
                Tanto, que desde aquel día
                que os hablé en la Platería,
                no me conozco por vos ;

2473 Corred: Draw *2474–2475 assombro ... cielos:* i.e., her face *2476 llego:* Modern Spanish requires the subjunctive. *2483 desconcierto:* confusion *2498 ¿Arrepentísos = ¿Os arrepentís 2509 no ... vos:* I do not know (am not) myself because of you

	de suerte que, de los dos,	2510
	vivo más en vos que en mí;	
	que tanto, desde que os vi,	
	en vos transformado estoy,	
	que ni conozco el que soy	
	ni me acuerdo del que fuy.	2515
Jacinta.	Bien se echa de ver que estáys	
	del que fuystes olvidado,	
	pues sin ver que soys casado,	
	nuevo amor solicitáys.	
D. García.	¡Yo casado! ¿En esso days?	2520
Jacinta.	¿Pues no?	
D. García.	¡Qué vana porfía!	
	Fué, por Dios, invención mía,	
	por ser vuestro.	
Jacinta.	O por no sello;	
	y si os buelven a hablar dello,	
	seréys casado en Turquía.	2525
D. García.	Y buelvo a jurar, por Dios,	
	que, en este amoroso estado,	
	para todas soy casado	
	y soltero para vos.	
Jacinta (a Lucrecia).		
	¿Ves tu desengaño?	
Lucrecia (ap.).	¡A, Cielos!	2530
	¿Apenas una centella	
	siento de amor, y ya della	
	nacen vulcanes de zelos?	
D. García.	Aquella noche, señora,	
	que en el balcón os hablé,	
	¿todo el caso no os conté?	2535
Jacinta.	¡A mí en balcón!	
Lucrecia (ap.).	¡A, traydora!	
Jacinta.	Advertid que os engañáys.	
	¿Vos me hablastes?	
D. García.	¡Bien, por Dios!	
Luc. (ap.).	¿Habláysle de noche vos,	2540
	y a mí consejos me days?	
D. García.	Y el papel que recibistes,	
	¿negaréyslo?	
Jacinta.	¿Yo papel?	
Luc. (ap.).	¡Ved qué amiga tan fiel!	
D. García.	Y sé yo que lo leystes.	2545
Jacinta.	Passar por donaire puede,	

2520 ¿*En esso days?*: You persist in this? 2523 *sello* = *serlo* 2525 *seréis ... Turquía:* See v. 2111 and note.

	quando no daña, el mentir;	
	mas no se puede sufrir	
	quando esse límite excede.	
D. García.	¿ No os hablé en vuestro balcón,	2550
	Lucrecia, tres noches ha ?	
Jac. (ap.).	¿ Yo Lucrecia ? Bueno va:	
	toro nuevo, otra invención.	
	A Lucrecia ha conocido,	
	y es muy cierto el adoralla,	
	pues finge, por no enojalla,	2555
	que por ella me ha tenido. —	
Luc. (ap.).	Todo lo entiendo. ¡ Ha, traydora !	
	Sin duda que le avisó	
	que la tapada fuí yo,	2560
	y quiere enmendallo agora	
	con fingir que fué el tenella	
	por mí, la causa de hablalla.	
Tristán (a Don García).		
	Negar deve de importalla,	
	por la que está junto della,	2565
	ser Lucrecia.	
D. García.	Assí lo entiendo,	
	que si por mí lo negara,	
	encubriera ya la cara.	
	Pero, no se conociendo,	
	¿ se hablaran las dos ?	
Tristán.	Por puntos	2570
	suele en las iglesias verse	
	que parlan, sin conocerse,	
	los que aciertan a estar juntos.	
D. García.	Dizes bien.	
Tristán.	Fingiendo agora	
	que se engañaron tus ojos,	2575
	lo enmendarás.	
D. García.	Los antojos	
	de un ardiente amor, señora,	
	me tienen tan deslumbrado,	
	que por otra os he tenido.	
	Perdonad, que yerro ha sido	2580
	de essa cortina causado.	
	Que, como a la fantasía	
	fácil engaña el desseo,	

2557 tenido = tomado 2564–2566 Negar ... Lucrecia: She must be anxious to deny she is Lucrecia because of the one who is next to her. 2569 se conociendo = conociéndose 2570 Por puntos: Frequently 2572 parlan: they chatter 2581 de essa cortina: by that veil

qualquiera dama que veo
se me figura la mía.
JACINTA (ap.).   Entendíle la intención.   2585
LUCRECIA (ap.). Avisóle la taymada.
JACINTA.   Según esso, la adorada
es Lucrecia.
D. GARCÍA.   El coraçón,
desde el punto que la vi,   2590
la hizo dueño de mi fe.
JACINTA (a LUCRECIA ap.).
¡ Bueno es esto !
LUCRECIA (ap.).   ¡ Que ésta esté
haziendo burla de mi !
No me doy por entendida,
por no hazer aquí un excesso. —   2595
JACINTA.   Pues yo pienso que, a estar de esso
cierta, os fuera agradecida
Lucrecia.
D. GARCÍA.   ¿ Tratáys con ella ?
JACINTA.   Trato, y es amiga mía;
tanto, que me atrevería   2600
a afirmar que en mí y en ella
vive sólo un coraçón.
D. GARCÍA (ap.).¡ Si eres tú, bien claro está !
¡ Qué bien a entender me da
su recato y su intención ! —   2605
Pues ya que mi dicha ordena
tan buena ocasión, señora,
pues soys ángel, sed agora
mensagera de mi pena.
Mi firmeza le dezid,   2610
y perdonadme si os doy
este oficio.
TRISTÁN (ap.).   Oficio es oy
de las moças en Madrid.
D. GARCÍA.   Persuadilda que a tan grande
amor ingrata no sea.   2615
JACINTA.   Hazelde vos que lo crea,
que yo la haré que se ablande.
D. GARCÍA.   ¿ Por qué no creerá que muero,
pues he visto su beldad ?
JACINTA.   Porque si os digo verdad,   2620
no os tiene por verdadero.
D. GARCÍA.   ¡ Ésta es verdad, vive Dios !

2596 a estar: if she were   2614 Persuadilda = Persuadidla

JACINTA.	Hazelde vos que lo crea.
	¿Qué importa que verdad sea,
	si el que la dize soys vos?
	Que la boca mentirosa
	incurre en tan torpe mengua,
	que, solamente en su lengua,
	es *la verdad sospechosa*.
D. GARCÍA.	Señora...
JACINTA.	Basta: mirad
	que days nota.
D. GARCÍA.	Yo obedezco.
JACINTA (*a* LUCRECIA).	
	¿Vas contenta?

Vase.

LUCRECIA.	Yo agradezco,
	Jacinta, tu voluntad.

Vase.

ESCENA VII

Don García, Tristán.

D. GARCÍA.	¿No ha estado aguda Lucrecia?
	¡Con qué astucia dió a entender
	que le importaba no ser
	Lucrecia!
TRISTÁN.	A fe que no es necia.
D. GARCÍA.	Sin duda que no quería
	que la conociese aquella
	que estava hablando con ella.
TRISTÁN.	Claro está que no podía
	obligalla otra ocasión
	a negar cosa tan clara,
	porque a ti no te negara
	que te habló por su balcón,
	pues ella misma tocó
	los puntos de que tratastes
	quando por él os hablastes.
D. GARCÍA.	En esso bien me mostró
	que de mí no se encubría.
TRISTÁN.	Y por esso dixo aquello:

2623 *Hazelde* = *Hacedle*. See page 11, v. 214, note. 2631 *days nota:* you are attracting attention 2642 *ocasión:* reason 2644 *negara:* not the imperfect subjunctive but a past indicative derived from the Latin pluperfect indicative *negaverat*

«Y si os buelven a hablar dello,
seréys casado en Turquía».
  Y esta conjetura abona
más claramente, el negar
que era Lucrecia y tratar
luego en tercera persona
  de sus proprios pensamientos,
diziéndote que sabía
que Lucrecia pagaría
tus amorosos intentos,
  con que tú hiziesses, señor,
que los llegasse a creer.

D. García. ¡Ay, Tristán! ¿Qué puedo hazer
para acreditar mi amor?
Tristán. ¿Tú quieres casarte?
D. García. Sí.
Tristán. Pues pídela.
D. García. ¿Y si resiste?
Tristán. Parece que no le oyste
lo que dixo agora aquí:
  «Hazelde vos que lo crea,
que yo la haré que se ablande».
¿Qué indicio quieres más grande
de que ser tuya dessea?
  Quien tus papeles recibe,
quien te habla en sus ventanas,
muestras ha dado bien llanas
de la afición con que vive.
  El pensar que eres casado
la refrena solamente,
y queda esse inconveniente
con casarte remediado;
  pues es el mismo casarte,
siendo tan gran cavallero,
información de soltero.
Y, quando quiera obligarte
  a que des información,
por el temor con que va
de tus engaños, no está
Salamanca en el Japón.
D. García. Sí está para quien dessea,
que son ya siglos en mí
los instantes.
Tristán. Pues aquí,

2654 *abona:* attests 2662 *con que:* provided that 2684 *información:* indication 2685 *quando:* if

	¿no avrá quien testigo sea?
D. García.	Puede ser.
Tristán.	Es fácil cosa.
D. García.	Al punto los buscaré.
Tristán.	Uno, yo te lo daré.
D. García.	¿Y quién es?
Tristán.	Don Juan de Sosa.
D. García.	¿Quién? ¿D. Juan de Sosa?
Tristán.	Sí.
D. García.	Bien lo sabe.
Tristán.	Desde el día

que te habló en la Platería
no le he visto, ni él a ti.
  Y, aunque siempre he desseado
saber qué pesar te dió
el papel que te escrivió,
nunca te lo he preguntado,
  viendo que entonces, severo
negaste y descolorido;
mas agora, que he venido
tan a propósito, quiero
  pensar que puedo, señor,
pues secretario me has hecho
del archivo de tu pecho,
y se passó aquel furor.

D. García.   Yo te lo quiero contar,
que, pues sé por experiencia
tu secreto y tu prudencia,
bien te lo puedo fiar.
  A las siete de la tarde
me escrivió que me aguardava
en San Blas don Juan de Sosa
para un caso de importancia.
Callé, por ser desafío,
que quiere, el que no lo calla,
que le estorven o le ayuden,
covardes acciones ambas.
Llegué al aplazado sitio,
donde don Juan me aguardava
con su espada y con sus zelos,
que son armas de ventaja.
Su sentimiento propuso,
satisfize a su demanda,
y, por quedar bien, al fin,

2711 secretario: confidant *2717 bien te lo puedo fiar:* I can well confide it to you *2730 propuso:* set forth

desnudamos las espadas.
Elegí mi medio al punto,
y, haziéndole una ganancia 2735
por los grados del perfil,
le di una fuerte estocada.
Sagrado fué de su vida
un *Agnus Dei* que llevava,
que, topando en él la punta, 2740
hizo dos partes mi espada.
Él sacó pies del gran golpe;
pero, con ardiente rabia,
vino, tirando una punta;
mas yo, por la parte flaca, 2745
cogí su espada, formando
un atajo. Él presto saca
(como la respiración
tan corta línea le tapa,
por faltarle los dos tercios 2750
a mi poco fiel espada)
la suya, corriendo filos,
y, como cerca me halla
(porque yo busqué el estrecho
por la falta de mis armas), 2755
a la cabeça, furioso,
me tiró una cuchillada.
Recibíla en el principio
de su formación, y baxa,
matándole el movimiento 2760
sobre la suya mi espada.
¡Aquí fué Troya! Saqué
un revés con tal pujança,
que la falta de mi azero
hizo allí muy poca falta; 2765
que, abriéndole en la cabeça
un palmo de cuchillada,
vino sin sentido al suelo,
y aun sospecho que sin alma.
Dexéle assí y con secreto 2770
me vine. Esto es lo que passa,
y de no verle estos días,

2734–2736 Elegí . . . perfil: I immediately took my proper distance and, giving myself the advantage of fighting sidewise *2738 Sagrado:* Asylum, Salvation *2739 Agnus Dei:* a medallion with the figure of a lamb bearing a cross *2742 sacó pies:* he withdrew gracefully without turning his back *2747 atajo:* parry *2762 ¡Aquí fué Troya!:* It was a catastrophe! *2767 palmo:* a span measuring eight inches

	Tristán, es ésta la causa.	
Tristán.	¡ Qué sucesso tan estraño !	
	¿ Y si murió ?	
D. García.	Cosa es clara,	2775
	porque hasta los mismos sesos	
	esparzió por la campaña.	
Tristán.	¡ Pobre don Juan . . . ! Mas ¿ no es éste	
	que viene aquí ?	

ESCENA VIII

Salen Don Juan *y* Don Beltrán *por otra parte.* Dichos.

D. García.	¡ Cosa estraña !	
Tristán.	¿ También a mí me la pegas ?	2780
	¿ Al secretario del alma ?	
	(*Ap.*) ¡ Por Dios, que se lo creí,	
	con conocelle las mañas !	
	Mas ¿ a quién no engañarán	
	mentiras tan bien trobadas ?	2785
D. García.	Sin duda que le han curado	
	por ensalmo.	
Tristán.	Cuchillada	
	que rompió los mismos sesos,	
	¿ en tan breve tiempo sana ?	
D. García.	¿ Es mucho ? Ensalmo sé yo	2790
	con que un hombre, en Salamanca,	
	a quien cortaron a cercen	
	un braço con media espalda,	
	bolviéndosela a pegar,	
	en menos de una semana	2795
	quedó tan sano y tan bueno	
	como primero.	
Tristán.	¡ Ya escampa !	
D. García.	Esto no me lo contaron;	
	yo lo vi mismo.	
Tristán.	Esso basta.	
D. García.	De la verdad, por la vida,	2800
	no quitaré una palabra.	
Tristán (*ap.*).	¡ Que ninguno se conozca ! —	
	Señor, mis servicios paga	
	con enseñarme esse salmo.	

2780 me la pegas : you fool me *2783 con :* in spite of *2790 Ensalmo :* Charm, Spell *2792 cortaron a cercen :* they served; *cercen = cercén 2797 escampa :* he's wriggling out of it *2799 yo lo vi mismo =* yo mismo lo vi *2804 salmo = ensalmo*

D. García.	Está en dicciones hebraycas,	2805
	y, si no sabes la lengua,	
	no has de saber pronunciarlas.	
Tristán.	Y tú, ¿ sábesla ?	
D. García.	¡ Qué bueno !	
	Mejor que la castellana:	
	hablo diez lenguas.	
Tristán (*ap.*).	Y todas	2810
	para mentir no te bastan.	
	« Cuerpo de verdades lleno »	
	con razón el tuyo llaman,	
	pues ninguna sale dél	
	ni ay mentira que no salga.	2815
D. Beltrán (*a* Don Juan).		
	¿ Qué dezís ?	
D. Juan.	Esto es verdad:	
	ni cavallero ni dama	
	tiene, si mal no me acuerdo,	
	de essos nombres Salamanca.	
D. Belt. (*ap.*).	Sin duda que fué invención	2820
	de García, cosa es clara.	
	Disimular me conviene. —	
	Gozéis por edades largas,	
	con una rica encomienda,	
	de la cruz de Calatrava.	2825
D. Juan.	Creed que siempre he de ser	
	más vuestro quanto más valga.	
	Y perdonadme, que aora,	
	por andar dando las gracias	
	a essos señores, no os voy	2830
	sirviendo hasta vuestra casa.	
	Vase.	

ESCENA IX

Don Beltrán, Don García, Tristán.

D. Belt. (*ap.*).	¡ Válgame Dios ! ¿ Es possible	
	que a mí no me perdonaran	
	las costumbres deste moço ?	
	¿ Que aun a mí en mis proprias canas,	2835
	me mintiesse, al mismo tiempo	
	que riñéndoselo estava ?	
	¿ Y que le creyesse yo,	
	en cosa tan de importancia,	
	tan presto, aviendo yo oído	2840

2805 *dicciones hebraycas:* Hebrew words 2824 *encomienda:* dignity and territory of a *comendador*
2830-2831 *no os voy sirviendo:* I do not accompany you

de sus engaños la fama?
Mas ¿ quién creyera que a mí
me mintiera, quando estava
reprehendiéndole esso mismo?
Y ¿ qué juez se recelara
que el mismo ladrón le robe,
de cuyo castigo trata?

TRISTÁN (*a* GARCÍA).
¿ Determinaste a llegar?
D. GARCÍA. Sí, Tristán.
TRISTÁN.   Pues Dios te valga.
D. GARCÍA. Padre...
D. BELTRÁN.   ¡ No me llames padre,
vil! Enemigo me llama,
que no tiene sangre mía
quien no me parece en nada.
Quítate de ante mis ojos,
que, por Dios, si no mirara...
TRISTÁN (*a* DON GARCÍA).
El mar está por el cielo:
mejor ocasión aguarda.
D. BELTRÁN. ¡ Cielos! ¿ Qué castigo es éste?
¿ Es possible que a quien ama
la verdad como yo, un hijo
de condición tan contraria
le diéssedes? ¿ Es possible
que quien tanto su honor guarda
como yo, engendrasse un hijo
de inclinaciones tan baxas,
y a Gabriel, que honor y vida
dava a mi sangre y mis canas,
llevássedes tan en flor?
Cosas son que, a no mirarlas
como christiano...
D. GARCÍA (*ap.*).   ¿ Qué es esto?
TRISTÁN (*ap. a su amo*).
¡ Quítate de aquí! ¿ Qué aguardas?
D. BELTRÁN. Déxanos solos, Tristán.
Pero buelve, no te vayas;
por ventura, la vergüença
de que sepas tú su infamia
podrá en él lo que no pudo
el respeto de mis canas.
Y, quando ni esta vergüença

2841 fama: reputation *2855 si no mirara*: if I didn't consider (if not for) *2856 El... cielo*: i.e.,
Don Beltrán is hitting the ceiling *2862 diéssedes = dieseis*

le obligue a enmendar sus faltas,
servirále, por lo menos,
de castigo el publicallas. —
Di, liviano, ¿ qué fin llevas ?
Loco, di, ¿ qué gusto sacas
de mentir tan sin recato ?
Y, quando con todos vayas
tras tu inclinación, ¿ conmigo
siquiera no te enfrenaras ?
¿ Con qué intento el matrimonio
fingiste de Salamanca,
para quitarles también
el crédito a mis palabras ?
¿ Con qué cara hablaré yo
a los que dixe que estavas
con doña Sancha de Herrera
desposado ? ¿ Con qué cara,
quando, sabiendo que fué
fingida esta doña Sancha,
por cómplices del embuste,
infamen mis nobles canas ?
¿ Qué medio tomaré yo
que saque bien esta mancha,
pues, a mejor negociar,
si de mí quiero quitarla,
he de ponerla en mi hijo,
y, diziendo que la causa
fuyste tú, he de ser yo mismo
pregonero de tu infamia ?
Si algún cuydado amoroso
te obligó a que me engañaras,
¿ qué enemigo te oprimía ?
¿ qué puñal te amenaçava,
sino un padre, padre al fin ?
Que este nombre solo basta
para saber de qué modo
le enternecieran tus ansias.
¡ Un viejo que fué mancebo,
y sabe bien la pujança
con que en pechos juveniles
prenden amorosas llamas !

D. García. Pues si lo sabes, y entonces
para escusarme bastara,
para que mi error perdones
agora, padre, me valga.
Parecerme que sería

2902–2904 a . . . hijo: the best I can do if it's taken from me is attribute it to my son *2923 me valga:* may it (your sympathy for youth) avail me

              respetar poco tus canas 2925
              no obedecerte, pudiendo,
              me obligó a que te engañara.
              Error fué, no fué delito;
              no fué culpa, fué ignorancia;
              la causa, amor; tú, mi padre: 2930
              ¡pues tú dizes que esto basta!
              Y ya que el daño supiste,
              escucha la hermosa causa,
              porque el mismo dañador
              el daño te satisfaga. 2935
              Doña Lucrecia, la hija
              de don Juan de Luna, es alma
              desta vida, es principal
              y heredera de su casa;
              y, para hazerme dichoso 2940
              con su hermosa mano, falta
              sólo que tú lo consientas
              y declares que la fama
              de ser yo casado tuvo
              esse principio, y es falsa. 2945
D. BELTRÁN. No, no. ¡Jesús! ¡Calla! ¿En otra
              avías de meterme? Basta.
              Ya, si dizes que ésta es luz,
              he de pensar que me engañas.
D. GARCÍA. No, señor; lo que a las obras 2950
              se remite, es verdad clara,
              y Tristán, de quien te fías,
              es testigo de mis ansias. —
              Dilo, Tristán.
TRISTÁN.   Sí, señor:
              lo que dize es lo que passa. 2955
D. BELTRÁN. ¿No te corres desto? Di:
              ¿no te avergüença que ayas
              menester que tu criado
              acredite lo que hablas?
              Aora bien: yo quiero hablar 2960
              a don Juan, y el Cielo haga
              que te dé a Lucrecia, que eres
              tal, que es ella la engañada.
              Mas primero he de informarme
              en esto de Salamanca, 2965
              que ya temo que, en dezirme
              que me engañaste, me engañas.

2945 otra: mentira understood 2951 se remite: refers 2961 don Juan: not Lucrecia's suitor but her father, Don Juan de Luna 2965 en = de

>   Que, aunque la verdad sabía
>   antes que a hablarte llegara,
>   la has hecho ya sospechosa
>   tú, con sólo confessarla.   2970
>   *Vase.*

D. García. ¡ Bien se ha hecho !
Tristán.   ¡ Y cómo bien !
            Que yo pensé que oy provavas
            en ti aquel psalmo hebreo
            que braços cortados sana.   2975
                      Vanse.

Sala con vistas a un jardín, en casa de Don Juan de Luna.

ESCENA X

Salen Don Juan, *viejo,* y Don Sancho.

Don Juan.   Parece que la noche ha refrescado.
Don Sancho. Señor don Juan de Luna, para el río,
             éste es fresco, en mi edad, demasiado.
Don Juan.   Mejor será que en esse jardín mío
             se nos ponga la mesa, y que gozemos   2980
             la cena con sazón, templado el frío.
Don Sancho. Discreto parecer. Noche tendremos
             que dar a Mançanares más templada,
             que ofenden la salud estos estremos.
Don Juan (*adentro*).
                  Gozad de vuestra hermosa combidada 2985
             por esta noche en el jardín, Lucrecia.
Don Sancho. Veáysla, quiera Dios, bien empleada,
                  que es un ángel.
Don Juan.   Demás de que no es necia,
             y ser, cual veys, don Sancho, tan hermosa,
             menos que la virtud la vida precia.   2990

ESCENA XI

Sale un Criado. Dichos.

Criado (*a* Don Sancho).
                  Preguntando por vos, don Juan de Sosa
             a la puerta llegó y pide licencia.
Don Sancho. ¿ A tal hora ?
Don Juan.   Será ocasión forçosa.
Don Sancho. Entre el señor don Juan.
                      Vase el Criado.

2972 *¡ Bien se ha hecho ! :* It worked ! 2974 *psalmo :* the *dicciones hebraycas* of v. 2805 2981 *con sazón :* without annoyances 2989 *cual veys :* as you can see

ESCENA XII

Sale Don Juan, *galán con un papel.* Don Juan de Luna, Don Sancho.

Don Juan, *galán* (*a* Don Sancho).   A essa presencia,
　　sin el papel que veys, nunca llegara;   2995
　　mas, ya con él, faltava la paciencia,
　　　que no quiso el amor que dilatara
　　la nueva un punto, si alcanzar la gloria
　　consiste en esso, de mi prenda cara.
　　　Ya el ábito salió: si en la memoria   3000
　　la palabra tenéys que me avéys dado,
　　colmaréys, con cumplirla, mi vitoria.
Don Sancho.   Mi fe, señor don Juan, avéys premiado
　　con no aver esta nueva tan dichosa
　　por un momento sólo dilatado.   3005
　　　A darle voy a mi Jacinta hermosa,
　　y perdonad que, por estar desnuda,
　　no la mando salir.
　　　　　　Vase.
D. Juan, *viejo*.　　　　Por cierta cosa
　　tuve siempre el vencer, que el Cielo ayuda
　　la verdad más oculta, y premïada   3010
　　dilación pudo aver, pero no duda.

ESCENA XIII

Salen Don García, Don Beltrán *y* Tristán *por otra parte.*
Don Juan de Luna, Don Juan de Sosa.

D. Beltrán.　Ésta no es ocasión acomodada
　　de hablarle, que ay visita, y una cosa
　　tan grave a solas ha de ser tratada.
Don García.　Antes nos servirá don Juan de Sosa   3015
　　en lo de Salamanca por testigo.
D. Beltrán.　¡Que lo ayáis menester! ¡Qué infame cosa!
　　En tanto que a don Juan de Luna digo
　　nuestra intención, podréys entretenello.
D. Juan, *viej.*　¡Amigo don Beltrán!
D. Beltrán.　　　　　　¡Don Juan amigo!   3020
D. Juan, *viej.*　¿A tales horas tal excesso?
D. Beltrán.　　　　　　　　En ello
　　conoceréys que estoy enamorado.
D. Juan, *viej.*　Dichosa la que pudo merecello.

2995 nunca llegara: I wish I had never appeared *2999* Read: *si alcanzar la gloria de mi prenda cara consiste en esso 3000 el ábito salió:* the habit (of the Order of Calatrava) was granted *3010 premiada = premiosa:* oppressive

| D. Beltrán. | Perdón me avéys de dar; que aver hallado
la puerta abierta, y la amistad que os tengo, 3025
para entrar sin licencia me la han dado. |
| D. Juan, *viej*. | Cumplimientos dexad, quando prevengo
el pecho a la ocasión desta venida. |
| D. Beltrán. | Quiero deziros, pues, a lo que vengo. |
| Don García (*a* Don Juan de Sosa). | |
| | Pudo, señor don Juan, ser oprimida 3030
de algún pecho de envidia emponçoñado
verdad tan clara, pero no vencida.
Podéys, por Dios, creer que me ha alegrado
vuestra vitoria. |
| D. Juan, *galán*. | De quien soys lo creo. |
| D. García. | Del ábito gozéys encomendado, 3035
como vos merecéys y yo desseo. |
| D. Juan, *viej*. | Es en esso Lucrecia tan dichosa,
que pienso que es soñado el bien que veo.
Con perdón del señor don Juan de Sosa,
oyd una palabra, don García. 3040
Que a Lucrecia queréys por vuestra esposa
me ha dicho don Beltrán. |
| D. García. | El alma mía,
mi dicha, honor y vida está en su mano. |
| D. Juan, *viej*. | Yo, desde aquí, por ella os doy la mía;
(*Danse las manos.*)
que como yo sé en esso lo que gano, 3045
lo sabe ella también, según la he oydo
hablar de vos. |
| D. García. | Por bien tan soberano,
los pies, señor don Juan de Luna, os pido. |

ESCENA XIV

Salen Don Sancho, Jacinta *y* Lucrecia. — Dichos.

| Lucrecia. | Al fin, tras tantos contrastes,
tu dulce esperança logras. 3050 |
| Jacinta. | Con que tú logres la tuya
seré del todo dichosa. |
| D. Juan, *viej*. | Ella sale con Jacinta
agena de tanta gloria,
más de calor descompuesta 3055
que adereçada de boda. |

3029 *a lo que:* for what purpose 3035 *encomendado:* knighted 3044 *aquí:* now 3049 *contrastes:* opposition, difficulties 3051 *Con que:* If, Provided that

	Dexad que albricias le pida
	de una nueva tan dichosa.
D. Beltrán (*ap. a* Don García).	
	Acá está don Sancho. ¡ Mira
	en qué vengo a verme agora!
D. García.	Yerros causados de amor,
	quien es cuerdo los perdona. —
Lucrecia (*a* Don Juan, *viejo*).	
	¿ No es casado en Salamanca ?
D. Juan, *viej*.	Fué invención suya engañosa,
	procurando que su padre
	no le casasse con otra.
Lucrecia.	Siendo assí, mi voluntad
	es la tuya, y soy dichosa. —
D. Sancho.	Llegad, ilustres mancebos,
	a vuestras alegres novias,
	que dichosas se confiessan
	y os aguardan amorosas.
D. García.	Agora de mis verdades
	darán provança las obras.

Vanse Don García *y* Don Juan *a* Jacinta.

D. Juan, *gal*.	¿ Adónde vays, don García ?
	Veys allí a Lucrecia hermosa.
D. García.	¿ Cómo Lucrècia ?
D. Beltrán.	¿ Qué es esto ?
D. García (*a* Jacinta).	
	Vos sois mi dueño, señora.
D. Beltrán.	¿ Otra tenemos ?
D. García.	Si el nombre
	erré, no erré la persona.
	Vos soys a quien yo he pedido,
	y vos la que el alma adora.
Lucrecia.	Y este papel engañoso

(*Saca un papel.*)

	que es de vuestra mano propria,
	¿ lo que dezís no desdize ?
D. Beltrán.	¡ Que en tal afrenta me pongas!
D. Juan, *gal*.	Dadme, Jacinta, la mano,
	y daréys fin a estas cosas.
D. Sancho.	Dale la mano a don Juan.
Jacinta (*a* Don Juan, *galán*).	
	Vuestra soy.
D. García.	Perdí mi gloria.

3057 albricias: reward *3074 provança = probanza:* proof *3079 Otra:* mentira understood

D. Beltrán.	¡ Vive Dios, si no recibes
	a Lucrecia por esposa,
	que te he de quitar la vida!
D. Juan, *viej*.	La mano os he dado agora
	por Lucrecia, y me la distes; 3095
	si vuestra inconstancia loca
	os ha mudado tan presto,
	yo lavaré mi deshonra
	con sangre de vuestras venas.
Tristán.	Tú tienes la culpa toda; 3100
	que si al principio dixeras
	la verdad, esta es la hora
	que de Jacinta gozavas.
	Ya no ay remedio, perdona,
	y da la mano a Lucrecia, 3105
	que también es buena moça.
D. García.	La mano doy, pues es fuerça.
Tristán.	Y aquí verás quán dañosa
	es la mentira; y verá
	el Senado que, en la boca 3110
	del que mentir acostumbra,
	es *La verdad sospechosa*.

Fin de la Comedia «La Verdad Sospechosa»

3106 bueno moça: a good-looking girl; *moça = moza* 3110 *el Senado:* the audience

RUIZ DE ALARCÓN BIBLIOGRAPHY

I. Works

Obras completas. (Biblioteca de Autores Españoles, Vol. XX.)
Obras completas de Juan Ruiz de Alarcón, edited by Agustín Millares Carlo, 3 vols., Mexico-Buenos Aires, 1957–1959.
Teatro, Edited by Alfonso Reyes (Clásicos Castellanos), Madrid, 1918.

II. General Studies

ABREU GÓMEZ, ERMILO: "Los graciosos en el teatro de Ruiz de Alarcón," *Investigaciones Lingüísticas* (Mexico) III (1935), pp. 189–201.

CASTRO CALVO, JOSÉ MARÍA: "El resentimiento de la moral en el teatro de Juan Ruiz de Alarcón," *Revista de Filología Española,* XXVI (1942), pp. 282–297.

CASTRO LEAL, ANTONIO: *Juan Ruiz de Alarcón: Su vida y su obra,* Mexico City, 1943.

——: *Juan Ruiz de Alarcón y la moral,* Mexico City, 1947.

EBERSOLE, ALVA V.: *El ambiente español visto por Juan Ruiz de Alarcón,* Valencia, 1959.

HENRÍQUEZ UREÑA, P.: *Don Juan Ruiz de Alarcón,* Havana, 1915.

JIMÉNEZ RUEDA, JULIO: *Juan Ruiz de Alarcón y su tiempo,* Mexico City, 1939.

PÉREZ, E.: "Influencia de Plauto en el teatro de Ruiz de Alarcón," *Hispania,* XI (1928), pp. 131–149.

REYES, ALFONSO: "Ruiz de Alarcón y el teatro francés," *Cuadernos del Congreso por la Libertad de la Cultura* (Paris), No. 14 (September–October, 1955), pp. 8–13.

III. La verdad sospechosa

BROOKS, J.: "*La verdad sospechosa:* The Sources and Purposes," *Hispania,* XV (1932), pp. 243–252.

RILEY, E. C.: "Alarcón's *Mentiroso* in the Light of the Contemporary Theory of Character," *Hispanic Studies in Honor of I. González Llubera,* Oxford, 1959, pp. 287–297.

SPINELLI, VINCENZO: "Los tres mentirosos—Los personajes de Alarcón, Corneille y Goldoni," *Clavileño,* IV, No. 24 (November–December, 1953), pp. 1–8.

Don Pedro Calderón de la Barca

CALDERÓN

Pedro Calderón de la Barca (1600–1681) is the last of the great masters of the *Siglo de Oro* drama. He was educated in Madrid by the Jesuits and also studied at Alcalá and Salamanca. In 1640 he saw military service in the campaign against the uprising in Catalonia. After the death of Lope de Vega in 1635, Calderón was appointed dramatist at the court of Philip IV, who honored him with titles of nobility and knighthood in the Order of Santiago. Calderón was ordained a priest in 1651 and was made the King's honorary chaplain in Madrid. After entering the priesthood, he wrote exclusively for the King and the court, except for the two *autos sacramentales* he composed each year for the city of Madrid. Shortly before he died, he requested that his body be taken in an open coffin for burial—a reminder of the vanity of worldly existence.

Calderón initiates, inspires, and defines the second cycle of the dramatic literature of the *Siglo de Oro*. He continues the practices established by his predecessors, even to the point of reusing their plots, and maintains the basic characteristics of the national theater. He raises them, however, to greater heights by the power of his superior culture and the brilliance of his poetic genius. He was a man very much of his century, intensely Spanish and deeply religious. He contemplates life, not from the popular viewpoint of Lope de Vega but from the high level upon which his culture and his privileged social position place him. He is an intellectual to his roots and—unlike Lope, the facile improviser—constructs his works with almost mathematical precision, sometimes at the expense of naturalness. He creates seemingly insurmountable difficulties for the sake of overcoming them, and employs logical arguments even in matters of love.

His vision is almost always grand, his conceptions sublime. A true representative of the Counterreformation, he is fundamentally concerned with moral and religious philosophy. It is characteristic of him to subordinate the themes of his plays to these preoccupations. His motto is "*Por mi Dios, por mi Rey y por mi Dama*," which is translated into dramatic elements whose essence is derived from the three cardinal principles of his theology: "*Religión, Monarquía, Honor*." They were the same principles that permeated Lope's works. However, like the form of the *Siglo de Oro* drama, they were brought to a culminating point by Calderón. What followed was the decay of the genre.

The Baroque elements in Calderón are pronounced. His style abounds in the syntactical transformations and startlingly unusual metaphors characteristic of Gongorism. The distortion, movement, exuberance, decorative elements, and declamatory tendencies of the Baroque are all to be found in his works. So too are the Baroque disillusionment and the Christianizing tendency of the age.

Of Calderón's hundred-odd *comedias*, *La vida es sueño* and *El alcalde de Zalamea* are the most often printed, usually together, and are generally regarded as his greatest achievements. His *autos sacramentales*, of which the two best known are *El gran teatro del mundo* and *La cena del rey Baltasar*, are unsurpassed.

Calderón's reputation has had its ups and downs. In his own time his triumphs were great. In the eighteenth century he was regarded as the corruptor of the Spanish drama, and performance of his *autos* was banned. It was the Romantics who apotheosized him as they did Shakespeare. Wilhelm Schlegel declared that in plays like *La vida es sueño* Calderón had solved the enigma of the universe. Goethe saw in him the great genius of the theater. Following a period in which he was somewhat overshadowed by the critical enthusiasm for Lope, he has been justly restored to his former glory with the reappraisal of the Baroque during the past few decades.

La vida es sueño, classified among Calderón's moral or philosophical plays, is undoubtedly the most universally celebrated of all Spanish dramas. It is based upon the idea of the dream as a symbol of the illusoriness of worldly things, a concept of great antiquity. It is found in many sources, among them the life of Buddha, the story of Barlaam and Josaphat, Job, Isaiah, and the sermons of Calderón's own day.

The work can be viewed from various standpoints—a testimony to its richness and profundity. The problem of free will (*albedrío*) versus predestination is, of course, central. The play is at the same time, as Leopoldo Eulogio Palacios has demonstrated, a dramatized form of treatise on the education of a prince. It is also possible to interpret it in terms of the age-old conflict between father and son. Perhaps its most interesting theme of all is that of the struggle between reason and instinct or the will.

At the opening of the play, Segismundo, "*un hombre de las fieras/y una fiera de los hombres,*" is clearly identified with the animal or appetitive soul. As the play progresses, his will, residing in that soul, takes on monstrous proportions. He would be "*contra vosotros gigante.*" He is all arrogance, desire for revenge, and lust for power. As his purgatorial transformation gradually takes place, however—through his awakening from his "dream" and through the working of the love Rosaura awakens in him—his will, his ego, abates and he becomes a fit human being and prince. He has learned prudence and temperance. By the end of the third act, his rational soul, that soul which raises men above beasts, has taken over from his animal soul. He has attained the victory over self of the Stoics. By freeing himself from the shackles of brute instinct he has asserted the free will of the human being and given the lie to predestination.

The unity of the play is one of its triumphs. Not only are the main plot (Segismundo's story) and the secondary one (Rosaura's) related—the two characters are instrumental in each other's victory—but all themes run together. The triumph of Segismundo's free will is accompanied by the triumph of reason over the passions, the fashioning of a virtuous prince, and the resolution of Segismundo's conflict with his father. These, in turn, bring with them the restoration of peace and harmony to the divided kingdom.

The Baroque aspects of Calderón's works noted above find abundant expression in this play. Others worth noting in it are its chiaroscuro effects of light and darkness, Segismundo's Cyclopean characteristics, and the mournful quality of the tower and its environs.

METRICAL SCHEME OF «LA VIDA ES SUEÑO»

Act I

Silvas pareadas	xX	1–102
Décimas	abbaaccddc	103–272
Romance (a-e)		273–474
Quintillas	abbab & ababa	475–599
Romance (i-o)		600–985

Act II

Romance (e-a)		986–1223
Redondillas	abba	1224–1547
Silvas pareadas	xX	1548–1723
Romance (e-e)		1724–2017
Décimas	abbaaccddc	2018–2187

Act III

Romance (e-o)		2188–2427
Octavas reales	abababcc	2428–2491
Redondillas	abba	2492–2655
Silvas pareadas	xX	2656–2689
Romance (o-a)		2690–3011
Redondillas	abba	3012–3093
Romance (a-a)		3094–3315

LA VIDA ES SUEÑO

PERSONAS

Basilio, *rey de Polonia.*
Segismundo, *príncipe.*
Astolfo, *duque de Moscovia.*
Clotaldo, *viejo.*
Clarín, *gracioso.*
Estrella, *infanta.*
Rosaura, *dama.*

Soldados, Guardas, Músicos, Acompañamiento, Damas, Criados.

La escena es en la corte de Polonia, en una fortaleza poco distante, y en el campo.

Época: actual (siglo XVII).

JORNADA PRIMERA

A un lado monte fragoso, y al otro una torre cuya planta baja sirve de prisión a Segismundo. La puerta que da frente al espectador está entreabierta. La acción principia al anochecer.

ESCENA PRIMERA

Rosaura, Clarín.

Rosaura, *vestida de hombre, aparece en lo alto de las peñas, y baja a lo llano; tras ella viene* Clarín.

Rosaura.
   Hipogrifo violento
que corriste parejas con el viento,
 ¿dónde, rayo sin llama,
pájaro sin matiz, pez sin escama,
 y bruto sin instinto   5
natural, al confuso laberinto
 destas desnudas peñas
te desbocas, arrastras y despeñas?
 Quédate en este monte,
donde tienen los brutos su Faetonte: 10

---

1 *Hipogrifo:* The hippogriff was a mythical creature having the body of a horse, the wings and head of an eagle, and the forelegs of a lion. In modern Spanish the stress is on the second syllable.
2 *parejas:* neck to neck 10 *Faetonte:* Phaeton is reputed to have driven the sun chariot, lost control, and nearly burned up the earth. The comparison here is with the headlong dash.

que yo, sin más camino
que el que me dan las leyes del destino,
ciega y desesperada
bajaré la aspereza enmarañada
deste monte eminente 15
que arruga al sol el ceño de su frente.
Mal, Polonia, recibes
a un extranjero; pues con sangre escribes
su entrada en tus arenas;
y apenas llega, cuando llega a penas. 20
Bien mi suerte lo dice:
¿mas dónde halló piedad un infelice?

CLARÍN. Di dos, y no me dejes
en la posada a mí cuando te quejes;
que si dos hemos sido 25
los que de nuestra patria hemos salido
a probar aventuras;
dos los que, entre desdichas y locuras,
aquí hemos llegado,
y dos los que del monte hemos rodado: 30
¿no es razón que yo sienta
meterme en el pesar, y no en la cuenta?

ROSAURA. No te quiero dar parte
en mis quejas, Clarín, por no quitarte
llorando tu desvelo, 35
el derecho que tienes tú al consuelo;
que tanto gusto había
en quejarse, un filósofo decía,
que, a trueque de quejarse,
habrían las desdichas de buscarse. 40

CLARÍN. El filósofo era
un borracho barbón: ¡oh! ¡quién le diera
más de mil bofetadas!
Quejárase después de muy bien dadas.
Mas, ¿qué haremos, señora, 45
a pie, solos, perdidos y a esta hora
en un desierto monte
cuando se parte el sol a otro horizonte?

ROSAURA. ¡Quién ha visto sucesos tan extraños!
Mas si la vista no padece engaños 50

---

16 *que ... frente:* which wrinkles the frown on the sun's brow; i.e., is tall enough to hide part of it 20 *y ... penas:* Note the play on words. 23–24 *no ... posada:* don't forget me, don't leave me behind 27 *probar:* to seek 31 *sienta:* lament 32 Note the play on the two meanings of *pesar:* sorrow and weigh. 42 *¡quién le diera:* would that someone had given him

| | que hace la fantasía,
a la medrosa luz que aun tiene el día
me parece que veo
un edificio. | |
|-----------|---|----|
| CLARÍN. | O miente mi deseo,
o termino las señas. | 55 |
| ROSAURA. | Rústico nace entre desnudas peñas
un palacio tan breve
que al sol apenas a mirar se atreve.
Con tan rudo artificio
la arquitectura está de su edificio,
que parece, a las plantas
de tantas rocas y de peñas tantas
que al sol roban la lumbre,
peñasco que ha rodado de la cumbre. | 60 |
| CLARÍN. | Vámonos acercando;
que esto es mucho mirar, señora, cuando
es mejor que la gente
que habita en ella, generosamente
nos admita. | 65 |
| ROSAURA. | La puerta
(mejor diré, funesta boca) abierta
está, y desde su centro
nace la noche, pues la engendra dentro. | 70 |

Suenan dentro cadenas.

| CLARÍN. | ¡Qué es lo que escucho, cielo! | |
| ROSAURA. | Inmóvil bulto soy de fuego y hielo. | |
| CLARÍN. | ¿Cadenita hay que suena?
Mátenme, si no es galeote en pena:
bien mi temor lo dice. | 75 |

ESCENA II

SEGISMUNDO, *en la torre;* ROSAURA, CLARÍN.

| SEGIS. (*dentro*). | ¡Ay, mísero de mí! ¡Ay, infelice! | |
| ROSAURA. | ¡Qué triste voz escucho!
Con nuevas penas y tormentos lucho. | 80 |
CLARÍN.	Yo con nuevos temores . . .	
ROSAURA.	Clarín . . .	
CLARÍN.	Señora . . .	

---

55 *termino* = *determino*: I understand 56-64 *Rústico . . . cumbre:* The building is so small (*breve*) that it timidly hides in the darkness at the feet (*plantas*) of rocks so numerous that they shut out the sun's light, and make the building seem like a rock that rolled down from the top of them.

ROSAURA.   Huyamos los rigores
             desta encantada torre.
CLARÍN.   Yo aun no tengo
             ánimo para huir, cuando a eso vengo.
ROSAURA.   ¿ No es breve luz aquella   85
             caduca exhalación, pálida estrella
               que, en trémulos desmayos,
             pulsando ardores y latiendo rayos,
               hace más tenebrosa
             la obscura habitación con luz dudosa ?   90
               Sí, pues a sus reflejos
             puedo, determinar, aunque de lejos,
               una prisión obscura,
             que es de un vivo cadáver sepultura;
               y porque más me asombre,   95
             en el traje de fiera yace un hombre
               de cadenas cargado,
             y sólo de una luz acompañado.
               Pues que huir no podemos,
             desde aquí sus desdichas escuchemos: 100
             sepamos lo que dice.

Ábrense las hojas de la puerta, y descúbrese a SEGISMUNDO *con una cadena y vestido de pieles. Hay luz en la torre.*

SEGISMUNDO. ¡ Ay, mísero de mí! ¡ Ay, infelice!
               Apurar, cielos, pretendo,
             ya que me tratáis así
             ¿ qué delito cometí   105
             contra vosotros, naciendo ?
             Aunque si nací, ya entiendo
             qué delito he cometido:
             bastante causa ha tenido
             vuestra justicia y rigor,   110
             pues el delito mayor
             del hombre, es haber nacido.
               Sólo quisiera saber
             para apurar mis desvelos,
             (dejando a una parte, cielos,   115
             el delito de nacer),
             ¿ qué más os pude ofender
             para castigarme más ?
             ¿ No nacieron los demás ?
             Pues si los demás nacieron: 120
             ¿ qué privilegios tuvieron
             que yo no gocé jamás ?

---

94 *vivo cadáver:* Note the oxymoron (combination of contradictory terms or elements). There are numerous other examples in the play. 95 *porque más me asombre:* to my greater astonishment 111–112 *el . . . nacido:* reference to original sin

Nace el ave y con las galas
que le dan belleza suma,
apenas es flor de pluma 125
o ramillete con alas,
cuando las etéreas salas
corta con velocidad,
negándose a la piedad
del nido que deja en calma, 130
¡ y teniendo yo más alma,
tengo menos libertad!
　　Nace el bruto, y con la piel
que dibujan manchas bellas
apenas signo es de estrellas, 135
(gracias al docto pincel),
cuando atrevida y cruel
la humana necesidad
le enseña a tener crueldad,
monstruo de su laberinto: 140
¡ y yo, con mejor instinto,
tengo menos libertad!
　　Nace el pez, que no respira,
aborto de ovas y lamas,
y apenas, bajel de escamas, 145
sobre las ondas se mira,
cuando a todas partes gira,
midiendo la inmensidad
de tanta capacidad
como le da el centro frío: 150
¡ y yo, con más albedrío,
tengo menos libertad!
　　Nace el arroyo, culebra
que entre flores se desata,
y apenas, sierpe de plata, 155
entre las rosas se quiebra,
cuando músico celebra
de los cielos la piedad,
que le da la majestad
del campo abierto a su huída: 160
¡ y teniendo yo más vida
tengo menos libertad!
　　En llegando a esta pasión,
un volcán, un Etna hecho,

---

135 signo es de estrellas: i.e., its spots look like a constellation *136 docto pincel:* learned brush; i.e., God's or nature's creativity *140 monstruo:* reference to the devouring Minotaur of the Cretan Labyrinth *144 ovas = huevas:* spawn of fishes; *lamas:* slime, seaweed *150 el centro frío:* the deep *151 albedrío:* freedom of choice (free will) *152 libertad:* freedom of action *157 músico:* like a musician (with its babbling)

quisiera arrancar del pecho
pedazos del corazón.
¿Qué ley, justicia o razón,
negar a los hombres sabe
privilegio tan süave,
exención tan principal,
que Dios ha dado a un cristal,
a un pez, a un bruto y a un ave?

ROSAURA.   Temor y piedad en mí
sus razones han causado.

SEGISMUNDO. ¿Quién mis voces ha escuchado?
¿Es Clotaldo?

CLARÍN (*aparte a su ama*).   Di que sí.

ROSAURA.   No es sino un triste — ¡ay de mí! —
que en estas bóvedas frías
oyó tus melancolías.

SEGISMUNDO. Pues muerte aquí te daré,
por que no sepas que sé   (*Ásela.*)
que sabes flaquezas mías.
Sólo porque me has oído,
entre mis membrudos brazos
te tengo de hacer pedazos.

CLARÍN.   Yo soy sordo, y no he podido
escucharte.

ROSAURA.   Si has nacido
humano, baste el postrarme
a tus pies, para librarme.

SEGISMUNDO. Tu voz pudo enternecerme,
tu presencia suspenderme
y tu respeto turbarme.
¿Quién eres? que aunque yo aquí
tan poco del mundo sé,
que cuna y sepulcro fué
esta torre para mí;
y aunque desde que nací
— si esto es nacer, — sólo advierto
este rústico desierto
donde miserable vivo,
siendo un esqueleto vivo,
siendo un animado muerto;
y aunque nunca vi ni hablé,
sino a un hombre solamente

---

174 razones: remarks, words *179 melancolías:* distressing remarks *181 por que=para que* *185 tengo de = he de* *191 suspenderme:* astonish me *192 tu respeto:* respect for you; objective possessive *195 que:* for, because

que aquí mis desdichas siente, 205
por quien las noticias sé
de cielo y tierra; y aunque
aquí, por que más te asombres
y monstruo humano me nombres,
entre asombros y quimeras, 210
soy un hombre de las fieras,
y una fiera de los hombres.

    Y aunque en desdichas tan graves
la política he estudiado,
de los brutos enseñado, 215
advertido de las aves,
y de los astros süaves
los círculos he medido:
tú sólo, tú has suspendido
la pasión a mis enojos, 220
la suspensión a mis ojos,
la admiración a mi oído.

    Con cada vez que te veo
nueva admiración me das,
y cuando te miro más, 225
aun más mirarte deseo.
Ojos hidrópicos creo
que mis ojos deben ser;
pues cuando es muerte el beber
beben más, y de esta suerte, 230
viendo que el ver les da muerte
se están muriendo por ver.

    Pero, véate yo, y muera;
que no sé, rendido ya,
si el verte muerte me da, 235
el no verte qué me diera.
Fuera más que muerte fiera,
ira, rabia y dolor fuerte;
fuera vida; desta suerte
su rigor he ponderado, 240
pues dar vida a un desdichado
es dar a un dichoso muerte.

ROSAURA.   Con asombro de mirarte,
con admiración de oirte,
ni sé qué pueda decirte, 245
ni qué pueda preguntarte:

---

210 quimeras: chimeras *211–212* Note the antithesis. *219 suspendido:* produced *227 hidrópicos:* dropsical, i.e., with a thirst it is dangerous to quench *233 véate yo, y muera:* let me look at you and die *236 diera = daría 237 Fuera = Diera 244 admiración:* amazement

sólo diré que a esta parte
hoy el cielo me ha guiado
para haberme consolado,
si consuelo puede ser 250
del que es desdichado, ver
otro que es más desdichado.
    Cuentan de un sabio, que un día
tan pobre y mísero estaba,
que sólo se sustentaba 255
de unas yerbas que cogía.
¿Habrá otro — entre sí decía —
más pobre y triste que yo?
Y cuando el rostro volvió,
halló la respuesta, viendo 260
que iba otro sabio cogiendo
las hojas que él arrojó.
    Quejoso de la fortuna
yo en este mundo vivía,
y cuando entre mí decía: 265
¿habrá otra persona alguna
de suerte más importuna?;
piadoso me has respondido;
pues volviendo en mi sentido
hallo que las penas mías 270
para hacerlas tú alegrías
las hubieras recogido.
    Y por si acaso, mis penas
pueden en algo aliviarte,
óyelas atento, y toma 275
las que dellas me sobraren.
Yo soy ...

ESCENA III

CLOTALDO, *Soldados*, SEGISMUNDO, ROSAURA, CLARÍN.

CLOTALDO (*dentro*).   Guardas desta torre
que, dormidas o cobardes,
disteis paso a dos personas
que han quebrantado la cárcel ... 280
ROSAURA.   Nueva confusión padezco ...
SEGISMUNDO.   Este es Clotaldo, mi alcaide.
¿Aún no acaban mis desdichas?
CLOT. (*dentro*). Acudid, y vigilantes,
sin que puedan defenderse, 285

253-262 a frequently quoted passage   257 *¿Habrá:* Can there be   265 *entre mí:* to myself   269 *volviendo en mi sentido:* to return to my own situation   282 *alcaide:* jailer

o prendedles, o matadles.
Voces (den.). ¡Traición!
Clarín. Guardas desta torre,
que entrar aquí nos dejasteis,
pues que nos dais a escoger.
el prendernos es más fácil. 290

Salen Clotaldo *y los Soldados; él con una pistola, y todos con los rostros cubiertos.*

Clotaldo (*aparte, a los Soldados al salir*).
Todos os cubrid los rostros;
que es diligencia importante,
mientras estemos aquí,
que no nos conozca nadie.
Clarín. ¿Enmascaraditos hay? 295
Clotaldo. Oh, vosotros, que, ignorantes,
de aqueste vedado sitio
coto y término pasasteis,
contra el decreto del rey
que manda que no ose nadie 300
examinar el prodigio
que entre estos peñascos yace:
rendid las armas y vidas,
o aquesta pistola, áspid
de metal, escupirá 305
el veneno penetrante
de dos balas, cuyo fuego
será escándalo del aire.
Segismundo. Primero, tirano dueño,
que los ofendas ni agravies, 310
será mi vida despojo
destos lazos miserables,
pues en ellos, ¡vive Dios!
tengo que despedazarme
con las manos, con los dientes, 315
entre aquestas peñas, antes
que su desdicha consienta
y que llore sus ultrajes.
Clotaldo. Si sabes que tus desdichas,
Segismundo, son tan grandes, 320
que antes de nacer moriste
por ley del cielo; si sabes
que aquestas prisiones son

---

286 prendedles = prendedlos 291 os cubrid = cubríos 298 coto: boundary 301 prodigio: monster 309–310 Primero . . . que: Rather (Sooner) . . . than 318 sus ultrajes: outrages against them

	de tus furias arrogantes	
	un freno que las detenga,	325
	y una rienda que las pare;	
	¿ por qué blasonas? La puerta	
	A los Soldados.	
	cerrad de esa estrecha cárcel;	
	escondedle en ella.	
Segismundo.	¡ Ah, cielos!	
	¡ Qué bien hacéis en quitarme	330
	la libertad!, porque fuera	
	contra vosotros gigante	
	que, para quebrar al sol,	
	esos vidrios y cristales,	
	sobre cimientos de piedra	335
	pusiera montes de jaspe.	
Clotaldo.	Quizá, porque no los pongas	
	hoy padeces tantos males.	

Llévanse algunos Soldados a Segismundo, *y enciérranle en su prisión.*

ESCENA IV

Rosaura, Clotaldo, Clarín.

Rosaura.	Ya que vi que la soberbia	
	te ofendió tanto, ignorante	340
	fuera en no pedirte humilde	
	vida que a tus plantas yace.	
	Muévate en mí la piedad;	
	pues será rigor notable	
	que no hallen favor en ti	345
	ni soberbias ni humildades.	
Clarín.	Y si humildad ni soberbia	
	no te obligan, personajes	
	que han movido y removido	
	mil autos sacramentales:	350
	yo, ni humilde ni soberbio,	
	sino entre las dos mitades	
	entreverado, te pido	
	que nos remedies y ampares.	
Clotaldo.	¡ Hola!	
Soldados.	Señor . . .	
Clotaldo.	A los dos	355
	quitad las armas, y atadles	
	los ojos, por que no vean	

331-336 reference to the Titans, who tried to scale the heavens by piling mountain on mountain; *Fuera* ⇌ *Sería; pusiera* = *pondría 343 en mí:* in my behalf *346 soberbias humildades:* In *autos sacramentales* these are allegorical characters. *353 entreverado:* intermixed

|||||||||cómo ni de dónde salen.
ROSAURA. Mi espada es ésta, que a ti
solamente ha de entregarse,
porque, al fin, de todos eres
el principal; no sabe
rendirse a menos valor.
CLARÍN. La mía es tal que puede darse
al más ruin: tomadla vos. (*A un Soldado.*)
ROSAURA. Y si he de morir, dejarte
quiero, en fe desta piedad,
prenda que pudo estimarse
por el dueño, que algún día
se la ciñó; que la guardes
te encargo, porque aunque yo
no sé qué secreto alcance,
sé que esta dorada espada
encierra misterios grandes,
pues sólo fiado en ella
vengo a Polonia a vengarme
de un agravio.
CLOTALDO (*aparte*). ¡Santos cielos!
¡Qué es esto! Ya son más graves
mis penas y confusiones,
mis ansias y mis pesares.
¿Quién te la dió?
ROSAURA. Una mujer.
CLOTALDO. ¿Cómo se llama?
ROSAURA. Que calle
su nombre es fuerza.
CLOTALDO. ¿De qué
infieres ahora, o sabes
que hay secreto en esta espada?
ROSAURA. Quien me la dió, dijo: « Parte
a Polonia, y solicita
con ingenio, estudio o arte
que te vean esa espada
los nobles y principales,
que yo sé que alguno de ellos
te favorezca y ampare; »
que, por si acaso era muerto,
no quiso entonces nombrarle.
CLOT. (*aparte*). ¡Válgame el cielo, qué escucho!
Aún no sé determinarme
si tales sucesos son

---

369 *algún día:* once   372 *alcance:* it may contain   383 *es fuerza:* it is necessary   389 *te vean:* see you with   390 *principales:* persons of distinction

ilusiones o verdades.
Esta es la espada que yo
dejé a la hermosa Violante; 400
por señas que el que ceñida
la trajera, había de hallarme
amoroso como hijo
y piadoso como padre.
¿ Pues qué he de hacer (¡ ay de mí!) 405
en confusión semejante,
si quien la trae por favor,
para su muerte la trae,
pues que, sentenciado a muerte
llega a mis pies ? ¡ Qué notable 410
confusión ! ¡ Qué triste hado !
¡ Qué suerte tan inconstante !
Este es mi hijo, y las señas
dicen bien con las señales
del corazón, que por verle 415
llama al pecho, y él bate
las alas, y no pudiendo
romper los candados, hace
lo que aquél que está encerrado
y oyendo ruido en la calle 420
se asoma por la ventana;
él así, como no sabe
lo que pasa, y oye el ruido,
va a los ojos a asomarse,
que son ventanas del pecho 425
por donde en lágrimas sale.
¿ Qué he de hacer ? ¡ Valedme, cielos !
¿ Qué he de hacer ? Porque llevarle
al rey, es llevarle ¡ ay triste !
a morir. Pues ocultarle 430
al rey, no puedo, conforme
a la ley del homenaje.
De una parte el amor propio,
y la lealtad de otra parte,
me rinden. Pero, ¿ qué dudo ? 435
La lealtad del rey ¿ no es antes
que la vida y el honor ?
Pues ella viva y él falte.

---

407 *por favor*: for help 413 *hijo*: Rosaura is disguised as a man. 414 *dicen bien*: harmonize, agree with 415–417 *del ... alas*: auricles of the heart 422 *él*: refers to *corazón* 425 *pecho*: heart 438 *ella* = *la lealtad*; *él* = *amor propio*: self-esteem

Fuera de que, si ahora atiendo
a que dijo que a vengarse
viene de un agravio, hombre
que está agraviado, es infame.
No es mi hijo, no es mi hijo;
no tiene mi noble sangre.
Pero si ya ha sucedido
un peligro, de quien nadie
se libró, porque el honor
es de materia tan frágil
que con una acción se quiebra
o se mancha con un aire,
¿qué más puede hacer, qué más,
el que es noble, de su parte,
que a costa de tantos riesgos
haber venido a buscarle?
Mi hijo es, mi sangre tiene,
pues tiene valor tan grande;
y así entre una y otra duda,
el medio más importante
es irme al rey y decirle
que es mi hijo, y que le mate.
Quizá la misma piedad
de mi honor podrá obligarle;
y si le merezco vivo,
yo le ayudaré a vengarse
de su agravio; mas si el rey,
en sus rigores constante,
le da muerte, morirá
sin saber que soy su padre.
Venid conmigo, extranjeros.

A Rosaura *y* Clarín.

No temáis, no, de que os falte
compañía en las desdichas;
pues en duda semejante
de vivir o de morir,
no sé cuáles son más grandes.

Vanse.

---

439 Fuera de que: Except that *450 un aire:* i.e., the slightest thing *454 buscarle = buscarlo* (i.e., honor) *463 si le merezco vivo:* if I obtain the king's pardon for him

ESCENA V

Salón del palacio real en la corte.

Astolfo y Soldados que salen por un lado, y por el otro la Infanta Estrella y Damas. Música militar dentro, y salvas.

Astolfo.
Bien al ver los excelentes 475
rayos, que fueron cometas,
mezclan salvas diferentes
las cajas y las trompetas,
los pájaros y las fuentes;
siendo con música igual, 480
y con maravilla suma,
a tu vista celestial
unos, clarines de pluma,
y otras, aves de metal;
y así os saludan, señora, 485
como a su reina, las balas,
los pájaros como Aurora,
las trompetas como a Palas
y las flores como a Flora;
porque sois, burlando el día 490
que ya la noche destierra.
Aurora en el alegría,
Flora en paz, Palas en guerra,
y reina en el alma mía.

Estrella.
Si la voz se ha de medir 495
con las acciones humanas,
mal habéis hecho en decir
finezas tan cortesanas
donde os pueda desmentir
todo ese marcial trofeo 500
con quien ya atrevida lucho;
pues no dicen, según creo,
las lisonjas que os escucho
con los rigores que veo.
Y advertid que es baja acción, 505
que sólo a una fiera toca,
madre de engaño y traición,
el halagar con la boca
y matar con la intención.

Astolfo.
Muy mal informada estáis, 510
Estrella, pues que la fe
de mis finezas dudáis,

---

476 *rayos:* Estrella's eyes, whose beams are bright as comets 483–484 The birds (*unos*) are like feathered trumpets: the trumpets (*otras*) are like metal birds. Both nature and the military salute Estrella. 488 *Palas:* Pallas Athena in her warlike aspect 489 *Flora:* goddess of flowers

y os suplico que me oigáis
la causa, a ver si la sé.
　　Falleció Eustorgio tercero,
rey de Polonia, y quedó
Basilio por heredero,
y dos hijas, de quien yo
y vos nacimos. No quiero
　　cansar con lo que no tiene
lugar aquí. Clorilene,
vuestra madre y mi señora,
que en mejor imperio ahora
dosel de luceros tiene,
　　fué la mayor, de quien vos
sois hija; fué la segunda,
madre y tía de los dos,
la gallarda Recisunda,
que guarde mil años Dios.
　　Casó en Moscovia; de quien
nací yo. Volver ahora
al otro principio es bien.
Basilio, que ya, señora,
se rinde al común desdén
　　del tiempo, más inclinado
a los estudios, que dado
a mujeres, enviudó
sin hijos, y vos y yo
aspiramos a este Estado.
　　Vos alegáis que habéis sido
hija de hermana mayor;
yo, que varón he nacido,
y aunque de hermana menor,
os debo ser preferido.
　　Vuestra intención y la mía
a nuestro tío contamos;
él respondió que quería
componernos, y aplazamos
este puesto y este día.
　　Con esta intención salí
de Moscovia y de su tierra;
con esta llegué hasta aquí,
en vez de haceros yo guerra,
a que me la hagáis a mí.

---

518 quien = quienes 523–524 en ... tiene: in a better realm, (heaven) has a canopy of stars *527 madre ... dos:* our mother and aunt, i.e., my mother and your aunt *530 Moscovia:* Russia *534–535 se ... tiempo:* grows old *548 componernos:* reconcile us; *aplazamos:* we appointed *554 a ... mí:* for you to wage war against my heart

¡Oh! quiera Amor, sabio Dios, 555
que el vulgo, astrólogo cierto,
hoy lo sea con los dos,
y que pare este concierto
en que seáis reina vos,
　　pero reina en mi albedrío, 560
dándoos, para más honor,
su corona nuestro tío,
sus triunfos vuestro valor,
y su imperio el amor mío.

ESTRELLA.　A tan cortés bizarría, 565
menos mi pecho no muestra,
pues la imperial monarquía,
para sólo hacerla vuestra
me holgara que fuera mía;
　　aunque no esté satisfecho 570
mi amor de que sois ingrato
si en cuanto decís sospecho
que os desmiente ese retrato
que está pendiente del pecho.

ASTOLFO.　Satisfaceros intento 575
con él... Mas lugar no da
tanto sonoro instrumento　(*Tocan cajas.*)
que avisa que sale ya
el rey con su parlamento.

ESCENA VI

EL REY BASILIO, *acompañamiento*. ASTOLFO, ESTRELLA, *Damas, Soldados*.

ESTRELLA.　Sabio Tales...
ASTOLFO.　　　　　　　Docto Euclides... 580
ESTRELLA.　Que entre signos...
ASTOLFO.　　　　　　　Que entre estrellas...
ESTRELLA.　Hoy gobiernas...
ASTOLFO.　　　　　　　Hoy resides...
ESTRELLA.　Y sus caminos...
ASTOLFO.　　　　　　　Sus huellas...
ESTRELLA.　Describes...
ASTOLFO.　　　　　　　Tasas y mides...
ESTRELLA.　Deja que en humildes lazos... 585
ASTOLFO.　Deja que en tiernos abrazos...
ESTRELLA.　Hiedra de ese tronco sea.
ASTOLFO.　Rendido a tus pies me vea.

---

569 me holgara = me holgaría: I would be glad *576 lugar:* occasion, opportunity *580* Basilio is hailed as a Thales and a Euclid, i.e., philosopher and mathematician. *587 Hiedra... sea:* I be the ivy of that trunk; i.e., embrace you.

Basilio.

Sobrinos, dadme los brazos,
　　y creed, pues, que leales
a mi precepto amoroso
venís con afectos tales,
que a nadie deje quejoso
y los dos quedéis iguales;
　　y así cuando me confieso,
rendido al prolijo peso,
sólo os pido en la ocasión
silencio, que admiración
ha de pedirla el suceso.
　　Ya sabéis (estadme atentos,
amados sobrinos míos,
corte ilustre de Polonia,
vasallos, deudos y amigos):
ya sabéis que yo en el mundo,
por mi ciencia he merecido
el sobrenombre de docto;
pues, contra el tiempo y olvido,
los pinceles de Timantes,
los mármoles de Lisipo,
en el ámbito del orbe
me aclaman el gran Basilio.
Ya sabéis que son las ciencias
que más curso y más estimo,
matemáticas sutiles,
por quien al tiempo le quito,
por quien a la fama rompo
la jurisdicción y oficio
de enseñar más cada día;
pues cuando en mis tablas miro
presentes las novedades
de los venideros siglos;
le gano al tiempo las gracias
de contar lo que yo he dicho.
　　Esos círculos de nieve,
esos doseles de vidrio
que el sol ilumina a rayos,
que parte la luna a giros;
esos orbes de diamantes,
esos globos cristalinos,

---

596 rendido ... peso: overcome by the heavy burden　*608–609 Timantes* (Timanthes), *Lisipo* (Lysippus): fourth-century B.C. Greek painter and sculptor, respectively; generic here for "painters" and "sculptors"　*613 curso:* I study　*615–616 quien:* This pronoun, besides being invariable, could refer to things as well as to persons.　*624 círculos de nieve:* celestial orbits

que las estrellas adornan
y que campean los signos,
son el estudio mayor
de mis años, son los libros
donde en papel de diamante,
en cuadernos de zafiro,
escribe con líneas de oro,
en caracteres distintos,
el cielo nuestros sucesos,
ya adversos o ya benignos.
Éstos leo tan veloz,
que con mi espíritu sigo
sus rápidos movimientos
por rumbos y por caminos.
¡ Pluguiera al cielo, primero,
que mi ingenio hubiera sido
de sus márgenes comento
y de sus hojas registro!
Hubiera sido mi vida
el primero desperdicio
de sus iras, y que en ellas
mi tragedia hubiera sido,
porque de los infelices
aun el mérito es cuchillo;
¡ que a quien le daña el saber,
homicida es de sí mismo!
Dígalo yo, aunque mejor
lo dirán sucesos míos,
para cuya admiración
otra vez silencio pido.
En Clorilene, mi esposa,
tuve un infelice hijo,
en cuyo parto los cielos
se agotaron de prodigios.
Antes que a la luz hermosa
le diese el sepulcro vivo
de un vientre (porque el nacer
y el morir son parecidos),
su madre infinitas veces,
entre ideas y delirios
del sueño, vió que rompía
sus entrañas atrevido
un monstruo en forma de hombre,
y entre su sangre teñido,

630–631 que ... signos: which the stars adorn and the constellations graze *644 ¡ Pluguiera al cielo:* Would that it had pleased heaven *648 Hubiera ... vida:* Would that my life had been *656 Dígalo yo:* Take me as an example

le daba muerte, naciendo
víbora humana del siglo. 675
Llegó de su parto el día
y los presagios cumplidos
(porque tarde o nunca son
mentirosos los impíos).
Nació en horóscopo tal, 680
que el sol, en su sangre tinto,
entraba sañudamente
con la luna en desafío;
y siendo valla la tierra,
los dos faroles divinos 685
a luz entera luchaban,
ya que no a brazo partido.
El mayor, el más horrendo
eclipse que ha padecido
el sol, después que con sangre 690
lloró la muerte de Cristo,
éste fué; porque anegado
el orbe en incendios vivos,
presumió que padecía
el último paroxismo; 695
los cielos se obscurecieron,
temblaron los edificios,
llovieron piedras las nubes,
corrieron sangre los ríos.
En aqueste, pues, del sol 700
ya frenesí, ya delirio,
nació Segismundo, dando
de su condición indicios,
pues dió la muerte a su madre,
con cuya fiereza dijo: 705
Hombre soy, pues que ya empiezo
a pagar mal beneficios.
Yo, acudiendo a mis estudios,
en ellos y en todo miro
que Segismundo sería 710
el hombre más atrevido,
el príncipe más cruel
y el monarca más impío,
por quien su reino vendría
a ser parcial, y diviso, 715

---

675 víbora: reference to the reputation the viper has of being devoured by its offspring *679 los impíos:* the unfavorable omens *684 valla:* battlefield *687 a brazo partido:* hand to hand *700 aqueste* = *este* *715 parcial:* dismembered

escuela de las traiciones
y academia de los vicios;
y él, de su furor llevado,
entre asombros y delitos,
había de poner en mí 720
las plantas, y yo rendido
a sus pies me había de ver:
—(¡con qué vergüenza lo digo!)
siendo alfombra de sus plantas
las canas del rostro mío. 725
¿Quién no da crédito al daño,
y más al daño que ha visto
en su estudio, donde hace
el amor propio su oficio?
Pues dando crédito yo 730
a los hados que adivinos
me pronosticaban daños
en fatales vaticinios,
determiné de encerrar
la fiera que había nacido, 735
por ver si el sabio tenía
en las estrellas dominio.
Publicóse que el infante
nació muerto y, prevenido,
hice labrar una torre 740
entre las peñas y riscos
de esos montes, donde apenas
la luz ha hallado camino,
por defenderle la entrada,
sus rústicos obeliscos, 745
las graves penas y leyes,
que con públicos edictos
declararon que ninguno
entrase a un vedado sitio
del monte, se ocasionaron 750
de las causas que os he dicho.
Allí Segismundo vive,
mísero, pobre y cautivo,
adonde sólo Clotaldo
le ha hablado, tratado y visto. 755
Este le ha enseñado ciencias;
éste en la ley le ha instruído
católica, siendo sólo

---

738 *infante*: king's son 744-745 *por ... obeliscos*: because their rustic obelisks block the entrance to it 755 *le*: Direct object with all three verbs; *ha hablado* should therefore be translated "greeted."

de sus miserias testigo.
Aquí hay tres cosas: la una, — 760
que yo, Polonia, os estimo
tanto, que os quiero librar
de la opresión y servicio
de un rey tirano, porque
no fuera, señor benigno 765
el que a su patria y su imperio
dejara en tanto peligro.
La otra es considerar
que si a mi sangre le quito
el derecho que le dieron, 770
humano fuero y divino,
no es cristiana caridad,
pues ninguna ley ha dicho
que por preservar yo a otro
de tirano y de atrevido, 775
pueda yo serlo, supuesto
que si es tirano mi hijo,
por que él delitos no haga,
venga yo a hacer los delitos.
Es la última y tercera 780
el ver cuánto yerro ha sido
dar crédito fácilmente
a los sucesos previstos;
pues aunque su inclinación
le dicte sus precipicios, 785
quizá no le vencerán:
porque el hado más esquivo,
la inclinación más violenta,
el planeta más impío,
sólo el albedrío inclinan, 790
no fuerzan el albedrío.
Y así, entre una y otra causa,
vacilante y discursivo,
previne un remedio tal
que os suspenda los sentidos. 795
Yo he de ponerle mañana,
sin que él sepa que es mi hijo
y rey vuestro, a Segismundo
(que aquéste su nombre ha sido)
en mi dosel, en mi silla, 800
y, en fin, en el lugar mío,
donde os gobierne y os mande

---

761 *Polonia:* Court of Poland 774-775 *por ... tirano:* to keep another from being a tyrant 785 *precipicios:* rash acts 792 *causa:* argument

y donde todos rendidos
la obediencia le juréis;
pues con aquesto consigo
tres cosas, con que respondo
a las otras tres que he dicho.
Es la primera, que siendo
prudente, cuerdo y benigno,
desmintiendo en todo el hado
que dél tantas cosas dijo,
gozaréis del natural
príncipe vuestro, que ha sido
cortesano de unos montes
y de sus fieras vecino.
Es la segunda, que si él,
soberbio, osado, atrevido
y crüel, con rienda suelta
corre el campo de sus vicios,
habré yo piadoso entonces
con mi obligación cumplido;
y luego en desposeerle
haré como rey invicto,
siendo el volverle a la cárcel
no crueldad, sino castigo.
Es la tercera, que siendo
el príncipe como os digo,
por lo que os amo, vasallos,
os daré reyes más dignos
de la corona y el cetro;
pues serán mis dos sobrinos,
que junto en uno el derecho
de los dos, y convenido
con la fe del matrimonio,
tendrán lo que han merecido.
Esto como rey os mando,
esto como padre os pido,
esto como sabio os ruego,
esto como anciano os digo;
y si el Séneca español,
que era humilde esclavo, dijo,
de su república, un rey,
como esclavo os lo suplico.

ASTOLFO.   Si a mí el responder me toca
como el que en efecto ha sido

---

808 siendo: if he is *819 corre al campo de:* gives free rein to *824 volverle* = *devolverle 840 Séneca:* The Latin philosopher was a Spaniard. *841–842* Read: *dijo que un rey era humilde esclavo de su república*

| | aquí el más interesado,
en nombre de todos digo
que Segismundo parezca,
pues le basta ser tu hijo. | |
|---|---|---|
| Todos. | Danos al príncipe nuestro | 850 |
| | que ya por rey le pedimos. | |
| Basilio. | Vasallos, esa fineza
os agradezco y estimo.
Acompañad a sus cuartos
a los dos atlantes míos,
que mañana le veréis. | 855 |
| Todos. | ¡Viva el grande rey Basilio! | |

Éntranse todos, acompañando a Estrella *y a* Astolfo; *quédase el rey.*

ESCENA VII

Clotaldo, Rosaura, Clarín y Basilio.

Clotaldo.	¿Podréte hablar? (*Al rey.*)	
Basilio.	¡Oh, Clotaldo!	
	Tú seas muy bien venido.	
Clotaldo.	Aunque viniendo a tus plantas	860
	era fuerza haberlo sido,
esta vez, rompe, señor,
el hado triste y esquivo
el privilegio a la ley
y a la costumbre el estilo.	865
Basilio.	¿Qué tienes?	
Clotaldo.	Una desdicha,
señor, que me ha sucedido,
cuando pudiera tenerla
por el mayor regocijo.	
Basilio.	Prosigue...	
Clotaldo.	Este bello joven,	870
	osado o inadvertido,
entró en la torre, señor,
adonde al príncipe ha visto.
Y es...	
Basilio.	No os aflijáis, Clotaldo.	
	Si otro día hubiera sido,	875
	confieso que lo sintiera;
pero ya el secreto he dicho,
y no importa que él lo sepa,	

---

855 atlantes: pillars, mainstays *860-861* Trans.: Although, coming to you, I ought to be welcome
862 rompe: el hado is the subject and *el privilegio* the object

supuesto que yo lo digo.
Vedme después, porque tengo 880
muchas cosas que advertiros,
y muchas que hagáis por mí;
que habéis de ser, os aviso,
instrumento del mayor
suceso que el mundo ha visto. 885
Y a esos presos, porque al fin
no presumáis que castigo
descuidos vuestros, perdono.

Vase.

CLOTALDO. ¡Vivas, gran señor, mil siglos!

ESCENA VIII

CLOTALDO, ROSAURA, CLARÍN.

CLOT. (*aparte*). (Mejoró el cielo la suerte. 890
Ya no diré que es mi hijo,
pues que lo puedo excusar.)
Extranjeros peregrinos,
libres estáis.
ROSAURA.   Tus pies beso
mil veces.
CLARÍN.   Y yo los viso. 895
Que una letra más o menos
no reparan dos amigos.
ROSAURA. La vida, señor, me has dado;
y pues a tu cuenta vivo.
Eternamente seré 900
esclavo tuyo.
CLOTALDO.   No ha sido
vida la que yo te he dado,
porque un hombre bien nacido,
si está agraviado no vive;
y supuesto que has venido 905
a vengarte de un agravio,
según tú propio me has dicho,
no te he dado vida yo,
porque tú no la has traído;
que vida infame no es vida. (*Aparte.*) 910
(Bien con aquesto le animo.)
ROSAURA. Confieso que no la tengo

---

879 supuesto que = puesto que: since *892 excusar:* avoid *894–895* Note the pun on *beso* and *viso* (I endorse) *899 a tu cuenta:* because of you

| | aunque de ti la recibo;
pero yo con la venganza
dejaré mi honor tan limpio,
que pueda mi vida luego,
atropellando peligros,
parecer dádiva tuya. | 915 |
| CLOTALDO. | Toma el acero bruñido
que trajiste; que yo sé
que él baste, en sangre teñido
de tu enemigo, a vengarte;
porque acero que fué mío
(digo este instante, este rato
que en mi poder le he tenido),
sabrá vengarte. | 920

925 |
| ROSAURA. | En tu nombre,
segunda vez me le ciño,
y en él juro mi venganza
aunque fuese mi enemigo
más poderoso. | |
| CLOTALDO. | ¿ Eslo mucho ? | 930 |
| ROSAURA. | Tanto, que no te lo digo.
No porque de tu prudencia
mayores cosas no fío,
sino porque no se vuelva
contra mí el favor que admiro
en tu piedad. | 935 |
| CLOTALDO. | Antes fuera
ganarme a mí con decirlo;
pues fuera cerrarme el paso
de ayudar a tu enemigo.   (*Aparte.*)
(¡ Oh, si supiera quién es !) | 940 |
| ROSAURA. | Porque no pienses que estimo
en poco esa confianza,
sabe que el contrario ha sido
no menos que Astolfo, duque
de Moscovia. | |
| CLOTALDO (*aparte*). | Mal resisto
el dolor, porque es más grave
que fué imaginado, visto.
Apuremos más el caso.
Si moscovita has nacido,
el que es natural señor
mal agraviarte ha podido:
Vuélvete a tu patria, pues, | 945

950 |

---

924 digo: I mean *930 ¿ Eslo = ¿ Lo es;* (*muy poderoso* understood) *936 Antes fuera:* Rather would it be *947* Read: *es más grave visto que imaginado*

	y deja el ardiente brío	
	que te despeña.	
ROSAURA.	Yo sé	
	que, aunque mi príncipe ha sido,	955
	pudo agraviarme.	
CLOTALDO.	No pudo,	
	aunque pusiera atrevido	
	la mano en tu rostro.	
ROSAURA.	¡ Ay, cielos !	
	Mayor fué el agravio mío.	
CLOTALDO.	Dilo ya, pues que no puedes	960
	decir más que yo imagino.	
ROSAURA.	Sí dijera ; mas no sé	
	con qué respeto te miro,	
	con qué afecto te venero,	
	con qué estimación te asisto,	965
	que no me atrevo a decirte	
	que es este exterior vestido	
	enigma, pues no es de quien	
	parece : juzga advertido,	
	si no soy lo que parezco,	970
	y Astolfo a casarse vino	
	con Estrella, si podrá	
	agraviarme. Harto he dicho.	

Vanse ROSAURA *y* CLARÍN.

CLOTALDO.	¡ Escucha, aguarda, detente !	
	¿ Qué confuso laberinto	975
	es éste, donde no puede	
	hallar la razón el hilo ?	
	Mi honor es el agraviado.	
	Poderoso el enemigo,	
	yo vasallo, ella mujer.	980
	Descubra el cielo camino ;	
	aunque no sé si podrá	
	cuando en tan confuso abismo	
	es todo el cielo un presagio	
	y es todo el mundo un prodigio.	985

---

954 que te despeña: which is driving you *962-965* Rosaura's response to Clotaldo seems based on the notion that blood will out. *969 advertido:* now that you know *975-977* allusion to the linen thread Ariadne gave Theseus to find his way back through the Cretan Labyrinth

JORNADA SEGUNDA

ESCENA PRIMERA

Basilio, Clotaldo.

CLOTALDO.   Todo, como lo mandaste,
queda efectuado.
BASILIO.   Cuenta,
Clotaldo, cómo pasó.
CLOTALDO.   Fué, señor, desta manera:
Con la apacible bebida,   990
que de confecciones llena
hacer mandaste, mezclando
la virtud de algunas yerbas
cuyo tirano poder
y cuya secreta fuerza   995
así el humano discurso
priva, roba y enajena,
que deja vivo cadáver
a un hombre a cuya violencia
adormecido, le quita   1000
los sentidos y potencias.
No tenemos que argüir,
que aquesto posible sea,
pues tantas veces, señor,
nos ha dicho la experiencia,   1005
y es cierto, que de secretos
naturales está llena
la medicina, y no hay
animal, planta ni piedra
que no tenga calidad   1010
determinada; y si llega
a examinar mil venenos
la humana malicia nuestra,
que den la muerte, ¿qué mucho
que, templada su violencia,   1015
pues hay venenos que matan,
haya venenos que aduerman?
Dejando aparte el dudar,
si es posible que suceda,

---

991 confecciones: concoctions   *996 discurso:* reasoning, intelligence, reflection   *1014 ¿qué mucho:* what wonder

pues que ya queda probado 1020
con razones y evidencias;
con la bebida, en efecto,
que el opio, la adormidera
y el beleño compusieron,
bajé a la cárcel estrecha 1025
de Segismundo; con él
hablé un rato de las letras
humanas que le ha enseñado
la muda naturaleza
de los montes y los cielos, 1030
en cuya divina escuela
la retórica aprendió
de las aves y las fieras.
Para levantarle más
el espíritu a la empresa 1035
que solicitas, tomé
por asunto la presteza
de un águila caudalosa,
que despreciando la esfera
del viento, pasaba a ser, 1040
en las regiones supremas
del fuego, rayo de pluma
o desasido cometa.
Encarecí el vuelo altivo,
diciendo: « Al fin eres reina 1045
de las aves, y así, a todas
es justo que las prefieras.»
Él no hubo menester más;
que en tocando esta materia
de la majestad, discurre 1050
con ambición y soberbia;
porque, en efecto, la sangre
le incita, mueve y alienta
a cosas grandes, y dijo:
« ¡ Que en la república inquieta 1055
de las aves también haya
quien les jure la obediencia!
En llegando a este discurso,
mis desdichas me consuelan;
pues por lo menos si estoy 1060
sujeto, lo estoy por fuerza;
porque voluntariamente

1039–1040 la esfera del viento: in the Ptolemaic astronomy, one of the four regions around the earth, that of air. Vv. 1041–1042 refer to the outermost region, that of fire. *1047 las prefieras:* be superior to them *1055 ¡ Que:* So *1057 obediencia:* allegiance

a otro hombre no me rindiera.»
Viéndole ya enfurecido
con esto, que ha sido el tema
de su dolor, le brindé
con la pócima, y apenas
pasó desde el vaso al pecho
el licor, cuando las fuerzas
rindió al suelo, discurriendo
por los miembros y las venas
un sudor frío, de modo,
que a no saber yo que era
muerte fingida, dudara
de su vida. En esto llegan
las gentes de quien tú fías
el valor de esta experiencia,
y poniéndole en un coche
hasta su cuarto le llevan,
donde prevenida estaba
la majestad y grandeza
que es digna de su persona.
Allí en tu cama le acuestan,
donde al tiempo que el letargo
haya perdido la fuerza,
como a ti mismo, señor,
le sirvan, que así lo ordenas.
Y si haberte obedecido
te obliga a que yo merezca
galardón, sólo te pido
(perdona mi inadvertencia)
que me digas ¿ qué es tu intento
trayendo desta manera
a Segismundo a palacio ?

BASILIO. Clotaldo, muy justa es esa
duda que tienes, y quiero
sólo a ti satisfacerla.
A Segismundo, mi hijo,
el influjo de su estrella
(bien lo sabes) amenaza
mil desdichas y tragedias;
quiero examinar si el cielo,
que no es posible que mienta,
y más habiéndome dado
de su rigor tantas muestras,

1071 miembros: does not mean "members" here, but "limbs" *1073 a no saber* = *si no supiera*
1075 En esto: At this moment *1077 el ... experiencia:* the success of this experiment *1090 galardón:* reward, prize *1102 examinar:* investigate; *cielo:* i.e., the stars

en su crüel condición,
o se mitiga, o se templa
por lo menos, y vencido,
con valor y con prudencia
se desdice; porque el hombre
predomina en las estrellas.
Esto quiero examinar,
trayéndole donde sepa
que es mi hijo, y donde haga
de su talento la prueba.
Si magnánimo la vence,
reinará; pero si muestra
el ser cruel y tirano,
le volveré a su cadena.
Ahora preguntarás,
que para aquesta experiencia,
¿qué importó haberle traído
dormido de esta manera?
Y quiero satisfacerte
dándote a todo respuesta.
Si él supiera que es mi hijo
hoy, y mañana se viera
segunda vez reducido
a su prisión y miseria,
cierto es de su condición
que desesperara en ella;
porque sabiendo quién es,
¿qué consuelo habrá que tenga?
Y así he querido dejar
abierta al daño la puerta
del decir que fué soñado
cuanto vió. Con esto llegan
a examinarse dos cosas:
Su condición, la primera;
pues él despierto procede
en cuanto imagina y piensa:
y el consuelo la segunda;
pues aunque ahora se vea
obedecido, y después
a sus prisiones se vuelva,
podrá entender que soñó,
y hará bien cuando lo entienda,
porque en el mundo, Clotaldo,
todos los que viven sueñan.

1106 condición: nature *1115 talento:* character, nature *1131 desesperara:* would attempt suicide; *ella:* reference to *su prisión 1147 cuando:* if

CLOTALDO.	Razones no me faltaran	1150
	para probar que no aciertas;	
	mas ya no tiene remedio;	
	y según dicen las señas,	
	parece que ha despertado	
	y hacia nosotros se acerca.	1155
BASILIO.	Yo me quiero retirar:	
	tú, como ayo suyo, llega,	
	y de tantas confusiones	
	como su discurso cercan,	
	le saca con la verdad.	1160
CLOTALDO.	¿En fin, que me das licencia	
	para que lo diga?	
BASILIO.	Sí.	
	Que podrá ser, con saberla,	
	que conocido el peligro	
	más fácilmente se venza.	1165

Vase.

ESCENA II

CLARÍN, CLOTALDO.

CLAR. (*ap.*).	A costa de cuatro palos,	
	que el llegar aquí me cuesta,	
	de un alabardero rubio	
	que barbó de su librea,	
	tengo que ver cuanto pasa;	1170
	que no hay ventana más cierta	
	que aquélla que, sin rogar	
	a un ministro de boletas	
	un hombre se trae consigo;	
	pues para todas las fiestas,	1175
	despojado y despejado,	
	se asoma a su desvergüenza.	
CLOT. (*aparte*).	Este es Clarín, el criado	
	de aquélla (¡ay cielos!), de aquélla	
	que tratante de desdichas,	1180
	pasó a Polonia mi afrenta.	

1158-1159 tantas... como = tantas... cuantas 1160 le saca = sácale 1168 alabardero: halberdier, royal guard *1169 barbó de su librea:* His beard grew out of the gold lace of his uniform, so blond was he *1171 ventana:* window-seat, equivalent to box seat *1173 ministro de boletas:* issuer of tickets or passes *1176 despojado y despejado:* broke but unconstrained. Note the play on words. *1180 tratante de:* dealer in *1181 pasó:* transferred

Clarín, ¿qué hay de nuevo?

CLARÍN. Hay,
señor, que tu gran clemencia,
dispuesta a vengar agravios
de Rosaura, la aconseja
que tome su propio traje.

CLOTALDO. Y es bien, porque no parezca
liviandad.

CLARÍN. Hay que mudando
su nombre, y tomando cuerda
nombre de sobrina tuya,
hoy tanto honor se acrecienta,
que dama en palacio ya
de la singular Estrella
vive.

CLOTALDO. Es bien que de una vez
tome su honor por mi cuenta.

CLARÍN. Hay que ella está esperando
que ocasión y tiempo venga
en que vuelvas por su honor.

CLOTALDO. Prevención segura es esa;
que al fin el tiempo ha de ser
quien haga esas diligencias.

CLARÍN. Hay que ella está regalada,
servida como una reina,
en fe de sobrina tuya.
Y hay que viniendo con ella,
estoy yo muriendo de hambre
y nadie de mí se acuerda,
sin mirar que soy Clarín,
y que si el tal Clarín suena,
podrá decir cuanto pasa
al rey, a Astolfo y a Estrella;
porque Clarín y criado
son dos cosas que se llevan
con el secreto muy mal;
y podrá ser, si me deja
el silencio de su mano,
se cante por mí esta letra:
Clarín que rompe el albor,
no suena mejor.

CLOTALDO. Tu queja está bien fundada;
yo satisfaré tu queja,

1189 cuerda: wisely *1193 Estrella:* star (fate) as well as proper name *1198 vuelvas por:* defend *1204 en fe de:* as a consequence of being *1208 Clarín:* Clarion, a kind of trumpet

y en tanto sírveme a mí.
CLARÍN.   Pues ya Segismundo llega.

ESCENA III

Músicos, cantando, y Criados dando de vestir a SEGISMUNDO, *que sale como asombrado.* CLOTALDO, CLARÍN.

SEGISMUNDO.   ¡ Válgame el cielo, qué veo !
¡ Válgame el cielo, qué miro !
Con poco espanto lo admiro,
con mucha duda lo creo.
        ¿ Yo en palacios suntuosos ?
¿ Yo entre telas y brocados ?
¿ Yo cercado de criados
tan lucidos y briosos ?
        ¿ Yo despertar de dormir
en lecho tan excelente ?
¿ Yo en medio de tanta gente
que me sirva de vestir ?
        Decir que sueño es engaño :
bien sé que despierto estoy.
¿ Yo Segismundo no soy ?
Dadme, cielos, desengaño.
        Decidme, ¿ qué pudo ser
esto que a mi fantasía
sucedió mientras dormía,
que aquí me he llegado a ver ?
        Pero sea lo que fuere,
¿ quién me mete en discurrir ?
Dejarme quiero servir,
y venga lo que viniere.
CRIADO 1.º (*aparte al Criado 2.º y a Clarín*).
        ¡ Qué melancólico está !
CRIADO 2.º   ¿ Pues a quién le sucediera
esto, que no lo estuviera ?
CLARÍN.   A mí.
CRIADO 2.º   Llega a hablarle ya.
CRIADO 1.º (*a* SEGISMUNDO).
        ¿ Volverán a cantar ?
SEGISMUNDO.   No,
no quiero que canten más.
CRIADO 2.º   Como tan suspenso estás,
quise divertirte.

1222 en tanto : in the meantime *1230 cercado de :* encircled by *1250 ¿ Pues ... estuviera ? :* Well, who would you expect not to be to whom such a thing had happened? *1252 ¿ Volverán a cantar ? :* Should they return to their singing? *1254 suspenso :* bewildered

Segismundo.   Yo   1255
              no tengo de divertir
              con sus voces mis pesares;
              las músicas militares
              sólo he gustado de oír.
Clotaldo.   Vuestra alteza, gran señor,   1260
              me dé su mano a besar,
              que el primero os ha de dar
              esta obediencia mi honor.
Segis. (ap.). Clotaldo es: ¿pues cómo así,
              quien en prisión me maltrata,   1265
              con tal respeto me trata?
              ¿Qué es lo que pasa por mí?
Clotaldo.   Con la grande confusión
              que el nuevo estado te da,
              mil dudas padecerá   1270
              el discurso y la razón;
                 pero ya librarte quiero
              de todas (si puede ser)
              porque has, señor, de saber
              que eres príncipe heredero   1275
                 de Polonia. Si has estado
              retirado y escondido,
              por obedecer ha sido
              a la inclemencia del hado,
                 que mil tragedias consiente   1280
              a este imperio, cuando en él
              el soberano laurel
              corone tu augusta frente.
                 Mas fiando a tu atención
              que vencerás las estrellas,   1285
              porque es posible vencellas
              un magnánimo varón,
                 a palacio te han traído
              de la torre en que vivías,
              mientras al sueño tenías   1290
              el espíritu rendido.
                 Tu padre, el rey, mi señor,
              vendrá a verte, y dél sabrás,
              Segismundo, lo demás.
Segismundo.   Pues, vil, infame, traidor.   1295
                 ¿qué tengo más que saber,
              después de saber quién soy
              para mostrar desde hoy

1263 mi honor: my rank *1267 ¿Qué ... mí?:* What's come over me? *1280 consiente:* permits
1284 fiando a tu atención: trusting to your goodness

	mi soberbia y mi poder ?
	¿ Cómo a tu patria le has hecho
	tal traición, que me ocultaste
	a mí, pues que me negaste,
	contra razón y derecho,
	este estado ?
Clotaldo.	¡ Ay de mí triste !
Segismundo.	Traidor fuiste con la ley,
	lisonjero con el rey,
	y cruel conmigo fuiste ;
	y así el rey, la ley y yo,
	entre desdichas tan fieras,
	te condenan a que mueras
	a mis manos.
Criado 2.º	Señor . . .
Segismundo.	No
	me estorbe nadie, que es vana
	diligencia : ¡ y vive Dios !
	si os ponéis delante vos,
	os echo por la ventana.
Criado 2.º	Huye, Clotaldo.
Clotaldo.	¡ Ay de ti,
	qué soberbia vas mostrando,
	sin saber que estás soñando !
	Vase.
Criado 2.º	Advierte . . .
Segismundo.	Aparta de aquí
Criado 2.º	que a su rey obedeció.
Segismundo.	En lo que no es justa ley
	no ha de obedecer al rey,
	y su príncipe era yo.
Criado 2.º	El no debió examinar
	si era bien hecho o mal hecho.
Segismundo.	Que estáis mal con vos sospecho,
	pues me dais que replicar.
Clarín.	Dice el príncipe muy bien,
	y vos hicísteis muy mal.
Criado 2.º	¿ Quién os dió licencia igual ?
Clarín.	Yo me la he tomado.
Segismundo.	¿ Quién
	eres tú, dí ?
Clarín.	Entremetido,
	y deste oficio soy jefe,

1304 estado: rank, position *1320 que a su rey obedeció:* continuation of *Advierte,* v. 1319 *1326 estáis mal con vos:* you are desperate *1327 me dais que replicar:* you pick an argument with me *1332 Entremetido:* Busybody, Meddler

	porque soy el mequetrefe	
	mayor que se ha conocido.	1335
Segismundo.	Tú solo en tan nuevos mundos	
	me has agradado.	
Clarín.	Señor,	
	soy un grande agradador	
	de todos los Segismundos.	

ESCENA IV

Astolfo, Segismundo, Clarín, *Criados y Músicos.*

Astolfo.	¡Feliz mil veces el día,	1340
	oh príncipe, que os mostráis,	
	sol de Polonia y llenáis	
	de resplandor y alegría	
	todos esos horizontes	
	con tan divino arrebol;	1345
	pues que salís como el sol	
	de los senos de los montes!	
	Salid, pues, y aunque tan tarde	
	se corona vuestra frente	
	del laurel resplandeciente,	1350
	tarde muera.	
Segismundo.	Dios os guarde.	
Astolfo.	El no haberme conocido	
	sólo por disculpa os doy	
	de no honrarme más. Yo soy	
	Astolfo, duque he nacido	1355
	de Moscovia, y primo vuestro:	
	haya igualdad entre los dos.	
Segismundo.	Si digo que os guarde Dios,	
	¿bastante agrado no os muestro?	
	Pero ya que haciendo alarde	1360
	de quien sois, desto os quejáis,	
	otra vez que me veáis	
	le diré a Dios que no os guarde.	
Cri. 2.° (*a* Ast.).	Vuestra alteza considere	
	que como en montes nacido	1365
	con todos ha procedido. (*A* Segismundo.)	
	Astolfo, señor, prefiere...	
Segismundo.	Cansóme como llegó	
	grave a hablarme, y lo primero	
	que hizo, se puso el sombrero.	1370
Criado 2.°	Es grande.	

1334 mequetrefe: meddler *1342 sol:* Monarchs were often referred to as "sun." *1351 Dios os guarde:* a greeting appropriate for inferiors *1371 grande:* a grandee, entitled to keep his hat on in the royal presence

Segismundo.   Mayor soy yo.
Criado 2.°   Con todo eso, entre los dos
             que haya más respeto es bien
             que entre los demás.
Segismundo.   ¿Y quién
             os mete conmigo a vos?   1375

             ESCENA V
             Estrella. *Dichos.*

Estrella.   Vuestra alteza, señor, sea
              muchas veces bien venido
              al dosel que, agradecido,
              le recibe y le desea,
                adonde, a pesar de engaños,   1380
              viva augusto y eminente,
              donde su vida se cuente
              por siglos, y no por años.
Seg. (*a* Cla.). Dime tú ahora ¿quién es
              esta beldad soberana?   1385
              ¿Quién es esta diosa humana,
              a cuyos divinos pies
                postra el cielo su arrebol?
              ¿Quién es esta mujer bella?
Clarín.   Es, señor, tu prima Estrella.   1390
Segismundo.   Mejor dijeras el sol. (*A* Estrella.)
                Aunque el parabién es bien
              darme del bien que conquisto,
              de sólo haberos hoy visto
              os admito el parabién: 1395
                y así, de llegarme a ver
              con el bien que no merezco,
              el parabién agradezco,
              Estrella, que amanecer
                podéis, y dar alegría   1400
              al más luciente farol.
              ¿Qué dejáis hacer al sol,
              si os levantáis con el día?
                Dadme a besar vuestra mano,
              en cuya copa de nieve   1405
              el aura candores bebe.
Estrella.   Sed más galán cortesano.

1372 Con: In spite of *1374-1375 ¿Y ... vos?:* And who tells you to pick a quarrel with me? *1392-1395* Note the play on *bien* and *parabién; admito:* I accept. *1399-1403* Estrella, whose radiance is like a sunrise, outshines the sun. *1406 el ... bebe:* the dawn toasts (hails) pure whiteness

Astolfo.	Si él toma la mano, yo (*Aparte.*) soy perdido.
Criado 2.º (*aparte*).	El pesar sé de Astolfo, y le estorbaré. 1410 Advierte, señor, que no es justo atreverse así, y estando Astolfo ...
Segismundo.	¿ No digo que vos no os metáis conmigo ?
Criado 2.º	Digo lo que es justo.
Segismundo.	A mí 1415 todo eso me causa enfado. Nada me parece justo en siendo contra mi gusto.
Criado 2.º	Pues yo, señor, he escuchado de ti que en lo justo es bien 1420 obedecer y servir.
Segismundo.	También oíste decir que por un balcón a quien me canse sabré arrojar.
Criado 2.º	Con los hombres como yo 1425 no puede hacerse eso.
Segismundo.	¿ No ? ¡ Por Dios ! que lo he de probar.

Cógele en los brazos y éntrase, y todos tras él, volviendo a salir inmediatamente.

Astolfo.	¿ Qué es esto que llego a ver ?
Estrella.	Idle todos a estorbar.

Vase.

Seg. (*volv.*).	Cayó del balcón al mar; 1430 ¡ vive Dios, que pudo ser !
Astolfo.	Pues medid con más espacio vuestras acciones severas, que lo que hay de hombres a fieras, hay desde un monte a palacio. 1435
Segismundo.	Pues en dando tan severo en hablar con entereza quizá no hallaréis cabeza en que se os tenga el sombrero.

Vase Astolfo.

1430 al mar: Poland had no seaports. *Mar* must be interpreted as *estanque*, pool or lake. *1431 pudo ser:* reference to *no puede hacerse eso*, v. 1426 *1434–1435 lo ... palacio:* i.e., the difference in manners between man and beast makes the difference between being in a forest (Segismundo's tower) and being in a palace *1436–1437 en ... entereza:* being so sternly bent on speaking severely

ESCENA VI

Basilio, Segismundo, Clarín. *Criados.*

BASILIO. ¿Qué ha sido esto?
SEGISMUNDO. Nada ha sido. 1440
A un hombre, que me ha cansado,
desde el balcón he arrojado.
CLAR. (*a* SEG.). Que es el rey está advertido.
BASILIO. ¿Tan presto una vida cuesta
tu venida al primer día? 1445
SEGISMUNDO. Díjome que no podía
hacerse, y gané la apuesta.
BASILIO. Pésame mucho que cuando,
príncipe, a verte he venido,
pensando hallarte advertido, 1450
de hados y estrellas triunfando,
con tanto rigor te vea,
y que la primera acción
que has hecho en esta ocasión,
un grave homicidio sea. 1455
¿Con qué amor llegar podré
a darte ahora mis brazos,
si de tus soberbios lazos,
que están enseñados sé
a dar muerte? ¿Quién llegó 1460
a ver desnudo el puñal
que dió una herida mortal,
que no temiese? ¿Quién vió
sangriento el lugar, adonde
a otro hombre le dieron muerte, 1465
que no sienta?, que el más fuerte
a su natural responde.
Yo así, que en tus brazos miro
desta muerte el instrumento,
y miro el lugar sangriento, 1470
de tus brazos me retiro;
y aunque en amorosos lazos
ceñir tu cuello pensé,
sin ellos me volveré,
que tengo miedo a tus brazos. 1475
SEGISMUNDO. Sin ellos me podré estar
como me he estado hasta aquí;
que un padre que contra mí
tanto rigor sabe usar,

1452 *rigor*: lack of compassion 1458-1460 *si... muerte*: if I know your arrogant arms have learned to kill 1466 *no sienta*: is not affected; *que*: for, because 1476 *Sin... estar*: I will be able to get along without them

	que su condición ingrata	1480
	de su lado me desvía,	
	como a una fiera me cría,	
	y como a un monstruo me trata	
	y mi muerte solicita,	
	de poca importancia fué	1485
	que los brazos no me dé,	
	cuando el ser de hombre me quita.	
BASILIO.	Al cielo y a Dios pluguiera	
	que a dártelo no llegara;	
	pues ni tu voz escuchara,	1490
	ni tu atrevimiento viera.	
SEGISMUNDO.	Si no me le hubieras dado,	
	no me quejara de ti;	
	pero una vez dado, sí,	
	por habérmelo quitado;	1495
	pues aunque el dar la acción es	
	más noble y más singular,	
	es mayor bajeza el dar,	
	para quitarlo después.	
BASILIO.	¡ Bien me agradeces el verte,	1500
	de un humilde y pobre preso,	
	príncipe ya!	
SEGISMUNDO.	Pues en eso	
	¿ qué tengo que agradecerte ?	
	Tirano de mi albedrío,	
	si viejo y caduco estás,	1505
	¿ muriéndote, qué me das ?	
	¿ Dasme más de lo que es mío ?	
	Mi padre eres y mi rey;	
	luego toda esa grandeza	
	me da la naturaleza	1510
	por derecho de su ley.	
	Luego aunque esté en tal estado,	
	obligado no te quedo,	
	y pedirte cuentas puedo	
	del tiempo que me has quitado	1515
	libertad, vida y honor;	
	y así, agradéceme a mí	
	que yo no cobre de ti,	
	pues eres tú mi deudor.	
BASILIO.	Bárbaro eres y atrevido:	1520
	cumplió su palabra el cielo;	

1485 fué = es 1486 The subject of *dé* is *padre* (v. 1478). *1494 sí = sí que me quejo 1501 de:* after having risen from the position of

y así, para él mismo apelo,
soberbio y desvanecido.
  Y aunque sepas ya quién eres,
y desengañado estés, 1525
y aunque en un lugar te ves
donde a todos te prefieres,
  mira bien lo que te advierto,
que seas humilde y blando,
porque quizá estás soñando, 1530
aunque ves que estás despierto.

Vase.

SEGISMUNDO. ¿Que quizá soñando estoy,
aunque despierto me veo?
No sueño, pues toco y creo
lo que he sido y lo que soy. 1535
  Y aunque ahora te arrepientas
poco remedio tendrás:
sé quien soy, y no podrás,
aunque suspires y sientas,
  quitarme el haber nacido 1540
desta corona heredero;
y si me viste primero
a las prisiones rendido,
  fué porque ignoré quién era;
pero ya informado estoy 1545
de quién soy, y sé que soy
un compuesto de hombre y fiera.

ESCENA VII

ROSAURA, *en traje de mujer;* SEGISMUNDO, CLARÍN, *Criados.*

ROS. (*aparte*): Siguiendo a Estrella vengo,
y gran temor de hallar a Astolfo tengo;
  que Clotaldo desea 1550
que no sepa quién soy, y no me vea,
  porque dice que importa al honor mío;
y de Clotaldo fío
  su afecto, pues le debo agradecida
aquí el amparo de mi honor y vida. 1555
CLAR. (*a* SEG.). ¿Qué es lo que te ha agradado
más de cuanto aquí has visto y admirado?
SEGISMUNDO. Nada me ha suspendido;
que todo lo tenía prevenido;

1522 él = el cielo 1544 ignoré: I was ignorant of *1554 afecto:* intentions *1559 lo tenía prevenido:* I foresaw it

	mas si admirarme hubiera	1560
	algo en el mundo, la hermosura fuera	
	de la mujer. Leía	
	una vez yo en los libros que tenía,	
	que lo que a Dios mayor estudio debe,	
	era el hombre, por ser un mundo breve;	1565
	mas ya que lo es recelo	
	la mujer, pues ha sido un breve cielo;	
	y más beldad encierra	
	que el hombre, cuanto va de cielo a tierra;	
	y más si es la que miro.	1570
Ros. (*ap.*).	El príncipe está aquí; yo me retiro.	
Segismundo.	Oye, mujer, detente;	
	no juntes el ocaso y el oriente,	
	huyendo al primer paso:	
	que juntos el oriente y el ocaso,	1575
	la luz y sombra fría,	
	serán sin duda síncopa del día.	
	¿Pero qué es lo que veo?	
Rosaura.	Lo mismo que estoy viendo dudo y creo.	
Seg. (*ap.*).	Yo he visto esta belleza	1580
	otra vez.	
Ros. (*ap.*).	Yo esta pompa, esta grandeza	
	he visto reducida	
	a una estrecha prisión.	
Segismundo (*aparte*).	Ya hallé mi vida,	
	Mujer, que aqueste nombre	
	es el mejor requiebro para el hombre:	1585
	¿quién eres? Que sin verte	
	adoración me debes, y de suerte	
	por la fe te conquisto,	
	que me persuado a que otra vez te he visto.	
	¿Quién eres, mujer bella?	1590
Rosaura.	(Disimular me importa.) Soy de Estrella	
	una infelice dama.	
Segismundo.	No digas tal: di el sol, a cuya llama	
	aquella estrella vive,	
	pues de tus rayos resplandor recibe;	1595
	yo vi un reino de colores	
	que presidía entre escuadrón de flores	
	la deidad de la rosa,	
	y era su emperatriz por más hermosa;	
	yo vi entre piedras finas	1600

1565 un mundo breve: a microcosm, a little world in himself *1566–1567* Read: *ya recelo que lo es la mujer* *1572 no ... oriente*: As Rosaura is the sun, her appearance is a sunrise and her departure a sunset. *1587 adoración me debes*: I adore you

de la docta academia de sus minas
 preferir el diamante,
y ser su emperador por más brillante;
 yo en esas cortes bellas
de la inquieta república de estrellas, 1605
 vi en el lugar primero,
por rey de las estrellas al lucero.
 Yo, en esferas perfectas,
llamando el sol a cortes los planetas,
 le vi que presidía, 1610
como mayor oráculo del día.
 Pues ¿ cómo entre flores, entre doncellas,
piedras, signos, planetas, las más bellas
 prefieren, tú has servido
la de menos beldad, habiendo sido 1615
 por más bella y hermosa,
sol, lucero, diamante, estrella y rosa?

ESCENA VIII

CLOTALDO, *que se queda al paño**; SEGISMUNDO, ROSAURA, CLARÍN, *Criados*.

CLOT. (*aparte*). A Segismundo reducir deseo,
 porque en fin le he criado: mas ¿ qué veo?
ROSAURA. Tu favor reverencio: 1620
 respóndate retórico el silencio:
 cuando tan torpe la razón se halla,
 mejor habla, señor, quien mejor calla.
SEGISMUNDO. No has de ausentarte, espera.
 ¿ Cómo quieres dejar de esa manera 1625
 a obscuras mi sentido?
ROSAURA. Esta licencia a vuestra alteza pido.
SEGISMUNDO. Irte con tal violencia
 no es pedirla, es tomarte la licencia.
ROSAURA. Pues si tú no la das, tomarla espero. 1630
SEGISMUNDO. Harás que de cortés pase a grosero,
 porque la resistencia
 es veneno cruel de mi paciencia.
ROSAURA. Pues cuando ese veneno,
 de furia, de rigor y saña lleno, 1635
 la paciencia venciera,
 mi respeto no osara, ni pudiera.
SEGISMUNDO. Sólo por ver si puedo,

1609 cortes: parliament *al paño: off-stage *1621 respóndate retórico el silencio*: let silence answer you with its eloquence *1634 cuando*: even if *1637 mi respeto*: respect for me. Cf. v. 192 and note.

	harás que pierda a tu hermosura el miedo,	
	que soy muy inclinado	1640
	a vencer lo imposible; hoy he arrojado	
	de ese balcón a un hombre, que decía	
	que hacerse no podía;	
	y así por ver si puedo, cosa es llana	
	que arrojaré tu honor por la ventana.	1645
CLOT. (*aparte*).	Mucho se va empeñando.	
	¿Qué he de hacer, cielos, cuando	
	tras un loco deseo	
	mi honor segunda vez a riesgo veo?	
ROSAURA.	No en vano prevenía	1650
	a este reino infeliz tu tiranía	
	escándalos tan fuertes	
	de delitos, traiciones, iras, muertes.	
	Mas ¿qué ha de hacer un hombre,	
	que no tiene de humano más que el nombre,	1655
	atrevido, inhumano,	
	cruel, soberbio, bárbaro y tirano,	
	nacido entre las fieras?	
SEGISMUNDO.	Porque tú ese baldón no me dijeras,	
	tan cortés me mostraba,	1660
	pensando que con esto te obligaba;	
	mas si lo soy hablando deste modo,	
	has de decirlo, vive Dios, por todo. —	
	Hola, dejadnos solos, y esa puerta	
	se cierre, y no entre nadie.	

Vanse CLARÍN *y los criados.*

ROSAURA.	(Yo soy muerta.)	1665
	Advierte...	
SEGISMUNDO.	Soy tirano,	
	y ya pretendes reducirme en vano.	
CLOT. (*aparte*).	¡Oh, qué lance tan fuerte!	
	Saldré a estorbarlo, aunque me dé la muerte.	
	Señor, atiende, mira. (*Llega.*)	1670
SEGISMUNDO.	Segunda vez me has provocado a ira,	
	viejo caduco y loco.	
	¿Mi enojo y mi rigor tienes en poco?	
	¿Cómo hasta aquí has llegado?	
CLOTALDO.	De los acentos desta voz llamado,	1675
	a decirte que seas	
	más apacible, si reinar deseas:	
	y no por verte ya de todos dueño,	

1648 *tras*: as a result of 1659 *Porque* = *Para que*; *baldón*: insult 1663 *has... todo*: I will give you good cause for saying it 1673 *tienes en poco*: you consider insignificant

seas cruel, porque quizá es un sueño.

SEGISMUNDO. A rabia me provocas, 1680
cuando la luz del desengaño tocas.
Veré, dándote muerte,
si es sueño o si es verdad.

Al ir a sacar la daga lo detiene CLOTALDO, *y se pone de rodillas.*

CLOTALDO. Yo desta suerte
librar mi vida espero.
SEGISMUNDO. Quita la osada mano del acero. 1685
CLOTALDO. Hasta que gente venga,
que tu rigor y cólera detenga,
no he de soltarte.
ROSAURA. ¡Ay cielo!
SEGISMUNDO. Suelta, te digo,
caduco, loco, bárbaro, enemigo,
o será desta suerte (*Luchan.*) 1690
dándote ahora entre mis brazos muerte.
ROSAURA. Acudid todos, presto,
que matan a Clotaldo.

Vase.

Sale ASTOLFO *a tiempo que cae* CLOTALDO *a sus pies, y él se pone en medio.*

ESCENA IX

ASTOLFO, SEGISMUNDO, CLOTALDO.

ASTOLFO. ¿Pues qué es esto,
príncipe generoso?
¿Así se mancha acero tan brioso 1695
en una sangre helada?
Vuelva a la vaina tan lucida espada.
SEGISMUNDO. En viéndola teñida
en esa infame sangre.
ASTOLFO. Ya su vida
tomó a mis pies sagrado, 1700
y de algo ha de servirle haber llegado.
SEGISMUNDO. Sírvate a morir; pues desta suerte
también sabré vengarme con tu muerte
de aquel pasado enojo.
ASTOLFO. Yo defiendo
mi vida; así la majestad no ofendo. 1705

Saca ASTOLFO *la espada, y riñen.*

CLOTALDO. No le ofendas, señor.

1693 *que:* for, because 1696 *una sangre helada:* an old man's blood 1700 *sagrado:* refuge 1702 *Sírvate a morir:* Let death be your profit

ESCENA X

Basilio, Estrella y *acompañamiento;* Segismundo, Astolfo, Clotaldo.

Basilio. ¿ Pues aquí espadas ?
Est. (*aparte*). ¡ Astolfo es, ay de mí, penas airadas !
Basilio. ¿ Pues qué es lo que ha pasado ?
Astolfo. Nada, señor, habiendo tú llegado. (*Envainan.*)
Segismundo. Mucho, señor, aunque hayas tú venido; 1710
    yo a ese viejo matar he pretendido.
Basilio. ¿ Respeto no tenías
    a estas canas ?
Clotaldo. Señor, ved que son mías:
    que no importa veréis.
Segismundo. Acciones vanas,
    querer que tenga yo respeto a canas; 1715
    pues aun ésas podría (*Al rey.*)
    ser que viese a mis plantas algún día,
      porque aun no estoy vengado
    del modo injusto con que me has criado.
          Vase.
Basilio. Pues antes que lo veas, 1720
    volverás a dormir adonde creas
      que cuanto te ha pasado,
    como fué bien del mundo, fué soñado.

Vanse el Rey, Clotaldo *y el acompañamiento.*

ESCENA XI

Estrella, Astolfo.

Astolfo. ¡ Qué pocas veces el hado
    que dice desdichas, miente, 1725
    pues es tan cierto en los males,
    como dudoso en los bienes !
    ¡ Qué buen astrólogo fuera
    si siempre casos crueles
    anunciara, pues no hay duda 1730
    que ellos fueran verdad siempre !
    Conocerse esta experiencia
    en mí y Segismundo, puede,
    Estrella, pues en los dos
    hace muestras diferentes. 1735
    En él previno rigores,
    soberbias, desdichas, muertes,
    y en todo dijo verdad,

1723 *bien del mundo:* a worldly estate 1732-1733 *Conocerse ... puede:* The proof of this can be seen in Segismundo and me

|||porque todo, al fin, sucede;
pero en mí, que al ver, señora, |1740
esos rayos excelentes,
de quien el sol fué una sombra
y el cielo un amago breve,
que me previno venturas,
trofeos, aplausos, bienes, |1745
dijo mal, y dijo bien;
pues sólo es justo que acierte
cuando amaga con favores
y ejecuta con desdenes.
Estrella.|No dudo que esas finezas|1750
||son verdades evidentes;
mas serán por otra dama,
cuyo retrato pendiente
al cuello trajisteis cuando
llegasteis, Astolfo, a verme; |1755
y siendo así, esos requiebros
ella sola los merece.
Acudid a que ella os pague,
que no son buenos papeles
en el consejo de amor |1760
las finezas ni las fees
que se hicieron en servicio
de otras damas y otros reyes.

ESCENA XII

Rosaura, *que se queda al paño;* Estrella, Astolfo.

Ros. (*aparte*).	¡Gracias a Dios que llegaron
|ya mis desdichas crueles|1765
	al término suyo, pues
	quien esto ve nada teme!
Astolfo.	Yo haré que el retrato salga
	del pecho, para que entre
|la imagen de tu hermosura. |1770
	Donde entra Estrella no tiene
	lugar la sombra, ni estrella
	donde el sol; voy a traerle.
(*Aparte.*)	Perdón Rosaura hermosa,
|este agravio, porque ausentes, |1775
	no se guardan más fe que esta
	los hombres y las mujeres.
	Vase.

1743 amago: sign (from *amagar*, to show signs) *1760 consejo:* court *1761 fees:* testimonies; in v. 1776, *fe* means "faith" or "faithfulness." *1775 ausentes:* when they are absent

Adelántase ROSAURA.

ROS. (*aparte*). Nada he podido escuchar,
   temerosa que me viese.
ESTRELLA. ¡Astrea!
ROSAURA.   Señora mía. 1780
ESTRELLA. Heme holgado que tú fueses
   la que llegase hasta aquí;
   porque de ti solamente
   fiara un secreto.
ROSAURA.   Honras,
   señora, a quien te obedece. 1785
ESTRELLA. En el poco tiempo, Astrea,
   que ha que te conozco, tienes
   de mi voluntad las llaves;
   por esto, y por ser quien eres,
   me atrevo a fiar de ti 1790
   lo que aun de mí muchas veces
   recaté.
ROSAURA.   Tu esclava soy.
ESTRELLA. Pues para decirlo en breve,
   mi primo Astolfo (bastara
   que mi primo te dijese, 1795
   porque hay cosas que se dicen
   con pensarlas solamente),
   ha de casarse conmigo,
   si es que la fortuna quiere
   que con una dicha sola 1800
   tantas desdichas descuente.
   Pesóme que el primer día
   echado al cuello trajese
   el retrato de una dama;
   habléle de él cortésmente, 1805
   es galán, y quiere bien;
   fué por él, y ha de traerle
   aquí; embarázame mucho
   que él a mí a dármele llegue:
   quédate aquí, y cuando venga, 1810
   le dirás que te le entregue
   a ti. No te digo más;
   discreta y hermosa eres:
   bien sabrás lo que es amor.

Vase.

1780 Astrea: Rosaura's assumed name; *Señor = Señora 1784 fiara:* would I confide *1794–1795 bastara ... dijese:* suffice it to say, my cousin *1807 traerle = traerlo* (i.e., *el retrato*)

ESCENA XIII

ROSAURA. ¡ Ojalá no lo supiese!
¡ Válgame el cielo! ¿ quién fuera
tan atenta y tan prudente,
que supiera aconsejarse
hoy en ocasión tan fuerte ?
¿ Habrá persona en el mundo
a quien el cielo inclemente
con más desdichas combata
y con más pesares cerque ?
¿ Qué haré en tantas confusiones,
donde imposible parece
que halle razón que me alivie,
ni alivio que me consuele ?
Desde la primer desdicha,
no hay suceso ni accidente
que otra desdicha no sea;
que unas a otras suceden,
herederas de sí mismas.
A la imitación del Fénix,
unas de las otras nacen,
viviendo de lo que mueren,
y siempre de sus cenizas
está el sepulcro caliente.
Que eran cobardes, decía
un sabio, por parecerle
que nunca andaba una sola;
yo digo que son valientes,
pues siempre van adelante,
y nunca la espalda vuelven:
quien las llevare consigo,
a todo podrá atreverse,
pues en ninguna ocasión
no haya miedo que le dejen.
Dígalo yo, pues en tantas
como a mi vida suceden,
nunca me he hallado sin ellas,
ni se han cansado hasta verme,
herida de la fortuna,
en los brazos de la muerte.
¡ Ay de mí! ¿ qué debo hacer

1823 cerque: attacks, from *cercar 1828 primer = primera 1833 Fénix:* The phoenix, a mythical bird, was said to live 500 years and, after being consumed by fire, to rise again from its own ashes. *1848 Dígalo yo:* See v. 656, note.

hoy en la ocasión presente ?
Si digo quien soy, Clotaldo,
a quien mi vida le debe
este amparo y este honor,
conmigo ofenderse puede ;
pues me dice que callando
honor y remedio espere.
Si no he de decir quien soy
a Astolfo, y él llega a verme
¿ cómo he de disimular ?
Pues aunque fingirlo intenten
la voz, la lengua y los ojos,
les dirá el alma que mienten.
¿ Qué haré ? ¿ Mas para qué estudio
lo que haré, si es evidente
que por más que lo prevenga,
que lo estudie y que lo piense,
en llegando la ocasión
ha de hacer lo que quisiere
el dolor ?, porque ninguno
imperio en sus penas tiene.
Y pues a determinar
lo que ha de hacer no se atreve
el alma, llegue el dolor
hoy a su término, llegue
la pena a su extremo, y salga
de dudas y pareceres
de una vez ; pero hasta entonces
¡ valedme, cielos, valedme !

ESCENA XIV

Astolfo, *que trae el retrato.* Rosaura.

Astolfo.	Este es, señora, el retrato ; mas ¡ ay Dios !
Rosaura.	¿ Qué se suspende vuestra alteza ? ¿ qué se admira ?
Astolfo.	De oirte, Rosaura, y verte.
Rosaura.	¿ Yo Rosaura ? Hase engañado vuestra alteza, si me tiene por otra dama ; que yo soy Astrea, y no merece mi humildad tan grande dicha

---

1880 salga: subject is *el alma 1881 pareceres:* (mere) opinions *1885–1886 ¿ Qué se suspende =
¿ Por qué se suspende:* Why is (Your Highness) astonished? In v. 1886 *¿ qué se admira ?* repeats
the same question in another form.

	que esa turbación le cueste.
ASTOLFO.	Basta, Rosaura, el engaño
	porque el alma nunca miente, 1895
	y aunque como Astrea te mire,
	como a Rosaura te quiere.
ROSAURA.	No he entendido a vuestra alteza,
	y así no sé responderle:
	sólo lo que yo diré 1900
	es que Estrella (que lo puede
	ser de Venus) me mandó
	que en esta parte lo espere,
	y de la suya le diga,
	que aquel retrato me entregue, 1905
	que está muy puesto en razón,
	y yo misma se lo lleve.
	Estrella lo quiere así,
	porque aun las cosas más leves
	como sean en mi daño, 1910
	es Estrella quien las quiere.
ASTOLFO.	Aunque más esfuerzos hagas,
	¡oh, qué mal, Rosaura, puedes
	disimular! Di a los ojos
	que su música concierten 1915
	con la voz; porque es forzoso
	que desdiga y que disuene
	tan destemplado instrumento,
	que ajustar y medir quiere
	la falsedad de quien dice, 1920
	con la verdad de quien miente.
ROSAURA.	Ya digo que sólo espero
	el retrato.
ASTOLFO.	Pues que quieres
	llevar al fin el engaño,
	con él quiero responderte. 1925
	Dirásle, Astrea, a la infanta,
	que yo la estimo de suerte
	que, pidiéndome un retrato,
	poca fineza parece
	enviársele, y así, 1930
	porque le estime y le precie
	le envío el original;
	y tú llevársele puedes,
	pues ya le llevas contigo,
	como a ti misma te lleves. 1935

1902 Venus: the planet Venus, because of her beauty *1904 suya:* refers to *parte* understood *1910 como ... daño:* even if they are to my detriment *1917 disuene:* be in discord *1920 quien = lo que*

ROSAURA.	Cuando un hombre se dispone,
	restado, altivo y valiente,
	a salir con una empresa
	aunque por trato le entreguen
	lo que valga más, sin ella 1940
	necio y desairado vuelve.
	Yo vengo por un retrato,
	y aunque un original lleve
	que vale más, volveré
	desairada: y así, déme 1945
	vuestra alteza ese retrato,
	que sin él no he de volverme.
ASTOLFO.	¿ Pues cómo, si no he de darle,
	le has de llevar ?
ROSAURA.	Desta suerte.
	Suéltale, ingrato. (*Trata de quitársele*.)
ASTOLFO.	Es en vano. 1950
ROSAURA.	¡ Vive Dios, que no ha de verse
	en manos de otra mujer !
ASTOLFO.	Terrible estás.
ROSAURA.	Y tú aleve.
ASTOLFO.	Ya basta, Rosaura mía.
ROSAURA.	¿ Yo tuya ? Villano, mientes. 1955

Están asidos ambos del retrato.

ESCENA XV

ESTRELLA, ROSAURA, ASTOLFO.

ESTRELLA.	Astrea, Astolfo, ¿ qué es esto ? (*Aparte*.)
ASTOLFO.	Aquésta es Estrella.
ROSAURA (*aparte*).	Déme
	para cobrar mi retrato,
	ingenio el amor. Si quieres (*A* ESTRELLA.)
	saber lo que es, yo, señora, 1960
	te lo diré.
ASTOLFO (*aparte a* Ros.).	¿ Qué pretendes ?
ROSAURA.	Mandásteme que esperase
	aquí a Astolfo, y le pidiese
	un retrato de tu parte.
	Quedé sola, y como vienen 1965
	de unos discursos a otros
	las noticias fácilmente,

1937 *restado = arrestado*: intrepid, bold 1939 *por trato*: by agreement 1961 ¿*Qué pretendes?*: What do you want? 1965–1967 *como ... fácilmente*: as the information exchanged easily leads from one topic of conversation to another

	viéndote hablar de retratos,	
	con su memoria acordéme	
	de que tenía uno mío	1970
	en la manga. Quise verle,	
	porque una persona sola	
	con locuras se divierte;	
	cayóseme de la mano	
	al suelo: Astolfo, que viene	1975
	a entregarte el de otra dama,	
	le levantó, y tan rebelde	
	está en dar el que le pides,	
	que en vez de dar uno, quiere	
	llevar otro; pues el mío	1980
	aun no es posible volverme,	
	con ruegos y persuasiones;	
	colérica e impaciente	
	yo, se le quise quitar.	
	Aquél que en la mano tiene,	1985
	es mío, tú lo verás	
	con ver si se me parece.	
ESTRELLA.	Soltad, Astolfo, el retrato.	

Quítasele de la mano.

ASTOLFO.	Señora ...	
ESTRELLA.	No son crueles	
	a la verdad los matices.	1990
ROSAURA.	¿No es mío?	
ESTRELLA.	¿Qué duda tiene?	
ROSAURA.	Ahora di que te dé el otro.	
ESTRELLA.	Toma tu retrato, y vete.	
ROS. (*ap.*).	Yo he cobrado mi retrato,	
	venga ahora lo que viniere.	1995

Vase.

ESCENA XVI

ESTRELLA, ASTOLFO.

ESTRELLA.	Dadme ahora el retrato vos	
	que os pedí; aunque no piense	
	veros ni hablaros jamás,	
	no quiero, no, que se quede	
	en vuestro poder, siquiera	2000
	porque yo tan neciamente	
	le he pedido.	

1969 su memoria: my recollection of it *1971 manga:* portmanteau, carrying bag or case *1989–1990 No ... matices:* It is a good likeness. *2000 siquiera = si sólo:* if for no other reason

ASTOLFO (*aparte*).   ¿ Cómo puedo
    salir de lance tan fuerte ?
    Aunque quiera, hermosa Estrella,
    servirte y obedecerte,
    no podré darte el retrato
    que me pides, porque . . .
ESTRELLA.   Eres
    villano y grosero amante.
    No quiero que me le entregues;
    porque yo tampoco quiero,
    con tomarle, que te acuerdes
    que te le he pedido yo.

        Vase.

ASTOLFO.   ¡ Oye, escucha, mira, advierte !
    ¡ Válgate Dios por Rosaura !
    ¿ Dónde, cómo o de qué suerte
    hoy a Polonia has venido
    a perderme y a perderte ?

ESCENA XVII

Prisión del príncipe en la torre.

SEGISMUNDO, *como al principio, con pieles y cadenas, echado en el suelo;* CLOTALDO, *dos Criados y* CLARÍN.

CLOTALDO.   Aquí le habéis de dejar,
    pues hoy su soberbia acaba
    donde empezó.
UN CRIADO.   Como estaba
    la cadena vuelvo a atar.
CLARÍN.   No acabes de despertar,
    Segismundo, para verte
    perder, trocada la suerte,
    siendo tu gloria fingida,
    una sombra de la vida
    y una llama de la muerte.
CLOTALDO.   A quien sabe discurrir
    así, es bien que se prevenga
    una estancia, donde tenga
    harto lugar de argüir.
    Este es al que habéis de asir.   (*A los criados.*)
    y en este cuarto encerrar.

        Señalando la pieza inmediata.

2014 ¡ Válgate Dios por Rosaura!: euphemism for *Maldita seas, Rosaura 2017 perderme:* ruin me
2020–2021 Read: *Vuelvo a atar la cadena como estaba.*

CLARÍN.   ¿Por qué a mí?
CLOTALDO.   Porque ha de estar
guardado en prisión tan grave,
Clarín que secretos sabe,
donde no pueda sonar.
CLARÍN.   ¿Yo, por desdicha, solicito,
dar muerte a mi padre? No.
¿Arrojé del balcón yo
al Ícaro de poquito?
¿Yo muero ni resucito?
¿Yo sueño o duermo? ¿A qué fin
me encierran?
CLOTALDO.   Eres Clarín.
CLARÍN.   Pues ya digo que seré
corneta, y que callaré,
que es instrumento ruin.

Llévanle, y queda solo CLOTALDO.

ESCENA XVIII

BASILIO, *rebozado.* CLOTALDO, SEGISMUNDO, *adormecido.*

BASILIO.   Clotaldo.
CLOTALDO.   ¡Señor! ¿así
viene vuestra majestad?
BASILIO.   La necia curiosidad
de ver lo que pasa aquí
a Segismundo (¡ay de mí!)
deste modo me ha traído.
CLOTALDO.   Mírale allí reducido
a su miserable estado.
BASILIO.   ¡Ay, príncipe desdichado,
y en triste punto nacido!
Llega a despertarle, ya
que fuerza y vigor perdió
con el opio que bebió.
CLOTALDO.   Inquieto, señor, está,
y hablando.
BASILIO.   ¿Qué soñará
ahora? Escuchemos, pues.
SEGISMUNDO (*entre sueños*).
Piadoso príncipe es

2041 *Ícaro:* See page 436, v. 609, note; *de poquito:* in miniature, pint-sized 2046 *corneta:* bugle, cornet, swineherd's horn 2057 *en triste punto:* in an evil hour

	el que castiga tiranos:	2065
	Clotaldo muera a mis manos.	
	Mi padre bese mis pies.	
CLOTALDO.	Con la muerte me amenaza.	
BASILIO.	A mí con rigor me afrenta.	
CLOTALDO.	Quitarme la vida intenta.	2070
BASILIO.	Rendirme a sus plantas trata.	
SEGISMUNDO *(entre sueños)*.		
	Salga a la anchurosa plaza	
	del gran teatro del mundo	
	este valor sin segundo:	
	porque mi venganza cuadre,	2075
	al príncipe Segismundo	
	vean triunfar de su padre. (*Despierta.*)	
	Mas ¡ ay de mí! ¿ dónde estoy ?	
BASILIO.	Pues a mí no me ha de ver. (*A* CLOTALDO.)	
	Ya sabes lo que has de hacer.	2080
	Desde allí a escucharte voy.	
	Retírase.	
SEGISMUNDO.	¿ Soy yo por ventura ? ¿ soy	
	el que preso y aherrojado	
	llego a verme en tal estado ?	
	¿ No sois mi sepulcro vos,	2085
	torre ? Sí. ¡ Válgame Dios,	
	qué de cosas he soñado !	
CLOT. (*ap.*).	A mí me toca llegar	
	a hacer la deshecha ahora. —	
	¿ Es ya de dispertar hora ?	2090
SEGISMUNDO.	Sí, hora es ya de dispertar.	
CLOTALDO.	¿ Todo el día te has de estar	
	durmiendo ? ¿ Desde que yo	
	al águila que voló	
	con tardo vuelo seguí,	2095
	y te quedaste tú aquí,	
	nunca has dispertado ?	
SEGISMUNDO.	No,	
	ni aun agora he dispertado;	
	que según, Clotaldo, entiendo,	
	todavía estoy durmiendo:	2100
	y no estoy muy engañado;	
	porque si ha sido soñado,	
	lo que vi palpable y cierto,	
	lo que veo será incierto;	

2075 porque mi venganza cuadre: so that it may fit my vengeance *2087 qué de = cuántas 2089 hacer la deshecha:* dissemble *2091 dispertar = despertar*

	y no es mucho que rendido,	2105
	pues veo estando dormido,	
	que sueño estando dispierto.	
Clotaldo.	Lo que soñaste me di.	
Segismundo.	Supuesto que sueño fué,	
	no diré lo que soñé.	2110
	Lo que vi, Clotaldo, sí.	
	Yo disperté, yo me vi	
	(¡qué crueldad tan lisonjera!)	
	en un lecho que pudiera,	
	con matices y colores,	2115
	ser el catre de las flores	
	que tejió la Primavera.	
	Allí mil nobles rendidos	
	a mis pies nombre me dieron	
	de su príncipe y sirvieron	2120
	galas, joyas y vestidos.	
	La calma de mis sentidos	
	tú trocaste en alegría,	
	diciendo la dicha mía,	
	que aunque estoy de esta manera,	2125
	príncipe de Polonia era.	
Clotaldo.	Buenas albricias tendría.	
Segismundo.	No muy buenas: por traidor,	
	con pecho atrevido y fuerte	
	dos veces te daba muerte.	2130
Clotaldo.	¿Para mí tanto rigor?	
Segismundo.	De todos era señor,	
	y de todos me vengaba;	
	sólo a una mujer amaba . . .	
	Que fué verdad, creo yo,	2135
	en que todo se acabó,	
	y esto sólo no se acaba.	

Vase el rey.

Clotaldo (ap.)	(Enternecido se ha ido	
	el rey de haberlo escuchado.)	
	Como habíamos hablado,	2140
	de aquella águila, dormido,	
	tu sueño imperios han sido,	
	mas en sueño fuera bien	
	honrar entonces a quien	
	te crió en tantos empeños,	2145

2105 no es mucho: it is no wonder *2108 me di = dime 2127 Buenas albricias tendría*: You must have rewarded me well. *2130 te daba = trataba de darte* or *estaba para darte 2142 imperios*: about dominions

Segismundo: que aun en sueños,
no se pierde el hacer bien.
  Vase.

ESCENA XIX

SEGISMUNDO.   Es verdad; pues reprimamos
esta fiera condición,
esta furia, esta ambición,   2150
por si alguna vez soñamos.
Y si haremos, pues estamos
en mundo tan singular,
que el vivir sólo es soñar;
y la experiencia me enseña,   2155
que el hombre que vive, sueña
lo que es, hasta dispertar.
  Sueña el rey que es rey, y vive
con este engaño mandando,
disponiendo y gobernando;   2160
y este aplauso, que recibe
prestado, en el viento escribe;
y en cenizas le convierte
la muerte (¡ desdicha fuerte !):
¿ que hay quien intente reinar   2165
viendo que ha de dispertar
en el sueño de la muerte ?
  Sueña el rico en su riqueza,
que más cuidado le ofrece;
sueña el pobre que padece   2170
su miseria y su pobreza;
sueña el que a medrar empieza,
sueña el que afana y pretende,
sueña el que agravia y ofende,
y en el mundo, en conclusión,   2175
todos sueñan lo que son,
aunque ninguno lo entiende.
  Yo sueño que estoy aquí,
destas prisiones cargado;
y soñé que en otro estado   2180
más lisonjero me vi.
¿ Qué es la vida ? Un frenesí.
¿ Qué es la vida ? Una ilusión,
una sombra, una ficción,
y el mayor bien es pequeño: 2185
que toda la vida es sueño,
y los sueños sueños son.

2152 Y si haremos: And we certainly shall *2157 dispertar = despertar,* i.e., die *2168 en = con*
2182–2187 the most frequently quoted passage in the play

JORNADA TERCERA

ESCENA PRIMERA

CLARÍN.
En una encantada torre,
por lo que sé, vivo preso.
¿Qué me harán por lo que ignoro, 2190
si por lo que sé me han muerto?
¡Que un hombre con tanta hambre
viniese a morir viviendo!
Lástima tengo de mí;
todos dirán: « Bien lo creo »; 2195
y bien se puede creer,
pues para mí este silencio
no conforma con el nombre
Clarín, y callar no puedo.
Quien me hace compañía 2200
si a decirlo, acierto,
son arañas y ratones,
¡miren qué dulces jilgueros!
De los sueños de esta noche
la triste cabeza tengo 2205
llena de mil chirimías,
de trompetas y embelecos,
de procesiones y cruces,
de disciplinantes; y estos,
unos suben, otros bajan; 2210
unos se desmayan viendo
la sangre que llevan otros;
mas yo, la verdad diciendo,
de no comer me desmayo;
que en una prisión me veo, 2215
donde ya todos los días
en el filósofo leo
Nicomedes, y las noches
en el concilio Niceno.
Si llaman santo al callar, 2220

2190 ignoro: I do not know *2192 hombre con tanta hambre*: Note the play on words. *2203 jilgueros*: linnets, goldfinches *2209 disciplinantes*: penitents *2218–2219 Nicomedes* (*ni coméis*)... *Niceno* (*ni ceno*): Neither do you dine... nor do I sup. *Niceno* refers to the Nicene Council, held in 325. Nicomedes was King of Bithynia. *2220* Cf. *Al buen callar llaman Sancho* (*santo*), *Don Quijote*, II. 43

como en calendario nuevo,
San Secreto es para mí,
pues le ayuno y no le huelgo;
aunque está bien merecido
el castigo que padezco, 2225
pues callé, siendo criado,
que es el mayor sacrilegio.

Ruido de cajas y clarines, y voces dentro.

ESCENA II
Soldados, Clarín.

Sol. 1.º (*den.*). Esta es la torre en que está.
Echad la puerta en el suelo.
Entrad todos.
Clarín. ¡ Vive Dios ! 2230
Que a mí me buscan es cierto,
pues que dicen que aquí estoy.
¿ Qué me querrán ?
Soldado 1.º (*dentro*). Entrad dentro.

Salen varios soldados.

Soldado 2.º Aquí está.
Clarín. No está.
Soldados (*todos*). Señor ...
Clarín (*ap.*). ¿ Si vienen borrachos éstos ? 2235
Soldado 1.º Tú nuestro príncipe eres;
ni admitimos ni queremos
sino al señor natural,
y no a príncipe extranjero.
A todos nos da los pies. 2240
Soldados. ¡ Viva el gran príncipe nuestro !
Clarín (*ap.*). Vive Dios, que va de veras.
¿ Si es costumbre en este reino
prender uno cada día
y hacerle príncipe, y luego 2245
volverle a la torre ? Sí,
pues cada día lo veo:
fuerza es hacer mi papel.
Soldados. Danos tus plantas.
Clarín. No puedo
porque las he menester 2250

2221 *calendario nuevo:* refers to the Gregorian calendar which had been adopted in Spain about fifty years prior to the publication of this play 2222 *San Secreto:* name invented by Clarín 2223 *no le huelgo:* I do not feast (celebrate) in his honor 2235 *¿Si ... éstos?:* Can these fellows be drunk? 2242 *va de veras:* they mean business

| | para mí, y fuera defecto
ser príncipe desplantado. | |
| --- | --- | --- |
| SOLDADO 2.º | Todos a tu padre mesmo
le dijimos, que a ti sólo
por príncipe conocemos.
No al de Moscovia. | 2255 |
| CLARÍN. | ¿ A mi padre
le perdisteis el respeto ?
Sois unos tales por cuales. | |
| SOLDADO 2.º | Fué lealtad de nuestro pecho. | |
| CLARÍN. | Si fué lealtad, yo os perdono. | 2260 |
| SOLDADO 2.º | Sal a restaurar tu imperio.
¡ Viva Segismundo ! | |
| TODOS. | ¡ Viva ! | |
| CLARÍN (ap.). | ¿ Segismundo dicen ? Bueno:
Segismundos llaman todos
los príncipes contrahechos. | 2265 |

ESCENA III

SEGISMUNDO, CLARÍN, *Soldados*.

SEGISMUNDO.	¿ Quién nombra aquí a Segismundo ?	
CLARÍN (ap.).	¡ Mas que soy príncipe huero !	
SOLDADO 1.º	¿ Quién es Segismundo ?	
SEGISMUNDO.	Yo.	
SOLDADO 2.º (*a* CLARÍN).	¿ Pues cómo, atrevido y necio,
tú te hacías Segismundo ?	2270
CLARIN.	¿ Yo Segismundo ? Eso niego.
Vosotros fuisteis los que
me segismundeasteis : luego
vuestra ha sido solamente
necedad y atrevimiento.	2275
SOLDADO 1.º	Gran príncipe Segismundo,
(que las señas que traemos
tuyas son, aunque por fe
te aclamamos señor nuestro),
tu padre, el gran rey Basilio,
temeroso que los cielos	2280

2252 desplantado: both "lost a step (or foot)" and "transplanted" *2253 mesmo = mismo 2258 tales por cuales:* so and so's *2267 huero:* empty *2278 por fe:* on faith

cumplan un hado, que dice
que ha de verse a tus pies puesto,
vencido de ti, pretende
quitarte acción y derecho 2285
y dársele a Astolfo, duque
de Moscovia. Para esto
juntó su corte, y el vulgo,
penetrando ya y sabiendo
que tiene rey natural 2290
no quiere que un extranjero
venga a mandarle. Y así,
haciendo noble desprecio
de la inclemencia del hado,
te ha buscado donde preso 2295
vives, para que asistido
de sus armas, y saliendo
desta torre a restaurar
tu imperial corona y cetro,
se la quites a un tirano. 2300
Sal, pues; que en ese desierto,
ejército numeroso
de bandidos y plebeyos
te aclama: la libertad
te espera: oye sus acentos. 2305

VOCES (*den.*). ¡Viva Segismundo, viva!
SEGISMUNDO. (Otra vez, ¡qué es esto, cielos!)
queréis que sueñe grandezas,
que ha de deshacer el tiempo?
¿Otra vez queréis que vea 2310
entre sombras y bosquejos
la majestad y la pompa
desvanecida del viento?
¿Otra vez queréis que toque
el desengaño, o el riesgo 2315
a que el humano poder
nace humilde y vive atento?
Pues no ha de ser, no ha de ser
mirarme otra vez sujeto
a mi fortuna.; y pues sé 2320
que toda esta vida es sueño,
idos, sombras, que fingís
hoy a mis sentidos muertos
cuerpo, y voz, siendo verdad

2282 hado: prophecy *2284 pretende:* he wants *2285 acción:* freedom *2311 bosquejos:* (dim)
outlines *2313 desvanecida del viento:* disappearing in the wind

                    que ni tenéis voz ni cuerpo; 2325
                    que no quiero majestades
                    fingidas, pompas no quiero
                    fantásticas, ilusiones
                    que al soplo menos ligero
                    del aura han de deshacerse, 2330
                    bien como el florido almendro,
                    que por madrugar sus flores,
                    sin aviso y sin consejo,
                    al primer soplo se apagan,
                    marchitando y desluciendo 2335
                    de sus rosados capullos
                    belleza, luz y ornamento.
                    Ya os conozco, ya os conozco.
                    Y sé que os pasa lo mesmo
                    con cualquiera que se duerme: 2340
                    para mí no hay fingimientos;
                    que, desengañado ya,
                    sé bien que *la vida es sueño.*
SOLDADO 2.°   Si piensas que te engañamos,
                    vuelve a esos montes soberbios 2345
                    los ojos, para que veas
                    la gente que aguarda en ellos
                    para obedecerte.
SEGISMUNDO.   Ya
                    otra vez vi aquesto mesmo
                    tan clara y distintamente 2350
                    como ahora lo estoy viendo,
                    y fué sueño.
SOLDADO 2.°   Cosas grandes
                    siempre, gran señor trajeron
                    anuncios; y esto sería,
                    si lo soñaste primero. 2355
SEGISMUNDO.   Dices bien, anuncio fué;
                    y caso que fuese cierto,
                    pues que la vida es tan corta,
                    soñemos, alma, soñemos
                    otra vez; pero ha de ser 2360
                    con atención y consejo
                    de que hemos de dispertar
                    deste gusto al mejor tiempo;
                    que llevándolo sabido,
                    será el desengaño menos; 2365
                    que es hacer burla del daño

2331 bien como: just like *2332 madrugar:* bloom ahead of time *2354 sería:* conditional of probability *2357* Supply *en el* before *caso. 2363 al mejor tiempo:* when we least expect

adelantarle el consejo.
Y con esta prevención
de que cuando fuese cierto,
es todo el poder prestado
y ha de volverse a su dueño,
atrevámonos a todo. —
Vasallos, yo os agradezco
la lealtad; en mí lleváis
quien os libre osado y diestro
de extranjera esclavitud.
Tocad al arma, que presto
veréis mi inmenso valor.
Contra mi padre pretendo
tomar armas, y sacar
verdaderos a los cielos.
Presto he de verle a mis plantas ... (*Aparte.*)
Mas si antes de esto dispierto,
¿ no será bien no decirlo,
supuesto que no he de hacerlo?

TODOS. ¡ Viva Segismundo, viva!

ESCENA IV

CLOTALDO, SEGISMUNDO, CLARÍN, *Soldados.*

CLOTALDO. ¿ Qué alboroto es éste, cielos?
SEGISMUNDO. Clotaldo.
CLOTALDO. Señor ... (*Aparte.*) En mí
su rigor prueba.
CLARÍN (*aparte*). Yo apuesto
que le despeña del monte.
Vase.
CLOTALDO. A tus reales plantas llego,
ya sé que a morir.
SEGISMUNDO. Levanta,
levanta, padre, del suelo;
que tú has de ser norte y guía
de quien fíe mis aciertos;
que ya sé que mi crianza
a tu mucha lealtad debo.
Dame los brazos.
CLOTALDO. ¿ Qué dices?
SEGISMUNDO. Que estoy soñando, y que quiero
obrar bien, pues no se pierde

2368 prevención : forethought *2369 cuando :* even if *2375 diestro :* skilled at arms *2380–2381 sacar ...
cielos :* confirm the prediction of the stars *2394 norte :* pole star

	el hacer bien, aun en sueños.	
CLOTALDO.	Pues, señor, si el obrar bien	
	es ya tu blasón, es cierto	
	que no te ofenda el que yo	
	hoy solicite lo mesmo.	2405
	¡ A tu padre has de hacer guerra !	
	Yo aconsejarte no puedo	
	contra mi rey, ni valerte.	
	A tus plantas estoy puesto,	
	dame la muerte.	
SEGISMUNDO.	¡ Villano,	2410
	traidor, ingrato ! (*Aparte.*) Mas, ¡ cielos !	
	el reportarme conviene,	
	que aun no sé si estoy dispierto.	
	Clotaldo, vuestro valor	
	os envidio y agradezco.	2415
	Idos a servir al rey,	
	que en el campo nos veremos. —	
	Vosotros tocad al arma.	
CLOTALDO.	Mil veces tus plantas beso.	
	Vase.	
SEGISMUNDO.	A reinar, fortuna, vamos;	2420
	no me despiertes si duermo,	
	y si es verdad, no me aduermas.	
	Mas sea verdad o sueño,	
	obrar bien es lo que importa;	
	si fuere verdad, por serlo;	2425
	si no, por ganar amigos	
	para cuando despertemos.	

Vanse, tocando cajas.

ESCENA V

Salón del palacio real.

BASILIO *y* ASTOLFO.

BASILIO.	¿ Quién, Astolfo, podrá parar prudente	
	la furia de un caballo desbocado ?	
	¿ Quién detener de un río la corriente	2430
	que corre al mar soberbio despeñado ?	
	¿ Quién un peñasco suspender valiente	
	de la cima de un monte desgajado ?	
	Pues todo fácil de parar se mira,	
	más que de un vulgo la soberbia ira.	2435
	Dígalo en bandos el rumor partido,	

2432–2433 Read: *¿ Quién valiente suspender un peñasco desgajado de la cima de un monte?* *2436*
Dígalo ... partido: Witness the shouting divided into factions

pues se oye resonar en lo profundo
de los montes el eco repetido,
unos ¡ Astolfo! y otros ¡ Segismundo!
El dosel de la jura, reducido 2440
a segunda intención, a horror segundo,
teatro funesto es, donde importuna
representa tragedias la fortuna.

ASTOLFO. Señor, suspéndase hoy tanta alegría;
cese el aplauso y gusto lisonjero, 2445
que tu mano feliz me prometía;
que si Polonia (a quien mandar espero)
hoy se resiste a la obediencia mía,
es porque la merezca yo primero.
Dadme un caballo y de arrogancia lleno, 2450
rayo descienda el que blasona trueno.

Vase.

BASILIO. Poco reparo tiene lo infalible,
y mucho riesgo lo previsto tiene:
Si ha de ser, la defensa es imposible,
que quien la excusa más, más la previene. 2455
¡ Dura ley! ¡ fuerte caso! ¡ horror terrible!
Quien piensa huir el riesgo, al riesgo viene;
con lo que yo guardaba me he perdido;
yo mismo, yo mi patria he destruído.

ESCENA VI

ESTRELLA, BASILIO.

ESTRELLA. Si tu presencia, gran señor, no trata 2460
de enfrenar el tumulto sucedido,
que de uno en otro bando se dilata,
por las calles y plazas dividido,
verás tu reino en ondas de escarlata
nadar, entre la púrpura teñido 2465
de su sangre, que ya con triste modo,
todo es desdichas y tragedias todo.
Tanta es la ruina de tu imperio, tanta
la fuerza del rigor duro, sangriento,
que visto admira y escuchado espanta. 2470
El sol se turba y se embaraza el viento;
cada piedra una pirámide levanta,

2440 *El dosel de la jura*: The throne 2441 *a segunda intencíon*: to a different function 2451 *rayo*: like a thunderbolt 2452 *infalible*: inevitable 2455 *excusa*: avoids; *previene*: prepares (brings it on) 2458 *guardaba*: guarded against

y cada flor construye un monumento,
cada edificio es un sepulcro vivo,
cada soldado un esqueleto vivo. 2475

ESCENA VII

CLOTALDO, BASILIO, ESTRELLA.

CLOTALDO. ¡Gracias a Dios que vivo a tus pies llego!
BASILIO. Clotaldo, ¿pues qué hay de Segismundo?
CLOTALDO. Que el vulgo, monstruo despeñado y ciego,
la torre penetró, y de lo profundo
della sacó su príncipe, que luego 2480
que vió segunda vez su honor segundo,
valiente se mostró, diciendo fiero,
que ha de sacar al cielo verdadero.
BASILIO. Dame un caballo, porque yo en persona
vencer valiente un hijo ingrato quiero; 2485
y en la defensa ya de mi corona
lo que la ciencia erró, venza el acero.

Vase.

ESTRELLA. Pues yo al lado del sol seré Belona:
poner mi nombre junto al suyo espero;
que he de volar sobre tendidas alas 2490
a competir con la deidad de Palas.

Vase, y tocan al arma.

ESCENA VIII

ROSAURA, *que detiene a* CLOTALDO.

ROSAURA. Aunque el valor que se encierra
en tu pecho, desde allí
da voces, óyeme a mí,
que yo sé que todo es guerra. 2495
Bien sabes que yo llegué
pobre, humilde, desdichada
a Polonia, y amparada
de tu valor, en ti hallé
piedad; mandásteme (¡ay cielos!) 2500
que disfrazada viviese
en palacio, y pretendiese,
disimulando mis celos,
guardarme de Astolfo. En fin
él me vió, y tanto atropella 2505

2487 lo ... acero: let my sword accomplish what science (the stars, astrology) failed to *2488 sol*: the king; *Belona*: Bellona, goddess of war

mi honor, que viéndome, a Estrella
de noche habla en un jardín;
 déste la llave he tomado,
y te podré dar lugar
de que en él puedas entrar
a dar fin a mi cuidado.
 Así, altivo, osado y fuerte,
volver por mi honor podrás,
pues que ya resuelto estás
a vengarme con su muerte.

CLOTALDO. Verdad es que me incliné,
desde el punto que te vi,
a hacer, Rosaura, por ti
(testigo tu llanto fué)
 cuanto mi vida pudiese.
Lo primero que intenté,
quitarte aquel traje fué;
porque, si acaso, te viese
 Astolfo en tu propio traje,
sin juzgar a liviandad
la loca temeridad
que hace del honor ultraje.
 En este tiempo trazaba
cómo cobrar se pudiese
tu honor perdido, aunque fuese
(tanto tu honor me arrastraba)
 dando muerte a Astolfo. ¡ Mira
qué caduco desvarío!
Si bien, no siendo rey mío,
ni me asombra, ni me admira.
 Darle pensé muerte; cuando
Segismundo pretendió
dármela a mí, y él llegó,
su peligro atropellando,
 a hacer en defensa mía
muestras de su voluntad,
que fueron temeridad,
pasando de valentía.
 ¿ Pues cómo yo ahora (advierte),
teniendo alma agradecida
a quien me ha dado la vida
le tengo de dar la muerte ?
 Y así, entre los dos partido
el afecto y el cuidado,

2506 viéndome: even though he has seen me *2509 lugar*: opportunity *2513 volver por*: defend *2543 pasando de valentía*: surpassing courage *2547 tengo de* = he de

                viendo que a ti te la he dado,   2550
                y que dél la he recibido,
                   no sé a qué parte acudir:
                no sé a qué parte ayudar,
                si a ti me obligué con dar,
                dél lo estoy con recibir;   2555
                   y así, en la acción que se ofrece,
                nada a mi amor satisface,
                porque soy persona que hace,
                y persona que padece.

ROSAURA.   No tengo que prevenir   2560
                que en un varón singular,
                cuanto es noble acción el dar,
                es bajeza el recibir.
                 Y este principio asentado,
                no has de estarle agradecido,   2565
                supuesto que si él ha sido
                el que la vida te ha dado,
                 y tú a mí, evidente cosa
                es, que él forzó su nobleza
                a que hiciese una bajeza,   2570
                y yo una acción generosa.
                 Luego estás dél ofendido,
                luego estás de mí obligado,
                supuesto que a mí me has dado
                lo que dél has recibido;   2575
                 y así debes acudir
                a mi honor en riesgo tanto,
                pues yo le prefiero, cuanto
                va de dar a recibir.

CLOTALDO.   Aunque la nobleza vive   2580
                de la parte del que da,
                el agradecerla está
                de parte del que recibe.
                 Y pues ya dar he sabido,
                ya tengo con nombre honroso   2585
                el nombre de generoso:
                déjame el de agradecido,
                 pues le puedo conseguir
                siendo agradecido, cuanto
                liberal, pues honra tanto   2590
                el dar como el recibir.

ROSAURA.   De ti recibí la vida,
                y tú mismo me dijiste,

2552 parte: party *2558 hace:* gives (does) *2559 padece:* receives (suffers) *2561 singular:* extraordinary *2578–2579 le ... recibir:* I come before him as giving comes before receiving

cuando la vida me diste,
que la que estaba ofendida 2595
no era vida: luego yo
nada de ti he recibido,
pues vida no vida ha sido
la que tu mano me dió.
 Y si debes ser primero 2600
liberal que agradecido
(como de ti mismo he oído),
que me des la vida espero,
 que no me la has dado; y pues
el dar engrandece más, 2605
si antes liberal, serás
agradecido después.

CLOTALDO. Vencido de tu argumento,
antes liberal seré.
Yo, Rosaura, te daré 2610
mi hacienda, y en un convento
 vive; que está bien pensado
el medio que solicito;
pues huyendo de un delito,
te recoges a un sagrado; 2615
 que cuando desdichas siente
el reino tan dividido,
habiendo noble nacido,
no he de ser quien las aumente.
 Con el remedio elegido 2620
soy en el reino leal,
soy contigo liberal,
con Astolfo agradecido;
 y así escoge el que te cuadre,
quedándose entre los dos, 2625
que no hiciera ¡ vive Dios!
más, cuando fuera tu padre.

ROSAURA. Cuando tú mi padre fueras,
sufriera esa injuria yo;
pero no siéndolo, no. 2630

CLOTALDO. ¿ Pues qué es lo que hacer esperas ?
ROSAURA. Matar al duque.
CLOTALDO.   ¿ Una dama,
que padre no ha conocido,
tanto valor ha tenido ?
ROSAURA. Sí.

2600-2601 ser ... agradecido: rather be creditor than debtor *2611 hacienda:* fortune *2611-2612 en ... vive* = *vive en un convento* *2624 el que te cuadre:* the convent that pleases you *2628 Cuando:* If

Clotaldo.	¿Quién te alienta?
Rosaura.	Mi fama.
Clotaldo.	Mira que a Astolfo has de ver...
Rosaura.	Todo mi honor lo atropella.
Clotaldo.	Tu rey, y esposo de Estrella.
Rosaura.	¡Vive Dios que no ha de ser!
Clotaldo.	Es locura.
Rosaura.	Ya lo veo.
Clotaldo.	Pues véncela.
Rosaura.	No podré.
Clotaldo.	Pues perderás...
Rosaura.	Ya lo sé.
Clotaldo.	Vida y honor.
Rosaura.	Bien lo creo.
Clotaldo.	¿Qué intentas?
Rosaura.	Mi muerte.
Clotaldo.	Mira que eso es despecho.
Rosaura.	Es honor.
Clotaldo.	Es desatino.
Rosaura.	Es valor.
Clotaldo.	Es frenesí.
Rosaura.	Es rabia, es ira.
Clotaldo.	En fin, ¿que no se da medio a tu ciega pasión?
Rosaura.	No.
Clotaldo.	¿Quién ha de ayudarte?
Rosaura.	Yo.
Clotaldo.	¿No hay remedio?
Rosaura.	No hay remedio.
Clotaldo.	Piensa bien si hay otros modos...
Rosaura.	Perderme de otra manera. (*Vase.*)
Clotaldo.	Pues si has de perderte, espera, hija, y perdámonos todos. (*Vase.*)

ESCENA IX

Segismundo, *vestido de pieles;* Soldados, *marchando;* Clarín.

(*Tocan cajas.*)

Segismundo. Si este día me viera
Roma en los triunfos de su edad primera,
¡oh, cuánto se alegrara
viendo lograr una ocasión tan rara

2635 *fama:* reputation, honor 2638 *Tu... Estrella:* continuation of *has de ver,* v. 2636 2648 *medio:* moderation 2657 *edad primera:* most glorious period

          de tener una fiera 2660
que sus grandes ejércitos rigiera;
    a cuyo altivo aliento
fuera poca conquista el firmamento!
    Pero el vuelo abatamos,
espíritu; no así desvanezcamos 2665
    aqueste aplauso incierto,
si ha de pesarme cuando esté dispierto,
    de haberlo conseguido
para haberlo perdido;
    pues mientras menos fuere, 2670
menos se sentirá si se perdiere.
    Tocan un clarín.

CLARÍN.   En un veloz caballo
(perdóname, que fuerza es el pintallo
    en viniéndome a cuento),
en quien un mapa se dibuja atento, 2675
    pues el cuerpo es la tierra,
el fuego el alma que en el pecho encierra,
    la espuma el mar, y el aire es el suspiro,
en cuya confusión un caos admiro;
    pues en el alma, espuma, cuerpo, aliento, 2680
monstruo es de fuego, tierra, mar y viento,
    de color remendado,
rucio, y a su propósito rodado,
    del que bate la espuela;
que en vez de correr vuela; 2685
    a tu presencia llega
airosa una mujer.
SEGISMUNDO.   Su luz me ciega.
CLARÍN. ¡Vive Dios, que es Rosaura! (*Retírase.*)
SEGISMUNDO. El cielo a mi presencia la restaura.

ESCENA X

ROSAURA, *con vaquero, espada y daga.* SEGISMUNDO, *Soldados.*

ROSAURA.   Generoso Segismundo, 2690
cuya majestad heroica
sale al día de sus hechos
de la noche de sus sombras;
y como el mayor planeta,
que en los brazos de la aurora 2695
se restituye luciente
a las plantas y a las rosas,

2672-2687 Between *en un veloz caballo* and *airosa una mujer,* the horse is described in terms of the four elements: fire, air, earth, and water. 2683 *rucio... rodado:* dapple (spotted)-grey. *Rodado* also means "plunged headlong" here. 2694 *el mayor planeta:* the sun

y sobre montes y mares,
cuando coronado asoma,
luz esparce, rayos brilla, 2700
cumbres baña, espumas borda;
así amenazas al mundo,
luciente sol de Polonia,
que a una mujer infelice,
que hoy a tus plantas se arroja, 2705
ampares por ser mujer
y desdichada: dos cosas,
que para obligarle a un hombre,
que de valiente blasona,
cualquiera de las dos basta, 2710
cualquiera de las dos sobra.
Tres veces son las que ya
me admiras, tres las que ignoras
quién soy, pues las tres me viste
en diverso traje y forma. 2715
La primera me creíste
varón en la rigurosa
prisión, donde fué tu vida
de mis desdichas lisonja.
La segunda me admiraste 2720
mujer, cuando fué la pompa
de tu majestad un sueño,
un fantasma, una sombra.
La tercera es hoy, que siendo
monstruo de una especie y otra, 2725
entre galas de mujer
armas de varón me adornan.
Y por que compadecido
mejor mi amparo dispongas,
es bien que de mis sucesos 2730
trágicas fortunas oigas.
De noble madre nací
en la corte de Moscovia,
que, según fué desdichada,
debió de ser muy hermosa. 2735
En ésta puso los ojos
un traidor, que no le nombra
mi voz por no conocerle,
de cuyo valor me informa
el mío; pues siendo objeto 2740

2704 infelice = infeliz: The addition of this *e* is called "paragoge." *2718–2179 fué... lisonja:* your life made my misfortunes seem slight *2724–2725 siendo... otra:* as I am a monster of both sexes *2728 por que = para que*

de su idea, siento ahora
no haber nacido gentil,
para persuadirme loca
a que fué algún dios de aquellos
que en metamorfosis llora 2745
lluvia de oro, cisne y toro
en Dánae, Leda y Europa.
Cuando pensé que alargaba,
citando aleves historias,
el discurso, hallo que en él 2750
te he dicho en razones pocas
que mi madre, persuadida
a finezas amorosas,
fué, como ninguna, bella,
y fué infeliz como todas. 2755
Aquella necia disculpa
de fe y palabra de esposa
la alcanzó tanto, que aún hoy
el pensamiento la llora;
habiendo sido un tirano 2760
tan Eneas de su Troya,
que la dejó hasta la espada.
Enváinese aquí su hoja,
que yo la desnudaré
antes que acabe la historia. 2765
Deste, pues, mal dado nudo
que ni ata ni aprisiona,
o matrimonio o delito,
si bien todo es una cosa,
nací yo tan parecida, 2770
que fuí un retrato, una copia,
ya que en la hermosura no,
en la dicha y en las obras;
y así, no habré menester
decir que poco dichosa 2775
heredera de fortunas,
corrí con ella una propia.
Lo más que podré decirte
de mí, es el dueño que roba
los trofeos de mi honor, 2780
los despojos de mi honra.

2741 idea: in the Platonic sense. Rosaura's father gave her form. *2742 gentil:* gentile, pagan *2747 Dánae, Leda, Europa:* seduced by Zeus metamorphosed into a shower of gold, a swan, and a bull respectively. *2749 aleves historias = historias de alevosía:* stories of treachery *2753 a finezas amorosas:* by amorous gallantries *2757 palabra de esposa:* promise of marriage *2761 Eneas:* See page 263, v. 900, note.

Astolfo... ¡Ay de mí! al nombrarle
se encoleriza y se enoja
el corazón, propio efecto
de que enemigo le nombra. — 2785
Astolfo fué el dueño ingrato
que olvidado de las glorias
(porque en un pasado amor
se olvida hasta la memoria),
vino a Polonia, llamado 2790
de su conquista famosa,
a casarse con Estrella,
que fué de mi ocaso antorcha.
¿Quién creerá, que habiendo sido
una estrella quien conforma 2795
dos amantes, sea una Estrella
la que los divida ahora?
Yo ofendida, yo burlada,
quedé triste, quedé loca,
quedé muerta, quedé yo, 2800
que es decir, que quedó toda
la confusión del infierno
cifrada en mi Babilonia;
y declarándome muda
(porque hay penas y congojas 2805
que las dicen los afectos
mucho mejor que la boca),
dije mis penas callando,
hasta que una vez a solas,
Violante mi madre (¡ay, cielos!) 2810
rompió la prisión, y en tropa
del pecho salieron juntas,
tropezando unas con otras.
No me embaracé en decirlas;
que en sabiendo una persona 2815
que, a quien sus flaquezas cuenta,
ha sido cómplice en otras,
parece que ya le hace
la salva y le desahoga;
que a veces el mal ejemplo 2820
sirve de algo. En fin, piadosa
oyó mis quejas, y quiso
consolarme con las propias:
juez que ha sido delincuente,
¡qué fácilmente perdona! 2825

2793 antorcha: Estrella (star) is the torch of Rosaura's dusk (darkness). *2795 conforma:* bring together *2803 Babilonia:* Babel, i.e., confusion *2818-2819 hace la salva:* asks for permission to speak

Escarmentando en sí misma,
y por negar a la ociosa
libertad, al tiempo fácil,
el remedio de su honra,
no le tuvo en mis desdichas; 2830
por mejor consejo toma
que le siga, y que le obligue,
con finezas prodigiosas,
a la deuda de mi honor;
y para que a menos costa 2835
fuese, quiso mi fortuna
que en traje de hombre me ponga.
Descolgó una antigua espada
que es ésta que ciño: ahora
es tiempo que se desnude, 2840
como prometí, la hoja
pues confiada en sus señas,
me dijo: «Parte a Polonia,
y procura que te vean
ese acero que te adorna, 2845
los más nobles; que en alguno
podrá ser que hallen piadosa
acogida tus fortunas,
y consuelo tus congojas.»
Llegué a Polonia, en efecto: 2850
pasemos, pues que no importa
el decirlo, y ya se sabe,
que un bruto que se desboca
me llevó a tu cueva, adonde
tú de mirarme te asombras. 2855
Pasemos que allí Clotaldo
de mi parte se apasiona,
que pide mi vida al rey,
que el rey mi vida le otorga,
que informado de quién soy, 2860
me persuade a que me ponga
mi propio traje, y que sirva
a Estrella, donde ingeniosa
estorbé el amor de Astolfo
y el ser Estrella su esposa. 2865
Pasemos que aquí me viste
otra vez confuso, y otra
con el traje de mujer
confundiste entrambas formas;

2826 Escarmentando: taking warning in her own experience *2827–2830 por... desdichas:* because she did not trust the repair of her honor to idleness or to the dragging of time, she did not seek it in my misfortune *2851 pasemos:* let us not mention; *pues que = puesto que*

y vamos a que Clotaldo, 2870
persuadido a que le importa
que se casen y que reinen
Astolfo y Estrella hermosa,
contra mi honor me aconseja
que la pretensión deponga. 2875
Yo, viendo que tú ¡ oh, valiente
Segismundo! a quien hoy toca
la venganza, pues el cielo
quiere que la cárcel rompas
de esa rústica prisión, 2880
donde ha sido tu persona
al sentimiento una fiera,
al sufrimiento una roca,
las armas contra tu patria
y contra tu padre tomas, 2885
vengo a ayudarte, mezclando
entre las galas costosas
de Diana, los arneses
de Palas, vistiendo ahora
ya la tela y ya el acero, 2890
que entrambos juntos me adornan.
Ea, pues, fuerte caudillo,
a los dos juntos importa
impedir y deshacer
estas concertadas bodas: 2895
a mí, por que no se case
el que mi esposo se nombra,
y a ti, porque, estando juntos
sus dos estados, no pongan
con más poder y más fuerza 2900
en duda nuestra victoria.
Mujer vengo a persuadirte
al remedio de mi honra,
y varón vengo a alentarte
a que cobres tu corona. 2905
Mujer vengo a enternecerte
cuando a tus plantas me ponga
y varón vengo a servirte
con mi acero y mi persona.
Y así piensa, que si hoy 2910
como mujer me enamoras
como varón te daré
la muerte en defensa honrosa

2875 *la pretensión deponga*: renounce my claim 2876–2885 With the parenthetical material omitted, the main thought reads: *Yo, viendo que tú las armas contra tu patria y contra tu padre tomas, vengo a ayudarte.* 2902 *Mujer*: As a woman 2904 *varón*: as a man

                de mi honor, porque he de ser
                en su conquista amorosa,   2915
                mujer para darte quejas,
                varón para ganar honras.
SEGISMUNDO. Cielos, si es verdad que sueño, *(Ap.)*
                suspendedme la memoria,
                que no es posible que quepan   2920
                en un sueño tantas cosas.
                ¡Válgame Dios, quién supiera,
                o saber salir de todas,
                o no pensar en ninguna!
                ¿Quién vió penas tan dudosas?   2925
                Si soñé aquella grandeza
                en que me vi, ¿cómo ahora
                esta mujer me refiere
                unas señas tan notorias?
                Luego fué verdad, no sueño;   2930
                y si fué verdad (que es otra
                confusión, y no menor),
                ¿cómo mi vida le nombra
                sueño? ¿Pues tan parecidas
                a los sueños son las glorias,   2935
                que las verdaderas son
                tenidas por mentirosas,
                y las fingidas por ciertas?
                ¡Tan poco hay de unas a otras,
                que hay cuestión sobre saber   2940
                si lo que se ve y se goza,
                es mentira o es verdad!
                ¿Tan semejante es la copia
                al original, que hay duda
                en saber si es ella propia?   2945
                Pues si es así, y ha de verse
                desvanecida entre sombras
                la grandeza y el poder,
                la majestad y la pompa,
                sepamos aprovechar   2950
                este rato que nos toca,
                pues sólo se goza en ella
                lo que entre sueños se goza.
                Rosaura está en mi poder;
                su hermosura el alma adora;   2955
                gocemos, pues, la ocasión;
                el amor las leyes rompa

2915 *su*: refers to *honor* 2922 *quién supiera*: if I only knew how 2928 *refiere*: relates 2929 *notorias*: evident

del valor y la confianza
con que a mis plantas se postra.
Esto es sueño, y pues lo es, 2960
soñemos dichas ahora,
que después serán pesares.
Mas ¡ con mis razones propias
vuelvo a convencerme a mí !
Si es sueño, si es vanagloria, 2965
¿ quién, por vanagloria humana,
pierde una divina gloria ?
¿ Qué pasado bien no es sueño ?
¿ Quién tuvo dichas heroicas
que entre sí no diga, cuando 2970
las revuelve en su memoria :
sin duda que fué soñado
cuanto vi ? Pues si esto toca
mi desengaño, si sé
que es el gusto llama hermosa, 2975
que la convierte en cenizas
cualquiera viento que sopla,
acudamos a lo eterno,
que es la fama vividora
donde ni duermen las dichas, 2980
ni las grandezas reposan.
Rosaura está sin honor;
más a un príncipe le toca
el dar honor, que quitarle.
¡ Vive Dios ! que de su honra 2985
he de ser conquistador,
antes que de mi corona.
Huyamos de la ocasión,
que es muy fuerte. — Al arma ahora,
                    (*A un soldado.*)
que hoy he de dar la batalla, 2990
antes que la obscura sombra
sepulte los rayos de oro
entre verdinegras ondas.

ROSAURA.   ¡ Señor ! ¿ pues así te ausentas ?
¿ Pues ni una palabra sola 2995
no te debe mi cuidado,
ni merece mi congoja ?
¿ Cómo es posible, señor,
que ni me mires ni oigas ?
¿ Aun no me vuelves el rostro ? 3000

2970 *entre sí:* to himself 2977 Modern Spanish prefers *cualquier.* 2988 *ocasión:* temptation
2993 *verdinegras:* dark green 2996 *no . . . cuidado:* does my concern elicit

SEGISMUNDO. Rosaura, al honor le importa,
por ser piadoso contigo,
ser crüel contigo ahora.
No te responde mi voz,
porque mi honor te responda; 3005
no te hablo, porque quiero
que te hablen por mí mis obras,
ni te miro, porque es fuerza,
en pena tan rigurosa,
que no mire tu hermosura 3010
quien ha de mirar tu honra.

Vase, y los soldados con él.

ROSAURA. ¿Qué enigmas, cielos, son éstos?
Después de tanto pesar,
¡aun me queda que dudar
con equívocas respuestas! 3015

ESCENA XI

CLARÍN, ROSAURA.

CLARÍN. ¿Señora, es hora de verte?
ROSAURA. ¡Ay, Clarín! ¿dónde has estado?
CLARÍN. En una torre encerrado
brujuleando mi muerte,
si me da, o si no me da; 3020
y a figura que me diera,
pasante quínola fuera
mi vida: que estuve ya
para dar un estallido.
ROSAURA. ¿Por qué?
CLARÍN. Porque sé el secreto 3025
de quién eres, y en efecto,
Clotaldo... ¿Pero qué ruido
es éste? (*Suenan cajas.*)
ROSAURA. ¿Qué puede ser?
CLARÍN. Que del palacio sitiado
sale un escuadrón armado 3030
a resistir o vencer
el del fiero Segismundo.
ROSAURA. ¿Pués cómo cobarde estoy,
y ya a su lado no soy

3011 mirar: consider *3019 brujuleando*: examining (a hand of cards) *3021–3022 Pasante quínola* is a card game which ends when one of the players gets four of a kind. The passage therefore means, "If I had been dealt a face card (*figura*) my life would have been over, for I feared the worst."

un escándalo del mundo, 3035
cuando ya tanta crueldad
cierra sin orden ni ley?

ESCENA XII

Clarín, *Soldados, dentro.*

Todos (*unos*). ¡Viva nuestro invicto rey!
(*otros*.) ¡Viva nuestra libertad!
Clarín. ¡La libertad y el rey vivan! 3040
Vivan muy enhorabuena,
que a mí nada me da pena
como en cuenta me reciban
que yo, apartado este día
en tan grande confusión, 3045
haga el papel de Nerón,
que de nada se dolía.
Si bien me quiero doler
de algo, y ha de ser de mí:
escondido, desde aquí 3050
toda la fiesta he de ver.
El sitio es oculto y fuerte,
entre estas peñas. — Pues ya
la muerte no me hallará,
dos higas para la muerte. 3055

Escóndese; tocan cajas y suena ruido de armas.

ESCENA XIII

Basilio, Clotaldo y Astolfo, *huyendo.* Clarín, *oculto.*

Basilio. ¡Hay más infelice rey!
¡Hay padre más perseguido!
Clotaldo. Ya tu ejército vencido
baja sin tino ni ley.
Astolfo. Los traidores vencedores 3060
quedan.
Basilio. En batallas tales
los que vencen son leales,
los vencidos son traidores.
Huyamos, Clotaldo, pues,
del cruel, del inhumano 3065
rigor de un hijo tirano.

Disparan dentro y cae Clarín *herido de donde está.*

3037 cierra: attacks *3043 como ... reciban:* as long as they let me *3046 Nerón:* allusion to Nero's "fiddling" while Rome burned *3048 Si bien:* Although

BASILIO. ¡Válgame el cielo!
ASTOLFO. ¿Quién es
este infelice soldado,
que a nuestros pies ha caído
en sangre todo teñido? 3070
CLARÍN. Soy un hombre desdichado,
que por quererme guardar
de la muerte, la busqué.
Huyendo della, encontré
con ella, pues no hay lugar, 3075
para la muerte, secreto;
de donde claro se arguye
que quien más su efecto huye,
es quien se llega a su efeto.
Por eso, tornad, tornad 3080
a la lid sangrienta luego;
que entre las armas y el fuego
hay mayor seguridad
que en el monte más guardado,
pues no hay seguro camino 3085
a la fuerza del destino
y a la inclemencia del hado;
y así, aunque a libraros vais
de la muerte con huir,
mirad que vais a morir 3090
si está de Dios que muráis. (*Cae dentro.*)
BASILIO. ¡Mirad que vais a morir
si está de Dios que muráis!
¡Qué bien (¡ay cielos!) persuade
nuestro error, nuestra ignorancia 3095
a mayor conocimiento
este cadáver que habla
por la boca de una herida,
siendo el humor que desata
sangrienta lengua que enseña 3100
que son diligencias vanas
del hombre, cuando dispone
contra mayor fuerza y causa!
Pues yo, por librar de muertes
y sediciones mi patria, 3105
vine a entregarla a los mismos
de quien pretendí librarla.
CLOTALDO. Aunque el hado, señor, sabe
todos los caminos, y halla

3086 a = contra 3091 *si está de Dios*: if God wills 3097–3098 *este ... herida*: a common figure of speech 3109 *humor*: fluid

                    a quien busca entre lo espeso 3110
                    de las peñas, no es cristiana
                    determinación decir
                    que no hay reparo a su saña.
                    Sí hay, que el prudente varón
                    victoria del hado alcanza; 3115
                    y si no estás reservado
                    de la pena y la desgracia,
                    haz por donde te reserves.
ASTOLFO.   Clotaldo, señor, te habla
                    como prudente varón 3120
                    que madura edad alcanza,
                    yo como joven valiente:
                    entre las espesas matas
                    de este monte está un caballo,
                    veloz aborto del aura; 3125
                    huye en él, que yo, entretanto,
                    te guardaré las espaldas.
BASILIO.   Si está de Dios que yo muera,
                    o si la muerte me aguarda
                    aquí, hoy la quiero buscar, 3130
                    esperando cara a cara. (*Tocan al arma.*)

ESCENA XIV

SEGISMUNDO, ESTRELLA, ROSAURA, *Soldados, Acompañamiento;*
        BASILIO, ASTOLFO, CLOTALDO.

SOLDADO.   En lo intrincado del monte,
                    entre sus espesas ramas,
                    el rey se esconde.
SEGISMUNDO.   ¡Seguidle!
                    No quede en sus cumbres planta 3135
                    que no examine el cuidado,
                    tronco a tronco, y rama a rama.
CLOTALDO.   ¡Huye, señor!
BASILIO.   ¿Para qué?
ASTOLFO.   ¿Qué intentas?
BASILIO.   Astolfo, aparta.
CLOTALDO.   ¿Qué quieres?
BASILIO.   Hacer, Clotaldo, 3140
                    un remedio que me falta. —
                    Si a mí buscándome vas, (*A* SEGISMUNDO.)
                    ya estoy, príncipe, a tus plantas:
                            (*Arrodillándose.*)
                    sea dellas blanca alfombra
                    esta nieve de mis canas. 3145

3116 reservado: exempt *3136 que ... cuidado:* that diligence does not search *3144-3145 sea ... canas = sea esta nieve de mis canas blanca alfombra dellas (tus plantas)*

SEGISMUNDO.
Pisa mi cerviz, y huella
mi corona; postra, arrastra
mi decoro y mi respeto;
toma de mi honor venganza,
sírvete de mí cautivo;
y tras prevenciones tantas,
cumpla el hado su homenaje,
cumpla el cielo su palabra.
Corte ilustre de Polonia,
que de admiraciones tantas
sois testigos, atended,
que vuestro príncipe os habla.
Lo que está determinado
del cielo, y en azul tabla
Dios con el dedo escribió,
de quien son cifras y estampas
tantos papeles azules
que adornan letras doradas,
nunca engaña, nunca miente;
porque quien miente y engaña
es quien, para usar mal dellas,
las penetra y las alcanza.
Mi padre, que está presente,
por excusarse a la saña
de mi condición, me hizo
un bruto, una fiera humana;
de suerte, que cuando yo
por mi nobleza gallarda,
por mi sangre generosa,
por mi condición bizarra
hubiera nacido dócil
y humilde, sólo bastara
tal género de vivir,
tal linaje de crianza,
a hacer fieras mis costumbres:
¡qué buen modo de estorbarlas!
Si a cualquier hombre dijesen:
«Alguna fiera inhumana
te dará muerte» ¿escogiera
buen remedio en despertalla
cuando estuviera durmiendo?
Si dijeran: «Esta espada
que traes ceñida ha de ser

3146 cerviz: cervix, nape of the neck; *huella:* trample upon, from *hollar* *3148 decoro:* self-respect *3152 homenaje:* his due *3159 azul tabla:* the heavens, the stars *3169 por excusarse:* for the sake of avoiding

quien te dé muerte »; vana
diligencia de evitarlo 3190
fuera entonces desnudarla
y ponérsela a los pechos.
Si dijesen: « Golfos de agua
han de ser tu sepultura
en monumentos de plata »; 3195
mal hiciera en darse al mar,
cuando soberbio levanta
rizados montes de nieve,
de cristal crespas montañas.
Lo mismo le ha sucedido 3200
que a quien, porque le amenaza
una fiera, la despierta;
que a quien, temiendo una espada,
la desnuda; y que a quien mueve
las ondas de una borrasca; 3205
y cuando fuera (escuchadme)
dormida fiera mi saña,
templada espada mi furia,
mi rigor quieta bonanza,
la fortuna no se vence 3210
con injusticia y venganza,
porque antes se incita más;
y así, quien vencer aguarda
a su fortuna, ha de ser
con cordura y con templanza. 3215
No antes de venir el daño
se reserva ni se guarda
quien le previene; que aunque
puede humilde (cosa es clara)
reservarse dél, no es 3220
sino después que se halla
en la ocasión, porque aquésta
no hay camino de estorbarla.
Sirva de ejemplo este raro
espectáculo, esta extraña 3225
admiración, este horror,
este prodigio; pues nada
es más, que llegar a ver
con prevenciones tan varias,
rendido a mis pies un padre, 3230
y atropellado a un monarca.
Sentencia del cielo fué;

3196 mal ... mar: he would be unwise to put out to sea *3199 de ... montañas = crespas montañas de cristal;* i.e., angry high seas *3212 antes:* rather *3227-3228 nada ... que:* no less than this is it to

	por más que quiso estorbarla	
	él, no pudo; ¿y podré yo,	
	que soy menor en las canas,	3235
	en el valor y en la ciencia,	
	vencerla? — Señor, levanta. (*Al rey.*)	
	Dame tu mano; que ya	
	que el cielo te desengaña	
	de que has errado en el modo	3240
	de vencerla, humilde aguarda	
	mi cuello a que tú te vengues:	
	rendido estoy a tus plantas.	
Basilio.	Hijo, que tan noble acción	
	otra vez en mis entrañas	3245
	te engendra, príncipe eres.	
	A ti el laurel y la palma	
	se te deben; tú venciste;	
	corónente tus hazañas.	
Todos.	¡Viva Segismundo, viva!	3250
Segismundo.	Pues que ya vencer aguarda	
	mi valor grandes victorias,	
	hoy ha de ser la más alta	
	vencerme a mí. — Astolfo dé	
	la mano luego a Rosaura,	3255
	pues sabe que de su honor	
	es deuda, y yo he de cobrarla.	
Astolfo.	Aunque es verdad que la debo	
	obligaciones, repara	
	que ella no sabe quién es;	3260
	y es bajeza y es infamia	
	casarme yo con mujer . . .	
Clotaldo.	No prosigas, tente, aguarda;	
	porque Rosaura es tan noble	
	como tú, Astolfo, y mi espada	3265
	lo defenderá en el campo;	
	que es mi hija, y esto basta.	
Astolfo.	¿Qué dices?	
Clotaldo.	Que yo hasta verla	
	casada, noble y honrada,	
	no la quise descubrir.	3270
	La historia desto es muy larga;	
	pero, en fin, es hija mía.	
Astolfo.	Pues siendo así, mi palabra	
	cumpliré.	

3233 por más que: however much *3235–3236 soy . . . valor:* have less grey hair (am younger), less courage *3247 el laurel y la palma:* symbols of honor and victory *3270 descubrir:* make known

Segismundo.	Pues por que Estrella
	no quede desconsolada,
	viendo que príncipe pierde
	de tanto valor y fama,
	de mi propia mano yo
	con esposo he de casarla
	que en méritos y fortuna,
	si no le excede, le iguala.
	Dame la mano.
Estrella.	Yo gano
	en merecer dicha tanta.
Segismundo.	A Clotaldo, que leal
	sirvió a mi padre, le aguardan
	mis brazos, con las mercedes
	que él pidiere que le haga.
Soldado.	Si así a quien no te ha servido
	honras, ¿ a mí que fuí causa
	del alboroto del reino,
	y de la torre en que estabas
	te saqué, ¿ qué me darás ?
Segismundo.	La torre; y por que no salgas
	della nunca, hasta morir
	has de estar allí con guardas,
	que el traidor no es menester
	siendo la traición pasada.
Basilio.	Tu ingenio a todos admira.
Astolfo.	¡ Qué condición tan mudada !
Rosaura.	¡ Qué discreto y qué prudente !
Segismundo.	¿ Qué os admira ? ¿ qué os espanta,
	si fué mi maestro un sueño,
	y estoy temiendo en mis ansias
	que he de despertar y hallarme
	otra vez en mi cerrada
	prisión ? Y cuando no sea,
	el soñarlo sólo basta:
	pues así llegué a saber
	que toda la dicha humana
	en fin pasa como un sueño,
	y quiero hoy aprovecharla
	el tiempo que me durare:
	pidiendo de nuestras faltas
	perdón, pues de pechos nobles
	es tan propio el perdonarlas.

Fin de « La Vida es Sueño »

3301 ¿Qué os admira? What makes you wonder? *3305 cerrada:* narrow *3306 cuando:* even if *3313–3315 pidiendo ... perdonarlas:* the usual apology ending a *comedia*

CALDERÓN BIBLIOGRAPHY

I. Works

Teatro. (Biblioteca de Autores Españoles, Vols. VII, IX, XII, XIV.)
Obras completas, 3 vols., edited by Ángel Valbuena Briones, Madrid, 1933–1952.
FITZGERALD, EDWARD (trans.): *Eight Dramas of Calderón*, New York, 1922.
[Individual plays in numerous Clásicos Castellanos editions.]

II. General Studies

DUNN, P. N.: "Honour and the Christian Background in Calderón," *Bulletin Hispanique*, XVII (1960), pp. 75–105.
LUND, HARRY: *Pedro Calderón de la Barca: A Biography*, Texas, 1963.
MENÉNDEZ PELAYO, MARCELINO: *Calderón y su teatro*, Madrid, 1881.
PARKER, A. A.: "Towards a Definition of Calderonian Tragedy," *Bulletin of Hispanic Studies*, XXXIX (1962), pp. 222–237.
VALBUENA PRAT, ÁNGEL: *Calderón: Su personalidad, su arte dramático, su estilo y sus obras*, Barcelona, 1941.
WARDROPPER, BRUCE W. (ed.): *Critical Essays on the Theatre of Calderón*, New York, 1965.
WILSON, EDWARD M.: "The Four Elements in the Imagery of Calderón," *Modern Language Review*, XXI (1936), pp. 34–37.

III. La vida es sueño

BUCHANAN, M. A.: "*Culteranismo* in Calderón's *La vida es sueño*," *Homenaje a Menéndez Pidal*, I, pp. 545-555.

HESSE, EVERETT W.: "La concepción calderoniana del príncipe perfecto en *La vida es sueño*," *Clavileño*, IV, No. 20 (March-April, 1953), pp. 4-12.

—— (ed.): *La vida es sueño*, New York, 1961.

LEAVITT, STURGIS (ed.): *La vida es sueño* and *El alcalde de Zalamea*, New York, 1964.

REYES, ALFONSO: "Un tema de *La vida es sueño*," *Revista de Filología Española*, IV (1917), pp. 1-25, 237-276.

VALBUENA PRAT, ÁNGEL: "El orden del Barroco en *La vida es sueño*," *Escorial*, VI (February, 1942), pp. 167-192.

WHITBY, WILLIAM M.: "Rosaura's Role in the Structure of *La vida es sueño*," *Hispanic Review*, XXIII (1960), pp. 16-27.

IV. Recording

La vida es sueño, recorded by the *Compañía española de Teatro Universal*, is available on two 12-inch $33\frac{1}{3}$ RPM records, through the Wible Language Institute, Allentown, Pennsylvania.

UN HIDALGO
Bettmann Archive

ROJAS ZORRILLA

Francisco de Rojas Zorrilla (1607–1648) belongs to the Calderonian school. Born in Toledo, he is believed to have studied there as well as at Salamanca and at Alcalá. He was appointed judge of the high court in Mexico. Like many other Spanish dramatists of the time, he wrote for the court of Philip IV, where he became a friend of the leading palace geniuses. He was made poet of the Buen Retiro and a knight of the Order of Santiago.

At the accustomed inquiry into his eligibility for knighthood a perhaps not altogether reliable witness testified that Rojas had *morisco* and, on both sides of his family, Jewish blood. This unfavorable testimony, added to the fact that the dramatist's father was a scribe, would have sufficed to exclude him from the order. Those not of pure Spanish blood or whose forebears had done lowly work were ineligible. But the King pressed the matter. With the favorably disposed Quevedo in charge of the later stages of the proceedings, a dispensation was obtained from the Pope. Rojas finally received his habit in 1643. He died suddenly some five years later in Madrid at the early age of forty-one of unknown causes.

Rojas was popular both with the court and the public. Of the eighty-seven plays which have been attributed to him only between forty and forty-five, according to at least one expert opinion (that of Raymond R. MacCurdy), can be called his with certainty. These include fifteen plays he is known to have written in collaboration with such figures as Antonio Coello, Vélez de Guevara, Mira de Amescua, and Calderón, sometimes collaborating with two of them on a single work. Philip's banning of theatrical performances in 1644—the ban was not lifted until 1649, a year after Rojas' death—cut short his career as a dramatist.

Among his best known works, aside from *Del rey abajo, ninguno,* are *Entre bobos anda el juego, Lo que son las mujeres,* and *Donde hay agravios no hay celos.* The French dramatists, among them Corneille and Scarron, borrowed from his works as they did from other *Siglo de Oro* playwrights.

Rojas has two manners. In the one, he uses inflated language; in the other he is a model of clarity, purity of expression, and color. He often yields to the public's marked preference for the affected Gongoristic style and for the use of exotic words. Yet, when he wishes, he abandons exaggeration and obscurity in favor of a simple, flowing poetic style that delights the ear.

As a psychologist and master of the comic, he is to Calderón's school what Tirso is to Lope's. Profoundly schooled in every theatrical device, he wrote tragedies in which opposing passions produce intensely dramatic situations. In another vein, he invented a new form of *comedia* in which the *gracioso* plays the role of protagonist. The first of the so-called *comedias de figurón*, *figurón* being a ridiculous or extravagant main character, is his *Entre bobos anda el juego*.

Rojas is considered an innovator in his treatment of the honor code and of female characters. By playing up the conflict between the demands of honor and the promptings of the heart, he humanized the accustomed coldbloodedness of honor slayings. He gave women a much more important and active role than did his predecessors. A champion of women's rights, Rojas was the first of the Spanish dramatists to portray members of the fair sex with the power to restore their own honor.

Del rey abajo, ninguno, subtitled *El labrador más honrado García del Castañar*, is one of the most celebrated of *Siglo de Oro comedias*. It is also the one for which Rojas is best known, although his authorship is disputed by some. Stylistically, it is a mixture of Rojas' two manners, the plain and the affected.

It is not distinguished for the originality of its plot, which is found in a number of earlier plays, but for the excellence of its execution. It contains extraordinarily effective situations, fast-moving realistic scenes, and natural, lifelike characters. It is a picture of rural manners which, despite the conventionality of the honor theme, delights by the poetry of the setting, the animation of the dialogue, and the vigor of the descriptions. Above all, it is impressive for the force of the protagonist's character.

Other themes besides that of honor are the pure joys of country life (contrasted with the baseness of the courtier, Mendo), idyllic conjugal love, and the relationships between king and subject. Still another theme, which William M. Whitby claims to underly the whole work, is the interplay between appearance and reality. Neither García nor Mendo is what he appears to be. As Whitby points out, it is the King's function, aided by the all-knowing Count of Orgaz, to penetrate appearance and arrive at reality. The arrival at reality marks the end of the play.

That Rojas Zorrilla could, despite his use of a series of wellworn themes, types, and situations, manage to write a play as appealing as *Del rey abajo, ninguno*—its very title would suit any number of *Siglo de Oro* plays—is a tribute to his genius. If the idealization of country life, the familiar "*Menosprecio de corte y alabanza de aldea*" theme, is far from a novelty, the flights of poetry in which it is expressed, its sense of immediacy, make it a delight. If the honor theme is as conventional as any can be, it is given a particularly exciting treatment. If García conforms to the cliché of the noble hero in humble disguise, his vitality and individuality make him a living, colorful character. No less real and colorful are Blanca and the Conde de Orgaz, whose name, because of his importance to the plot, once served as the play's title.

Both the Conde and García are depicted as true nobles whose virtues hark back to the idealistic code of chivalry. Mendo, in contrast, conforms to the pattern of the hidalgo turned base courtier, a type anathematized from time immemorial. García, because of his rustic disguise, causes Mendo to suffer by a double comparison—with both virtuous peasant and true hidalgo.

Among the plays most resembling *Del rey abajo, ninguno* are *Peribáñez y el Comendador de Ocaña* and *El villano en su rincón*, two of Lope de Vega's best known works.

The background of the action is the fourteenth-century historical one of Alfonso XI's preparations for the conquest of Algeciras against the Moors. The Count of Orgaz, a real person, is the subject of El Greco's famous painting, "The Burial of the Count of Orgaz," based upon the popular legend of the Count's miraculous burial by St. Augustine and St. Stephen. García and Blanca are pseudo-historical creations of Rojas.

METRICAL SCHEME OF «DEL REY ABAJO, NINGUNO»

Act I

Redondillas	abba	1–92
Romance (i-a)		93–176
Redondillas	abba	177–220
Sextillas	ababcc	221–262
Canción		263–274
Redondillas	abba	275–290
Sonetos	abba, abba, cdc, dcd	291–318
Redondillas	abba	319–836

Act II

Redondillas	abba	837–1060
Silvas pareadas	xX	1061–1166
Romance (o-e)		1167–1228
Décima	abbaa-ccddc	1229–1238
Redondillas	abba	1239–1266
Canción		1267–1268
Redondilla	abba	1269–1272
Canción		1273–1274
Redondilla	abba	1275–1278
Canción		1279–1280
Redondillas	abba	1281–1360
Décimas	abbaa-ccddc	1361–1450
Redondillas	abba	1451–1478
Silva		1479–1489
Romance (e-o)		1490–1683

Act III

Silvas pareadas	xX	1684–1896
Décimas	abbaa-ccddc	1897–1936
Romance (a-e)		1937–2082
Redondillas	abba	2083–2118
Décimas	abbaa-ccddc	2119–2308
Redondillas	abba	2309–2356
Romance (u-o)		2357–2554
Redondillas	abba	2555–2574

DEL REY ABAJO, NINGUNO

PERSONAS

Don García, *labrador*.
Doña Blanca, *labradora*.
Teresa, *labradora*.
Belardo, *viejo*.
El Rey.
La Reina.

Don Mendo.
Bras.
El Conde de Orgaz, *viejo*.
Tello, *criado*.
Dos Caballeros.
Músicos y Labradores.

Época: Siglo XIV

JORNADA PRIMERA

Sale el Rey* *con banda roja atravesada, leyendo un memorial, y* Don Mendo.

Rey. Don Mendo, vuestra demanda
he visto.
Mendo. Decid querella;
que me hagáis, suplico en ella,
caballero de la Banda.
Dos meses ha que otra vez 5
esta merced he pedido;
diez años os he servido
en Palacio y otros diez
en la guerra, que mandáis
que esto preceda primero 10
a quien fuere caballero
de la insignia que ilustráis.
Hallo, señor, por mi cuenta,
que la puedo conseguir,
que, si no, fuera pedir 15
una merced para afrenta.
Respondióme lo vería;
merezco vuestro favor,

---

*1 *Rey:* Alfonso XI, King of Castile (1312–1350); *demanda:* not "demand" but "petition" 2 *querella:* complaint 4 *Banda:* order founded by Alfonso XI in 1332 5 *ha* = *hace* 9 *que:* for, because 12 *insignia:* i.e., *la banda* (sash); *ilustráis:* you honor 15–16 *fuera ... afrenta:* it would be asking a favor only to be insulted (by its rejection) 17 *Respondióme* (*vuestra alteza que*) *lo vería:* You answered me that you would see about it; 18 *favor:* support, aid

              y está en opinión, señor,
              sin ella la sangre mía.   20
REY.   Don Mendo, al Conde llamad.
MENDO.   Y a mi ruego, ¿ qué responde ?
REY.   Está bien; llamad al Conde.
MENDO.   El Conde viene.
REY.   Apartad.

              Sale el CONDE *con un papel.*

MENDO.   Pedí con satisfacción   25
              la Banda, y no la pidiera
              si primero no me hiciera
              yo propio mi información.
REY.   ¿ Qué hay de nuevo ?
CONDE.   En Algecira
              temiendo están vuestra espada;   30
              contra vos, el de Granada,
              todo el África conspira.
REY.   ¿ Hay dineros ?
CONDE.   Reducido
              en éste veréis, señor,
              el donativo mayor   35
              con que el reino os ha servido.
REY.   ¿ La información cómo está
              que os mandé hacer en secreto,
              Conde, para cierto efeto
              de don Mendo ? ¿ Hízose ya ?   40
CONDE.   Sí, señor.
REY.   ¿ Cómo ha salido ?
              La verdad, ¿ qué resultó ?
CONDE.   Que es tan bueno como yo.
REY.   La gente con que ha servido
              mi reino, ¿ será bastante   45
              para aquesta empresa ?
CONDE.   Freno
              seréis, Alfonso el Onceno,
              con él del moro arrogante.
REY.   Quiero ver, Conde de Orgaz,
              a quién deba hacer merced   50
              por sus servicios. Leed.
CONDE.   El reino os corone en paz

19–20 está ... mía: the purity of my Spanish blood is questioned *28 información:* investigation of eligibility *29 Algecira:* Algeciras, city in southern Spain *31 el de Granada:* Yusuf I, King of Granada (1333–1354) *32 conspira:* calls together *33 Reducido:* Condensed *34 éste: este (documento, papel)* *39 efeto = efecto:* purpose

	adonde el Genil felice	
	arenas de oro reparte.	
REY.	Guárdeos Dios, cristiano Marte.	55
	Leed, don Mendo.	
MENDO.	Así dice:	
	« Lo que ofrecen los vasallos	
	para la empresa a que aspira	
	Vuestra Alteza, de Algecira:	
	En gente, plata y caballos,	60
	don Gil de Albornoz dará	
	diez mil hombres sustentados;	
	el de Orgaz, dos mil soldados;	
	el de Astorga llevará	
	cuatro mil, y las ciudades	65
	pagarán diez y seis mil;	
	con su gente hasta el Genil	
	iran las tres Hermandades	
	de Castilla; el de Aguilar,	
	con mil caballos ligeros,	70
	mil ducados en dineros;	
	García del Castañar	
	dará para la jornada	
	cien quintales de cecina,	
	dos mil fanegas de harina	75
	y cuatro mil de cebada;	
	catorce cubas de vino,	
	tres hatos de sus ganados,	
	cien infantes alistados,	
	cien quintales de tocino;	80
	« y doy esta poquedad,	
	porque el año ha sido corto,	
	mas ofrézcole, si importo	
	también a Su Majestad,	
	un rústico corazón	85
	de un hombre de buena ley,	
	que, aunque no conoce al Rey,	
	conoce su obligación ».	

---

53 Genil: river that flows through Granada; *felice = feliz 55 cristiano Marte:* modern Mars (god of war) *61-64 Albornoz, Orgaz, Astorga:* historical personages of the time *68 Hermandades:* semi-religious, military brotherhoods *72 García del Castañar:* one of the names by which this play is known, another being *El labrador más honrado 73 jornada:* expedition *79 cien infantes alistados:* the outfitting of one hundred foot soldiers *83 si importo:* if I can be of any use *84 Majestad:* an anachronism, such title not being in use in Alfonso's time *86 de buena ley:* of sterling quality

REY.	¡Grande lealtad y riqueza!	
MENDO.	Castañar, humilde nombre.	90
REY.	¿Dónde reside este hombre?	
CONDE.	Oiga quién es Vuestra Alteza:	

Cinco leguas de Toledo,
Corte vuestra y patria mía,
hay una dehesa, adonde 95
este labrador habita,
que llaman el Castañar,
que con los montes confina,
que desta imperial España
son posesiones antiguas. 100
En ella un convento yace
al pie de una sierra fría,
del Caballero de Asís,
de Cristo efigie divina,
porque es tanta de Francisco 105
la humildad que le entroniza,
que aun a los pies de una sierra
sus edificios fabrica.
Un valle el término incluye
de castaños, y apellidan 110
del Castañar, por el valle,
al convento y a García,
adonde, como Abraham,
la caridad ejercita,
porque en las cosechas andan 115
el Cielo y él a porfía.
Junto del convento tiene
una casa, compartida
en tres partes: una es
de su rústica familia, 120
copioso albergue de fruto
de la vid y de la oliva,
tesoro donde se encierra
el grano de las espigas,
que es la abundancia tan grande 125
del trigo que Dios le envía,
que los pósitos de España
son de sus trojes hormigas;
es la segunda un jardín,
cuyas flores, repartidas, 130

---

94 Corte: Toledo was then the capital of Spain. *97 el Castañar:* the chestnut grove *103 Asís:* Saint Francis of Assisi (1182–1226) *115–116 andan... porfía:* compete with each other *125 que:* for, because *127–128 los... hormigas:* the public storehouses of Spain are as small as ants compared to his private granaries

fragrantes estrellas son
de la tierra y del sol hijas,
tan varias y tan lucientes,
que parecen, cuando brillan,
que bajó la cuarta esfera 135
sus estrellas a esta quinta;
es un cuarto la tercera,
en forma de galería,
que de jaspes de San Pablo,
sobre tres arcos estriba; 140
ilústranle unos balcones
de verde y oro, y encima
del tejado de pizarras,
globos de esmeraldas finas;
en él vive con su esposa 145
Blanca, la más dulce vida
que vió el amor, compitiendo
sus bienes con sus delicias,
de quien no copio, señor,
la beldad, que el sol envidia, 150
porque agora no conviene
a la ocasión ni a mis días;
baste deciros que siendo
sus riquezas infinitas,
con su esposa comparadas, 155
es la menor de sus dichas.
Es un hombre bien dispuesto,
que continuo se ejercita
en la caza, y tan valiente,
que vence a un toro en la lidia. 160
Jamás os ha visto el rostro
y huye de vos, porque afirma
que es sol el Rey y no tiene
para tantos rayos vista.
García del Castañar 165
es éste, y os certifica
mi fe que, si le lleváis
a la guerra de Algecira,
que lleváis a vuestro lado
una prudencia que os rija, 170
una verdad sin embozo,
una agudeza advertida,
un rico sin ambición,

---

135 cuarta esfera: In the Ptolemaic system of astronomy it contained the sun. *136 quinta:* play on the meanings "country house" and "fifth (sphere)" *139 San Pablo:* quarries in the province of Toledo *141 ilústranle = le ilustran:* adorn it *149 no copio:* I do not describe

	un parecer sin porfía,	
	un valiente sin discurso	175
	y un labrador sin malicia.	
Rey.	¡Notable hombre!	
Conde.	Os prometo	
	que en él las partes se incluyen,	
	que en Palacio constituyen	
	un caballero perfecto.	180
Rey.	¿No me ha visto?	
Conde.	Eternamente.	
Rey.	Pues yo, Conde, le he de ver:	
	dél experiencia he de hacer;	
	yo y don Mendo solamente	
	y otros dos, hemos de ir;	185
	pues es el camino breve,	
	la cetrería se lleve	
	por que podamos fingir	
	que vamos de caza, que hoy	
	desta suerte le he de hablar,	190
	y en llegando al Castañar,	
	ninguno dirá quién soy.	
	¿Qué os parece?	
Conde.	La agudeza	
	a la ocasión corresponde.	
Rey.	Prevenid caballos, Conde.	195
Conde.	Voy a serviros.	

Vase, y sale la Reina.*

Mendo.	Su Alteza.	
Reina.	¿Dónde, señor?	
Rey.	A buscar	
	un tesoro sepultado	
	que el Conde ha manifestado.	
Reina.	¿Lejos?	
Rey.	En el Castañar.	200
Reina.	¿Volveréis?	
Rey.	Luego que ensaye	
	en el crisol su metal.	
Reina.	Es la ausencia grave mal.	
Rey.	Antes que los montes raye	
	el sol, volveré, señora,	205
	a vivir la esfera mía.	

---

174 *un parecer sin porfía:* an appearance without competition (equal) 175 *sin discurso:* without talk; i.e., who does not boast 181 *Eternamente:* Never. 183 *experiencia:* not "experience" but "experiment" 187 *cetrería:* falconry 190 *desta* = *de esta* *la Reina:* Doña María de Portugal 206 *la esfera mía:* my role (return to palace)

Reina.	Noche es la ausencia.
Rey.	Vos, día.
Reina.	Vos, mi sol.
Rey.	Y vos, mi aurora.

Vase la Reina.

Mendo.	¿Qué decís a mi demanda?	
Rey.	De vuestra nobleza estoy	210
	satisfecho, y pondré hoy	
	en vuestro pecho esta banda;	
	que si la doy por honor	
	a un hombre indigno, don Mendo,	
	será en su pecho remiendo	215
	en tela de otro color;	
	y al noble seré importuno	
	si a su desigual permito,	
	porque, si a todos admito,	
	no la estimará ninguno.	220

Vanse, y sale Don García, *labrador.*

García.	Fábrica hermosa mía,	
	habitación de un infeliz dichoso,	
	oculto desde el día	
	que el castellano pueblo victorioso,	
	con lealtad oportuna,	225
	al niño Alfonso coronó en la cuna.	
	En ti vivo contento,	
	sin desear la Corte o su grandeza,	
	al ministerio atento	
	del campo, donde encubro mi nobleza,	230
	en quien fuí peregrino	
	y extraño huésped, y quedé vecino.	
	En ti, de bienes rico,	
	vivo contento con mi amada esposa,	
	cubriendo su pellico	235
	nobleza, aunque ignorada, generosa;	
	que, aunque su ser ignoro,	
	sé su virtud y su belleza adoro.	
	En la casa vivía	
	de un labrador de Orgaz, prudente y cano;	240
	vila, y dejóme un día,	
	como suele quedar en el verano,	
	del rayo a la violencia,	
	ceniza el cuerpo, sana la apariencia.	

---

221 Fábrica: Building, Abode *223 oculto:* not "I hide" but "hidden." García is hiding his true identity. *235–237 cubriendo ... ignoro:* her shepherdess' jacket disguising her nobility, which, though unknown, is bountiful *237 su ser:* her true identity

Mi mal consulté al Conde, 245
y asegurando que en mi esposa bella
sangre ilustre se esconde,
caséme amante y me ilustré con ella,
que acudí, como es justo,
primero a la opinión y luego al gusto. 250
Vivo en feliz estado,
aunque no sé quién es y ella lo ignora,
secreto reservado
al Conde, que la estima y que la adora;
ni jamás ha sabido 255
que nació noble el que eligió marido
mi Blanca, esposa amada,
que divertida entre sencilla gente,
de su jardín traslada
puros jazmines a su blanca frente. 260
Mas ya todo me avisa
que sale Blanca, pues que brota risa.

Salen DOÑA BLANCA, *labradora, con flores;* BRAS, TERESA *y* BELARDO, *viejo, y* MÚSICOS *pastores.*

MÚSICOS.   Esta es blanca como el sol,
   que la nieve no.
Esta es hermosa y lozana, 265
   como el sol,
que parece a la mañana,
   como el sol,
que aquestos campos alegra,
   como el sol, 270
con quien es la nieve negra
y del almendro la flor.
Esta es blanca como el sol,
   que la nieve no.
GARCÍA.   Esposa, Blanca querida, 275
injustos son tus rigores
si por dar vida a las flores
me quitas a mí la vida.
BLANCA.   Mal daré vida a las flores
cuando pisarlas suceda, 280
pues mi vida ausente queda,
adonde animas, amores;
porque así quiero, García,
sabiendo cuánto me quieres,
que si tu vida perdieres, 285
puedas vivir con la mía.
GARCÍA.   No habrá merced que sea mucha,

---

250 *opinión:* reputation, honor 264 *que ... no:* whiter than snow 271 *con quien:* by comparison with whom

	Blanca, ni grande favor	
	si le mides con mi amor.	
BLANCA.	¿Tanto me quieres?	
GARCÍA.	Escucha:	290
	No quiere el segador el aura fría,	
	ni por abril el agua mis sembrados,	
	ni yerba en mi dehesa mis ganados,	
	ni los pastores la estación umbría,	
	ni el enfermo la alegre luz del día,	295
	la noche los gañanes fatigados,	
	blandas corrientes los amenos prados,	
	más que te quiero, dulce esposa mía;	
	que si hasta hoy su amor desde el primero	
	hombre juntaran, cuando así te ofreces,	300
	en un sujeto a todos los prefiero;	
	y aunque sé, Blanca, que mi fe agradeces,	
	y no puedo querer más que te quiero,	
	aún no te quiero como tú mereces.	
BLANCA.	No quieren más las flores al rocío,	305
	que en los fragrantes vasos el sol bebe;	
	las arboledas la deshecha nieve,	
	que es cima de cristal y después río;	
	el índice de piedra al norte frío,	
	el caminante al iris cuando llueve,	310
	la obscura noche la traición aleve,	
	más que te quiero, dulce esposo mío;	
	porque es mi amor tan grande, que a tu nombre,	
	como a cosa divina, construyera	
	aras donde adorarle, y no te asombre,	315
	porque si el ser de Dios no conociera,	
	dejara de adorarte como hombre,	
	y por Dios te adorara y te tuviera.	
BRAS.	Pues están Blanca y García,	
	como palomos de bien,	320
	resquiebrémonos también,	
	porque desde ellotri día	
	tu carilla me engarrucha.	
TERESA.	Y a mí tu talle, mi Bras.	
BRAS.	¿Mas que te quiero yo más?	325

299–301 que ... prefiero: for if they combined in one individual all the love men have felt from the first man to the present, I would, so wonderful are you, surpass them all *306 vasos:* calyxes *309 índice de piedra:* lodestone *310 iris:* rainbow *319* Bras uses an exaggerated form of rustic speech. *321 resquiebrémonos = requebrémonos:* let us speak to each other of love *322 ellotri = el otro 325 ¿Mas que:* I bet

TERESA. ¿Mas que no?
BRAS. Teresa, escucha:
Desde que te vi, Teresa,
en el arroyo pracer,
ayudándote a torcer
los manteles de la mesa, 330
y torcidos y lavados,
nos dijo cierto estudiante:
«Así a un pobre pleiteante
suelen dejar los letrados»,
eres de mí tan querida 335
como lo es de un logrero
la vida de un caballero
que dió un juro de por vida.
            Sale TELLO.
TELLO. Envidie, señor García,
vuestra vida el más dichoso. 340
Sólo en vos reina el reposo.
BLANCA. ¿Qué hay, Tello?
TELLO.   ¡Oh, señora mía!
¡Oh, Blanca hermosa, de donde
proceden cuantos jazmines
dan fragancia a los jardines! 345
Vuestras manos besa el Conde.
BLANCA. ¿Cómo está el Conde?
TELLO.   Señora,
a vuestro servicio está.
GARCÍA. Pues, Tello, ¿qué hay por acá?
TELLO. Escuchad aparte agora. 350
Hoy, con toda diligencia,
me mandó que éste os dejase
y respuesta no esperase.
Con esto, dadme licencia.
GARCÍA. ¿No descansaréis?
TELLO.   Por vos 355
me quedara hasta otro día,
que no han de verme, García,
los que vienen cerca. Adiós.
            Vase.
GARCÍA. El sobre escrito es a mí.
¿Mas que me riñe porque 360

---

328 pracer = *placer:* The substitution of *r* for *l* is common in some dialects and individuals. *Bras,* as a name, stands for Blas. *332 estodiante* = *estudiante 336 logrero:* money-lender *338 juro:* life annuity *349 ¿qué hay por acá?:* what brings you here? *352 éste* = *este papel*

corto el donativo fué
que hice al Rey? Mas dice así:
« El Rey, señor don García,
que su ofrecimiento vió,
admirado preguntó 365
quién era vueseñoría;
díjele que un labrador
desengañado y discreto,
y a examinar va en secreto
su prudencia y su valor. 370
No se dé por entendido,
no diga quién es al Rey,
porque, aunque estime su ley,
fué de su padre ofendido,
y sabe cuánto le enoja 375
quien su memoria despierta.
Quede adiós, y el Rey, advierta
que es el de la banda roja.
El Conde de Orgaz, su amigo ».
Rey Alfonso, si supieras 380
quién soy, ¡ cómo previnieras
contra mi sangre el castigo
de un difunto padre!

BLANCA. Esposo,
silencio y poco reposo,
indicios de triste son. 385
¿ Qué tienes?

GARCÍA. Mándame, Blanca,
en éste el Conde, que hospede
a unos señores.

BLANCA. Bien puede,
pues tiene esta casa franca.

BRAS. De cuatro rayos con crines, 390
generación española,
de unos cometas con cola,
o aves, y al fin rocines,
que andan bien y vuelan mal,
cuatro bizarros señores, 395
que parecen cazadores,
se apean en el portal.

GARCÍA. No te des por entendida
de que sabemos que vienen.

---

371 *No . . . entendido*: Don't make it appear that you know 372 *quién es (vueseñoría)*: who you are 373 *su ley*: your loyalty 382-383 first verse of a *redondilla* missing; sense not affected 389 *pues . . . franca*: for this house is open to him 390-394 Bras parodies the affected speech of the gentlemen of the period: he calls the slow Spanish-bred nags thunderbolts (*rayos*) and comets of speed.

| TERESA. | ¡Qué lindos talles que tienen! | 400 |
| BRAS. | ¡Pardiez, que es gente llocida! | |

Salen el REY *sin banda y* DON MENDO *con banda y otros dos* CAZADORES.

REY.	Guárdeos Dios, los labradores.	
GARCÍA.	(Ya veo al de la divisa.)	
	Caballeros de alta guisa,	
	Dios os dé bienes y honores.	405
	¿Qué mandáis?	
MENDO.	¿Quién es aquí	
	García del Castañar?	
GARCÍA.	Yo soy, a vuestro mandar.	
MENDO.	Galán sois.	
GARCÍA.	Dios me hizo ansí.	
BRAS.	Mayoral de sus porqueros	410
	só, y porque mucho valgo,	
	miren si los mando en algo	
	en mi oficio, caballeros,	
	que lo haré de mala gana,	
	como verán por la obra.	415
GARCÍA.	¡Quita, bestia!	
BRAS.	El bestia sobra.	
REY.	¡Qué simplicidad tan sana!	
	Guárdeos Dios.	
GARCÍA.	Vuestra persona,	
	aunque vuestro nombre ignoro,	
	me aficiona.	
BRAS.	Es como un oro;	420
	a mí también me inficiona.	
MENDO.	Llegamos al Castañar	
	volando un cuervo, supimos	
	de vuestra casa, y venimos	
	a verla y a descansar	425
	un rato, mientras que pasa	
	el sol de aqueste horizonte.	
GARCÍA.	Para labrador de un monte	
	grande juzgaréis mi casa;	

---

401 *¡Pardiez* = *¡Por Dios; llocida* = *lucida:* magnificent 410 *porqueros:* swineherds 411 *só* = *soy* 412 *si los mando en algo* = *si tienen algo que mandar* 414 *de mala gana:* Blas means to say *de buena gana.* 420 *como un oro:* as neat as a pin 421 *inficiona:* infects. Blas means to say *aficiona.* 423 *volando un cuervo:* pursuing a raven

	y aunque un albergue pequeño	430
	para tal gente será,	
	sus defectos suplirá	
	la voluntad de su dueño.	
Mendo.	¿Nos conocéis?	
García.	No, en verdad,	
	que nunca de aquí salimos.	435
Mendo.	En la Cámara servimos	
	los cuatro a Su Majestad,	
	para serviros, García.	
	¿Quién es esta labradora?	
García.	Mi mujer.	
Mendo.	Gocéis, señora,	440
	tan honrada compañía	
	mil años, y el cielo os dé	
	más hijos que vuestras manos	
	arrojen al campo granos.	
Blanca.	No serán pocos, a fe.	445
Mendo.	¿Cómo es vuestro nombre?	
Blanca.	Blanca.	
Mendo.	Con vuestra beldad conviene.	
Blanca.	No puede serlo quien tiene	
	la cara a los aires franca.	
Rey.	Yo también, Blanca, deseo	450
	que veáis siglos prolijos	
	los dos, y de vuestros hijos	
	veáis más nietos que veo	
	árboles en vuestra tierra,	
	siendo a vuestra sucesión	455
	breve para habitación	
	cuanto descubre esa sierra.	
Bras.	No digan más desatinos.	
	¡Qué poco en hablar reparan!	
	Si todo el campo pobraran,	460
	¿dónde han de estar mis cochinos?	
García.	Rústico entretenimiento	
	será para vos mi gente;	
	pues la ocasión lo consiente,	
	recibid sin cumplimiento	465
	algún regalo en mi casa.	
	Tú disponte, Blanca mía.	
Mendo.	(Llámala fuego, García,	
	pues el corazón me abrasa.)	
Rey.	Tan hidalga voluntad	470

---

451 *siglos prolijos:* long years 455 *sucesión:* offspring 460 *pobraran* = *poblaran*. Cf. v. 328, note.
466 *regalo:* delicacies

GARCÍA.	es admitirla nobleza. Con esta misma llaneza sirviera a Su Majestad, que aunque no le he visto, intento servirle con afición.
REY.	¿ Para no verle hay razón ?
GARCÍA.	¡ Oh, señor, ese es gran cuento ! Dejadle para otro día. Tú, Blanca, Bras y Teresa, id a prevenir la mesa con alguna niñería.

Vanse.

REY.	Pues yo sé que el rey Alfonso tiene noticia de vos.
MENDO.	Testigos somos los dos.
GARCÍA.	¿ El Rey de un villano intonso ?
REY.	Y tanto el servicio admira que hicisteis a su Corona, ofreciendo ir en persona a la guerra de Algecira, que si la Corte seguís, os ha de dar a su lado el lugar más envidiado de Palacio.

GARCÍA.	¿ Qué decís ?
	Más precio entre aquellos cerros
	salir a la primer luz,
	prevenido el arcabuz,
	y que levanten mis perros
	   una banda de perdices,
	y codicioso en la empresa,
	seguirlas por la dehesa
	con esperanzas felices
	   de verlas caer al suelo,
	y cuando son a los ojos
	pardas nubes con pies rojos,
	batir sus alas al vuelo
	   y derribar esparcidas
	tres o cuatro, y anhelando
	mirar mis perros buscando
	las que cayeron heridas,
	   con mi voz que los provoca,
	y traer las que palpitan

---

471 *es admitirla nobleza:* must be acknowledged as nobility 481 *niñería:* trifle 485 *intonso:* unshorn 495 *primer luz:* dawn. The masculine *primer* is poetic license. 497 *levanten:* start, flush out 498 *banda:* covey

a mis manos, que las quitan
con su gusto de su boca;
 levantarlas, ver por dónde
entró entre la pluma el plomo, 515
volverme a mi casa, como
suele de la guerra el Conde
a Toledo, vencedor;
pelarlas dentro en mi casa,
perdigarlas en la brasa 520
y puestas al asador
con seis dedos de un pernil,
que a cuatro vueltas o tres,
pastilla de lumbre es
y canela del Brasil; 525
 y entregársele a Teresa,
que con vinagre y aceite
y pimienta, sin afeite,
las pone en mi limpia mesa,
 donde, en servicio de Dios, 530
una yo y otra mi esposa
nos comemos, que no hay cosa
como a dos perdices, dos;
 y levantando una presa,
dársela a Teresa, más 535
porque tenga envidia Bras
que por dársela a Teresa,
 y arrojar a mis sabuesos
el esqueleto roído,
y oír por tono el crujido 540
de los dientes y los huesos,
 y en el cristal transparente
brindar, y, con mano franca,
hacer la razón mi Blanca
con el cristal de una fuente; 545
 levantar la mesa, dando
gracias a quien nos envía
el sustento cada día,
varias cosas platicando;
 que aqueso es el Castañar, 550
que en más estimo, señor,
que cuanta hacienda y honor
los Reyes me puedan dar.

---

520 perdigarlas: brown them *525 Brasil:* another anachronism; Brazil was not yet discovered.
534 presa: morsel *540 tono:* tune *544 hacer la razón:* to answer the toast *552–553* These verses are the complement of 494 ff.

Rey.   Pues, ¿cómo al Rey ofrecéis
         ir en persona a la guerra,
         si amáis tanto vuestra tierra?   555
García. Perdonad, no lo entendéis.
         El Rey es de un hombre honrado,
         en necesidad sabida,
         de la hacienda y de la vida   560
         acreedor privilegiado;
         agora, con pecho ardiente,
         se parte al Andalucía
         para extirpar la herejía
         sin dineros y sin gente;   565
         así le envié a ofrecer
         mi vida, sin ambición,
         por cumplir mi obligación
         y porque me ha menester;
         que, como hacienda debida,   570
         al Rey le ofrecí de nuevo
         esta vida que le debo,
         sin esperar que la pida.
Rey.   Pues, concluída la guerra,
         ¿no os quedaréis en Palacio?   575
García. Vívese aquí más de espacio,
         es más segura esta tierra.
Rey.   Posible es que os ofrezca
         el Rey lugar soberano.
García. ¿Y es bien que le dé a un villano   580
         el lugar que otro merezca?
Rey.   Elegir el Rey amigo
         es distributiva ley.
         Bien puede.
García.   Aunque pueda, el Rey
         no lo acabará conmigo,   585
         que es peligrosa amistad
         y sé que no me conviene,
         que a quien ama es el que tiene
         más poca seguridad;
         que por acá siempre he oído   590
         que vive más arriesgado
         el hombre del Rey amado
         que quien es aborrecido,
         porque el uno se confía
         y el otro se guarda dél.   595
         Tuve yo un padre muy fiel,

---

561 acreedor: creditor, in that he can claim one's life and possessions *562 al:* poetic license, to make eight syllables *576 de espacio = despacio:* slowly, leisurely *589 más poca = menos*

	que muchas veces decía,	
	dándome buenos consejos,	
	que tenía certidumbre	
	que era el Rey como la lumbre:	600
	que calentaba de lejos	
	y desde cerca quemaba.	
Rey.	También dicen más de dos	
	que suele hacer, como Dios,	
	del lodo que se pisaba,	605
	un hombre ilustrado, a quien	
	le venere el más bizarro.	
García.	Muchos le han hecho de barro	
	y le han deshecho también.	
Rey.	Sería el hombre imperfecto.	610
García.	Sea imperfecto o no sea,	
	el Rey, a quien no desea,	
	¿qué puede darle, en efeto?	
Rey.	Daraos premios.	
García.	Y castigos.	
Rey.	Daraos gobierno.	
García.	Y cuidados.	615
Rey.	Daraos bienes.	
García.	Envidiados.	
Rey.	Daraos favor.	
García.	Y enemigos.	
	Y no os tenéis que cansar,	
	que yo sé no me conviene	
	ni daré por cuanto tiene	620
	un dedo del Castañar.	
	Esto sin que un punto ofenda	
	a sus reales resplandores;	
	mas lo que importa, señores,	
	es prevenir la merienda.	625

Vase.

Rey.	Poco el Conde lo encarece:	
	más es de lo que pensaba.	
Mendo.	La casa es bella.	
Rey.	Extremada.	
	¿Cuál lo mejor os parece?	
Mendo.	Si ha de decir la fe mía	630
	la verdad a Vuestra Alteza,	
	me parece la belleza	
	de la mujer de García.	

---

603 más de dos: more than a few *606 ilustrado:* illustrious *614 Daraos* = Os dará

Rey.	Es hermosa.	
Mendo.	¡ Es celestial;	
	es ángel de nieve pura!	635
Rey.	¿ Ése es amor ?	
Mendo.	La hermosura	
	¿ a quién le parece mal ?	
Rey.	Cubríos, Mendo. ¿ Qué hacéis?	
	Que quiero en la soledad	
	deponer la majestad.	640
Mendo.	Mucho, Alfonso, recogéis	
	vuestros rayos, satisfecho	
	que sois por fe venerado,	
	tanto, que os habéis quitado	
	la roja banda del pecho	645
	para encubriros y dar	
	aliento nuevo a mis bríos.	
Rey.	No nos conozcan, cubríos,	
	que importa disimular.	
Mendo.	Rico hombre soy, y de hoy más.	650
	Grande es bien que por vos quede.	
Rey.	Pues ya lo dije, no puede	
	volver mi palabra atrás.	

Sale Doña Blanca.

Blanca.	Entrad, si queréis, señores,	
	merendar, que ya os espera	655
	como una primavera,	
	la mesa llena de flores.	
Mendo.	¿ Y qué tenéis que nos dar ?	
Blanca.	¿ Para qué saberlo quieren ?	
	Comerán lo que les dieren,	660
	pues que no lo han de pagar,	
	o quedaránse en ayunas;	
	mas nunca faltan, señores,	
	en casa de labradores,	
	queso, arrope y aceitunas,	665
	y blanco pan les prometo,	
	que amasamos yo y Teresa,	
	que pan blanco y limpia mesa,	
	abren a un muerto las ganas;	
	uvas de un majuelo mío,	670
	y en blanca miel de rocío,	
	berenjenas toledanas;	
	perdices en escabeche,	
	y de un jabalí, aunque fea,	

---

650 *Rico hombre:* Grandee; *de hoy:* as of today. Mendo refers to just having been made a knight of La Banda. 668 last verse of the *redondilla* missing; sense not altered

	una cabeza en jalea,	675
	por que toda se aproveche;	
	cocido en vino, un jamón,	
	y un chorizo que provoque	
	a que con el vino aloque,	
	hagan todos la razón;	680
	dos ánades y cecinas	
	cuantas los montes ofrecen,	
	cuyas hebras me parecen	
	deshojadas clavellinas,	
	que cuando vienen a estar	685
	cada una de por sí,	
	como seda carmesí,	
	se pueden al torno hilar.	
Rey.	Vamos, Blanca.	
Blanca.	Hidalgos, ea,	
	merienden, y buena pro.	690

Vanse el Rey *y los dos* Cazadores.

Mendo.	Labradora, ¿quién te vió	
	que amante no te desea?	
Blanca.	Venid y callad, señor.	
Mendo.	Cuanto previenes trocara	
	a un plato que sazonara	695
	en tu voluntad amor.	
Blanca.	Pues decidme, cortesano,	
	el que trae la banda roja:	
	¿qué en mi casa se os antoja	
	para guisarle?	
Mendo.	Tu mano.	700
Blanca.	Una mano de almodrote	
	de vaca os sabrá más bien;	
	guarde Dios mi mano, amén,	
	no se os antoje en jigote,	
	que harán, si la tienen gana,	705
	y no hay quien los replique,	
	que se pique y se repique	
	la mano de una villana,	
	para que un señor la coma.	
Mendo.	La voluntad la sazone	710
	para mis labios.	
Blanca.	Perdone;	
	bien está San Pedro en Roma.	

---

690 pro: appetite *692 amante no te desea:* does not long for you with love *701 almodrote:* stew *704 jigote:* hash *712 bien... Roma:* let well enough alone

	Y si no lo habéis sabido,	
	sabed, señor, en mi trato,	
	que sólo sirve ese plato	715
	al gusto de mi marido,	
	y me lo paga muy bien,	
	sin lisonjas ni rodeos.	
MENDO.	Yo, con mi estado y deseos,	
	te lo pagaré también.	720
BLANCA.	En mejor mercadería	
	gastad los intentos vanos,	
	que no comprarán gitanos	
	a la mujer de García,	
	que es muy ruda y montaraz.	725
MENDO.	Y bella como una flor.	
BLANCA.	¿Que de dónde soy, señor?	
	Para serviros, de Orgaz.	
MENDO.	Que eres del Cielo sospecho,	
	y en el rigor, de la sierra.	730
BLANCA.	¿Son bobas las de mi tierra?	
	Merendad, y buen provecho.	
MENDO.	No me entiendes, Blanca mía.	
BLANCA.	Bien entiendo vuestra trova,	
	que no es del todo boba	735
	la de Orgaz, por vida mía.	
MENDO.	Pues por tus ojos amados	
	que has de oírme, la de Orgaz.	
BLANCA.	Tengamos la fiesta en paz;	
	entrad ya, que están sentados,	740
	y tened más cortesía.	
MENDO.	Tú, menos riguridad.	
BLANCA.	Si no queréis, aguardad.	
	¡Ah, marido! ¡Hola, García!	

Sale DON GARCÍA.

GARCÍA.	¿Qué queréis, ojos divinos?	745
BLANCA.	Haced al señor entrar,	
	que no quiere hasta acabar	
	un cuento de Calaínos.	
GARCÍA.	(¡Si el cuento fuera de amor (*Aparte*.)	
	del Rey, que Blanca me dice,	750
	para ser siempre infelice!	
	Mas si viene a darme honor	
	Alfonso, no puede ser;	
	cuando no de mi linaje,	

---

731 ¿*Son... tierra?*: i.e., The women are not fools where I come from. 742 *riguridad* = *rigor*: sternness 748 *cuento de Calaínos*: fairy tale 749-750 Read: ¡*Si el cuento que Blanca me dice fuera de amor del Rey*

          se me ha pegado del traje
          la malicia y proceder.
              Sin duda no quiere entrar
          por no estar con sus criados
          en una mesa sentados;
          quiéroselo suplicar
          de manera que no entienda
          que le conozco.) Señor,
          entrad y haréisme favor,
          y alcanzad de la merienda
          un bocado, que os le dan
          con voluntad y sin paga,
          y mejor provecho os haga
          que no el bocado de Adán.
        Sale Bras *y saca algo de comer y un jarro cubierto.*

Bras.   Un caballero me envía
          a decir como os espera.
Mendo.   ¿Cómo, Blanca, eres tan fiera?
                 Vase.
Blanca.   Así me quiere García.
García.   ¿Es el cuento?
Blanca.   Proceder
          en él quiere pertinaz;
          mas déjala a la de Orgaz,
          que ella sabrá responder.
                 Vase.
Bras.   Todos están en la mesa;
          quiero, a solas y sentado,
          mamarme lo que he arrugado,
          sin que me viese Teresa.
           ¡Qué bien que se satisface
          un hombre sin compañía!
          Bebed, Bras, por vida mía.
(*Dentro.*) Bebed vos.
(*Dentro.*)   ¿Yo? Que me place.
Rey.   Caballero, ya declina
          el sol al mar Océano.
               Salen todos.
García.   Comed más, que aún es temprano;
          ensanchad bien la petrina.

---

768 *bocado de Adán:* Adam's apple, the bite Adam took of the apple which stuck in his throat.
770 *como = que* 779 *mamarme... arrugado:* eat what I have stolen 788 *petrina = pretina:* belt

Rey.	Quieren estos caballeros
	un ave, en la tierra rasa, 790
	volarla.
García.	Pues a mi casa
	os volved.
Rey.	Obedeceros
	no es posible.
García.	Cama blanda
	ofrezco a todos, señores,
	y con almohadas de flores, 795
	sábanas nuevas de Holanda.
Rey.	Vuestro gusto fuera ley,
	García, que no podemos,
	que desde mañana hacemos
	los cuatro semana al Rey, 800
	y es fuerza estar en Palacio.
	Blanca, adiós; adiós, García.
García.	El Cielo os guarde.
Rey.	Otro día
	hablaremos más despacio.
	Vase.
Mendo.	Labradora, hermosa mía, 805
	ten de mi dolor memoria.
Blanca.	Caballero, aquesa historia
	se ha de tratar con García.
García.	¿Qué decís?
Mendo.	Que dé a los dos
	el Cielo vida y contento. 810
Blanca.	Adiós, señor, el del cuento.
Mendo.	(¡Muerto voy!) Adiós.
García.	Adiós.
	Y tú, bella como el Cielo,
	ven al jardín, que convida
	con dulce paz a mi vida, 815
	sin consumirla el anhelo
	del pretendiente que aguarda
	el mal seguro favor,
	la sequedad del señor,
	ni la provisión que tarda, 820
	ni la esperanza que yerra,
	ni la ambición arrogante
	del que armado de diamante,
	busca al contrario en la guerra,
	ni por los mares el Norte, 825

800 *semana al Rey*: weekly turn of duty at court 801 *es fuerza*: it is necessary 809–810 *Que . . contento*: Mendo changes the subject because García appears. 816–828 An enumeration of the vexatious ambitions García avoids.

                que envidia pudiera dar
                a cuantos del Castañar
                van esta tarde a la Corte.
                Mas por tus divinos ojos,
                adorada Blanca mía,   830
                que es hoy el primero día
                que he tropezado en enojos.
BLANCA.   ¿ De qué son tus descontentos ?
GARCÍA.   Del cuento del cortesano.
BLANCA.   Vamos al jardín, hermano,   835
                que esos son cuentos de cuentos.

---

831 primero día: poetic license to make eight syllables *836 cuentos de cuentos:* involved stories

JORNADA SEGUNDA

Salen la REINA *y el* CONDE.

REINA. Vuestra extraña relación
me ha enternecido, y prometo
que he de alcanzar, con efeto,
para los dos el perdón; 840
porque de Blanca y García
me ha encarecido Su Alteza,
en el uno, la belleza,
y en otro, la gallardía.
Y pues que los dos se unieron, 845
con sucesos tan prolijos,
como los padres, los hijos
con una estrella nacieron.
CONDE. Del Conde nadie concuerda
bien en la conspiración; 850
salió al fin de la prisión,
y don Sancho de la Cerda
huyó con Blanca, que era
de dos años a ocasión
que era yo contra Aragón 855
general de la frontera,
donde el Cerda, con su hija,
se pretendió asegurar,
y en un pequeño lugar,
con la jornada prolija, 860
adolesció de tal suerte,
que aunque le acudí en secreto,
en dos días, en efeto,
cobró el tributo la muerte.
Hícele dar sepultura 865
con silencio, y apiadado,
mandé que a Orgaz un soldado
la inocente criatura
llevase, y un labrador
la crió, hasta que un día 870
la casaron con García
mis consejos y su amor,
que quiso, sin duda alguna,

---

854 *a ocasión:* at the time 858 *se pretendió asegurar:* sought to find safety 860 *jornada prolija:* long journey 861 *de tal suerte:* in such a way

	el Cielo que ambos se viesen,	
	y de los padres tuviesen	875
	junta la sangre y fortuna.	
REINA.	Yo os prometo de alcanzar	
	el perdón.	
	Sale BRAS.	
BRAS.	Buscandolé,	
	¡Pardiobre!, que me colé,	
	como fraile, sin llamar.	880
	Topéle. Su sonsería	
	me dé las manos y pies.	
CONDE.	Bien venido, Bras.	
REINA.	¿Quién es?	
CONDE.	Un criado de García.	
REINA.	Llegad.	
BRAS.	¡Qué brava hermosura!	885
	Esta sí que el ojo abonda;	
	pero si vos sois la Conda,	
	tendréis muy mala ventura.	
CONDE.	¿Y qué hay por allá, mancebo?	
BRAS.	Como al Castañar no van	890
	estafetas de Milán,	
	no he sabido qué hay de nuevo.	
	Y por acá, ¿qué hay de guerra?	
CONDE.	Juntando dineros voy.	
BRAS.	De buena gana los doy	895
	por gozar en paz mi tierra;	
	porque el corazón me ensancha,	
	cuando duermo más seguro	
	que en Flandes detrás de un muro,	
	en un carro de la Mancha.	900
REINA.	Escribe bien, breve y grave.	
CONDE.	Es sabio.	
REINA.	A mi parecer,	
	más es que serlo tener	
	quien en Palacio le alabe.	
	Sale DON MENDO.	
MENDO.	Su Alteza espera.	
REINA.	Muy bien	905

---

878 Buscandolé: accent on the pronoun is frequent in familiar language. *879 ¡Pardiobre! = ¡Pardiez! = ¡Por Dios! 881 Su sonsería:* Your foolishness; another of Bras' malapropisms *882 me . . . pies:* i.e., to kiss *886 abonda:* satisfy, please (archaic) *887 Conda:* malapropism for *Condesa 888 ventura:* Cf. the proverb *La ventura de la fea, la bonita la desea. 891 estafetas:* mails, an anachronism *901 Escribe bien:* The subject is *García.*

la banda está en vuestro pecho.

Vase.

MENDO. Por vos, Su Alteza me ha hecho
aquesta honra.
CONDE. También
tuve parte en esta acción.
MENDO. Vos me disteis esta banda, 910
que mía fué la demanda
y vuestra la información.
Ayer con Su Alteza fuí,
y dióme esta insignia, Conde,
yendo al Castañar. (Adonde (*Aparte.*) 915
libre fuí y otro volví.)

Sale TELLO.

TELLO. El Rey llama.
CONDE. Espera, Bras.
BRAS. El billorete leed.
CONDE. Este hombre entretened
mientras vuelvo.
BRAS. Estoy de más; 920
desempechadme temprano,
que el Palacio y los olores
se hicieron para señores,
no para un tosco villano.
CONDE. Ya vuelvo.

Vanse el CONDE *y* TELLO.

MENDO. (Conocer quiero (*Aparte.*) 925
este hombre.)
BRAS. ¿No hay habrar?
¿Cómo fué en el Castañar
ayer tarde, caballero?
MENDO. (Daré a tus aras mil veces (*Aparte.*)
holocaustos, dios de amor, 930
pues en este labrador
remedio a mi mal ofreces.
¡Ay, Blanca! ¡Con qué de enojos
me tienes! ¡Con qué pesar!
¡Nunca fuera al Castañar! 935

---

916 *otro volví:* i.e., I returned enslaved to Blanca 918 *billorete:* Bras's diminutive for *billete* (letter) 920 *Estoy de más:* I am not wanted 921 *desempechadme:* Bras's rendition of *despachadme*, dismiss me 922 *olores:* Gentlemen and courtiers of the time made lavish use of perfumes. 926 *¿No hay habrar?:* Don't you have anything to say? 930 *holocaustos:* burnt offerings 935 *¡Nunca fuera!:* Would that I had never gone

¡Nunca te vieran mis ojos!
¡Pluguiera a Dios que, primero
que fuera Alfonso a tu tierra,
muerte me diera en la guerra
el corvo africano acero!
¡Pluguiera a Dios, labrador, 940
que al áspid fiero y hermoso
que sirves, y cauteloso
fué causa de mi dolor,
sirviera yo, y mis Estados 945
te diera, la renta mía,
que por ver a Blanca un día,
fuera a aguardar sus ganados!)

BRAS. ¿Qué diabros tiene, señor,
que salta, brinca y recula? 950
Sin duda la tarantula
le ha picado, o tiene amor.

MENDO. (Amor, pues Norte me das, (*Aparte.*)
déste tengo de saber
si a Blanca la podré ver.) 955
¿Cómo te llamas?

BRAS. ¿Yo? Bras.
MENDO. ¿De dónde eres?
BRAS. De la villa
de Ajofrín, si sirvo en algo.
MENDO. ¿Y eres muy gentil hidalgo?
BRAS. De los Brases de Castilla. 960
MENDO. Ya lo sé.
BRAS. Decís verdad,
que só antiguo, aunque no rico,
pues vengo de un villancico
del día de Navidad.
MENDO. Buen talle tienes.
BRAS. Bizarro; 965
mire qué pie tan perfeto.
¿Monda nísperos el peto?
Y estos ojuelos, ¿son barro?
MENDO. ¿Y eres muy discreto, Bras?
BRAS. En eso soy extremado, 970
porque cualquiera cuitado
presumo que sabe más.
MENDO. ¿Quieres servirme en la Corte,

941–948 Mendo wishes he, instead of Bras, could be Blanca's swineherd. *951 tarantula:* rhyme demands stress on penult; modern pronunciation is *tarántula*. *963 villancico:* Blas was the name of a shepherd in Christmas carols. *967 ¿Monda nísperos el peto?:* What's wrong with my chest? *968 ¿son barro?:* are they to be sneezed at?

Bras.	y verás cuánto te precio? Caballero, aunque só necio, razonamientos acorte, y si algo quiere mandarme, acabe ya de parillo.	975
Mendo.	Toma, Bras, este bolsillo.	
Bras.	Mas, ¡ par Dios! ¿ Quiere burlarme? A ver, acerque la mano.	980
Mendo.	Escudos son.	
Bras.	Yo lo creo; mas por no engañarme, veo si está por de dentro vano; dinero es, y de ello infiero que algo pretende que haga, porque el hablar bien se paga.	985
Mendo.	Sólo que me digas quiero si ver podré a tu señora.	
Bras.	¿ Para malo o para bueno?	990
Mendo.	Para decirla que peno y que el corazón la adora.	
Bras.	¡ Lástima os tengo, así viva, por lo que tengo en el pecho, y aunque rudo, amor me ha hecho el mío como una criba! Yo os quiero dar una traza que de provecho será: aquestas noches se va mi amo García a caza de jabalíes; vestida le aguarda sin prevención, y si entráis por un balcón, la hallaréis medio dormida, porque hasta el alba le espera; y esto muchas veces pasa . a quien deja hermosa en casa y busca en otra una fiera.	995 1000 1005
Mendo.	¿ Me engañas?	
Bras.	Cosa es tan cierta, que de noche, en ocasiones, suelo entrar por los balcones por no llamar a la puerta ni que Teresa me abra, y por la honda que deja	1010

---

976 *razonamientos acorte:* come to the point 978 *parillo* = *parirlo:* get it out. Cf. page 6, v. 7, note.
982 *Escudos:* Coins 986 *pretende:* you want 987 *el hablar bien se paga:* that's good pay for just talking

	puesta Belardo en la reja,	1015
	trepando voy como cabra,	
	y la hallo sin embarazo,	
	sola, esperando a García,	
	porque le aguarda hasta el día	
	recostada sobre el brazo.	1020
MENDO.	En ti el amor me promete	
	remedio.	
BRAS.	Pues esto haga.	
MENDO.	Yo te ofrezco mayor paga.	
BRAS.	(Esto no es ser alcagüete.) (*Aparte.*)	
MENDO.	(Blanca, esta noche he de entrar (*Aparte.*)	1025
	a verte, a fe de español,	
	que, para llegar al sol,	
	las nubes se han de escalar.)	
	Vase, y salen el REY *y el* CONDE.	
REY.	El hombre es tal, que prometo	
	que con vuestra aprobación	1030
	he de llevarle a esta acción	
	y ennoblecerle.	
CONDE.	Es discreto	
	y valiente; en él están,	
	sin duda, resplandecientes	
	las virtudes convenientes	1035
	para hacerle capitán,	
	que yo sé que suplirá	
	la falta de la experiencia	
	su valor y su prudencia.	
REY.	Mi gente lo acetará,	1040
	pues vuestro valor le abona,	
	y sabe de vuestra ley	
	que sin méritos, al Rey	
	no le proponéis persona;	
	traedle mañana, Conde.	1045
	Vase.	
CONDE.	Yo sé que aunque os acuitéis,	
	que en la ocasión publiquéis	
	la sangre que en vos se esconde.	
BRAS.	Despachadme, pues, que no,	
	señor, otra cosa espero.	1050
CONDE.	Que se recibió el dinero	
	que al donativo ofreció,	
	le decid, Bras, a García,	

1017 sin embarazo: with nothing to stop me *1024 alcagüete* = *alcahuete:* go-between, pimp
1026 a fe de español: on my word as a Spaniard *1031 esta acción:* i.e., the war against Yusuf I

y podeos ir con esto,
que yo le veré muy presto 1055
o responderé otro día.

Vase.

BRAS. No llevo cosa que importe;
sobre tardanza prolija,
largo parto y parir hija,
propio despacho de Corte. 1060

Vase, y sale DON GARCÍA, *de cazador, con un puñal y un arcabuz.*

GARCÍA. Bosques míos, frondosos,
de día alegres cuanto tenebrosos
mientras baña Morfeo
la noche con las aguas de Leteo,
hasta que sale de Faetón la esposa 1065
coronada de plumas y de rosa;
en vosotros dotrina
ella sobre quien Marte predomina,
disponiendo sangriento
a mayores contiendas el aliento; 1070
porque furor influye
la caza, que a la guerra sostituye.
Yo soy el vivo rayo
feroz de vuestras fieras, que me ensayo
para ser, con la sangre que me inspira, 1075
rayo del Castañar en Algecira;
criado en vuestras grutas y campañas,
Alcides español de estas montañas,
que contra sus tiranos,
clava es cualquiera dedo de mis manos, 1080
siendo por mí esta vera
pródiga en carnes, abundante en cera;
vengador de sus robos,
Parca común de osos y de lobos,
que por mí el cabritillo y simple oveja 1085
del montañés pirata no se queja,
y cuando embiste airado
a devorar el tímido ganado,

1063 Morfeo: Morpheus, god of dreams and son of the god of sleep *1064 Leteo:* Lethe, river of forgetfulness *1065 de Faetón la esposa:* the Moon; Phaeton is the son of Helios, the sun god. *1067 dotrina = doctrina:* holds sway *1068 ella:* war (of which Mars is the god) *1072 a la guerra sostituye (substituye):* i.e., is a substitute for (resembles) warfare *1078 Alcides:* Hercules *1079 tiranos:* predatory beasts of the forest who tyrannize innocent animals *1080 clava:* club *1081 vera:* valley *1084 Parca:* Death *1085 por mí:* because of me

si me arrojo al combate,
ocioso el can en la palestra late. 1090
Que durmiendo entre flores,
en mi valor fiados los pastores,
cuando abre el sol sus ojos,
desperezados ya los miembros flojos,
cuando al ganado asisto, 1095
cuando al cosario embisto,
pisan difunta la voraz caterva,
más lobos sus abarcas que no yerba.
¿ Qué colmenar copioso
no demuele defensas contra el oso, 1100
fabricando sin muros
dulce y blanco licor en nichos puros ?
Que por esto han tenido,
gracias al plomo a tiempo compelido,
en sus cotos amenos, 1105
un enemigo las abejas menos.
Que cuando el sol acaba,
y en el postrero parasismo estaba,
a dos colmenas que robado había,
las caló dentro de una fuente fría, 1110
ahogando en sus cristales
las abejas que obraron sus panales,
para engullir segura
la miel que mixturó en el agua pura,
y dejó, bien que turbia, su corriente, 1115
el agua dulce desta clara fuente.
Y esta noche, bajando
un jabalí aqueste arroyo blando
y cristalino cebo
con la luz que mendiga Cintia a Febo, 1120
le miré cara a cara,
haciéndose lugar entre la jara,
despejando la senda sus cuchillos
de marfil o de acero sus colmillos;
pero a una bala presta, 1125
la luz condujo a penetrar la testa,
oyendo el valle, a un tiempo repetidos,
de la pólvora el eco y los bramidos.
Los dos serán trofeos
pendientes en mis puertas, aunque feos, 1130

1090 ocioso ... late: the idle dog barks in the fray *1096 cosario = corsario:* pirate, thief *1097* Read: *la voraz caterva difunta 1115 bien que:* although *1120 Cintia a Febo:* Cynthia (the Moon) to Phoebus (the Sun) *1124 de ... colmillos:* its tusks like knives of ivory or teeth of steel *1126 testa:* head; cf. Fr. *tête.*

después que Blanca, con su breve planta,
su cerviz pise, y por ventura tanta,
dirán: ni aun en la muerte
tiene el cadáver de un dichoso suerte,
que en la ocasión más dura, 1135
a las fieras no falta la ventura.
Mas el rumor me avisa
que un jabalí desciende; con gran prisa
vuelve huyendo; habrá oído
algún rumor distante su sentido, 1140
porque en distancia larga
oye calar al arcabuz la carga,
y esparcidas las puntas
que sobre el cerro acumulaba juntas,
si oye la bala o menear la cuerda, 1145
es ala cuando huye cada cerda.

Sale DON MENDO *y un* CRIADO *con una escala.*

MENDO. ¿Para esto, amor tirano,
del cerco toledano
al monte me trajiste,
para perderme en su maleza triste? 1150
Mas ¿qué esperar podía
ciego que a un ciego le eligió por guía?
Una escala previne, con intento,
Blanca, de penetrar tu firmamento,
y lo mismo emprendiera, 1155
si fueras diosa en la tonante esfera,
no montañesa ruda
sin honor, sin esposo que te acuda,
que en este loco abismo
intentara lo mismo 1160
si fueras, Blanca bella,
como naciste humana, pura estrella,
bien que a la tierra bien que al Cielo sumo,
bajara en polvo y ascendiera en humo.

GARCÍA. Llegó primero al animal valiente 1165
que a mi sentido el ruido de esta gente.

MENDO. En esta luna de octubre
suelen salir cazadores
a esperar los jabalíes.
Quiero llamar: ¡Ah, del monte! 1170

CRIADO. ¡Hola! ¡Hao!

1131 breve planta: little foot *1142 oye calar:* hears being rammed *1152 ciego ... guía:* one blind with love who chose blind Cupid for his guide *1156 tonante esfera:* Jupiter's abode *1163 bien que ... bien que:* whether ... or; *sumo:* I sink *1170 ¡Ah, del monte!:* You there, in the woods!

GARCÍA. ¡ Pesia sus vidas!
¿ Qué buscan ? ¿ De qué dan voces ?
MENDO. El sitio del Castañar
¿ está lejos ?
GARCÍA. En dos trotes
se pueden poner en él. 1175
MENDO. Pasábamos a los montes
y el camino hemos perdido.
GARCÍA. Aqueste arroyuelo corre
al camino.
MENDO. ¿ Qué hora es ?
GARCÍA. Poco menos de las doce. 1180
MENDO. ¿ De dónde sois ?
GARCÍA. ¡ Del Infierno !
Id en buen hora, señores,
no me espantéis más la caza,
que me enojaré. ¡ Pardiobre !
MENDO. La luna, ¿ hasta cuándo dura ? 1185
GARCÍA. Hasta que se acaba.
MENDO. ¡ Oye
lo que es villano en el campo !
GARCÍA. Lo que un señor en la Corte.
MENDO. Y en efeto, ¿ hay dónde errar ?
GARCÍA. Y en efeto, ¿ no se acogen ? 1190
MENDO. Terrible sois.
GARCÍA. Mal sabéis
lo que es estorbar a un hombre
en ocasión semejante.
MENDO. ¿ Quién sois ?
GARCÍA. Rayo destos montes :
García del Castañar, 1195
que nunca niego mi nombre.
MENDO. (Amor, pues estás piadoso, (*Aparte*.)
deténle, porque no estorbe
mis deseos y en su casa
mis esperanzas malogre, 1200
y para que a Blanca vea,
dame tus alas veloces,
para que más presto llegue.)
Quedaos con Dios.

Vase.

GARCÍA. Buenas noches.
Bizarra ocasión perdí ; 1205
imposible es que la cobre.
Quiero volverme a mi casa

1171 *¡ Hao!* (archaic): Ho! ; *¡ Pesia sus vidas!* : Confound them! 1198 *porque* = *para que*

por el atajo del monte,
y pues ya me voy, oíd
de grutas partos feroces: 1210
salid y bajad al valle,
vivid en paz esta noche,
que vuestro mayor opuesto
a sù casa se va, adonde
dormirá, no en duras peñas, 1215
sino en blandos algodones,
y depuesta la fiereza,
tan trocadas mis acciones,
en los brazos de mi esposa
verá el Argos de la noche 1220
y el Polifemo del día,
si las observan feroces
y tiernas, que en este pecho
se ocultan dos corazones:
el uno de blanda cera, 1225
el otro de duro bronce;
el blando para mi casa,
el duro para estos montes.

Vase, y sale DOÑA BLANCA *y* TERESA *con una bujía, y pónela encima de un bufete que habrá.*

BLANCA. Corre veloz, noche fría,
porque venga con la aurora 1230
del campo, donde está ahora,
a descansar mi García;
su luz anticipe el día,
el Cielo se desabroche,
salga Faetón en su coche, 1235
verá su luz deseada
la primer enamorada
que ha aborrecido la noche.
TERESA. Mejor, señora, acostada
esperarás a tu ausente, 1240
porque asientan lindamente
sobre la holanda delgada
los brazos, que, ¡ por el Credo !
que aunque fuera mi marido
Bras, que tampoco ha venido 1245
de la ciudad de Toledo,

1209 *oíd*: García addresses the ferocious beasts (*partos feroces*) of v. 1210. 1213 *opuesto*: enemy, i.e., García himself 1220 *Argos*: Argus of the one hundred eyes, i.e., the stars 1221 *Polifemo*: Polyphemus, the one-eyed Cyclops, i.e., the sun 1222 *las*: reference to *mis acciones*, v. 1218 1235 *Faetón*: See note, v. 1065. 1243 *¡por el Credo!*: by the Gospel!

	que le esperara roncando.	
BLANCA.	Tengo mis obligaciones.	
TERESA.	Y le echara a mojicones	
	si no se entrara callando;	1250
	más si has de esperar que venga	
	mi señor, no estés en pie;	
	yo a Belardo llamaré	
	que tu desvelo entretenga;	
	mas él viene.	
	Sale BELARDO.	
BELARDO.	Pues al sol	1255
	veo de noche brillar,	
	el sitio del Castañar	
	es antípoda español.	
BLANCA.	Belardo, sentaos.	
BELARDO.	Señora,	
	acostaos.	
BLANCA.	En esta calma,	1260
	dormir un cuerpo sin alma	
	fuera no esperar la aurora.	
BELARDO.	¿ Esperáis ?	
BLANCA.	Al alma mía.	
BELARDO.	Por muy necia la condeno,	
	pues se va al monte al sereno	1265
	y os deja hasta que es de día.	
	Dentro BRAS.	
BRAS.	*Sí, vengo de Toledo, Teresa mía;*	
	vengo de Toledo, y no de Francia.	
TERESA.	Mas ya viene mi garzón.	
BELARDO.	A abrirle la puerta iré.	1270
TERESA.	Con tu licencia sabré	
	qué me trae, por el balcón.	
BRAS.	*Que si buena es la albahaca,*	
	mejor es la cruz de Calivaca.	

Ha de haber unas puertas como de balcón, que estén hacia dentro, y abre TERESA.

TERESA.	¿ Cómo vienes, Bras ?	
BRAS.	Andando.	1275
TERESA.	¿ Qué me traes de la ciudad	
	en muestras de voluntad ?	
BRAS.	Yo te lo diré cantando:	

1249 le echara a mojicones: would throw him out by fisticuffs *1258 antípoda español:* Blanca shines like the sun, which, when it is night in Spain, normally shines at the opposite side of the earth. *1260 calma:* desertion by García, her soul (beloved) *1262 fuera = sería 1273-1274 albahaca . . . Calivaca:* nonsense rhyme characteristic of Bras

Teresa.	Tráigote de Toledo, porque te alegres, un galán, mi Teresa, como unas nueces. 1280 ¡Llévele el diablo mil veces; ved qué sartal o corpiño! *Cierra juntando el balcón.*
Blanca.	¿Qué te trae?
Teresa.	Muy lindo aliño: un galán como unas nueces.
Blanca.	Será sabroso.
Bras.	¿Qué hay, 1285 Blanca? Teresa, ¡estoy muerto! ¿Qué? ¿No me abrazas?
Teresa.	Por cierto, por las cosas que me tray.
Bras.	Dimuños sois las mujeres. ¿A quién quieres más?
Teresa.	A Bras. 1290
Bras.	Pues si lo que quieres más te traigo, ¿qué es lo que quieres?
Blanca.	Teresa tiene razón. Mas sentaos todos, y di: ¿qué viste en Toledo?
Bras.	Vi 1295 de casas un burujón y mucha gente holgazana, y en calles buenas y ruines, la basura a celemines y el cielo por cerbatana, 1300 y dicen que hay infinitos desdenes en caras buenas, en verano berenjenas y en el otoño mosquitos.
Blanca.	¿No hay más nuevas en la Corte? 1305
Bras.	Sátiras pide el deseo malicioso, ya lo veo, mas mi pluma no es de corte. Con otras cosas, señora, os divertid hasta el alba, 1310 que al ausente Dios le salva.
Blanca.	Pues el que acertare ahora

1280 *como unas nueces*: sound as a nut 1282 *sartal o corpiño*: necklace or waist 1288 *tray* = *trae* 1289 *Dimuños* = *Demonios* 1296 *burujón* = *borujo*: confused mass 1300 *cerbatana*: blowgun (because seen through narrow streets) 1308 *de corte*: play on words: *corte*, court, and *corte*, cut, i.e., mine is no cutting pen 1311 *al ausente*: García 1312–1313 Read: *el de los tres* (Bras, Belardo, Teresa) *que acertare*

esta enigma de los tres,
daré un vestido de paño,
y el de grana que hice hogaño, 1315
a Teresa; digo, pues:
¿Cuál es el ave sin madre
que al padre no puede ver,
ni al hijo, y le vino a hacer
después de muerto su padre? 1320
BRAS. ¿Polainas y galleruza
ha de tener?
BLANCA. Claro es.
Digan en rueda los tres.
TERESA. El cuclillo.
BRAS. La lechuza.
BELARDO. No hay ave a quien mejor cuadre 1325
que el fénix, ni otra ser puede,
pues esa misma procede
de las cenizas del padre.
BLANCA. El fénix es.
BELARDO. Yo gané.
BRAS. Yo perdí, como otras veces. 1330
BLANCA. Yo te doy lo que mereces.
BRAS. Un gorrino le daré
a quien dijere el más caro
vicio que hay en el mundo.
BLANCA. En que es el juego me fundo. 1335
BRAS. Mentís, Branca, y esto es craro.
TERESA. El de las mujeres, digo
que es más costoso.
BRAS. Mentís.
Vos, Belardo, ¿qué decís?
BELARDO. Que el hombre de caza, amigo, 1340
tiene el de más perdición,
más costoso y infelice;
la moralidad lo dice
del suceso de Anteón.
BRAS. Mentís también, que a mi juicio, 1345
sin quedar de ello dudoso,
es el vicio más costoso
el del borracho, que es vicio

1319–1320 le... padre: was engendered after his father's death *1321 galleruza = gallaruza:* coat with a cowl or hood *1326 fénix:* phoenix, mythical bird which is reborn from its ashes *1332 gorrino:* suckling pig *1335 En... fundo:* My opinion is that it is gambling. *1336 Branca = Blanca; craro = claro.* Cf. v. 328, note. *1344 Anteón:* Actaeon, a hunter who was turned into a stag by Artemis because he surprised her bathing

con quien ninguno compite,
que si pobre viene a ser 1350
de lo que gastó en beber,
no puede tener desquite.
Silba DON GARCÍA.

BLANCA. Oye, Bras, amigos, ea,
abrid, que es el alma mía;
temprano viene García; 1355
quiera Dios que por bien sea.
Vanse.

GAR.(*den.*). Buenas noches, gente fiel.
BRAS. Seáis, señor, bien venido.

Sale DON GARCÍA, BRAS, TERESA *y* BLANCA, *y arrima*
DON GARCÍA *el arcabuz al bufete.*

GARCÍA. ¿Cómo en Toledo te ha ido?
BRAS. Al Conde di tu papel, 1360
y dijo respondería.
GARCÍA. Está bien. Esposa amada,
¿no estáis mejor acostada?
¿Qué esperáis?
BLANCA. Que venga el día
espero como solía 1365
a su cazador la diosa,
madre de amor cuidadosa,
cuando dejaba los lazos
y hallaba en sus tiernos brazos
otra cárcel más hermosa, 1370
vínculo de amor estrecho
donde yacía su bien,
a quien dió parte también
del alma como del lecho;
mas yo, con mejor derecho, 1375
cazador que al otro excedes,
haré de mis brazos redes,
y por que caigas pondré
de una tórtola la fe,
cuyo llanto excusar puedes. 1380
Llega, que en llanto amoroso,
no rebelde jabalí,
te consagro un ave, sí,
que lloraba por su esposo.

1356 quiera ... sea: God grant it be for the good *1361 y dijo:* Supply *que* after *dijo. 1366* Here the author refers to the legend of Venus and Adonis. *1373 a quien dió parte:* with whom she shared *1379 fe:* faithfulness, love *1380 excusar:* avoid

Concédete generoso 1385
a vínculos permitidos,
y escucharán tus oídos
en la palestra de pluma,
arrullos blandos, en suma,
y no en el monte bramidos. 1390
Que si bien estar pudiera
quejosa de que te alejes
de noche, mis brazos dejes
por esperar una fiera,
adórote de manera, 1395
que aunque propongo a mis ojos
quejas y tiernos despojos,
cuando vuelves desta suerte,
por el contento de verte,
te agradezco los enojos. 1400

GARCÍA. Blanca, hermosa Blanca, rama
llena por mayo de flor,
que es con tu bello color
etíope Guadarrama;
Blanca, con quien es la llama 1405
del rojo planeta obscura,
y herido de su luz pura,
el terso cristal pizarra,
que eres la acción más bizarra
del poder de la hermosura; 1410
 cuando alguna conveniencia
me aparte y quejosa quedes,
no más dolor darme puedes
que el que padezco en tu ausencia;
cuando vuelvo a tu presencia, 1415
de dejarte arrepentido,
en vano el pecho ofendido
me recibiera terrible,
que en la gloria no es posible
atormentar al sentido. 1420
 Las almas en nuestros brazos
vivan heridas y estrechas,
ya con repetidas flechas,
ya con recíprocos lazos;
no se tejan con abrazos 1425
la vid y el olmo frondoso,

1391 si bien: although *1403-1404 con... Guadarrama:* compared to your beautiful complexion the snow-capped Guadarrama Mountains (near Madrid) are as dark as Ethiopia *1406 rojo planeta:* the sun *1408 el...pizarra:* gleaming ice is black as slate *1409 que:* for, because; *bizarra:* elegant, graceful

más estrechos que tu esposo
y tú, Blanca; llega, amor,
que no hay contento mayor
que rogar a un deseoso. 1430
Y aunque no te traigo aquí,
del sol a la hurtada luz,
herido con mi arcabuz
el cerdoso jabalí,
ni el oso ladrón, que vi 1435
hurtar del corto vergel
dos repúblicas de miel,
y después, a pocos pasos,
en el humor de sus vasos
bañar el hocico y piel, 1440
te traigo para trofeos
de jabalíes y osos,
por lo bien trabado hermosos
y distintamente feos,
un alma y muchos deseos 1445
para alfombras de tus pies;
y me parece que es,
cuando tus méritos toco,
cuanto has escuchado, poco,
como es poco cuanto ves. 1450

BRAS. ¿Teresa allí? ¡Vive Dios!
TERESA. Pues aquí, ¿quién vive, Bras?
BRAS. Aquí vive Barrabás,
hasta que chante a los dos
las bendiciones el cura; 1455
porque un casado, aunque pena,
con lo que otro se condena,
su salvación asegura.
TERESA. ¿Con qué?
BRAS.   Con tener amor
a su mujer y aumentar. 1460
TERESA. Eso, Bras, es trabajar
en la viña del Señor.
BLANCA. Desnudaos, que en tanto quiero
preveniros, prenda amada,
ropa por mi mano hilada, 1465
que huele más que el romero;
y os juro que es más sutil
que ser la de Holanda suele,

1432 Read: *a la luz hurtada del sol; hurtada* (stolen) because it is night *1437 repúblicas de miel*: beehives *1439 humor*: fluid *1451 ¡Vive Dios!*: As sure as God lives! *1453 Barrabás*: Barabbas; here, possibly the devil *1466 romero*: rosemary

     porque cuando a limpia huele,
     no ha menester al abril.
     Venid los dos.
        Vase.

BRAS.   Siempre he oído
     que suele echarse de ver
     el amor de la mujer
     en la ropa del marido.
TERESA. También en la sierra es fama
     que amor ni honra no tiene
     quien va a la Corte y se viene
     sin joyas para su dama.
        Vanse.

GARCÍA. Envídienme en mi estado
     las ricas y ambiciosas majestades,
     mi bienaventurado
     albergue, de delicias coronado
     y rico de verdades;
     envidien las deidades,
     profanas y ambiciosas,
     mi venturoso empleo;
     envidien codiciosas,
     que cuando a Blanca veo,
     su beldad pone límite al deseo.
     ¡Válgame el Cielo! ¿Qué miro?

   Sale DON MENDO *abriendo el balcón de golpe y embózase.*

MENDO. (¡Vive Dios, que es el que veo (*Aparte.*)
     García del Castañar!
     ¡Valor, corazón! Ya es hecho.
     Quien de un villano confía
     no espere mejor suceso.)
GARCÍA. Hidalgo, si serlo puede
     quien de acción tan baja es dueño,
     si alguna necesidad
     a robarme os ha dispuesto,
     decidme lo que queréis,
     que por quien soy os prometo
     que de mi casa volváis
     por mi mano satisfecho.
MENDO. Dejadme volver, García.
GARCÍA. Eso no, porque primero
     he de conocer quién sois;
     y descubríos muy presto,

1470 abril: spring *1475 es fama:* it is said *1507 descubríos:* reveal your identity

MENDO.   u deste arcabuz la bala,
penetrará vuestro pecho.
Pues advertid no me erréis,   1510
que si con vos igual quedo,
lo que en razón me lleváis,
en sangre y valor os llevo.
Yo sé que el Conde de Orgaz
lo ha dicho a alguno en secreto,   1515
informándole de mí.
La banda que cruza el pecho,
de quien soy, testigo sea.

                Cáesele un arcabuz.

GARCÍA. (El Rey es, ¡ válgame el Cielo!,   (*Aparte.*)
y que le conozco sabe.   1520
Honor y lealtad, ¿ qué haremos?
¡ Qué contradicción implica
la lealtad con el remedio!)
MENDO.   (¡ Qué propia acción de villanos!
Temor me tiene o respeto,   1525
aunque para un hombre humilde
bastaba sólo mi esfuerzo;
el que encareció el de Orgaz
por valiente... ¡ Al fin, es viejo!)
En vuestra casa me halláis,   1530
ni huír ni negarlo puedo,
mas en ella entré esta noche...
GARCÍA. ¡ A hurtarme el honor que tengo!
¡ Muy bien pagáis, a mi fe,
el hospedaje, por cierto,   1535
que os hicimos Blanca y yo!
Ved qué contrarios efetos
verá entre los dos el mundo,
pues yo ofendido os venero,
y vos, de mi fe servido,   1540
me dais agravios por premios!
MENDO.   (No hay que fiar de un villano   (*Aparte.*)
ofendido, pues que puedo,
me defenderé con éste.)
GARCÍA. ¿ Qué hacéis? Dejad en el suelo 1545
el arcabuz y advertid
que os lo estorbo, porque quiero
no atribuyáis a ventaja
el fin de aqueste suceso,

1508 u deste: u for *o* to avoid cacophony *1510 no me erréis:* do not offer me any offense *1523 el remedio:* i.e., the cure for my dishonor *1527 esfuerzo:* courage

	que para mí basta sólo
	la banda de vuestro cuello,
	cinta del sol de Castilla,
	a cuya luz estoy ciego.
Mendo.	¿Al fin me habéis conocido?
García.	Miradlo por los efectos.
Mendo.	Pues quien nace como yo
	no satisface, ¿qué haremos?
García.	Que os vais, y rogad a Dios
	que enfrene vuestros deseos,
	y al Castañar no volváis,
	que de vuestros desaciertos
	no puedo tomar venganza,
	sino remitirla al Cielo.
Mendo.	Yo lo pagaré, García.
García.	No quiero favores vuestros.
Mendo.	No sepa el Conde de Orgaz
	esta acción.
García.	Yo os lo prometo.
Mendo.	Quedad con Dios.
García.	El os guarde
	y a mí de vuestros intentos
	y a Blanca.
Mendo.	Vuestra mujer...
García.	No, señor, no habléis en eso,
	que vuestra será la culpa.
	Yo sé la mujer que tengo.
Mendo.	(¡Ay, Blanca, sin vida estoy! (*Aparte.*)
	¡Qué dos contrarios opuestos!
	Este me estima ofendido;
	tú, adorándote, me has muerto.)
García.	¿Adónde vais?
Mendo.	A la puerta.
García.	¡Qué ciego venís, qué ciego!
	Por aquí habéis de salir.
Mendo.	¿Conocéisme?
García.	Yo os prometo
	que a no conocer quien sois
	que bajárades más presto;
	mas tomad este arcabuz
	agora, porque os advierto

1556 *Pues*: Since 1557 *no satisface*: gives no satisfaction in questions of honor 1558 *vais*: contraction of *vayáis*; a disguised subjunctive 1571 *en = de* 1575 *contrarios opuestos*: conflicting paradoxes 1577 *adorándote*: through my adoring you 1583 *bajárades*: old form for *bajarais*

	que hay en el monte ladrones	
	y que podrán ofenderos	
	si, como yo, no os conocen.	
	Bajad aprisa. (No quiero (*Aparte*.)	
	que sepa Blanca este caso.)	1590
MENDO.	Razón es obedeceros.	
GARCÍA.	Aprisa, aprisa, señor;	
	remitid los cumplimientos,	
	y mirad que al decender	
	no caigáis, porque no quiero	1595
	que tropecéis en mi casa,	
	porque de ella os vayáis presto.	
MENDO.	(¡ Muerto voy !) (*Aparte*.)	

Vase.

GARCÍA.	Bajad seguro,	
	pues que yo la escala os tengo.	
	¡ Cansada estabas, Fortuna,	1600
	de estarte fija un momento !	
	¡ Qué vuelta diste tan fiera	
	en aqueste mar ! ¡ Qué presto	
	que se han trocado los aires !	
	¡ En qué día tan sereno	1605
	contra mi seguridad	
	fulmina rayos el Cielo !	
	Ciertas mis desdichas son,	
	pues no dudo lo que veo,	
	que a Blanca, mi esposa, busca	1610
	el rey Alfonso encubierto.	
	¡ Qué desdichado que soy,	
	pues altamente naciendo	
	en Castilla Conde, fuí	
	de aquestos montes plebeyo	1615
	labrador, y desde hoy	
	a estado más vil desciendo !	
	¿ Así paga el rey Alfonso	
	los servicios que le he hecho ?	
	Mas desdicha será mía,	1620
	no culpa suya; callemos,	
	y afligido corazón,	
	prevengamos el remedio,	
	que para animosas almas	
	son las penas y los riesgos.	1625
	Mudemos tierra con Blanca,	
	sagrado sea otro reino	
	de mi inocencia y mi honor . . .	

1593 remitid los cumplimientos: forego ceremony *1594 decender* = descender *1602 vuelta*: turn of the wheel of fortune

pero dirán que es de miedo,
pues no he de decir la causa, 1630
y que me faltó el esfuerzo
para ir contra Algecira.
¡ Es verdad! Mejor acuerdo
es decir al Rey quién soy . . .
mas no, García, no es bueno, 1635
que te quitará la vida,
por que no estorbe su intento;
pero si Blanca es la causa
y resistirle no puedo,
que las pasiones de un Rey 1640
no se sujetan al freno
ni a la razón, ¡ muera Blanca! (*Saca el puñal.*)
pues es causa de mis riesgos
y deshonor, y elijamos,
corazón, del mal lo menos. 1645
A muerte te ha condenado
mi honor, cuando no mis celos,
porque a costa de tu vida,
de una infamia me prevengo.
Perdóname, Blanca mía, 1650
que, aunque de culpa te absuelvo,
sólo por razón de Estado,
a la muerte te condeno.
Mas ¿ es bien que conveniencias
de Estado en un caballero, 1655
contra una inocente vida,
puedan más que no el derecho?
Sí. ¿ Cuándo la Providencia
y cuándo el discurso atento
miran el daño futuro 1660
por los presentes sucesos?
Mas ¿ yo he de ser, Blanca mía,
tan bárbaro y tan severo,
que he de sacar los claveles
con aquéste de tu pecho 1665
de jazmines? No es posible,
Blanca hermosa, no lo creo,
ni podrá romper mi mano
de mis ojos el espejo.
Mas ¿ de su beldad, ahora 1670
que me va el honor, me acuerdo?
¡ Muera Blanca y muera yo!

1647 cuando: if *1652 razón de Estado:* a reason of greater importance, i.e., honor *1664 claveles:* carnations, i.e., blood *1665 aquéste:* this (dagger) *1671 me va el honor:* my honor is at stake

¡ Valor, corazón! Y entremos
en una a aquitar dos vidas,
en uno a pasar dos pechos,   1675
en una a sacar dos almas,
en uno a cortar dos cuellos,
si no me falta el valor,
si no desmaya el aliento
y si no, al alzar los brazos,   1680
entre la voz y el silencio,
la sangre salta a las venas
y el corte le falta al hierro.

1674-1675 en . . . pechos: snuff out two lives in one, stab two breasts in one; *aquitar = aquietar*

JORNADA TERCERA

Sale el Conde *de camino.**

Conde.   Trae los caballos de la rienda, Tello,
 que a pie quiero gozar del día bello,   1685
 pues tomó de este monte,
 el día posesión deste horizonte.
 ¡ Qué campo deleitoso !
 Tú que le vives, morarás dichoso,
 pues en él, don García,   1690
 dotrina das a la filosofía,
 y la mujer más cuerda,
 Blanca en virtud, en apellido Cerda;
 pero si no me miente
 la vista, sale apresuradamente,   1695
 con señas celestiales,
 de entre aquellos jarales,
 una mujer desnuda:
 bella será si es infeliz, sin duda.

Sale Doña Blanca *con algo de sus vestidos en los brazos,
 mal puesto.*

Blanca.   ¿ Dónde voy sin aliento,   1700
 cansada, sin amparo, sin intento,
 entre aquella espesura ?
 Llorad, ojos, llorad mi desventura,
 y en tanto que me visto,
 decid, pues no resisto,   1705
 lenguas del corazón sin alegría.
 ¡ Ay, dulces prendas cuando Dios quería !
Conde.   Aunque mal determino,
 parece que se viste, y imagino
 que está turbada y sola;   1710
 de la sangre española
 digna empresa es aquésta.
Blanca.   Un hombre para mí la planta apresta.
Conde.   Parece hermosa dama.
Blanca.   Quiero esconderme entre la verde rama.   1715

---

* *de camino:* in travel dress *1689 le vives* = *vives en él 1705 no resisto:* I cannot bear it *1706 lenguas del corazón:* eyes *1707 Ay, dulces prendas:* Cf. Garcilaso's famous sonnet: *¡ Oh dulces prendas, por mi mal halladas! 1713 la planta apresta:* starts towards me

Conde.	Mujer, escucha, tente.
	¿Sales, como Diana, de la fuente
	para matar, severa,
	de amor al cazador como a la fiera?
Blanca.	Mas, ¡ay, suerte dichosa!, 1720
	éste es el Conde.
Conde.	¡Hija, Blanca hermosa!
	¿Dónde vas desta suerte?
Blanca.	Huyendo de mi esposo y de mi muerte,
	ya las dulces canciones
	que en tanto que dormía en mis balcones, 1725
	alternaban las aves,
	no son ¡oh Conde! epitalamios graves.
	Serán, ¡oh, dueño mío!,
	de pájaro funesto agüero impío
	que el día entero y que las noches todas 1730
	cante mi muerte por cantar mis bodas.
	Trocóse mi ventura;
	oye la causa y presto te asegura,
	y ve a mi casa, adonde
	muerto hallarás mi esposo. ¡Muerto, Conde! 1735
	Aquesta noche, cuando
	le aguardaba mi amor en lecho blando,
	último del deseo,
	término santo y templo de Himeneo,
	cuando yo le invocaba, 1740
	y la familia recogida estaba,
	entrar le vi severo,
	blandiendo contra mí un blanco acero;
	dejé entonces la cama,
	como quien sale de improvisa llama, 1745
	y mis vestidos busco,
	y al ponerme, me ofusco
	esta cota brillante.
	¡Mira qué fuerte peto de diamante!
	¡Vístome el faldellín, y apenas puedo 1750
	hallar las cintas ni salir del ruedo!
	Pero, sin compostura,
	le aplico a mi cintura,
	y mientras le acomodo,
	lugar me dió la suspensión a todo. 1755
	La causa le pregunto,
	mas él, casi difunto,

1717 Diana: the goddess of hunting *1727 epitalamios:* nuptial songs *1733 te asegura* = *asegúrate*
1739 Himeneo: Hymen, the god of marriage *1741 familia:* people of the house, household
1749 peto de diamante: hard stomacher *1751 ruedo:* hem

a cuanto vió y a cuanto le decía,
con un suspiro ardiente respondía,
  lanzando de su pecho y de sus ojos   1760
piedades confundidas con enojos,
  tan juntos, que dudaba
si eran iras o amor lo que miraba,
  pues de mí retirado,
le vi volver más tierno, más airado,   1765
  diciéndome, entre fiero y entre amante:
«Tú, Blanca, has de morir, y yo al instante.»
  Mas el brazo levanta,
y abortando su voz en su garganta,
  cuando mi fin recelo,   1770
caer le vi en el suelo,
  cual suele el risco cano,
del aire impulso decender al llano,
  y yerto en él, y mudo,
de aquel monte membrudo,   1775
  suceder en sus labios y en sus ojos
pálidas flores a claveles rojos,
  y con mi boca y mi turbada mano,
busco el calor entre su hielo en vano,
  y estuve desta suerte   1780
neutral un rato entre la vida y muerte;
  hasta que ya latiendo,
oí mi corazón estar diciendo:
«Vete, Blanca, infelice,
  que no son siempre iguales   1785
los bienes y los males,
  y no hay acción alguna
más vil que sujetarse a la Fortuna.»
  Yo le obedezco, y dejo
mi aposento y mi esposo, y de él me alejo,   1790
  y en mis brazos, sin bríos,
mal acomodo los vestidos míos.
  Por donde voy no veía,
cada paso caía,
  y era, Conde, forzoso,   1795
por volver a mirar mi amado esposo.
  Las cosas que me dijo
cuando la muerte intimó y predijo,
  los llantos, los clamores,
la blandura mezclada con rigores,   1800

1766 entre fiero y entre amante: torn between ferocity and love *1772 risco cano:* avalanche *1773 impulso:* impelled *1795 forzoso:* necessary

los acometimientos, los retiros,
las disputas, las dudas, los suspiros,
el verle amante y fiero,
ya derribarse el brazo, ya severo
    levantarle arrogante, 1805
como la llama en su postrero instante,
el templar sus enojos
con llanto de mis ojos,
el luchar, y no en vano,
con su puñal mi mano, 1810
que con arte consiente
vencerse fácilmente,
como amante que niega
lo que desea dar a quien le ruega;
el esperar mi pecho 1815
el crudo golpe, en lágrimas deshecho;
ver aquel mundo breve,
que en fuego comenzó y acabó nieve,
y verme a mí asombrada,
sin determinación, sola y turbada, 1820
sin encontrar recurso
en mis pies, en mi mano, en mi discurso;
el dejarle en la tierra,
como suele en la sierra
la destroncada encina, 1825
el que oyó de su guarda la bocina,
que deja al enemigo,
desierto el tronco en quien buscaba abrigo;
el buscar de mis puertas,
con las plantas inciertas, 1830
las llaves, y sintiendo . . .
¡aquí, señor, me ha de faltar aliento! . . .
el abrirlas a escuras,
el no poder hallar las cerraduras,
    tan turbada y sin juicio, 1835
que la buscaba de uno en otro quicio,
    y las penas que pasa
el corazón, cuando dejé mi casa,
    por estas espesuras,
en cuyas ramas duras 1840
hallarás mis cabellos . . .
¡ pluguiera a Dios me suspendiera en ellos! . . .
te contaré otro día;
agora ve, socorre al alma mía,
    que queda de este modo; 1845
yo lo perdono todo,

1817 mundo breve: microcosm, man conceived as an epitome of the universe *1833 a escuras = a obscuras 1841 hallarás mis cabellos:* i.e., her hair pulled out in her bereavement

que no es, señor, posible
fuese su brazo contra mí terrible
  sin algún fundamento;
bástele por castigo el mismo intento,   1850
  y a mí por pena básteme el cuidado,
pues yace, si no muerto, desmayado.
  Acúdele a mi esposo,
¡ oh, Conde valeroso!
  sucesor y pariente   1855
de tanta, con diadema, honrada frente;
  así la blanca plata
que por tu grave pecho se dilata,
  barra de España las moriscas huellas,
sin dejar en su suelo señal de ellas,   1860
  que los pasos dirijas
adonde, si está vivo, le corrijas
  de fiereza tan dura,
y seas, porque cobre mi ventura
  cuando de mí te informe,   1865
árbitro entre los dos que nos conforme,
  pues los hados fatales
me dieron el remedio entre los males,
  pues mi fortuna quiso
hallase en ti favor, amparo, aviso;   1870
  pues que miran mis ojos,
no salteadores de quien ser despojos;
  pues eres, Conde ilustre,
gloria de Illán y de Toledo lustre;
  pues que plugo a mi suerte   1875
la vida hallase quien tocó la muerte.

CONDE.   Digno es el caso de prudencia mucha :
éste es mi parecer. ¡ Ah, Tello ! Escucha.

        Sale TELLO.

  Ya sabes, Blanca, como siempre es justo
acudas a mi gusto;   1880
  así, sin replicarme,
con Tello al punto, sin excusas darme,
  en aquese caballo, que lealmente
a mi persona sirve juntamente,
  caminad a Toledo;   1885
esto conviene, Blanca, esto hacer puedo.

1856 de ... frente: from a line of so many crowned heads *1857 blanca plata:* white hair or, possibly, steel armor *1867 hados:* fate *1871–1872 miran ... despojos:* i.e., I happened upon you instead of falling prey to highwaymen *1874 Illán:* old form of *Julián* still preserved in Santillana. The full name of the count was: Don Gonzalo Ruiz Illán de Toledo, Conde de Orgaz.

	Y tú, a Palacio llega,
	a la Reina la entrega,
	que yo voy a tu casa,
	que por llegar el corazón se abrasa,
	y he de estar de tu parte
	para servirte, Blanca, y ampararte.
Tello.	Vamos, señora mía.
Blanca.	Más quisiera, señor, ver a García.
Conde.	Que aquesto importa advierte.
Blanca.	Principio es de acertar, obedecerte.

Vanse, y sale Don García *con el puñal desnudo.*

García. ¿Dónde voy, ciego homicida?
¿Dónde me llevas honor,
sin el alma de mi amor,
sin el cuerpo de mi vida?
¡Adiós, mitad dividida
del alma, sol que eclipsó
una sombra! Pero no,
que muerta la esposa mía,
ni tuviera luz el día
ni tuviera vida yo.
 ¿Blanca muerta? No lo creo;
el Cielo vida la dé,
aunque esposo la quité
lo que amante la deseo;
quiero verla, pero veo
sólo el retrete, y abierta
de mi aposento la puerta,
limpio en mi mano el puñal,
y en fin, yo vivo, señal
de que mi esposa no es muerta.
 ¿Blanca con vida, ¡ay de mí!,
cuando yo sin honra estoy?
¡Como ciego amante soy,
esposo cobarde fuí!
Al Rey en mi casa vi
buscando mi prenda hermosa,
y aunque noble, fué forzosa
obligación de la ley
ser piadoso con el Rey
y tirano con mi esposa.
 ¡Cuántas veces fué tirano
acero a la ejecución,
y cuántas el corazón
dispensó el golpe a la mano!

1887 tú: Tello *1888 la entrega* = entrégala *1930 dispensó:* absolved, i.e., checked by hand

Si es muerta, morir es llano;
si vive, muerto he de ser.
¡Blanca, Blanca! ¿Qué he de hacer?
Mas, ¿qué me puedes decir,
pues sólo para morir
me has dejado en qué escoger?

Sale el CONDE.

CONDE.   Dígame vueseñoría:
¿contra qué morisco alfanje
sacó el puñal esta noche,
que está en su mano cobarde?
¿Contra una flaca mujer,
por presumir, ignorante,
que es villana? Bien se acuerda,
cuando propuso casarse,
que le dije era su igual,
y mentí, porque un Infante
de los Cerdas fué su abuelo,
si Conde su noble padre.
¿Y con una labradora
se afrentara? ¡Cómo sabe
que el Rey ha venido a verle,
y por mi voto le hace
Capitán de aquesta guerra,
y me envía de su parte
a que lo lleve a Toledo!...
¿Es bien que aquesto se pague
con su muerte, siendo Blanca
luz de mis ojos brillante?
Pues ¡vive Dios! que le había
de costar al loco, al fácil,
cuanta sangre hay en sus venas
una gota de su sangre.

GARCÍA.   Decidme: Blanca, ¿quién es?
CONDE.   Su mujer, y aquesto baste.
GARCÍA.   Reportaos. ¿Quién os ha dicho
que quise matarla?
CONDE.   Un ángel
que hallé desnudo en el monte;
Blanca, que, entre sus jarales,
perlas daba a los arroyos,
tristes suspiros al aire.
GARCÍA.   ¿Dónde está Blanca?
CONDE.   A Palacio,
esfera de su real sangre,

1937 vueseñoría = vuestra señoría *1965* Reportaos: Calm yourself. *1969* perlas: tears

la envié con un criado.

GARCÍA. ¡Matadme, señor; matadme!
¡Blanca en Palacio y yo vivo!
Agravios, honor, pesares,
¿cómo, si sois tantos juntos,
no me acaban tantos males?
¿Mi esposa en Palacio, Conde?
¿Y el Rey, que los cielos guarden,
me envía contra Algecira
por Capitán de sus haces,
siendo en su opinión villano?
¡Quiera Dios que en otra parte
no desdore con afrentas
estas honras que me hace!
Yo me holgara, ¡a Dios pluguiera!,
que esa mujer que criasteis
en Orgaz para mi muerte,
no fuera de estirpes reales,
sino villana y no hermosa,
y a Dios pluguiera que antes
que mi pecho enterneciera,
aqueste puñal infame
su corazón, con mi riesgo,
le dividiera en dos partes;
que yo os excusara, Conde,
el vengarla y el matarme,
muriéndome yo primero.
¡Qué muerte tan agradable
hubiera sido, y no agora
oír, para atormentarme,
que está sin defensa adonde
todo el poder la combate!
Haced cuenta que mi esposa
es una bizarra nave
que por robarla, la busca
el pirata de los mares,
y en los enemigos puertos
se entró, cuando vigilante
en los propios la buscaba,
sin pertrechos que la guarden,
sin piloto que la rija
y sin timón y sin mástil.
No es mucho que tema, Conde,
que se sujete la nave
por fuerza o por voluntad
al Capitán que la bate.

1984 en otra parte: i.e., at the palace, while I am at war *1997 que yo os excusara:* for I would have spared you *2015 No es mucho:* It is not surprising

No quise, por ser humilde,
dar la muerte ni fué en balde;   2020
creed que, aunque no la digo,
fué causa más importante.
No puedo decir por qué,
mas advertid que más sabe,
que el entendido en la ajena,   2025
en su casa el ignorante.

CONDE. ¿Sabe quién soy?
GARCÍA.   Sois Toledo,
y sois Illán por linaje.
CONDE. ¿Débeme respeto?
GARCÍA.   Sí,
que os he tenido por padre.   2030
CONDE. ¿Soy tu amigo?
GARCÍA.   Claro está.
CONDE. ¿Qué me debe?
GARCÍA.   Cosas grandes.
CONDE. ¿Sabe mi verdad?
GARCÍA.   Es mucha.
CONDE. ¿Y mi valor?
GARCÍA.   Es notable.
CONDE. ¿Sabe que presido a un reino?   2035
GARCÍA. Con aprobación bastante.
CONDE. Pues confiesa lo que siente,
y puede de mí fiarse
el valor de un caballero
tan afligido y tan grave,   2040
dígame vueseñoría,
hijo, amigo, como padre,
como amigo, sus enojos;
cuénteme todos sus males;
refiérame sus desdichas.   2045
¿Teme que Blanca le agravie?
Que es, aunque noble, mujer.
GARCÍA. ¡Vive Dios, Conde, que os mate
si pensáis que el sol ni el oro,
en sus últimos quilates,   2050
para exagerar su honor,
es comparación bastante!
CONDE. Aunque habla como debe,
mi duda no satisface,
por su dolor regulada.   2055
Solos estamos, acabe;
por la cruz de aquesta espada
he de acudille, amparalle,

2024–2026 *más... ignorante:* i.e., each man is the best authority on his own household   2046 *le agravie:* stains your honor   2057 *cruz:* cross formed by the blade and the guard.

| | si fuera Blanca mi hija,
que en materia semejante
por su honra depondré
el amor y las piedades.
Dígame si tiene celos. | 2060 |
|---|---|---|
| GARCÍA. | No tengo celos de nadie. | |
| CONDE. | Pues, ¿ qué tiene ? | |
| GARCÍA. | Tanto mal,
que no podéis remedialle. | 2065 |
| CONDE. | Pues ¿ qué hemos de hacer los dos
en tan apretado lance ? | |
| GARCÍA. | ¿ No manda el Rey que a Toledo
me llevéis ? Conde, llevadme.
Mas decid: ¿ sabe quién soy
Su Majestad ? | 2070 |
CONDE.	No lo sabe.	
GARCÍA.	Pues vamos, Conde, a Toledo.	
CONDE.	Vamos, García.	
GARCÍA.	Id delante.	
CONDE.	(Tu honor y vida amenaza, (*Aparte*.)
Blanca, silencio tan grande,
pues es peligroso accidente
mal que a los labios no sale.)	2075
GARCÍA.	(¿ No estás en Palacio Blanca ? (*Aparte*.)
¿ No te fuiste y me dejaste ?
Pues venganza será ahora
la que fué prevención antes.)	2080

Vanse, y salen la REINA *y* DOÑA BLANCA.

| REINA. | De vuestro amparo me obligo
y creedme que me pesa
de vuestros males, Condesa. | 2085 |
|---|---|---|
| BLANCA. | (¿ Condesa ? No habla conmigo.)
Mire Vuestra Majestad
que de quien soy no se acuerda. | |
| REINA. | Doña Blanca de la Cerda,
prima, mis brazos tomad. | 2090 |
| BLANCA. | Aunque escuchándola estoy,
y sé no puede mentir,
vuelvo, señora, a decir
que una labradora soy,
tan humilde, que en la villa
de Orgaz, pobre me crié,
sin padre. | 2095 |
| REINA. | Y padre que fué
propuesto Rey en Castilla. | |

2061 *depondré*: future instead of conditional for "I would put aside" 2077 *accidente*: passion, emotion 2083 *De ... obligo*: I am myself responsible for protecting you

    De don Sancho de la Cerda
    sois hija; vuestro marido
    es, Blanca, tan bien nacido
    como vos, y pues sois cuerda,
     y en Palacio habéis de estar,
    en tanto que vuelve el Conde,
    no digáis quién sois, y adonde
    ha de ser voy a ordenar.
        Vase.

BLANCA. ¿Habrá alguna, Cielo injusto,
    a quien dé el hado cruel
    los males tan de tropel,
    y los bienes tan sin gusto
     como a mí? ¿Ni podrá estar
    viva con mal tan exento,
    que no da vida un contento
    y da la muerte un pesar?
    ¡Ay, esposo, qué de enojos
    me debes! Mas pesar tanto,
    ¿cómo lo dicen sin llanto
    el corazón y los ojos?
    Pone un lienzo en el rostro y sale MENDO.

MENDO. Labradora que al abril
    florido en la gala imita,
    de los bellos ojos quita
    ese nublado sutil,
    si no es que, con perlas mil,
    bordas, llorando, la holanda.
    ¿Quién eres? La Reina manda
    que te guarde, y ya te espero.
BLANCA. Vamos, señor caballero,
    el que trae la roja banda.
MENDO. Bella labradora mía,
    ¿conócesme acaso?
BLANCA.   Sí;
    pero tal estoy, que a mí
    apenas me conocía.
MENDO. Desde que te vi aquel día
    cruel para mí, señora,
    el corazón, que te adora,
    ponerse a tus pies procura.
BLANCA. (¡Sólo aquesta desventura,
    Blanca, te faltaba ahora!)
MENDO. Anoche en tu casa entré
    con alas de amor por verte;

2112 mal tan exento: such unmitigated misfortune *2115–2116 qué... debes:* what vexations I feel over you *2132 conocía = conocería*

	mudaste mi feliz suerte,
	mas no se mudó mi fe;
	tu esposo en ella encontré,
	que cortés, me resistió.
BLANCA.	¿Cómo? ¿Qué dices?
MENDO.	Que no,
	Blanca, la ventura halla
	amante que va a buscalla,
	sino acaso, como yo.
BLANCA.	Ahora sé, caballero,
	que vuestros locos antojos
	son causa de mis enojos,
	que sufrir y callar quiero.

Sale DON GARCÍA.

GARCÍA.	Al Conde de Orgaz espero.
	Mas, ¿qué miro?
MENDO.	Tu dolor
	satisfaré con amor.
BLANCA.	Antes quitaréis primero
	la autoridad a un lucero,
	que no la luz a mi honor.
GARCÍA.	(¡Ah, valerosa mujer! (*Aparte.*)
	¡Oh, tirana Majestad!)
MENDO.	Ten, Blanca, menos crueldad.
BLANCA.	Tengo esposo.
MENDO.	Y yo poder,
	y mejores han de ser
	mis brazos que honra te dan,
	que no sus brazos.
BLANCA.	Sí harán,
	porque, bien o mal nacido,
	el más indigno marido
	excede al mejor galán.
GARCÍA.	(Mas, ¿cómo puede sufrir (*Aparte.*)
	un caballero esta ofensa?
	Que no le conozco piensa
	el Rey; saldréle a impedir.)
MENDO.	¿Cómo te has de resistir?
BLANCA.	Con firme valor.
MENDO.	¿Quién vió
	tanta dureza?
BLANCA.	Quien dió

2145–2148 *Que . . . yo:* He who loves does not find happiness by seeking it but, as I do (here), by chance. 2157 *autoridad:* brightness 2165 *Sí harán: Sí me darán honra* understood 2175–2176 *Quien . . . Roma:* allusion to Lucretia, prototype of the faithful wife

	fama a Roma en las edades.
MENDO.	¡Oh, qué villanas crueldades!
	¿Quién puede impedirme?
GARCÍA.	Yo,
	que esto sólo se permite
	a mi estado y desconsuelo, 2180
	que contra rayos del Cielo,
	ningún humano compite,
	y sé que aunque solicite
	el remedio que procuro,
	ni puedo ni me aseguro, 2185
	que aquí, contra mi rigor,
	ha puesto el muro el amor,
	y aquí el respeto otro muro.
BLANCA.	¡Esposo, mío, García!
MENDO.	(Disimular es cordura.) (*Aparte.*) 2190
GARCÍA.	¡Oh, malograda hermosura!
	¡Oh, poderosa porfía!
BLANCA.	¡Grande fué la dicha mía!
GARCÍA.	¡Mi desdicha fué mayor!
BLANCA.	Albricias pido a mi amor. 2195
GARCÍA.	Venganza pido a los Cielos,
	pues en mis penas y celos
	no halla remedio el honor;
	mas este remedio tiene:
	vamos, Blanca, al Castañar. 2200
MENDO.	En mi poder ha de estar
	mientras otra cosa ordene,
	que me han dicho que conviene
	a la quietud de los dos
	el guardarla.
GARCÍA.	Guárdeos Dios 2205
	por la merced que la hacéis;
	mas no es justo vos guardéis
	lo que he de guardar de vos;
	que no es razón natural,
	ni se ha visto ni se ha usado, 2210
	que guarde el lobo al ganado
	ni guarde el oso al panal.
	Antes, señor, por mi mal
	será, si a Blanca no os quito,
	siendo de vuestro apetito, 2215
	oso ciego, voraz lobo,
	o convidar con el robo

2176 en = *por* 2188 *el respeto*: i.e., for the king 2195 *Albricias* ... *amor*: The *a* must mean "for" rather than "of." The only cause for *albricias*, the reward for good news, is García's appearance.

o rogar con el delito.
BLANCA. Dadme licencia, señor.
MENDO. Estás, Blanca, por mi cuenta, 2220
y no has de irte.
GARCÍA. Esta afrenta
no os la merece mi amor.
MENDO. Esto ha de ser.
GARCÍA. Es rigor
que de injusticia procede.
MENDO. (Para que en Palacio quede (*Aparte.*) 2225
a la Reina he de acudir.)
De aquí no habéis de salir;
ved que lo manda quien puede.
GARCÍA. Denme los Cielos paciencia,
pues ya me falta el valor, 2230
porque acudiendo a mi honor
me resisto a la obediencia.
¿Quién vió tan dura inclemencia?
Volved a ser homicida;
mas del cuerpo dividida 2235
el alma, siempre inmortales
serán mis penas, que hay males
que no acaban con la vida.
BLANCA. García, guárdete el Cielo;
fénix, vive eternamente 2240
y muera yo, que inocente
doy la causa a tu desvelo;
que llevaré por consuelo,
pues de tu gusto procede,
mi muerte, tú vive y quede 2245
viva en tu pecho al partirme.
¿Qué, en efeto, no he de irme?
GARCÍA. No, que lo manda quien puede.
BLANCA. Vuelve, si tu enojo es
porque rompiendo tus lazos 2250
la vida no di a tus brazos;
ya te la ofrezco a tus pies.
Ya sé quién eres, y pues
tu honra está asegurada
con mi muerte, en tu alentada 2255
mano blasone tu acero,
que aseguró a un caballero
y mató a una desdichada;
que quiero me des la muerte
como lo ruego a tu mano, 2260
que si te temí tirano,

2235-2236 del... alma: with the soul separated from the body *2245 tú vive:* intended as a command; *quede:* let me stay *2250 rompiendo tus lazos:* by breaking away from your grasp

	ya te solicito fuerte;	
	anoche temí perderte,	
	y agora llego a sentir	
	tu pena; no has de vivir	2265
	sin honor, y pues yo muero	
	porque vivas, sólo quiero	
	que me agradezcas morir.	
García.	Bien sé que inocente estás	
	y en vano a mi honor previenes,	2270
	sin la culpa que no tienes,	
	la disculpa que me das.	
	Tu muerte sentiré más,	
	yo sin honra y tú sin culpa;	
	que mueras el amor culpa,	2275
	que vivas siente el honor,	
	y en vano me culpa amor	
	cuando el honor me disculpa.	
	Aquí admiro la razón,	
	temo allí la majestad,	2280
	matarte será crueldad,	
	vengarme será traición,	
	que tales mis males son,	
	y mis desdichas son tales,	
	que unas a otras iguales,	2285
	de tal suerte se suceden,	
	que sólo impedir se pueden	
	las desdichas con los males.	
	Y sin que me falte alguno,	
	los hallo por varios modos,	2290
	con el sentimiento a todos,	
	con el remedio a ninguno;	
	en lance tan importuno	
	consejo te he de pedir,	
	Blanca; mas si has de morir,	2295
	¿qué remedio me has de dar,	
	si lo que he de remediar	
	es lo que llego a sentir?	
Blanca.	Si he de morir, mi García,	
	no me trates desa suerte,	2300
	que la dilatada muerte	
	especie es de tiranía.	
García.	¡Ay, querida esposa mía,	
	qué dos contrarios extremos!	
Blanca.	Vamos, esposo.	
García.	Esperemos	2305
	a quien nos pudo mandar	

2275 *el amor culpa:* love finds blameworthy 2276 *siente el honor:* honor complains 2291 *sentimiento:* sorrow

no volver al Castañar.
Aparta y disimulemos.

Salen el REY, *la* REINA, *el* CONDE *y* DON MENDO, *y los que pudieren.**

REY. ¿Blanca en Palacio y García?
Tan contento de ello estoy, 2310
que estimaré tengan hoy
de vuestra mano y la mía
lo que merecen.
MENDO. No es bueno
quien por respetos, señor,
no satisface su honor 2315
para encargarle el ajeno.
Créame, que se confía
de mí Vuestra Majestad.
REY. (Ésta es poca voluntad.) (*Aparte.*)
Mas allí Blanca y García 2320
están. Llegad, porque quiero
mi amor conozcáis los dos.
GARCÍA. Caballero, guárdeos Dios.
Dejadnos besar primero
de Su Majestad los pies. 2325
MENDO. Aquél es el Rey, García.
GARCÍA. (¡Honra desdichada mía! (*Aparte.*)
¿Qué engaño es éste que ves?)
A los dos, Su Majestad...
besar la mano, señor... 2330
pues merece este favor...
que bien podéis...
REY. Apartad,
quitad la mano, el color
habéis del rostro perdido.
GARCÍA. (No le trae el bien nacido (*Aparte.*) 2335
cuando ha perdido el honor.)
Escuchad aquí un secreto;
sois sol, y como me postro
a vuestros rayos, mi rostro
descubrió claro el efeto. 2340
REY. ¿Estáis agraviado?
GARCÍA. Y sé
mi ofensor, porque me asombre.
REY. ¿Quién es?
GARCÍA. Ignoro su nombre.
REY. Señaládmele.
GARCÍA. Sí haré.

* *los que pudieren:* as many other as possible 2319 *voluntad:* good will 2335 *le = el color*

	(Aquí fuera hablaros quiero	2345
	para un negocio importante,
	que el Rey no ha de estar delante.
Mendo.	En la antecámara espero.)

                    Vase.

García.	¡Valor, corazón, valor!
Rey.	¿Adónde, García, vais?	2350
García.	A cumplir lo que mandáis,
	pues no sois vos mi ofensor.

                    Vase.

Rey.	Triste de su agravio estoy;
	ver a quién señala quiero.
Gar. (*den.*).	¡Éste es honor caballero!	2355
Rey.	¡Ten, villano!
Mendo.	¡Muerto soy!

Sale envainando el puñal ensangrentado.

García.	No soy quien piensas, Alfonso;
	no soy villano, ni injurio
	sin razón la inmunidad
	de tus palacios augustos.	2360
	Debajo de aqueste traje
	generosa sangre encubro,
	que no sé más de los montes
	que el desengaño y el uso.
	Don Fernando el Emplazado	2365
	fué tu padre, que difunto
	no menos que ardiente joven
	asombrado dejó el mundo,
	y a ti de un año, en sazón
	que campaba el moro adusto,	2370
	y comenzaba a fundar
	en Asia su imperio el turco.
	Eran en Castilla entonces
	poderosos, como muchos,
	los Laras, y de los Cerdas	2375
	cierto el derecho, entre algunos,
	a tu corona, si bien
	Rey te juraron los tuyos,
	lealtad que en los castellanos
	solamente caber pudo.	2380

2358 ni injurio: nor do I offend *2359 inmunidad:* According to the laws of Alfonso X it was a capital offense to quarrel in the presence of the king. *2362 generosa:* noble *2364 el uso:* custom, frequenting *2365 el Emplazado:* the Summoned, Fernando IV (1285-1312)

Mormuraban en la corte
que el conde Garci Bermudo,
que de la paz y la guerra
era señor absoluto,
por tu poca edad y hacer 2385
reparo a tantos tumultos,
conspiraba a que eligiesen
de tu sangre Rey adulto,
y a don Sancho de la Cerda
quieren decir que propuso, 2390
si con mentira o verdad
ni le defiendo ni arguyo;
mas los del Gobierno, antes
que fuese en el fin Danubio
lo que era apenas arroyo, 2395
o fuese rayo futuro
la que era apenas centella,
la vara, tronco robusto,
preso restaron al Conde
en el Alcázar de Burgos. 2400
Don Sancho, con una hija
de dos años, huyó oculto,
que no fió su inocencia
del juicio de tus tribunos;
con la presteza, quedó 2405
desvanecido el obscuro
nublado que a tu corona
amenazaba confuso;
su esposa, que estaba cerca,
vino a la ciudad, y trujo 2410
consigo un hijo que entraba
en los términos de un lustro;
pidió de noche a los guardas
licencia de verle, y pudo
alcanzarla, si no el llanto, 2415
el poder de mil escudos.
« No vengo — le dijo —, esposo,
cuando te espera un verdugo,
a afligirte, sino a dar
a tus desdichas refugio 2420
y libertad.» Y sacó
unas limas de entre el rubio
cabello con que limar

2381 *Mormuraban* = *Murmuraban*. The archaic *mormurar* is still used in Mexico. 2399 *restaron* = *arrestaron* 2410 *trujo*: old form of *trajo*, preterit of *traer* 2411–2412 *entraba . . . lustro*: was close to five. A lustrum is five years.

de sus pies los hierros duros;
y ya libre, le entregó
las riquezas que redujo
su poder, y con su manto
de suerte al Conde compuso,
que entre las guardas salió
desconocido y seguro
con su hijo; y entre tanto
que fatigaba los brutos
andaluces, en su cama
sustituía otro bulto.
Manifestóse el engaño
otro día, y presa estuvo,
hasta que en hombros salió
de la prisión al sepulcro.
En los montes de Toledo
para el Conde entre desnudos
peñascos, y de una cueva
vivía el centro profundo,
hurtado a la diligencia
de los que en distintos rumbos
le buscaron; que trocados
en abarcas los coturnos,
la seda en pieles, un día
que se vió en el cristal puro
de un arroyo, que de un risco
era precipicio inundo,
hombre mentido con pieles,
la barba y cabello infurto
y pendientes de los hombros
en dos aristas diez juncos;
viendo su retrato en él,
sucedido de hombre en bruto,
se buscaba en el cristal
y no hallaba su trasunto,
de cuyas campañas, antes
que a las flores los coluros
del sol en el lienzo vario
diesen el postrer dibujo,
llevaba por alimento
fruta tosca en ramo inculto,
agua clara en fresca piel,
dulce leche en vasos rudos,

2432 fatigaba: kept occupied *2442 vivía ... profundo:* he inhabited the deep bowels *2446 en ... coturnos:* the high elegant shoes into rustic sandals *2450 inundo = inundado* 2452 *infurto:* matted *2456 sucedido ... bruto:* turning from a man into an animal *2460 coluros:* seasons

y a la escasa luz que entraba
por la boca de aquel mustio
bostezo que dió la tierra
después del común diluvio, 2470
al hijo las buenas letras
le enseñó, y era sin uso
ojos despiertos sin luz
y una fiera con estudio.
Pasó joven de los libros 2475
al valle, y al colmilludo
jabalí opuesto a su cueva,
volvía en su humor purpúreo.
Tenía el anciano padre
el rostro lleno de sulcos 2480
cuando le llamó la muerte,
débil, pero no caduco;
y al joven le dijo: «Orgaz
yace cerca, importa mucho
vayas y digas al Conde 2485
que a aqueste albergue noturno
con un religioso venga,
que un deudo y amigo suyo
le llama para morir».
Habló al Conde, y él dispuso 2490
su viaje sin pedir
cartas de creencia al nuncio.
Llegan a la cueva, y hallan
débiles los flacos pulsos
del Conde, que al huésped dijo, 2495
viendo le observaba mudo:
« Ves aquí, Conde de Orgaz,
un rayo disuelto en humo,
una estatua vuelta en polvos,
un abatido Nabuco; 2500
éste es mi hijo». Y entonces
sobre mi cabeza puso
su débil mano. « Yo soy
el conde Garci Bermudo;
en ti y estas joyas tenga 2505
contra los hados recurso
este hijo, de quien padre
piadoso te sostituyo.»

2469 bostezo: yawn; i.e., the cave formed by the earth's opening *2470 común diluvio:* the Deluge
2478 humor purpúreo: blood *2480 sulcos = surcos:* furrows *2492 cartas de creencia:* letters of
introduction *2500 Nabuco = Nabucodonosor:* Nebuchadnezzar, a king of Babylon

Y en brazos de un religioso,
pálido y los ojos turbios,
del cuerpo y alma la muerte
desató el estrecho nudo.
Llevámosle al Castañar
de noche, porque sus lutos
nos prestase, y de los cielos
fuesen hachas los carbunclos,
adonde con mis riquezas
tierras compro y casas fundo;
y con Blanca me casé,
como a Amor y al Conde plugo.
Vivía sin envidiar,
entre el arado y el yugo,
las Cortes, y de tus iras
encubierto me aseguro;
hasta que anoche en mi casa
vi aqueste huésped perjuro,
que en Blanca, atrevidamente,
los ojos lascivos puso;
y pensando que eras tú,
por cierto engaño que dudo,
le respeté, corrigiendo
con la lealtad lo iracundo;
hago alarde de mi sangre;
venzo al temor, con quien lucho;
pídeme el honor venganza,
el puñal luciente empuño,
su corazón atravieso;
mírale muerto, que juzgo
me tuvieras por infame
si a quien deste agravio acuso
le señalara a tus ojos
menos, señor, que difunto.
Aunque sea hijo del sol,
aunque de tus Grandes uno,
aunque el primero en tu gracia,
aunque en tu imperio el segundo,
que esto soy, y éste es mi agravio,
éste el confesor injusto,
éste el brazo que le ha muerto,
éste divida un verdugo;
pero en tanto que mi cuello
esté en mis hombros robusto,

2514-2515 porque...prestase: so that the night would lend us its mourning drapes *2516 carbunclos:* precious stones—the stars *2534 quien = el que,* i.e., the fear *2550 éste...verdugo:* this (neck) let an executioner sever

	no he de permitir me agravie,	
	del Rey abajo, ninguno.	
Reina.	¿ Qué decís ?	
Rey.	¡ Confuso estoy !	2555
Blanca.	¿ Qué importa la vida pierda ?	
	De don Sancho de la Cerda	
	la hija infelice soy;	
	si mi esposo ha de morir,	
	mueran juntas dos mitades.	2560
Rey.	¿ Qué es esto, Conde ?	
Conde.	Verdades	
	que es forzoso descubrir.	
Reina.	Obligada a su perdón	
	estoy.	
Rey.	Mis brazos tomad;	
	los vuestros, Blanca, me dad;	2565
	y de vos, Conde, la acción	
	presente he de confiar.	
García.	Pues toque el parche sonoro,	
	que rayo soy contra el moro	
	que fulminó el Castañar.	2570
	Y verán en sus campañas	
	correr mares de carmín,	
	dando con aquesto fin,	
	y principio a mis hazañas.	

Fin de la Comedia « Del Rey Abajo, Ninguno »

2554 The title of each *comedia*, generally octosyllabic, is usually found toward the end of the play *2563 Obligada ... perdón:* Responsible for her pardon *2566-2567 de ... confiar:* I will leave you to judge the case *2573 fin:* i.e., to the play

ROJAS ZORRILLA BIBLIOGRAPHY

I. Works

Comedias escogidas de don Francisco de Rojas Zorrilla. (Biblioteca de Autores Españoles, Vol. LIV.)
Teatro, edited by Federico Ruiz Morcuende (Clásicos Castellanos), Madrid, 1917.
Obras, edited by Raymond R. MacCurdy (Clásicos Castellanos), Madrid, 1961.

II. General Studies

COTARELO Y MORI, EMILIO: *Don Francisco de Rojas Zorrilla, noticias biográficas y bibliográficas,* Madrid, 1911.
MACCURDY, RAYMOND R.: *Francisco de Rojas Zorrilla and the Tragedy,* Albuquerque, New Mexico, 1958.
——: *Francisco de Rojas Zorrilla: Bibliografía crítica,* Madrid, 1965.

III. Del rey abajo, ninguno

ORTIGOZA V., CHARLES: "*Del rey abajo, ninguno* de Rojas estudiado a través de sus móviles," *Bulletin of the Comediantes,* IX, No. 1 (1957), pp. 1–4.
WARDROPPER, BRUCE W.: "The Poetic World of Rojas Zorrilla's *Del rey abajo, ninguno,*" *Romanic Review,* LII (1961), pp. 161–172.
WHITBY, WILLIAM M.: "Appearance and Reality in *Del rey abajo, ninguno,*" *Hispania,* XLII (1959), pp. 186–191.

LA CAZUELA DE LAS MUJERES

MORETO

Agustín Moreto y Cabaña (1618–1669) is chronologically the last notable author of the school of Calderón, with whom he shared the public's applause and alongside whom he developed his craft. He was born of Italian parents and studied arts at the University of Alcalá, graduating in 1639. In 1642 he became a cleric of minor orders in Toledo. He was also a courtier, writing for the court of Philip IV. In his later years he devoted himself to both writing for the theater and attending to religious matters.

The flexibility of his poetic genius permitted him to cultivate all known dramatic genres of his time, always within the established eclectic mode in which one type of *comedia* merges imperceptibly into another. His specialty, however, is the comedy of manners, in which he triumphs with less complicated plots than those employed by his predecessors and contemporaries. He was an exceedingly careful craftsman, more concerned with perfection of form than originality of plot. The accusation that he borrowed the central idea of some of his best plays from older works need not be taken seriously. It was an age in which copyrights did not exist, and it was customary to use the ideas of others with a view to improving on their development. In the case of Moreto, it can be said that when he borrowed the plot of a half forgotten *comedia*—most of his plays are adaptations—he always succeeded in surpassing the original work. In some cases he created a masterpiece.

He is an adept at handling emotion and is particularly distinguished for his character portrayal. His flesh-and-blood characters, who behave naturally in a realistically created milieu, are skillfully handled to reveal the inner workings of their minds and hearts. The spirit informing Moreto's works is one of refinement, delicacy, and restraint. His style is simple, clear, and witty. He is not given to the extravagances of *culteranismo*.

Moreto's special genius did not lie in the direction of grand themes like those of Calderón in *La vida es sueño*; man's behavior interests him more than the cosmic scheme. He often neglected the honor theme. He writes best in the minor key of stylized drawing-room comedy.

Any moralizing or philosophizing is done with a light touch. He gives the *gracioso* a central role.

Moreto's *entremeses* rank with the best of the genre. Some of his more outstanding *comedias*, besides *El desdén con el desdén*, are *El lindo don Diego* and *El valiente justiciero*. He was one of the Spanish dramatists most often imitated by the French, among them Scarron, Molière, and Rotrou.

Most would agree that his masterpiece is *El desdén con el desdén*, which is considered the best Spanish drawing-room comedy of the seventeenth century. There is reason to think it is probably based on Lope de Vega's *La vengadora de mujeres* or on his *Milagros del desprecio*. However, one must agree with José María Viqueira that the basic notion is rooted in human experience, which has demonstrated down through the ages the power of rejection to arouse desire and of acceptance to still it.

Diana's disdain is depicted as being generated not only by the lavish attentions of her train of suitors. One must also take into account her rejection of love on intellectual grounds, an attitude engendered in her by scholarly pursuits, which most Spaniards of Moreto's times judged unbecoming a woman. Like the virgin goddess for whom she is named, she remains aloof from love, preferring the company of her own sex. Her palace is her sacred grove, the court ladies her nymphs. Only the sham indifference of Carlos, cleverly engineered by Polilla, succeeds in breaking her intellectual pride and overcoming the disdain which for all others had been a stone wall.

The setting of the play is the elegant, stylized one of the salon and the garden. The dialogue flows freely and there are exceedingly clever exchanges between courtiers and ladies. All the changes are rung on the psychology of rejection. The twists and turns of the love game are worked out with the height of finesse, and the humor bristles. As the *gracioso*, Polilla is a tour de force of vitality, playful mischief, and shrewd psychology. No mere comic accessory after the fashion of the conventional *gracioso*, he occupies a central position in the play. It is he who is the instigator of each fluctuation in the thoughts and feelings of the mutually disdainful pair. It is he too who brings about the triumph of love, of the heart over the mind, that favorite happy ending in *capa y espada* plays.

Often referred to as a *comedia de salón*, the play, like *El lindo Don Diego*, is also classifiable as one of Moreto's *comedias psicológicas o de carácter*. Clearly it is at the same time a *comedia de costumbres*, or comedy of manners. In its focus on human nature, rather than on national concerns, it achieves a universality not always a feature of *Siglo de Oro* plays. In this regard—in its psychological insight and handling of character—it is Tirso de Molina and above all Ruiz de Alarcón, among the dramatists in this anthology, whom Moreto most resembles in *El desdén con el desdén*.

Some of the aesthetic values the work reflects—restraint, clarity, and simplicity of plot, for example—are classical. These, and the elegance of the style and milieu, undoubtedly account in part for the mark it left on Leandro Fernández de Moratín's plays, written in the neoclassical period. The work also had its echo outside Spain. Molière's *La Princesse d'Élide* follows it so closely that Guillaume Huszar was prompted to label the French work nothing more than a pale copy of its Spanish model. The eighteenth-century Italian dramatist Carlo Gozzi, in *La Principessa filòsofa*, also drew on *El desdén con el desdén*. If Moreto reworked the plays of fellow dramatists, it is clear that he did so to such effect that, in turn, he provided plays worthy of being reworked by others.

METRICAL SCHEME OF «EL DESDÉN CON EL DESDÉN»

Act I

Redondillas	abba	1-64
Romance (i-a)		65-438
Silva		439-516
Sextillas	ababcc	517-546
Canción		547-550
Redondillas	abba	551-562
Canción		563-566
Redondillas	abba	567-642
Canción		643-646
Redondillas	abba	647-738
Romance (e-o)		739-1056

Act II

Redondillas	abba	1057-1304
Quintillas	ababa-abaab	1305-1384
Romance (e-a)	*alternating with* letrillas	1385-1782
Silva		1783-1797
Canción		1798-1801
Silva		1802-1823
Canción		1824-1827
Romance (i-o)		1828-1877
Canción		1878-1881
Romance (i-o)		1882-1985

Act III

Tercetos	aba, bcb, cdc, *etc.*	1986-2067
Redondillas	abba	2068-2111
Copla		2112-2116
Redondillas	abba	2117-2124
Canción		2125-2128
Redondillas	abba	2129-2152
Décima	abbaa-ccddc	2153-2162
Redondilla	abba	2163-2166
Canción		2167-2170
Redondillas	abba	2171-2198
Romance (e-o)		2199-2552
Soneto	abba, abba, cdc, dcd	2553-2566
Décimas	abbaa-ccddc	2567-2626
Romance (a-o)		2627-2840
Silva		2841-2877
Romance (-é-)		2878-2929

EL DESDÉN CON EL DESDÉN

PERSONAS

CARLOS, conde de Urgel.
POLILLA, gracioso.
El CONDE DE BARCELONA.
El PRÍNCIPE de BEARNE.
DON GASTÓN, conde de Fox.

DIANA.
CINTIA.
LAURA.
MÚSICOS.

JORNADA PRIMERA

Salón de palacio.

ESCENA I

Salen CARLOS *y* POLILLA.

CARLOS. Yo he de perder el sentido
con tan extraña mujer.
POLILLA. Dame tu pena a entender,
señor, por recién venido.
    Cuando te hallo en Barcelona 5
lleno de aplauso y honor,
donde tu heroico valor
todo su pueblo pregona;
    cuando sobra a tus vitorias
ser Carlos, conde de Urgel, 10
y en el mundo no hay papel
donde se escriban tus glorias,
    ¿ qué causa ha podido haber
de que estés tan mal guisado,
que por más que la he pensado 15
no la puedo comprehender?
CARLOS. Polilla, mi desazón
tiene más naturaleza.
Este pesar no es tristeza,
sino desesperación. 20
POLILLA. ¿ Desesperación? Señor,
que te enfrenes te aconsejo,
que tiras algo a bermejo.

---

3 *Dame... entender*: Let me know your troubles 11-12 *no... glorias*: there's not enough paper to tell of your glories 16 *comprehender* = comprender 18 *tiene... naturaleza*: is of a weightier nature 23 *que... bermejo*: for you resemble a reddish (high-spirited) horse

CARLOS.	No burles de mi dolor.
POLILLA.	¿ Yo burlar ? Esto es templarte;
	mas tu desesperación,
	¿ qué tanta es a esta sazón ?
CARLOS.	La mayor.
POLILLA.	¿ Cosa de ahorcarte ?
	Que si no, poco te ahoga.
CARLOS.	No te burles, que me enfado.
POLILLA.	Pues si estás desesperado,
	¿ hago mal en darte soga ?
CARLOS.	Si dejaras tu locura,
	mi mal te comunicara,
	porque la agudeza rara
	de tu ingenio me asegura
	que algún medio discurriera,
	como otras veces me has dado,
	con que alivie mi cuidado.
POLILLA.	Pues, señor, polilla fuera.
	Desembucha tu pasión
	y no tenga tu cuidado,
	teniéndola en el criado,
	polilla en el corazón.
CARLOS.	Ya sabes que a Barcelona,
	del ocio de mis estados,
	me trajeron los cuidados
	de la fama que pregona
	de Diana la hermosura,
	desta corona heredera,
	en quien la dicha que espera
	tanto príncipe procura,
	compitiendo en su deseo
	gala, brïo y discreción.
POLILLA.	Ya sé que sin pretensión
	veniste a este galanteo
	por lucir la bizarría
	de tus heroicos blasones
	y que en todas las acciones
	siempre te has llevado el día.
CARLOS.	Pues oye mi sentimiento.
POLILLA.	Ello ¿ estás enamorado ?
CARLOS.	Sí estoy.
POLILLA.	Gran susto me has dado.

32 ¿hago... soga?: am I doing wrong in giving you rope? 40 polilla fuera: out with it. Polilla means "uneasiness" as well as "moth." 43 teniéndola... criado: i.e., having your servant to do your worrying 54 discreción: wit 56 veniste: archaic for viniste 61 sentimiento: sorrow, complaint 62 Ello: ellipsis for Ello es que

CARLOS. Pues escucha.
POLILLA. Va de cuento.
CARLOS. Ya sabes cómo en Urgel 65
tuve, antes de mi partida,
del amor del de Bearne
y el de Fox larga noticia.
De Diana pretendientes,
dieron con sus bizarrías 70
voz a la fama y asombro
a todas estas provincias.
El ver de amor tan rendidos,
como la fama publica,
dos príncipes tan bizarros 75
que aun los alaba la envidia,
me llevó a ver si esto en ellos
era por galantería,
gusto opinión o violencia
de su hermosura divina. 80
Entré, pues, en Barcelona,
vila en su palacio un día
sin susto del corazón
ni admiración de la vista.
Una hermosura modesta, 85
con muchas señas de tibia,
mas sin defecto común
ni perfección peregrina;
de aquellas en quien el juicio,
cuando las vemos queridas, 90
por la admiración apela
al no sé qué o a la dicha.
La ocasión de verme entre ellos
cuando al valor desafían
en públicas competencias, 95
con que el favor solicitan,
ya que no pudo a mi amor,
empeñó mi bizarría,
ya en fiestas y ya en torneos
y otras empresas debidas 100
al culto de una deidad
a cuya soberanía

---

64 *Va de cuento:* The story begins, Here we go 65 *Urgel:* the modern Seo de Urgel, town in the province of Lérida 67 *el de Bearne:* the prince of the old French province of Béarn 68 *el de Fox:* the count of Fox 69 *pretendientes:* suitors 76 *aun los alaba la envidia:* they are praised even by those who envy them 86 *tibia:* cool, lukewarm 88 *peregrina:* extraordinary 98 *empeño... bizarría:* aroused my gallantry

sin el empeño de amor
la obligación sacrifica.
Tuve en todas tal fortuna, 105
que, dejando deslucidas
sus acciones, salí siempre
coronado con las mías,
y el vulgo, con el suceso,
la corona merecida 110
con la suerte dió a mi frente
por mérito, siendo dicha,
que cualquiera de los dos
que en ella me competía
la mereció más que yo; 115
pero para conseguirla
tuve yo el faltar mi amor
y no tener la codicia
con que ellos la deseaban,
con que por fuerza fué mía. 120
Que en los casos de la suerte,
por tema de su malicia,
se van siempre las venturas
a quien no las solicita.
Siendo, pues, mis alabanzas 125
de todos tan repetidas,
sólo en Diana hallé siempre
una entereza, tan hija
de su esquiva condición,
que, siendo mis bizarrías 130
dedicadas a su aplauso,
nunca me dejó noticia,
ya que no de favorable,
siquiera de agradecida.
Y esto con tanta esquivez, 135
que en todos dejó la misma
admiración que en mis ojos,
pues la extraña demasía,
de su entereza pasaba
del decoro la medida 140
y, excediendo de recato,
tocaba ya en grosería,
que a las damas de tal nombre
puso el respeto dos líneas:
una es la desatención, 145

---

103 empeño: interest *109 suceso*: in the old sense of success *114 en ella*: for her *122 por ... malicia*: because of her (fortune's) stubborn perversity *137 admiración*: wonderment

y otra, el favor; mas la avisa
que ponga entre ellas la planta
tan ajustada y medida,
que en una ni en otra toque,
porque si de agradecida 150
adelanta mucho el pie,
la raya del favor pisa,
y es ligereza, y si entera
mucho la planta retira,
por no tocar el favor 155
pisa en la descortesía.
Este error hallé en Diana,
que empeñó mi bizarría
a moverla por lo menos
a atención, si no a caricia; 160
y este deseo en las fiestas
me obligaba a repetirlas,
a buscar nuevos empeños
al valor y a la osadía,
mas nunca pude sacar 165
de su condición esquiva
más que más causa a la queja
y más culpa a la malicia.
Desto nació el inquerir
si ella conmigo tenía 170
alguna aversión o queja,
mal fundada o presumida,
y averigüé que Diana,
del discurso las primicias,
con las luces de su ingenio 175
le dió a la filosofía.
Deste estudio y la lición
de las fábulas antiguas,
resultó un común desprecio
de los hombres, unas iras 180
contra el orden natural
del Amor con quien fabrica
el mundo a su duración
alcázares en que viva;
tan estable en su opinión, 185

---

146 The subject of *avisa* is *el respeto*. *153 entera:* upright *166 esquiva:* elusive *173* Diana had devoted herself to the study of philosophy. *174 discurso:* reasoning *177 lición:* archaic for *lección*. Here it means "reading." *179–180 un ... hombres:* a scorn for all men

que da con sentencia fija
el querer bien por pasión
de las mujeres indigna;
tanto, que siendo heredera
desta corona, y precisa   190
la obligación de casarse,
la renuncia y desestima
por no ver que haya quien triunfe
de su condición altiva.
A su cuarto hace la selva   195
de Diana, y son las ninfas
sus damas, y en este estudio
las emplea todo el día.
Sólo adornan sus paredes
de las ninfas fugitivas   200
pinturas que persuaden
al desdén. Allí se mira
a Dafne huyendo de Apolo,
Anaxarte convertida
en piedra por no querer;   205
Aretusa en fuentecilla,
que al tierno llanto de Alfeo
paga en lágrimas esquivas.
Y viendo el Conde, su padre,
que en este error se confirma   210
cada día con más fuerza,
que la razón no la obliga,
que su ruego no la ablanda
y con tal furia se irrita
en hablándola de amor,   215
que teme que la encamina
a un furor desesperado,
que el medio más blando elija
la aconseja su prudencia,
y a los príncipes convida   220
para que, haciendo por ella
fiestas y galanterías,
sin la persuasión ni el ruego,
la naturaleza misma
sea quien lidie con ella,   225
por si, teniendo a la vista
aplausos y rendimientos,

186-187 da... por: considers *196 Diana:* chaste goddess of the hunt *200-201* Read: *pinturas de las ninfas fugitivas 207 Alfeo:* Alpheus, river god who fell in love with Arethusa *208* Daphne, Anaxarete, and Arethusa were converted into a laurel, a stone, and a fountain, respectively, to elude the gods who courted them. *215 en hablándola:* when speaking to her *226 por... vista:* to see if, having before her

ansias, lisonjas, caricias,
su propio interés la vence
o la obligación la inclina; 230
que en quien la razón no labra
endurece la porfía
del persuadir, y no hay cosa
como dejar a quien lidia
con su misma sinrazón; 235
pues si ella misma le guía
al error, en dando en él,
es fuerza quedar vencida,
porque no hay con el que a escuras
por un mal paso camina, 240
para que vea su engaño,
mejor luz que la caída.
Habiendo ya averiguado
que esto en su opinión esquiva
era desprecio común 245
y no repugnancia mía,
claro está que yo debiera
sosegarme en mi porfía,
y considerando bien
opinión tan exquisita, 250
primero que a sentimiento
pudiera moverme a risa.
Pues para que se conozca
la vileza más indigna
de nuestra naturaleza, 255
aquella hermosura misma
que yo antes libre miraba
con tantas partes de tibia,
cuando la ví desdeñosa,
por lo imposible a la vista, 260
la que miraba común
me pareció peregrina.
¡Oh, bajeza del deseo!
Que aunque sea la codicia
de más precio lo que alcanza 265
que lo que se le retira,
sólo por la privación
de más valor lo imagina,
y da el precio a lo difícil,
que su mismo ser le quita. 270
Cada vez que la miraba

---

239 *a escuras* = *a obscuras* 246 *no repugnancia mía*: not repugnance toward me 250 *exquisita*: rare, extraordinary 264 Supply *a* before *codicia*.

más bella me parecía,
y iba creciendo en mi pecho
este fuego tan aprisa,
que absorto de ver la llama, 275
a ver la causa volvía,
y hallaba que aquella nieve
de su desdén, muda y tibia,
producía en mí este incendio.
¡Qué ejemplo para el que olvida! 280
Seguro piensa que está
el que en la ceniza fría
tiene ya su amor difunto:
¡qué engañado lo imagina!
Si amor se enciende de nieve, 285
¿quién se fía en la ceniza?
Corrido yo de mis ansias
preguntaba a mis fatigas:
¡Traidor corazón! ¿qué es esto?
¿Qué es esto? ¡aleves caricias! 290
La que neutral no os agrada
¿os parece bien esquiva?
La que vista no os suspende
¿cuando es ingrata os admira?
¿Qué le añade a la hermosura 295
el rigor que la ilumina?
¿Con el desdén es hermosa
la que sin desdén fué tibia?
El desprecio ¿no es injuria?
La que desprecia, ¿no irrita? 300
Pues la que no pudo afable,
¿por qué os arrastra enemiga?
La crueldad a la hermosura,
¿el ser de deidad le quita?
Pues qué, ¿para mí la ensalza 305
lo que para sí la humilla?
Lo tirano se aborrece.
Pues a mí ¿cómo me obliga?
¿Qué es esto? ¿Amor? ¿Es acaso
hermosa la tiranía? 310
No es posible, no; esto es falso;
no es esto amor ni hay quien diga
que arrastrar pudo inhumana
la que no movió divina.
Pues ¿qué es esto? ¿Esto no es fuego? 315

---

277 *nieve*: used to mean "coldness" 287 *Corrido*: Abashed 299 *injuria*: insult, offense 306 *para sí*: in itself

Sí, que mi ardor lo acredita;
no, que el hielo no le causa;
sí, que el pecho lo publica.
No puede ser, no es posible,
no, que a la razón implica.   320
Pues ¿qué será?   Esto es deseo.
¿De qué?   De mi muerte misma.
Yo mi mal querer no puedo,
pues ¿qué será?   ¿Una codicia
de aquello que se me aparta?   325
No, porque no lo quería
el corazón.   ¿Esto es tema?
No.   Pues, alma, ¿qué imaginas?
—Bajeza es del pensamiento;
no es sino soberanía   330
de nuestra naturaleza,
cuya condición altiva
todo lo quiere rendir,
como superior se mira.
Y habiendo visto que hay pecho   335
que a su halago no se rinda,
el dolor deste desdén
le abrasa y le martiriza,
y produce un sentimiento
con que a desearse obliga   340
vencer aquel imposible.
Y ardiendo en esta fatiga,
como hay parte de deseo,
y este deseo lastima,
parece efecto de amor   345
porque apetece y aspira,
y no es sino sentimiento
equivocado en caricia.
Esto la razón discurre;
mas la voluntad, indigna,   350
toda la razón me arrastra
y todo el valor me quita.
Sea amor o sentimiento,
nieve, ardor, llama o ceniza,
yo me abraso, yo me rindo   355
a esta furia vengativa
de amor, contra la quietud
de mi libertad tranquila;
y sin esperanza alguna

---

317 *le* =*lo* 320 *implica*: contradicts 327 *tema*: obsession 334 *como superior se mira*: if it seems superior 341 *imposible*: impossible thing

de sosiego en mis fatigas,
yo padezco en mi silencio,
yo mismo soy de las iras
de mi dolor alimento;
mi pena se hace a sí misma,
porque más que mi deseo
es rayo que me fulmina,
aunque es tan digna la causa
el ser la razón indigna,
pues mi ciega voluntad
se lleva y se precipita
del rigor, la crueldad,
del desdén, la tiranía,
y muero, más que de amor,
de ver que a tanta desdicha,
quien no pudo como hermosa,
me arrastrase como esquiva.

POLILLA. Atento, señor, he estado,
y el suceso no me admira,
porque esto, señor, es cosa
que sucede cada día.
Mira: siendo yo muchacho,
había en mi casa vendimia,
y por el suelo las uvas
nunca me daban codicia.
Pasó este tiempo, y después
colgaron en la cocina
las uvas para el invierno;
y yo, viéndolas arriba,
rabiaba por comer dellas;
tanto que, trepando un día
por alcanzarlas, caí
y me quebré las costillas.
Este es el caso, él por él.

CARLOS. No el ser natural me alivia,
si es injusto el natural.

POLILLA. Dime, señor: ¿ella mira
con más cariño a otro?

CARLOS. No.

POLILLA. Y ellos, ¿no la solicitan?

CARLOS. Todos vencerla pretenden.

POLILLA. Pues que cae más aprisa
apostaré.

CARLOS. ¿Por qué causa?

367–368 es... indigna: love is the worthy cause, Diana's disdain the unworthy reason 393 él por él: to a tee

POLILLA.	Sólo porque es tan esquiva.
CARLOS.	¿Cómo ha de ser?
POLILLA.	Verbigracia:
	¿viste una breva en la cima
	de una higuera y los muchachos 405
	que en alcanzarla porfían,
	piedras la tiran a pares;
	y aunque alguna se resista,
	al cabo, de aporreada
	con las piedras que la tiran, 410
	viene a caer más madura?
	Pues lo mismo aquí imagina.
	Ella está tiesa y muy alta;
	tú tus pedradas la tiras;
	los otros tiran las suyas; 415
	luego, por más que resista,
	ha de venir a caer,
	de una y otra a la porfía,
	más madura que una breva.
	Mas, cuidado a la caída, 420
	que el cogerla es lo que importa;
	que ella cairá, como hay viñas.
CARLOS.	El Conde, su padre, viene.
POLILLA.	Acompañado se mira
	del de Fox y el de Bearne. 425
CARLOS.	Ninguno tiene noticia
	del incendio de mi pecho,
	porque mi silencio abriga
	el áspid de mi dolor.
POLILLA.	Esa es mayor valentía: 430
	callar tu pasión mucho es,
	¡vive Dios! ¿Por qué imaginas
	que llaman ciego a quien ama?
CARLOS.	Porque sus yerros no mira.
POLILLA.	No tal.
CARLOS.	Pues ¿por qué está ciego? 435
POLILLA.	Porque el que ama al ciego imita.
CARLOS.	¿En qué?
POLILLA.	En cantar la Pasión
	por calles y por esquinas.

---

404 *breva*: first fruit of the fig tree 414 *la* = *le* 418 *de... porfía*: from all of them in competition
421 *que*: for, because 422 *cairá*: archaic for *caerá*; *como hay viñas*: as sure as there are vines
436–438 *Porque... esquinas*: Blind beggars sang the Passion of Christ.

ESCENA II

Salen el Conde de Barcelona, *el* Príncipe de Bearne *y* Don Gastón, *conde de Fox.*

Conde.   Príncipes, vuestro justo sentimiento,
               mirado bien, no es vuestro, sino mío.
               Ningún remedio intento
               que no le venza el ciego desvarío
               de Diana, en quien hallo
               cada vez menos medios de enmendallo.
               Ni del poder de padre a usar me atrevo,
               ni del de la razón, porque se irrita
               tanto cuando de amor a hablarla pruebo,
               que a más daño el furor la precipita.
               Ella, en fin, por no amar ni sujetarse,
               quiere morir primero que casarse.
D. Gastón.   Esa, señor, es opinión aguda
               de su discurso, a los estudios dado,
               que el tiempo sólo o la razón la muda,
               y sin razón estás desesperado.
Conde.   Conde de Fox, aunque verdad es ésa,
               no me atrevo a empeñaros en la empresa
               de que asistáis en vano a su hermosura,
               faltando en vuestro estado a su asistencia.
Príncipe.   Señor, con tu licencia,
               el que es capricho injusto nunca dura;
               y aunque el vencerle es dificultoso,
               yo estoy perdiendo tiempo más airoso,
               ya que a este intento de Bearne vine,
               que dejando la empresa mi constancia;
               porque es mayor desaire que imagine
               nadie que la dejé por inconstancia,
               ni eso crédito es de su hermosura
               ni del honesto amor que la procura.
Carlos.   El Príncipe, señor, ha respondido
               como galán, bizarro y caballero;
               que aun en mí, que he venido
               sin ese empeño, sólo aventurero,
               a festejar no haciendo competencia,
               dejar de proseguir fuera indecencia.
Conde.   Príncipes, lo que siento es empeñaros
               en porfiar, cuando halla la porfía
               de mayor resistencia indicios claros;
               si la gala, el valor, la bizarría,

439-546 Type of verse known as *silva*, more appropriate for persons of high rank. *439 sentimientos:* pain, vexation *450 primero que:* rather than *468 la procura:* seeks her favor

	no la mueve ni inclina, ¿ con qué intento	
	vencer imagináis su entendimiento?	480
POLILLA.	Señor, un necio a veces halla un medio	
	que aprueba la razón. Si dais licencia,	
	yo me atreveré a daros un remedio,	
	con que, aunque ella aborrezca su presencia,	
	se le vayan los ojos, hechos fuentes,	485
	tras cualquiera galán de los presentes.	
CONDE.	Pues ¿ qué medio imaginas?	
POLILLA.	Como mío.	
	Hacer justas, torneos, a una ingrata,	
	es poner ollas a quien tiene hastío.	
	El medio es, que rendirla no dilata,	490
	poner en una torre a la Princesa,	
	sin comer cuatro días ni ver mesa;	
	y luego han de pasar estos galanes	
	delante della y convidando a escote,	
	el uno con seis pollas y dos panes,	495
	el otro con un plato de jigote;	
	y a mí me lleve el Diablo, si los viere,	
	si tras ellos corriendo no saliere.	
CARLOS.	¡ Calla, loco, bufón!	
POLILLA.	¿ Esto es locura?	
	Ejecútese el medio, y a la prueba:	500
	sitien luego por hambre su hermosura,	
	y verán si los ojos no la lleva	
	quien sacare un vestido de camino	
	guarnecido de lonjas de tocino.	
PRÍNCIPE.	Señor, sola una cosa por mí pido,	505
	que don Gastón también ha de querella:	
	nunca hablar a Diana hemos podido;	
	danos licencia tú de hablar con ella,	
	que el trato y la razón puede mudalla.	
CONDE.	Aunque la ha de negar, he de intentalla.	510
	Pensad vosotros medios y ocasiones	
	de mover su entereza, que a escucharos	
	yo la sabré obligar con mis razones,	
	que es cuanto puedo hacer para ayudaros	
	a la empresa tan justa y deseada	515
	de ver mi sucesión asegurada. (*Vase.*)	

---

487 *Como mío:* My own 494 *a escote:* each paying his share, Dutch treat 496 *jigote:* hash 504 *lonjas de tocino:* slices of bacon 509 *mudalla = mudarla.* See page 6, v. 7, note.

ESCENA III

El Príncipe de Bearne, Don Gastón, Carlos, Polilla.

PRÍNCIPE. Condes, crédito es de la nobleza
de nuestra heroica sangre la porfía
de rendir el desdén de su belleza;
juntos la hemos de hablar.

CARLOS. Yo compañía 520
al empeño os haré, mas no al deseo;
porque yo sin amor sigo este empleo.

D. GASTÓN. Pues ya que vos no estáis enamorado,
¿qué medios seguiremos de obligalla?
Que esto lo ve mejor el descuidado. 525

CARLOS. Yo un medio sé que mi silencio calla,
porque otro empeño es, que al proponelle
cualquiera de los dos ha de querelle.

PRÍNCIPE. Decís bien.

D. GASTÓN. Pues, Bearne, vamos luego
a imaginar festejos y finezas. 530

PRÍNCIPE. A introducir en su desdén el fuego.

D. GASTÓN. Ríndanse a nuestro incendio sus tibiezas.

CARLOS. Yo a eso asistiré.

PRÍNCIPE. Pues a esta gloria.

Vanse.

CARLOS. Y del más feliz sea la vitoria.

POLILLA. Pues ¿qué es esto, señor? ¿Por qué has negado 535
tu amor?

CARLOS. He de seguir otro camino
de vencer un desdén tan desusado.
Ven, y yo te diré lo que imagino,
que tú me has de ayudar.

POLILLA. Eso no hay duda.

CARLOS. Allá has de entrar.

POLILLA. Seré Simón y ayuda. 540

CARLOS. ¿Sabráste introducir?

POLILLA. Y hacer pesquisas.
¿Yo Polilla no soy? ¿Eso previenes?
Me sabré introducir en sus camisas.

CARLOS. Pues ya a mi amor le doy los parabienes.

POLILLA. Vamos, que si eso importa a las marañas, 545
yo sabré apolillarle las entrañas.

Vanse.

---

520 *la = le* 530 *imaginar:* think up 533 *a esta gloria:* to this happy end 537 *desusado:* uncommon 540 Simon the Cyrenian helped Christ to bear the cross (St. Luke 23). 542 *Polilla:* Moth; *¿Eso previenes?:* Does that worry you?

vv. 517-585] AGUSTÍN MORETO   793

Gabinete de Diana.

ESCENA IV

Salen Músicos, Diana, Cintia y Laura y Damas.

Músicos.   « Huyendo la hermosa Dafne,
            burla de Apolo la fee;
            sin duda le sigue un rayo,
            pues la defiende un laurel.»   550
Diana.   ¡ Qué bien que suena en mi oído
            aquel honesto desdén !
            ¡ Que hay mujer que quiera bien !
            ¡ Que haya pecho agradecido !
Cintia (*ap*.). ¡ Que por error su agudeza   555
            quiera el amor condenar,
            y si lo es, quiera enmendar
            lo que erró Naturaleza ! —
Diana.   Ese romance cantad ;
            proseguid, que el que le hizo   560
            bien conoció el falso hechizo
            de esa tirana deidad.
Músicos.   « Poca o ninguna distancia
            hay de amar a agradecer ;
            no agradezca la que quiere   565
            la vitoria del desdén.»
Diana.   ¡ Qué bien dice ! Amor es niño,
            y no hay agradecimiento
            que al primer paso, aunque lento,
            no tropiece en su cariño.   570
            Agradecer es pagar
            con un decente favor ;
            luego quien paga el amor
            ya estima el verse adorar.
            Pues si estima, agradecida,   575
            ser amada una mujer,
            ¿ qué falta para querer
            a quien quiere ser querida ?
Cintia.   El agradecer, Diana,
            es deuda noble y cortés ;   580
            la que agradecida es
            no se infiere que es liviana.
            Que agradece la razón
            siempre en nosotras se infiere ;
            la voluntad es quien quiere,   585

---

548 fee: archaic for *fe*, love *550* See v. 208, note. *560 le* = *lo 566 vitoria* = *victoria 582 liviana*: light-headed *583-584 Que . . . infiere*: One always attributes our gratitude to our minds (rather than to our hearts)

distintas las causas son;
luego si hay diversidad
en la causa y el intento,
bien puede el entendimiento
obrar sin la voluntad. 590

DIANA. Que haber puede estimación
sin amor es la verdad,
porque amar es voluntad
y agradecer es razón.
No digo que ha de querer 595
por fuerza la que agradece;
pero, Cintia, me parece
que está cerca de caer;
y quien desto se asegura,
no teme o no ve el engaño, 600
porque no recela el daño
quien al riesgo se aventura.

CINTIA. El ser desagradecida
es delito descortés.
DIANA. Pero el agradecer es 605
peligro de la caída.
CINTIA. Yo el delito no permito.
DIANA. Ni yo un riesgo tan extraño.
CINTIA. Pues, por excusar un daño,
¿ es bien hacer un delito? 610
DIANA. Sí, siendo tan contingente
el riesgo.
CINTIA. Pues ¿ no es menor,
si es contingente, este error
que ese delito presente?
DIANA. No, que es más culpa el amar, 615
que falta el no agradecer.
CINTIA. ¿ No es mejor, si puede ser,
el no querer y estimar?
DIANA. No, porque a querer se ha de ir.
CINTIA. Pues ¿ no puede allí parar? 620
DIANA. Quien no resiste a empezar,
no resiste a proseguir.
CINTIA. Pues el ser agradecida
¿ no es mejor, si esto es ganancia,
y gastar esa constancia 625
en resistir la caída?
DIANA. No; que eso es introducirle
al amor, y al desecharle

---

599 se asegura: feels safe *608 extraño:* extraneous, unnecessary *614 presente:* actual, certain
616 falta: (noun) offense

	no basta para arrojarle	
	lo que puede resistirle.	630
Cintia.	Pues cuando eso haya de ser,	
	más que a la atención faltar,	
	me quiero yo aventurar	
	al peligro de querer.	
Diana.	¿ Qué es querer ? Tú hablas así,	635
	o atrevida o sin cuidado ;	
	sin duda te has olvidado	
	que estás delante de mí.	
	¿ Querer se ha de imaginar ?	
	¿ En mi presencia querer ?	640
	Mas esto no puede ser. —	
	Laura, volved a cantar.	
Músicos.	« No se fíe en las caricias	
	de Amor quien niño le ve ;	
	que, con presencia de niño,	645
	tiene decretos de rey.»	

ESCENA V

Sale Polilla *de médico.**

Polil. (*ap.*).	Plegue al Cielo que dé fuego	
	mi entrada. —	
Diana.	¿ Quién entra aquí ?	
Polilla.	*Ego.*	
Diana.	¿ Quién ?	
Polilla.	*Mihi, vel mi;*	
	scholasticum sum ego,	650
	pauper et enamoratus.	
Diana.	¿ Vos enamorado estáis ?	
	Pues cómo aquí entrar osáis ?	
Polilla.	No, señora ; *escarmentatus.*	
Diana.	¿ Qué os escarmentó ?	
Polilla.	Amor ruin ;	655
	y escarmentado en su error,	
	me he hecho médico de Amor,	
	por ir de ruín a rocín.	
Diana.	¿ De dónde sois ?	
Polilla.	De un lugar.	
Diana.	Fuerza es.	
Polilla.	No he dicho poco ;	660
	que en latín lugar es *loco.*	

629-630 *no... resistirle :* it is harder to discard than resist him (from the start) 631 *cuando eso haya de ser :* if that is to be 649-651 *Mihi... enamoratus :* bad Latin: Me, rather I, a student, poor and in love. 654 *escarmentatus :* made-up Latin for "disappointed" 660 *Fuerza es :* Necessarily, Naturally

Diana.	Ya os entiendo.
Polilla.	Pues andar.
Diana.	¿ Y a qué entráis ?
Polilla.	La fama oí de vos con admiración de tan rara condición.
Diana.	¿ Dónde supisteis de mí ?
Polilla.	En Acapulco.
Diana.	¿ Dónde es ?
Polilla.	Media legua de Tortosa; y mi codicia, ambiciosa de saber curar después del mal de amor, sarna insana, me trajo a veros, por Dios, por sólo aprender de vos. Partíme luego a la Habana por venir a Barcelona, y tomé postas allí.
Diana.	¿ Postas en la Habana ?
Polilla.	Sí. Y me apeé en Tarragona, de donde vengo hasta aquí, como hace fuerte el verano, a pie a pediros la mano.
Diana.	Y ¿ qué os parece de mí ?
Polilla.	Eso es fuerza que me aturda; no tiene Amor mejor flecha que vuestra mano derecha, si no es que sacáis la zurda.
Diana.	¡ Buen humor tenéis !
Polilla.	Ansí, ¿ gusta mi conversación ?
Diana.	Sí.
Polilla.	Pues con una ración os podéis hartar de mí.
Diana.	Yo os la doy.
Polilla.	Beso . . .(¡ qué error !) ¿ Beso dije ? Ya no beso.
Diana.	Pues ¿ por qué ?
Polilla.	El beso es el queso de los ratones de amor.
Diana.	Yo os admito.
Polilla.	Dios delante;

---

661 *Pues andar:* Well, proceed 667–680 absurd journeys concocted for humorous effect 689 *ración:* allowance 691 *Beso:* Polilla starts to say *Beso las plantas* (feet) *de vuestra merced,* or other polite words to that effect.

	mas sea con plaza de honor.
Diana.	¿ No sois médico ?
Polilla.	Hablador, y ansí seré platicante.
Diana.	Y del mal de amor, que mata, ¿ cómo curáis ?
Polilla.	Al que es franco 700 curo con ungüento blanco.
Diana.	¿ Y sana ?
Polilla.	Sí, porque es plata.
Diana.	¿ Estáis mal con él ?
Polilla.	Su nombre me mata. Llamó al Amor Averroes hernia, un humor 705 que hila las tripas a un hombre. Amor, señora, es congoja, traición, tiranía villana, y sólo el tiempo le sana, suplicaciones y aloja. 710 Amor es quita-razón, quita-sueño, quita-bien, quita-pelillos también que hará calvo a un motilón. Y las que él obliga a amar 715 todas se acaban en quita: Francisquita, Mariquita, por ser todas al quitar.
Diana.	Lo que yo había menester para mi divertimiento 720 tengo en vos.
Polilla.	Con ese intento vine yo desde Añover.
Diana.	¿ Añover ?
Polilla.	Él me crió; que en este lugar extraño se ven melones cada año, 725 y ansí Año-ver se llamó.
Diana.	¿ Cómo os llamáis ?
Polilla.	Caniquí.

---

698 platicante: talker; play on similarity to *practicante*, practitioner *705 Averroes*: Arab physician and philosopher (1126-1198) born in Córdoba *710 suplicaciones*: waffles; *aloja*: a fermented drink made of water and honey *714 calvo, motilón*: synonyms meaning "bald-headed" *716 quita*: (law) acquittance, release *718 al quitar*: provisional, uncertain *725 melones*: colloquial for "bald-headed" *726 Añover*: town in province of Toledo, famous for its melons *727 Caniquí*: Cannequin, a type of thin cotton cloth

Diana.	Caniquí, a vuestra venida	
	estoy muy agradecida.	
Polilla.	Para las dueñas nací.	730
(*Ap.*)	Ya yo tengo introducción;	
	así en el mundo sucede,	
	lo que un príncipe no puede,	
	yo he logrado por bufón.	
	Si ahora no llega a rendilla	735
	Carlos, sin maña se viene,	
	pues ya introducida tiene	
	en su pecho la polilla. —	
Laura.	Con los príncipes tu padre	
	viene, señora, acá dentro.	740
Diana.	¿Con los príncipes? ¿Qué dices?	
	¿Qué intenta mi padre? ¡Cielos!	
	Si es repetir la porfía	
	de que me case, primero	
	rendiré el cuello a un cuchillo.	745
Cintia (*ap. a* Laura).		
	¿Hay tal aborrecimiento	
	de los hombres? ¿Es posible,	
	Laura, que el brío, el aliento	
	del de Urgel no la arrebate?	
Laura.	Que es hermafrodita pienso.	750
Cintia.	A mí me lleva los ojos.	
Laura.	Y a mí el Caniquí, en secreto,	
	me ha llevado las narices;	
	que me agrada para lienzo. —	

ESCENA VI

Sale el Conde *con los tres* Príncipes.

Conde.	Príncipes, entrad conmigo.	755
Carlos (*ap.*).	Sin alma a sus ojos vengo;	
	no sé si tendré valor	
	para fingir lo que intento.	
	Siempre la hallo más hermosa. —	
Diana (*ap.*).	¡Cielos! ¿Qué puede ser esto? —	760
Conde.	¿Hija? ¿Diana?	
Diana.	¿Señor?	
Conde.	Yo, que a tu decoro atiendo	
	y a la deuda en que me ponen	
	los Condes con sus festejos,	

---

735 *rendilla* = *rendirla* 736 *se viene*: he is 751 *me lleva los ojos*: he attracts me 754 *lienzo*: handkerchief

habiendo dellos sabido
que del retiro que has hecho
de su vista, están quejosos . . .

DIANA.   Señor, que me des te ruego
licencia antes que prosigas
ni tu palabra haga empeño
de cosa que te esté mal,
de prevenirte mi intento.
Lo primero es, que contigo
ni voluntad tener puedo,
ni la tengo, porque sólo
mi albedrío es tu precepto.
Lo segundo es, que el casarme,
señor, ha de ser lo mesmo
que dar la garganta a un lazo
y el corazón a un veneno.
Casarme y morir es uno;
mas tu obediencia es primero
que mi vida. Esto asentado,
venga ahora tu decreto.

CONDE.   Hija, mal has presumido,
que yo casarte no intento,
sino dar satisfación
a los príncipes, que han hecho
tantos festejos por ti,
y el mayor de todos ellos
es pedirte por esposa,
siendo tan digno su aliento,
ya que no de tus favores,
de mis agradecimientos.
Y, no habiendo de otorgallo,
debe atender mi respeto
a que ninguno se vaya
sospechando que es desprecio,
sino aversión que tu gusto
tiene con el casamiento.
Y también que esto no es
resistencia a mi precepto,
cuando yo no te lo mando,
porque el amor que te tengo
me obliga a seguir tu gusto;
y pues tú en seguir tu intento
ni a mí me desobedeces
ni los desprecias a ellos,
dales la razón que tiene
para esta opinión tu pecho,

775-776 *sólo... precepto*: your command is my only will   792 *aliento*: courage, worth   810 *pecho*: heart

que esto importa a tu decoro
y acredita mi respeto.

Vase.

ESCENA VII

Diana, Cintia, Laura, Damas; *el* Príncipe, Don Gastón, Carlos, Polilla, Músicos.

Diana.	Si eso pretendéis no más,
	oíd, que dárosla quiero.
D. Gastón.	Sólo a ese intento venimos.
Príncipe.	Y no extrañéis el deseo,
	que más extraña es en vos
	la aversión al casamiento.
Carlos.	Yo, aunque a saberlo he venido,
	sólo ha sido con pretexto,
	sin extrañar la opinión
	de saber el fundamento.
Diana.	Pues oíd, que ya le digo.
Polil. *(ap).*	¡ Vive Dios, que es raro empeño !
	¿ Si hallará razón bastante ?
	Porque será bravo cuento
	dar razón para ser loca.
Diana.	Desde que el albor primero
	con que amaneció al discurso
	la luz de mi entendimiento
	vi el día de la razón,
	fué de mi vida el empleo
	el estudio y la lición
	de la historia, en quien da el tiempo
	escarmiento a los futuros
	con los pasados ejemplos.
	Cuantas ruinas y destrozos,
	tragedias y desconciertos
	han sucedido en el mundo
	entre ilustres y plebeyos,
	todas nacieron de Amor.
	Cuanto los sabios supieron,
	cuanto a la filosofía
	moral liquidó el ingenio,
	gastaron en prevenir
	a los siglos venideros
	el ciego error, la violencia,

---

813 no más: only *823 le = lo 825 ¿Si:* I wonder if *843–844 cuanto ... ingenio:* all the mind has distilled from moral philosophy

              el loco, el tirano imperio
              de esa mentida deidad
              que se introduce en los pechos   850
              con dulce voz de cariño,
              siendo un volcán allá dentro.
              ¿ Qué amante jamás al mundo
              dió a entender de sus efectos
              sino lástimas, desdichas,   855
              lágrimas, ansias, lamentos,
              suspiros, quejas, sollozos,
              sonando con triste estruendo
              para lastimar, las quejas,
              para escarmentar, los ecos?   860
              Si alguno correspondido
              se vió, paró en un despeño,
              que al que no su tiranía
              se opuso el poder del Cielo.
              Pues si quien se casa va   865
              a amar por deuda y empeño,
              ¿ cómo se puede casar
              quien sabe de amor el riesgo?
              Pues casarse sin amor
              es dar causa sin efecto,   870
              ¿ cómo puede ser esclavo
              quien no se ha rendido al dueño?
              ¿ Puede hallar un corazón
              más indigno cautiverio
              que rendirle su albedrío   875
              quien no manda su deseo?
              El obedecerle es deuda,
              pues ¿ cómo vivirá un pecho
              con una obediencia afuera
              y una resistencia adentro?   880
              Con amor y sin amor,
              yo, en fin, casarme no puedo:
              con amor, porque es peligro;
              sin amor, porque no quiero.
PRÍNCIPE.   Dándome los dos licencia,   885
              responderé a lo propuesto.
D. GASTÓN.   Por mi parte yo os la doy.
CARLOS.   Yo que responder no tengo,
              pues la opinión que yo sigo
              favorece aquel intento.   890
PRÍNCIPE.   La mayor guerra, señora,

---

863 que... Cielo: for the one not opposed by love's tyranny was opposed by the power of Heaven *866 por deuda y empeño:* because he is obliged to *890 aquel intento:* that opinion (hers)

que hace el engaño al ingenio,
es estar siempre vestido
de aparentes argumentos.
Dejando las consecuencias   895
que tiene Amor contra ellos,
que en un discurso engañado
suelen ser de menosprecio,
la experiencia es la razón
mayor que hay para venceros,   900
porque ella sola concluye
con la prueba del efecto.
Si vos os negáis al trato,
siempre estaréis en el yerro,
porque no cabe experiencia   905
donde se excusa el empeño.
Vos vais contra la razón
natural, y el propio fuero
de nuestra naturaleza
pervertís con el ingenio.   910
No neguéis vos el oído
a las verdades del ruego,
porque si es razón no amar,
contra la razón no hay riesgo;
y si no es razón, es fuerza,   915
que os ha de vencer el tiempo,
y entonces será vitoria
publicar el vencimiento.
Vos defendéis el desdén,
todos vencerle queremos;   920
vos decís que esto es razón;
permitíos al festejo;
haced escuela al desdén,
donde, en nuestro galanteo,
los intentos de obligaros   925
han de ser los argumentos.
Veamos quién tiene razón,
porque ha de ser nuestro empeño
inclinaros al cariño,
o quedar vencidos ellos.   930

DIANA.   Pues para que conozcáis
que la opinión que yo llevo
es hija del desengaño
y del error vuestro intento,
festejad, imaginad   935

---

906 se excusa el empeño: one avoids involvement *922 permitíos al festejo:* consent to being courted *930* The antecedent of *ellos* is *argumentos. 934 y del error vuestro intento:* and your opinion the child of error

	cuantos caminos y medios
	de obligar una hermosura
	tiene Amor, halla el ingenio,
	que desde aquí me permito
	a lisonjas y festejos 940
	con el oído y los ojos,
	sólo para convenceros
	de que no puedo querer,
	y que el desdén que yo tengo,
	sin fomentarle el discurso, 945
	es natural en mi pecho.
D. Gastón.	Pues si argumento ha de ser
	desde hoy nuestro galanteo,
	todos vamos a argüir
	contra el desdén y despego. — 950
	Príncipes, de la razón
	y de amor es ya el empeño;
	cada uno un medio elija
	de seguir este argumento.
	Veamos, para concluír, 955
	quién elige mejor medio.
	Vase.
Príncipe.	Yo voy a escoger el mío,
	y de vos, señora, espero
	que habéis de ser contra vos
	el más agudo argumento. 960
	Vase.

ESCENA VIII

Diana, Cintia, Laura, Damas; Carlos, Polilla, Músicos.

Carlos.	Pues yo, señora, también,
	por deuda de caballero,
	proseguiré en festejaros,
	mas será sin ese intento.
Diana.	Pues ¿por qué?
Carlos.	Porque yo sigo 965
	la opinión de vuestro ingenio;
	mas aunque es vuestra opinión,
	la mía es con más extremo.
Diana.	¿De qué suerte?
Carlos.	Yo, señora,
	no sólo querer no quiero,
	mas ni quiero ser querido. 970

---

938 Read: *tiene Amor y halla el ingenio* *939 desde aquí:* hence, from now on *945 sin fomentarle el discurso:* without my mind prompting it *969 ¿De qué suerte?:* In what way?

Diana.	Pues ¿en ser querido hay riesgo?
Carlos.	No hay riesgo, pero hay delito:
	no hay riesgo, porque mi pecho
	tiene tan establecido
	el no amar en ningún tiempo,
	que si el Cielo compusiera
	una hermosura de extremos
	y ésta me amara, no hallara
	correspondencia en mi afecto.
	Hay delito, porque cuando
	sé yo que querer no puedo,
	amarme y no amar sería
	faltar mi agradecimiento.
	Y ansí yo, ni ser querido
	ni querer, señora, quiero,
	porque temo ser ingrato
	cuando sé yo que he de serlo.
Diana.	Luego ¿vos me festejáis
	sin amarme?
Carlos.	Eso es muy cierto.
Diana.	Pues ¿para qué?
Carlos.	Por pagaros
	la veneración que os debo.
Diana.	¿Y eso no es amor?
Carlos.	¡Amor!
	No, señora, esto es respeto.
Polilla (*aparte a* Carlos).	
	¡Cuerpo de Cristo! ¡Qué lindo!
	¡Qué bravo botón de fuego!
	Échala dese vinagre
	y verás, para su tiempo,
	qué bravo escabeche sale.
Diana (*aparte a* Cintia).	
	Cintia, ¿has oído a este necio?
	¿No es graciosa su locura?
Cintia.	Soberbia es.
Diana.	¿No será bueno
	enamorar a este loco?
Cintia.	Sí, mas hay peligro en eso.
Diana.	¿De qué?
Cintia.	Que tú te enamores
	si no logras el empeño.
Diana.	Ahora eres tú más necia,
	pues ¿cómo puede ser eso?

---

983 *amarme y no amar*: for one to love me without my loving back 996 *¡Qué . . . fuego!*: What an excellent cauterizing! 999 *escabeche*: pickled fish

| | ¿No me mueven los rendidos
y ha de arrastrarme el soberbio? | 1010 |
| --- | --- | --- |
| Cintia. | Eso, señora, es aviso. | |
| Diana. | Por eso he de hacer empeño
de rendir su vanidad. | |
| Cintia. | Yo me holgaré mucho dello. — | |

Diana (a Carlos).

          Proseguid la bizarría,   1015
          que yo ahora os la agradezco
          con mayor estimación,
          pues sin amor os la debo.

Carlos.	¿Vos agradecéis, señora?	
Diana.	Es porque con vos no hay riesgo.	1020
Carlos.	Pues yo iré a empeñaros más.	
Diana.	Y yo voy a agradecerlo.	
Carlos.	Pues mirad que no queráis,
porque cesaré en mi intento.	
Diana.	No me costará cuidado.	1025
Carlos.	Pues siendo así, yo lo acepto.	
Diana.	Andad. — Venid, Caniquí.	
Carlos.	¿Qué decís?	
Polilla.	Soy yo ese lienzo.	

Diana (aparte a Cintia).

          Cintia, rendido has de verle.

| Cintia. | Sí será; pero yo temo
que se te trueque la suerte. — | 1030 |
| --- | --- | --- |
| | (Ap.) Y eso es lo que yo deseo. — | |

Vanse.

Diana (a Carlos).

          Mas ¿oís?

Carlos.	¿Qué me queréis?	
Diana.	Que si acaso os muda el tiempo...	
Carlos.	¿A qué, señora?	
Diana.	A querer.	1035
Carlos.	¿Qué he de hacer?	
Diana.	Sufrir desprecios.	
Carlos.	¿Y si en vos hubiese amor?	
Diana.	Yo no querré.	
Carlos.	Ansí lo creo.	
Diana.	Pues ¿qué pedís?	
Carlos.	Por si acaso...	
Diana.	Ese acaso está muy lejos	1040
Carlos.	¿Y si llega?	
Diana.	No es posible.	

1011 aviso: warning *1014 Yo me holgaré:* I will rejoice *1023 mirad que no queráis:* watch out lest you fall in love *1039 Por si acaso:* Just in case

CARLOS.	Supongo.	
DIANA.	Yo lo prometo.	
CARLOS.	Eso pido.	
DIANA.	Bien está.	
	Quede ansí.	
CARLOS.	Guárdeos el Cielo.	
DIANA (*ap.*).	Aunque me cueste un cuidado,	1045
	he de rendir este necio. —	
	Vase.	
POLILLA.	Señor, buena va la danza.	
CARLOS.	Polilla, yo estoy muriendo;	
	todo mi valor ha habido	
	menester mi fingimiento.	1050
POLILLA.	Señor, llévalo adelante,	
	y verás si no da fuego.	
CARLOS.	Eso importa.	
POLILLA.	Ven, señor,	
	que ya yo estoy acá dentro.	
CARLOS.	¿Cómo?	
POLILLA.	Con lo Caniquí	1055
	me he hecho lienzo casero.	

1044 ansí: archaic for *así 1055 Con lo Caniquí:* by playing the role of *Caniquí,* i.e., cotton cloth
1056 lienzo casero: household linen

JORNADA SEGUNDA

Salón de palacio.

ESCENA I

Salen CARLOS *y* POLILLA.

CARLOS. Polilla amigo, el pesar
me quitas. Dale a mi amor
alivio.
POLILLA. Aspacio, señor,
que hay mucho que confesar. 1060
CARLOS. Dímelo todo, que lucha
con mi cuidado mi amor.
POLILLA. ¿Quieres besarme, señor?
Apártate allá y escucha.
 Lo primero, estos bobazos 1065
destos príncipes, ya sabes
que en fiestas y asumptos graves
se están haciendo pedazos.
 Fiesta tras fiesta no tarda,
y con su desdén tirano 1070
hacer fiestas es en vano,
porque ella no se las guarda.
 Ellos gastan su dinero
sin que con ello la obliguen,
y de enamorarla siguen 1075
el camino carretero,
 y ellos mismos son testigos
que van mal, que esta mujer
el alcanzarla ha de ser
echando por esos trigos. 1080
 Y es tan cierta esta opinión,
que, con tu desdén fingido,
de tal suerte la has herido
que ha pedido confesión;
 y con mi bellaquería 1085
su pecho ha comunicado,
como ella me ha imaginado
doctor desta teología.

1059 *Aspacio = A espacio, Despacio* 1067 *asumptos = asuntos* 1072 *no se las guarda:* does not show consideration for them 1076 *camino carretero:* highway 1080 *echando... trigos:* going cross-country; i.e., veering off the subject

　　　　　　　Para rendirte, un intento
　　　　　　siempre a preguntar me sale. 1090
　　　　　　¡ Mira tú de quién se vale
　　　　　　para que se yerre el cuento !
　　　　　　　Yo dije con voz madura :
　　　　　　« Si eso en cuidado te tray,
　　　　　　para obligarle no hay 1095
　　　　　　medio como tu hermosura.
　　　　　　　Hazle un favor, golpe en bola
　　　　　　de cuando en cuando al cuitado,
　　　　　　y, en viéndole enamorado,
　　　　　　vuélvete y dile mamola.» 1100
　　　　　　　Ella de mi parecer
　　　　　　se ha agradado de tal arte,
　　　　　　que ya está en galantearte.
　　　　　　Mas ahora es menester
　　　　　　que con ceño impenetrable, 1105
　　　　　　aunque parezcas grosero,
　　　　　　siempre tú estés más entero
　　　　　　que bolsa de miserable.
　　　　　　　No te piques con la salsa,
　　　　　　no piense tu bobería 1110
　　　　　　que está la casa vacía
　　　　　　por ver la cédula falsa,
　　　　　　　porque ella la trae pegada,
　　　　　　y si tú vas a leella,
　　　　　　has de hallar que dice en ella : 1115
　　　　　　« Aquí no se alquila nada.»
CARLOS.　　　Y de eso ¿ qué ha de sacarse ?
POLILLA.　　Que se pique esta mujer.
CARLOS.　　Pues ¿ cómo puedes saber
　　　　　　que ha de venir a picarse ? 1120
POLILLA.　　　¿ Cómo picarse ? ¡ Eso es bueno !
　　　　　　Si ella lo finge diez días
　　　　　　y tú della te desvías,
　　　　　　te ha de querer al onceno,
　　　　　　　a los doce ha de rabiar 1125
　　　　　　y a los trece me parece
　　　　　　que, aunque ella se esté en sus trece,
　　　　　　te ha de venir a rogar.
CARLOS.　　　Yo pienso que dices bien ;
　　　　　　mas yo temo de mi amor 1130

1089-1090 Para . . . sale: She always asks me how to make you fall. *1097 golpe en bola:* in a graceful, genteel manner *1100 mamola:* means "chuck under the chin." Trans.: go away and tell him "I fooled you." *1108 bolsa de miserable:* a miser's purse *1112 cédula:* placard of a house to let *1127 se esté en sus trece:* persists in her opinion

	que si ella me hace un favor	
	no sepa hacerla un desdén.	
Polilla.	¡Qué más dijera una niña!	
Carlos.	Pues ¿qué haré?	
Polilla.	Mostrarte helado.	
Carlos.	¿Cómo, si estoy abrasado?	1135
Polilla.	Beber mucha garapiña.	
Carlos	Yo he de esforzar mi cuidado.	
Polilla.	¡Ansí pesia mi memoria,	
	que lo mejor de la historia	
	es lo que se me ha olvidado!	1140
	Ya sabes que ahora son	
	Carnestolendas.	
Carlos.	Y ¿pues?	
Polilla.	Que en Barcelona uso es	
	desta gallarda nación,	
	que con fiestas se divierte,	1145
	llevar, sin nota en su fama,	
	cada galán a su dama.	
	Esto en palacio es por suerte;	
	ellas eligen colores,	
	pide uno el galán que viene,	1150
	y la dama que le tiene	
	va con él, y a hacer favores	
	al galán el día la empeña,	
	y él se obliga a ser su imán,	
	y es gusto, porque hay galán	1155
	que suele ir con una dueña.	
	Esto supuesto, Diana	
	contigo el ir ha dispuesto,	
	y no sé, por lograr esto,	
	cómo han puesto la pavana;	1160
	ello está trazado ya.	
	Mas ella sale. Hacia allí	
	te esconde, no te halle aquí,	
	porque lo sospechará.	
Carlos.	Persuade tú a su desvío	1165
	que me enamore.	
Polilla.	Es forzoso.	
	Tú eres enfermo dichoso,	
	pues te cura el beber frío.	

1136 garapiña: ices *1138 pesia:* confound it!, from *pese a 1142 Carnestolendas:* carnival before Lent *1143 uso es:* it is customary *1146 sin nota en su fama:* without reflection on his reputation *1153 la empeña:* obliges her *1160 pavana:* slow Spanish dance of figures

ESCENA II

Salen Diana, Cintia *y* Laura.

Diana.	Cintia, este medio he pensado
	para rendirle a mi amor; 1170
	yo he de hacerle más favor.
	Todas, como os he mandado,
	como yo habéis de traer
	cintas de todas colores,
	con que al pedir los favores 1175
	podréis cualquiera escoger
	el galán que os pareciere,
	pues cualquier color que pida
	ya la tenéis prevenida,
	y la que el de Urgel pidiere 1180
	dejádmela para mí.
Cintia.	Gran vitoria has de alcanzar
	si le sabes obligar
	a quererte.
Diana.	¿Caniquí?
Polilla.	¡Oh, luz deste firmamento! 1185
Diana.	¿Qué hay de nuevo?
Polilla.	Me he hecho amigo
	de Carlos.
Diana.	Mucho me obligo
	de tu cuidado.
Polilla (*aparte*).	Ansí intento
	ser espía y del consejo.
	No es mi prevención muy vana, 1190
	que esto es echar la botana
	por si se sale el pellejo. —
Diana.	Y ¿no has descubierto nada
	de lo que yo dél procuro?
Polilla.	¡Ay, señora, está más duro 1195
	que huevo para ensalada!
	Pero yo sé tretas bravas
	con que has de hacerle bramar.
Diana.	Pues tú lo has de gobernar.
Polil. (*ap.*).	¡Ay, pobreta, que te clavas! 1200
Diana.	Mil escudos te apercibo
	si tú su desdén allanas.
Polilla.	Sí haré: el emplasto de ranas

1174 colores: now masculine, was then both masculine and feminine *1175 al pedir los favores:* when the men ask for their tokens (ribbons) *1189 del consejo:* in (Diana's) confidence *1191–1192 echar ... pellejo:* to put on a patch in case the wine skin leaks; i.e., take an extra precaution *1203–1204 el ... madurativo:* bring forth the bribe money as an inducement

pone por madurativo.
Y si le vieses querer,
¿qué harás después de tentalle?

DIANA. ¿Qué? Ofendelle, desprecialle,
ajalle y dalle a entender
que ha de rendir sus sosiegos
a mis ojos por despojos.

CARLOS. ¡Fuego de amor en tus ojos!
POLIL. (ap.). ¡Qué gran gusto es ver dos juegos!—
Digo, ¿y no sería mejor,
después de haberle rendido,
tener piedad del caído?

DIANA. ¿Qué llamas piedad?
POLILLA. De amor.
DIANA. ¿Qué es amor?
POLILLA. Digo, querer,
ansí al modo de empezar,
que aquesto de pellizcar
no es lo mismo que comer.

DIANA. ¿Qué es lo que dices? ¿Querer?
¿Yo me había de rendir?
Aunque le viera morir
no me pudiera vencer.

CARLOS. ¿Hay mujer más singular?
¡Oh cruel!

POLILLA (ap. a CARLOS). Déjame hacer,
que no sólo ha de querer,
¡vive Dios!, sino envidar.

CARLOS. Yo salgo. ¡El alma se abrasa!
POLILLA. Carlos viene.
DIANA. Disimula.
POLIL. (ap.). ¡Lástima es que tome bula!
¡Si supiera lo que pasa!—

DIANA. Cintia, avisa cuándo es hora
de ir al sarao.

CINTIA. Ya he mandado
que estén con ese cuidado.

CARL. (sale). Y yo el primero, señora,
vengo, pues es deuda igual,
a cumplir mi obligación.

DIANA. Pues ¿cómo sin afición
sois vos el más puntual?

1208 ajalle = ajarle: crush him *1212 juegos:* hands (of cards) *1219 pellizcar:* to nibble *1227-1228 querer, envidar:* terms used in some card games meaning "to see" (accept the bet) and "to bet," respectively *1231 tome bula:* he allows himself (to interfere at this critical moment)

CARLOS.　　　Como tengo el corazón
　　　　　　sin los cuidados de amar,
　　　　　　tiene el alma más lugar
　　　　　　de cumplir su obligación.
POLILLA (*aparte a* DIANA).
　　　　　　Hazle un favorcillo al vuelo　　　　1245
　　　　　　por si más grato le ves.
DIANA.　　　Eso procuro.
POLILLA (*aparte*).　　Esto es
　　　　　　hacerla escupir al cielo.
DIANA.　　　Mucho, no teniendo amor,
　　　　　　vuestra asistencia me obliga.　　　1250
CARLOS.　　　Si es mandarme que prosiga,
　　　　　　sin hacerme ese favor
　　　　　　lo haré yo, porque obligada
　　　　　　a eso mi intención está.
DIANA.　　　Poca lumbre el favor da.　　　　　1255
POLILLA.　　　Está la yesca mojada.
DIANA.　　　Luego ¿ al favor que os hago
　　　　　　no le dais estimación ?
CARLOS.　　　Eso con veneración,
　　　　　　mas no con amor, le pago.　　　　1260
POLILLA (*aparte a* CARLOS).
　　　　　　¡ Necio !, ni aun ansí le pagues.
CARLOS.　　　¿ Qué quieres ? Templa mi ardor,
　　　　　　aunque es fingido, el favor.
POLILLA.　　　Pues enjuágate y no tragues. —
DIANA.　　　¿ Qué le has dicho ?
POLILLA.　　　　　　　　Que, al oíllos,
　　　　　　agradezca tus favores.　　　　　　1265
DIANA.　　　Bien haces.
POLILLA (*aparte*).　　　Esto es, señores,
　　　　　　engañar a dos carrillos. —
DIANA.　　　Si yo a querer algún día
　　　　　　me inclinase, fuera a vos.　　　　1270
CARLOS.　　　¿ Por qué ?
DIANA.　　　　　　　Porque entre los dos
　　　　　　hay oculta simpatía.
　　　　　　El llevar vos mi opinión,
　　　　　　el ser vos del genio mío;
　　　　　　y, a sufrirlo mi albedrío,　　　　　1275
　　　　　　fuera a vos mi inclinación.

1245 al vuelo: right away *1248 hacerla... cielo:* i.e., it will act as a boomerang *1256 yesca:* tinder *1264 enjuágate y no tragues:* gargle and do not swallow *1268 engañar... carrillos:* practicing a double deception, i.e., like a double agent *1274 genio:* nature, temperament

Carlos.	Pues hicierais mal.	
Diana.	No hiciera, que sois galán.	
Carlos.	No es por eso.	
Diana.	¿ Por qué ?	
Carlos.	Porque os confieso que yo no os correspondiera.	1280
Diana.	Pues si os viérades amar de una mujer como yo, ¿ no me quisiérades ?	
Carlos.	No.	
Diana.	Claro sois.	
Carlos.	No sé engañar.	
Polil. (ap.).	¡ Oh pecho heroico y valiente! Dale por esos ijares. Si tú no se la pegares, me la peguen en la frente. —	1285
Diana (aparte a Polilla).	Mucho al enojo me acerco. ¡ Tal desahogo no he visto!	1290
Polilla.	Desvergüenza es ¡ vive Cristo!	
Diana.	¿ Has visto tal ?	
Polilla.	¡ Es un puerco!	
Diana.	¿ Qué haré ?	
Polilla.	Meterle en la danza de amor, y a puro desdén quemarle.	
Diana.	Tú dices bien, que esa es la mayor venganza. — Yo os tuve por más discreto. (A Carlos.)	1295
Carlos.	Pues ¿ qué he hecho contra razón ?	
Diana.	¡ Eso es ya desatención !	
Carlos.	No ha sido sino respeto. Y porque veáis que es error que haya en el mundo quien crea que el que quiere lisonjea, oíd de mí lo que es amor. Amar, señora, es tener inflamado el corazón con un deseo de ver a quien causa esta ocasión, que es la gloria del querer. Los ojos, que se agradaron	1300 1305 1310

1286 *Dale ... ijares:* Spur her on. 1287 *Si ... pegares:* If you do not fool her (from *pegársela a uno*) 1288 *me ... frente:* I'll eat my hat 1294 *a puro desdén:* by sheer disdain

de algún sujeto que vieron,
  al corazón trasladaron
  las especies que cogieron,
  y esta inflamación causaron.
    Su hidrópico ardor procura
  apagar de sus antojos
  la sed, viendo la hermosura;
  más crece la calentura
  mientras más beben los ojos.
    Siendo esta fiebre mortal,
  quien corresponde al amor
  bien se ve que es desleal,
  pues le remedia el dolor
  dando más fuerzas al mal.
    Luego el que amado se viere
  no obliga en corresponder,
  si daña, como se infiere.
  Pues oíd cómo en querer
  tampoco obliga el que quiere.
    Quien ama con fee más pura
  pretende de su pasión
  aliviar la pena dura,
  mirando aquella hermosura
  que adora su corazón.
    El contento de miralla
  le obliga el ansia de vella:
  esto, en rigor, es amalla;
  luego aquel gusto que halla
  le obliga sólo a querella.
    Y esto mejor se percibe
  del que aborrecido está
  pues aquél amando vive,
  no por el gusto que da,
  sino por el que recibe.
    Los que aborrecidos son
  de la dama que apetecen,
  no sienten la desazón
  porque cansa su pasión,
  sino porque ellos padecen.
    Luego si por su tormento
  el desdén siente quien ama,
  el que quiere más atento
  no quiere el bien de su dama,

1313 las especies: the images *1315 hidrópico ardor:* See page 617, v. 227, note. *1316 antojos:* fancy *1350–1359* For a similar discussion of the selfishness of love, Cf. page 85, v. 379 ff.

	sino su propio contento.	
	A su propia conveniencia	1355
	dirige Amor su fatiga;	
	luego es clara consecuencia	
	que ni con amor se obliga,	
	ni con su correspondencia.	
DIANA.	El amor es una unión	1360
	de dos almas, que su ser	
	truecan por transformación,	
	donde es fuerza que ha de haber	
	gusto, agrado y elección.	
	Luego si el gusto es después	1365
	del agrado y la elección,	
	y ésta voluntaria es,	
	ya le debo obligación,	
	si no amante, de cortés.	
CARLOS.	Si vuestra razón infiere	1370
	que el que ama hace obligación,	
	¿por qué os ofende el que quiere?	
DIANA.	Porque yo tendré razón	
	para lo que yo quisiere.	
CARLOS.	Y ¿qué razón puede ser?	1375
DIANA.	Yo otra razón no prevengo	
	más que quererla tener.	
CARLOS.	Pues esa es la que yo tengo	
	para no corresponder.	
DIANA.	¿Y si acaso el tiempo os muestra	1380
	que vence vuestra porfía?	
CARLOS.	Siendo una la razón nuestra,	
	si se venciera la mía	
	no es muy segura la vuestra.	

Suenan los instrumentos.

LAURA.	Señora, los instrumentos	1385
	ya de ser hora dan señas	
	de comenzar el sarao	
	para las Carnestolendas.	
POLILLA.	Y ya los príncipes vienen.	
DIANA.	Tened todas advertencia	1390
	de prevenir los colores.	
POLILLA (*aparte a* CARLOS).		
	¡Ah, señor, estar alerta!	
CARLOS.	¡Ay, Polilla, lo que finjo	
	toda una vida me cuesta!	

1373 tendré razón: I must have a reason *1374 quisiere:* future subjunctive of *querer*

POLILLA.	Calla, que de enamoralla	1395
	te hartarás al ir con ella,	
	por la obligación del día.	
CARLOS.	Disimula, que ya llegan. —	

ESCENA III

Salen los PRÍNCIPES *y los* MÚSICOS *cantando.*

MÚSICOS.	« Venid los galanes	
	a elegir las damas,	1400
	que en Carnestolendas	
	Amor se disfraza.	
	Falarala, larala, etc.»	
PRÍNCIPE.	Dudoso vengo, señora;	
	pues, teniendo corta estrella,	1405
	vengo fiado en la suerte.	
D. GASTÓN.	Aunque mi duda es la mesma,	
	el elegir la color	
	me toca a mí, que el ser buena,	
	pues le toca a mi fortuna,	1410
	ella debe cuidar della.	
DIANA.	Pues sentaos, y cada uno	
	elija color, y sea	
	como es uso, previniendo	
	la razón para escogella,	1415
	y la dama que le tiene	
	salga con él, siendo deuda	
	el enamorarla en él	
	y el favorecerle en ella.	
MÚSICOS.	« Venid los galanes	1420
	a elegir las damas, etc.»	
PRÍNCIPE.	Ésta es acción de fortuna,	
	y ella, por ser loca y ciega,	
	siempre le da lo mejor	
	a quien menos partes tenga.	1425
	Por ser yo el de menos partes	
	es forzoso que aquí sea	
	quien tiene más esperanza,	
	y ansí el escoger es fuerza	
	el color verde.	
CINTIA (*aparte*).	Si yo	1430
	escojo de lo que queda,	
	después de Carlos, yo elijo	

1395 *enamoralla* = *enamorarla:* making love to her 1403 *Falarala, larala:* used as refrains of songs 1407 *mesma:* archaic for *misma* 1417–1419 *siendo . . . ella* = *siendo deuda, en él, el enamorarla, y, en ella, el favorecerle* 1430 *el color verde:* Green is the color of hope.

vv. 1395-1464]

al de Bearne. — Yo soy vuestra,
que tengo el verde. Tomad.
Dale una cinta verde.

Príncipe.   Corona, señora, sea 1435
de mi suerte el favor vuestro,
que, a no serlo, elección fuera.

*Danzan una mundanza * y pónense mascarillas, y retíranse a un
lado, quedando en pie.*

Músicos.   « Vivan los galanes
con sus esperanzas,
que para ser dichas 1440
el tenerlas basta.
Falarala, larala.»
D. Gastón.   Yo nunca tuve esperanza,
sino envidia, pues cualquiera
debe más favor que yo 1445
a las luces de su estrella,
y, pues siempre estoy celoso,
azul quiero.
Fenisa.   Yo soy vuestra,
que tengo el azul. Tomad.
Dale una azul.

D. Gastón.   Mudar de color pudiera; 1450
pues ya, señora, mi envidia
con tan buena suerte cesa.
Danzan, y retíranse.

Músicos.   « No cesan los celos
por lograr la dicha,
pues los hay entonces 1455
de los que la envidian.
Falarala, falarala.»
Polilla.   Y yo, ¿he de elegir color?
Diana.   Claro está.
Polilla.   Pues vaya fuera,
que ya salirme quería 1460
a la cara de vergüenza.
Diana.   ¿Qué color pides?
Polilla.   Yo tengo
hecho el buche a damas feas;
de suerte que habrá de ser

1437 *a no serlo, elección fuera*: if you had not fallen to my lot, I would have chosen you   * *mudanza*:
a figure of the dance   1448 *azul*: Blue symbolizes jealousy.   1462-1463 *Yo ... buche*: I have
puckered up

muy mala la que me quepa.
De las damas que aquí miro
no hay ninguna que no sea
como una rosa, y pues yo
la he de hacer mala por fuerza,
por si ella es como una rosa,
yo la quiero rosa seca.
Rosa seca, sal acá.
¿Quién la tiene?

LAURA. Yo soy vuestra,
que tengo el color. Tomad.

Dale un cinta.

POLILLA. ¿Yo aquí he de favorecerla
y ella a mí ha de enamorarme?
LAURA. No, sino al revés.
POLILLA. Pues vuelta.

Vuélvese.

Enamórame al revés.
LAURA. Que no ha de ser eso, bestia,
sino enamorarme tú.
POLILLA. ¿Yo? Pues toda la manteca,
hecha pringue en la sartén,
a tu blancura no llega,
ni con tu pelo se iguala
la frisa de la bayeta,
ni dos ojos de jabón
más que los tuyos blanquean,
ni siete bocas hermosas,
las unas tras otras puestas,
son tanto como la tuya,
y no hablo de pies y piernas,
porque no hilo tan delgado,
que aunque yo con tu belleza
he caído, no he caído,
pues no cae el que no peca.

Danzan, y retíranse.

MÚSICOS. «Quien a rosas secas
su elección inclina,
tiene amor de rosas
y temor de espinas.
Falarala, etc.»

1469 por fuerza: out of necessity *1481–1495* a parody of speeches made by gentlemen in praise of their ladies *1486 dos ojos:* two scrubbings

CARLOS. Yo a eligir quedo el postrero,
y ha sido por la violencia
que me hace la obligación
de haber de fingir finezas,
y pues ir contra el dictamen   1505
del pecho es enojo y pena,
para que lo signifique
de los colores que quedan
pido el color nacarado.
¿Quién le tiene?
DIANA.   Yo soy vuestra,   1510
que tengo el nácar.   Tomad.

   Dale una cinta de nácar.

CARLOS. Si yo, señora, supiera
el acierto de mi suerte,
no tuviera por violencia
fingir amor, pues ahora   1515
le debo tener de veras.

   Danzan, y retíranse.

MÚSICOS. «Iras significa
el color de nácar;
el desdén no es ira;
quien tiene iras ama.   1520
Falarala, etc.»
POLILLA *(aparte a* CARLOS).
Ahora te puedes dar
un hartazgo de finezas,
como para quince días;
mas no te ahites con ellas.   1525
DIANA. Guíe la música, pues,
a la plaza de las fiestas,
y ya galanes y damas
vayan cumpliendo la deuda.
MÚSICOS. «Vayan los galanes   1530
todos con sus damas,
que en Carnestolendas
Amor se disfraza.
Falarala, etc.»

Vanse todos de dos en dos, y al entrar se detienen DIANA *y* CARLOS.

1507 para que lo signifique: so that it will represent it (*enojo y pena*) *1510 le* = *lo 1523 hartazgo:* satiety *1525 no te ahites:* do not stuff yourself

ESCENA IV

Diana, Carlos.

Diana (ap.). Yo he de rendir este hombre,
o he de condenarme a necia. —
¡Qué tibio galán hacéis!
Bien se ve en vuestra tibieza
que es violencia enamorar,
y siendo el fingirlo fuerza,
no saberlo hacer no es falta
de Amor, sino de agudeza.

Carlos. Si yo hubiera de fingirlo
no tan remiso estuviera,
que donde no hay sentimiento
está más prompta la lengua.

Diana. Luego ¿estáis enamorado
de mí?

Carlos. Si no lo estuviera,
no me atara este temor.

Diana. ¿Qué decís? ¿Habláis de veras?
Carlos. Pues si el alma lo publica,
¿puede fingirlo la lengua?

Diana. Pues ¿no dijistes que vos
no podéis querer?

Carlos. Eso era
porque no me había tocado
el veneno desta flecha.

Diana. ¿Qué flecha?
Carlos. La desta mano,
que el corazón me atraviesa,
y, como el pez que introduce
su venenosa violencia
por el hilo y por la caña
y al pescador pasma y hiela
el brazo con que la tiene,
a mí el alma me penetra
el dulce, ardiente veneno
que de vuestra mano bella
se introduce por la mía
y hasta el corazón me llega.

Diana (ap.). Albricias, ingenio mío.
que ya rendí su soberbia.
Ahora probará el castigo
del desdén de mi belleza. —

1546 *prompta* = *pronta* 1553 *dijistes* = *dijisteis* 1569 *Albricias*: Joyous tidings

	Que, en fin, ¿ vos no imaginabais / querer, y queréis de veras ?	
CARLOS.	Toda el alma se me abrasa,	1575
	todo mi pecho es centellas.	
	Temple en mí vuestra piedad	
	este ardor que me atormenta.	
DIANA.	Soltad. ¿ Qué decís ? Soltad.	

Quítase la mascarilla DIANA *y suéltale la mano.*

	¿ Yo favor ? La pasión ciega	1580
	para el castigo os disculpa	
	mas no para la advertencia.	
	¿ A mí me pedís favor	
	diciendo que amáis de veras ?	
CAR. (*ap.*).	¡ Cielos yo me despeñé !	1585
	Pero válgame la enmienda. —	
DIANA.	¿ No os acordáis de que os dije	
	que en queriéndome era fuerza	
	que sufrieseis mis desprecios	
	sin que os valiese la queja ?	1590
CARLOS.	Luego ¿ de veras habláis ?	
DIANA.	Pues ¿ vos no queréis de veras ?	
CARLOS.	¿ Yo, señora ? Pues ¿ se pudo	
	trocar mi naturaleza ?	
	¿ Yo querer de veras ? ¿ Yo ?	1595
	¡ Jesús, qué error ! ¿ Eso piensa	
	vuestra hermosura ? ¿ Yo amor ?	
	Pues cuando yo le tuviera	
	de vergüenza le callara.	
	Esto es cumplir con la deuda	1600
	de la obligación del día.	
DIANA.	¿ Qué decís ? (*Ap.*) ¡ Yo estoy muerta ! —	
	¿ Que no es de veras ? (*Ap.*) ¿ Qué escucho ? —	
	Pues ¿ cómo aquí ? . . . (*Ap.*) Hablar no acierta	
	mi vanidad de corrida ! —	1605
CARLOS.	Pues vos, siendo tan discreta,	
	¿ no conocéis que es fingido ?	
DIANA.	Pues ¿ aquello de la flecha,	
	del pez, el hilo y la caña,	
	y el decir que el desdén era	1610
	porque no os había tocado	
	del veneno la violencia ?	
CARLOS.	Pues eso es fingirlo bien.	
	¿ Tan necio queréis que sea	
	que cuando a fingir me ponga	1615
	lo finja sin apariencias ?	

1591 ¿de veras: seriously, in earnest *1606 discreta:* discerning

Diana (*ap.*).	¿ Qué es esto que me sucede ?	
	¿ Yo he podido ser tan necia	
	que me haya hecho este desaire ?	
	Del incendio desta afrenta	1620
	el alma tengo abrasada.	
	Mucho temo que lo entienda.	
	Yo he de enamorar a este hombre,	
	si toda el alma me cuesta. —	
Carlos.	Mirad que esperan, señora.	1625
Diana (*ap.*).	¡ Que a mí este error me suceda !	
	Pues ¿ cómo vos . . .	
Carlos.	¿ Qué decís ?	
Diana (*ap.*).	¿ Qué iba yo a hacer ? ¡ Ya estoy ciega ! —	
	Poneos la máscara y vamos.	
Carlos (*ap.*).	No ha sido mala la enmienda.	1630
	¿ Así trata el rendimiento ?	
	¡ Ah, cruel ! ¡ Ah, ingrata ! ¡ Ah, fiera !	
	¡ Yo echaré sobre mi fuego	
	toda la nieve del Etna ! —	
Diana.	Cierto que sois muy discreto,	1635
	y lo fingís de manera	
	que lo tuve por verdad.	
Carlos.	Cortesanía fué vuestra	
	el fingiros engañada	
	por favorecer con ella,	1640
	que con eso habéis cumplido	
	con vuestra naturaleza	
	y la obligación del día,	
	pues fingiendo la cautela	
	de engañaros, porque a mí	1645
	me dais crédito con ella,	
	favorecéis el ingenio	
	y despreciáis la fineza.	
Diana (*ap.*).	Bien agudo ha sido el modo	
	de motejarme de necia ;	1650
	mas ansí le he de engañar. —	
	Venid, pues, y aunque yo sepa	
	que es fingido, proseguid,	
	que eso a estimaros me empeña	
	con más veras.	
Carlos.	¿ De qué suerte ?	1655
Diana.	Hace a mi desdén más fuerza	
	la discreción que el amor,	

1624 indicative for subjunctive after *si* in the sense of *aunque* **1637** *lo tuve por:* I took it for **1646** *me dais crédito:* you believe me **1650** *motejarme:* name me

	y me obligáis más con ella.
Carlos (ap.).	¡Quién no entendiese su intento!
	Yo le volveré la flecha. —
Diana.	¿No proseguís?
Carlos.	No, señora.
Diana.	¿Por qué?
Carlos.	Me ha dado tal pena
	el decirme que os obligo,
	que me ha hecho perder la senda
	del fingirme enamorado.
Diana.	Pues vos, ¿qué perder pudierais
	en tenerme a mí obligada
	con vuestra atención discreta?
Carlos.	Arriesgarme a ser querido.
Diana.	Pues ¿tan mal os estuviera?
Carlos.	Señora, no está en mi mano;
	y si yo en eso me viera,
	fuera cosa de morirme.
Diana (ap.).	¿Que esto escuche mi belleza?
	Pues ¿vos presumís que yo
	puedo quereros?
Carlos.	Vos mesma
	decís que la que agradece
	está de querer muy cerca;
	pues quien confiesa que estima,
	¿qué falta para que quiera?
Diana.	Menos falta para injuria
	a vuestra loca soberbia;
	y eso poco que le falta,
	pasando ya de grosera,
	quiero excusar con dejaros.
	Idos.
Carlos.	Pues ¿cómo a la fiesta
	queréis faltar? ¿Puede ser
	sin dar causa a otra sospecha?
Diana.	Ese riesgo a mí me toca.
	Decid que estoy indispuesta,
	que me ha dado un accidente.
Carlos.	Luego con eso licencia
	me dais para no asistir.
Diana.	Si os mando que os vais, ¿no es fuerza?
Carlos.	Me habéis hecho un gran favor.
	Guarde Dios a vuestra alteza.
	Vase.

1659 ¡Quién... intento!: As if I didn't know her intentions! *1674 ¿Que:* Is it possible *1694 vais:* contraction of *vayáis*

ESCENA V

Diana; *luego* Polilla.

Diana. ¿ Qué es lo que pasa por mí?
¡ Tan corrida estoy, tan ciega,
que si supiera algún medio
de triunfar de su soberbia, 1700
aunque arriesgara el respeto,
por rendirle a mi belleza,
a costa de mi decoro
comprara la diligencia!

Sale Polilla.

Polilla. ¿ Qué es esto, señora mía? 1705
¿ Cómo se ha aguado la fiesta?
Diana. Hame dado un accidente.
Polilla. Si es cosa de la cabeza,
dos parches de tacamaca,
y que te traigan las piernas. 1710
Diana. No tienen piernas las damas.
Polilla. Pues por esa razón mesma
digo yo que te las traigan.
Mas ¿ qué ha sido tu dolencia?
Diana. Aprieto del corazón. 1715
Polilla. ¡ Jesús! Pues si no es más désa,
sangrarte y purgarte luego,
y echarte unas sanguijuelas,
dos docenas de ventosas,
y al instante estarás buena. 1720
Diana. Caniquí, yo estoy corrida
de no vencer la tibieza
de Carlos.
Polilla. Pues ¿ eso dudas?
¿ Quieres que por ti se pierda?
Diana. Pues ¿ cómo se ha de perder? 1725
Polilla. Hazle que tome una renta.
Pero, de veras hablando,
tú, señora, ¿ no deseas
que se enamore de ti?
Diana. Toda mi corona diera 1730
por verle morir de amor.
Polilla. Y ¿ es eso cariño o tema?
La verdad, ¿ te entra el Carlillos?

1709 parches de tacamaca: plasters made of tacamahac, resin from the balsam poplar *1710 traigan:* rub, from *traer.* V. 1713 puns on the meaning "bring." *1711 No ... damas:* presumably because their clothes hide them or they were unmentionable *1726 renta:* annuity *1773 ¿ te entra el Carlillos? :* are you beginning to like Carlos?

DIANA.	¿ Qué es cariño ? Yo soy peña.	
	Para abrasarle a desprecios,	1735
	a desaires y a violencias,	
	lo deseo sólo.	
POLI. (*ap.*).	¡ Zape !	
	Aun está verde la breva;	
	mas ella madurará,	
	como hay muchachos y piedras.	1740
DIANA.	Yo sé que él gusta de oír	
	cantar.	
POLILLA.	Mucho, como sea	
	la Pasión, o algún buen salmo,	
	cantado con castañetas.	
DIANA.	¿ Salmo ? ¿ Qué dices ?	
POLILLA.	Es cosa,	1745
	señora, que esto le eleva.	
	Lo que es música de salmos	
	pierde su juicio por ella.	
DIANA.	Tú has de hacer por mí una cosa.	
POLILLA.	¿ Qué ?	
DIANA.	Abierta hallarás la puerta	1750
	del jardín; yo con mis damas	
	estaré allí, y sin que él sepa	
	que es cuidado, cantaremos;	
	tú has de decir que le llevas	
	porque nos oiga cantar,	1755
	diciendo que, aunque le vean,	
	a ti te echarán la culpa.	
POLILLA.	Tú has pensado buena treta,	
	porque en viéndote cantar	
	se ha de hacer una jalea.	1760
DIANA.	Pues ve a buscarle al momento.	
POLILLA.	Llevaréle con cadena.	
	A oír cantar irá el otro	
	tras de un entierro; mas sea	
	buen tono.	
DIANA.	¿ Qué te parece ?	1765
POLILLA.	Alguna cosa burlesca	
	que tenga mucha alegría.	
DIANA.	¿ Cómo qué ?	
POLILLA.	Un *requiem aeternam*.	
DIANA.	Mira que voy al jardín.	
POLILLA.	Pues ponte como una Eva,	1770

1734 *¿Qué es cariño?*: Like indeed! 1737 *¡Zape!*: Scat! 1740 See verse 405. 1745 *Es cosa*: It is a fact 1763 *el otro*: Carlos 1768 *requiem aeternam*: prayer for the dead

	para que caiga este Adán.
Diana.	Allá espero.
	Vase.

ESCENA VI

Polilla.

Polilla.	¡Norabuena,	
	que tú has de ser la manzana	
	y has de llevar la culebra!	
	Señores, ¡que estas locuras	1775
	ande haciendo una Princesa!	
	Mas, quien tiene la mayor,	
	¿qué mucho que estotras tenga?	
	Porque las locuras son	
	como un plato de cerezas,	1780
	que en tirando de la una,	
	las otras se van tras ella.	

ESCENA VII

Sale Carlos.

Carlos.	¿Polilla amigo?	
Polilla.	Carlos, ¡bravo cuento!	
Carlos.	Pues ¿qué ha habido de nuevo?	
Polilla.	Vencimiento.	
Carlos.	Pues tú ¿qué has entendido?	1785
Polilla.	Que para enamorarte, me ha pedido	
	que te lleve al jardín, donde has de vella,	
	más hermosa y brillante que una estrella,	
	cantando con sus damas;	
	que como te imagina duro tanto,	1790
	ablandarte pretende con el canto.	
Carlos.	¿Eso hay? Mucho lo extraño.	
Polilla.	Mira si es liviandad de buen tamaño,	
	y si está ya harto ciega,	
	pues esto hace y de mí a fiarlo llega.	1795
	Tañen dentro.	
Carlos.	Ya escucho el instrumento.	
Polilla.	Esta ya es tuya.	
Carlos.	Calla, que cantan ya.	
Polilla.	Pues ¡aleluya!	

1772 ¡*Norabuena* = ¡*Enhorabuena*: Congratulations 1773–1774 *manzana, culebra*: those relating to the temptation of Eve 1778 ¿*qué mucho*: Why should it cause wonder; *estotras* = *estas otras* 1791 *pretende*: she is trying; *canto*: play on meanings "song" and "rock"

(Cantan.)

« Olas eran de zafir
las del mar sola esta vez,
con el que siempre la aclaman   1800
los mares segundo rey.»

POLILLA.   Vamos, señor.
CARLOS.   ¿Qué dices? Que yo muero.
POLILLA.   Deja eso a los pastores del Arcadia
           y vámonos allá, que esto es primero.
CARLOS.   Y ¿qué he de hacer?
POLILLA.   Entrar y no miralla,   1805
           y divertirte con la copia bella
           de flores; y aunque ella
           se haga rajas cantando, no escuchalla
           porque se abrase.
CARLOS.   No podré emprendello.
POLILLA.   ¿Cómo no? ¡Vive Cristo!, que has de hacello, 1810
           o te tengo de dar con esta daga
           que traigo para eso, que esta llaga
           se ha de curar con escozor.
CARLOS.   No intentes
           eso, que no es posible que lo allanes.
POLILLA.   Señor, tú has de sufrir polvos de Joanes;   1815
           que toda el alma tienes ya podrida.

              Cantan dentro.

CARLOS.   Otra vez cantan; oye, por tu vida.
POLILLA.   ¡Pesia mi alma; vamos,
           no en eso tiempo pierdas!
CARLOS.   Atendamos;
           que luego entrar podemos.   1820
POLILLA.   Allá, desde más cerca, escucharemos.
           ¡Anda con Barrabás!
CARLOS.   Oye primero.
POLILLA.   Has de entrar, ¡vive Dios!
CARLOS.   Oye.
POLILLA.   No quiero.
              Métele a empujones.

1806 *copia*: abundance; cf. the adjective "copious" 1808 *se haga rajas cantando*: sings herself to a frazzle 1809 *porque* = *para que*; *emprendello* = *emprenderlo* 1813 *escozor*: smarting, stinging 1815 *polvos de Joanes*: mercury oxide powder 1822 *Barrabás*: euphemism for Satan; usually said of a perverse person

Jardín del palacio.

ESCENA VIII

Salen Diana, *y todas las* Damas *en guardapieses y justillos,* cantando.*

Damas (*can.*). « Olas eran de zafir
las del mar sola esta vez, 1825
con el que siempre le aclaman
los mares segundo rey.»
Diana. ¿ No habéis visto entrar a Carlos ?
Cintia. No sólo no le hemos visto,
mas ni aun de que venir pueda 1830
en el jardín hay indicio.
Diana. Laura, ten cuenta si viene.
Laura. Ya yo, señora, lo miro.
Diana. Aunque arriesgue mi decoro,
he de vencer sus desvíos. 1835
Laura. Cierto que estás tan hermosa,
que ha de faltarle el sentido
si te ve y no se enamora.
Mas, señora, ya le he visto;
ya está en el jardín.
Diana. ¿ Qué dices ? 1840
Laura. Que con Caniquí ha venido.
Diana. Pues volvamos a cantar,
y sentaos todas conmigo.
Siéntanse todas y salen Polilla *y* Carlos.

ESCENA IX

Carlos, Polilla. — Dichas.

Polilla. No te derritas, señor.
Carlos. Polilla, ¿ no es un prodigio 1845
su belleza ? En aquel traje
doméstico es un hechizo.
Polilla. ¡ Qué bravas están las damas
en guardapiés y justillo !
Carlos. ¿ Para qué son los adornos 1850
donde hay sin ellos tal brío ?
Polilla. Mira: éstas son como el cardo,
que el hortelano advertido
le deja las pencas malas,
que, aunque no son de servicio, 1855

---

* *guardapieses y justillos:* long underskirts and tight waists *1852 cardo:* artichoke *1854 pencas:* outside leaves of some vegetables

	abultan para venderle,	
	pero, después de vendido,	
	sólo se come el cogollo;	
	pues las damas son lo mismo:	
	lo que se come es aquesto,	1860
	que el moño y el artificio	
	de las faldas son las pencas,	
	que se echan a los borricos.	
	Pero vuelve allá la cara;	
	no mires, que vas perdido.	1865
CARLOS.	Polilla, no he de poder.	
POLILLA.	¿Qué llamas no? ¡Vive Cristo,	
	que has de meterte la daga	
	si vuelves! (*Pónele la daga en la cara.*)	
CARLOS.	Ya no la miro.	
POLILLA.	Pues la estás oyendo, engaña	1870
	los ojos con los oídos.	
CARLOS.	Pues vámonos alargando.	
	porque si canta, el no oírlo	
	no parezca que es cuidado	
	sino divertirme el sitio.	1875
CINTIA.	Ya te escucha, cantar puedes.	
DIANA.	Ansí vencerle imagino.	
(*Canta.*)	« El que sólo de su abril	
	escogió mayo cortés,	
	por gala de su esperanza,	1880
	las flores de su desdén ...»	
	¿No ha vuelto a oír?	
LAURA.	No, señora.	
DIANA.	¿Cómo no? Pues ¿no me ha oído?	
CINTIA.	Puede ser, porque está lejos.	
CARLOS.	En toda mi vida he visto	1885
	más bien compuesto jardín.	
POLILLA.	Vaya deso, que eso es lindo.	
DIANA.	El jardín está mirando:	
	¿este hombre está sin sentido?	
	¿Qué es esto? Cantemos todas	1890
	para ver si vuelve a oírnos.	
(*Cantan todas.*)	« A tan dichoso favor	
	sirva tan florido mes,	
	por gloria de sus trofeos	
	rendido le bese el pie.»	1895
CARLOS.	¡Qué bien hecho está aquel cuadro	
	de sus armas! ¡Qué pulido!	

1867 ¿Qué llamas no?: What do you mean, you can't? *1870 Pues:* Since *1887 Vaya deso:* (to Carlos) Let's have more of that (admiring the flowers) *1897 sus armas:* her coat of arms

Polilla.	Harto más pulido es eso.
Diana.	¡Que esto escucho! ¡Que esto miro!
	¿Los cuadros está alabando
	cuando yo canto?
Carlos.	No he visto
	hiedra más bien enlazada.
	¡Qué hermoso verde!
Polilla.	Eso pido:
	date en lo verde, que engordas.
Diana.	No me ha visto o no me ha oído.
	Laura, al descuido le advierte
	que estoy yo aquí.

Levántase Laura.

Cintia (*aparte*).	Este capricho
	la ha de despeñar a amar.
Laura.	Carlos, estad advertido
	que está aquí dentro Diana.
Carlos.	Tiene aquí un famoso sitio:
	los laureles están buenos;
	pero entre aquellos jacintos
	aquel pie de guindo afea.
Polilla.	¡Oh, qué lindo pie de guindo!
Diana.	¿No se lo advertiste, Laura?
Laura.	Ya, señora, se lo he dicho.
Diana.	Ya no yerra de ignorancia;
	pues ¿cómo está divertido?

Pasan por delante dellas, llevándole Polilla *la daga junto a la cara, por que no vuelva.*

Polilla.	Señor, por aquesta calle
	pasa sin mirar.
Carlos.	Rendido
	estoy a mi resistencia;
	volver temo.
Polilla.	¡Ten, por Cristo,
	que te herirás con la daga!
Carlos.	Yo no puedo más, amigo.
Polilla.	Hombre, mira que te clavas.
Carlos.	¿Qué quieres? Ya me he vencido.
Polilla.	Vuelve por estotro lado.
Carlos.	¿Por acá?
Polilla.	Por allá digo.
Diana.	¿No ha vuelto?
Laura.	Ni lo imagina.
Diana.	Yo no creo lo que miro;

1911 famoso: excellent *1914 pie de guindo*: sour cherry tree

	ve tú al descuido, Fenisa,
	y vuelve a darle el aviso.
	Levántase FENISA.
POLILLA.	Otro correo dispara;
	mas no dan lumbre los tiros. 1935
FENISA.	¿ Carlos ?
CARLOS.	¿ Quién llama ?
POLILLA.	¿ Quién es ?
FENISA.	Ved que Diana os ha visto.
CARLOS.	Admirado desta fuente,
	en verla me he divertido,
	y no había visto a su alteza; 1940
	decid que ya me retiro.
DIANA (*ap.*).	¡ Cielos! sin duda se va. —
	Oíd, escuchad, a vos digo.
	Levántase.
CARLOS.	¿ A mí, señora ?
DIANA.	Sí, a vos.
CARLOS.	¿ Qué mandáis ?
DIANA.	¿ Cómo, atrevido, 1945
	habéis entrado aquí dentro,
	sabiendo que en mi retiro
	estaba yo con mis damas ?
CARLOS.	Señora, no os había visto:
	la hermosura del jardín 1950
	me llevó, y perdón os pido.
DIANA (*ap.*).	Esto es peor; que aun no dice
	que para escucharme vino. —
	Pues ¿ no me oístes ?
CARLOS.	No, señora.
DIANA.	No es posible.
CARLOS.	Un yerro ha sido, 1955
	que sólo enmendarse puede
	con no hacer más el delito.
	Vase.

ESCENA X

DIANA, CINTIA, LAURA, FENISA, *damas;* POLILLA.

CINTIA.	Señora, este hombre es un tronco.
DIANA.	Dejadme, que sus desvíos
	el sentido han de quitarme. 1960

1935 mas... tiros: but the shots miss fire *1954 oístes = oísteis 1959 que:* for, because

CINTIA (*aparte a* LAURA).
 Laura, esto va ya perdido.
LAURA. Si ella no está enamorada
 de Carlos, ya va camino.
 Vase.
DIANA. ¡Cielos! ¿Qué es esto que veo?
 Un Etna es cuanto respiro.
 ¡Yo despreciada! 1965
POLILLA (*aparte*). Eso sí,
 ¡pesia su alma!, dé brincos. —
DIANA. ¿Caniquí?
POLILLA. ¿Señora mía?
DIANA. ¿Qué es esto? ¿Este hombre no vino
 a escucharme?
POLILLA. Sí, señora. 1970
DIANA. Pues ¿cómo no ha vuelto a oíllo?
POLILLA. Señora, es loco de atar.
DIANA. Pues ¿qué respondió o qué dijo?
POLILLA. Es vergüenza.
DIANA. Dilo, pues.
POLILLA. Que cantabais como niños 1975
 de escuela, y que no quería
 escucharos.
DIANA. ¿Eso ha dicho?
POLILLA. Sí, señora.
DIANA. ¿Hay tal desprecio?
POLILLA. Es un bobo.
DIANA. ¡Estoy sin juicio!
POLILLA. No hagas caso . . .
DIANA. ¡Estoy mortal! 1980
POLILLA. Que es un bárbaro.
DIANA. Eso mismo
 me ha de obligar a rendirle,
 si muero por conseguirlo.
 Vase.
POLILLA. ¡Buena va la danza, alcalde,
 y da en la albarda el granizo! 1985

1963 *ya va camino:* she's already on the way 1980 *mortal:* dying 1983 *si muero* = *aunque muera.*
Cf. v. 1624. 1985 *da en la albarda el granizo:* i.e., hardness meets hardness

JORNADA TERCERA

Salón del palacio.

ESCENA I

Salen Carlos, Polilla, Don Gastón *y el de* Bearne.

D. Gastón. Carlos, nuestra amistad nos da licencia
 de valernos de vos para este intento.
Carlos. Ya sabéis que es segura mi obediencia.
Príncipe. En fee de eso os consulto el pensamiento.
Polilla. Va de consulta, y salga la propuesta, 1990
 que todo lo demás es molimiento.
Príncipe. Ya vos sabéis que no ha quedado fiesta,
 fineza, obstentación, galantería,
 que no haya sido de los tres compuesta
 para vencer la injusta antipatía 1995
 que nos tiene Diana, sin debella
 ni aun lo que debe dar la cortesía;
 pues habiendo salido vos con ella,
 la obligación y el uso de la suerte,
 por no favoreceros, atropella, 2000
 y la alegría del festín convierte
 en queja de sus damas y en desprecio
 de nosotros, si el término se advierte;
 y de nuestro decoro haciendo aprecio,
 más que de nuestro amor, nos ha obligado 2005
 solamente a vencer su desdén necio,
 y el gusto quedará desempeñado
 de los tres, si la viésemos vencida
 de cualquiera de todos al cuidado.
 Para esto, pues, traemos prevenida 2010
 yo y don Gastón la industria que os diremos,
 que si a esta flecha no quedare herida,
 no queda ya camino que intentemos.
Carlos. ¿Qué es la industria?
D. Gastón. Que pues para estos días
 todos por suerte ya damas tenemos, 2015
 prosigamos en las galanterías
 todos sin hacer caso de Diana,
 pues ella se excusó con sus porfías;
 que si a ver llega su altivez tirana,
 por su desdén, su adoración perdida, 2020

1996 sin debella = sin deberla: without (our) eliciting from her *1998 habiendo salido vos con ella*: since she fell to you in the drawing of lots *1999–2000 obligación ... atropella*: Diana does not respect the rules of the lottery.

	si no de amante, se ha de herir de vana;
	y en conociendo indicios de la herida,
	nuestras finezas han de ser mayores,
	hasta tenerla en su rigor vencida.
Polilla.	No es ése mal remedio; mas, señores, 2025
	eso es lo mismo que a cualquier doliente
	el quitarle la cena los doctores.
Príncipe.	Pero si no es remedio suficiente,
	cuando no alivie o temple la dolencia,
	sirve de que no crezca el accidente. 2030
	Si a Diana la ofende la decencia
	con que la festejamos, porfialla
	sólo será crecer su resistencia.
	Ya no queda más medio que dejalla;
	pues si la ley que dió Naturaleza 2035
	no falta en ella, ansí hemos de obligalla,
	porque en viendo perdida la fineza
	la dama, aun de aquel mismo que aborrece,
	sentirlo es natural en la belleza.
	Que la veneración de que carece, 2040
	aunque el gusto cansado la desprecia,
	la vanidad del alma la apetece,
	y si le falta lo que el alma aprecia,
	aunque lo calle allá su sentimiento,
	la estará a solas condenando a necia. 2045
	Y cuando no se logre el pensamiento
	de obligarla a querer, en que lo sienta
	queda vengado bien nuestro tormento.
Carlos.	Lo que, ofendido, vuestro amor intenta,
	por dos causas de mí queda acetado: 2050
	una, el ser fuerza que ella lo consienta,
	porque eso su desdén nos ha mandado;
	y otra, que, sin amor, ese desvío
	no me puede costar ningún cuidado.
Príncipe.	Pues la palabra os tomo.
Carlos.	Yo la fío. 2055
Príncipe.	Y aun de Diana el nombre a nuestro labio
	desde aquí le prohiba el albedrío.
D. Gastón.	Ese contra el desdén es medio sabio.
Carlos.	Digo que de mi parte lo prometo.
Príncipe.	Pues vos veréis vengado vuestro agravio. 2060
D. Gastón.	Vamos, y aunque se ofenda su respeto,
	en festejar las damas prosigamos
	con más finezas.

2026 doliente: patient *2029 cuando:* even if *2030 accidente:* spell, attack *2050 acetado* = *aceptado*
2056 Read: *Y aun el nombre de Diana*

Carlos.	Yo el desvío aceto.
Príncipe.	Pues si a un tiempo todos la dejamos, cierto será el vencerla.
Carlos.	Ansí lo creo.
Príncipe.	Vamos, pues, don Gastón.
D. Gastón.	Bearne, vamos.
Príncipe.	Logrado habéis de ver nuestro deseo.

Vanse.

ESCENA II

Carlos, Polilla.

Polilla. Señor, esta es brava traza,
　　　　y medida a tu deseo,
　　　　que esto es echarte el ojeo,   2070
　　　　por que tú mates la caza.
Carlos.　 Polilla, ¡mujer terrible!
　　　　¡Que aun no quiera tan picada!
Polilla. Señor, ella está abrasada,
　　　　mas rendirse no es posible.   2075
　　　　Ella te quiere, señor,
　　　　y dice que te aborrece,
　　　　mas lo que ira le parece
　　　　es quinta esencia de amor;
　　　　porque cuando una mujer   2080
　　　　de los desdenes se agravia,
　　　　bien puede llamarlo rabia,
　　　　mas es rabiar por querer.
　　　　Día y noche está tratando
　　　　cómo vengar su congoja;   2085
　　　　mas no temas que te coja,
　　　　que ella te dará bien blando.
Carlos.　 ¿Qué dice de mí?
Polilla.　　　　　　　　Te acusa.
　　　　Dice que eres un grosero,
　　　　desatento, majadero.   2090
　　　　Y yo, que entiendo la musa,
　　　　digo: « Señora, es un loco,
　　　　un sucio »; y ella después
　　　　vuelve por ti, y dice: « No es;
　　　　que ni tanto ni tan poco.»   2095
　　　　En fin, porque sus desvelos
　　　　no se logren, yo imagino

2070 ojeo: beating for game *2087 te dará bien blando:* she won't take very hard revenge *2091 yo, que entiendo la musa:* I who know what she's up to *2094 vuelve por ti:* defends you

	que ahora toma otro camino,
	y quiere picarte a celos.
	Conoce tú la varilla,
	y si acaso te la echa,
	disimula, y di a la flecha,
	riyendo: «Hágote cosquilla»;
	que ella se te vendrá al ruego.
CARLOS.	¿Por qué?
POLILLA.	Porque, aunque se enoje,
	quien cuando siembra no coge,
	va a pedir limosna luego;
	esto es, señor, evidencia.
	Lope el fénix español,
	de los ingenios el sol,
	lo dijo en esta sentencia:
	«Quien tiene celos y ofende,
	¿qué pretende?
	La venganza de un desdén;
	y si no le sale bien,
	vuelve a comprar lo que vende.» —
	Mas ya los Príncipes van
	sus músicas previniendo.
CARLOS.	Irme con ellos pretendo.
POLILLA.	Con eso juego te dan.
CARLOS.	Diana viene.
POLILLA.	Pues cuidado,
	y escápate.
CARLOS.	Voime luego.

Vase.

POLILLA.	Vete, que si nos ve el juego
	perderemos lo envidado.

ESCENA III

Cantan dentro, y va saliendo DIANA.

MÚSICOS.	«Pastores, Cintia me mata;
	Cintia es mi muerte y mi vida;
	yo de ver a Cintia vivo,
	y muero por ver a Cintia.»
DIANA.	¡Tanta Cintia!
POLILLA.	Es el reclamo

2103 "Hágote cosquilla": "I'm tickling you." *2104 al ruego:* begging *2112–2116* These verses form what is known as a *copla de pie quebrado*. *2119 pretendo:* I want *2122 Voime luego:* I'm leaving right away. *2124 lo envidado:* what we've bet

	del bearnés.
Diana.	¡ Finezas necias!
Poli. (*ap.*).	Todo esto es echar especias
al guisado de mi amo. —
Diana.	Por no ver estas contiendas
y que a sus damas alaben,
deseo ya que se acaben
aquestas Carnestolendas.
Polilla.	Eso ya es rigor tirano.
Deja, señora, querer,
si no quieres; que eso es ser
el perro del hortelano.
Diana.	Pues ¿ no es cosa muy cansada
oír músicas precisas
de Cintias, Lauras, Fenisas,
cada instante ?
Polilla.	Si te enfada
ver tu nombre en verso escrito,
qué han de hacer sino *cintiar*,
laurear y *fenisar*?
Que *dianar* es delito.
Y el bearnés tan fino está
con Cintia, que está en su pecho,
que una gran décima ha hecho.
Diana.	Y ¿ cómo dice ?
Polilla.	Allá va.
« Cintia el mandamiento quinto
quebró en mí, como saeta;
Cintia es la que a mí me aprieta,
y yo soy de Cintia el cinto.
Cintia y cinta no es distinto;
y pues Cintia es semejante
a cinta, soy fino amante,
pues traigo cinta en la liga,
y esta décima la diga
Cintor el representante.»
Diana.	Bien por cierto ; mas ya suena
otra música.
Polilla.	Y galante.
Diana.	Esta será de otro amante.
Poli. (*ap.*).	Reventando está de pena. —

2130 el bearnés = el príncipe de Bearne 2140 el perro del hortelano: the dog in the manger 2153 el mandamiento quinto: The Fifth Commandment (Thou shalt not kill), according to the Roman Catholic numbering of the Ten Commandments 2162 Cintor: Spanish actor (*representante*) of the first half of the sixteenth century

Músicos.	« No iguala a Fenisa el fénix,
	que si él muere y resucita,
	Fenisa da vida y mata;
	más que el fénix es Fenisa.» 2170
Diana.	¡ Qué finos están!
Polilla.	¡ Jesús!
	Mucha cosa, y aun mi pecho.
	Oye lo que a Laura he hecho.
Diana.	¿ También das músicas ?
Polilla.	Pus.
	« Laura, en rigor, es laurel; 2175
	y pues Laura a mí me plugo,
	yo tengo de ser besugo,
	por escabecharme en él.»
Diana.	Y Carlos, ¿ no me pudiera
	dar música a mí también ? 2180
Polilla.	Si él llegara a querer bien,
	sin duda se te atreviera;
	mas él no ama, y tú el concierto
	de que te dejase hiciste,
	con que al punto que dijiste: 2185
	« Id con Dios», vió el Cielo abierto.
Diana.	Que lo dije ansí confieso,
	mas él porfiar debía;
	que aquí es cortés la porfía.
Polilla.	Pues ¿ cómo puede ser eso, 2190
	si a las fiestas han de ir,
	y es desprecio de su fama
	no ir un galán con su dama,
	y tú no quieres salir ?
Diana.	¿ Que pudiera ser no infieres 2195
	que saliese yo con él ?
Polilla.	Sí, señora; pero él
	sabe poco de poderes.
	Mas ya galanes y damas
	a las fiestas van saliendo; 2200
	cierto que es un mayo ver
	las plumas de los sombreros.
Diana.	Todos vienen con sus damas,
	y Carlos viene con ellos.
Poli. (ap.).	Señores, si esta mujer, 2205

2167 *fénix:* phoenix, legendary bird which rises from its own ashes 2171 *finos:* affectionate 2172 *aun mi pecho:* even my heart (feels love) 2174 *Pus = Pues* (?) 2175 *laurel:* Laurel leaves are used in pickling fish. 2176 *plugo:* preterit of *placer*, to please 2201 *es un mayo:* it's like May (the month of flowers)

viendo ahora este desprecio,
no se rinde a querer bien,
ha de ahorcarse como hay Credo. —

ESCENA IV

Salen todos los galanes con sus damas, y ellos y ellas con sombreros y plumas.

Músicos.	« A festejar sale Amor
	sus dichosos prisioneros, 2210
	dando pluma sus penachos
	a sus arpones soberbios.»
Príncipe.	Príncipes, para picarla
	es éste el mejor remedio.
D. Gastón.	Mostrarnos finos importa. 2215
Carlos.	Mi fineza es el despego.
Príncipe.	Cada instante, Cintia hermosa,
	me olvido de que soy vuestro,
	porque no creo a mi suerte
	la dicha que la merezco. 2220
Cintia.	Más dudo yo, pues presumo
	que el ser tan fino es empeño
	del día y no del amor.
Príncipe.	Salir del día deseo
	por venceros esa duda. 2225
D. Gastón.	Y vos, si dudáis lo mesmo,
	veréis pasar mi fineza
	a los mayores extremos,
	cuando sólo deuda sea
	de la fee con que os venero. 2230
Diana.	Nadie se acuerda de mí.
Polilla.	Yo por ninguno lo siento,
	sino por aquel menguado
	de Carlos, que es un soberbio.
	¿Tiene él algo más que ser 2235
	muy galán y muy discreto,
	muy liberal y valiente,
	y hacer muy famosos versos,
	y ser un Príncipe grande?
	Pues ¿qué tenemos con esto? 2240
Príncipe.	Conde de Fox, no perdamos
	tiempo para los festejos
	que tenemos prevenidos.
D. Gastón.	Tan feliz día logremos.

2208 como hay Credo: as sure as there is an Apostles' Creed *2222 fino*: polite *2223 día*: i.e., the special occasion *2240 ¿qué tenemos con esto?*: what good does all this do us?

Diana.	¡Qué tiernos van!
Polilla.	Son menguados. 2245
Diana.	Pues ¿es malo el estar tiernos?
Polilla.	Sí, que es cosa de capones.
Príncipe.	Proseguid el dulce acento que nuestra dicha celebra.
Carlos.	Yo seré imán de sus ecos. 2250

Vanse pasando por delante de Diana, *sin reparar en ella.*

Músicos.	«A festejar sale Amor sus dichosos prisioneros», etc.

ESCENA V

Diana, Carlos, Polilla.

Diana.	¡Qué finos van y qué graves!
Polilla.	¿Sabes qué parecen éstos?
Diana.	¿Qué?
Polilla.	Priores y abadesas. 2255
Diana.	Y Carlos se va con ellos; sólo dél siento el desdén; pero de abrasarle a celos es ésta buena ocasión: llámale tú.
Polilla.	¡Ah, caballero! 2260
Carlos.	¿Quién llama?
Polilla.	*Appropinquation ad parlandum.*
Carlos.	¿Con quién?
Polilla.	*Mecum.*
Carlos.	Pues ¿para eso me llamas, cuando ves que voy siguiendo este acento enamorado? 2265
Diana.	¿Vos enamorado? ¡Bueno! Y ¿de quién lo estáis?
Carlos.	Señora, también yo aquí dama llevo.
Diana.	¿Qué dama?
Carlos.	Mi libertad, que es a quien yo galanteo. 2270
Di. (*ap.*).	Cierto que me había dado gran susto. —

2247 *capones*: "eunuchs" as well as "capons" 2250 *Yo ... ecos*: Carlos will attract Diana like a magnet, now that her suitors neglect her. 2261-2262 *Appropinquation parlandum*: bad Latin: Come here and let's talk. 2262 *Mecum*: With me

Polilla (*aparte*). ¡ Bueno va esto !
　　　　　　　Ya está más allá de Illescas
　　　　　　　para llegar a Toledo.
Diana.　　　¿ La libertad es la dama ? 2275
　　　　　　　¡ Buen gusto tenéis, por cierto !
Carlos.　　En siendo gusto, señora,
　　　　　　　no importa que no sea bueno;
　　　　　　　que la voluntad no tiene
　　　　　　　razón para su deseo. 2280
Diana.　　　Pero ahí no hay voluntad.
Carlos.　　Sí hay tal.
Diana.　　　　　　　　O yo no lo entiendo,
　　　　　　　o no la hay; que no se puede
　　　　　　　dar voluntad sin sujeto.
Carlos.　　El sujeto es el no amar, 2285
　　　　　　　y voluntad hay en esto;
　　　　　　　pues si quiero no querer,
　　　　　　　ya quiero lo que no quiero.
Diana.　　　La negación no da ser,
　　　　　　　que sólo el entendimiento 2290
　　　　　　　le da al ente de razón
　　　　　　　un ser fingido y supuesto,
　　　　　　　y así esa voluntad,
　　　　　　　pues sin causa no hay efecto.
Carlos.　　Vos, señora, no sabéis 2295
　　　　　　　lo que es querer, y así en esto
　　　　　　　será lisonja deciros
　　　　　　　que ignoráis el argumento.
Diana.　　　No ignoro tal, que el discurso
　　　　　　　no ha menester los efectos 2300
　　　　　　　para conocer las causas,
　　　　　　　pues sin la experiencia dellos
　　　　　　　las ve la filosofía;
　　　　　　　pero yo ahora lo entiendo
　　　　　　　con experiencia también. 2305
Carlos.　　Pues ¿ vos queréis ?
Diana.　　　　　　　　　　　Lo deseo.
Polilla (*aparte a* Carlos).
　　　　　　　¡ Cuidado, que va apuntando
　　　　　　　la varita de los celos !;
　　　　　　　úntate muy bien las manos
　　　　　　　con aceite de desprecios; 2310
　　　　　　　no se te pegue la liga. —

2273-2274 Illescas is on the road from Madrid to Toledo; therefore, Polilla means Carlos is well on his way to winning Diana. *2284 dar*: occur, be *2293* Supply *es* after *así*. *2298 ignoráis el argumento*: you are ignorant of the argument *2311 liga*: birdlime used to trap birds

DIANA (*aparte a* POLILLA).
  Si éste tiene entendimiento,
  se ha de abrasar, o no es hombre.
POL. (*ap.*). Eso fuera a no estar hecho
  él defensivo, y pegado. 2315
CARLOS. De oíros estoy suspenso.
DIANA. Carlos, yo he reconocido
  que la opinión que yo llevo
  es ir contra la razón,
  contra el útil de mi reino, 2320
  la quietud de mis vasallos,
  la duración de mi imperio.
  Viendo estos inconvenientes,
  he puesto a mi pensamiento
  tan forzosos silogismos, 2325
  que le he vencido con ellos.
  Determinada a casarme,
  apenas cedió el ingenio
  al poder de la verdad
  su sofístico argumento, 2330
  cuando vi, al abrir los ojos,
  que la nube de aquel yerro
  le había quitado al alma
  la luz del conocimiento.
  Al Príncipe de Bearne, 2335
  mirado sin pasión...
POLILLA (*aparte a* CARLOS). ¡Helos!
  ¡Al aceite, que traen liga!
DIANA. Es tan galán caballero,
  que merece la atención
  mía, que harto lo encarezco. 2340
  Por su sangre, no hay ninguno
  de mayor merecimiento;
  por sus partes, no le iguala
  el más galán, más discreto.
  Lo afable en los agasajos, 2345
  lo humilde en los rendimientos,
  lo primoroso en finezas,
  lo generoso en festejos,
  nadie lo tiene como él.
  Corrida estoy de que un yerro 2350
  me haya tenido tan ciega,
  que no viese lo que veo.

2314–2315 *a ... pegado:* if he were not forearmed and holding fast 2320 *útil = uso:* custom
2336–2337 *¡Helos ... liga!:* Here they are (*los celos*)! Quick, the oil; the birdlime is coming!

CARLOS (*aparte a* POLILLA).
    Polilla, aunque sea fingido
    ¡ vive Dios! que estoy muriendo.
POLILLA.   Aceite, ¡ pesia mi alma !,
    aunque te manches con ello. —
DIANA.   Y ansí, Carlos, determino
    casarme; mas antes quiero,
    por ser tan discreto vos,
    consultaros este intento.
    ¿ No os parece que el de Bearne
    que será el más digno dueño
    que dar puedo a mi corona ?
    Que yo por el más perfeto
    le tengo de todos cuantos
    me asisten. ¿ Qué sentís dello ?
    Parece que os demudáis.
    ¿ Extrañáis mi pensamiento ?
    (*Aparte.*) Bien he logrado la herida,
    que del semblante lo infiero;
    todo el color ha perdido:
    eso es lo que yo pretendo. —
POLILLA (*aparte a* CARLOS).
    ¡ Ah, señor !
CARLOS.   Estoy sin alma.
POLILLA.   Sacúdete, majadero;
    que se te pega la liga. —
DIANA.   ¿ No me respondéis ? ¿ Qué es eso ?
    Pues ¿ de qué os habéis turbado ?
CARLOS.   Me he admirado, por lo menos.
DIANA.   ¿ De qué ?
CARLOS.   De que yo pensaba
    que no pudo hacer el Cielo
    dos sujetos tan iguales,
    que estén a medida y peso
    de unas mismas cualidades
    sin diferencia compuestos,
    y lo estoy viendo en los dos,
    pues pienso que estamos hechos
    tan debajo de una causa,
    que yo soy retrato vuestro.
    ¿ Cuánto ha, señora, que vos
    tenéis ese pensamiento ?
DIANA.   Días ha que está trabada
    esta batalla en mi pecho,

2366 *asisten*: serve, court   2370 *semblante*: countenance   2378 *Me he admirado*: I was surprised
2389 *ha = hace*

	y desde ayer me he vencido.	
Carlos.	Pues aquese mismo tiempo	
	ha que estoy determinado	2395
	a querer: ello por ello.	
	Y también mi ceguedad	
	me quitó el conocimiento	
	de la hermosura que adoro;	
	digo, que adorar deseo;	2400
	que cierto que lo merece.	
Di. (ap.).	Sin duda logré mi intento. —	
	Pues bien podéis declararos;	
	que yo nada os he encubierto.	
Carlos.	Sí, señora, y aun hacer	2405
	vanidad por el acierto.	
	Cintia es la dama.	
Diana.	¿Quién? ¿Cintia?	
Poli. (ap.).	¡Ah, buen hijo! Como diestro,	
	herir por los mismos filos,	
	que esa es doctrina del negro. —	2410
Carlos.	¿No os parece que he tenido	
	buena elección en mi empleo?	
	Porque ni más hermosura	
	ni mejor entendimiento	
	jamás en mujer he visto.	2415
	Aquel garbo, aquel sosiego,	
	su agrado, ¿no hace dichosa	
	mi pasión? ¿Qué sentís dello?	
	Parece que os he enojado.	
Di. (ap.).	Toda me ha cubierto un hielo.	2420
Carlos.	¿No respondéis?	
Diana.	Me ha dejado	
	suspensa el veros tan ciego,	
	porque yo en Cintia no he hallado	
	ninguno desos extremos:	
	ni es agradable, ni hermosa,	2425
	ni discreta, y ése es yerro	
	de la pasión.	
Carlos.	¿Hay tal cosa?	
	Hasta ahí nos parecemos.	
Diana.	¿Por qué?	
Carlos.	Porque a vos de Cintia	
	se os encubre el rostro bello,	2430
	y del de Bearne a mí	
	lo galán se me ha encubierto;	

2396 ello por ello: your situation to a tee *2405-2406 hacer vanidad:* boast *2409 herir por los mismos filos:* fight the enemy with his own weapon *2410 del negro:* crafty (slang) *2416 garbo:* graceful, elegant air

	con que somos tan iguales,	
	que decimos mal a un tiempo,	
	yo, de lo que vos queréis,	2435
	y vos, de lo que yo quiero.	
Diana.	Pues si es gusto, cada uno	
	siga el suyo.	
Carlos (*aparte a* Polilla). Malo es esto.		
Polilla.	Encima viene la tuya;	
	no se te dé nada de eso. —	2440
Carlos.	Pues ya, con vuestra licencia,	
	iré, señora, siguiendo	
	aquel eco enamorado;	
	que el disfrazaros mi intento	
	fué temor, que ya he perdido,	2445
	sabiendo que mi deseo,	
	en la ocasión y el motivo,	
	es tan parecido al vuestro.	
Diana.	¿Vais a verla?	
Carlos.	Sí, señora.	
Di. (*ap.*).	¡Sin mí estoy! ¿Qué es esto, Cielos? —	2450
Polilla (*aparte a* Carlos).		
	Para largo, que la pierde. —	
Carlos.	Adiós, señora.	
Diana.	Teneos,	
	aguardad; ¿por qué ha de ser	
	tan ciego un hombre discreto,	
	que ha de oponer un sentido	2455
	a todo un entendimiento?	
	¿Qué tiene Cintia de hermosa?	
	¿Qué discurso, qué conceptos	
	os la han fingido discreta?	
	¿Qué garbo tiene? ¿Qué aseo?	2460
Polilla (*aparte a* Carlos).		
	Cinco, seis y encaje, cuenta,	
	señor, que la va perdiendo	
	hasta el codo. —	
Carlos.	¿Qué dices?	
Diana.	Que ha sido mal gusto el vuestro.	
Carlos.	¿Malo, señora? Allí va	2465
	Cintia; miradla aun de lejos,	
	y veréis cuántas razones	
	da su hermosura a mi acierto.	
	Mirad en lazos prendido	

2437 si es gusto: if it is what we like *2450 ¡Sin mí:* Beside myself *2451 Para ... pierde:* She pauses a long time because she's losing it. *La* refers to a word like *partida*, game. *2461 Cinco, seis y encaje:* In *pintas* (basset), a card game, the winner announces his victory with these words.

aquel hermoso cabello,
y si es justo que en él sea
yo el rendido y él el preso.
Mirad en su frente hermosa
cómo junta el rostro bello,
bebiendo luz a sus ojos
sol, luna, estrellas y cielo.
Y en sus dos ojos mirad
si es digno y dichoso el hierro
que hace esclavos a los míos,
aunque ellos sean los negros.
Mirad el sangriento labio,
que fino coral vertiendo,
parece que se ha teñido
en la herida que me ha hecho.
Aquel cuello de cristal,
que por ser de garza el cuello,
al cielo de su hermosura
osa llegar con el vuelo;
aquel talle tan delgado,
que yo pintarle no puedo,
porque es él más delicado
que todos mis pensamientos.
Yo he estado ciego, señora,
pues sólo ahora la veo,
y del pesar de mi engaño
me paso a loco de ciego,
pues no he reparado aquí
en tan grande desacierto
como alabar su hermosura
delante de vos; mas desto
perdón os pido, y licencia
de ir a pedírsela luego
por esposa a vuestro padre,
ganando también a un tiempo
del príncipe de Bearne
las albricias de ser vuestro.

Vase.

ESCENA VI

DIANA, POLILLA.

DIANA. ¿ Qué es esto, dureza mía?
Un volcán tengo en mi pecho.

2477-2480 *Y ... negros:* Diana's eyes are black and are the branding iron (*hierro*) which makes Carlos' eyes slaves (*negros*) to them. 2481 *sangriento:* blood-red 2504-2506 *ganando ... vuestro:* i.e., I will tell the prince the news that you accept him.

¿ Qué llama es ésta, que el alma
me abrasa ? Yo estoy ardiendo. 2510

POLI. (*ap.*). Alto; ya cayó la breva,
y dió en la boca por yerro.

DIANA. ¿ Caniquí ?

POLILLA. Señora mía,
¡ hay tan grande atrevimiento !
¿ Por qué con él no embestiste, 2515
y le arrancaste a este necio
todas las barbas a araños ?

DIANA. Yo pierdo el entendimiento.

POLILLA. Pues pierde también las uñas.

DIANA. ¿ Caniquí ? Este es un incendio. 2520

POLILLA. Eso no es sino bramante.

DIANA. ¿ Yo arrastrada de un soberbio ?
¿ Yo rendida de un desvío ?
¿ Yo sin mí ?

POLILLA. Señora, quedo;
que eso parece querer. 2525

DIANA. ¿ Qué es querer ?

POLILLA. Serán torreznos.

DIANA. ¿ Qué dices ?

POLILLA. Digo de amor.

DIANA. ¿ Cómo amor ?

POLILLA. No, sino huevos.

DIANA. ¡ Yo amor !

POLILLA. Pues ¿ qué sientes tú ?

DIANA. Una rabia y un tormento. 2530
No sé qué mal es aquéste.

POLILLA. Venga el pulso, y lo veremos.

DIANA. Déjame, no me enfurezcas;
que es tanto el furor que siento,
que aun a mí no me perdono. 2535

POLILLA. ¡ Ay, señora !, vive el Cielo,
que se te ponen azules
las venas, y es mal agüero.

DIANA. Pues de aqueso, ¿ qué se infiere ?

POLILLA. Que es pujamiento de celos. 2540

DIANA. ¿ Qué decís, loco, villano,
atrevido, sin respeto ?
¿ Celos yo ? ¿ Qué es lo que dices ?
¡ Vete de aquí ! ¡ Vete luego !

POLILLA. Señora...

DIANA. ¡ Vete, atrevido, 2545

2517 *araños* = *arañazos*: scratches 2521 *bramante*: leading string 2524 *quedo*: softly, easy now
2525 *querer*: "want" as well as "love" 2528 *¿Cómo amor?*: Interpreted by Polilla to mean
"Do I eat love?"

| | o haré que te arrojen luego
de una ventana!	
Polilla (*aparte*).	Agua va. —
	Voime, señora, al momento,
que no soy para vaciado.
(*Ap.*)	Madre de Dios, ¡cuál la dejo!	2550
	Voime, que adonde hay pañal
el Caniquí tiene riesgo. —
	Vase.

ESCENA VII

Diana.

¿Fuego en mi corazón? No, no lo creo;
siendo de mármol, ¿en mi pecho helado
pudo encenderse? No, miente el cuidado;   2555
pero ¿cómo lo dudo, si lo veo?
   Yo deseé vencer, por mi trofeo,
un desdén; pues si es quien me ha abrasado
fuego de amor, ¿qué mucho que haya entrado
donde abrieron las puestas al deseo?   2560
   Deste peligro no advertí el indicio,
pues para echar el fuego en otra casa
yo le encendí, en la mía hizo su oficio.
   No admire, pues, mi pecho lo que pasa;
que quien quiere encender un edificio   2565
suele ser el primero que se abrasa.

ESCENA VIII

Sale el de Bearne.

| Príncipe. | Gran vitoria he conseguido,
si mi dicha es cierta ya;
mas aquí Diana está. —
A vuestras plantas rendido,   2570
señora, perdón os pido
de venir tan arrojado
con la nueva que me han dado;
que yo pienso que aun es poco,
siendo vuestro, el venir loco   2575
de un favor imaginado. |
| Diana. | No os entiendo, ¿habláis conmigo? |

2547 *Agua va:* reference to the contents of chamber pots emptied out the window 2553–2566 only sonnet in the play 2558 *quien = lo que* 2570 *plantas:* feet

	¿ Qué favor decís ?	
Príncipe.	Señora,	
	el de Urgel me ha dicho ahora	
	que dél ha sido testigo,	2580
	y que yo el laurel consigo	
	de ser vuestro.	
Diana.	Necio fué	
	si os dijo lo que no sé	
	y si vos lo habéis creído.	
Príncipe.	Ya lo dudó mi sentido,	2585
	mas quien lo creyó es mi fee.	
	Que como milagro fuera	
	de vos el tener piedad,	
	os negara el ser deidad,	
	si mi amor no lo creyera.	2590
	En el pecho que os venera	
	haber más fee es más trofeo;	
	y pues fee ha sido el deseo	
	de imaginaros deidad,	
	perdonad mi necedad	2595
	por la fee con que lo creo.	
Diana.	Pues ¿ no es más atrevimiento	
	creeros digno de mi amor ?	
Príncipe.	No, que vos con el favor	
	podéis dar merecimiento;	2600
	y en esto mi pensamiento,	
	antes que en mí el merecer,	
	creyó de vos el poder.	
Diana.	Y ¿ él os ha dicho ese error ?	
Príncipe.	Sí, señora.	
Diana (*aparte*).	Esto es peor	2605
	que lo que acaba de hacer;	
	porque supone estar yo	
	despreciada, y él amante,	
	pues al Príncipe al instante	
	el aviso le llevó;	2610
	que él nunca lo hiciera, no,	
	si a mí me quisiera bien.	
	Amor, la furia detén,	
	pues ya mi pecho has postrado;	
	que en él este hombre ha labrado	2615
	el desdén con el desdén.	
Príncipe.	Señora, yo el modo erré	
	de acetar vuestro favor,	

2580 dél = de él (del favor) 2581 consigo : I win, from conseguir 2615 ha labrado : has inscribed

y lo que fuera mejor,
enmendando el yerro, iré
a vuestro padre, y diré
la gracia que os he debido,
y rogaré agradecido
que interceda en mi pasión
por mi dicha, y el perdón
de haber andado atrevido.

Vase.

ESCENA IX

Diana.

DIANA. ¿ Qué es esto que me sucede ?
Yo me quemo, yo me abraso;
mas si es venganza de Amor,
¿ por qué su rigor extraño ?
Esto es amor, porque el alma
me lleva el desdén de Carlos.
Aquel hielo me ha encendido;
que Amor, su deidad mostrando,
por castigar mi dureza
ha vuelto la nieve en rayos.
Pues ¿ qué he de hacer ¡ ay de mí !
para enmendar este daño,
que en vano el pecho resiste ?
El remedio es confesarlo.
¿ Qué digo ? ¿ Yo publicar
mi delito con mi labio ?
¿ Yo decir que quiero bien ?
Mas Cintia viene, el recato
de mi decoro me valga;
que tanto tormento paso
en el ardor que padezco
como en haber de callarlo.

ESCENA X

Salen CINTIA *y* LAURA.

CINTIA. Laura, no creo mi dicha.
LAURA. Pues la tienes en la mano,
lógrala, aunque no la creas.
CINTIA. Diana, el justo agasajo
que, por ser tu sangre yo,

2631-2632 Read: *el desdén de Carlos me lleva el alma* 2644-2645 *el . . . valga:* let caution help me preserve my honor 2652 *agasajo:* kindness, attention, regalement

	te he debido, ahora aguardo	
	que sea con tu favor	2655
	el que requiere mi estado.	
	Carlos, señora, me pide	
	por esposa, y en él gano	
	un logro para el deseo,	
	para mi nobleza un lauro.	2660
	Enamorado de mí,	
	pide, señora, mi mano;	
	sólo tu favor me falta	
	para la dicha que aguardo.	
DI. (ap.).	Esto es justicia de Amor.	2665
	¡Uno tras otro el agravio!	
	¿Ya no me doy por vencida?	
	¿Qué más quieres, dios tirano? —	
CINTIA.	¿No me respondes, señora?	
DIANA.	Estaba, Cintia, mirando	2670
	de qué modo es la fortuna	
	en sus inciertos acasos.	
	Anhela un pecho infeliz,	
	con dudas y sobresaltos,	
	diligencias y deseos,	2675
	por un bien imaginado;	
	sólo porque le desea	
	huye dél, y es tan ingrato,	
	que de otro que no le busca	
	se va a poner en la mano.	2680
	Yo, de su desdén herida,	
	procuré rendir a Carlos,	
	obliguéle con favores,	
	hice finezas en vano:	
	siempre en él hallé un desvío;	2685
	y sin buscarle tu halago,	
	lo que huyó de mi deseo	
	se va a rendir a tus brazos.	
	Yo estoy ciega de ofendida,	
	y el favor que me has rogado	2690
	que te dé, te pido yo	
	para vengar este agravio.	
	Llore Carlos tu desprecio,	
	sienta su pecho tirano	
	la llama de tu desvío,	2695
	pues yo en la suya me abraso.	
	Véngame de su soberbia,	

2654 *te he debido*: I have received from you 2656 *el que*: antecedent is *agasajo* 2660 *lauro*: prize 2685 *desvío*: aversion

hállete su amor de mármol;
pene, suspire y padezca
en tu desdén, y llorando
sufra . . . 2700

CINTIA. Señora, ¿ qué dices?
Si él conmigo no es ingrato,
¿ por qué he de dar yo un castigo
a quien me hace un agasajo?
¿ Por qué me has de persuadir 2705
lo que tú estás condenando?
Si en él su desdén no es bueno,
también en mí será malo.
Yo le quiero si él me quiere.

DIANA. ¿ Qué es quererle? ¿ Tú de Carlos 2710
amada, yo despreciada?
¿ Tú con él casarte, cuando
del pecho se está saliendo
el corazón a pedazos?
¿ Tú logrando sus cariños, 2715
cuando su desdén helado,
trocando efecto la causa,
abrasa mi pecho a rayos?
Primero, ¡ viven los Cielos!,
fueran las vidas de entrambos 2720
asumpto de mi venganza,
aunque con mis propias manos
sacara a Carlos del pecho
donde, a mi pesar, ha entrado,
y para morir con él 2725
matara en mí su retrato.
¿ Carlos casarse contigo,
cuando yo por él me abraso,
cuando adoro su desvío
y su desdén idolatro? 2730

(*Ap.*) Pero ¿ qué digo? ¡ Ay de mí!
¿ Yo así mi decoro ultrajo? —
Miente mi labio atrevido,
miente; mas él no es culpado;
que si está loco mi pecho, 2735
¿ cómo ha de estar cuerdo el labio?
Mas yo me rindo al dolor,
para hacer de uno dos daños.
Muera el corazón y el pecho,
y viva de mi recato 2740

2710 *¿Qué es quererle?*: What do you mean, you love him? *2713–2714 del . . . pedazos*: my heart is breaking *2720 entrambos*: i.e., Carlos and Diana *2726 retrato*: image

la entereza, Cintia amiga:
si a ti te pretende Carlos,
si da Amor a tu descuido
lo que niega a mi cuidado,
cásate con él, y logra 2745
casto amor en dulces lazos.
Yo sólo quise vencerle,
y éste fué un empeño vano
de mi altivez, que ya veo
que fué locura intentarlo, 2750
siendo acción de la fortuna;
pues, como se ve en sus casos,
siempre consigue el dichoso
lo que intenta el desdichado.
El ser querida una dama 2755
de quien desea, no es lauro,
sino dicha de su estrella;
y cuando yo no la alcanzo,
no se infiere que no tengo
en mi hermosura y mi aplauso 2760
partes para merecello,
sino suerte para hallarlo.
Y pues yo no la he tenido
para lo que he deseado,
lógrala tú, que la tienes; 2765
dale de esposa la mano,
y triunfe tu corazón
de sus rendidos halagos.
Enlace... — Pero ¿qué digo?
que me estoy atravesando 2770
el corazón; no es posible
resistir a lo que paso;
toda el alma se me abrasa.
¿Para qué, Cielos, lo callo,
si por los ojos se asoma 2775
el incendio que disfrazo?
Yo no puedo resistirlo;
pues, cuando lo mienta el labio,
¿cómo ha de encubrir el fuego
que el humo está publicando? — 2780
Cintia, yo muero; el delirio
de mi desdén me ha llevado
a este mortal precipicio
por la senda de mi engaño.

2752 *en sus casos*: i.e., when fortune is at work 2770 *atravesando*: piercing 2772 *resistir*: withstand
2778 *cuando*: even if

El Amor, como deidad, 2785
mi altivez ha castigado:
que es niño para las burlas
y dios para los agravios.
Yo quiero, en fin, ya lo dije,
y a ti te lo he confesado, 2790
a pesar de mi decoro,
porque tienes en tu mano
el triunfo que yo deseo.
Mira si, habiendo pasado
por la afrenta del decirlo, 2795
te estará bien el dejarlo.

Vase.

ESCENA XI

Cintia, Laura.

LAURA. ¡ Jesús ! El cuento del loco.
El por él está pasando.
CINTIA. ¿ Qué dices, Laura, qué dices ?
LAURA. Viendo prohibido el plato, 2800
Diana se ahitó de amor
y del desdén ha sanado.
CINTIA. ¡ Ay, Laura ! Pues ¿ qué he de hacer ?
LAURA. ¿ Qué, señora ? Asegurarlo,
y al de Bearne, que es fijo, 2805
no soltarle de la mano
hasta ver en lo que para.
CINTIA. Calla; que aquí viene Carlos.

ESCENA XII

Salen Polilla *y* Carlos.

POLILLA. Las unciones del desprecio,
señor, la vida le han dado. 2810
¡ Gran cura hemos hecho en ella !
CARLOS. Si es cierto, gran triunfo alcanzo.
POLILLA. Haz cuenta que ya está sana,
porque queda babeando.
CARLOS. Y ¿ has conocido que quiere ? 2815
POLILLA. ¿ Cómo querer ? Por San Pablo,
que me vine huyendo della;
porque la vi querer tanto,

2797 *El cuento del loco:* an obscure reference 2798 *El por él:* The same thing to a tee 2805 *fijo:* sure 2809 *unciones:* treatment

	que temí que echase el resto	
	y me destruyese.	
CINTIA.	¿Carlos?	2820
CARLOS.	¿Cintia hermosa?	
CINTIA.	Vuestra dicha	
	logra ya triunfo más alto	
	que el que en mi mano pretende.	
	Vuestro descuido ha triunfado	
	del desdén que no ha vencido	2825
	en Diana el agasajo	
	de los Príncipes amantes.	
	Ella os quiere; yo me aparto	
	de mi esperanza por ella	
	y por vos, si es vuestro el lauro.	2830
CARLOS.	¿Qué es lo que decís, señora?	
CINTIA.	Que ella me lo ha confesado.	
POLILLA.	Toma si purga, señor;	
	no hay en la botica emplasto	
	para las mujeres locas	2835
	como un parche de mal trato.	
	Mas aquí su padre viene	
	y los Príncipes: al caso,	
	señor, y aunque esté rendida,	
	declárate con resguardo.	2840

ESCENA XIII

Salen el CONDE DE BARCELONA *y los* PRÍNCIPES.

CONDE.	Príncipe, vos me dais tan buena nueva,	
	que es justo que os la acete, y aunque os deba	
	lo que a vuestra persona,	
	pago en daros mi hija y mi corona.	
D. GASTÓN.	Pues aunque yo, señor, no haya tenido	2845
	la dicha que Bearne ha conseguido,	
	siempre estaré contento	
	de que él haya logrado el vencimiento	
	que tanto he deseado,	
	por la parte que debe a mi cuidado,	2850
	y el parabién le doy deste trofeo.	
CARLOS.	Y también le admitid de mi deseo.	
PRÍNCIPE.	Carlos, yo le recibo,	
	y el mío os apercibo,	
	pues en Cintia lográis tan digno dueño,	2855

2819 echase el resto: would go all out *2833 Toma si purga:* She doesn't stop *2851 parabién:* congratulations *2852 le = mi parabién*

    que envidiara el empeño,
    a no lograr el mío.
     Sale DIANA *al paño.*

DIANA. ¿Dónde me lleva el loco desvarío
    de mi pasión? Yo estoy muriendo, Cielos,
    de envidias y de celos;   2860
     mas los Príncipes todos se han juntado,
    y mi padre con ellos;
     sin alma llego a vellos,
    pues si su fin no alcanza,
     yo tengo de morir con mi esperanza. —   2865
CONDE. Carlos, pues vos pedís a mi sobrina,
     yo pagando el deseo que os inclina,
    os ofrezco su mano;
     y pues tanto sosiego en esto gano,
    háganse juntas todas   2870
     las bodas de Diana y vuestras bodas.
DIANA. ¡Cielos, yo estoy mi muerte imaginando!
POLILLA (*aparte a* CARLOS).
    Señor, Diana allí te está escuchando,
     y has menester un modo muy discreto
    de declararte, por que tenga efeto,   2875
     que va con condiciones el partido:
    y si yerras el cabe, vas perdido. —
CARLOS. Yo señor, a Barcelona
    vine, más que a pretender,
    a festejar de Diana   2880
    la hermosura y el desdén;
    y aunque es verdad que de Cintia
    el hermoso rosicler
    amaneció en mi deseo
    y la luz del querer bien,   2885
    la entereza de Diana,
    que tan de mi genio fué,
    ha ganado en mi albedrío
    tanto imperio, que no haré
    cosa que no sea su gusto;   2890
    porque la hermosa altivez
    de su desdén me ha obligado
    a que yo viva por él;
    y puesto que haya pedido
    mi amor a Cintia, ha de ser   2895

2863 *vellos* = *verlos* 2875 *por que* = *para que* 2877 *cabe:* winning stroke in croquet 2878–2929 example of *romance* with masculine assonance 2879 *pretender:* court 2894 *puesto que* = *aunque*

| | siendo ansí su voluntad,
| | pues la mía suya es.
| Conde. | Pues ¿quién duda que Diana
| | de eso muy contenta esté?
| Carlos. | Eso lo dirá su alteza
| | por hacerme a mí merced.
| Di. (sale).| Sí diré; pero, señor,
| | ¿vos contento no estaréis,
| | si yo me caso, que sea
| | con cualquiera de los tres?
| Conde. | Sí; que todos son iguales.
| Diana. | Y vosotros ¿quedaréis
| | de mi elección ofendidos?
| Príncipe. | Tu gusto, señora, es ley.
| D. Gastón. | Y todos la obedecemos.
| Diana. | Pues el Príncipe ha de ser
| | quien dé a mi prima la mano,
| | y quien a mí me la dé
| | el que vencer ha sabido
| | *el desdén con el desdén.*
| Carlos. | Y ¿quién es ése?
| Diana. | Tú solo.
| Carlos. | Dame ya los brazos, pues.
| Polilla. | Y mi bendición os caiga
| | por siempre jamás, amén.
| Príncipe. | Pues ésta, Cintia, es mi mano.
| Cintia. | Contenta quedo también.
| Laura. | Pues tú, Caniquí, eres mío.
| Polilla. | Sacúdanse todos bien,
| | que no soy sino Polilla;
| | mamola vuesa merced.
| | Y con esto, y con un vítor,
| | que pide humilde y cortés,
| | el ingenio, aquí se acaba
| | *El desdén con el desdén.*

FIN DE LA COMEDIA «EL DESDÉN CON EL DESDÉN»

2925 mamola vuesa merced: You (Diana, apparently) fell into my trap. *2926 vítor:* bravo *2928 el ingenio:* the author

MORETO BIBLIOGRAPHY

I. Works

Comedias escogidas (Biblioteca de Autores Españoles, Vol. XXXIX.)
Teatro, edited by Narciso Alonso Cortés (Clásicos Castellanos), Madrid, 1916.

II. Studies

CALDERA, ERMANNO: *Il teatro di Moreto*, Pisa, 1960.
CASA, FRANK P.: *The Dramatic Craftsmanship of Moreto* (Harvard Studies in Romance Languages), Cambridge, Massachusetts, 1965.
COTARELO Y MORI, EMILIO: "Bibliografía de Moreto," *Boletín de la Real Academia Española*, *XIV* (1927), pp. 449–494.
HARLAN, M. M.: "The Relation of Moreto's *El desdén con el desdén* to Suggested Sources," (Indiana University Studies, XI, No. 62.), Bloomington, Indiana, 1924.
KENNEDY, RUTH LEE: "The Dramatic Art of Moreto," (Smith College Studies in Modern Languages, XIII, Nos. 1–4), Northampton, Massachusetts, 1931–1932.
MESONERO ROMANOS, R.: "Teatro de Moreto," *Semanario Pintoresco Español* (1851), pp. 323 ff.
RODRÍGUEZ CODOLÁ, M.: "*El desdén con el desdén*," *Ilustración Ibérica* (1895), pp. 379 ff.

TOPICS FOR REPORTS AND DISCUSSIONS

La Numancia

1. A comparison of the structure and content of *La Numancia* with that of an epic with which you are familiar.
2. The same with a Greek or other tragedy.
3. The character and values or ideals of the Numantians in both their personal and civic lives.
4. The work from the historic and patriotic points of view.
5. The play's poetic structure, citing specific passages.
6. The climactic scenes and their relation to the over-all dramatic structure of the play.
7. The work's stageability, the problems the play's performance would present, and how these might be surmounted.
8. Scipio's character, both as an individual and as a representative Roman.
9. Scenes which arouse terror, pity, liking, or admiration.
10. The protagonist and his role in the play.

Fuenteovejuna

1. The central idea which polarizes the various elements in the work.
2. A discussion of what you consider to be the most intensely dramatic scene, relating it to the play as a whole.
3. The popular or folkloric elements in the play.
4. The ways in which the unities of space, time, and action are violated.
5. The historical background of the work.
6. A comparison of the play with *La Numancia*.
7. The Platonism discussed by the peasants in Act I.
8. The poetry of the play, noting in particular some of the uses to which the various verse forms are put. [Consult the "Metrical Scheme."]
9. The King and Queen: their personalities and the roles they play.
10. Laurencia's personality.

La Estrella de Sevilla

1. The justice of the state and the justice of the individual.

2. Loyalty to the King in this and other *Siglo de Oro* plays.
3. Aspects of the honor code appearing in the work.
4. The democratic spirit in the play contrasted with autocracy.
5. The type of verse assigned to the various characters.
6. The personality and role of Seville.
7. The character and values or ideals of Busto Tavera.
8. The character and influence of the King's courtiers and counselors.
9. The sensational elements in the play.
10. The conflicts within Sancho Ortiz de las Roelas.

El burlador de Sevilla

1. Justification of the work from the religious point of view.
2. Comparison of *El burlador de Sevilla* with some other work on the Don Juan theme, such as Byron's *Don Juan* or Shaw's *Man and Superman*. [If *Man and Superman* is chosen, make certain to include Shaw's Preface.]
3. The feminine types in the play.
4. The legends relating to Don Juan, based upon your research.
5. The principal defects in the work.
6. Don Juan's amorality as a moral lesson.
7. Archaic ingredients in the language of the play.
8. Don Juan's character traits.
9. Reasons for the universal appeal of the Don Juan type.
10. The concept of love reflected in the play.

Las mocedades del Cid

1. The conflict between love and honor.
2. The patriotic element in the play.
3. The portrayal of the Cid's personality.
4. A comparison with Corneille's *Le Cid*.
5. The role of Doña Urraca.
6. The variation of verse forms in the play.
7. Ximena's personality and motivations as compared with those of Estrella in *La Estrella de Sevilla*.
8. The handling of chivalric themes.
9. Devices employed to create and maintain suspense.
10. Honor and the code of chivalry in the play.

El esclavo del demonio

1. The conflict between love and filial duty.
2. The moral contained in the fall and redemption of the protagonist.
3. A comparison between the work and Goethe's *Faust* or Marlowe's *Tragical History of Dr. Faustus*.
4. Analysis of the three sonnets in the work.
5. A comparison with *El mágico prodigioso* by Calderón.

6. Examples of synalepha in the versification of Act I.
7. A comparison of Marcelo's two daughters with those of King Lear.
8. The play in terms of the "Coplas" of Jorge Manrique.
9. The supernatural elements in the play.
10. The attitudes and personality of Angelio.

La verdad sospechosa

1. A comparison with Corneille's *Le Menteur*.
2. Tristán as a *gracioso*.
3. The play as a reflection of Alarcón's attitude toward life.
4. The real-life liar and the liar as a caricature.
5. The play as a reflection of the manners of the period.
6. The non-didactic elements in the play.
7. The psychological elements in the play.
8. The play's humor.
9. García's immaturity.
10. The character and quality of the poetry in the play.

La vida es sueño

1. The father-son conflict between Segismundo and Basilio.
2. The symbolic use of the lower animals in the play.
3. The rapid transformation of Segismundo's character.
4. The conception in the play of what constitutes a worthy ruler.
5. A comparison of Segismundo's second soliloquy with Hamlet's famous one in *Hamlet* (III, i).
6. A comparison of Segismundo's dream with that of Sly in Shakespeare's *Taming of the Shrew*.
7. The treatment of free will in *La vida es sueño* and in *El esclavo del demonio*.
8. The theme of astrology in *La vida es sueño*.
9. A comparison of Rosaura and Ximena in *Las mocedades del Cid* as to their sense of dishonor and quest for justice.
10. Clotaldo's conflict and how it is resolved.

Del rey abajo, ninguno

1. The *culteranismo* in the work.
2. The conception of nature and rural life reflected in the work.
3. The use of mythological references.
4. The changes that could be made in the development of the plot.
5. The Count of Orgaz's qualities.
6. Bras as a comic character.
7. The attitudes of Don Mendo.
8. Doña Blanca and her role in the working out of the honor theme.
9. Strong points of Don García as a literary character.
10. The personality and role of the King.

El desdén con el desdén

1. The examples of false reasoning or fallacious argument found in the play.
2. The appropriateness of the play's various verse forms in terms of character and situation.
3. Polilla as a wit.
4. Possible alternate treatments of the play's theme and the working out of the plot.
5. The play's vocabulary, particularly with regard to its archaic elements.
6. The plot in terms of verisimilitude.
7. A psychological analysis of Diana.
8. Music and its relation to the action of the play.
9. Polilla as a psychologist.
10. The life of the aristocracy as portrayed in the play.

GLOSSARY OF COMMON TERMS AND STAGE DIRECTIONS

acto: act, same as *jornada*
alto del teatro, lo: gallery rising above the stage, used to represent high places like balconies and towers
aparato: scenery
apariencia: stage machinery, scenic effect
apartarse: to draw aside (intransitive)
aparte: aside
aposento: a room serving as a box or stall in the houses adjoining the theater
apuntador: prompter
auto sacramental: one-act allegorical religious drama referring to the mystery of the Blessed Eucharist and generally performed on Corpus Christi day
autor (de comedias): director of a company of actors; so-called because many of the early *autores* wrote plays as well as directed them
baile: See *bayle*.
barba: stock old-man or father character
bayle: dance with which a play usually concluded
carro: cart on which the *autos sacramentales* were moved from station to station in a city. It served as a stage as well.
cazuela: "stewpan," section in the rear of the theater seating women. Also called *jaula*.
cofradía: religious or benevolent society; in the *Siglo de Oro*, often the beneficiary of part of the proceeds of theatrical performances
comedia: from the time of Lope de Vega, any verse play (comic or otherwise), usually in three acts. Also known as *comedia nueva*.
comedia de capa y espada: cape and sword play, one dealing with contemporary domestic or civil life and portraying no personages higher than the noblemen or gentlemen with whom it generally dealt. Also known as *comedia de intriga*.
comedia de enredo: play featuring ingenious or complicated plots
comedia de intriga: See *comedia de capa y espada*.
comedia nueva: See *comedia*.

comedia de teatro: a play more elaborately produced than the *comedia de capa y espada* and presenting kings, princes, and other exalted personages. Not based on ordinary contemporary life, its action is usually laid in some remote time or place.

commedia dell' arte: a type of Italian drama which was popular in the sixteenth century and exerted an important influence on European drama as a whole. Stock characters are portrayed by specialized actors who improvise dialogue around a skeletal scenario, in part drawing upon their store of jokes and set speeches.

corral: theater, so-called because performances were given outdoors

culteranismo: a learned and contrived mannered style prevalent in the Baroque period. It is distinguished by such features as brilliant, surprising metaphors; new or strange vocabulary; obscurity; mythological and other learned allusions; syntactical inversions; and numerous decorative elements. Also called *gongorismo*.

dama: stock character of the lady, characteristically the lady courted

debajo: underneath the stage

dentro: behind the movable curtains of the rear stage

desenlace: dénouement, resolution of the plot or point at which the unraveling occurs

desván: upper-story rooms in the houses providing box seats

dichos: the same (characters on stage at a given time)

enredo: complication or thickening of the plot

entrar: besides its ordinary meaning, to go behind the movable curtains of the rear stage (*dentro*)

entremés: interlude generally performed between acts of a *comedia*

escena: stage, scene, scenery

exposición: exposition, the providing of the background information the audience needs to follow the play

galán: male lead, characteristically the handsome gallant who courts the lady

gongorismo: See *culteranismo*.

gracioso: comic character

gradas: raised seats

indumentaria: dress, costumes

irse: to exit, go off stage

jácara (cantada): ballad set to music for singing at the performance of a *comedia*

jaula: See *cazuela*.

jornada: act of a play

loa: kind of prologue or curtain raiser designed to capture the audience's attention or good will, or to facilitate understanding of the play

memorilla: person who could furnish the text of a play from memory, after having heard it performed. Also called *memorión*.

memorión: See *memorilla*.

mosquetero: groundling, member of the audience standing in the pit of a theater. Called "musketeer" because of the uproar he usually created.

paño: at either side of the stage, the drapery serving as a hiding place for the *actores; al paño:* off-stage

paso: farce or humorous skit

patio: pit, the place where the common people stood

salir: to appear, come on stage

Senado: theater audience

tablado: platform, stage

tramoya(s): stage machinery for producing supernatural or other sensational effects

vanse: See *irse.*

vase: See *irse.*

ventana: theater box, actually the window the audience seated in the adjoining buildings looked from

vestuario: dressing room

¡Víctor!: Bravo! Also *vítor.*

vulgo: the common public